Hubertus Knabe

Der diskrete Charme der DDR

Hubertus Knabe

Der diskrete Charme der DDR

Stasi und Westmedien

Propyläen

1. Auflage Mai 2001
2. Auflage Juni 2001
3. Auflage Juli 2001

Propyläen Verlag

Satz und Lithographie: LVD GmbH, Berlin
Druck und Verarbeitung:
Franz Spiegel Buch GmbH, Ulm-Jungingen
ISBN 3 549 07137 x
Printed in Germany 2001

Inhalt

Vorwort

Warum wurde die kommunistische Diktatur in Ostdeutschland im Westen zunehmend nachsichtig beurteilt? Diese Frage hat sich mir gestellt, seitdem ich vor einigen Jahren damit begann, die Aktivitäten des DDR-Staatssicherheitsdienstes in der alten Bundesrepublik zu erforschen. Zu diesem Zweck quälte ich mich nicht nur durch die schier endlose Hinterlassenschaft der Stasi, sondern beschäftigte mich naturgemäß auch mit der westdeutschen Überlieferung: mit zeitgenössischen Äußerungen westdeutscher Politiker, Zeitungsberichten über den kommunistischen Nachbarstaat und den Ergebnissen unsichtbarer ostdeutscher Einflussnahme. Unübersehbar war, wie sehr sich die Einstellung zur DDR in der Bundesrepublik im Laufe der Zeit gewandelt hatte. Die klarsichtigen Urteile über die SED-Herrschaft, die in den fünfziger Jahren die westdeutsche Presse bestimmten, verschwanden allmählich; die scharfe Verurteilung des Ostberliner Regimes, die für die Bonner Politik anfangs selbstverständlich war, verlor sich nach und nach, und wer weiter daran festhielt, kam zunehmend in den Geruch des Ewiggestrigen. Ich begann mich zu fragen, ob und inwieweit der Staatssicherheitsdienst hier möglicherweise seine Hand im Spiel hatte.

Dass die Ostberliner Machthaber auf vielfältige Weise in die alte Bundesrepublik hineinwirkten, ist inzwischen durch zahlreiche Dokumente und eine Reihe zeithistorischer Untersuchungen belegt. Bei der SED, besonders aber bei ihrem Geheimdienst, dem Ministerium für Staatssicherheit (MfS), besaß die »Arbeit im und nach dem Operationsgebiet«, wie man den Westen nannte, hohe Priorität. Der von Erich Mielke dirigierte Apparat, der mit 91 000 hauptamtlichen und 180 000 inoffiziellen Mitarbeitern die Stärke einer mittleren Armee erreichte, verstand sich nicht nur nach innen als »Schild und Schwert« der Partei, sondern sollte den »Klassenkampf« auch nach außen tragen. Dazu hatte er den Auftrag, im Westen unerkannt in die »Zentren des Feindes« einzudringen, Informationen über seine Pläne und Absichten zu beschaffen, Gegner der SED »zurückzudrängen« und zu »zersetzen« sowie jene Kräfte zu fördern, die der SED wohlwollend gegenüberstanden oder ihr zumindest nützlich erschienen. Als konspirative Kraft war der DDR-Staatssicherheitsdienst auch in der alten Bundesrepublik ständig präsent – in der Politik und in der Wirtschaft, in Hochschulen und Kirchen, bei Militär und Geheimdiensten und eben auch in den Medien.

Es hat relativ lange gedauert, bis der Öffentlichkeit nach der Wiedervereinigung bewusst wurde, dass es auch im Westen eine unbewältigte Stasi-Vergangenheit gibt. Schätzungsweise 20 000 bis 30 000 Bundesbürger fanden sich bereit, für das MfS als Inoffizielle Mitarbeiter (IM) zu arbeiten. Genaue Zahlen gibt es aufgrund der umfangreichen Aktenvernichtung bis heute nicht. Im Gegensatz zur DDR, wo eine solche Zusammenarbeit häufig karrierefördernd war, stellte sie in der alten Bundesrepublik eine Straftat dar und ist deshalb noch einmal anders zu bewerten als in Ostdeutschland; die West-IM arbeiteten zudem fast immer freiwillig und gegen Bezahlung. Gerade im Westen beschränkt sich die Frage von Schuld und Verantwortung im Zusammenhang mit der SED-Herrschaft aber nicht auf die heimlichen Zuträger des DDR-Staatssicherheitsdiensts. Anders als im einstigen Machtbereich der SED, wo neben den IM Hunderttausende Funktionäre des Partei- und Staatsapparats die kommunistische Diktatur aktiv unterstützten, war in Westdeutschland die direkte Kooperation mit dem SED-Staat eher eine Ausnahme. Im Westen geht es mehr um die indirekte Stabilisierung der SED-Herrschaft durch ihre ideologische Legitimierung, durch außenpolitische Stärkung sowie durch den Verzicht auf die Unterstützung von Opposition und Widerstand.

Am Beispiel der Medien wird in diesem Buch die diffizile Verstrickung der westdeutschen Gesellschaft mit der SED-Diktatur beleuchtet. Dabei geht es sowohl um Erscheinungen einer zum Teil unbewussten Festigung der kommunistischen Herrschaft in Ostdeutschland aus politischen, beruflichen oder persönlichen Gründen als auch um direkte Einflussnahmen der SED auf die politische Kultur der Bundesrepublik – und um die merkwürdige Anziehungskraft dieser zweiten deutschen Diktatur auf manche Journalisten, die im Buchtitel ironisch angesprochen wird. Meine Absicht war nicht, den Wandel des DDR-Bildes in den westdeutschen Medien empirisch nachzuzeichnen, sondern dessen Hintergründe aufzuhellen, insbesondere die Rolle, die das MfS dabei spielte. Da ich als langjähriger Mitarbeiter der Berliner Stasi-Akten-Behörde über Jahre hinweg Originaldokumente des MfS einsehen konnte, erschien es mir geradezu als Verpflichtung, Auskunft darüber zu geben, was in den geheimnisumwitterten Akten über die Einwirkung auf westdeutsche Medien zu finden ist. Obwohl der kilometerlange Aktenbestand in der Wendezeit stark ausgedünnt wurde, finden sich nur hier die schriftlichen Belege dafür, wie westdeutsche Journalisten vom MfS für die Stabilisierung der SED-Herrschaft eingesetzt oder instrumentalisiert wurden. Bei der Analyse habe ich mich in der Regel darauf beschränkt, die durch Unterlagen oder andere Quellen belegbaren Vorgänge zu skizzieren, ohne die zahllosen Gerüchte über Journalisten zu kolportieren, die angeblich mit einem östlichen Geheimdienst zusammengearbeitet haben – auch wenn so möglicherweise nur die Spitze des Eisbergs sichtbar wird. Bei Journalisten, die von der Stasi nachweislich als Kontaktpersonen oder IM geführt wurden, habe ich andererseits, wann immer möglich, sowohl die Decknamen (gekennzeichnet durch Anführungsstriche) als auch die Klarnamen genannt, weil nur so das jeweilige publizistische Œuvre im Nachhinein realistisch einzuschätzen ist. Einige Namen musste ich aus rechtlichen Gründen verschweigen.

Die Aufarbeitung dieses Kapitels der jüngsten deutschen Geschichte wird nicht nur durch die Aktenvernichtung erschwert. Bei den westdeutschen Stasi-Verstrickungen ist man auch heute noch mit vielfältigen Bemühungen konfrontiert, die Wahrheitsfindung zu erschweren. Zu den irritierendsten Erfahrungen meiner Tätigkeit in der Stasi-Akten-Behörde gehörte es, dass ausgerechnet dort die Forschung massiven Einschränkungen unterworfen wurde. Seitdem ich mit dem politisch heiklen Thema befasst war, wurde immer wieder versucht, auf meine Publikationen Einfluss zu nehmen oder ihr Erscheinen zu behindern. Wichtige Quellen blieben mir verschlossen, schließlich sollte mir das Thema ganz entzogen werden. Gegen das Erscheinen dieses Buches wurde sogar eine Einstweilige Verfügung beantragt, derzufolge ich mit 500 000 DM Strafe oder sechs Monaten Haft bedroht werden sollte, wenn ich es nicht der Behörde zur Genehmigung vorlegen würde. Kurz darauf verklagten mich der Herausgeber der *Woche*, Manfred Bissinger, und der Verlag Gruner und Jahr *(Stern)*.

Bei meinen Forschungen über die Penetration der Bundesrepublik durch den Staatssicherheitsdienst habe ich aber auch viel Unterstützung erhalten. Seit dem Erscheinen meines Buchs *Die unterwanderte Republik* erreichte mich eine Fülle von Einladungen, Anrufen und Briefen. Viele haben mir mit weitergehenden Hinweisen geholfen, andere mich zur Weiterarbeit ermutigt. Die große Resonanz auf meine Arbeit hat gezeigt, dass die Öffentlichkeit die ganze Wahrheit über die Arbeit des Staatssicherheitsdiensts erfahren möchte.

Im Zusammenhang mit dem vorliegenden Buch möchte ich insbesondere Rainer Laabs von der Ullstein-Dokumentation und Katharina Mensing von der Bibliothek des Instituts für Publizistik der Freien Universität Berlin danken, die mich auf unkomplizierte Weise mit schwer zugänglichen Presseartikeln versorgt haben. In der Endphase hat mir Cornelia Kruse bei den Recherchen in dankenswerter Weise geholfen. Dankbar bin ich zudem meinen früheren Kollegen im Fachbereich 1 der Forschungsabteilung der Bundesbeauftragten, die ihre Wertschätzung für meine Arbeit auch unter widrigen Bedingungen immer wieder zum Ausdruck brachten, namentlich Dr. Ehrhart Neubert, Dr. Hanna Labrenz-Weiß, Bernd Eisenfeld, Thomas Auerbach, Reinhardt Buthmann, Georg Herbstritt, Regina Teske, Andreas Schmidt, Roland Wiedmann und Gabriele Zähler-Mielke. Vor allem aber bin ich meiner Frau Annette zu Dank verpflichtet, die wie immer die erste Leserin des Manuskripts war und mit ihren kritischen Anregungen viel zu seiner Verbesserung beigetragen hat.

Berlin, im April 2001 *Hubertus Knabe*

Einleitung:
Der falsche Charme der Diktatur

Es war wie in dem Märchen von des Kaisers neuen Kleidern: Als im November 1989 im Zuge der friedlichen Revolution in Ostdeutschland erstmals Kamerateams die Wohnsiedlung der obersten Führungsspitze der SED in Wandlitz filmten, wurde der Öffentlichkeit schlagartig bewusst, wie jämmerlich der DDR-Sozialismus im Grunde gewesen war: Dreiundzwanzig zweistöckige Häuser, hingeduckt unter Kiefern, ein Schwimmbad, eine Sauna, ein Solarium – ein Monument der Biederkeit, ohne Stil, ohne Prunk, ohne Flair, garniert mit einem Hauch von westlichem Luxus, der im Wesentlichen aus Geschirrspülmaschinen und Farbfernsehern bestand. Der Staat, der für sich in Anspruch genommen hatte, die Lehren aus der deutschen Geschichte gezogen, den Interessen der »Werktätigen« zum Durchbruch verholfen und eine auf einer wissenschaftlichen Weltanschauung beruhende Politik betrieben zu haben, entpuppte sich als kleinbürgerliches Regime, dessen Führung nicht einmal bei der Gestaltung der eigenen Lebensverhältnisse Niveau bewies.

In diesen Wochen des Umbruchs zerstoben die Illusionen geradezu im Zeitraffertempo: Die angeblich zehntstärkste Industrienation der Welt stellte sich als zahlungsunfähig heraus und hätte, nur um den Schuldendienst weiter leisten zu können, den Lebensstandard der Bevölkerung drastisch senken müssen. Die Mauer durch Berlin, die die Bewohner der Stadt fast drei Jahrzehnte erfolgreich eingeschüchtert hatte und von der SED-Chef Erich Honecker noch kurz zuvor verkündet hatte, sie würde weitere hundert Jahre bestehen bleiben, verschwand binnen weniger Monate aus dem Stadtbild. Bis zur Wiedervereinigung der Deutschen, die nach Ansicht der meisten Politiker auf absehbare Zeit von der Tagesordnung verschwunden war, vergingen nach dem pompös gefeierten 40. Jahrestag der DDR nicht einmal 365 Tage. Der vermeintlich zivilisierte Staat im Herzen Europas, Teilnehmer der KSZE und Mitglied der UNO, dessen oberster Repräsentant von den Mächtigen der Welt mit allen Ehren empfangen worden war, stellte sich als hässliche Diktatur heraus, deren Geheimpolizei ein flächendeckendes Spitzelnetz über das Land gelegt hatte, deren Gefängnisse gefüllt waren mit zu Unrecht verurteilten Bürgern und die für Kirchgänger, Nicht-Wähler und andere »unzuverlässige Elemente« so genannte Isolierungslager vorbereitet hatte.

Das Verschwinden der DDR ist vielen bis heute unerklärlich geblieben. Die einen erinnern sich mit Dankbarkeit des sowjetischen Parteichefs Michail Gorbatschow, der mit seiner Reformpolitik der SED-Herrschaft gleichsam von hinten den Todesstoß versetzte. Sie vergessen dabei meist, dass es dem russischen Herrscher nicht um die Beseitigung, sondern um die Rettung des Sozialismus ging. Die anderen machen die ökonomische Schwäche des Systems dafür verantwortlich, die dazu geführt habe, dass die DDR wie ein marodes Industrieunternehmen Bankrott gehen musste. Wieder andere entwerfen ausgefeilte Theorien über die ideologischen Erosionserscheinungen, die die Herrschaftsstrukturen nach und nach von innen zerfressen und schließlich aufgelöst hätten, bis das System quasi von allein »implodiert« sei. Und manche gedenken der versprengten Umwelt-, Friedens- und Menschenrechtsgruppen in Ostdeutschland, die der SED in den achtziger Jahren wie David dem Goliath entgegentraten und im Herbst 1989 zum Kristallisationskern der plötzlich aufkommenden Massenproteste wurden. Für die meisten aber bleibt es schlicht ein Wunder, dass der martialisch gesicherte SED-Staat so sang- und klanglos von der historischen Bühne abtrat.

In Wahrheit ist weniger das Verschwinden der DDR erstaunlich als vielmehr die Tatsache, dass kaum jemand damit rechnete. Ein bloßer Blick auf die Landkarte musste eigentlich jedem sagen, dass zumindest die Einmauerung der Halbstadt Westberlin keine Dauerlösung sein konnte. Wer einmal in den Osten Deutschlands reiste, konnte beim Anblick der verfallenen Städte und der altersschwachen Industrieanlagen nur zu dem Schluss kommen, dass die ostdeutsche Wirtschaft am Boden lag und keine Zukunft hatte. Wer in den späten achtziger Jahren sich mit DDR-Bürgern unterhielt, erfuhr schon nach wenigen Minuten, wie groß die Unzufriedenheit war und wie wenig Rückhalt das System in der Bevölkerung besaß. Das SED-Regime ist zusammengebrochen, weil es nicht überlebensfähig war – nur haben viele diese offensichtliche Tatsache nicht wahrhaben wollen. Spätere Generationen werden sich im Zusammenhang mit der DDR deshalb vor allem die Frage stellen, warum die zweite deutsche Diktatur von den Zeitgenossen so euphemistisch beurteilt wurde.

Die Nachwirkungen dieser Wahrnehmungsblockade waren besonders in den Monaten des revolutionären Umbruchs zu spüren. In der von den Sozialdemokraten entwickelten und von der Union weitergeführten Entspannungspolitik, die auf ein leidliches Auskommen mit den Machthabern in Ostberlin setzte, war kein Platz für aufbegehrende Volksmassen in Ostdeutschland. Der Zusammenbruch der DDR war in den politischen Strategien nicht vorgesehen. Noch viel weniger gab es Konzepte für eine Vereinigung der getrennten Volkswirtschaften, zu deren Entwicklung die Präambel des Grundgesetzes die Politiker eigentlich verpflichtete. Die Folgen der fehlerhaften Einschätzung der DDR-Ökonomie, deren Privatisierung statt der erwarteten Überschüsse gigantische Schulden hinterließ, werden das vereinigte Deutschland noch auf Jahre hinaus belasten.

Obwohl durch den plötzlichen Untergang des kommunistischen Systems die Irrtümer und Illusionen im Verhältnis zur DDR für jedermann offensichtlich wurden, zeigten sich die politischen, wirtschaftlichen und wissenschaftlichen Eliten des Westens nur kurze Zeit verunsichert. Ihre anfängliche Sprachlosigkeit angesichts der unvorhergesehenen Entwicklung im Osten wich bald einem aktivistischen Management der Vereinigung. Die vorher geschmähten Oppositionellen wurden zu politischen Freunden erklärt und mit Orden oder Ämtern belohnt, weil man sich ihr Erbe einverleiben wollte. Rasch fanden sich auch Erklärungen und Legenden, die zeigen sollten, wie groß der eigene Anteil am Ende des SED-Sozialismus gewesen war. Die CDU verwies darauf, dass sie den Gedanken der Einheit nie aufgegeben und ihn unter ihrem Kanzler Kohl 1989/90 beherzt in die Tat umgesetzt hätte, während die SPD sich die von ihrem Kanzler Brandt eingeleitete Entspannungspolitik zugute hielt, durch welche die friedliche Revolution überhaupt erst möglich geworden sei.

Eine selbstkritische Diskussion über das Verhältnis zur SED-Diktatur flammte nur einen Augenblick lang auf. Der Regensburger Politologe Jens Hacker analysierte 1992 in seinem Buch *Deutsche Irrtümer* das Verhalten von Regierungen, Parteien, Medien und Wissenschaft in Westdeutschland und mahnte eine Debatte über die Fehleinschätzungen des Westens an. Gefordert seien vor allem jene Politiker, Wissenschaftler, Publizisten und Journalisten, die aus unterschiedlichen Erwägungen heraus den Status quo in Europa und damit auch in Deutschland für sakrosankt gehalten hätten. »Diese weit verbreitete Vorstellung hat maßgeblich dazu beigetragen, dass ein guter Teil der Öffentlichkeit vom ›Wunderjahr‹ 1989 so überrascht worden ist.«[1] Ähnlich argumentierte der britische Historiker Timothy Garton Ash, der vor allem den Sozialdemokraten vorwarf, mit ihrem Konzept der »Liberalisierung durch Stabilisierung« in Wahrheit einer »Stabilisierung ohne Liberalisierung« Vorschub geleistet zu haben.[2] Und die Frankfurter Publizistin Cora Stephan forderte 1992 unter dem provokanten Titel *Wir Kollaborateure*, auch im Westen endlich Abschied zu nehmen von den Weltbildern und Lebenslügen, die sich in vier Jahrzehnten deutsch-deutscher Verstrickung angesammelt hätten.[3]

Die Frage, wie es möglich war, über den wahren Zustand eines ganzen Landes hinwegzutäuschen, ist bis heute nicht hinreichend beantwortet worden. Dass Diktaturen im Zeitalter der Massenkommunikation in der Lage sind, die eigene Bevölkerung propagandistisch so zuzurichten, dass sie eine eigene, irreale Form der Wahrnehmung entwickelt, hat schon der Nationalsozialismus bewiesen. Die Mechanismen, die dazu geführt haben, dass auch die externe westdeutsche Sicht derart von der Wirklichkeit abwich, sind dagegen noch freizulegen. Die Macht des Faktischen und die faktensetzende Kraft der Macht haben im Fall der SED-Diktatur weit über die eigenen Staatsgrenzen hinaus gewirkt und offenbar auch im Westen Politik, Medien und Wissenschaft stark beeinflusst.

Gefördert wurde diese politische Erblindung der meinungsbildenden Eliten durch unterschiedliche Faktoren: Eine wichtige Erklärungslinie geht auf die traumatische Erfahrung der NS-Diktatur zurück, die das ohnehin komplizierte Nationalgefühl der Deutschen nachhaltig gestört hat. Die Teilung Deutschlands erschien vielen nicht nur als unumstößliche, sondern auch als gerechte Folge des Hitler-Krieges, wobei sich dieses Urteil aus dem sicheren Hort der Freiheit vergleichsweise einfach fällen ließ. Das nationale Vakuum, das die westdeutsche Gesellschaft so sehr von den europäischen Nachbarvölkern unterschied, galt erst recht für das Verhältnis zu den in ihren Lebensumständen entrückten Brüdern und Schwestern im Osten. Viele Intellektuelle waren der Ansicht, dass die Wiederherstellung eines deutschen Nationalstaats weder wünschenswert noch – angesichts der kurzen Zeit nationalstaatlicher Existenz – historisch zu begründen wäre. Sie vergaßen dabei, dass über diese Frage nicht an den Schreibtischen von Publizisten und Politikern entschieden wird, sondern, sofern man das Selbstbestimmungsrecht der Völker ernst nimmt, von den Menschen selbst. Und diese hatten im Osten Deutschlands bis zum Herbst 1989 keine Möglichkeit, ihren politischen Willen in dieser Frage zum Ausdruck zu bringen.

Ein zweiter Grund für die Bereitschaft, die SED-Diktatur zu akzeptieren, lag in der Verinnerlichung des Ost-West-Konflikts, die die Aufteilung Europas und der Welt zwischen den Supermächten zum grundlegenden Axiom des politischen Denkens machte. Anders als in den fünfziger Jahren, als man noch davon ausging, dem sowjetischen Expansionismus offensiv entgegentreten zu müssen und zu können, setzte sich seit den sechziger Jahren zunehmend die Einstellung durch, man müsse sich mit der Sowjetunion und ihrem deutschen Satelliten arrangieren. Der Zwang, den geopolitischen Status quo in Europa anerkennen zu müssen, der Versuch, praktische Zugeständnisse durch Verhandlungen mit den Ostberliner Machthabern zu erzielen, die Angst vor den Gefahren einer militärischen Konfrontation – all dies hat nicht nur die Bereitschaft zu einem pragmatischen Miteinander gefördert, sondern die »friedliche

Koexistenz« auch in politisch-ideologischer Hinsicht zum Programm erhoben. Mit der Aufgabe einer aktiven Wiedervereinigungspolitik, deren Chancen in der Tat aufgrund der militärischen Stärke der Sowjetunion drei Jahrzehnte lang gering waren, akzeptierte man die DDR nicht nur als staatliches Gebilde, sondern zugleich als Herrschaftssystem, das zu kritisieren oder zu delegitimieren nun als entspannungsfeindliche »Einmischung in die inneren Angelegenheiten« erschien.

Eine weitere Ursache für die Fehleinschätzung der SED-Diktatur war, dass das Verhältnis zur DDR in starkem Maße unter innenpolitischen Gesichtspunkten definiert wurde: Die klassische Rechts-Links-Konfrontation kreiste in Deutschland immer auch um das Verhältnis zur DDR. Für die einen war sie der schlagende Beweis für das Scheitern aller sozialistischen Politikansätze, für die anderen war der Antikommunismus das entscheidende Hindernis auf dem Weg zu einer sozialen und demokratischen Politik in der Bundesrepublik. Die Beurteilung der SED-Herrschaft war deshalb weniger von Fakten und Erfahrungen abhängig als von den jeweiligen machtpolitischen Interessen der Parteien und ihrer Repräsentanten. Diese Rolle der DDR als Katalysator der innenpolitischen Polarisierung galt, besonders in den sechziger und frühen siebziger Jahren, nicht nur für die Spitzen der Politik, sondern reichte bis hinunter in die Kapillaren der Gesellschaft. So erinnert sich beispielsweise der Journalist Henryk M. Broder, wie er als Gymnasiast empört zurechtgewiesen wurde, nachdem er für die Schülerzeitung einen Artikel geschrieben hatte, in dem er sich über die damals geltende Sprachregelung lustig gemacht hatte, nur von der »SBZ« oder der »so genannten DDR« zu sprechen. Bei ihm, so bekannte er später in einem Aufsatz, bewirkte diese Reaktion genau das Gegenteil, sodass er für kurze Zeit zum DDR-Fan wurde. »Hätte mich zu dieser Zeit ein Mitarbeiter des Ministeriums für Staatssicherheit angesprochen, wäre ich ohne zu zögern ein IM geworden.« Erst ein Besuch im Arbeiter-und-Bauern-Staat bereitete dieser Begeisterung ein Ende.[4]

Zudem eignete sich die DDR auf verschiedene Art und Weise als Objekt von Projektionen und heimlichen Sehnsüchten: Bei allen Fehlern und Unzulänglichkeiten, war der real existierende Sozialismus, in dem die Produktionsmittel der Verfügungsgewalt des Staates unterworfen waren, dem westlichen Kapitalismus nicht doch auf eine grundsätzliche Weise überlegen? Gab es hier nicht die Chance, all die Utopien zu verwirklichen, die im harten politischen Alltag zu Hause niemals durchzusetzen waren? Bundesrepublikanische Linke fühlten sich den Machthabern der DDR zumindest insofern verbunden, als sie die gleichen Gegner hatten. Wen das westliche System nicht zufrieden stellte, der entwickelte in der damaligen bipolaren Welt fast zwangsläufig Sympathien mit dem östlichen Gegenpol. Manchen erschien die DDR aus der Ferne gar als das »bessere Deutschland«, ohne dass sie freilich so weit gingen, die Probe aufs Exempel zu machen und das Leben eines DDR-Bürgers zu führen. Selbst unabhängig von vordergründiger politischer Affinität löste ein Besuch im fremdvertrauten Ostdeutschland oftmals merkwürdige emotionale Turbulenzen aus, sei es durch den Eindruck vermeintlich engerer Sozialbeziehungen, sei es durch die Wiederentdeckung eines im Westen längst hinweg modernisierten »alten« Deutschlands, in dem die Straßen noch von Bäumen gesäumt waren und das Bild der kleinen Städte weitgehend dem der Vorkriegszeit entsprach. Und dennoch bleibt es erstaunlich, wie sehr gerade jene, die dem Geist der kritischen Aufklärung huldigten, diesen gegenüber der SED-Diktatur missachteten.

Dabei war das DDR-Bild im Westen anfangs von großem Realismus geprägt. In den Zeitungen der fünfziger Jahre fanden sich bereits die meisten der Erkenntnisse, die nach dem Zusammenbruch der SED-Herrschaft erst nach und nach wieder ins Bewusstsein der Öffentlichkeit drangen: über die Uneffektivität der Planwirtschaft, die Allgegenwart des Staatssicherheitsdiensts, die Ablehnung des Kommunismus durch die Mehrheit der Bevölkerung. Auch die Urteile der westdeutschen Politiker über den SED-Staat waren damals, unabhängig von der Parteizugehörigkeit, von einer Klarheit, wie man sie selbst heute eher selten antrifft. Der Paradigmenwechsel setzte erst in den sechziger Jahren ein, als zunächst einzelne Medien einen neuen Tonfall anschlugen, dann andere ihnen folgten und schließlich auch die Politiker dem Umschwung der öffentlichen Meinung Rechnung trugen.

Das neue DDR-Bild wurde in starkem Maße von den Medien herbeigeschrieben und -gesendet. Eine ganze Generation von Publizisten, Politikern und Wissenschaftlern trieb in Büchern, Aufsätzen, Leitartikeln und öffentlichen Erklärungen den Einstellungswandel gegenüber der SED-Diktatur voran. In der Rückschau liest sich die Liste derjenigen, die mit Verve für ein neues, »entspanntes« Verhältnis zur DDR plädierten, wie ein Who-is-who der westdeutschen Publizistik: Theo Sommer von der *Zeit*, der sich schon 1964 dafür aussprach, die DDR auch von westlicher Seite her zu stabilisieren; Peter Bender, der im selben Jahr erstmals für eine »Offensive Entspannung« gegenüber dem Sowjetsystem eintrat; Hans Heigert von *Report* in München, für den schon 1967 keine Umstände mehr denkbar waren, »auch nicht mit der weitreichendsten Phantasie, die eine Aufhebung und Vereinigung der beiden deutschen Staaten möglich machen könnten«; Hanns Werner Schwarze vom ZDF, der in seinen Sendungen *drüben* und *Kennzeichen D* für ein neues, »vorurteilsfreies« DDR-Bild warb; Günter Gaus, Chefredakteur des *Spiegel* und ab 1974 erster Leiter der Ständigen Vertretung der Bundesrepublik in Ostberlin, der vehement für eine geistig-politische Abrüstung gegenüber der SED-Diktatur eintrat und sich in paradoxer Verdrehung der Tatsachen gegen den »totalitären Antikommunismus« in Westdeutschland wandte; Robert Leicht von der *Süddeutschen Zeitung*, dann der *Zeit*, der die unerfüllten nationalen Erwartungen als »deutschen Drang nach dem Unmöglichen« abqualifizierte – um nur einige der Publizisten zu nennen, die die Meinung der Deutschen über das Verhältnis zum SED-Staat formten.[5] In der Politik war es vor allem der SPD-Politiker Egon Bahr, der mit seiner 1963 erstmals postulierten These vom »Wandel durch Annäherung« die Weichen für die Einstellung der Angriffe auf die SED und für die von ihr erwünschte Anerkennung stellte. Auch die westdeutsche DDR-Forschung, die im Zuge der Entspannungspolitik immer stärker eine »wertfreie« Analyse des SED-Regimes forderte, leistete dem geschönten DDR-Bild in vielfältiger Weise Vorschub. Analysen wie die von Rüdiger Thomas, der das »Modell DDR« als »kalkulierte Emanzipation« charakterisierte, fanden in Hochschulen und Bildungseinrichtungen tausendfach Verwendung – und verstellten den Blick für den wirklichen Charakter der SED-Herrschaft.[6]

Erst in den späten achtziger Jahren verfinsterte sich das DDR-Bild im Westen wieder – nicht, weil sich die Einstellung der Publizistik grundsätzlich gewandelt hätte, sondern weil der SED langsam die Kontrolle über die von ihr Regierten entglitt: Im Schutzraum der evangelischen Kirchen formierte sich erstmals wieder ein unabhängiges politisches Denken, das über Veranstaltungen, Synoden oder Erklärungen auch nach außen sichtbar wurde. Friedens-, Umwelt- und Menschenrechtsgruppen fanden sich zusammen und schufen mit kleinen hektographierten Schriften eine »zweite«, unabhängige Öffentlichkeit.[7] Westliche Journalisten hatten dadurch, wenn es sie denn interessierte, ein politisches Subjekt, das der SED von innen entgegentrat und bedeutend aufschlußreicher war als Parteitagsreden oder larmoyante Alltagsberichte. Dass diese andere DDR überhaupt ins Blickfeld der westdeutschen Öffentlichkeit geriet, war zunächst vor allem das Verdienst weniger, kaum bekannter Journalisten wie Peter Wensierski oder Wolfgang Büscher, die bald Einreiseverbot erhielten. Darüber hinaus sorgten ausgebürgerte Dissidenten wie Jürgen Fuchs und Ronald Jahn dafür, dass die oppositionellen Aktivitäten im Westen besser bekannt wurden. Namentlich Jahn verhalf ostdeutschen Bürgerrechtlern in den letzten Jahren der DDR zu beträchtlicher Öffentlichkeit: Durch seine Vermittlung meldeten sich kritische DDR-Bürger mit Artikeln oder Interviews auf der Ostberlin-Seite der *tageszeitung* zu Wort; erhielten ostdeutsche Oppositionelle Mikrophone und Kassettenrekorder, um Mitschnitte von Veranstaltungen anzufertigen oder politische Erklärungen aufzunehmen, die dann, unter anderem in der Westberliner Dissidentensendung *Radio Glasnost*, in die DDR gesendet wurden; entstanden schließlich sogar heimlich aufgenommene Videos in Ostdeutschland, die, beispielsweise über das Fernsehmagazin *Kontraste*, auch in der DDR ein breites Publikum erreichten.[8] Endgültig desavouiert sah sich die SED jedoch erst durch die westdeutschen Fernsehbilder von den Botschaftsbesetzungen im Sommer 1989, von der Massenflucht via Ungarn und von der anschwellenden Demonstrationsbewegung im Herbst 1989.

Den westdeutschen Eliten war diese Entwicklung eher unheimlich. Zu sehr hatten sie den Status quo und die Maximen der Entspannungspolitik verinnerlicht. Ihre Mitverantwortung für die Stabilisierung der SED-Diktatur betrifft jedoch nicht nur politisch-ideologische Irrtümer. Durch die Aufarbeitung der von der DDR hinterlassenen Archivbestände ist vielmehr deutlich geworden, dass Politiker, Publizisten, Wissenschaftler oder Unternehmer häufig auch einen direkten Draht nach Ostberlin suchten. Tausende pflegten enge persönliche Kontakte zu kommunistischen Funktionären und meinten vielfach, damit besonders fortschrittlich zu handeln. In diesem deutsch-deutschen Beziehungsgeflecht spielte das Ministerium für Staatssicherheit, dessen Aktionsradius sich nicht auf den Osten Deutschlands beschränkte, eine bedeutende Rolle. Durch vielfältige Maßnahmen versuchte es, Kontakte zu knüpfen und zu festigen und auf politische Prozesse im Westen Einfluss zu nehmen. In der Regel ging es ihm dabei darum, die der SED genehmen politischen Kräfte zu unterstützen und die »Feinde« der DDR zurückzudrängen. Es versteht sich von selbst, dass SED und MfS ein unmittelbares Interesse daran hatten, eine positive Einstellung gegenüber der DDR in der Bundesrepublik zu fördern und zu stabilisieren.

Über das informelle Beziehungsgeflecht zwischen der DDR und wichtigen westdeutschen Journalisten ist von den Beteiligten aus nachvollziehbaren Gründen in der Regel nur selten gesprochen worden. Unterlagen darüber finden sich am ehesten in den Aufzeichnungen des Staatssicherheitsdiensts, der diese Kontakte teils observierte, teils selber herstellte und pflegte. Schon bei einer oberflächlichen Sichtung des Materials springt dessen starkes Interesse an den westdeutschen Medien ins Auge. Es resultierte vor allem daraus, dass in einer geteilten Nation die Rückwirkungen der politischen Publizistik auf den jeweils anderen Staat ungleich größer sind als zwischen Staaten unterschiedlicher Nationalität. Ein Artikel im *Spiegel* war, obwohl ihn in der DDR nur wenige Auserwählte lesen durften, für die Machthaber so wichtig, dass er sogar zum Gegenstand von Beratungen im Politbüro werden konnte. Noch größere Bedeutung wurde den elektronischen Medien der Bundesrepublik beigemessen, die die Botschaften des Klassenfeindes jeden Tag in die Wohnzimmer der DDR-Bürger transportierten. Umgekehrt machte die SED frühzeitig die Erfahrung, dass die westdeutschen Medien für die eigenen Interessen nutzbar gemacht werden konnten und Journalisten aus dem Westen schon aus berufsbedingter Neugier der DDR oftmals aufgeschlossen gegenübertraten. Diese gegensätzlichen Erwägungen waren in erster Linie dafür verantwortlich, dass das MfS im Laufe der Zeit eine Fülle von Verbindungen zu westdeutschen Medien entwickelte. Einerseits wollte es über politische Diskussionen und publizistische Angriffe informiert sein, andererseits auf die Berichterstattung und den öffentlichen Diskurs Einfluss nehmen. Das Spektrum reichte dabei von quasi-amtlichen Kontakten zu westlichen Journalisten, die aus der DDR berichten wollten, bis zu professionell vorgehenden Agenten, die der Stasi kontinuierlich zuarbeiteten.

Schwierigkeiten bei der Wahrheitsfindung

Elf Jahre nach der Auflösung des ostdeutschen Geheimdiensts ist das Netz der IM unter westdeutschen Journalisten immer noch nicht vollständig enttarnt. Ursache dafür ist nicht nur, dass das Archiv der in erster Linie zuständigen Hauptverwaltung A (HVA) fast vollständig vernichtet wurde, was zur Folge hat, dass zu vielen prominenten Journalisten weder Akten noch Karteikarten überliefert sind. Die Aufarbeitung wird vielmehr bis heute durch die Geheimhaltung wichtiger zusätzlicher Quellen verhindert. Der amerikanische Geheimdienst CIA konnte nämlich in den Wendewirren ein Duplikat der Personenkartei der HVA an sich bringen, doch Forschung und Medien wird der Zugang nach dem Stasi-Unterlagen-Gesetz seit Jahren verweigert. Auch die 1993 vom Verfassungsschutz angefertigten Karteiabschriften über westdeutsche Agenten werden in der Berliner Gauck-Behörde unter Verschluss gehalten und sind für Forscher, Journalisten oder Überprüfungen gesperrt. Während anfangs die Begründung dafür lautete, es handele sich um Verschlusssachen (VS), hieß es nach Aufhebung der VS-Einstufung, es seien keine Stasi-Unterlagen, sondern *Abschriften* von Stasi-Unterlagen. Diese definitorische Unterscheidung bewirkt, dass ihre Nutzung nach dem Stasi-Unterlagen-Gesetz ausgeschlossen ist. In der Praxis führt dies zu der bizarren Situation, dass selbst Spitzenquellen wie der Journalist und langjährige Bonner SPD-Chef Rudolf Maerker (»Max«), dessen Stasi-Tätigkeit von der Bundesanwaltschaft offiziell bestätigt worden ist, durch die Gauck-Behörde nach wie vor als unbelastet eingestuft werden.

Führende ostdeutsche Bürgerrechtler hatten sich deshalb schon 1998 in einem Brief an US-Präsident Bill Clinton dafür eingesetzt, die originale Personenkartei der HVA nach Deutschland zurückzuführen. Nach langwierigen Verhandlungen kündigte der Geheimdienstkoordinator im Bundeskanzleramt, Ernst Uhrlau, im Herbst 1999 schließlich an, dass die Vereinigten Staaten sich bereit erklärt hätten, eine elektronische Kopie auf mehreren hundert CD-ROM anzufertigen, die sukzessive an Deutschland übergeben werden sollten. Als im März 2000 die erste CD im Bundeskanzleramt eintraf, erfuhr die Öffentlichkeit jedoch, dass auch dieses Material der Geheimhaltung unterworfen sei, so dass eine Nutzung nach dem Stasi-Unterlagen-Gesetz zur Aufdeckung des westdeutschen Agentennetzes ausgeschlossen ist. Obwohl sich der Innenausschuss des Bundestages in der Folge mehrfach für die Offenlegung der sogenannten Rosenholz-Unterlagen aussprach, ist die Personenkartei der HVA – im Gegensatz zu den Karteien der DDR-bezogenen Diensteinheiten – bis heute nicht zugänglich.

Doch auch das zugängliche Stasi-Material ist bisher nur partiell genutzt worden. Die meisten westdeutschen Medien haben nach der Wende darauf verzichtet, ihre Mitarbeiter auf eine etwaige Stasi-Tätigkeit zu überprüfen. Weder *Spiegel* noch *Stern* noch der Springer Verlag sahen sich veranlasst, das im Stasi-Unterlagen-Gesetz geregelte Prüfverfahren einzuleiten, in der Regel nicht einmal bei Mitarbeitern, die sie aus Ostdeutschland übernommen hatten. Selbst bei den nunmehr von westdeutschen Verlagshäusern herausgegebenen ehemaligen DDR-Zeitungen kam es nur zum Teil – etwa bei der *Berliner Zeitung*, der *Sächsischen Zeitung* und dem *Neuen Tag*, dem Vorgänger der *Märkischen Oder-Zeitung* – zu einem Stasi-Check, obwohl den Verantwortlichen bekannt war, wie sehr gerade der ostdeutsche Journalismus unter der Kuratel von SED und Staatssicherheitsdienst gestanden hatte.[9] Der MDR ließ zwar rund 1200 Mitarbeiter auf eine Stasi-Mitarbeit überprüfen, doch von den sechsundsiebzig als belastet eingestuften wurden nur ganz wenige entlassen. Bis heute kommt es deshalb immer wieder zu zufälligen Enttarnungen, wie im Fall Gerd Schreckenbachs, Firmenleiter für den Süddeutschen Verlag, der in den achtziger Jahren in der DDR als IM »Franz Kaden« Berichte über Kollegen schrieb.[10] Beim MDR standen gleich mehrere Mitarbeiter im Kreuzfeuer öffentlicher Kritik. Fast immer waren die betroffenen Medien aber bestrebt, eine »stille Lösung« des Problems zu erreichen.

Diese Hindernisse lassen sich auch durch akribische Forschungen nicht einfach abtragen. Recherchen in der zentralen Datenbank der HVA, etwa zum *Stern* oder zum *Spiegel*, erweisen sich als wenig ergiebig, da die unmittelbare Ausforschung von Zeitschriften für die Stasi nicht prioritär war – es sei denn, es ging um herausragende Veröffentlichungen wie das so genannte *Spiegel*-Manifest oder den *Stern*-Bericht über das angebliche Honecker-Attentat. Hinzu kommt, dass in der Datenbank ausschließlich Decknamen verzeichnet sind. Noch schwieriger ist es, gezielt nach Klarnamen zu suchen, denn weder Wissenschaftler noch Journalisten haben das Recht, einzelne Medienmitarbeiter beim Bundesbeauftragten für die Stasi-Unterlagen zu überprüfen – geschweige denn Hunderte von Redakteuren, die im Laufe der Zeit in der westdeutschen Publizistik tätig waren. Das Stasi-Unterlagen-Gesetz enthält nämlich für Recherchen durch Wissenschaft und Medien die merkwürdige Konstruktion, dass man bereits vorher wissen muss, wer zu den Tätern zählte, um sich anschließend dieses Wissen durch die Gauck-Behörde bestätigen lassen zu können. Allenfalls herausgehobene Meinungsmacher können als Amtsträger oder Personen der Zeitgeschichte betrachtet und damit zum Gegenstand einschlägiger Recherchen werden. Doch gerade in diesen Fällen greift man meist ins Leere, weil sie in der Regel in den Zuständigkeitsbereich der HVA fielen und deshalb keine Unterlagen mehr vorhanden sind. So kommt es zu der vielleicht nicht ganz ungewollten Situation, dass, obwohl die Akten der Täter per Gesetz geöffnet wurden, bis heute niemand wirklich sagen kann, wer alles in Deutschland für das MfS gearbeitet hat.

Nun könnte man annehmen, dass die Stasi selber Übersichten über ihr IM-Netz in den wichtigsten Einsatzbereichen angefertigt hat, so auch über den westdeutschen Journalismus. Doch gerade dies verbot ihr das eherne Gesetz der Konspiration, nach dem jeder nur das erfahren sollte, was er für seine Arbeit unbedingt benötigte, und niemand einen umfassenden Überblick über das Netz der geheimen Zuträger haben durfte – schon gar nicht, wenn diese im Westen tätig waren. Manche IM erscheinen deshalb in einzelnen Akten sogar als »Feinde des Sozialismus«, obwohl sie sich in Wahrheit als »Kundschafter an der unsichtbaren Front« betätigten. Eine Liste über »Presse-Sonderverbindungen«, wie sie der BND 1970 für den damaligen Chef des Bundeskanzleramts, Horst Ehmke, anfertigen musste, wird man in den Archiven der Berliner Stasi-Akten-Behörde wohl niemals finden.[11] Auch spezielle Recherchen in bestimmten Abteilungen helfen nur begrenzt weiter, da Journalisten-IM über das ganze Ministerium verstreut tätig waren, denn fast alle Stasi-Diensteinheiten wussten den Wert dieser besonderen Quellen zu schätzen.

Eine weitere Schwierigkeit liegt in der Abgrenzung zwischen einer inoffiziellen Mitarbeit und anderen Formen der Kooperation mit dem MfS. Um von einem Journalisten vertrauliche Informationen zu erhalten, musste man ihn vorher nicht unbedingt eine schriftliche Verpflichtungserklärung unterschreiben lassen, und damit er eine Information der Stasi veröffentlichte, reichte es manchmal schon aus, ihm ein skandalträchtiges Dokument in den Briefkasten zu werfen. Für die Bereitschaft, politische Forderungen der SED in die westdeutsche Öffentlichkeit zu tragen, genügte oftmals schon eine diffuse Sympathie für den Sozialismus und den »ersten Arbeiter-und-Bauern-Staat auf deutschem Boden«. Der Stasi war es verhältnismäßig gleichgültig, mit welchen Methoden und aufgrund welcher Motive sie ihre Ziele erreichte – und dennoch macht es einen Unterschied, ob ein Journalist über Geheimfunk Instruktionen aus Ostberlin erhielt oder bei DDR-Reisen mit einem freundlichen Herrn vom Presseamt über aktuelle politische Fragen diskutierte. Eine Analyse des Quellennetzes der Stasi muss daher einerseits breiter ansetzen als bei einer üblichen IM-Überprüfung, zugleich aber jeden Einzelfall gesondert betrachten und auf der Grundlage der vorliegenden Informationen bewerten.

Mit Sorge sind vor diesem Hintergrund die aktuellen Bestrebungen zu sehen, das Stasi-Aktenmaterial über prominente Westdeutsche stärker unter Verschluss zu nehmen. Ausgelöst durch Veröffentlichungen aus Abhörprotokollen von Telefongesprächen führender CDU-Politiker formierte sich seit dem Frühjahr 2000 eine parteiübergreifende Koalition, die sich unter Berufung auf das grundgesetzlich geschützte Fernmeldegeheimnis dagegen aussprach, diese rechtswidrig entstandenen Stasi-Unterlagen weiterhin Forschung und Medien zugänglich zu machen. Während Alt-Bundeskanzler Helmut Kohl ankündigte, die Offenlegung der ihn betreffenden Telefonprotokolle gerichtlich verbieten lassen zu wollen, drohte Bundesinnenminister Otto Schily damit, die Herausgabe notfalls per Kabinettsbeschluss zu verhindern. Neun Jahre nach Öffnung der Akten wurde damit die Unabhängigkeit der vom Bundestag kurz zuvor gewählten neuen Bundesbeauftragten für die Stasi-Unterlagen, Marianne Birthler, erstmals massiv in Frage gestellt. Die Argumente dafür sind freilich wenig überzeugend: Dass die Stasi ihre Erkenntnisse nicht mit rechtsstaatlichen Mitteln zu gewinnen pflegte, war dem Gesetzgeber von Anfang an bewusst gewesen. Jedem Bundestagsabgeordneten war bekannt, dass das Abhören von Telefongesprächen ebenso zu den Stasi-Methoden gehörte wie das Verwanzen von Wohnungen, die Kontrolle der Post und die Ausforschung durch Spitzel. Aus diesem Grund wurden die Opfer-Akten unter strengen Schutz gestellt und – nach langen Beratungen – nur bei Personen der Zeitgeschichte so weit geöffnet, dass die besonders schutzwürdigen Persönlichkeitsrechte gewahrt bleiben. So kommt es, dass die Akten beispielsweise über den ausgebürgerten Liedermacher Wolf Biermann Forschung und Medien zwar prinzipiell zugänglich sind, um die Tätigkeit der Staatssicherheit nachzeichnen zu können, seine Privatsphäre aber durch entsprechende Schwärzungen geschützt wird.

Solange diese Regelung des Stasi-Unterlagen-Gesetzes nur (ehemalige) Ostdeutsche betraf, gab es im Westen kaum Einwände dagegen. Die Aktenöffnung half vielmehr, die SED-Herrschaft zu delegitimieren, und förderte den notwendigen Elitenaustausch. Erst als führende westdeutsche Politiker im Zusammenhang mit der Parteispendenaffäre in Erklärungsnöte gerieten, formierte sich Widerstand. Die Motive dafür sind durchaus nachvollziehbar, denn niemand möchte gerne seine Telefongespräche in der Zeitung nachlesen. Doch die Sonderregelung für Personen der Zeitgeschichte wurde 1991 mit überwältigender Mehrheit im Bundestag verabschiedet. Sie jetzt zugunsten eines einzelnen Politikers wieder abzuschaffen, ist nicht nur rechtlich höchst fragwürdig, sondern hätte eine gravierende Ungleichbehandlung zwischen Ost und West, zwischen Prominenten und weniger Prominenten zur Folge. Für die historische Aufarbeitung der DDR-Diktatur wären die Konsequenzen katastrophal: SED-Funktionäre oder prominente Stasi-Informanten, deren IM-Akte vernichtet wurde, könnten sich darauf berufen, dass ihnen derselbe Schutz zusteht wie westdeutschen Politikern, denn laut Stasi-Unterlagen-Gesetz handelt es sich auch bei ihnen nicht um Täter, sondern um Opfer, solange ihnen keine Zusammenarbeit mit dem MfS oder eine Begünstigung durch die Stasi nachgewiesen werden kann. Die Dokumente über Manfred Stolpe oder Gregor Gysi, deren förmliche Aktenvorgänge vernichtet wurden, wären wahrscheinlich nie ans Licht der Öffentlichkeit gelangt, weil der Nachweis einer IM-Tätigkeit auf Basis der schütteren Überlieferung kaum möglich ist. Selbst Unterlagen über Erich Honecker könnten unter Verschluss geraten, weil auch er, streng genommen, weder Mitarbeiter noch Begünstigter des Staatssicherheitsdiensts war.

Fatal wären insbesondere die Folgen für die Aufarbeitung der westdeutschen Verstrickungen, weil die wichtigsten IM-Vorgänge vernichtet wurden und das wenige übrig gebliebene Material deshalb um so bedeutsamer ist. Die Belege für die vielfältige Kooperationsbereitschaft im Westen würden ebenso unter einem Betondeckel verschwinden wie die Nachweise der subtilen Einflussnahme durch die SED, die häufig nicht durch förmlich angeworbene Agenten erfolgte. Stasi-Dokumente über Willy Brandts Neue Ostpolitik, MfS-Protokolle über vertrauliche Äußerungen Egon Bahrs, Berichte über die Geheimtreffen zwischen dem DDR-Devisenbeschaffer Alexander Schalck-Golodkowsky und CSU-Chef Franz Josef Strauß: sie alle konnten bislang nur deshalb zugänglich gemacht werden, weil es sich bei den Beteiligten um Personen der Zeitgeschichte handelte, auch wenn sie vom Staatssicherheitsdienst ausgespäht wurden. Bei einer Revision des Stasi-Unterlagen-Gesetzes in diesem entscheidenden Punkt könnte auch das vorliegende Buch nur noch verstümmelt erscheinen. Noch aber gibt es keinen Anlass, dem Drängen der Politiker nachzugeben und von der bisherigen Praxis Abstand zu nehmen. Ohnehin hat eine wachsende Zahl Beteiligter inzwischen das Zeitliche gesegnet, sodass der Eindruck entsteht, es ginge weniger um Datenschutz als um Geschichtsklitterung.

Angesichts der ausgedünnten Aktenlage erfolgt die Auswertung des erhalten gebliebenen Materials in diesem Buch nicht nach den verschiedenen Medien, die jeweils nur sehr unvollständig abgehandelt werden könnten, sondern anhand der Abstufungen nach Intensität und Zielrichtung der Verbindungen westdeutscher Journalisten in die DDR. Im ersten Teil wird gezeigt, wie die SED durch gezielte »Kontaktarbeit« zu bundesdeutschen Redakteuren den Wandel des DDR-Bildes in der Bundesrepublik förderte. Hier wird auch die Rolle der zunächst nur ausnahmsweise und ab 1973 ständig aus der DDR berichtenden Korrespondenten untersucht. Im zweiten Teil geht es darum, wie insbesondere eine Reihe sozialdemokratisch orientierter Journalisten seit Mitte der sechziger Jahre vertrauliche Beziehungen zur SED entwickelten, die in Wahrheit zum Staatssicherheitsdienst führten. Diese Kontakte dienten führenden westdeutschen Politikern anfangs als »Kanal« für diskret zu übermittelnde Botschaften an die Machthaber in Ostberlin, hatten aber bald einen dauernden Abfluss von zum Teil hoch brisanten politischen Informationen zur Folge. Im dritten Teil wird versucht, das Netz der inoffiziellen Stasi-Mitarbeiter in den westdeutschen Medien zu rekonstruieren. Auch hier gab es unterschiedliche Abstufungen und Formen der Kooperation, die im Einzelnen näher untersucht werden. Der vierte Teil widmet sich der direkten nachrichtendienstlichen Einflussnahme auf den öffentlichen Diskurs in der Bundesrepublik und beschreibt anhand von Beispielen die von der Stasi benutzten medialen Lancierungswege. Im fünften Teil werden schließlich die Operationen des MfS zur Ausforschung und Bekämpfung von Medien behandelt, die von der SED für ihre Herrschaft als besonders gefährlich eingeschätzt wurden.

Bei diesem Blick in die Hinterlassenschaft der Staatssicherheit wird deutlich, dass einem Teil des westdeutschen Journalismus seine Haltung zur DDR nicht unbedingt zur Ehre gereicht. Offensichtlich war die Bereitschaft, mit den kommunistischen Machthabern zu kooperieren und das eigene kritische Urteilsvermögen hintanzustellen, größer, als dies der Öffentlichkeit bisher bewusst war. Auch die Art und Weise, in der Politiker wie Willy Brandt und Egon Bahr gegenüber der SED agierten, erscheint nach der Lektüre der von der Stasi angefertigten Protokolle vielfach befremdlich und wirft ein neues Licht auf ihre einstige politische Rolle. Von allen Parteien der alten Bundesrepublik hat die SPD, deren erster Parteichef Kurt Schumacher einst den Begriff vom »rot lackierten Faschismus« prägte, in ihrem Verhältnis zur DDR den stärksten Wandel durchlaufen und diesen zugleich am nachhaltigsten propagiert.

Mit solchen Befunden setzt sich dieses Buch, wie alle Versuche, die noch frische Vergangenheit kritisch zu reflektieren, der Gefahr harscher Reaktionen aus. Viele der im Folgenden genannten Journalisten verfügen noch heute über Einfluss in den westdeutschen Medien und könnten versucht sein, zum Gegenschlag auszuholen, statt sich mit der eigenen Rolle auseinander zu setzen. Sozialdemokraten könnten die hier gegebene Beschreibung mancher Vorgänge als rufschädigend für ihre Partei auffassen und deshalb ungehalten reagieren. Derartige Erfahrungen musste Anfang der neunziger Jahre schon der inzwischen verstorbene Politologe Jens Hacker machen, der im Nachwort zur Taschenbuchausgabe seiner keineswegs als polemische Streitschrift konzipierten Studie *Deutsche Irrtümer* ironisch feststellte, die Zahl seiner Freunde in den großen Parteien habe sich nach Erscheinen seines Buchs nicht vergrößert; und auch viele Kollegen aus der Geschichts- und Politikwissenschaft, besonders aus der DDR- und vergleichenden Deutschland-Forschung, seien ihm seitdem gram.[12] Während Hacker sich jedoch darauf beschränkte, bereits veröffentlichte Positionsbestimmungen in Erinnerung zu rufen, stehen in diesem Buch die streng vertraulichen Aufzeichnungen des SED-Geheimdiensts zur Diskussion, die die Analyse häufig noch in eine unschöne Schlüsselloch-Perspektive rücken.

Solche Erwägungen und Befürchtungen dürfen jedoch nicht dazu führen, die Frage nach dem Verhalten der westlichen Medien gegenüber der SED-Diktatur ad acta zu legen oder ihre Beantwortung auf einen späteren Zeitpunkt zu verschieben. Viel zu lange hat sich die Aufarbeitung der MfS-Vergangenheit in einer Schieflage befunden, weil sie in den ersten Jahren nach Öffnung der Archive fast ausschließlich als Problem der Ostdeutschen betrachtet wurde. Tatsächlich hat sich jedoch gezeigt, dass es auch im Westen eine beträchtliche Bereitschaft zu Verrat und Kumpanei mit den kommunistischen Machthabern in der DDR gab. Dies aufzuarbeiten und die Folgen auszuloten ist eine Aufgabe der zeithistorischen Forschung, die für den Selbstfindungsprozess des vereinigten Deutschland nach wie vor von großer Bedeutung ist.

Dabei stellen die Stasi-Aufzeichnungen naturgemäß nur eine Dimension des historischen Rückblicks dar. Wie jede Quelle ist auch ein Bericht des Staatssicherheitsdiensts unter bestimmten Umständen entstanden, die relativierend zu berücksichtigen sind: Die ideologische Voreingenommenheit des Verfassers, die besondere Betonung der Gefährlichkeit des Gegners und der Erfolge der eigenen Arbeit, die Unterschiede zwischen den verschiedenen Schriftgutkategorien, die vom wohlklingenden Plan bis zum Wortprotokoll eines Telefongesprächs reichen – dies alles zu bedenken ist eigentlich eine Selbstverständlichkeit, die beim Umgang mit Stasi-Unterlagen merkwürdigerweise aber immer wieder betont werden muss, weil die Neigung, anhand einzelner Unrichtigkeiten den Erkenntniswert der Akten insgesamt in Frage zu stellen, besonders groß ist. Um es deutlich zu sagen: Stasi-Dokumente können Fehler oder Verzerrungen enthalten, doch dass gerade beim Geheimdienst der DDR, der die Aufgabe hatte, durch möglichst umfassende und realistische Informationen die Macht der SED abzusichern, Akten nach eigenem Gutdünken zusammenfabuliert und gefälscht wurden, ist ein Märchen, das von interessierter Seite aus allzu offensichtlichen Motiven in die Welt gesetzt wurde.

Erleichtert wird die Beschäftigung mit dem Thema inzwischen glücklicherweise durch den unaufhaltsamen Historisierungsprozess der deutsch-deutschen Teilungsgeschichte. Manche der hier in Rede stehenden Publizisten, wie Theo Sommer oder Robert Leicht, haben sich mittlerweile zu ihren Irrtümern bekannt und nicht, wie Peter Bender oder Günter Gaus, ihre Fehleinschätzungen im Nachhinein noch bekräftigt. Für die nachrückende Journalisten- und Wissenschaftlergeneration sind die Schlachten um die Ostpolitik der sechziger und siebziger Jahre ohnehin in große Ferne gerückt. Zudem befindet sich das innenpolitische Lagerdenken, das die politische Kultur der Bundesrepublik bis zur Vereinigung der beiden deutschen Staaten prägte, in zunehmender Auflösung. Mit wachsendem historischem Abstand wird die Delegitimierung der SED-Diktatur weiter voranschreiten, und es ist abzusehen, dass die Auseinandersetzungen um das Verhältnis zur DDR bald nur noch wenige interessieren. Doch gerade diejenigen, die zu Recht die verspätete Aufarbeitung des Nationalsozialismus beklagt haben, sollten mit der kritischen Reflexion ihres eigenen Verhaltens gegenüber der zweiten deutschen Diktatur nicht genauso lange warten.

Kontaktarbeit: Der Wandel des DDR-Bildes im Westen

Journalistisch war es ein Tabubruch: Am 1. Dezember 1963, zwei Jahre nach dem Bau der Berliner Mauer, meldete sich ihr oberster Bauherr in einer westdeutschen Publikumsillustrierten zu Wort. Unter der Überschrift »Ulbricht möchte mit Erhard sprechen« druckte der *Stern* ein ausführliches Interview ab, in dem der SED-Chef erklären durfte: »Es wäre an der Zeit, dass die Regierung in Bonn den von ihr errichteten Eisernen Vorhang abbaut und den Kalten Krieg gegen die DDR und ihre Bürger einstellt.«[1] So viel unverfrorene SED-Propaganda hatte bis dahin kein angesehenes Blatt im Westen zu veröffentlichen gewagt.

Den Verantwortlichen des *Stern* war offenbar selbst nicht ganz wohl dabei. Verlagschef Gerd Bucerius hatte sich schon vor der Veröffentlichung darüber empört, dass seine Redakteure, ohne ihn zu fragen, Ulbricht eine derartige Plattform bieten wollten. Um ihn zu besänftigen, hatte man verabredet, das Interview mit einem bissigen Kommentar zu versehen. Übrig blieben davon allerdings nur zwei Fußnoten, in denen die Redaktion gerade einmal die schärfsten Propagandaattacken richtig stellte. Am unteren Seitenrand erfuhr man jetzt, dass die Mauer gebaut worden sei, weil Ulbrichts System angesichts der Millionen Flüchtlinge sonst zusammengebrochen wäre, und dass der Schießbefehl unmenschlich sei. Außerdem begründete der *Stern* die Veröffentlichung im Vorspann mit Spekulationen über einen Rücktritt des SED-Herrschers. Auch wenn Ulbrichts Äußerungen nichts Neues enthielten, glaubte der *Stern*, »seinen Lesern eine derartige Information nicht vorenthalten zu sollen«.

Das Interview bildete den Auftakt einer Serie, wie man sie

bis dahin im Westen nicht gekannt hatte: Der stellvertretende Chefredakteur Jochen Steinmayr und sein Kollege Rolf Gillhausen hatten sieben Wochen lang mit Hilfe des ostdeutschen Presseamts die DDR bereist und Grenzsoldaten, LPG-Bauern sowie Angehörige der jungen kommunistischen Intelligenz befragt. In einer Mischung aus oberflächlichen Gesprächen, offiziösen Statements und politischen Klischees berichteten sie nun von ihren Begegnungen im Osten. Das Bild, das sie zeichneten, zeigte eine DDR, in der die Menschen sich eingerichtet hatten und die Bundesrepublik mit großer Skepsis betrachteten – kein Wort über das Leiden an der Diktatur und die Sehnsucht nach Wohlstand, die zuvor so viele davongetrieben hatte. »Drüben sind die meisten Leute doch kaltherzig und raffgierig«, erklärte zum Beispiel eine junge Frau, die, dank dem Sozialismus, mit fünfundzwanzig Jahren schon Ärztin war, und ein Polit-Hauptmann der Grenztruppen meinte: »Der alte Militarismus steht bei euch im Westen wieder auf.« Die Schriftstellerin Christa Wolf, die es gerade zur Kandidatin des Zentralkomitees (ZK) der SED gebracht hatte, wurde mit den Worten zitiert: »Wenn Westdeutsche über Polen, ja sogar über China sprechen, bringen sie Verständnis auf. Uns bringen sie nur Ignoranz entgegen!«[2]

Was die *Stern*-Reporter mit dem Authentizität versprechenden Titel »Die DDR von innen« überschrieben, war in Wahrheit eine der ersten erfolgreichen PR-Aktionen der SED im Westen – passend zur Vorweihnachtszeit, in der traditionell Pakete in den Osten geschickt wurden, und akribisch vorbereitet durch das Presseamt beim Ministerrat der DDR. In diesem Amt bastelten Partei, Regierung und Staatssicherheitsdienst seit geraumer Zeit an einem überzeugenderen neuen Propagandabild. Nachdem die DDR durch das Abschneiden der Fluchtwege von innen nicht mehr destabilisiert werden konnte, wollte die SED ihren Staat nunmehr auch von außen anerkannt sehen. Dazu reichte die Agitation nach altem Muster nicht aus. Nicht mehr die kleinen kommunistischen Postillen im Westen sollten Werbung für den Sozialismus machen, sondern die großen Blätter der Bundesrepublik.

Das Presseamt der DDR

Institutionell ruhte die Propagandaarbeit gen Westen auf drei Säulen: dem ZK der SED mit seiner für Agitation und Propaganda zuständigen Abteilung und dem Sekretär Albert Norden, dem Presseamt beim Ministerrat der DDR, das von Kurt Blecha geleitet wurde, und dem Ministerium für Staatssicherheit, wo Anfang der sechziger Jahre noch die Abteilung Agitation unter Oberstleutnant Günter Halle tonangebend war. Erst 1966 schuf sich der Leiter der für Spionage zuständigen Hauptverwaltung A (HVA), Markus Wolf, in Gestalt der aus einem »Sonderreferat« hervorgegangenen HVA-Abteilung X unter Rolf Wagenbreth ein eigenes Instrument für mediale Einflussnahmen im Westen. Diese lief der Agitationsabteilung zunehmend den Rang ab, bis letztere 1984 in der Zentralen Auswertungs- und Informationsgruppe (ZAIG) aufging.

Presseamt und Staatssicherheitsdienst waren eng miteinander verzahnt – offiziell und durch die Besetzung wichtiger staatlicher Posten mit IM. 1971 haben Presseamtsleiter Blecha, dessen Stellvertreter Günter Köhler und der Leiter der MfS-Abteilung Agitation, Halle, dieses Zusammenspiel in einer fast sechshundert Seiten starken gemeinsamen »Forschungsarbeit« beschrieben.[3] Sie bestätigten darin die langjährige »genossenschaftliche« Zusammenarbeit und die »engen arbeitsmäßigen, ja arbeitsteiligen Wechselbeziehungen« zwischen beiden Institutionen und widmeten sich speziell der intensiven Kooperation bei der »Kontaktarbeit« und »Konterpropaganda« des Presseamts gegenüber der Bundesrepublik. Die »engstmögliche« Zusammenarbeit sollte danach nicht nur die »Informationsinteressen« der Staatssicherheit hinsichtlich der westlichen Medien und ihrer Mitarbeiter befriedigen, um »für eine offensive Auseinandersetzung mit der feindlichen Agitation« gerüstet zu sein, sondern auch der »unmittelbar gegen den Feind gerichteten Agitationsarbeit« des MfS dienen.[4]

Dass Blecha, übrigens der Schwiegervater Alexander Schalck-Golodkowskys, so vertrauensvoll mit dem MfS zusammenarbeitete, lag nicht nur am besonderen SED-Verständnis der Pressearbeit. Es hatte auch einen persönlichen Hintergrund, denn Blecha war, jedenfalls einem Bericht eines seiner Mitarbeiter zufolge, Oberst der sowjetischen Abwehr.[5] In enger Kooperation mit dem MfS sollte das von ihm geführte Presseamt durch ein effektives »System der Kontaktarbeit« auf westliche Publikationsorgane Einfluss nehmen. Ziel war es, »maximal objektivierte Informationen und Erkenntnisse über die DDR und ihre Politik zu verbreiten, den Einfluss der antikommunistischen, gegen die DDR gerichteten Feindpropaganda, insbesondere der Springer-Presse, zurückzudrängen und die progressiven demokratischen Kräfte in Westdeutschland und Westberlin in ihrer Öffentlichkeitsarbeit zu unterstützen«. Zu diesem Zweck gründete man Anfang der sechziger Jahre in Ostberlin ein Informations- und Organisationsbüro für ausländische Journalisten, aus dem später die Abteilung Journalistenreisen beim Reisebüro der DDR hervorging. Auch die Informationsabteilung des Verbandes deutscher Journalisten (ab 1972 Verband der Journalisten der DDR, VDJ) wurde in die Betreuung westdeutscher Redakteure mit einbezogen, wobei die »Betreuer« in Wahrheit zumeist getarnte MfS-Mitarbeiter waren. Der Ministerrat bestätigte am 6. Dezember 1967 ausdrücklich diese externe Aufgabenstellung des Presseamtes und verpflichtete es, »die Verbreitung der Wahrheit über die DDR in westdeutschen und Westberliner Publikationsorganen zu fördern und die feindliche Propaganda offensiv zu bekämpfen«. Praktisch erfolgte dies in erster Linie durch Veranstaltungen und Pressekonferenzen mit westlichen Journalisten, durch so genannte Presse-Exkursionen in die DDR, durch die gezielte Übermittlung »offizieller direkter und indirekter Informationen« sowie durch die »Lancierung bzw. Initiierung von entsprechenden Beiträgen in Westberliner und westdeutschen Zeitungen und anderen Massenmedien durch geeignete Methoden der Kontaktarbeit«.[6]

Die Entdeckung, dass westliche Journalisten nicht automatisch Feinde des Sozialismus sein müssten, hatten die Propagandaverantwortlichen der SED schon relativ früh gemacht. Bei der so genannten Ostseewoche, den Handelsmessen in Leipzig oder beim Propagandaprozess gegen den Bonner Staatssekretär Hans Globke (1963) hatten sich Journalisten eingefunden, die der DDR durchaus wohlwollend gegenübertraten – schon um die raren Einreisemöglichkeiten nicht zu gefährden.

Da eine direkte, offizielle Berichterstattung aus der DDR damals noch nicht möglich war, hatte man es nur mit einer Hand voll westlicher Redakteure zu tun, die beinahe fieberhaft nach Kontakten in die DDR suchten und dort zumeist beim Presseamt aufliefen. Zu ihnen zählten unter anderem Hansjakob Stehle, damals bei der *FAZ*, Karl-Heinz Vater vom *Spiegel*, Annamaria Doherr von der *Frankfurter Rundschau* und Klaus Ellrodt, der seinerzeit beim ZDF arbeitete. Die meisten von ihnen kamen in die Obhut Hermann von Bergs, der von 1962 bis 1966 die Westabteilung des Presseamts leitete und zugleich unter dem Decknamen »Günther« für die HVA-Abteilung X tätig war.[7] Der ebenso geschäftige wie eloquente Pressefunktionär, dem das MfS die Legende verpasst hatte, ein heimlicher Oppositioneller zu sein, verstand es, zahlreiche Journalisten in seinen Bann zu schlagen.

Ratschläge aus dem Westen

Auch Jochen Steinmayr, der Ulbricht für den *Stern* interviewt hatte und später das *Zeit-Magazin* aus der Taufe hob, erlag dem Charme seines adligen Betreuers. Noch während die Serie im *Stern* lief, ließ er ihm über vertrauliche Kanäle einen Brief zukommen, in dem er sich überschwänglich für die Hilfe und mehr noch für den menschlichen Kontakt bedankte.[8] Auf Anweisung des Bundesbeauftragten für die Stasi-Unterlagen kann aus dem freundschaftlichen Brief an den DDR-Funktionär leider nicht zitiert werden. Berg selbst antwortete dem »teuren Bundes-Bruder« mit einem sprachlichen Feuerwerk aus Sympathiebekundungen und feiner Ironie – und lieferte beide Briefe der Stasi ab. Als Prämie für seine »wertvolle Arbeit« schenkte ihm das MfS anschließend eine Schmalfilmkamera.[9] Steinmayr wiederum genoss die persönliche Aufwertung, die er durch seine spektakuläre Reise durch die DDR erfahren hatte: Bundeskanzler Ludwig Erhard (CDU) lud ihn nach seiner Rückkehr ebenso zur Berichterstattung ein wie dessen Stellvertreter Erich Mende (FDP); auch die Bundestagsfraktion der SPD und der Rhein-Ruhr-Klub der Industriellen wollten einen Vortrag von ihm hören. Freimütig berichtete er anschließend dem kommunistischen Pressefunktionär von Berg über seine Gespräche mit Erhard und Mende, über die redaktionsinternen Debatten im *Stern* und die politischen und verlegerischen Konstellationen in der westdeutschen Zeitungswelt. Die Stasi verpasste ihm den Decknamen »Dicky«.[10]

Bei seinen Begegnungen mit von Berg gab Steinmayr wertvolle Ratschläge darüber, wie die öffentliche Meinung in der Bundesrepublik zugunsten der SED beeinflusst werden konnte. So schlug er schon im Sommer 1963 vor, von Berg und den Leiter der Abteilung Internationale Verbindungen des VDJ, Kurt Vogel, mit führenden bundesdeutschen Journalisten zusammenzubringen. Die atmosphärische Situation, notierte von Berg anschließend, könne bedeutend verbessert werden, »wenn wir mit einflussreichen Vertretern der westdeutschen Publizistik eine enge Zusammenarbeit entwickeln würden und den ›kalten Kriegern‹ durch sachgemäße Informationen an den genannten Personenkreis langsam mehr Boden entziehen würden«. Steinmayr regte nicht nur Gespräche mit der Redaktion des *Stern* und dessen Verleger Bucerius an, sondern auch mit Marion Gräfin Dönhoff *(Zeit)*, Rudolf Augstein *(Spiegel)*, Karl Gerold *(Frankfurter Rundschau)*, Alfred Neven DuMont *(Kölner Stadtanzeiger)* und einer Reihe weiterer namhafter Publizisten, die der CDU-geführten Regierung in Bonn kritisch gegenüberstanden. Direkte Kontakte zu den Hauptredaktionen, so Steinmayrs Tipp, könnten deren Westberliner Vertreter, die in der Regel kritisch über die DDR berichteten, »weiter isolieren«. Wenn man den Leitern der Redaktionen exklusive Möglichkeiten der Berichterstattung einräumen würde, könnte die Publizität der DDR in Westdeutschland enorm zunehmen – ein Mechanismus, der bei Steinmayr selbst hervorragend funktioniert hatte.[11]

Steinmayr gab dem Presseamt auch den Rat, das *Stern*-Interview mit Ulbricht in der ostdeutschen Presse nachzudrucken. Es sei, so zitierte ihn von Berg in einem Bericht an DDR-Ministerpräsident Willi Stoph, interessant aufgemacht, »ohne für uns irgendwelche Härten zu enthalten«. Immerhin war die letzte Fassung von Ulbricht persönlich redigiert und dabei noch von zwei kritischen Fragen gesäubert worden.[12] Durch einen Nachdruck, so Steinmayr, entginge man nicht nur der Gefahr, dass Westsender wie der RIAS sich des Themas bemächtigten, sondern die Wirkung würde auch in der DDR bedeutend größer sein, als wenn man den langatmigen Ursprungswortlaut des mehrstündigen Gesprächs veröffentlichte.[13] Der stellvertretende *Stern*-Chef versprach jedenfalls, die Druckfahnen dem Presseamt noch vor Erscheinen zur Verfügung zu stellen.

Nach Abschluss der Serie betonte Steinmayr gegenüber von Berg noch einmal deren große Wirkung. So seien die Begriffe »DDR« und »DDR-Regierung« (statt »SBZ« oder »Ostzone«) durch die Veröffentlichung in der westdeutschen Presse nunmehr ganz geläufig geworden – »bis vor kurzem noch ein kaum anzurührendes Tabu«. Zugleich erklärte er entschuldigend, die Formulierung »der erbärmliche Ulbricht« im letzten Heft sei auf das organisatorische Durcheinander beim *Stern* zurückzuführen. Es gebe sogar einen Hauserlass des Chefredakteurs, wonach gegen Ulbricht keine gehässigen Begriffe mehr zu verwenden seien. Schließlich kündigte er dem Presseamt an, dass er in Kürze Chefredakteur der *Revue* werde, als der er – in Übereinstimmung mit dem Verleger Helmut Kindler – den Kurs von SPD-Chef Willy Brandt und Außenminister Gerhard Schröder für eine Verständigung mit der DDR unterstützen werde. Sein Endziel sei es, einer Anregung Ulbrichts folgend, nach einem Jahr den Antrag zu stellen, die *Revue* auch in der DDR vertreiben zu dürfen – ein Plan, der, wie viele Angebote der SED in dieser Zeit, deshalb nicht zustande kam, weil sie nur propagandistisch gemeint waren.[14]

Steinmayr, ein Vetter des SPD-Politikers Hans-Jochen Vogel, war für die DDR auch deshalb interessant, weil er den persönlichen Referenten des Bundeskanzlers, Karl Hohmann, kannte. Die nach Anerkennung gierende SED suchte damals auf allen Ebenen nach regierungsamtlichen Beziehungen zur Bundesrepublik, um ihre eigenstaatliche Existenz zu unterstreichen. Ein in Aussicht gestelltes persönliches Gespräch mit Hohmann kam zwar nicht zustande, doch Steinmayr war dabei behilflich, Bundeskanzler Erhard offiziell ein Schreiben Ulbrichts zuzustellen – damals eine Sensation, denn zuvor waren Briefe der SED-Führung von Bonn immer zurückgewiesen worden.[15] Im Februar 1964 sprach Steinmayr dann in seiner neuen Funktion als *Revue*-Bevollmächtigter im Ostberliner Presseamt vor und half einen Streit beizulegen, der entstanden war, weil die Illustrierte einen Artikel des SED-kritischen Journalisten Fritz Schenk über die Ulbricht-Nachfolge veröffentlicht hatte. Im Juni 1964 kam es schließlich zu der angebotenen Kontaktaufnahme zu westdeutschen Chefredakteuren, die jetzt wegen Steinmayrs Arbeitsplatzwechsel München und Frankfurt zum Schwerpunkt hatte.

Von Berg kam in der Main-Metropole unter anderem mit dem Chefredakteur der *Frankfurter Abendpost*, Armin Korn, sowie den Herausgebern der *Frankfurter Allgemeinen Zeitung (FAZ)* und der *Frankfurter Rundschau (FR)*, Jürgen Eick und Karl Gerold, zusammen. In München traf er den Herausgeber der *Süddeutschen Zeitung* und der *Abendzeitung*, Werner Friedmann, den *Revue*-Verleger Kindler sowie den Initiator der Reise, Steinmayr, dessen mehrfache Einladung in seine Privatwohnung am Tegernsee er nunmehr endlich annehmen konnte. Mit von der Partie war auch von Bergs Mitarbeiter Manfred Müller (»Wiese«), der damals als hauptamtlicher Stasi-Offizier konspirativ für das MfS im Presseamt arbeitete und später zum Referatsleiter in der Desinformationsabteilung aufstieg, als der er Ende der achtziger Jahre unter anderem Jagdaufenthalte des SPD-Fraktionsvorsitzenden in Nordrhein-Westfalen, Friedhelm Farthmann, in Ostdeutschland organisierte.[16] Die Botschaft der beiden DDR-Abgesandten war immer dieselbe: Das Verhältnis zwischen den beiden deutschen Staaten müsse versachlicht werden, weshalb die westdeutschen Zeitungen in Ostberlin Korrespondenten akkreditieren sollten. Kurzfristig schlugen sie ein »Forum« mit prominenten DDR-Journalisten, die Teilnahme an der Ostseewoche sowie Reportagereisen in die DDR vor. Fast alle westdeutschen Zeitungschefs reagierten positiv auf diese Angebote – nur der *FAZ*-Vertreter wandte ein, wenn es um mehr Sachlichkeit gehe, müsse auch die DDR-Presse sachlicher über die Bundesrepublik berichten. Kindler und Steinmayr, dessen Schreibtisch ein Lenin-Bildnis zierte, beeindruckten ihre Gesprächspartner damit, dass sie offen ihre Sympathien für den Kommunismus zum Ausdruck brachten.

Steinmayrs Vorschläge flossen auch in den ausführlichen Bericht ein, den die Abgesandten von MfS und Presseamt, von Berg und Müller, nach der Reise anfertigten. Danach sei es für die DDR klüger, nicht ein ums andere Mal auf direktem Wege zu versuchen, mit der Bundesregierung ins Gespräch zu kommen, sondern dieses Ziel über die Beeinflussung der öffentlichen Meinung anzusteuern. »Dieser Umweg werde sich als der kürzere Weg erweisen«, lautete der beinahe prophetische Ratschlag.[17] Zugleich hatte Steinmayr empfohlen, angesichts des zwischen *Zeit* und *Neuem Deutschland* vereinbarten Artikelaustauschs den verantwortlichen Verleger Bucerius »nicht allein zu lassen«, wenn dieser deshalb unter Beschuss der Springer-Presse gerate. Schließlich zeigte er sich überzeugt, dass sein Vorhaben, eine Sondernummer der *Revue* mit Interviews mit Stoph und Mende in beiden deutschen Staaten zu vertreiben, eine ungeheure Wirkung auf die westdeutsche Presse haben werde, da die anderen Zeitungen mit Sicherheit würden nachziehen wollen. Ausdrücklich verbürgte er sich dafür, dass das Interview mit Mende »sachlich« bleiben und »keine Gehässigkeiten« gegen die DDR enthalten werde.[18] Wenig später betätigte sich Steinmayr erneut als Tabubrecher, als die *Revue* unter dem Protest namhafter Publizisten wie des Fernsehkommentators Johannes Groß als erste große westdeutsche Zeitschrift regelmäßig das DDR-Fernsehprogramm abdruckte – angeblich, damit die Machthaber in Ostberlin seinem Beispiel folgten und ihrerseits die westlichen Programme veröffentlichten.[19]

Der Kontakt zwischen von Berg und Steinmayr riss auch in der Folgezeit nicht ab, obgleich darüber nur wenige Unterlagen überliefert sind. Da Steinmayr in der zentralen Personenkartei der Staatssicherheit nicht erfasst ist, aber noch 1984 als »Kontaktpartner« von Bergs bezeichnet wurde, ist anzunehmen, dass das Material in der Wendezeit vernichtet worden ist. Erhalten geblieben ist ein Vermerk, in dem von Berg ein Gespräch mit Steinmayr im Februar 1966 schildert. Damals erläuterte der Chefredakteur der *Revue* seinem Kontaktmann in der DDR wieder einmal die Entwicklungen auf dem westdeutschen Zeitungsmarkt und erteilte Ratschläge für das Vorgehen der SED. Seine politischen Auffassungen hatten sich nicht geändert, nur dass er sich jetzt über die kurzfristigen Aussichten für einen Machtwechsel in der Bundesrepublik deutlich skeptischer äußerte. Er halte, gestand er von Berg, allein die sozialistische Ordnung für fähig, eine demokratische Großgesellschaft zu organisieren, auch wenn diese anders aussehen müsse als in der DDR. Was die Bundesrepublik angehe, sei die Arbeiterklasse die einzige Kraft, die noch Hoffnung mache, da sie nicht vom Wirtschaftswunder korrumpiert sei. Bei Wahlkampfauftritten mit Erich Mende, mit dem er inzwischen eng befreundet sei, hätten sie besonders bei akademischen Zuhörern Zustimmung für die Anerkennung der Oder-Neiße-Grenze, für Verhandlungen zwischen beiden deutschen Staaten und für die Rechtfertigung der Berliner Mauer mit »ökonomischen Gründen« gefunden. Die DDR sollte in jedem Fall mehr Gelassenheit zeigen. Sie hätte es nicht mehr nötig, überscharf zu reagieren, wie mit dem Einreiseverbot für Journalisten von *Spiegel* und *Zeit*, nachdem diese 1964 von sowjetischen Gerüchten über eine angebliche Erkrankung Ulbrichts berichtet hatten. Er verstünde nicht, warum die DDR – im Gegensatz zu ihren einstigen Angeboten – nicht mit Hilfe akkreditierter westdeutscher Journalisten »Tropfen für Tropfen« der Öffentlichkeit der Bundesrepublik ein wahres Bild der DDR-Verhältnisse vermittele. Allein was Heinz Schewe in der *Welt* über die Sowjetunion schreibe, sei von »unbezahlbarem Nutzen«. Wenn die SED es fertig brächte, so zitierte ihn von Berg in seinem Bericht, die Grenze ohne allzu große Strapazierung des Schießbefehls zu sichern, sei zu erwarten, »dass sich die ganze Atmosphäre in der Bundesrepublik, besonders auch bei der Arbeiterschaft, in der Betrachtung der Dinge entscheidend zu unseren Gunsten wandeln könne«.[20]

Steinmayr berichtete von Berg bei dieser Gelegenheit auch über den zwischenzeitlich erfolgten finanziellen Niedergang des Verlegers Kindler, der alle seine Zeitungen verloren habe und jetzt nur noch den Buchverlag besitze. Er habe den Fehler begangen, sich allzu offen für die SPD einzusetzen. Allein der Kauf der Frankfurter *Abendpost*, zusammen mit dem SPD-Medien-Verbund »Konzentration GmbH«, habe ihn 3,4 Millionen Mark gekostet. In seiner Notsituation habe ihn dann der Großverleger Axel Springer »über den Tisch gezogen«. Ursache für Springers »Angriff« gegen Kindler sei der Abdruck des Fernseh- und Rundfunkprogramms der DDR in der *Revue* gewesen. Steinmayr erinnerte seinen Gesprächspartner in diesem Zusammenhang daran, dass er früher einmal um eine Stellungnahme der DDR zu diesem Thema gebeten habe. Er selbst und auch Kindler, heißt es in von Bergs Bericht, hätten »natürlich nie erwartet, dass wir die Programme des Westfernsehens nachdrucken würden, aber sie hätten mit einer geschickten Antwort von uns gerechnet«. Durch Springer gefährdet sei nunmehr auch Rudolf Augstein, dessen Zeitschrift *Der Spiegel* zu fünfundzwanzig Prozent dem Verleger Richard Gruner gehöre und deshalb leicht aufgekauft werden könne. Augstein, so Steinmayr, sei »eine absolut integere Persönlichkeit, aber er habe den Wahn, dass er unbedingt unter der deutschen Intelligenz etwas gelten müsse«. Diese würde jedoch, wenn es hart auf hart käme, keinen Finger für ihn krumm machen.[21]

Auch beim Stoph-Besuch im Mai 1970 in Kassel traf Steinmayr, der nach dem Niedergang des Verlegers Kindler wieder beim *Stern* untergekommen war, mit von Berg zusammen. Bei dieser Gelegenheit bot er dem DDR-Abgesandten das Manuskript eines noch unveröffentlichten Interviews der Illustrierten mit dem damaligen Bundesaußenminister Walter Scheel an. Zum Ärger von IM »Günther« zog er sein Angebot später jedoch wieder zurück. Überhaupt schien das Verhältnis nicht mehr so herzlich wie früher zu sein, denn in seinem Bericht an die HVA beschuldigte von Berg den Journalisten, er habe ihm gegenüber eine »ganz gezielte Desinformation« anzubringen versucht.[22] In einem Auskunftsbericht wurde ihm 1984 sogar vorgeworfen, für den Bundesnachrichtendienst (BND) tätig gewesen zu sein. Wörtlich hieß es in dem Bericht: »Im Zusammenhang mit der Aufdeckung der Inlandsarbeit des BND durch den damaligen Leiter des Bundeskanzleramtes Ehmke wurde 1975 durch eine inoffizielle Quelle bekannt, dass St. zu jenen Journalisten gehörte, die bereits langjährig für den BND tätig waren. Er soll beim BND unter der Nummer 16176 geführt worden sein.«[23]

Unabhängig davon, ob diese Information zutreffend war – anderen Quellen zufolge soll Steinmayr vom BND unter dem

Decknamen »Stümpfling« als reiner Zufallskontakt geführt worden sein[24] –, verschaffte Steinmayr der DDR einen tiefen Einblick in die westdeutschen Medien, auf deren Klaviatur sie Anfang der sechziger Jahre erst langsam zu spielen lernte. Von Bergs ausführliche Berichte gingen nicht nur ans Presseamt, sondern auch ans MfS, das sein subtiles Handwerk der Desinformation in dieser Zeit Schritt für Schritt verfeinerte. Eine wichtige Rolle spielte dabei eben jene Illustrierte, die dem Erbauer der Mauer zum ersten Mal im Westen Gehör verschafft hatte – der in Hamburg erscheinende *Stern*.

Die Rolle des *Stern*

Unter seinem langjährigen Chefredakteur Henri Nannen entwickelte der *Stern* wie kein anderes Massenblatt in Westdeutschland eine ungewöhnliche politische Affinität zu den kommunistischen Diktaturen. Die Illustrierte unterstützte nicht nur in enger Verbundenheit mit führenden Sozialdemokraten auf massenwirksame Weise die Entspannungspolitik der SPD, sondern betrieb oftmals eine regelrechte Hofberichterstattung aus den sozialistischen Staaten. In auffallender Häufigkeit veröffentlichte sie zudem von östlichen Geheimdiensten lancierte Artikel und beteiligte sich führend an politischen Kampagnen, die, wie etwa im Fall der CDU-Politiker Heinrich Lübke und Eugen Gerstenmaier, schon den Zeitgenossen als DDR-inspiriert erschienen.

Vieles spricht dafür, dass sich der *Stern* in der Zeit der deutschen Teilung östlichen Einflussnahmen gegenüber besonders aufgeschlossen zeigte. In der Stasi-Hinterlassenschaft stößt man immer wieder auf Dokumente, die von den engen Verbindungen des *Stern* in die DDR zeugen. Diese lassen sich bis in die frühen sechziger Jahre zurückverfolgen. Außer Steinmayr, dem stellvertretenden Chefredakteur, hielten auch der Berliner Korrespondent Hansjakob Stehle und der Chefreporter Walter Leo regen Kontakt zu den Machthabern in Ostberlin. Stehle, der später vor allem für die *Zeit* und die ARD arbeitete, wurde seit 1963 vom MfS als Kontaktperson (KP) geführt und unterhielt bis zum Untergang der DDR enge Verbindungen zur SED. Leo, ein ehemaliger Thomaner, der dem Kreis um den linksprotestantischen Kirchenpräsidenten Martin Niemöller nahestand, war anfangs Mitarbeiter der *FAZ* gewesen und hatte zu Beginn der sechziger Jahre mit Gert von Paczensky das Fernsehmagazin *Panorama* produziert; als dieser stellvertretender Chefredakteur des *Stern* wurde, folgte er ihm nach Hamburg. In den siebziger Jahren arbeitete er für die SPD-Parteizeitung *Vorwärts* als Korrespondent in Ostberlin, wo er sich derart SED-freundlich zeigte, dass die SPD-Führung annahm, er sei von »DDR-Organen eingekauft« worden, und ihn deshalb 1976 abberufen wollte.[25] Leo blieb jedoch in Ostberlin und distanzierte sich zwei Jahre später gegenüber dem DDR-Außenministerium schriftlich vom Protest seiner Korrespondentenkollegen gegen die Schließung des *Spiegel*-Büros.

In einem Stasi-Dokument wird beschrieben, wie Stehle und Leo im April 1964 in der DDR vorstellig wurden, um Unterlagen über die Verstrickung der katholischen Kirche in den Nationalsozialismus anzukaufen. Ihr Anlaufpunkt war der ehemalige persönliche Referent des Staatssekretärs für Kirchenfragen, Hans-Joachim Seidowsky, der als IM »Gerhard« für die Stasi tätig war.[26] Bei dieser Gelegenheit berichtete Leo auch von einem geplanten *Stern*-Interview mit dem verschollenen Hitler-Sekretär Martin Bormann, der 1946 vom Nürnberger Gerichtshof in Abwesenheit zum Tod verurteilt worden war. Der Bonner Korrespondent des *Stern*, Peter Stähle, und sein Kollege Rolf Gillhausen hätten ihm, Leo, auf dem Frankfurter Flughafen anvertraut, der BND hätte Bormanns Aufenthaltsort ermittelt und sie würden gerade nach Brasilien fliegen, um ihn zu interviewen.[27] Das von Bormanns angeblichen Kontaktleuten aus Sicherheitsgründen wieder abgesagte Interview sorgte später für großen Wirbel, weil der *Stern* dem international gesuchten Kriegsverbrecher mit Blick auf die Eichmann-Entführung durch Israel schriftlich zugesichert hatte, »mit Nachdruck darzustellen, dass die Verfolgung bestimmter Personen durch einen Nahost-Staat, wie immer man diesen Staat beurteilt, zweifellos einen Rechtsbruch darstellt. Der *Stern* wäre bereit, derartige Ausführungen einer oder mehrerer Persönlichkeiten unverändert wiederzugeben. Auch käme eine entsprechende

Veröffentlichung in der *Zeit* in Betracht, die eine viel beachtete Zeitschrift ist, auch außerhalb der Bundesrepublik.«[28]

Im Oktober 1964 erfuhr Stasi-Mann Seidowsky von Leo und Stehle die Hintergründe eines geplanten Fotoberichts im *Stern*, der für die DDR von hoher Brisanz war: Darin ging es um einen vom Staatssicherheitsdienst entdeckten Fluchttunnel in Berlin, den berühmten »Tunnel 57«.[29] Bei der Entdeckung war der Grenzsoldat Egon Schultz erschossen worden – jedoch nicht von den Fluchthelfern, wie die SED jahrzehntelang behauptete, sondern von eigenen Leuten; gleichwohl wurde Egon Schultz in der DDR zum Märtyrer und Opfer skrupelloser »Grenzverletzer« hochstilisiert. Als Chefredakteur Nannen und sein Stellvertreter von Paczensky die Zustimmung zum Ankauf der Rechte gaben, beteuerte *Stern*-Chefreporter Leo in Ostberlin, hätten sie nicht gewusst, dass Mord »einkalkuliert« gewesen sei. Von einer Mitfinanzierung des Tunnelbaus, wie die DDR behauptete, könne keine Rede sein. Die Redaktion habe sich lediglich von der Überlegung leiten lassen, dass die Rechte sonst von *Quick* oder einer anderen Illustrierten erworben worden wären. Die Veröffentlichung der Tunnelgeschichte sei keineswegs Ausdruck einer Kursänderung des *Stern*. Die Zeitschrift erwäge vielmehr, »die DDR-freundliche Linie in der Gestaltung der Zeitschrift zu verstärken«. Leo habe deshalb auch schon bei von Berg vorgesprochen, um diesem den wahren Sachverhalt zu schildern. Um die guten Absichten zu unterstreichen, überreichte Stehle die Druckfahnen eines Artikels über die DDR-Botschaft in Warschau, der in der nächsten Nummer des *Stern* erscheinen sollte.[30]

Leo war es auch, der 1974 auf Bitten der SED einen Artikel im *Vorwärts* veröffentlichte, der den Eindruck erzeugen sollte, die DDR verfahre bei der Genehmigung von Anträgen westlicher Medien, einen ständigen Korrespondenten in Ostberlin zu akkreditieren, keineswegs restriktiv. Damals war es im Westen zu heftiger Kritik gekommen, weil die DDR – entgegen den vertraglichen Vereinbarungen – Medien wie den Deutschlandfunk, den *Donaukurier* oder die *Badischen Neuesten Nachrichten* nicht ins Land ließ. Deshalb baten Vertreter des Außenministeriums Leo, »uns zu helfen« und stellten ihm Zahlen über die eingegangenen Anträge und die erfolgten Genehmigungen zur Verfügung. Leo wurde dabei aufgetragen, nicht anzugeben, woher er die Zahlen habe, sondern sich auf »informierte Kreise« zu berufen. Nachdem der Artikel unter der Überschrift »Flut von Journalisten« erschienen war, erinnerte sich später der ehemalige Sektorenleiter im Ministerium und Offizier im besonderen Einsatz, Werner Claus, »wurde es spürbar ruhiger«.[31]

In dieser Zeit veröffentlichte der *Stern* erneut ein Interview mit ähnlich richtungweisendem Charakter wie das Ulbricht-Gespräch im Jahre 1963. Diesmal meldete sich der sowjetische Parteichef Leonid Breschnew zu Wort, der zu diesem Zweck erstmals westliche Journalisten im Kreml empfangen hatte. Weil er nicht nur die Antworten, sondern auch die Fragen formuliert hatte, konnte man im Mai 1973 in der Zeitschrift so ungewöhnliche Sätze lesen wie diesen: »In unserem Land zeigt man großes Interesse an dem kürzlichen Plenum des ZK Ihrer Partei, das Fragen der internationalen Politik gewidmet war. Könnten Sie unseren Lesern nicht etwas darüber sagen?« Der Bericht war denn auch nichts als eine zwischen Kitsch und politischer Apologetik changierende Hommage an den Generalsekretär der KPdSU. So stellten die Redakteure gleich zu Beginn auf pathetische Weise fest, dass Breschnews Regime, das nach dem Sturz Chruschtschows die sowjetische Gesellschaft restalinisiert, kritische Intellektuelle in psychiatrische Anstalten gesperrt und die Regierung eines anderen Staates – 1968 in Prag – mit Panzern aus dem Amt gejagt hatte, nichts mehr mit dem alten Schreckbild vom Bolschewismus gemein hatte. Im *Stern* las sich das so: »Die Sowjetunion ist offener geworden, zugänglicher – auch im Gesicht dieses Mannes, der als Erster nach Stalin wieder die politische Macht ganz auf seine Person zu konzentrieren scheint. Auch dieses Gesicht ist offener, bewegter, der Mund kann verschmitzt lächeln und lauthals lachen – so lachte Stalin nie.«[32]

Reise in ein »fernes Land«

Die offiziösen Reisen handverlesener Berichterstatter, die Stalin schon in den dreißiger Jahren als wirksames Mittel der politischen Irreführung entdeckt hatte und die für den Westen lange Zeit die einzige Möglichkeit legaler Berichterstattung aus dem kommunistischen Machtbereich darstellten, erwiesen sich auch für die SED als probates Mittel der Beeinflussung. Ein Beispiel dafür ist der ehemalige *Stern*-Kolumnist Erich Kuby, der Mitte der fünfziger Jahre als einer der ersten westdeutschen Journalisten offiziell die DDR in Augenschein nehmen durfte und seine Eindrücke 1957 in dem Buch *Das ist des Deutschen Vaterland* verarbeitete. Kuby, der unter anderem mit dem Physiker Manfred von Ardenne sprach und eine Landwirtschaftliche Produktionsgenossenschaft (LPG) besichtigen durfte, beschreibt darin die DDR als einen Staat, in dem »die Frauen genauso viel zu sagen haben wie die Männer«, in dem »es keine materielle Existenzangst gibt« und »jeder, ob zum Regime gehörend oder unter ihm leidend, von der Zukunft als von einer Zeit spricht, in der es ihm besser gehen wird« – vom wirtschaftlichen Elend, vom allgegenwärtigen Staatssicherheitsdienst oder von der unverblümten Wiederbelebung des totalitären Gesellschaftsaufbaus ist nur beiläufig die Rede. Kuby kommt zu dem Schluss, dass es die irrationale Ablehnung des Kommunismus durch die westdeutsche Gesellschaft sei, die Deutschland geteilt und an den Rand eines Dritten Weltkriegs geführt habe, und klagt: »Die Propaganda gegen den Kommunismus ist so total, dass sie in ihren letzten Konsequenzen dem Kommunisten bereits die Qualifikation abspricht, ein Mensch zu sein. Die Propaganda hat die Sphäre der Politik, der Argumentation, der geistigen Auseinandersetzung längst verlassen und theologische Züge angenommen. Sie identifiziert den Kommunismus mit dem Teufel und der Sünde.«[33]

Kubys Buch erschien 1959 auch als Taschenbuch, von dem nach acht Wochen bereits vierzigtausend Exemplare verkauft waren. Aus Protest kehrte er 1964 dem *Stern* den Rücken, nachdem Henri Nannen dem CSU-Vorsitzenden Franz Josef Strauß, freilich im Wechsel mit Willy Brandt, eine wöchentliche Kolumne angeboten hatte. Noch im hohen Alter bezeichnete er sich als »negativen Nationalisten«, der das sozialistische Experiment im Osten Deutschlands immer mit Wohlwollen betrachtete.[34] Auch über Kuby sind keine Stasi-

Akten erhalten geblieben. Nachzuvollziehen ist lediglich, dass er seit 1963 von der Desinformationsabteilung im Sicherungsvorgang »Journalist« geführt wurde – wahrscheinlich ein Sammelvorgang über westliche Journalisten, zu denen die Stasi auf die eine oder andere Weise Kontakt hatte. Laut Stasi-Eintrag handelte es sich um eine so genannte »aktive Erfassung«, was darauf hindeutet, dass tatsächlich eine Verbindung bestand.[35] Darüber hinaus war Kuby im Sicherungsvorgang »Distel« der HVA erfasst, in dem auch der *Spiegel*-Redakteur und West-IM Diethelm Schröder registriert war – ein Vorgang der so genannten MfS-Gegenspionage, in dem vermutlich Personen registriert waren, die westdeutschen Sicherheitsstellen verdächtig erschienen.[36] Aus anderen Unterlagen geht schließlich hervor, dass Kuby seine Aufenthaltsgenehmigung durch Vermittlung von Karl Kleinschmidt erhalten hatte, dem leitenden Redakteur des von der SED kontrollierten *Evangelischen Pfarrerblattes*, der als Mitbegründer des von der SED initiierten Bundes Evangelischer Pfarrer in der DDR unrühmliche Bedeutung gewann. Wie Kleinschmidt nach Kubys Reise berichtete, habe dieser ihm in einem längeren Gespräch in Schwerin gesagt, »eigentlich gehöre er ja in die DDR, man könne sich nur nicht zu ihr bekennen«. Kubys Buch bezeichnete Kleinschmidt denn auch als »recht ordentlich«. Weitere Einzelheiten über Kubys DDR-Beziehungen sind nicht überliefert.[37]

Über Kleinschmidt bemühte sich 1963 auch der WDR-Journalist Ulrich Gembardt um eine Aufenthaltsgenehmigung. Wie er seinem Gesprächspartner mitteilte, wollte er ein Heft der exklusiven Fotozeitschrift *Magnum* über die DDR herausgeben. Er berief sich auf das Beispiel des Ressortleiters des *Kölner Stadtanzeigers*, Reifenscheidt, der gerade erst eine Genehmigung für eine Rundreise durch die DDR bekommen habe.[38] Auch wie die Stasi reagierte, ist dokumentiert: Ein Informant des MfS, der schon erwähnte Hans-Joachim Seidowsky (»Gerhard«), schlug seinen Auftraggebern vor, Gembardt während seines Besuchs der Ostseewoche zunächst zu beobachten. Er selber werde ebenfalls Erkundigungen über ihn einziehen, um mehr über seine Absichten in Erfahrung zu bringen.[39] Ins Land sollten westliche Journalisten erst gelassen werden, wenn man sich ihres Wohlwollens sicher war.

Dies traf offenbar im Fall der *Zeit* zu, die im März 1964 zu einer ähnlichen Besichtigungsfahrt aufbrechen durfte wie zuvor die Reporter des *Stern*. Unter fürsorglicher Begleitung des Westdeutschland-Korrespondenten der FDJ-Zeitschrift *Forum*, Kurt Ottersberg, der später zum Direktor für Internationale Verbindungen beim DDR-Fernsehen aufstieg, reisten Marion Gräfin Dönhoff, Rudolf Walter Leonhardt und Theo Sommer zehn Tage lang durch die DDR. Zu Ottersberg bestand ein langjähriger inoffizieller Kontakt der Stasi, wenngleich er Mitte der fünfziger Jahre wegen »revisionistischer Tendenzen« vorübergehend in Ungnade gefallen war und seine Karteikarte in der Wendezeit beseitigt wurde.[40] Schon der Empfang der *Zeit*-Redakteure stellte einen Bezug zur *Stern*-Reise her: Auf den Tischen der Grenzbaracken, so Leonhardt in seinem anschließend erschienenen Bericht, lag ein Sonderdruck des Ulbricht-Interviews, das offenbar auch hier propagandistisch wirken sollte.[41] Die drei *Zeit*-Mitarbeiter besuchten Fabriken und LPG, besichtigten Schulen und Theater, reisten nach Berlin, Dresden und Weimar, wo sie mit SED-Funktionären, Wissenschaftlern und Theaterleuten sprachen – während zur selben Zeit Robert Havemann, der in der NS-Zeit zusammen mit Erich Honecker im Zuchthaus gesessen hatte, von der Berliner Humboldt-Universität vertrieben wurde. »Reise in ein fernes Land« betitelten die Besucher später ihre Artikelserie, in der die DDR wie in einem Reisebericht des 19. Jahrhunderts als Mischung aus exotischem Freilichtmuseum und ambitioniertem Politexperiment porträtiert wurde.

Damit trafen sie offenbar den Nerv der Zeit, denn als ihre Serie wenig später als *Zeit*-Buch veröffentlicht wurde, eroberte es für über ein Jahr die bundesdeutsche Bestsellerliste. Die *Zeit*-Journalisten arbeiteten nach derselben Methode wie der *Stern*, indem sie die negativen Vorstellungen des Westens über die »Zone« mit den propagandistischen Ausführungen ihrer offiziellen Gesprächspartner konfrontierten, um – scheinbar neutral – zu dem Schluss zu kommen, dass es sich auch bei diesen um »Brüder und Schwestern« handele, die davon überzeugt seien, einer guten Sache zu dienen. Die Botschaft lautete: So wie sich die Menschen im Osten Deutschlands mit der Diktatur abgefunden hätten, müsse nun auch der Westen bis auf weiteres von der Perspektive der Wiedervereinigung Abschied nehmen – kein Wort von Widerstand gegen die Machthaber, wie man ihn im Zusammenhang mit dem Nationalsozialismus in der *Zeit* gern als vorbildhaft herausstellte. »Wer die Gegen-Revolution in der DDR fordert und fördert«, lautete statt dessen Theo Sommers politisches Resümee, »wird die allmähliche Evolution blockieren. Die Veränderungen müssen zwangsläufig von den Trägern des Regimes bewirkt werden« – ein Irrtum, dem die Mehrheit der westdeutschen Publizisten bis zum Mauerfall huldigen sollte. Der Ruf »Die Mauer muss weg«, so Sommer weiter, werde erst dann Gehör finden, wenn der Lebensstandard in der DDR eine annehmbare Höhe erreicht habe und die Partei »sich selbstsicher im unangefochtenen Besitz der Herrschaft« wisse. Da der Weg zur Liberalisierung über die Stabilisierung führe, sollte die Bundesrepublik durch Kredite und andere Leistungen an dieser mitwirken – eine verblüffende Strategie zum Sturz des Kommunismus.[42]

Mag diese Form von Appeasement-Journalismus nach der Erfahrung des Mauerbaus und angesichts der Bereitschaft der Amerikaner, sich mit der sowjetischen Hegemonie in Ostdeutschland abzufinden, im Jahr 1964 möglicherweise noch nachvollziehbar gewesen sein, kann man dies bei der zweiundzwanzig Jahre später erfolgten »Wiederholungsreise« kaum mehr behaupten. Vorausgegangen war dieser ein drei Jahre lang erbetenes Interview mit Erich Honecker, das im Januar 1986 in der *Zeit* erschien und eine große politische Wirkung hatte. Im Gegensatz zu den Lesern eines ähnlichen Gesprächs, das Honecker der *Saarbrücker Zeitung* gewährt hatte, so sah es einem Stasi-Vermerk zufolge zum Beispiel der damalige saarländische Ministerpräsident Oskar Lafontaine, handelte es sich beim Publikum der *Zeit* um »politische Einflussnehmer«, also um wichtige Multiplikatoren.[43] Das Interview füllte in der *Zeit* ganze fünf Seiten und wurde mit einer publizistischen Verbeugung auf der Titelseite eingeleitet, in der Sommer nicht nur davor warnte, dass Bonner »Betonköpfe« den für die Bundesrepublik so bedeutsamen Honecker-Besuch gefährden könnten, sondern auch zahlreiche

Komplimente verteilte. Über den Mann, von dem der *Spiegel* einmal meinte, er wirke, als seien seine Anzüge aus Sperrholz geschneidert, schrieb Theo Sommer unter der Überschrift »Ein deutscher Kommunist, ein deutscher Realist«: »Er wird im August 74 Jahre alt, aber er sieht um gut ein Jahrzehnt jünger aus; durch Gymnastik, Wandern, Schwimmen und Jagen hält er sich fit. Er spricht mit fester, manchmal leiser Stimme. Seine Sätze kommen ohne Schnörkel und Stanzfloskeln daher; er formuliert beredt. Er ist freundlich im Umgang, lächelt und lacht, lässt sich unterbrechen. Keine Verlegenheit, aber auch keine aufgesetzte Jovialität. Seine Fakten hat er präsent. Auf Zitate von Marx, Engels & Nachfolgern verzichtet er; er räsoniert aus der Sache, nicht aus der Ideologie.«[44]

Der Dank des Umschmeichelten ließ nicht lange auf sich warten. Honecker gestattete dem *Zeit*-Chefredakteur, auf den Spuren seiner ersten Reise erneut durch Ostdeutschland zu fahren. Im Juni 1986 besuchten Sommer, Dönhoff, Leonhardt und vier weitere Mitarbeiter die DDR und berichteten anschließend wochenlang in der *Zeit* über ihre »Reise ins andere Deutschland«. Mit viel Verständnis beschrieben sie das Regiment der SED und ließen die DDR-Machthaber via Hamburg kostenlose Werbung betreiben. Die »Verstandeskraft« von Hermann Axen wurde ebenso gerühmt wie die offenkundige Fehlinformation wiedergegeben, es habe nie zu den Auffassungen der SED gehört, dass sie unfehlbar sei. »Häuserbauen ist ihnen wichtiger als Fahnenhissen«, überschrieb beispielsweise Nina Grunenberg ihren Artikel über die Spitzenfunktionäre der DDR und machte sich ungeniert zum Verstärker der offiziellen Propaganda: Warum verhandelt die SED mit der SPD? Weil ihr die 1933 verspielte Einheit der Arbeiterklasse so am Herzen liegt. Welche Privilegien genießt der Parteisekretär von Rostock? Keine, außer dem, dass er für alles verantwortlich ist. »Bei uns«, so Grunenberg, »wäre er Ministerpräsident.«[45]

Schon während der Reise äußerten sich die *Zeit*-Vertreter tief beeindruckt über den zweiten deutschen Staat, der souveräner und gelassener geworden sei, als sie ihn sich vorgestellt hätten. Nachgerade peinlich wirken die vom damaligen Pressechef des DDR-Außenministeriums, Wolfgang Meyer, angefertigten Protokolle der von den Journalisten in der DDR geführten Gespräche – etwa, wenn er Theo Sommer mit den Worten zitierte, die Ursache für die positive Entwicklung in der DDR »sähe er im neuen Kurs der Partei seit dem VIII. Parteitag, der, verbunden mit dem Wechsel in der Person des Generalsekretärs und veränderten außenpolitischen Bedingungen, deutliche innenpolitische Veränderungen bewirkt habe«. Die Reise, heißt es weiter, habe Sommer klar gemacht, dass sich nicht nur im Wohnungsbau, sondern praktisch auf allen Gebieten des gesellschaftlichen Lebens eine Wende vollzogen habe. Kein Wunder, dass Meyer in seiner Analyse der *Zeit*-Serie für den Agitationschef im Politbüro, Joachim Herrmann, später zu dem Schluss kam, diese stelle einen gelungenen Beitrag zur Beeinflussung der öffentlichen Meinung in der Bundesrepublik dar. Trotz heftiger Einwände so genannter konservativer Kräfte in der Redaktion – über die Meyer erstaunlicherweise bestens informiert war – habe Chefredakteur Sommer durchgesetzt, dass an den wesentlichen Aussagen keine Abstriche gemacht wurden.[46]

Die Akte von Berg

Die DDR-Führung erkannte frühzeitig, dass sie den Hebel für ihre Einflussnahmen am besten bei der politischen Polarisierung der westdeutschen Publizistik ansetzen könne. Das Schlüsselwort der SED-Politik lautete auch hier »Differenzierung«. Ziel der seit Anfang der sechziger Jahre vom Presseamt organisierten umfangreichen »Kontaktarbeit mit westlichen Journalisten« war es, unter den verantwortlichen Redakteuren politisch aufgeschlossene Gesprächspartner zu finden, die für die Medienoffensive der SED eingespannt werden konnten. Anfangs konzentrierte man sich fast ausschließlich auf der SPD nahe stehende Journalisten, insbesondere auf jene, die für die knapp dreißig mit der SPD verbundenen Tageszeitungen schrieben.[47] Die Sozialdemokraten wurden damals von der SED mit großem propagandistischem Aufwand als »Partner« umworben, während man gleichzeitig ihre so genannten rechten Führer attackierte. Ansatzpunkte für die politische Umarmung waren unter anderem die gemeinsame Gegnerschaft zur CDU, die die Bundesrepublik seit ihrer Gründung regierte, das Eintreten für eine Entspannung zwischen Ost und West und für direkte Gespräche mit der DDR sowie die Proteste gegen den Vietnamkrieg, die Notstandsgesetze und den Springer-Konzern. Hinzu kam die Überzeugung vieler sozialdemokratischer Journalisten, dass der Feind in Deutschland traditionell rechts stehe und der Antikommunismus ein Grundübel der Epoche sei. Vor diesem Hintergrund erschienen die Machthaber in der DDR nicht als skrupellose Diktatoren, sondern als Verbündete in den innenpolitischen Auseinandersetzungen der Bundesrepublik. Und noch etwas war von Belang: Die SED kam nicht mit leeren Händen, sondern bot – wie im Fall der Reisen der Journalisten von *Stern* und *Zeit* – exklusive Berichterstattungsmöglichkeiten sowie manch spektakuläres Material aus den Archiven des Staatssicherheitsdiensts.

Ein seltenes Belegstück für die Methoden der Westarbeit von Presseamt und Staatssicherheitsdienst in den sechziger Jahren sind die Berichte des bereits erwähnten Hermann von Berg an seinen Führungsoffizier, die nur durch einen Zufall der Vernichtung entgangen sind und ein anschauliches Bild der frühen ostdeutschen Einflussnahme in der Bundesrepublik bieten.[48] Sichtbar werden in ihnen nicht nur die Strategien, mit denen die SED die westdeutschen Medien in ihrem Sinn zu instrumentalisieren versuchte, sondern auch die ideologischen Einfallstore im Westen und der fruchtbare politische Boden, auf den die Kontaktangebote und Propagandaaktionen der DDR in der Bundesrepublik oftmals fielen. Wie unter einem Vergrößerungsglas kann man in der Akte von Berg den allmählichen Landgewinn der SED in der westdeutschen Öffentlichkeit studieren.

Deutlich wird dies zum Beispiel in einem Bericht von Bergs für Willi Stoph vom August 1963, in dem es um die statusrechtlich begründete Weigerung Bonns ging, gemeinsam mit der DDR ein Abkommen über die Einstellung von Kernwaffenversuchen zu unterzeichnen. Diese Haltung, so von Berg, habe dazu beigetragen, den seit langem sichtbaren Differenzierungsprozess in der westdeutschen Presse zu »forcieren«. Die in den Zeitungen zutage tretende Opposition würde auch verstärkt in den persönlichen Gesprächen geäußert, die Vertreter des Presseamts mit westdeutschen Journalisten führten. Dabei handele es sich um Medienvertreter, mit denen man schon seit langem eine »systematische Arbeit« organisiere und die in letzter Zeit auch Angriffen wegen ihrer positiven Berichterstattung über den Globke-Prozess und die Ostseewoche ausgesetzt seien.[49] Namentlich nannte von Berg in diesem Zusammenhang neben fünf weiteren Journalisten des WDR, des *Kölner Stadtanzeigers* und des *Stern* den Westberliner Studioleiter des ZDF, Hanns Werner Schwarze, der mit seinen Fernsehmagazinen *drüben* und *Kennzeichen D* das DDR-Bild im Westen nachhaltig beeinflusste.

Auch auf die Reisewünsche mehrerer westdeutscher Berichterstatter ging von Berg ein. Das Presseamt arbeite schon längere Zeit »systematisch« mit ihnen zusammen, und sie wollten »aus erster Quelle« über die wirkliche Lage in der DDR informiert werden. Zu ihnen gehöre neben Schwarze eine Reihe weiterer bekannter Journalisten, wie Hansjakob Stehle *(Stern)*, Karl-Heinz Vater *(Spiegel)*, Annamaria Doherr *(Frankfurter Rundschau)*, Hans-Ulrich Kersten *(Stuttgarter Zeitung)* und Gert von Paczensky *(Stern)*. Ihr Anliegen sei bereits mit dem amtierenden Leiter der Agitationskommission beim Politbüro, Emil Dusiska, sowie mit dem ZK-Abteilungsleiter für West-Arbeit, Heinz Geggel, besprochen worden. Zwei weitere Journalisten, darunter der spätere Leiter des Bildungsprogramms des RIAS, Manfred Rexin, hätten die DDR um Unterstützung bei Buchprojekten gebeten. Darüber hinaus sei in letzter Zeit verstärkt festzustellen, dass westdeutsche Medien, namentlich *WAZ*, *Westfälische Rundschau*, *Spiegel*, Deutschlandfunk, ZDF und der SPD-nahe *Parlamentarisch-Politische Pressedienst (ppp)*, mit leitenden Funktionären der DDR Gespräche über ökonomische und politische Fragen führen wollten – für damalige Verhältnisse erste Anzeichen eines Dammbruchs, denn Begegnungen mit Vertretern der SED-Diktatur hatten im Westen bis dahin als unschicklich gegolten.[50]

Tatsächlich nahm die »Kontaktarbeit« zu westlichen Journalisten bald umfangreiche Formen an. Allein 1965 besuchten 1217 westdeutsche Berichterstatter die DDR – ohne die von der DDR schwer zu kontrollierenden Tagesbesuche von Bundesbürgern in Ostberlin.[51] In der – nur ausschnitthaften – Stasi-Akte von Bergs sind Beziehungen zu über dreißig bundesdeutschen Journalisten dokumentiert, darunter viele Namen mit Gewicht. Zu einigen von ihnen entstanden bald ähnlich enge Beziehungen wie zu Steinmayr. Insbesondere mit Klaus Ellrodt, der für das ZDF, die Nachrichtenagentur AP und den Pressedienst *ppp* arbeitete, verband von Berg über Jahre hinweg ein inniges Verhältnis, das sich nach Ellrodts eigener Einschätzung an der Grenze zur Spionage bewegte.[52] Auch der spätere Chefredakteur des Deutschlandfunks, Dettmar Cramer, traf sich regelmäßig mit von Berg, um ihm im Auftrag der SPD-Spitze Botschaften an die Machthaber der DDR zu überbringen. Einer der westdeutschen Kontaktleute des Presseamts, der Korrespondent der *Westfälischen Rundschau* und spätere Berliner Studioleiter der Deutschen Welle, Karl-Heinz Maier, war seit 1956 unter dem Decknamen »Komet« selber Mitarbeiter des Staatssicherheitsdiensts – eine Spitzenquelle des Spionageapparats, die bis zur Auflösung der Stasi aktiv war.[53]

Die subtile Einbindung westdeutscher Journalisten für die Interessen der DDR lässt sich am Fall Ellrodt genauer nachzeichnen. Kennen gelernt hatte ihn von Berg schon Ende der fünfziger Jahre als Vertreter des Sozialistischen Deutschen Studentenbundes (SDS), zu dessen Beeinflussung von Berg damals im Rahmen der »gesamtdeutschen Arbeit« der FDJ eingesetzt war. 1963 traf er ihn wieder, und Ellrodt erhielt die Möglichkeit – in dieser Zeit ein Novum –, für das ZDF mehrere Filme über das Leben in der DDR zu drehen. Die Beiträge, in denen Vorzeigeobjekte wie die Jugendsportschule in Zella-Mehlis porträtiert wurden, waren derartig DDR-freundlich, dass sie von der ZDF-Leitung mehrfach als kommunistische Propaganda abgelehnt oder, wie der Zella-Mehlis-Bericht, nur unter Weglassung des Originaltons gesendet wurden. Um den Sender unter Druck zu setzen, bat Ellrodt von Berg deshalb im Februar 1965, seinen Vorgesetzten einen Brief zu schreiben, in dem er ihnen mitteilen solle, dass die DDR ihn bei der Leipziger Frühjahrsmesse diesmal nicht als Vertreter des ZDF sehen wolle, da die von ihm gedrehten Filme offenbar so schlecht gewesen seien, dass sie nicht gesendet werden konnten.[54] Trotz dieses »gemeinsamen Schachzuges« (Ellrodt) gab das ZDF nicht nach, sondern beschloss, ihm die Ostberichterstattung gänzlich zu entziehen, woraufhin er 1965 dem Sender den Rücken kehrte.

Ellrodt war eine Art Überzeugungstäter. Obwohl er sich als linker Sozialdemokrat verstand und dem Kommunismus ablehnend gegenüberstand, betrachtete er es als seine Aufgabe, ein neues, positiveres DDR-Bild im Westen zu fördern. Im August 1965 berichtete von Berg beispielsweise, Ellrodt habe in letzter Zeit eine ganze Reihe umfangreicher DDR-Beiträge für die Nachrichtenagentur AP geschrieben, deren Inhalt »vorwiegend sachlich-informativ und positiv gehalten« sei. Diese Arbeit werde zwar schlecht bezahlt, aber Ellrodt wolle erreichen, dass in den Redaktionen ein Materialfundus entstehe, der es den Hauptredaktionen ermögliche, die Berichte ihrer Korrespondenten kritischer zu betrachten, denn diese saßen zumeist in Westberlin und standen der DDR überwiegend ablehnend gegenüber. Ellrodts politische Einstellung wird auch daraus ersichtlich, dass er im Gespräch mit von Berg laut Stasi-Akte einen an der Mauer erschossenen Flüchtling als »Provokateur« bezeichnete, der den Schlupfwinkel, an dem er erschossen wurde, »aus trüber Praxis« zur Genüge gekannt habe – was immer damit gemeint sein mochte.[55]

Wie Steinmayr betätigte sich auch Ellrodt als Ratgeber und Informant des Presseamts. Im Dezember 1965 berichtete er beispielsweise von Debatten im DGB über die Frage, ob man es der westdeutschen Gewerkschaftspresse erlauben solle, offizielle Berichterstatter in die DDR zu entsenden. Von Berg notierte seine Empfehlung: »Wir sollten doch von uns aus dergestalt in die Debatte eingreifen, dass wir die Redaktionen alle einladen.« Im selben Gespräch machte Ellrodt sein Gegenüber darauf aufmerksam, dass der Korrespondent des *Kölner Stadtanzeigers*, Walter Barthel, »für uns ein sehr wichtiger Mann« würde, wenn er, wie geplant, auch die DDR-Berichterstattung der Zeitschrift *Capital* übernehme. Ellrodt konnte nicht wissen, dass Barthel bereits seit 1959 unter dem Decknamen »Kurt« als IM für die Stasi tätig war.[56] Im März 1966 schlug er dann vor, dem stellvertretenden Chefredakteur des *Münchner Merkur*, Paul Noack, der sich für eine »Versachlichung« der DDR-Berichterstattung einsetze und eine vierwöchige DDR-Reise machen wolle, die Möglichkeit zur Berichterstattung zu geben – um so die Auseinandersetzungen mit der CSU und den ihr nahe stehenden Zeitungen zu verstärken.[57] Ellrodt nahm aber auch seinerseits das Presseamt für Recherchen in Anspruch, etwa, als er erfahren wollte, ob im Februar 1945 an der Berliner Universität noch Examina abgenommen wurden. Von Berg zufolge begründete er dies so: »Sie möchten in Bonn einen leitenden Mann der CDU angreifen, von dem sie annehmen, dass er sich den Doktortitel erschlichen hat.«[58]

»Die DDR ist keine Zone mehr«

Weniger zufrieden waren SED und Staatssicherheitsdienst mit Ellrodts Chef beim ZDF, dem Westberliner Studioleiter Hanns Werner Schwarze, obwohl gerade er bei der »Entdämonisierung« der DDR eine wichtige Rolle spielte. Schwarze, dessen Familie 1947 von Ost- nach Westberlin übergesiedelt war, hatte seine journalistische Karriere als Reporter der *Rhein-Neckar-Zeitung* und Redakteur der *Stuttgarter Nachrichten* begonnen. 1953 wurde er Leiter der Nachrichtenabteilung des RIAS. Wie er später einem ostdeutschen Journalistenbetreuer anvertraute, stand er der DDR damals ausgesprochen ablehnend gegenüber, weil er geglaubt habe, die Einheit Deutschlands ließe sich unter freiheitlichen Vorzeichen herstellen. Nach dem Mauerbau habe es bei ihm jedoch »geklingelt«, und er habe eingesehen, dass man mit der DDR leben müsse; deshalb sei er ein überzeugter Anhänger der Entspannungspolitik geworden.[59] Aus diesem Grund habe er 1962 den RIAS verlassen und die Leitung des ZDF-Studios übernommen.

Auch Schwarze suchte bald Kontakt zum Presseamt der DDR. Bei einem Besuch der Ostseewoche im Sommer 1963 erklärte er von Berg, dass er gewillt sei, »ausschließlich sachliche Berichterstattung über die DDR zu machen«. Er bat darum, alle vier Wochen mit dem Presseamtsvertreter zusammentreffen zu können, um sich »jeweils über den Gehalt seiner Sendungen zu verständigen«. Im Hinblick auf die Auswertung des Globke-Prozesses, so bescheinigte ihm von Berg im selben Bericht, hätten die Vertreter des Westberliner ZDF-Studios tatsächlich »Wort gehalten«. Falls das Presseamt zustimme, so Schwarzes Angebot, wolle er eine besondere Sendereihe über Gebiete machen, auf denen die DDR der Bundesrepublik »eindeutig überlegen« sei – beispielsweise im Bildungs- und Gesundheitswesen oder bei der »Meinungsbildung«. Von Berg machte daraufhin seinen Führungsoffizieren den Vorschlag, die Sendungen des Westberliner ZDF-Studios genau zu analysieren, um auf dieser Grundlage das Gespräch mit Schwarze fortzusetzen.[60]

In einem zweiten Vermerk finden sich weitere Details über die Begegnung an der Ostsee, bei der Schwarze darum bat, »sein Fernsehen nicht mit dem anderen Fernsehen [in der Bundesrepublik] auf eine Stufe zu stellen«. Er bemühe sich, sachlich zu sein.[61] Die SED ihrerseits machte dem Westberliner Journalisten klar, auf welcher Grundlage eine Berichterstattung aus der DDR zu geschehen hätte: Als Schwarze auf einem Empfang des ostdeutschen Verbandes deutscher Journalisten fragte, welche Freiheiten den westdeutschen Journalisten in der DDR denn zugestanden würden, erklärte ihm ein Informant mit dem Decknamen »Jäger«, dass »er ja die Möglichkeit erhalten habe, an der Ostseewoche teilzunehmen, und man natürlich interessiert verfolgen würde, in welchem Maße er darüber berichtet«. Auch Schwarze würde sich bestimmt »keine Gäste nach Haus einladen, von denen er wüsste, dass sie ihn nach dem Besuch beschimpften und verleugneten«.[62]

Die von Schwarze 1963 anvisierte Sendereihe kam erst drei Jahre später zustande. An jedem zweiten Sonntag flimmerte jetzt die von ihm moderierte Sendung *drüben* über den Bildschirm, die sich ausschließlich mit der DDR beschäftigte. Begründet wurde die Einführung des Magazins seinerzeit mit dem im ZDF-Staatsvertrag formulierten Programmauftrag, ein umfassendes Bild der deutschen Wirklichkeit zu vermitteln und der Wiedervereinigung Deutschlands in Frieden und Freiheit zu dienen.[63] Tatsächlich war die Sendung jedoch eher Teil des von Egon Bahr forcierten Umbaus der Medienlandschaft zur Korrektur des negativen DDR-Bildes in der Bundesrepublik. Die Sendungen waren zum Teil so DDR-freundlich, dass Schwarze und seinem Kollegen Wolfgang Weinert 1968 anlässlich eines im Propagandaton der SED verfassten Beitrags über die Kulturpolitik der DDR in der Presse vorgeworfen wurde, eine rosarote Brille aufzuhaben, »durch die sie alles, was ›drüben‹ passiert, im idyllischsten Lichte sehen«.[64]

Während Ellrodts Fernsehbeiträge offensichtlich zur Zufriedenheit des Presseamts ausgefallen waren, zeigte es sich gegenüber Schwarze – nicht zuletzt aufgrund von Ellrodts Berichten – weiter zugeknöpft. Bei einem neuerlichen Besuch der Ostseewoche im Sommer 1966 wurde Schwarze erklärt, die Möglichkeit einer künftigen Zusammenarbeit hinge wesentlich von einer Einschätzung seiner Sendereihe ab, die man in den nächsten Wochen vornehmen werde.[65] Ein Jahr später berichtete der VDJ-Funktionär Hans-Joachim Kittelmann, zuständig für die »West-Arbeit« und unter dem Decknamen »Christian« zugleich Mitarbeiter des Staatssicherheitsdiensts, über seine Diskussionen mit Schwarze in Rostock, in denen dieser sein Bedauern darüber ausgedrückt habe, »dass wir den gutwilligen Journalisten nicht helfen, ihre positive Berichterstattung aus der DDR gestalten zu können«. Natürlich könne er sich das nötige Material genauso gut aus dem Äther mitschneiden, doch er würde lieber Originalaufnahmen bezahlen, auch wenn die DDR ihm nur solche Aufnahmen geben würde, die ihr genehm seien.[66]

1969 veröffentlichte Schwarze ein umfangreiches Buch, das nicht nur in der Bundesrepublik, sondern auch in der DDR-Presse auf große Resonanz stieß. Sein Titel – *Die DDR ist keine Zone mehr* – war paradigmatisch für den damaligen Einstellungswandel in Westdeutschland gegenüber dem SED-Regime. Schwarzes Fazit nach über vierhundert Seiten lautete: »Man mag dies wahrhaben wollen oder nicht – der Versuch westdeutscher Politik, die 1949 mit der Proklamierung zweier Staaten vollzogene Teilung wieder rückgängig zu machen, ist gescheitert, und die DDR ist ein funktionierender zweiter deutscher Staat. Wer dies nicht einsieht, betrügt sich selbst und verzichtet damit auf ernst zu nehmende Deutschland-Politik.«[67] Ein Jahr später, die SPD stellte mittlerweile den Bundeskanzler und trieb ihre Anerkennungspolitik gegenüber der DDR voran, erschien unter dem Titel *DDR heute* ein weiteres Buch aus Schwarzes Feder, das dazu aufrief, die DDR so zu nehmen, wie sie ist, und – unter Berufung auf Willy Brandt – »die Gräben zuzuschütten, die uns trennen in Europa und damit auch in Deutschland«.[68]

Schwarzes entscheidender Angriff auf die vermeintlich überholten Feindbilder erfolgte jedoch mit dem seit 1971 ausgestrahlten Fernsehmagazin *Kennzeichen D*, das in direkter Konkurrenz zum konservativen *ZDF-Magazin* des Moderators Gerhard Löwenthal stand und schon vor der ersten Sendung Kritik hervorrief. »In einer vergleichenden Analyse«, verteidigte Schwarze im *Stern* sein Konzept, »sollten Unterschiede und Gemeinsamkeiten zweier Systeme wertfrei und ohne Vorurteile dargestellt werden. Sollte ich die neue Reihe gestalten, werde ich Schwerpunktthemen wie etwa ›Bildungswesen‹ behandeln.« Gerade dieses scheinbar neutrale Herangehen an die SED-Diktatur, das, wie die konservative Deutschland-Stiftung Schwarze damals vorwarf, in Wahrheit eine »fortgesetzte Verniedlichung des kommunistischen Gewaltregimes« bedeutete, war es, was die DDR in der Bundesrepublik als einen mehr oder weniger normalen Staat erscheinen ließ.[69] *Kennzeichen D* entsprach damit vor allem den ostpolitischen Vorstellungen der Sozialdemokraten, in deren Partei einzutreten, die Intendanz des ZDF Schwarze bei der Übernahme des Magazins empfohlen hatte.[70]

Schwarzes Darstellung der DDR-Verhältnisse löste immer wieder heftige Kritik aus – was auch der Stasi nicht verborgen blieb. Wie aus einer wegen »Quellengefährdung« streng vertraulichen MfS-Information hervorgeht, forderten konservative Kreise 1976 die Ablösung Schwarzes aufgrund seiner DDR-freundlichen Haltung. Internen Äußerungen von Mitgliedern des ZDF-Fernsehrats konnte die Stasi jedoch zugleich entnehmen, »dass sich die Mehrzahl dieser Gremiumsmitglieder für die weitere Besetzung dieser Funktionen durch Schwarze verwenden will, da er die Politik des Sozialdemokratismus am besten ›verkaufen‹ und sich selbst dabei in ein ›linkes Licht‹ rücken könne«.[71] 1980 war in einem Stasi-Bericht erneut von

»starken Anfeindungen« aus den Reihen der CDU/CSU und vom rechten Flügel der SPD die Rede, denen zufolge Schwarze ein »Weichschreiber« und »Liebediener des Honecker-Regimes« sei.[72] Als Schwarze dann 1984 die Leitung des ZDF-Studios in der DDR übernehmen wollte, scheiterte er am Widerstand der Union – die Stasi war dank der Quelle »Basket« und einem ungenannten Informanten aus der Journalistenbetreuung wiederum genau auf dem Laufenden gewesen.[73]

Nach der Wende und dem Tod Hanns Werner Schwarzes ist verschiedentlich über eine Anbindung an den Staatssicherheitsdienst spekuliert worden. Sogar von einem Versuch, einen Kollegen nach einem feucht-fröhlichen Abend im Berliner Stadtteil Grunewald für eine nachrichtendienstliche Zusammenarbeit zu gewinnen, ist berichtet worden. Der Stasi-Hinterlassenschaft ist dies nicht zu entnehmen; allerdings ist das Material unvollständig, denn außer einigen Karteikarten und einer so genannten Personenablage der für die Ausforschung westlicher Korrespondenten zuständigen Stasi-Hauptabteilung II/13 sind keinerlei Akten über Schwarze mehr vorhanden. Aus den spärlichen Unterlagen geht immerhin hervor, dass er erstmals 1963 von der HVA-Abteilung X (Desinformation) registriert wurde, die durch von Berg und andere getarnte Mitarbeiter aus dem Pressewesen der DDR regelmäßig Kontakt zu ihm hielt.[74] Aus einem Schreiben des Leiters dieser Abteilung, Rolf Wagenbreth, geht zudem hervor, dass das MfS mit dem KGB vereinbart hatte, »jegliche Kontaktierung und Bearbeitung unsererseits zu unterlassen«, was darauf schließen lässt, dass die Stasi den Sowjets nicht in die Quere kommen sollte. Im September 1976 wollte Wagenbreth dann wissen, »ob möglicherweise die Bearbeitung von Schwarze durch uns wieder aufgenommen werden kann«. Zwei Monate später wurde auf der Anfrage vermerkt: »Darf nun arbeiten« – was immer damit gemeint sein mochte.[75] 1980 wechselte Schwarze in die Zuständigkeit der Hauptabteilung II/13, doch im September 1985 wurde wieder die HVA-Abteilung X für ihn verantwortlich, wo er zuletzt im Sicherungsvorgang »Amt« erfasst war – mit der Folge, dass die Akten über ihn im Zuge der Selbstauflösung der HVA vernichtet wurden.[76]

Die erhalten gebliebenen Stasi-Unterlagen vermitteln den Eindruck, dass Schwarze sich seit den frühen sechziger Jahren intensiv um ein gutes Verhältnis zu den Mächtigen in der DDR bemühte und dennoch vom Staatssicherheitsdienst beargwöhnt wurde. In einer »Auskunft« vom Dezember 1966 heißt es beispielsweise, dass er wiederholt an der Leipziger Messe, der Ostseewoche sowie an offiziellen Pressekonferenzen und anderen Veranstaltungen in der DDR teilgenommen habe. »In Gesprächen mit Mitarbeitern von Pressestellen der DDR zeigte er reges Interesse an einer guten Zusammenarbeit.« Er habe sich auch für eine »Versachlichung« der Beziehungen zwischen beiden deutschen Staaten eingesetzt, da er eine dauernde Verneinung der Existenz der DDR als sinnlos ansehe.[77] In einem IM-Bericht eines Mitglieds des Leipziger Kabaretts »Pfeffermühle« wird Schwarze im Juli 1980 sogar mit den Worten zitiert, die »Hilfeleistung« der Sowjetunion für Afghanistan sei eine »normale Sache«, denn die Sowjetunion wäre »blöd«, wenn sie ihre Positionen dort aufgeben würde.[78] Drei Jahre später versprach er vermutlich derselben Quelle bei einem Gastspiel des Kabaretts in Saarbrücken eine »faire Berichterstattung …, um zu verhindern, dass in irgendeiner Form Anstoß am Gastspiel durch DDR-Behörden genommen wird«.[79] Kurz darauf erhielt er die Drehgenehmigung für einen Film mit dem Arbeitstitel »Die DDR ist anders«, mit dem er, wie ihn die Stasi zitierte, »in der BRD vorhandene Negativklischees über die DDR zu korrigieren« beabsichtigte.[80] Bei den Dreharbeiten sprach er sich für die Anerkennung der DDR-Staatsbürgerschaft und die Schließung der Erfassungsstelle Salzgitter aus, kritisierte aber auch die mangelnden Reisemöglichkeiten für DDR-Bürger. Den damaligen US-Präsidenten Ronald Reagan bezeichnete er als »gefährlich für die Menschheit«; er könne verstehen, daß die Verantwortlichen in der Sowjetunion auf dessen Politik »mit Härte und Schärfe« reagierten.[81]

Überhaupt zeigte sich Schwarze gegenüber den für die Kontrolle der westdeutschen Journalisten zuständigen SED-Funktionären erstaunlich offenherzig. So informierte der Sektorenleiter der Abteilung Journalistische Beziehungen im DDR-Außenministerium, Rolf Muth (»Peter«), 1986 das ZK der SED auf insgesamt vier Seiten über ein im Januar geführtes Gespräch mit Schwarze, in dem dieser ausführlich von einem Empfang der *Saarbrücker Zeitung* erzählt habe. Unter anderem erfuhren die Funktionäre von Schwarze, dass es zwischen ihm und dem Chefredakteur der *Badischen Neuesten Nachrichten*, Dieter Stadach, einst DDR-Korrespondent der konservativen *Rheinischen Post*, zu einem Eklat gekommen war. Man sei auf das Honecker-Interview der *Saarbrücker Zeitung* zu sprechen gekommen, wobei Stadach fortwährend versucht habe zu »stänkern« und mit »gemeinen Verbalinjurien« über die DDR hergezogen sei, bis der ebenfalls anwesende saarländische Ministerpräsident Lafontaine dazwischen gefahren sei und Stadach aufgefordert habe, die Veranstaltung nicht »zu badischen Unflätigkeiten und zur Verbreitung ungezogener Verbalien gegen die Ostpolitik der SPD mit der DDR« zu missbrauchen. Lafontaine, so Schwarze weiter, sei es auch gewesen, der durch eine »nachhaltige Demarche« bei der Holtzbrinck-Gruppe in Düsseldorf die Entlassung des Chefredakteurs der *Saarbrücker Zeitung*, Hans Peter Sommer, beschleunigt habe, um den »unerträglichen Zustand der von einem Springer-Mann in Springer-Manier betriebenen internen und öffentlichen Politik gegen die von der SPD geführte Landesregierung« zu beenden. In ähnlicher Ausführlichkeit referierte Schwarze auch seine Gespräche mit Vertretern des *Stern* und des Münchener Burda-Verlags.[82] Da sein Gesprächspartner zugleich hauptamtlicher Mitarbeiter der Staatssicherheit war, landete sein Bericht umgehend beim ostdeutschen Geheimdienst.

Dennoch zählte Schwarze in den Augen des MfS zu den politisch unsicheren Kantonisten. Vor allem zu Beginn der Ostpolitik, die von der SED anfangs als besonders raffinierter Aufweichungsversuch betrachtet wurde, galt Schwarze als gefährlicher Diversant. So heißt es beispielsweise in einem Bericht der Hauptabteilung XX/1 vom August 1969, dass die Sendereihe *drüben* bewusst eine scheinbare Objektivität anstrebe, um ihren ideologischen Gehalt zu verschleiern. Man bediene sich dabei der von Herbert Wehner – damals Minister für gesamtdeutsche Fragen – propagierten Methode der DDR-Berichterstattung. Schwarze trete, so hieß es in Anspielung auf sein äußeres Erscheinungsbild, »mit Biedermannsmaske als Befürworter der neuen Bonner Ostpolitik auf«. Das Westberliner ZDF-Studio bemühe sich jedoch besonders aktiv, die politisch-ideologische Diversion gegen die DDR und das sozialistische Lager zu verschärfen. Aufgrund von Schwarzes Konzeption und seiner politischen Aktivitäten habe das Presseamt nähere Kontakte zu ihm vermieden und ihm von 1967 bis 1969 ein Einreiseverbot erteilt.[83] Das Urteil der für Medien und Desinformation zuständigen HVA-Abteilung X fiel kaum besser aus. Hatte es 1969 noch geheißen, Schwarze sei »ein um Objektivität bemühter, mitte-links stehender Mann«, der sich unter schwierigen Bedingungen darum bemühe, »so gut wie möglich objektiv über ›drüben‹ zu berichten«, wird er in einem Vermerk vom Juli 1971 nach einem abermaligen Besuch der Ostseewoche als einer der profiliertesten Fernsehjournalisten bezeichnet, der in seinen Sendungen eine intensive Hetze gegen die Länder des sozialistischen Lagers betreibe. »Schwarze«, so heißt es ungewollt treffend, »nimmt uns gegenüber folgende Position ein: Er würde sein Medium zur Verbreitung positiver Gedanken über die DDR nutzen und würde trotzdem von uns mit Mißtrauen behandelt.«[84] Dieselbe Einschätzung findet sich, zum Teil wortwörtlich, auch in einem Bericht der für die westdeutschen Korrespondenten verantwortlichen Hauptabteilung II/13 vom Juni 1980.[85] In den achtziger Jahren ließ die Stasi Schwarze deshalb durch mehrere DDR-Bekannte ausforschen, konnte aber nach eigenem Bekunden keine »operativ-interessanten Hinweise« gewinnen.[86]

SPD-Journalisten als Kontaktpartner

Bei seinen Versuchen, mit dem Presseamt der DDR ins Geschäft zu kommen, hatte Schwarze 1966 auch seinen Kollegen Robert Stengl aus dem Bonner Hauptstadtstudio um Hilfe gebeten. Dieser war mit von Berg seit längerem gut bekannt; regelmäßig sahen sich die beiden bei der Ostseewoche und der Leipziger Messe. Stengl, SPD-Mitglied und ein Bekannter Herbert Wehners, war vom sozialdemokratischen *Hambur-*

ger Echo ins Bonner ZDF-Studio gewechselt. Seine Gespräche mit von Berg waren für die Stasi von beträchtlichem Wert. Wiederholt informierte er über Bonner politische Interna und gab Einschätzungen über führende Politiker ab, darunter über den Regierenden Bürgermeister von Westberlin, Heinrich Albertz, der sich, so wörtlich, »vom kleinen Kirchenlicht zum großen Armleuchter« entwickelt habe.[87] Auch Ratschläge erhielt die SED, beispielsweise als er der DDR 1964 empfahl, unbedingt den Vorschlag eines Zeitungsaustauschs zwischen den beiden deutschen Staaten anzunehmen. »Wir könnten dann«, notierte von Berg, »ganz geschickt mit einer neu gemachten Zeitung unsere Ansichten [im Westen] popularisieren und hätten auf diese Art und Weise auch das KP-Verbot umspielt.«[88]

Besonders gut funktionierte die Zusammenarbeit des Presseamts der DDR damals mit sozialdemokratisch orientierten Journalisten. Folgerichtig zielte die Kontaktoffensive der SED vor allem auf solche Blätter, die der SPD nahestanden oder ihr gehörten. Beim *Hamburger Echo* stieß von Berg zum Beispiel auf Karl Grobe, einen früheren SDS-Funktionär, der die politische Redaktion der Hamburger SPD-Zeitung leitete und später Leitartikler der *Frankfurter Rundschau* wurde. »Mit G. werden wir gut zusammenarbeiten können«, notierte von Berg nach dem ersten Gespräch, in dem Grobe angeboten hatte, ihn mit führenden Gewerkschaftsfunktionären bekannt zu machen, die – entgegen der eigenen Beschlusslage – offizielle Kontakte mit der DDR suchten.[89]

Beim SPD-Parteiorgan *Vorwärts* fand von Berg in Alexander von Cube einen Ansprechpartner, der ihm mehr als alle anderen politische und personelle Interna offenbarte. Später wurde er Programmgruppenleiter beim WDR und Landesvorsitzender der Rundfunk-, Film- und Fernsehunion. Auch über ihn sind in den Archiven des Bundesbeauftragten kaum Unterlagen aufzufinden, wahrscheinlich wurden sie im Zuge der Selbstauflösung der HVA vernichtet. In der zentralen Personenkartei des MfS (F 16/F 22) ist von Cube nur mit einer unbedeutenden Ablage erfasst, die eine Anfrage an die tschechoslowakischen Bruderorgane vom Mai 1962 enthält, ob von Cube an den Filmfestspielen in Karlovy Vary teilnehme. Bedeutungsschwer heißt es darin: »Wir bitten um baldige Erledigung, da wichtige operative Maßnahmen davon abhängig sind.«[90]

Der Kontakt zwischen den beiden Adligen aus Ost und West lässt sich dank der Akte von Berg vor allem für die Mitte der sechziger Jahre nachzeichnen. Von Cube, der Anfang der fünfziger Jahre aus der KPD ausgetreten sein soll und dem linken Flügel der SPD zugerechnet wurde, berichtete damals dem Emissär des Ostberliner Presseamts unter anderem von redaktionsinternen Debatten darüber, ob der *Vorwärts* einen Redakteur zu einer der offiziösen »Informationsreisen« in die DDR entsenden sollte. Auch der vertrauliche Ratschlag Willy Brandts, man solle doch einfach freischaffende Journalisten für den *Vorwärts* in die DDR schicken, landete durch ihn beim Staatssicherheitsdienst. Darüber hinaus informierte er über die teilweise heftigen persönlichen und politischen Rankünen in der SPD-Spitze, die er aus erster Hand kannte und die vom MfS begierig aufgenommen wurden.[91] Wenig später konnte er tatsächlich ankündigen, dass einige freie Mitarbeiter des *Vorwärts* demnächst eine Reportagereise in die DDR unternehmen würden, um Faktenmaterial zu vermitteln und »die Hetze auf beiden Seiten« zu dämpfen – ein Ziel, das er auch mit den Sonderbeilagen und Sonderausgaben seiner Zeitung anstrebe. Den *Vorwärts*-Abgesandten, so sicherte von Berg seinerseits im Namen des Presseamts zu, würden keinerlei Reisekosten entstehen.[92] Als »Folgerung« aus dem Gespräch hielt er anschließend fest: »C. öfters sprechen … Über C. Verbindung zum *Spandauer Volksblatt* herstellen, besonders zu [Günter] Grass, der Brandts Reden schreibt und vorbereitet. Sein Angebot annehmen, mit Leuten um Otto Brenner Verbindung herzustellen. Verbindung zu den freischaffenden Redakteuren aufnehmen.«[93]

Von Cube war so mitteilsam, dass von Berg vor seinen Reisen bald mit umfangreichen Fragekatalogen ausgestattet wurde. Darin hieß es beispielsweise: »Von Cube sollte etwas näher die politische Haltung von Puttkamers und anderer führender *Vorwärts*-Redakteure sowie ihr Verhältnis zum Parteivorstand, insbesondere zu Wehner, einschätzen (evtl. Opposition, evtl. Weggang von Puttkamers, politische Linie des *Vorwärts*).« Auch die Kämpfe hinter den Kulissen im Zusammenhang mit der Wiederwahl Lübkes als Bundespräsident und »alle Einzelheiten, die über die Vorbereitung des Wahlkampfes der SPD und des SPD-Parteitages im Nov[ember] 1964 erkundet werden können«, sollte von Berg in Erfahrung bringen. Einen ähnlichen Auftrag hatte er für das im Vorfeld der Wahlen erarbeitete »Regierungsprogramm« der SPD, an dessen Ausarbeitung von Cube direkt beteiligt gewesen war. Ein anderes Thema war die »Aufklärung der Aktivitäten Erlers (z. B. Zusammenarbeit mit von Hassel)« – eines führenden sozialdemokratischen Politikers, der der SED überwiegend ablehnend gegenüberstand.[94]

Im Juni 1965 berichtete von Cube, dass der für die Notstandsgesetze verantwortliche Staatssekretär im Bonner Innenministerium, Hans Schäfer, Rechtsexperte Himmlers gewesen sei. Diese Information habe er von dem *Panorama*-Redakteur Bernt Engelmann, der später ganze Bücher mit Hilfe des Staatssicherheitsdiensts veröffentlichen sollte. »Falls wir Material über Schäfer hätten«, so notierte von Berg den hinterlistigen Vorschlag von Cubes, »sollten wir es klugerweise in einer ausländischen Zeitung zuerst veröffentlichen, weil es dann von der westdeutschen Presse bedenkenlos und breit nachgedruckt würde.« Darüber hinaus machte von Cube das Angebot, »dass wir gutes Material über ihn auch an Guggomos zum *Vorwärts* geben könnten«.[95]

Von Cube und Carl Guggomos, damals Chef vom Dienst beim *Vorwärts*, wurde 1966 eine anonyme Veröffentlichung gegen Herbert Wehner zugeschrieben, deren Entstehungsgeschichte bis heute nicht richtig geklärt ist. Die *Zeit* veröffentlichte damals ein Memorandum, in dem angebliche parteiinterne Kritiker schwere Anschuldigungen gegen Wehner erhoben und ihm vorwarfen, die SPD wie eine kommunistische Partei zu führen. Das Papier war ursprünglich der *Quick* verkauft worden und dann, als sich diese entschied, es nicht zu veröffentlichen, von *Stern*-Chefredakteur Nannen erworben und schließlich unter allerlei Selbstrechtfertigungen von der *Zeit* gedruckt worden.[96] Ob die Stasi an der Veröffentlichung beteiligt war, lässt sich den überlieferten Unterlagen nicht entnehmen. Fest steht aber, dass darin im Wesentlichen Material verarbeitet wurde, das der Staatssicherheitsdienst unter der Tarnbezeichnung »Wotan« in jahrelangen Recherchen gegen Wehner zusammengetragen hatte. Die so genannte SPD-Fronde gegen Wehner meldete sich anschließend nie wieder zu Wort, und Guggomos wurde wenig später Chefredakteur des *Berliner Extra-Diensts*, wo er jahrelang als Kontaktmann von SED und Stasi fungierte.[97]

Tatsächlich war die Kontaktarbeit mit westlichen Journalisten keine Einbahnstraße. MfS und SED erkannten früh, dass es mit ihrer Hilfe möglich war, die eigenen politischen Botschaften ungleich effektiver unters Volk zu bringen als durch Veröffentlichungen in der DDR-Presse. Deutlich wurde dies zum ersten Mal in der Kampagne gegen Hans Globke, als Redakteure wie Hanns Werner Schwarze der SED-Propaganda ein breites Forum verschafften. Aber auch andere Journalisten erlagen damals der Versuchung, aus den Geheimarchiven der DDR stammende abträgliche Materialien über bundesdeutsche Politiker zu veröffentlichen.

Unterstützer dieser Art fanden Presseamt und MfS zum Beispiel beim SPD-nahen *Spandauer Volksblatt*, das eine wichtige Rolle in der Kampagne gegen den langjährigen Bundestagspräsidenten Eugen Gerstenmaier (CDU) spielte. Für den Politik-Teil zeichnete damals Stefan Reißner verantwortlich, ein Aktivist der Studentenbewegung und guter Bekannter von Bergs. Unter Reißners Ägide entwickelte sich das biedere Berliner Vorstadtblatt Mitte der sechziger Jahre zu einem Forum linker Intellektueller, das gegen Vietnamkrieg, Notstandsgesetze und Antikommunismus mobil machte. Wortführer der Außerparlamentarischen Opposition wie Ekkehart Krippendorf, Marianne Regensburger und Walter Barthel publizierten hier regelmäßig ihre Auffassungen. Letzterer war Mitte der sechziger Jahre Rathauskorrespondent des *Volksblatts* und gehörte als einstiger Berliner Landessekretär des SDS sowie als Mitbegründer des Republikanischen Clubs und des *Berliner Extra-Diensts* zu den Schlüsselfiguren der Westberliner linken Szene. Unter dem Decknamen »Kurt« war er langjähriger IM des Staatssicherheitsdiensts.[98]

Während die *Volksblatt*-Herausgeber im April 1964 noch stolz ihre neu gewonnenen Förderer Günter Grass und Wolfgang Neuss präsentierten, plagte sie bald die Sorge, die Zeitung könnte zunehmend zu einem Kampfblatt der Linken mutieren und so ihre angestammte Leserschaft verprellen.[99] Mehrfach bat die Chefredaktion deshalb das Presseamt der DDR, wie von Berg im Februar 1965 notierte, »dass ihre Zeitung nicht dauernd positiv im *ND* und im Rundfunk [der DDR] zitiert wird«. Dadurch würden ihre politischen und finanziellen Schwierigkeiten laufend zunehmen, sogar die Sekretärinnen würden schon als »kommunistische Handlanger« diskriminiert. Von Berg schlug deshalb intern vor, in der Agitationskommission der SED den DDR-Medien einen entsprechenden Hinweis zu geben. Reißner wollte indes noch mehr ostdeutsche Stellungnahmen ins Blatt holen und bat zusammen mit dem Journalisten Manfred Rexin um ein Interview mit DDR-Ministerpräsident Stoph, dessen Fragen er von Berg vorab vorlegen wollte.[100] Kurz darauf griff der Chefredakteur des *Volksblatts*, Hans Höppner, auf einer eigens einberufenen Redaktionskonferenz Reißner wegen seiner zu »kommunistenfreundlichen« Berichterstattung scharf an und beklagte, dass das Blatt dadurch wirtschaftlich ruiniert würde. Reißner hingegen, so heißt es in einem Vermerk von Bergs, wolle nunmehr versuchen, Höppner zu einer DDR-Reise zu bewegen, »damit sich dessen verbohrter Standpunkt etwas lockert«.[101] Ein Jahr später gründete Reißner zusammen mit Barthel und weiteren Vertretern des Republikanischen Clubs die von Rudolf Augstein finanzierte Westberliner Wochenzeitung *Heute*, die von der Stasi massiv unterwandert war.[102]

Im Februar 1965 traf sich auch der Verlagsleiter des *Volksblatts*, Otto Peter Schasiepen, mit von Berg. Chefredakteur Höppner und Verlagschef Erich Lezinsky hatten den SED-Funktionär zuvor bereits dreimal mündlich nach Westberlin einladen lassen. Schasiepen beklagte sich bei von Berg über die schwierige Situation der Zeitung und verlangte, das Presseamt möge doch Abhilfe schaffen: Die DDR solle einen ihrer Mitarbeiter regelmäßig in Ostberlin arbeiten lassen, um das Blatt für Westberliner Leser anziehender zu machen.[103]

Im März 1966 führte Hermann von Berg erneut Gespräche mit verschiedenen SPD-nahen Journalisten, darunter Robert Stengl, der langjährige Chefredakteur der *Neuen Ruhr Zeitung (NRZ)*, Jens Feddersen, und Klaus Ellrodt. In einem Vermerk notierte er anschließend, die angeführten Journalisten seien alle der Meinung, »dass es Zeit wäre, ihnen Material in die Hand zu geben, was sie gegen die CDU verwerten könnten«. Damals ging es insbesondere um die Frage, ob die SPD auf einen Offenen Brief der SED antworten sollte oder nicht. »Mir scheint«, schlug von Berg seinen Auftraggebern vor, »wir könnten diese Unruhe unter den SPD-Leuten durch gezielte Informationen wesentlich erhöhen.«[104]

Da die »Kontaktarbeit« zu westlichen Journalisten unter Stasi-Kontrolle stand, erfolgte sie immer auch unter nachrichtendienstlichen Gesichtspunkten. Ziel war es, die Verbindungen so zu festigen, dass daraus eine inoffizielle Mitarbeit erwuchs oder zumindest eine geheime Einflussnahme auf die westdeutschen Medien möglich wurde. Deutlich wird dies beispielsweise im Fall des langjährigen Leiters des Westberliner *Spiegel*-Büros, Karl-Heinz Vater, der 1978 eigentlich DDR-Korrespondent werden sollte, dann aber, nach der Ausweisung des Magazins, Chefredakteur der *Wirtschaftswoche* wurde. Das ostdeutsche Presseamt war erstmals 1959 auf ihn aufmerksam geworden, nachdem er in der *Welt* eine Reportage über die Umgebung Dresdens veröffentlicht hatte. Als er 1961 zum *Spiegel* wechselte und dort für die DDR-Berichterstattung zuständig wurde, lernte er bald die Abgesandten von MfS und Presseamt, Müller (»Wiese«) und von Berg (»Günther«), kennen. Mit Müller traf er sich fortan alle ein bis zwei Wochen, wobei die Gespräche, einem Auskunftsbericht von 1963 zufolge, »mehr und mehr persönlichen Charakter« annahmen. Vater wurde damals bescheinigt, die Entwicklung in der DDR »nicht nur mit großem Interesse, sondern auch mit Wohlwollen, zuweilen sogar mit Sympathie« zu betrachten. Da er sich bei seinen Einschätzungen allein von seiner Vernunft leiten lasse, sei er relativ leicht beeinflussbar. Sein bisheriger »operativer Wert« hätte darin bestanden, »dass er uns politische und charakterliche Einschätzungen über Merseburger, Augstein und Jaene gab, dass er über innerredaktionelle Angelegenheiten berichtete und uns die Möglichkeit gab, einen den *Stern* kompromittierenden Brief abzuschreiben«. Dieses Verhalten würde zugleich ein bezeichnendes Licht auf seine politische Haltung zur DDR werfen. Da er von Westberlin aus nur »beschränkte Lancierungsmöglichkeiten« habe und in starkem Maße von den Entscheidungen der Hamburger Redaktion abhängig wäre, sei sein »operativer Wert« zwar im Moment noch gering, doch könne sich dies schlagartig ändern, wenn er in eine leitende Stellung in der Zentralredaktion käme.[105]

Wie weit Vater den hohen Erwartungen der Staatssicherheit gerecht wurde, muss dahin gestellt bleiben. 1968 schätzte sie ihn aber immer noch als jemanden, der die Entwicklung in der DDR »mit Wohlwollen und Sympathie« betrachte und im *Spiegel* gegen eine »falsche Berichterstattung« über die DDR auftrete.[106] Dies war wahrscheinlich der Grund, warum sich 1968 ein anderer langjähriger Mitarbeiter der Staatssicherheit, der Ostberliner Journalist Hans-Joachim Kittelmann (»Christian«), erneut darum bemühte, Vater für eine Zusammenarbeit zu gewinnen. Nach seinem Bericht erfolgte die Kontaktaufnahme »gezielt mit der offiziellen Zusendung von journalistischer Literatur«. Kittelmann wollte diesen Kontakt dann nach Möglichkeit in eine inoffizielle, persönliche Verbindung umwandeln, was er damit begründete, dass *Spiegel*-Mitarbeiter einer generellen Einreisesperre unterlägen. Auch Kittelmann, der Vater den Decknamen »Opa« gab, war voll des Lobes für den Redakteur. »Vater neigt stark zur DDR«, heißt es in seinem Bericht; in seinem Redaktionszimmer habe er sogar eine DDR-Fahne liegen. »Da er die DDR-Entwicklung in den letzten Jahren nur aus dritter Hand kennt, ist eine gewisse Verträumtheit erkennbar. ... Auf der Grundlage der vorgenannten Einschätzung halte ich eine Werbung des Kandidaten, vor allem auf politisch-ideologischer Basis, für möglich. Vater muss, da er selbst danach sucht, eine politische Perspektive, und damit eine persönliche gegeben werden.« Einen Ansatzpunkt für eine Anwerbung sah er auch darin, ihm »reizbare Angebote« zu machen, um ihn als Journalisten zu fördern.[107]

Einem Bericht der HVA vom November 1977 zufolge gelang es freilich nicht, Vater anzuwerben. So wie bei seinen Kollegen Mettke und Schwarz wurden zwar »die Persönlichkeitsbilder der einzelnen Kandidaten komplettiert«, eine »nachrichtendienstliche Nutzung« aber »nicht erreicht«.[108] Nach der Veröffentlichung des so genannten *Spiegel*-Manifests von anonymen SED-Kritikern übernahm die Hauptabteilung II/13 seine Bearbeitung im Operativvorgang (OV) »Nadel«, stufte ihn als »Antikommunist und Gegner der sozialistischen Entwicklung« ein und verhängte eine Einreisesperre gegen ihn.[109] Die bereits zugesagte Akkreditierung Vaters in der DDR wurde wegen der Schließung des *Spiegel*-Büros »nicht vollzogen«.

Einfallstore der SED

Auch wenn die Kontaktarbeit mit westdeutschen Journalisten nicht überall auf fruchtbaren Boden stieß, trug sie zweifellos dazu bei, das DDR-Bild in der Bundesrepublik nach und nach aufzuhellen. Allein die Durchsetzung der drei Großbuchstaben gegenüber dem früher gebräuchlichen Begriff »Ostzone« war für die SED ein enormer Fortschritt auf dem Weg zur Anerkennung. Die fein dosierte Mischung aus politischen Avancen, kleinen Privilegien und ausgesuchten Informationen erzielte bei manchen Berichterstattern erstaunliche Wirkungen. Hinzu kam die latente Drohung mit Aussperrung, die Mitte der sechziger Jahre gerade die linksliberalen Blätter *Zeit* und *Spiegel* wegen einiger aus Sicht der SED unbotmäßiger Artikel schmerzlich traf. Die Stasi bemühte sich zudem intensiv, die aufgeschlossen erscheinenden Journalisten anzuwerben, obwohl sie damit in vielen Fällen – zum Beispiel bei Klaus Ellrodt, Ansgar Skriver, Dettmar Cramer und Manfred Rexin – erfolglos blieb.[110] Eine förmliche Anwerbung von Journalisten als Agenten der Staatssicherheit war aber häufig gar nicht nötig, denn der »operative Kontakt« konnte auch so politisch Früchte tragen.

Entscheidend für den Erfolg dieser frühen Kontaktarbeit war nicht nur die menschliche Anfälligkeit gegenüber den Angeboten einer sonst so abweisend auftretenden Staatsmacht. Wichtiger noch waren die ideologischen Einfallstore, die vor allem deshalb offen standen, weil das Verhältnis zur DDR zunehmend unter dem Blickwinkel der innenpolitischen Auseinandersetzungen in der Bundesrepublik betrachtet wurde: Wer links dachte, war, mit wenigen Ausnahmen, schon deshalb für eine Verständigung mit der SED, weil das konservative Lager diese mehrheitlich ablehnte. Hinzu kam das Gefühl, dass die bisherige Politik der Ausgrenzung in eine Sackgasse geführt hatte, wobei zwischen einer Normalisierung der staatlichen Beziehungen und der politischen Annäherung an die SED kaum unterschieden wurde.

Die partielle Interessenidentität zwischen den Machthabern in der DDR und dem linken politischen Lager in der Bundesrepublik wird exemplarisch deutlich an der Person Egon Bahrs, der als Architekt der Neuen Ostpolitik und enger Vertrauter Willy Brandts nicht ohne Grund als Wegbereiter der sozialliberalen Koalition in Bonn betrachtet wird. Ausgestattet mit einem feinen Gespür für die Bedeutung der Medien in der Politik, setzte sich der ehemalige RIAS-Journalist hinter den Kulissen als einer der ersten dafür ein, das Bild der DDR in den westdeutschen Gazetten zu »versachlichen«. Entfiel der Kommunismus als Feindbild, so ahnten die Sozialdemokraten, stiegen automatisch auch ihre Wahlchancen. Entsprechend intensiv bemühte sich Bahr um einen Paradigmenwechsel in der Berichterstattung, insbesondere durch eine entsprechende Personalpolitik: Junge, progressive Journalisten sollten die Berichterstattung aus Westberlin übernehmen – ein Wunsch, den auch das Presseamt der DDR hegte.

Auch hierüber finden sich in von Bergs Aufzeichnungen aufschlussreiche Hinweise, von denen ohne den fleißigen Chronisten der Stasi wahrscheinlich nie jemand erfahren hätte. So teilte Bahrs klandestiner Emissär, Klaus Ellrodt, von Berg im Oktober 1965 mit, Bahr plane, das Berliner ZDF-Studio unter Hanns Werner Schwarze zu einem »Zentrum der SPD-Informationspolitik« zu machen. Bahrs Mitstreiter in der SPD, Dietrich Spangenberg, sei jetzt Mitglied des Fernsehrats des ZDF geworden. »Man habe Schwarze daher fest in der Hand, weil viele Leute dessen Abberufung fordern würden. Schwarze habe vor, Sendungen über die DDR zu bringen [gemeint war das Fernsehmagazin *drüben*], aber die SPD würde dabei die Linie bestimmen.« Deshalb wolle Schwarze demnächst mit von Berg reden. Auch die Redaktion des *Telegraf*, traditionsreiche Tageszeitung in Westberlin, solle »umbesetzt« werden, um diesem Ziel zu dienen.[111]

Im Februar 1966 ging es erneut um diese Problematik. Ellrodt informierte von Berg, dass die *Zeit* den Journalisten Kai

Herrmann als neuen Korrespondenten nach Westberlin schicken wolle. Dieser hoffe für seine Person auf eine Aufhebung des gegen *Zeit*- und *Spiegel*-Redakteure verhängten Einreiseverbots. Damit verliere René Bayer seine Position bei der *Zeit* wie schon vorher bei der *Süddeutschen Zeitung*. Die Gruppe um Bahr, Spangenberg und Brandt habe vor, »Bayer ganz abzubauen«, desgleichen den mehrfach wegen seiner kritischen DDR-Berichterstattung gebrandmarkten Korrespondenten Hans-Ulrich Kersten vom *Kölner Stadtanzeiger*. Für Letzteren würden die Zeiten auch deshalb »schwerer«, weil Walter Barthel ihn nach dem *Stadtanzeiger* voraussichtlich auch noch aus anderen Zeitungen verdrängen würde. Tatsächlich hatte Barthel den Staatssicherheitsdienst ein gutes Jahr zuvor gebeten, Kersten keine Passierscheine mehr auszuhändigen, damit er selbst das Monopol auf die Ost-Berichterstattung der Zeitung erlangen könne.[112] Die genannte Gruppe hoffe, so Ellrodt, »in Westberlin im Laufe der Zeit lauter junge Leute als wichtigste Berichterstatter zu haben«.[113]

Wenig später sprach man noch einmal über die personalpolitischen Veränderungen im Bereich der DDR-Berichterstattung: Wie von Berg notierte, hatte der Presseamtsmitarbeiter Manfred Müller (»Wiese«) dem Chefredakteur der *NRZ*, Jens Feddersen, die »Anregung« gegeben, Klaus Ellrodt statt des bisherigen *NRZ*-Vertreters Horst Büscher zum Westberliner Korrespondenten zu machen. Feddersen griff diesen Vorschlag auf und zog bei Schwarze Erkundigungen über Ellrodt ein. Doch Ellrodt wollte sich nur auf eine freie Mitarbeit einlassen und schlug den damaligen Mitarbeiter des *Kölner Stadtanzeigers* Christian Schmidt-Heuer vor. Dieses Vorgehen sei auch mit Egon Bahr und Dietrich Spangenberg abgestimmt. »Demzufolge«, vermerkte von Berg, »sollten in zunehmendem Maße junge wendige Journalisten die kalten Krieger im Westberliner Journalismus verdrängen.«[114]

Die Korrespondenten

Eine neue Lage für die Berichterstattung über die DDR trat ein, als sich westliche Journalisten 1973 erstmals als ständige

Korrespondenten in Ostberlin akkreditieren lassen konnten. Um von der Bundesrepublik, gleichsam über den Umweg offizieller Akkreditierungen, anerkannt zu werden, hatte die SED in den sechziger Jahren wiederholt entsprechende Vorschläge unterbreitet, aus Angst vor dem »Klassenfeind« aber jedes Mal einen Rückzieher gemacht. Im Rahmen der Verhandlungen über den Grundlagenvertrag war dann 1972 auf Wunsch der Bundesregierung in einem Briefwechsel vereinbart worden, dass die DDR »Journalisten aus der Bundesrepublik Deutschland und deren Hilfspersonen das Recht zur Ausübung der beruflichen Tätigkeit und der freien Information und Berichterstattung« gewähren würde.[115] Die Bundesregierung verfolgte dabei den Hintergedanken, dass vor Ort ansässige Journalisten ein differenzierteres Bild der DDR zeichnen und damit die aus ihrer Sicht erforderliche Normalisierung der deutsch-deutschen Beziehungen fördern würden.[116] Aber auch die SED erhoffte sich eine positivere Berichterstattung, insbesondere im nicht deutschsprachigen Ausland.

Die SED sorgte von Anfang an dafür, dass die westlichen Journalisten nicht außer Kontrolle gerieten. Mit Zustimmung der Bundesregierung wurde die einschränkende Formulierung »im Rahmen ihrer geltenden Rechtsordnung« in den Briefwechsel aufgenommen – ein Zusatz mit folgenschweren Wirkungen. In der im Februar 1973 von der DDR erlassenen Korrespondentenverordnung wurden die Berichterstatter nämlich verpflichtet, »Verleumdungen oder Diffamierungen der Deutschen Demokratischen Republik, ihrer staatlichen Organe und ihrer führenden Persönlichkeiten sowie der mit der Deutschen Demokratischen Republik verbündeten Staaten zu unterlassen«. Außerdem hatten sie »wahrheitsgetreu, sachbezogen und korrekt zu berichten sowie keine böswillige Verfälschung von Tatsachen zuzulassen« und »die gewährten Arbeitsmöglichkeiten nicht für Handlungen zu missbrauchen, die mit dem journalistischen Auftrag nichts zu tun haben«.[117] Die CDU/CSU hielt daraufhin der sozialliberalen Bundesregierung und ihrem Unterhändler Bahr vor, »schlampig und unbekümmert« verhandelt zu haben, denn was könne »ein Journalist nach dieser Verordnung noch anderes tun, als Hofberichterstattung treiben«.[118]

Zudem hatte sich die DDR vorbehalten, über jeden Antrag eines Publikationsorgans nach eigenem Gutdünken zu entscheiden – mit der Folge, dass politisch unerwünschte Medien, vom Springer Verlag bis zur *tageszeitung (taz)*, bis 1989 niemals einen ständigen Korrespondenten in Ostdeutschland akkreditieren lassen durften. Das Politbüro höchstselbst befand noch vor der Veröffentlichung der Bestimmungen darüber, welchen Medien für den Anfang überhaupt nur eine Erlaubnis zu erteilen sei: den sozialdemokratisch orientierten Zeitungen *Westdeutsche Allgemeine Zeitung (WAZ)* und *Frankfurter Rundschau (FR)* sowie dem Hörfunk-Programm der ARD.[119]

Um die Zahl der Korrespondenten zu drücken, sah die Verordnung vor, dass ihre Akkreditierung »in der Regel auf der Grundlage der Reziprozität« erfolgen sollte. Da in Bonn nie mehr als fünf ostdeutsche Journalisten tätig waren, erschien es bereits als Großzügigkeit, wenn die DDR das Vierfache an Korrespondenten akzeptierte. Zudem wurden die Kosten für Wohnung und Büro, die nur vom Dienstleistungsamt für ausländische Vertretungen vermittelt werden durften, so hoch angesetzt (Quadratmeterpreise von über zwanzig D-Mark für Büroräume und über zwölf D-Mark für Wohnungen), dass sich kleinere Medien einen eigenen Korrespondenten nicht leisten konnten. Von den neununddreißig Anträgen, die nach der Inkraftsetzung der Verordnung gestellt wurden, lehnte die DDR bis Oktober 1974 mehr als ein Viertel ohne Begründung ab. Die Liste der insgesamt elf Abgewiesenen reichte vom Kölner *Express* über den Deutschlandfunk bis zu den Vereinigten Wirtschaftsdiensten (VWD). Letztere wurden zum Beispiel nur deshalb nicht zugelassen, weil der oberste Wirtschaftslenker der SED, Günter Mittag, kritische Kommentare zu seiner Wirtschaftspolitik fürchtete. Sechs der achtundzwanzig erteilten Genehmigungen wurden von den Antragstellern, zumeist aus finanziellen Gründen, nicht wahrgenommen. Als erste bekamen im Herbst 1973 Vertreter der Deutschen Presseagentur (DPA), der *WAZ*, des *Spiegel* und des *Vorwärts* ihre Akkreditierung ausgehändigt.[120] Bis Mai 1974 hatten sich insgesamt sieben Korrespondenten akkreditiert.[121]

Rechtlich hatte sich die SED durch die Verordnung einen wirksamen Hebel geschaffen, eine unliebsame Berichterstattung durch die im Lande befindlichen Korrespondenten zu unterbinden. Durch eine zeitgleich veröffentlichte Durchführungsbestimmung wurden die Journalisten zusätzlichen Restriktionen unterworfen: Wenn sie das Stadtgebiet von Ostberlin verlassen wollten, mussten sie zuvor das ostdeutsche Außenministerium darüber informieren. Auch Interviewwünsche gegenüber »führenden Persönlichkeiten« mussten dort beantragt werden, und sämtliche journalistischen Vorhaben in staatlichen Einrichtungen oder »volkseigenen« Betrieben waren genehmigungspflichtig. Zudem durften die Korrespondenten nur solches Personal aus der DDR einstellen, das von dem erwähnten Dienstleistungsamt ausgesucht worden war. Zur Durchsetzung dieser Bestimmungen stand eine dreistufige Skala von Sanktionsmöglichkeiten zur Verfügung: Bei Zuwiderhandlungen konnte das Außenministerium der DDR entweder eine »Verwarnung des Korrespondenten« aussprechen oder den »Entzug der Akkreditierung oder der Arbeitsgenehmigung und die Ausweisung des Korrespondenten« verfügen oder die komplette »Schließung des Büros des Publikationsorgans« anordnen.[122]

Hinzu kam das politische Strafrecht der DDR, das wie ein Damoklesschwert über der journalistischen Arbeit hing – auch wenn es gegen Korrespondenten aus Opportunitätsgründen nicht angewendet wurde. Eine kritische Darstellung der DDR-Verhältnisse konnte laut Strafgesetzbuch der DDR als »staatsfeindliche Hetze« (§ 106) oder »öffentliche Herabwürdigung« (§ 220) verfolgt werden. »Wer die verfassungsmäßigen Grundlagen der sozialistischen Staats- und Gesellschaftsordnung der DDR angreift oder gegen sie aufwiegelt«, hieß es dort beispielsweise, indem er »die gesellschaftlichen Verhältnisse, Repräsentanten oder andere Bürger der DDR wegen deren staatlicher oder gesellschaftlicher Tätigkeit diskriminiert« oder »Schriften, Gegenstände oder Symbole zur Diskriminierung der gesellschaftlichen Verhältnisse, von Repräsentanten oder anderen Bürgern herstellt, einführt, verbreitet oder anbringt …, wird mit Freiheitsstrafe von einem bis zu acht Jahren bestraft« (§ 106). Drei Jahre Gefängnis drohten demjenigen, der »in der Öffentlichkeit die staatliche Ordnung oder staatliche Organe, Einrichtungen oder gesellschaftliche Organisationen oder deren Tätigkeit oder Maßnahmen herabwürdigt« (§ 220). Selbst journalistische Recherchen, die niemals zu einer Veröffentlichung führten, konnten laut Strafgesetzbuch als »Spionage« mit Freiheitsstrafe nicht unter fünf Jahren, in besonders schweren Fällen sogar mit der Todesstrafe geahndet werden. Diesen Tatbestand erfüllte nämlich jeder, der »Nachrichten oder Gegenstände, die geheim zu halten sind, zum Nachteil der Interessen der Deutschen Demokratischen Republik für eine fremde Macht, deren Einrichtungen oder Vertreter oder für einen Geheimdienst oder für ausländische Organisationen sowie deren Helfer sammelt, an sie verrät, ihnen ausliefert oder in sonstiger Weise zugänglich macht« (§ 97). Auch wer der Geheimhaltung *nicht* unterliegende Nachrichten »zum Nachteil der Interessen der Deutschen Demokratischen Republik« an die genannten Stellen oder Personen übergab oder für sie sammelte, konnte bestraft werden (§ 99), wobei auch Vorbereitung und Versuch strafbar waren. Selbst derjenige, der zu ihnen nur »Verbindung aufnimmt oder sich zur Mitarbeit anbietet oder diese Stellen oder Personen in sonstiger Weise unterstützt, um die Interessen der Deutschen Demokratischen Republik zu schädigen«, musste mit Bestrafung rechnen (§ 100).[123]

Im April 1979 verschärfte die DDR durch eine Novellierung der Durchführungsbestimmung die Kontrolle der westdeutschen Journalisten weiter. Über das Vorhaben war schon im Sommer 1978 auf einer »Ideenkonferenz« gesprochen worden, auf der der Sektorenleiter im DDR-Außenministerium Werner Claus angeregt hatte, die »Arbeit mit den Spitzenkräften des Feindes«, wie die Fernsehjournalisten genannt wurden, neu zu organisieren.[124] In einer internen Begründung hieß es, die bisherigen Bestimmungen würden »einige Lücken« aufweisen, wobei man sich von vornherein darüber im Klaren war, dass die neue Regelung »vom Klassengegner mit Hilfe der Massenmedien, aber auch von Politikern angegriffen wird«.[125] Nunmehr wurde den Korrespondenten zur Auflage gemacht, wenn sie Ostberlin zu Recherchen verlassen wollten, das DDR-Außenministerium »nicht später als 24

Stunden vor Antritt der Reise unter genauer Angabe des Reiseziels und des Reisegrunds zu informieren«. Interviews und »Befragungen jeder Art« waren jetzt ebenso genehmigungspflichtig wie journalistische Vorhaben in »gesellschaftlichen Einrichtungen und Institutionen«, was vor allem auf Straßenbefragungen, Schriftstellerinterviews und die Berichterstattung aus den Kirchen zielte.

Von Anfang an wurde der Kontakt zu DDR-Bürgern ohnehin durch zahllose Vorschriften zum Geheimnisschutz eingeschränkt, die ganzen Berufsgruppen und Institutionen in Ostdeutschland Kontakte zu westlichen Ausländern verboten. Um Kontaktaufnahmen zu erschweren, durften sich die Korrespondenten nicht einmal ins amtliche Fernsprechbuch eintragen lassen. Und jeder Ostdeutsche musste damit rechnen, dass ein freimütiges Gespräch mit einem westlichen Journalisten als »Spionage«, »landesverräterische Nachrichtenübermittlung« oder »ungesetzliche Verbindungsaufnahme« ausgelegt wurde. Bis zu fünf Jahren Haft drohten jedem DDR-Bürger, der »Nachrichten oder andere Materialien, die geeignet sind, den Interessen der DDR zu schaden, im Ausland verbreitet oder verbreiten lässt« (§ 219 StGB) – also nahezu jedes offene Wort über das Leben im SED-Staat.

Überwachung durch das MfS

Die DDR beließ es nicht bei diesem ausgefeilten rechtlichen Räderwerk. Sie sorgte vielmehr mit deutscher Gründlichkeit dafür, dass die Einhaltung der Bestimmungen intensiv überwacht wurde. Zu diesem Zweck schuf sie 1972 im Außenministerium die Abteilung Journalistische Beziehungen, der alle Akkreditierungswünsche und Berichterstattungsanträge schriftlich vorgelegt werden mussten. Für die westdeutschen und Westberliner Journalisten war der Sektor 2 zuständig, der jedoch nicht selbst über die Anträge entscheiden durfte, sondern sie – ohne dass dies nach außen erkennbar wurde – an die Abteilung Agitation beim ZK der SED weiterleiten musste. Diese übte die eigentliche Kontrolle aus und benutzte das Außenministerium lediglich als eine Art »Briefkasten«. Vielfach wurden die Anträge dem seit 1978 amtierenden ZK-Sekretär für Agitation und Propaganda, Joachim Herrmann, oder SED-Chef Erich Honecker persönlich zur Entscheidung vorgelegt, was der Hauptgrund dafür war, dass die Bearbeitung so unverständlich lange dauerte.[126] Als unsichtbare dritte Macht spielte schließlich das Ministerium für Staatssicherheit eine Schlüsselrolle, denn es überwachte nicht nur die Korrespondenten mit einem dichten Netz aus IM, sondern hatte auch das Außenministerium mit geheimen Kadern durchsetzt und ließ sich von dort jeden Antrag im Doppel vorlegen.[127]

Zur Kontrolle der Korrespondenten erließ Stasi-Minister Erich Mielke 1974 einen neunzehnseitigen Befehl, der alle Aspekte ihrer geheimdienstlichen Überwachung regelte.[128] Die Aufgaben der für »Spionageabwehr« zuständigen Hauptabteilung II reichten von der Einflussnahme auf die Entscheidung über eine Akkreditierung bis zur analytischen Aufbereitung aller nachrichtendienstlich gewonnenen Informationen über ausländische Medien und ihre Korrespondenten. Im Mittelpunkt stand die »operative Kontrolle der Korrespondenten im Arbeits-, Wohn- und Freizeitbereich«, wozu nicht nur ihre Telefon- und Telexleitungen überwacht, sondern auch in ihrem Umfeld systematisch IM angeworben werden sollten. Auch gegenüber den Korrespondenten selbst wurde die »zielstrebige Nutzung der bestehenden operativen Möglichkeiten zur Gewinnung von IM« befohlen, wofür man in der Praxis bei den Reisekorrespondenten die größten Chancen sah.[129] Die Ausforschung beschränkte sich nicht auf das Territorium der DDR, sondern umfasste auch die »personen-, vorgangs- und stützpunktbezogene Arbeit« in der Bundesrepublik. Der gesamte Stasi-Apparat, von der für Spionage zuständigen Hauptverwaltung A über die für die Grenzkontrollen verantwortliche Hauptabteilung VI bis zu den Bezirksverwaltungen für Staatssicherheit, wurde angewiesen, sich an der Überwachung zu beteiligen.

Über die Ziele dieses gigantischen Kontrollsystems ließ Mielke in seinem Befehl keinen Zweifel: Neben dem vorgeschobenen »Schutz« der Korrespondenten vor »Gewalttaten« ging es um die »Aufklärung und Bekämpfung der Pläne, Absichten und Maßnahmen des Gegners zur Nutzung der in der DDR akkreditierten Publikationsorgane und Korrespondenten, unter Missbrauch der ihnen gewährten Arbeitsmöglichkeiten, für subversive, insbesondere geheimdienstliche Tätigkeit, zur Bildung illegaler Korrespondentennetze, für staatsfeindliche Hetze sowie für andere Untergrundtätigkeit«. Insbesondere sollte der Stasi-Apparat herausfinden, mit welchen »rechtswidrigen Methoden« sich die Korrespondenten Informationen beschafften, die geeignet wären, »feindliche Stellen zu unterstützen bzw. die sozialistische Staats- und Gesellschaftsordnung zu schädigen«. Aber auch die »Konstruktion und Verbreitung tendenziöser Informationen, von Hintergrundinformationen, so genannter Schubladenliteratur und von Materialien, die der Gerüchteverbreitung dienen«, sollten überwacht werden. Um Druckmittel zu gewinnen, wollte die Staatssicherheit zudem »Straftaten der allgemeinen Kriminalität« dokumentieren, wobei auch hier der Schwerpunkt auf »feindlichen Kontakten und Verbindungen« sowie der »Verbreitung nichtlizenzierter Schriften« lag.[130]

Um all dies zu ermöglichen, ließ Mielke 1976 eine spezielle Diensteinheit schaffen, die ausschließlich für die Überwachung der Korrespondenten zuständig war. In dieser Hauptabteilung II/13 (HA II/13) arbeiteten 1989 einundvierzig Mitarbeiter, denen ein umfangreiches Netz von IM und Offizieren im besonderen Einsatz (OibE) zur Verfügung stand. Außerdem kontrollierte die Abteilung die für die Betreuung westlicher Journalisten zuständigen Institutionen: den DDR-Auslandspressedienst *Panorama DDR*, das 1976 gegründete Haus für Journalistische Dienstleistungen und die Abteilung Journalistische Beziehungen im Außenministerium. In diesen Institutionen besetzten Stasi-Mitarbeiter die »Schlüsselpositionen« und sorgten dafür, dass alle bedeutenden Informationen dem MfS »rechtzeitig und vollständig« zur Verfügung gestellt wurden, insbesondere Anträge auf Neuakkreditierung und journalistische Vorhaben. »Diese Informationen«, so heißt es in einer MfS-internen Vereinbarung vom Mai 1977 über die praktische Abwicklung, »werden im Sekretariat der Abt. J[ournalistische] B[eziehungen] ständig deponiert und täglich vom Kurierdienst der Hauptabteilung II abgeholt. Zur Klärung kurzfristig anstehender operativer Probleme … unterhalten die Mitarbeiter der HA II/13 offizielle Kontakte zu den jeweiligen Mitarbeitern der Sektoren der Abt. Journalistische Beziehungen.« Dasselbe Verfahren galt für *Panorama DDR* und das Haus für Journalistische Dienstleistungen sowie für alle Vorhaben von Reisejournalisten. Die »vorhandenen inoffiziellen Potenzen im Betreuungssystem« für ausländische Journalisten wurden ebenfalls »zielgerichtet zur Sicherung, politisch-operativen Kontrolle und systematischen Aufklärung der Reise- und Gastkorrespondenten eingesetzt«.[131] Darüber hinaus flossen in der Spezialabteilung auch alle anderen Stasi-Informationen über die Korrespondenten zusammen: die Ergebnisse der Post- und Telefonüberwachung, der Grenzkontrolle und der Beschattungen sowie die Berichte der im Wohngebiet, im Bekanntenkreis oder unter dienstlichen Gesprächspartnern tätigen IM.

Die hypertrophen Stasi-Aktivitäten werden vielleicht nirgendwo so anschaulich wie beim Ostberliner Haus für Journalistische Dienstleistungen, das sich ab 1978 Internationales Pressezentrum der DDR (IPZ) nannte. Die darüber überlieferten Dokumente erinnern an den alten Witz, nach dem russischer Beton zu zwanzig Prozent aus Zement, zu dreißig Prozent aus Kies und zu fünfzig Prozent aus Mikrofonen bestand. Die Anlaufstelle für westliche Journalisten, in der unter anderem das ZDF, DPA und die *Süddeutsche Zeitung* ihre Büros hatten, war mit IM, Offizieren und Mitarbeitern im besonderen Einsatz (MibE) regelrecht vollgepfropft. Diverse Zimmer waren mit Abhörtechnik ausgestattet oder dienten als geheime Stasi-Büros. Da das Haus von den beiden für West-Journalisten zuständigen Stasi-Abteilungen (HA II/13 und HVA/X) gleichzeitig durchdrungen wurde und diese zum Teil unterschiedliche Interessen verfolgten, überwachte sich die Stasi sogar gegenseitig. So wurden Telefon und Dienstzimmer des Direktors, Fred Müller, der für die HVA tätig war, jahrelang von der »Abwehr« abgehört. Der Hausmeister war angewiesen, ein bestimmtes Zimmer auch für seinen obersten Chef verschlossen zu halten, weil sich darin ein heimlicher »Stützpunkt« der anderen Stasi-Abteilung befand. Sekretärinnen und Vorgesetzte bespitzelten sich gegenseitig, selbst Liebschaften, von denen es im IPZ offenbar reichlich gab, dienten nebenbei der »Abschöpfung« des Partners. Mit welcher Einstellung die Journalistenbetreuer an ihre Arbeit herangingen, geht aus einem der überlieferten Spitzelberichte über eine Besichtigung des neuen Hauses hervor, dem zufolge Fred Müller auf dem Dachgarten in der fünften Etage gewitzelt haben soll: »Wenn wir dann später mit dem Dirk Sager hier sitzen werden, dann nehmen wir ihn an dem Kragen und halten ihn über die Brüstung und sagen: ›Mein lieber Dirk, wenn du nicht das machst, was wir dir sagen, dann lassen wir dich hier herunterfallen.‹«[132]

Auch miteinander gingen die Stasi-Mitarbeiter im IPZ nicht gerade freundlich um. Geradezu dramatisch klingt ein Bericht des IM »Joachim« vom April 1988, in dem von einem »Kampf« zwischen »ungleichen Brüdern« im Pressezentrum die Rede ist, in dem jeder Teilerfolg und jede Teilniederlage kommentiert oder triumphierend ausgewertet werde. Entgegen allen Regeln der Konspiration wüssten die Mitarbeiter regelmäßig schon nach kurzer Zeit, wer für die »Abwehr« und wer für die »Aufklärung« arbeite. Nur bei totaler Naivität oder Dummheit, so »Joachim«, komme es nicht zur gegenseitigen Enttarnung. Die Linie der »Abwehr« decke sich nämlich in der Regel mit der vom ZK und dem Sektorenleiter für die Arbeit mit ausländischen Korrespondenten, Hans-Joachim Kobert, vertretenen Position, während die Aufgabenstellung der »Aufklärung« von Hauptabteilungsleiter Wolfgang Meyer und dem Sektorenleiter der Abteilung Journalistische Beziehungen im DDR-Außenministerium, Werner Claus, gestützt würde.[133] Da alle Mitarbeiter wussten, wie die Staatssicherheit arbeitete, trauten sie den Kollegen der anderen »Linie« meist jede denkbare Schandtat zu, wie ein abgehörtes Gespräch zwischen IPZ-Direktor Müller und seinem Stellvertreter Schreiber belegt, in dem sie indigniert feststellten, dass sie wahrscheinlich selber überwacht wurden. Der abhörende Stasi-Mann zeigte sich seinerseits daraufhin besorgt, Müller könnte sein Zimmer durch die HVA auf Wanzen überprüfen lassen.[134] Bestimmte Gespräche, zum Beispiel über den möglichen Nachfolger Erich Honeckers, führte der Direktor nur mit Hilfe von Zetteln, die er stumm über den Schreibtisch schob.[135]

Auch im Sommer 1988, als sich die SED-Führung auf dem Höhepunkt ihrer Macht wähnte, müssen dem Abhörer Hans-Dieter Ternies die Ohren geklungen haben, während er ein Gespräch zwischen Müller und Heinz Felfe, der einstigen Spitzenquelle des KGB im BND, mithörte, in dem beide ihrem Ärger über den Sozialismus Luft machten. Das Protokoll verdient es, ausführlicher zitiert zu werden:

»F[elfe]: Wenn du die Zeitung aufschlägst, wirst du doch belogen. Heute steht: ›400 000 Trockenrasierer für die Bevölkerung‹. Ich brauche keinen Trockenrasierer. Ich brauche was anderes. Kauf doch mal Zement in Bautzen – nichts da, der geht nach Frankreich zum Kanalbau. Meine Verwandtschaft war jetzt da und erzählt, sie waren an der Ostsee im Urlaub. Dort ist die Versorgung noch mieser als in Bautzen. Ist denn das nun in der ganzen DDR so schlimm?

M[üller]: Meine Masseuse war in Reichenbach/Vogtland. Es gibt dort keine Zwiebeln und Senf. Da sitzen bestimmt ein Haufen Leute im Handel, die denken, die Leute sollen sich doch ihre Zwiebeln anbauen.

F[elfe]: Ich war in der Lausitz und bekomme kein Sauerkraut. Die Leute sagen, erst mal wird nach Berlin und in die Bezirksstädte geliefert, der Rest ist für uns. Geh doch mal in Westberlin einkaufen: Alle Geschäfte sind voll! Apfelsinen, Bananen, Pfirsiche. Meine Frau, die jetzt auch rüber darf, sagt: ›Man wird verrückt, was es da alles gibt. Wie machen die denn das mit dem Zeug, was sie am Tag nicht verkauft haben …?‹

M[üller]: Ich sag das schon laufend. Ich fahre nun ja schon 20 Jahre rüber … Ich hab mit vielen Rentnern diskutiert, die fahren und das selbst sehen. Wenn du auf den Markt einer kleinen oder mittleren Stadt gehst – dort ist alles da.

F[elfe]: Meine Frau hat jetzt Früchte gesehen, da hatte sie nie was von gehört: Nektarinen, Avocatos [sic!] …

M[üller]: Das fressen dort sogar die Arbeitslosen.

F[elfe]: Der Verkehr auf dem Kudamm, ein starker Verkehr: Das läuft und rauscht, kein Lärm, keine Zweitakter, keine kaputten Auspuffanlagen, alles freundlich, man bekommt gleich Stapel bunter Prospekte.

M[üller]: Der reiche Kapitalismus …

F[elfe]: Dann kommst du an die Grenze zurück: Miese Verhältnisse, ein Tisch, ein Stuhl, mußt halb im Sitzen den Zettel ausfüllen und wirst dumm angeredet. Vor meiner Frau wurde eine Rentnerin angeniest, weil die den Zöllner nicht gesehen hatte – genau so, wie die Leute in der DDR von der Obrigkeit behandelt werden. In Westberlin dagegen: Alles freundlich, vom Busfahrer über den Zeitungsverkäufer – alle. Dieses Graue, Triste an der Grenze. Warum können wir unsere Eingangstür nicht besser machen?

M[üller]: Es geht nicht nur um die Eingangstür.«[136]

Unabhängig davon, dass der ideologische Zersetzungsprozess innerhalb der Stasi Ende der achtziger Jahre vielleicht weiter gediehen war, als man es den trockenen Aktenvermerken sonst anmerkt, wurde die Kontrolle der ausländischen Journalisten mit geradezu wissenschaftlicher Präzision betrieben. An der so genannten Juristischen Hochschule des MfS in Potsdam-Golm entstanden seit Mitte der siebziger Jahre serienweise Diplom- und Doktorarbeiten, die sich mit der Bekämpfung dieser »legalen Basen des Feindes« beschäftigten.[137] Zu kaum einem anderen Thema wurde eine derart große Zahl pseudowissenschaftlicher Analysen angefertigt wie zu diesem. Da diplomierten Stasi-Mitarbeiter wie Rolf Kirchner über »Die Anforderungen an die Auswertung der operativen Beobachtung bevorrechteter Personen und Korrespondenten nichtsozialistischer und operativ interessierender Staaten«.[138] Da erwarben MfS-Hauptamtliche wie Dieter Borchert einen Hochschulabschluss, indem sie über »Ausgewählte Probleme der Gewinnung von IM zur operativen Aufklärung, Kontrolle und Bearbeitung von in der DDR ständig akkreditierten Korrespondenten nicht-sozialistischer und politisch-operativ interessierender Staaten in der Hauptstadt der DDR« schrieben.[139] Da promovierten hohe Stasi-Offiziere wie Ulrich Wollermann und Wolfgang Stuchly über »Grundfragen der politisch-operativen Abwehrarbeit zu Korrespondenten und Journalisten des nichtsozialistischen Auslandes«.[140] Die Angst des MfS vor dem ins Innere der DDR vorgerückten »Klassenfeind« war immens und wurde durch aufgeblähte »Theorien« über die Gefährlichkeit der »politisch-ideologischen Diversion« (PID) noch bestärkt.[141]

Der Aufwand, den das MfS zur Kontrolle der Korrespondenten trieb, stand in keinem Verhältnis zur Größe des zu überwachenden Personenkreises: Vom Abschluss des Grundlagenvertrags bis zum Herbst 1989 waren in der DDR stets nur höchstens zweiundzwanzig westdeutsche Hörfunk-, Fernseh- und Zeitungskorrespondenten gleichzeitig akkreditiert. Hinzu kamen zwar jährlich mehrere hundert Reisekorrespondenten, doch diese blieben in der Regel nur wenige Tage und wurden oftmals bereits von der HVA ausgeforscht.[142] In den achtziger Jahren führte die Abteilung gleichwohl über sechzig sogenannte Operativvorgänge und Operative Personenkontrollen (OPK) gegen westliche Journalisten – das heißt zentral registrierte und nach strengen Regularien geführte Personendossiers zur Ausforschung und Bekämpfung der Betroffenen.

Korrespondenten, die nach der Wende Einsicht in ihre Stasi-Akten nahmen, waren regelmäßig erschrocken über das Ausmaß der Bespitzelung: Nachbarn und Freunde, die ihnen das Leben in der Fremde erleichtert hatten, entpuppten sich als Stasi-Zuträger. Gespräche und Telefonate fanden sich in seitenlangen Abhörprotokollen akribisch niedergeschrieben. Hotelzimmer oder Ferienbungalows stellten sich als verwanzt heraus, unscheinbare Nachbarwohnungen als heimlicher Lausch-Stützpunkt. Neben den per Post beförderten Briefen fanden sich sogar persönlich eingeworfene Schreiben in den Akten wieder, weil die Stasi auch den Hausbriefkasten regelmäßig kontrolliert hatte. Daneben enthielten die Dossiers Ablichtungen aus Adressbüchern, Terminkalendern, Tagebüchern, Skizzen der Wohnung, Zeichnungen von Türschlössern und Einrichtungsgegenständen sowie von den zahlreichen Observationskommandos geschossene Fotos. Partys unter Kollegen stellten sich im Nachhinein als »Großkampftage« der Stasi heraus, an denen Beobachtungstrupps die Gäste beim Betreten des Hauses filmten, diverse Spitzel im Smalltalk nach Verdächtigem lauschten und eine spezielle »Lagegruppe« der Stasi pausenlos den Einsatz koordinierte. Selbst vor Einbrüchen in Büros und Wohnungen scheute das MfS nicht zurück, wobei es sorgfältig darauf achtete, keine Spuren zu hinterlassen.[143] Manche Journalisten, wie zum Beispiel der DPA-Korrespondent Hartmut Jennerjahn (OPK »Julius«), entdeckten zwischen all den Überwachungspapieren obendrein, dass sie vom MfS als »Abschöpfquelle« benutzt worden waren.[144]

Der frühere Korrespondent von *Süddeutscher Zeitung* und *Stern*, Peter Pragal, fand beispielsweise sechsundzwanzig Aktenordner vor, gefüllt mit Spitzelinformationen und Abhörprotokollen, Operativplänen und Auswertungsberichten, mit abgefangenen Briefen und heimlich fotografierten Dokumenten. Jahrelang hatte ihm die Stasi in den Operativvorgängen »Starnberg« und »Kumpan« nachspioniert. Rund zwei Dutzend IM, vom Hausmeister bis zum Universitätslehrer, hatten ihn regelrecht umzingelt, um teils sachlich und knapp, teils hinterhältig und ehrgeizig über ihn zu berichten. Dabei gehörte er zu jenen Journalisten, die der DDR keineswegs rundweg ablehnend gegenüberstanden. Wie die meisten Korrespondenten, die in den frühen siebziger Jahren nach Ostberlin gingen, sympathisierte er vielmehr mit der sozialliberalen Ostpolitik und wollte zum Abbau der »Feindbilder« in beiden deutschen Staaten beitragen. Die Stasi urteilte gleichwohl über ihn, dass er, »ausgehend von seiner feindlichen Berichterstattung über die gesellschaftlichen Verhältnisse in der DDR«, als »Antikommunist und Gegner unseres Staates eingeschätzt werden« müsse.[145]

Die Überwachung der Journalisten zielte nicht nur auf die »Schaffung von Hinweisen, Beweisen, Aussagen und Niederschriften von Bürgern und staatlichen Institutionen über die Verletzungen der ›Verordnung über die Tätigkeit von Publikationsorganen anderer Staaten und deren Korrespondenten in der DDR‹ vom 21.2.1973 sowie anderer Rechtsnormen«, wie es in der Akte des Frankfurter Rundfunkjournalisten Karl Corino heißt.[146] Ermittelt wurde vielmehr nach den Gummiparagraphen des politischen Strafrechts, die bei der Eröffnung eines Operativvorgangs einzeln aufgelistet wurden und fortan das Erkundungsinteresse definierten. Die vorgangsführenden Offiziere hatten den Auftrag, Beweise für strafrechtliche Verfehlungen auch in offizialisierter Form zu erheben, damit sie gegebenenfalls in einem Prozess Verwendung finden konnten. Darüber hinaus diente die Durchleuchtung der Korrespondenten dem Ziel, Rechtsverstöße auf Gebieten festzustellen, bei deren Ahndung man weniger Komplikationen erwartete: Verkehrsdelikte, Devisen- und Zollvergehen, Beihilfe zum »ungesetzlichen Grenzübertritt« oder »Verführung Minderjähriger«. Wann immer die Staatssicherheit Hinweise auf vordergründig unpolitische Delikte ausfindig machen konnte, wurden sie in den Akten sorgfältig dokumentiert und dienten ihr als Faustpfand. Zu Recht war die Staatssicherheit der Überzeugung: »In bestimmten Fällen können durch Korrespondenten und Journalisten verletzte Straftatbestände der allgemeinen Kriminalität, die auch nach bürgerlichem Rechtsempfinden kriminelle Handlungen sind, wirkungsvoller politische Interessen der DDR oder politisch-operative Ziele des MfS erfüllen helfen.«[147] Allerdings mussten all die zusammengetragenen Beweise in der Schublade bleiben, weil die SED-Führung in den siebziger und achtziger Jahren aus politischen Erwägungen davor zurückschreckte, die vorbereiteten Ermittlungsverfahren gegen ausländische Journalisten auch wirklich einzuleiten.

Folgen für die Berichterstattung

Die lückenlose Kontrolle der West-Journalisten durch den Staatssicherheitsdienst war nicht nur Ausdruck eines pathologischen Sicherheitsbedürfnisses der SED. Sie hatte auch Rückwirkungen auf Inhalt und Form der Berichterstattung. Zum einen wurden als SED-kritisch bekannte Journalisten gar nicht erst ins Land gelassen, und verhielten sich zugelassene Berichterstatter nach ihrer Akkreditierung nicht kooperativ genug, suchte man zielstrebig nach einem Anlass, sie wieder hinauszuwerfen. Ermahnungen, Verwarnungen und die latente Ausweisungsdrohung machten den Journalisten schnell die Grenzen ihrer Arbeit deutlich. So genannte Zersetzungsmaßnahmen wie anonyme Anrufe oder die Verbreitung von Gerüchten komplettierten das Instrumentarium, mit dem kritische Korrespondenten eingeschüchtert wurden. So erhielt *Spiegel*-Korrespondent Ulrich Schwarz 1987 nächtliche Todesdrohungen, weil er die Stasi in einem Artikel – mit Recht –

verdächtigt hatte, den Bürgerrechtler Wolfgang Templin systematisch mit Psychoterror zu überziehen.[148] Zum anderen unterlag ein Großteil möglicher journalistischer Themen der Genehmigungspflicht, und etwa die Hälfte aller gestellten Anträge wurde abgelehnt.[149] Selbst eine schlichte »Abmeldung« in die DDR-Provinz konnte als »Antrag auf ein journalistisches Vorhaben« gewertet und deshalb verboten werden. Vor allem aber waren die Möglichkeiten, wirklich authentische Informationen über die Zustände in der DDR zu bekommen, stark eingeschränkt, denn jedes nicht genehmigte Gespräch mit einem Ostdeutschen setzte diesen dem Risiko strafrechtlicher Verfolgung aus.

Eine Lücke boten allenfalls die Kirchen, über deren Veranstaltungen zu berichten nach der novellierten Durchführungsbestimmung jedoch ebenfalls eine Genehmigung voraussetzte. Da die Korrespondenten diese Rechtsauffassung nicht akzeptierten, wurden sie wiederholt vom Außenministerium verwarnt, so dass sie ihre Berichte stets in dem Bewusstsein schrieben, die Grenzen der Legalität bereits zu überschreiten. Doch auch die Mehrzahl der kirchlichen Amtsträger hatte kein Interesse daran, die SED frontal anzugreifen, und fürchtete die westliche Öffentlichkeit eher, da sie ihre stille Diplomatie stören konnte. Unter dem sanften Druck des Staates waren es oft genug die Kirchen selbst, die westliche Kamerateams von ihren Veranstaltungen ausschlossen.

Die Offizialisierung der Berichterstattung führte überdies dazu, dass sich westliche Medien, die über die DDR informieren wollten, nun – wie in aller Welt üblich – oftmals zuerst an die staatlichen Institutionen wandten. Diese organisierten nicht nur das Programm und suchten die Gesprächspartner aus, sondern bemühten sich auch um ein persönliches Verhältnis zu den Journalisten, aus dem häufig unversehens politische Bindungen erwuchsen. Den Briefen, die Redakteure aus dem Westen an Mitarbeiter des Pressezentrums der DDR richteten, ist jedenfalls zu entnehmen, wie rasch sich höfliche Arbeitskontakte zu freundschaftlichen Banden entwickelten – selbst dann, wenn die eigenen Wünsche abgelehnt wurden. Ein Beispiel dafür ist ein Schreiben eines *Geo*-Redakteurs aus Hamburg vom Oktober 1978, in dem dieser sich bei IPZ-Direktor Müller darüber beklagte, dass gleich zwei »gemeinsame Projekte« am Verhalten der DDR-Seite gescheitert seien, weshalb er von weiteren Vorhaben zunächst Abstand nehmen wolle. Trotzdem zeigte er sich ausgesprochen bemüht, das Wohlwollen Müllers, den der Redakteur als »alten Profi« um »Verständnis« für sein Verhalten bat, nicht zu verlieren. »Ich hoffe«, schloss der Briefeschreiber versöhnlich, »dass Ihnen die ›Unter den Linden‹-Reportage gefällt. Sie kommt in der letzten Oktoberwoche auf den Markt. Ich habe veranlasst, dass Ihnen gleich drei Hefte zugeschickt werden.«[150]

Das Beispiel Pragals zeigt anschaulich, wie eingeschränkt die praktischen Möglichkeiten der Korrespondenten waren. Als ihm 1979, auf einen Artikel hin, ein anonymer Anrufer die Hintergründe der Ablösung eines DDR-Admirals schilderte, fahndete die Stasi zwei Jahre lang nach dem Mann, der sich aus Empörung über die Selbstbedienungsmentalität der obersten Kader spontan an den Korrespondenten gewandt hatte. Am 22. April 1981 wurde der Anrufer auf offener Straße festgenommen und anschließend wegen »landesverräterischer Nachrichtenübermittlung« zu zwei Jahren und acht Monaten Haft verurteilt. In einem anderen Fall erhielt Pragal erst gar nicht den verzweifelten Brief, den ihm eine Neunzehnjährige geschrieben hatte, die zu ihrem in die Bundesrepublik geflüchteten Verlobten wollte und den Korrespondenten um Hilfe bat. Im Februar 1984 erfolgte ihre »konspirative Festnahme«, als sie sich auf dem Weg zu einem Treffen mit dem Korrespondenten befand.[151] Über einen weiteren DDR-Bürger, der dem *Stern*-Korrespondenten einige literarische Arbeiten übergeben wollte, um sie im Westen zu veröffentlichen, drehte die Stasi sogar einen Lehrfilm, der ihr Vorgehen in allen Einzelheiten vorführte: Vom ersten Hinweis eines IM im Büro des Korrespondenten über die monatelangen Ermittlungen, einschließlich einer konspirativen Hausdurchsuchung, bis zur Verhaftung des Betreffenden vor dem Eingang des Korrespondentenbüros wegen versuchter »Spionage«.[152]

Pragals Versuche, über den SED-Staat nicht nur Offiziöses zu berichten, scheiterten regelmäßig am Widerstand der ZK-Abteilung für Agitation. Anträge auf Interviews mit Spitzenpolitikern hatten keine Chance auf Genehmigung. Der Antrag des Korrespondenten, über Lotto und Toto in der DDR zu berichten, wurde abgelehnt, weil Partei und Regierung »über die Verwendung des Teils des Geldes, das nicht als Gewinn ausgeschüttet« wurde, keine Angaben machen wollten. Kommentarlos wurde der Wunsch zurückgewiesen, mit einem Mediziner über die Immunkrankheit Aids zu sprechen. Ein Beitrag über die Schallplattenproduktion in der DDR blieb ungeschrieben, weil man Angst hatte, er könnte die Geschäftsbeziehungen zu westlichen Firmen stören. Selbst der Antrag, für die Sportredaktion über einen in der DDR entwickelten »Tischtennis-Roboter« zu schreiben, wurde abgelehnt, weil, wie es intern hieß, dessen »Reife relativ gering« war. Als Standardbegründung bekam Pragal in Fällen wie diesen zu hören: »An diesem Thema haben wir kein Interesse.«[153] Als er indes ungenehmigt über Zusammenstöße mit der DDR-Volkspolizei am 1. Mai 1978 in Wittenberge berichtete, wurde er, ebenso wie seine Kollegen Fritz Pleitgen (ARD-Fernsehen), Armin Beth (ARD-Hörfunk), Dietmar Schulz (DPA) und Hans-Jürgen Wiessner (ZDF), wegen Verbreitung einer »Falschmeldung« offiziell verwarnt.[154]

Interesse hatte man jedoch daran, die West-Journalisten für die eigene Propagandaarbeit einzuspannen. Als Pragal 1986 den Antrag stellte, ein DDR-Gefängnis besuchen zu dürfen, gab er diesem Plan nur geringe Chancen. Doch weil er vorhatte, eine Äußerung des damaligen Bundeskanzlers Kohl richtig zu stellen, der DDR-Gefängnisse mit Konzentrationslagern verglichen hatte, beschloss man, dem Antrag stattzugeben – und Pragal eine schamlose Inszenierung vorzuführen: Der Leiter der Strafvollzugsanstalt Brandenburg mußte eine Rede auswendig lernen; über hundert Häftlinge eines Arbeitskommandos wurden kurzerhand eingeschlossen; einige ausgewählte Gefangene hingegen wurden in neue Kleidung gesteckt und durften die Äußerung des Bundeskanzlers empört zurückweisen. Ehemalige Häftlinge, die die Zustände in Brandenburg aus eigener Anschauung kannten, hielten dem Korrespondenten später vor, sich mit seinem Artikel in den Dienst der SED-Schönfärberei gestellt zu haben – »nicht ganz zu Unrecht«, wie Pragal 1993 selbstkritisch einräumte.[155] Ähnliche Vorführungen erlebten auch andere Journalisten, doch auf kritischere

Korrespondenten wie den *FAZ*-Redakteur Peter Jochen Winters, für den ein Besuch in einer Schule in Frankfurt/Oder arrangiert wurde (während sein Antrag auf eine Reportage über »Einen Tag im Zuchthaus Bautzen« abgelehnt worden war), wirkten sie nur abstoßend.[156]

Wie die SED Pragal mitunter instrumentalisierte, kann man an einem anderen Vorgang studieren, der unbeabsichtigt zu einem Stück Zeitgeschichte werden sollte: Im März 1987 bekam Pragal die telefonische Aufforderung, kurzfristig einige Fragen für ein Interview mit einem höheren SED-Funktionär zur Einschätzung der Reformpolitik von Michail Gorbatschow zu formulieren. Wenige Tage später wurde er dann zu seiner eigenen Überraschung zu einem der wichtigsten Politbüromitglieder vorgelassen, dem Chefideologen Kurt Hager. Schon bei der Ankunft erhielt er das fertige Interview in die Hand gedrückt, das zeitgleich im *Stern* und im *Neuen Deutschland* erscheinen sollte – mit dem berühmt-berüchtigten Satz Hagers: »Würden Sie, wenn Ihr Nachbar seine Wohnung neu tapeziert, sich verpflichtet fühlen, Ihre Wohnung ebenfalls neu zu tapezieren?« Die SED zeigte sich nach der Veröffentlichung dennoch mit dem Korrespondenten unzufrieden, weil die Hamburger Redaktion den Text unabgesprochen geringfügig gekürzt hatte. Zur »Strafe« bekam Pragal eine Ermahnung, und ein in Aussicht gestelltes Gespräch mit Politbüromitglied Hermann Axen wurde ersatzlos gestrichen. Zusätzlich dachte man sich folgende Bosheit aus: »Die Konkurrenzsituation der großen Hamburger Blätter nutzend, sollte dem *Spiegel* oder der *Zeit* ein Interview mit dem Genossen Axen angeboten werden.«[157]

Ansonsten bekam Pragals DDR-Berichterstattung im *Stern* jedoch – im Gegensatz zu der seines Vorgängers Dieter Bub – vom Staatssicherheitsdienst überwiegend gute Noten. In einer Analyse vom April 1984 wird am Beispiel verschiedener Artikel seine »realistische Grundeinstellung« gelobt. Auch die Artikel anderer *Stern*-Autoren über andere Themen werden in dem Papier auf den Prüfstand gestellt, wobei insbesondere die Berichterstattung über die US-Politik positiv herausgestellt wird, weil »der friedensfeindliche Charakter dieser Politik auf kaum eingeschränkte Ablehnung bzw. Verurteilung stieß«. Überhaupt zeigte sich das MfS über die zahlreichen Berichte im *Stern* zum Thema Rüstungspolitik hoch zufrieden, weil sie eine breite Ablehnung der Nachrüstung widerspiegelten und sich die Verfasser, namentlich die Journalisten Uwe Zimmer und Ulrich Völklein, »im Sinne der Friedensbewegung« engagierten. Dies hinderte die Stasi freilich nicht, dem Magazin vorzuwerfen, seine Beiträge würden sich in »symptomatischen Beschreibungen« erschöpfen, »die zwar teilweise recht engagiert sind, jedoch nicht zu den gesellschaftlichen Ursachen vordringen oder das staatsmonopolistische System in Frage stellen«.[158]

Andere Journalisten wurden weniger wohlwollend beurteilt. Den *Spiegel*-Korrespondenten Jörg-Rainer Mettke hatte die Stasi bereits im Visier, bevor er 1973 seinen Posten antrat. Weil er fürchtete, dass ihm die DDR-Behörden eine Sekretärin ins Büro setzen könnten, die für das MfS arbeitet, fragte er eine ostdeutsche Verwandte, ob sie nicht den Posten übernehmen könnte. Dummerweise war die junge Frau jedoch schon als IM für die Stasi tätig, und ihr Verlobter war sogar Informant des KGB. Diese Fügung ließ das MfS sofort aktiv werden: Die künftige Sekretärin sollte eine neue, repräsentative Wohnung erhalten, um die zahlreich erwarteten West-Besucher angemessen empfangen zu können. Die Einrichtung sollte durch einen Kredit der Staatssicherheit bezahlt werden und bereits beim Aufbau mit »operativer Technik« ausgestattet werden. Beide Informanten sollten »kompromittierendes Material« über Mettke erarbeiten, das man auch dem sowjetischen Bruderorgan zur Verfügung stellen wollte. Da auch dieses vorhatte, Mettke »unter Legende« dem KGB zuzuführen, musste man sich freilich noch darüber einigen, wer ihn in Zukunft bearbeiten würde. Zur »Irreführung des Mettke« wollte die Stasi sogar einen fehlschlagenden Anwerbeversuch gegenüber der Sekretärin simulieren.[159]

Wegen seiner unverblümten DDR-Berichterstattung war Mettke der SED von Anfang an ein Dorn im Auge. Bei ihm betrug die »Ausfallquote« von nicht genehmigten oder unbeantworteten Anträgen mehr als zwei Drittel – bis er überhaupt keine Genehmigungen mehr erhielt.[160] Im August 1975 wurde er dann ins Ostberliner Außenministerium zitiert, wo ihm vorgeworfen wurde, »angebliche Widersprüche zwischen Führung und Bevölkerung der DDR zu publizieren« und »durch aus der Luft gegriffene Behauptungen Differenzen zwischen der UdSSR und der DDR zu erfinden«. Bei Fortführung einer solchen »unseriösen journalistischen Berichterstattung« trage der *Spiegel* die »volle Verantwortung für mögliche Konsequenzen«.[161] Zwei Wochen zuvor hatte Erich Honecker in Helsinki die KSZE-Akte unterzeichnet und damit zugesichert, »dass die legitime Ausübung der beruflichen Tätigkeit weder zur Ausweisung von Journalisten noch anderweitig zu Strafmaßnahmen gegen sie führen wird«. Genau dazu kam es aber im Dezember 1976, nachdem der *Spiegel* einen Bericht über Zwangsadoptionen von Kindern geflüchteter DDR-Bürger veröffentlicht hatte.[162] Obwohl Mettke den Artikel seinen Angaben nach nicht selbst geschrieben hatte, musste er die DDR wegen »Verleumdung« innerhalb von achtundvierzig Stunden verlassen.[163] Ursprünglich hatte man sogar vorgehabt, seine Autonummer in der Nähe einer Militäreinrichtung zu »finden« und ihn wegen Spionage auszuweisen.[164]

Ein Jahr später wurde der SED-kritische ARD-Korrespondent Lothar Loewe ausgewiesen, weil er in einem Kommentar gesagt hatte, in der DDR wisse jedes Kind, dass die Grenzsoldaten den strikten Befehl hätten, auf Menschen wie auf Hasen zu schießen. Damit habe er, wie DDR-Vizeaußenminister Kurt Nier erklärte, »Volk und Regierung der DDR gröblichst verleumdet« und sich in die inneren Angelegenheiten der DDR eingemischt.[165] Eigentlich hatte man Loewe, der von der Stasi im OV »Alster« bearbeitet wurde, gar nicht ins Land lassen wollen, weil er schon in seiner Zeit als Moskau-Korrespondent Missfallen erregt hatte. Auf Kritik stießen bei der SED vor allem seine häufigen – damals noch genehmigungsfreien – Straßenbefragungen von DDR-Bürgern. Auch seine fünfteilige *Spiegel*-Serie »Abends kommt der Klassenfeind« und seine Berichterstattung über die Selbstverbrennung des ostdeutschen Pfarrers Oskar Brüsewitz im August 1976 behagten der SED nicht. Einem internen Vermerk zufolge erklärte Konsistorialpräsident Manfred Stolpe damals gegenüber SED-Vertretern, dass Loewe in allen Auseinandersetzungen in den Kirchen »eine sehr üble Rolle« spiele, eine

Äußerung, die er nach der Wende postwendend dementierte.[166] Im Oktober 1976 wurde Loewe dann verboten, nach Riesa zu fahren, wo sich eine Bürgerrechtsinitiative von Ausreisewilligen gebildet hatte, deren Wortführer, der Arzt Karl Heinz Nitschke, verhaftet worden war. Als der Korrespondent trotzdem fuhr, beschwerte sich die DDR bei seinem Intendanten und forderte, unter Berufung auf ein vom Außenministerium angefertigtes »Sündenregister«, seine Abberufung. Da die ARD sich jedoch weigerte, diesem Ansinnen zu entsprechen, wurde Loewes Ausweisung beschlossen, zunächst aber noch einmal zurückgestellt. Nach der Übertragung des spektakulären Biermann-Konzerts in Köln durch die ARD meldete das *Neue Deutschland* im November, dass eine Schließung des Ostberliner ARD-Büros »nicht ausgeschlossen« sei. Gleichzeitig wurde die Stasi-Beschattung Loewes immer penetranter. Zudem kam es zu einem mysteriösen Einschlag in die Windschutzscheibe seines Autos, und im Dezember wurde seine Frau in einen vermutlich bewusst herbeigeführten Verkehrsunfall verwickelt. Unmittelbar danach erfolgte der Entzug der Akkreditierung. Nach der Wende erstattete Loewe Strafanzeige gegen die Mitarbeiter der Hauptabteilung II/13, doch das Verfahren wurde inzwischen ergebnislos eingestellt.[167]

Nachdem der *Spiegel* im Januar 1978 das Manifest einer angeblichen Opposition innerhalb der SED veröffentlicht hatte, kam zum ersten Mal die »Höchststrafe« zur Anwendung: die Schließung eines Korrespondentenbüros. Dass die Ostberliner Führung nicht gewillt war, der auch unter dem neuen Korrespondenten, Ulrich Schwarz, anhaltenden kritischen Berichterstattung des Magazins tatenlos zuzusehen, hatte sich bereits im Herbst 1977 angedeutet, als Schwarz nach einem Artikel über Auseinandersetzungen zwischen Jugendlichen und der Volkspolizei auf dem Alexanderplatz wegen »lügenhafter Behauptungen« verwarnt wurde. Vor allem, dass der *Spiegel* nach der Biermann-Ausbürgerung Kritikern wie Robert Havemann, Jurek Becker, Rudolf Bahro und Jürgen Fuchs ein Forum gab, wurde von der SED als Provokation betrachtet. Im Januar 1978 schließlich teilte der Leiter der Hauptabteilung Presse im DDR-Außenministerium, Wolfgang Meyer, der Hamburger Chefredaktion in einem Fernschreiben mit: »Ihr

Blatt hat in den letzten Monaten in ständig steigendem Maße die Deutsche Demokratische Republik und ihre Verbündeten böswillig verleumdet und vorsätzlich den Versuch unternommen, durch erfundene Nachrichten und Berichte die Beziehungen zwischen der Deutschen Demokratischen Republik und der Bundesrepublik Deutschland zu vergiften. Eine besondere Rolle ist dabei offensichtlich dem von Ihnen gemeinsam mit dem Bundesnachrichtendienst der BRD fabrizierten üblen Machwerk ›Bruch in der SED‹ zugedacht. In ihm werden in besonders infamer Weise das Staatsoberhaupt und andere führende Persönlichkeiten der DDR verleumdet.«[168] Sieben Jahre blieb das Ostberliner *Spiegel*-Büro geschlossen; 246 »erkannte Mitarbeiter« erhielten Einreiseverbot.

Die Umstände der von der DDR beanstandeten Veröffentlichung werfen bis heute Fragen auf.[169] Fest steht, dass wesentliche Teile des *Spiegel*-Manifests auf Informationen und Einschätzungen eines IM der HVA zurückgingen, nämlich auf Hermann von Berg (»Günther«). Nach der Wende bezeugte sowohl er als auch *Spiegel*-Redakteur Ulrich Schwarz, dass er diesem den Text in Ostberlin diktiert hatte. Das bedeutet, dass von Berg entweder der HVA aus dem Ruder gelaufen war – oder aber die HVA selbst an der Veröffentlichung Interesse hatte. Für Ersteres spricht, dass von Berg von der Stasi-Hauptabteilung II schon vor der Veröffentlichung der Spionage verdächtigt worden war, für Letzteres, dass er kurz nach seiner konspirativen Festnahme wieder freigelassen wurde, weil er glaubhaft machen konnte, dass er die Kontakte zum *Spiegel* im Auftrag der HVA unterhalten hatte. Zu berücksichtigen ist auch, dass die HVA in den Monaten zuvor keine Anstalten gemacht hatte, die Publikation des Buchs eines anderen prominenten SED-Kritikers, nämlich Rudolf Bahro, zu verhindern, obwohl ihr bereits das unfertige Manuskript durch dessen Frau zugänglich gemacht worden war. Die gesamte Veröffentlichung, einschließlich Bahros heimlicher Fernsehinterviews, fand also gleichsam unter den Augen der Staatssicherheit statt.

Wenn aber die HVA die Veröffentlichung des Oppositionsmanifests geduldet oder gar angeordnet haben sollte, stellt sich zwangsläufig die Frage nach dem Motiv: Entweder wollte sie die oppositionellen Bestrebungen in der SED fördern – oder aber das Gegenteil bewirken, indem sie das Regime durch einen politischen Frontalangriff zum Gegenschlag provozierte. Die erste Variante erscheint wenig wahrscheinlich, weil man davon ausgehen kann, dass Markus Wolf sich nach der Wende die Chance nicht hätte entgehen lassen, sich als früher Förderer der Opposition in Szene zu setzen. Bleibt also die zweite Option, dass die HVA-Spitze eine Verhärtung beabsichtigte.

Dass das *Spiegel*-Manifest lediglich Instrument einer Auseinandersetzung in der SED-Spitze war, davon war *Spiegel*-Korrespondent Mettke schon zu Zeiten des Erscheinens überzeugt. Einem Stasi-Bericht zufolge verurteilte er damals intern die Veröffentlichung, weil er meinte, von Berg hätte im Auftrag einer orthodoxen Fraktion im Politbüro um Ministerpräsident Stoph gehandelt, die Honeckers liberalen, entspannungsfreundlichen Kurs revidieren wollte. Mettke vertrat die Auffassung, dass von Berg »im Auftrage der angeblich existierenden Gruppe um Genossen Stoph Informationen liefert, mit denen Genosse Honecker diskreditiert und schließlich gestürzt werden soll. Zugleich befürchtete er, dass als Folge der Veröffentlichung in der DDR ein härterer politischer Kurs verfolgt werde.« Er konnte sich auch die »Untätigkeit bestimmter Stellen der DDR« gegenüber von Berg nicht anders erklären, als dass dieser »im Auftrage höherer Funktionäre handele«.[170] Diese Theorie hat sich aus heutiger Sicht insofern erhärtet, als der laut *Spiegel* hinter dem Manifest stehende Bund Demokratischer Kommunisten Deutschlands niemals wieder in Erscheinung getreten ist, geschweige denn – wie zu erwarten gewesen wäre – vom MfS ausfindig gemacht wurde. Als ein weiteres Indiz für ein derartiges Intrigenspiel könnte gelten, dass Stoph auch in frühere Aktionen von Bergs involviert war und dabei wiederholt direkt mit der HVA-Spitze zusammengearbeitet hatte.

Nach dem Erscheinen des *Spiegel*-Manifests versuchte die SED, die Korrespondenten, wie erwähnt, durch eine Verschärfung der Bestimmungen in den Griff zu bekommen. Gleichwohl musste 1979 mit dem ZDF-Korrespondenten Peter van Loyen, der den Schriftsteller Stefan Heym ohne Erlaubnis interviewt hatte, erneut ein Journalist die DDR verlassen. 1983 wurde dann der *Stern*-Korrespondent Dieter Bub des Landes verwiesen, weil er über ein vermeintliches Attentat auf SED-Chef Honecker berichtet hatte. Seinen Kollegen, den Fotografen Harald Schmitt, zog der damalige *Stern*-Chefredakteur Peter Scholl-Latour auf Verlangen der SED ebenfalls ab, um so die Erlaubnis für ein Interview mit Honecker zu bekommen. Darüber hinaus erhielten zahlreiche Reisekorrespondenten Einreiseverbot, neben Bub unter anderen Helmut Clemens (Hessischer Rundfunk), Karl Wilhelm Fricke (Deutschlandfunk), Carl Gustav Ströhm *(Welt)* und Max Thomas Mehr *(taz)* – um nur einige zu nennen.[171]

Die Folge dieser Restriktionen war nicht, dass in den westdeutschen Medien keine DDR-kritischen Beiträge mehr erschienen. Viele Korrespondenten bewiesen vielmehr eine erstaunliche Findigkeit, um sich nicht zu verbiegen und die gestrengen Bestimmungen irgendwie zu umgehen. So setzte der *FAZ*-Korrespondent Peter Jochen Winters durch, dass er in Westberlin wohnen bleiben konnte, und erklärte seine Fahrten in die DDR kurzerhand für »privat«, so dass er sie nicht anzumelden brauchte. Telefonische Verabredungen traf er nur aus Telefonzellen, und sein Auto parkte er grundsätzlich auf dem Marktplatz der Orte, die er besuchte.[172] Berichte wurden so geschrieben, dass die inoffiziellen Quellen möglichst nicht identifiziert werden konnten. Manche Journalisten wie Gerhard Rein (Süddeutscher Rundfunk) oder Hans-Jürgen Röder *(Evangelischer Pressedienst)* unterstützten zudem die aufkeimende Bürgerrechtlerszene, indem sie Materialien über die Grenze brachten; andere halfen diskret Menschen, die das Land verlassen wollten.[173] Manche linksorientierte Journalisten wurden durch ihre DDR-Erfahrungen auch nachhaltig ernüchtert, wie Peter Merseburger, der sich nach fünfjähriger Korrespondententätigkeit außerstande sah, »am politischen System der ideologisch genormten Gesellschaft ›liebenswerte‹ Eigenschaften zu entdecken«. Die Bevölkerung wirke eingeschüchtert, kaum einer wage zu sagen, was er denkt, »diese graue Republik ist keine Gesellschaft des offenen Visiers«.[174] Vor allem in den späten achtziger Jahren, als die SED zunehmend hilflos auf die Krisenerscheinungen im Land reagierte und von Moskau zu Glasnost und Perestroika gedrängt wurde, verdunkelte sich das DDR-Bild im Westen und vergrößerten sich zugleich die Spielräume für eine kritische Berichterstattung. In der Herbstrevolution des Jahres 1989 sorgten die Korrespondenten schließlich dafür, dass die Ereignisse in der ganzen Welt auf den Fernsehbildschirmen mitzuerleben waren und die SED-Führung auf diese Weise zur Zurückhaltung gezwungen wurde. Und doch – unterm Strich vermittelten die Korrespondenten zwangsläufig ein »weichgespültes« Bild der DDR, das die harten Seiten der SED-Herrschaft weitgehend aussparte, eine deutliche Ächtung der kommunistischen Diktatur vermied und auch in der Sprache in der Regel konziliant blieb.

Der Korrespondent der *Frankfurter Rundschau*, Karl-Heinz Baum, erhielt beispielsweise von seiner Redaktion von vornherein die Verhaltensregel, eine Ausweisung nach Möglichkeit zu vermeiden. Auch er selbst bemühte sich um Zurückhaltung, wie er rückblickend eingestand: »Natürlich sind wir nicht mit dem Messer im Mund durch die DDR gelaufen, und wir haben sie auch nicht besonders gereizt. Wir waren Gäste und bemüht, uns wie Gäste zu verhalten.« Dennoch wurde er mehrfach vom Außenministerium ermahnt. Insbesondere seine Methode, auf genehmigte »Vorhaben« fast ganz zu verzichten und stattdessen aus zahlreichen privaten Informationsquellen zu schöpfen, erregte den Unwillen der Verantwortlichen. Um seine Bekannten nicht zu gefährden, entwickelte er deshalb die – nicht unproblematische – Praxis, Informationen so zu verfälschen, dass die Quelle nicht mehr rekonstruiert werden konnte. Die Stasi, die unter anderem eine weibliche Informantin beauftragte, »intime Beziehungen« zu Baum herzustellen, und sein Telefon sogar in Westberlin abhörte, war ihm ihrerseits quasi pausenlos auf den Fersen. So hinterließ sie über Baum, der auch viele Kontakte zu oppositionellen Gruppen unterhielt, zweiundzwanzig Aktenordner, aus denen das Ziel der Bearbeitung klar hervorgeht: ihn anzuwerben oder aber auszuweisen.[175]

Der Korrespondent der *Westfälischen Rundschau*, Peter Nöldechen, erklärte nach der Wende ebenfalls, dass er es nicht darauf angelegt habe, sich Verwarnungen einzuhandeln. »Meine Pflicht war, aus diesem anderen deutschen Land zu berichten … Das alles möglichst ideologiefrei und ohne politische Wertung.« Wie die meisten Korrespondenten sei er als überzeugter Anhänger von Bahrs Politik des »Wandels durch Annäherung« in die DDR gegangen. Die nationale Frage sei für ihn »eigentlich erledigt« gewesen, und er sei kein Anhänger der »Macht das Tor auf!« – Ideologie gewesen. Über seine Motive habe er damals einem Vertreter des DDR-Außenministeriums gesagt, er sei in die DDR gekommen, »um nachzusehen, ob hier eine Alternative ist zu dem, was bei uns ist«. Erst im Rückblick müsse er sagen, dass es keine Alternative gewesen sei. Nöldechens Reflexionen über seine Zeit als DDR-Korrespondent erwecken den Eindruck, als schmerze ihn das Ende dieser Illusion bis heute. Den Artikel, den er nach siebzehnjähriger Korrespondententätigkeit veröffentlichte, als die DDR am 3. Oktober 1990 zu Grabe getragen wurde, versah er mit der melancholischen Überschrift: »6129 Tage DDR – ein Stück Heimat hat sich aufgelöst«.[176] Bezeichnend ist auch ein Vorfall, bei dem sich Nöldechen darüber empörte, dass ihn sein Chefredakteur am 13. Dezember 1981 dazu verpflichtete, zu einer Gerichtsverhandlung in Westberlin zu gehen, in der es um den Antrag auf Eröffnung einer Peepshow in Dortmund ging, während er selbst eigentlich in Ostberlin an einer von der SED organisierten »Berliner Begegnung zur Friedensförderung« teilnehmen wollte. »Zornbebend«, so erinnerte er sich noch 1999, fügte er sich der Anweisung. Dass am selben Tag auf Druck der SED und der Sowjetunion in Polen das Kriegsrecht verhängt wurde und die Führer der Opposition in Internierungslager gesperrt wurden, beschäftigte ihn nicht. Stasi-Dokumente zeigen sogar, dass Nöldechen bei seinen Gesprächen im DDR-Außenministerium, zum Beispiel mit Rolf Muth (»Peter«), unter dem Siegel der Vertraulichkeit höchst sensible Informationen weitergab, beispielsweise über die Bemühungen Petra Kellys im Januar 1988, sich für verhaftete Bürgerrechtler in Ostberlin einzusetzen.

Die politisch-emotionale Bindung an den Gegenstand der Berichterstattung war für viele Korrespondenten charakteristisch. Manche von ihnen blicken bis heute nostalgisch auf ihre Zeit in Ostberlin zurück, in der sie als Zaungäste der SED-

Diktatur über ein einzigartiges Informationsmonopol verfügten und sich beständiger Aufmerksamkeit sicher sein konnten – auch des Staatssicherheitsdiensts, dessen Tätigkeit den Betroffenen ungewollt das Gefühl von Wichtigkeit vermittelte. Hinzu kam die lange Zeit vorherrschende Ideologie der Entspannungspolitik, die darauf abzielte, Konfrontationen abzubauen und das Verhältnis zur DDR zu »normalisieren«. Auch der Zwang, mit den Verhältnissen dauerhaft zurechtkommen zu müssen, begünstigte die Entstehung einer persönlichen und zuweilen auch politischen Nähe zu den Lebensumständen in der DDR und ihren Machtstrukturen. Manche Korrespondenten fanden auch nichts dabei, den Funktionären des DDR-Außenministeriums ausführliche Einschätzungen über Kollegen oder politische Entwicklungen zu geben. Die Journalisten wurden in dieser »verständnisvollen« Haltung nicht zuletzt von der Ständigen Vertretung der Bundesrepublik in Ostberlin bestärkt, die Auseinandersetzungen vermeiden wollte und eine konfrontative Berichterstattung – wie beispielsweise von Lothar Loewe oder Dieter Bub – nicht goutierte. Unterlagen zeigen, dass die für die Presse zuständigen Mitarbeiter der Vertretung manchmal sogar ausdrücklich Verständnis für Strafmaßnahmen der DDR gegen kritische Korrespondenten demonstrierten, während sie die diplomatischen Proteste dagegen allenfalls formal vorbrachten.

Insbesondere der langjährige Leiter der Vertretung, Günter Gaus, entwickelte ein in hohem Maße affirmatives Verhältnis zur SED-Diktatur. Am Beispiel des früheren *Spiegel*-Chefredakteurs läßt sich zeigen, wie in einer bestimmten Generation von Journalisten und Politikern pragmatische Überlegungen zur Neuordnung der Ost-West-Beziehungen immer mehr auf eine Legitimation der kommunistischen Herrschaft in Ostdeutschland hinausliefen. Beseelt vom Gedanken der Entspannung, haben sie sich, wie die Journalistin Carola Stern nach der Wende selbstkritisch feststellte, zunehmend die Sorgen der SED zu Eigen gemacht und die kritische Auseinandersetzung mit der DDR ängstlich umgangen.[177] An Gaus kann man zudem studieren, wie die persönliche Nähe zu Funktionären des SED-Regimes eine Veränderung der politischen Einstellung zur DDR nach sich ziehen konnte – gleichsam ein umgekehrter »Wandel durch Annäherung«, der schließlich auch mit zu seiner Ablösung führte. Darüber hinaus zeigt sich bei ihm, wie aus politischer Unzufriedenheit mit dem eigenen Staatswesen in der Zeit der Teilung oftmals eine diffuse Sympathie für den anderen deutschen Staat entstand. Seine Bücher *Die Welt der Westdeutschen* und *Wo Deutschland liegt* demonstrieren anschaulich den merkwürdigen Kontrast zwischen aufklärerischem Impetus gegenüber der westdeutschen Gesellschaft und beschönigenden Beschreibungen der DDR-Wirklichkeit.[178]

Für den Staatssicherheitsdienst war Gaus' publizistisches Œuvre Ende der achtziger Jahre sogar ein ideologisches Bindemittel zur Anwerbung von Bundesbürgern als Agenten. Ein Offiziersschüler der HVA-Abteilung I analysierte 1988 seine Bücher »unter dem Aspekt der Nutzbarkeit für die Gewinnung von Kräften für die Koalition der Vernunft und des Realismus«. Der sechsundsechzigseitigen Expertise zufolge waren Gaus' Schriften in besonderer Weise dazu geeignet, den Boden für eine Werbung auf »politisch-ideologischer Grundlage« zu bereiten, wie sie in den Richtlinien als bevorzugte Methode beschrieben war. Ansonsten haben über Gaus, der als Journalist und Publizist nach seiner Abberufung aus Ostberlin in den Zuständigkeitsbereich der HVA fiel, kaum aussagefähige MfS-Akten überlebt. Ein einzelner, unbedeutender Vorgang macht freilich deutlich, dass auch er von der Stasi lückenlos überwacht wurde: Als er im Sommer 1978 beim polnischen Reisebüro einen Urlaub im Nachbarland buchte, so kann man einem erhalten gebliebenen Dossier entnehmen, informierte die Stasi schon vorab ihre Genossen in Warschau. Wenig später übersandten diese eine Kopie seines Adressbuchs, in dessen Besitz sie auf »operativem Wege« gelangt seien – zur »Kenntnisnahme und eventuellen Weiterverwendung«.[179]

Seine Rolle als Ständiger Vertreter der Bundesrepublik im Herzen einer Diktatur hat Gaus niemals kritisch reflektiert. Im Gegenteil: Als der *Stern* 1995 aus DDR-Unterlagen zitierte, aus denen hervorging, dass er in seiner Tätigkeit nicht nur einmal die Grenze zwischen Diplomatie und politischem Opportunismus überschritten hatte, antwortete Gaus mit einem

»Schlusswort« zu allen Bemühungen, die Geschichte des geteilten Deutschland anhand von Akten und Erinnerungen kritisch aufzuarbeiten. In einer Replik, die zunächst im *Freitag* und dann »mit freundlicher Genehmigung des Autors« im *Neuen Deutschland* erschien, schrieb Gaus, dass auch er nun aufgrund der Einsicht in Akten der DDR zum Gegenstand übler Nachrede geworden sei, zu einem Objekt, »an dem die Deutschen ihre Vergangenheit bewältigen könnten, um so ihre Identität neu zu begründen«. Er gedenke jedoch nicht, so verwahrte er sich gegen die »Aktenfledderei«, auf Veröffentlichungen aus DDR-Unterlagen über Gespräche, an denen er beteiligt gewesen sei, zu reagieren. Nur auf einen Vorwurf ging er dann doch ein, und zwar auf die Schilderung eines Vorgangs im Zusammenhang mit dem Ostberliner Dissidenten Robert Havemann, den er während seines dreijährigen Hausarrests kein einziges Mal aufgesucht hatte. Der damalige Rektor der Freien Universität Berlin, Hartmut Jäckel, hatte den Verfemten mehrfach in dessen Wohnhaus in Grünheide am Stadtrand von Berlin besucht und ihm geholfen, seine Manuskripte in den Westen zu schmuggeln, um seine Isolation zu durchbrechen. Die Stasi schöpfte jedoch bald Verdacht und stellte ihn unter verschärfte Kontrolle, sodass Jäckel seinen Duz-Freund Gaus bat, einige Fotos von Havemann im Schutz seiner diplomatischen Immunität nach Westberlin zu bringen – was dieser rundweg ablehnte. In seiner Antwort auf den *Stern*-Artikel berief sich Gaus auf die damaligen Bemühungen um die Betreuung der über fünfhundert westdeutschen Häftlinge in der DDR und erklärte, dass er die Chance einer überfälligen Fürsorge nicht habe zunichte machen wollen, indem er der DDR Grund zur Verstimmung gab. Im *Neuen Deutschland* schrieb er 1995: »In einem vergleichbaren Fall, unter entsprechenden Umständen, würde ich mich wieder weigern, derlei zu transportieren. Ich habe nicht den Hauch eines schlechten Gewissens wegen der damaligen Absage an Jäckel.«[180]

Wie tief die damals entwickelten Haltungen bei den Beteiligten nach wie vor verwurzelt sind, demonstriert ein Buch, das der ehemalige Pressesprecher der Ständigen Vertretung, Eberhard Grashoff, zusammen mit dem früheren Sektorenleiter im

DDR-Außenministerium Rolf Muth kürzlich herausgegeben hat – ohne den Leser über Muths langjährige Tätigkeit für den Staatssicherheitsdienst als OibE »Peter« aufzuklären;[181] auch sein Kollege, Sektorenleiter Werner Claus, der als OibE »Christoph« für die HVA tätig war, darf dies in dem ausführlichen Interview für sich behalten.[182] Erstaunlich ist nicht nur die Tatsache, dass einer, der eine wirklichkeitsgetreue Berichterstattung über die SED-Herrschaft verhindern sollte, mit einem, dessen Aufgabe es eigentlich war, sie möglich zu machen, gemeinsam ein Buch ediert hat. Irritierend ist vor allem, dass beide keinerlei Problembewusstsein gegenüber ihrer früheren Rolle erkennen lassen und unangenehme Erkenntnisse wie die Stasi-Anbindung der DDR-Journalistenbetreuer entweder leugnen oder als harmlose »Arbeitskontakte« hinstellen. Bei Grashoff, der es abgelehnt hat, Einsicht in seine Stasi-Akten zu nehmen, wirkt die Nähe zu seinen langjährigen Gegenübern geradezu erschreckend ungebrochen, wenn er sich beispielsweise im Gespräch mit Sektorenleiter Werner Claus stolz daran erinnert, wie er einmal wegen des *Welt*-Journalisten Hans Rüdiger Karutz bei Claus »interveniert« habe, um sich danach über ganz Privates mit ihm zu unterhalten. »Wir haben uns im Pressezentrum getroffen, und ich habe meinen Protest vorgetragen. Danach haben wir uns über Ihren Urlaub unterhalten. Wir vermochten das Dienstliche vom Privaten zu trennen. Das war schon bemerkenswert, fand ich.« Immer, wenn er ins Außenministerium gegangen sei, so Grashoff, sei es ihm darum gegangen, »dass ich kein plattes ›Nein‹ haben wollte«. Nicht selten hätte man »gemeinsam gebosselt, um eine Lösung zu finden«.[183]

Die Frage, wem der oberste westdeutsche Presseverantwortliche in Ostberlin eigentlich mehr Loyalität entgegenbrachte, der DDR oder der Bundesrepublik, stellt sich auch, wenn man in den erhalten gebliebenen Protokollen liest, wie er Sektorenleiter Claus einen geplanten DDR-Besuch des konservativen Ministers für innerdeutsche Beziehungen, Heinrich Windelen, im Spätsommer 1984 ankündigte. Statt für eine angemessene Berichterstattung Sorge zu tragen, bekannte er dem DDR-Vertreter, er wolle verhindern, »dass diese Reise journalistisch ausgeschlachtet werde«, habe jedoch Zweifel,

»ob das gelingen werde«.[184] Und zu seinem Mitherausgeber Muth sagte er 1999 in einem Interview: »Ich habe den Eindruck, dass die Arbeit, die man nun so viele Jahre miteinander und auch gegeneinander getan hat, von Außenstehenden mitunter nicht verstanden wurde, von welcher Seite auch immer. … Wir haben solche Spielregeln praktiziert, um in der oft sehr komplizierten innerdeutschen Zweistaatlichkeit keine Konflikte zu befördern, sondern Ausgleich und Einvernehmen zu schaffen, Sachlichkeit und – in unserem Falle – auch Freundlichkeit bei aller Unterschiedlichkeit zu bewahren. Das Leben ist nun mal so, wie es ist. Es gab diese schreckliche Mauer, ob sie uns passte oder nicht. Wir mussten in diesen zwei deutschen Staaten leben. Und der Auslöser dieser beiden deutschen Staaten waren schließlich nicht wir, die wir das alles auszulöffeln hatten, sondern das war dieser Hitlerkrieg mit all seinen Folgen. Und von daher glaube ich, sind wir, jeder auf seiner Seite, aus der richtigen Ecke gekommen.«[185]

Vertrauliche Kanäle:
Journalisten im geheimen Auftrag

In Bonn schlug die Nachricht wie eine Bombe ein: Am 12. November 1968 erklärte SED-Chef Walter Ulbricht in Warschau, die SPD-Spitze habe der kommunistischen Führung in Ostberlin zugesagt, »auf dem Wege der Verständigung über Teilfragen« die Anerkennung der DDR herbeizuführen. Doch obwohl die SED der SPD, beispielsweise mit der Aushändigung von Passierscheinen für Westberliner zum Besuch der östlichen Stadthälfte, weit entgegengekommen sei, hätten die sozialdemokratischen Führer »ihr Wort gebrochen« und stattdessen den Übergang zur Politik der CDU vorbereitet.[1]

Die Vorstellung, dass die SPD, die sich anschickte, bei der nächsten Bundestagswahl in Bonn die Macht zu übernehmen, den Ostberliner Machthabern heimlich die Anerkennung ihres Regimes in Aussicht gestellt haben könnte, löste damals heftige Irritationen aus. Bis dahin war es Standpunkt aller im Parlament vertretenen Parteien, dass nur die frei gewählte Bundesregierung legitimiert sei, für das deutsche Volk zu sprechen – auch wenn dieses teilweise hinter dem Eisernen Vorhang leben müsse. Die Sozialdemokraten beeilten sich denn auch, Ulbrichts Behauptungen zu dementieren: Willy Brandt, damals Außenminister, erklärte, Ulbricht wolle »teils bluffen, teils Unruhe stiften«. SPD-Fraktionschef Herbert Wehner sagte, die SED-Führung verfolge mit diesen Behauptungen nur den Zweck, ihre verschärfte Abkapselung gegenüber allen Verständigungsangeboten zu rechtfertigen. Und der Pressesprecher der Partei betonte, alles, was zum Verhältnis beider Teile Deutschlands zueinander gesagt worden sei, sei öffentlich bekannt gewesen.

Die Dementis waren falsch. Tatsächlich hatten die in Berlin regierenden Sozialdemokraten schon kurz nach dem Mauerbau versucht, mit der SED ins Geschäft zu kommen – hinter dem Rücken der Bundesregierung, doch in Tuchfühlung mit den Amerikanern, die nach der gefährlichen Kuba-Krise den Kalten Krieg mit Moskau beenden wollten. In Geheimgesprächen mit der SED hatte die so genannte Viererbande um Willy Brandt der DDR-Führung Unterstützung auf dem Weg zur Anerkennung angeboten, wenn diese ihrerseits der SPD auf deutschlandpolitischem Gebiet entgegenkäme. Drahtzieher dieser geheimen Nebendiplomatie waren der damalige Berliner Senatspressechef Egon Bahr und der Leiter der Senatskanzlei Dietrich Spangenberg, die im Auftrag Brandts die heiklen Kontakte zum Osten pflegten.

Eine Schlüsselrolle spielte dabei – vor allem in den sechziger Jahren – eine kleine Gruppe westdeutscher Journalisten, die für die Sozialdemokraten auf diskrete Weise geheime Mitteilungen von und nach Ostberlin übermittelten. Zu ihnen gehörten unter anderem der *Zeit*-Korrespondent Hansjakob Stehle, der ZDF-Mitarbeiter Klaus Ellrodt, der *Spiegel*-Korrespondent Karl Heinz Vater, der WDR-Journalist Peter Bender und der spätere RIAS-Chefredakteur Dettmar Cramer, die zum Teil über Jahre hinweg als »Verbindungsleute« fungierten.[2] Diese vertraulichen Kanäle, über die die SPD wichtige politische Verhandlungen mit der SED führte, waren nicht nur dem Umstand geschuldet, dass die Einwohner Westberlins den Ostteil der Stadt normalerweise lediglich im Rahmen von Passierscheinabkommen besuchen durften. Sie sollten vielmehr die Möglichkeit bieten, frei von Protokollzwängen und unbelastet von Statusfragen mit der DDR-Führung einen Interessenausgleich auszuhandeln. Die Journalisten dienten dabei als Schutzschild für die beteiligten Politiker, die bei einem Bekanntwerden der Verbindungen die Verantwortung von sich weisen konnten – so wie es die sozialdemokratische Parteiführung im November 1968 getan hatte.

Die geheime Nebendiplomatie der SPD hatte freilich den Haken, dass sie direkt in die Fänge des Staatssicherheitsdiensts führte. Was von den beteiligten Politikern als vertrauensbildende Maßnahme gegenüber der SED gedacht war, wurde auf östlicher Seite fast durchweg als nachrichtendienstlicher Vorgang betrieben. Die vermeintlichen SED-Funktionäre, die die vertraulichen Nachrichten für die DDR-Führung entgegennahmen, waren in Wahrheit erfahrene Mitarbeiter des MfS, die auf diese Weise nicht nur höchst sensible Informationen beschafften, sondern ihre Gesprächspartner nach Möglichkeit für eine dauerhafte inoffizielle Zusammenarbeit gewinnen sollten. Liest man die überlieferten Stasi-Protokolle, kann man sich des Eindrucks nicht erwehren, dass die Gespräche tatsächlich in vielen Fällen den Tatbestand der Spionage erfüllten.

Die Beteiligten breiten über diese vertraulichen Kanäle bis heute größtenteils den Mantel der Diskretion. In Heinrich Potthoffs Standardwerk zu diesem Thema werden sie nicht einmal erwähnt.[3] Keineswegs dienten sie, wie später behauptet, nur der stillen Vorbereitung einer Politik der kleinen Schritte, die den Menschen, die unter der Teilung litten, praktische Erleichterungen verschaffen sollten. Vielmehr zeigen die vom Staatssicherheitsdienst hinterlassenen Protokolle, dass es den Sozialdemokraten vornehmlich darum ging, nach zwanzig Jahren in der Opposition mit Hilfe ihrer Neuen Ostpolitik die Macht in Bonn zu erobern. Der Deal mit der SED bestand darin, der DDR die völkerrechtliche Anerkennung zu verschaffen, wenn sie im Gegenzug durch menschliche Zugeständnisse die Wahlchancen der SPD verbesserte.

Das Geflecht vertraulicher Kanäle zwischen Ost und West, das in krassem Gegensatz zu den öffentlichen Abgrenzungsritualen stand, existierte bis zum Untergang der DDR und ist bis heute nur teilweise aufgearbeitet.[4] Zu den Akteuren zählten nicht nur prominente sozialdemokratische Politiker wie Egon Bahr, Dietrich Spangenberg und Herbert Wehner, sondern auch FDP-Funktionäre wie Erich Mende und Hans-Dietrich Genscher. In den achtziger Jahren bedienten sich auch Repräsentanten der Union wie Walter Leisler Kiep und Franz Josef Strauß dieser Methode. Oftmals entwickelten die Beteiligten dabei nicht nur im persönlichen Umgang, sondern auch in den politischen Auffassungen eine erstaunliche Nähe zu ihren kommunistischen Gesprächspartnern. Selbst wenn man berücksichtigt, dass bei solchen vertraulichen Kontakten zum »Gegner« grundsätzliche Meinungsverschiedenheiten eher zurückgestellt wurden, ist man immer wieder überrascht von der zur Schau getragenen politischen Übereinstimmung. Es versteht sich von selbst, dass sich diese politische und persönliche Annäherung auch auf die Berichterstattung der beteiligten Journalisten auswirkte – schon weil man den exklusiven Draht nicht gefährden wollte.

Die sozialdemokratischen Geheimkontakte kamen nur wenige Wochen nach der Ulbricht-Rede in Warschau erneut ans Licht. Ein ehemaliger Angestellter des DDR-Presseamts behauptete, die Niederschrift einer Tonbandaufzeichnung gesehen zu haben, die angeblich der britische Nachrichtendienst über ein geheimes Gespräch Bahrs mit einem SED-Funktionär angefertigt hatte. Das Treffen sollte im Frühjahr 1963 in der Wohnung eines Westberliner Journalisten stattgefunden haben – nur wenige Monate vor Bahrs berühmt gewordener Tutzinger Rede, in der er die Formel vom »Wandel durch Annäherung« prägte. Im Westen wurde der Verdacht laut, dass die Neue Ostpolitik möglicherweise direkt auf geheime Absprachen mit der SED zurückging.

Diesmal dementierte Bahr, inzwischen Planungschef im Auswärtigen Amt, nicht persönlich, sondern ließ den Journalisten Reinhard Appel in der *Stuttgarter Zeitung* erklären, es habe zwar tatsächlich ein derartiges Treffen gegeben, von einer Anerkennung der DDR sei aber niemals die Rede gewesen. Bahr habe den SED-Funktionär – es handelte sich um den erwähnten Hermann von Berg – dann noch einmal auf dem SPD-Parteitag 1966 in Dortmund getroffen, wo er jedoch ebenfalls keinerlei Zusagen dieser Art gemacht habe. »Seitdem Bahr dem Außenministerium angehört, nämlich seit Januar 1967, hatte er überhaupt keinen privaten oder offiziellen Kontakt zur SED. Die ganze Sensationsgeschichte ist ein Windei, eine üble Legende.«[5]

Unterlagen des Staatssicherheitsdiensts zeigen heute, dass die »Legende« der Wahrheit entsprach. Brandts engste Mitstreiter Bahr und Spangenberg hatten sogar gleich mehrere geheime Drähte zur SED-Führung gespannt und suchten sich damit zeitweise gegenseitig zu übertreffen. Immer ging es dabei auch um die Anerkennung der DDR, die am Ende des

»Normalisierungsprozesses« stehen würde – und bekanntlich auch stand.

Der Stehle-Kanal

Einer von Bahrs vertraulichen Kanälen lief über den Westberliner Journalisten Hansjakob Stehle zu dem Ostberliner SED-Funktionär Hans-Joachim Seidowsky, ein anderer über den *FAZ*-Korrespondenten Dettmar Cramer zum Leiter der Westabteilung im Presseamt der DDR, Hermann von Berg. Um dessen Gunst buhlte aber auch Spangenberg über seinen Abgesandten Klaus Ellrodt, und gegen Ende der sechziger Jahre suchten der damalige Regierende Bürgermeister Klaus Schütz und sein Vertrauter Günter Struwe sich an deren Stelle zu setzen. Dass ausgerechnet die SED im November 1968 aufgrund einer momentanen Unzufriedenheit über das Agieren der SPD in der Großen Koalition das gut gehütete Geheimnis um die vertraulichen Kontakte lüftete, war nicht nur eine Ironie der Geschichte, sondern zeigte auch, wie gleichgültig der DDR-Führung das politische Schicksal ihrer sozialdemokratischen Gesprächspartner war.

Stehles ostdeutscher Kontaktmann Seidowsky war ein ausgesprochen beflissener MfS-Agent.[6] Schon als junger Mann hatte er sich 1957 unter dem Decknamen »Jochen« (später »Gerhard«) zur Zusammenarbeit mit der Stasi bereit erklärt.[7] Seine Führungsoffiziere von der für die Kirchen zuständigen Hauptabteilung XX/4 lobten regelmäßig die »hervorragende Einsatzbereitschaft« ihres Informanten, der »zu jeder Tages- und Nachtzeit die ihm gegebenen Aufgaben« durchführte.[8] Wenn Gesprächspartner in seine Wohnung kamen, schaltete Seidowsky das Tonbandgerät ein, um das Band anschließend seinem Führungsoffizier zu übergeben; zusätzlich lieferte er lange handschriftliche Berichte. Im Westen indes galt er als Reformer mit guten Verbindungen zu den Mächtigen.

Mit Stehle, einst *FAZ*-Korrespondent in Warschau, nun in Westberlin, war Seidowsky vom Direktor der Westberliner Evangelischen Akademie, Erich Müller-Gangloff, bekannt gemacht worden. Stehle, so heißt es in einer Notiz vom Mai 1963, sei ihm als wohl informiert und diskret empfohlen worden; er unterhalte enge Kontakte zum polnischen Kardinal Wyszyński und habe eng mit dem Warschauer ARD-Korrespondenten Ludwig Zimmer zusammengearbeitet.[9] Die Stasi vermerkte daraufhin in der Akte des Geheimen Informators (GI) »Gerhard«: »Der GI bietet uns mit dem Journalisten Stehle erneut eine Figur an, die es lohnt zu bearbeiten ... Zur Vorbereitung des Gesprächs mit Stehle erfolgt ein spezieller Treff, bei dem besonderer Wert auf eine Methode der Gesprächsführung des GI gelegt wird.«[10] Stehle erhielt von der Kirchenabteilung der Stasi fortan den Decknamen »Jakob« und wurde als Kontaktperson eingestuft. Bei der für Gegenspionage zuständigen HVA-Abteilung IX war er schon vorher registriert worden (und blieb es bis zur Wende), doch die entsprechenden Unterlagen wurden in der Wendezeit höchstwahrscheinlich vernichtet. Nicht einmal seine Namenskarte (F 16) hat in der zentralen Personenkartei der Stasi überlebt.

Stehles Ostkontakte sind, zumindest teilweise, im IM-Vorgang des IM Seidowsky detailliert beschrieben.[11] Seine im Oktober 1995 gegenüber der *Bild*-Zeitung abgegebene Erklärung, es habe sich dabei um »ganz normale journalistische Kontakte« gehandelt, wird durch das vorliegende Material nicht bestätigt.[12] Vielmehr erhielt die Staatssicherheit von ihm von Anfang an zahlreiche interne Informationen, die aufgrund seiner guten Beziehungen zur Gruppe um Willy Brandt insbesondere die Konstituierungsphase der sozialdemokratischen Ostpolitik betrafen. Einen Teil dieser für die SED außerordentlich wichtigen Informationen übermittelte er im direkten Auftrag von Egon Bahr.

Die Passierschein-Verhandlungen

Bereits bei den ersten Annäherungsversuchen zwischen SED und SPD spielte Stehle eine wichtige Rolle. Nach Bahrs Tutzinger Rede vom Juli 1963 kam es über den Journalisten zu einer diskreten Kontaktaufnahme zwischen Bahr und dem Leiter des ostdeutschen Presseamts, Kurt Blecha. Im November erklärte Bahr über diesen Weg seine Bereitschaft, inoffizielle

Vorgespräche mit der DDR zu führen, und Blecha schlug ein Treffen in der Wohnung Stehles vor. Bahr zögerte jedoch und wollte sich lieber in einem chinesischen Restaurant am Berliner Kurfürstendamm treffen; außerdem sperrte er sich gegen den ehemaligen Ritterkreuzträger Blecha als Verhandlungspartner.[13] Obwohl das Treffen deshalb nicht zustande kam, zeigte sich Bahr an einem »Nebenkontakt« weiterhin ausgesprochen interessiert. Zur Begründung ließ er Stehle nach Ostberlin übermitteln: »Vielleicht könnten die liberalen Kräfte auf beiden Seiten sich im Kampf gegen die eigenen Ultras unterstützen«.[14]

In den Geheimgesprächen zwischen SPD und SED ging es – wie Ulbricht zutreffend gesagt hatte – anfangs vor allem um eine Regelung, die es den Bewohnern der seit dem Mauerbau geteilten Stadt erlauben sollte, zu Weihnachten 1963 erstmals wieder ihre Verwandten im Ostteil zu besuchen. Offiziell wurde das so genannte Passierscheinabkommen zwischen dem Westberliner Senatsrat Horst Korber und DDR-Staatssekretär Erich Wendt ausgehandelt. Der interessantere Teil der Verhandlungen fand jedoch hinter den Kulissen statt, wo Stehle die SED im Auftrag Bahrs über die Winkelzüge informierte, mit denen die SPD das Abkommen gegen alle innen- und außenpolitischen Widerstände durchzusetzen versuchte. Nicht nur die Mehrheit der CDU-Minister, sondern auch der FDP-Vorsitzende Mende, die französische Regierung, der amerikanische Stadtkommandant und viele Westberliner Politiker waren zunächst gegen die Vereinbarung, weil die DDR-Regierung durch die Verhandlungen erstmals als offizieller Gesprächspartner anerkannt und zugleich ihrem Bestreben Vorschub geleistet wurde, Westberlin von der Bonner Republik abzukoppeln. Stehle hintertrug all diese Interna seinem Kontaktmann Seidowsky, der sie wiederum der Staatssicherheit übermittelte. Dieser erschienen sie so wertvoll, dass sie ihren IM nach der erfolgreichen Durchführung der ersten Passierscheinaktion mit einem Orden belohnte.[15]

Auch für die Sozialdemokraten war das Abkommen ein unverhoffter Durchbruch. Wie Stehle in Ostberlin erklärte, wurde die Unterzeichnung als Ende der Adenauer-Ära in Westberlin gewertet. Vor allem der Parteivorsitzende und Regierende Bürgermeister Willy Brandt profitierte von dem Erfolg. Brandt, so Stehle, brauche das Abkommen »als persönl[ichen] politischen Erfolg, sowohl für seine Parteikarriere als auch allg[emein] f[ür] die politische Entwicklung«.[16] Aus diesem Grund beeilte sich der Westberliner Senat, bereits im Januar 1964 mit der DDR über ein Folgeabkommen zu verhandeln.

Hatte die Bundesregierung dem ersten Passierscheinabkommen aus humanitären Erwägungen noch zugestimmt, nachdem die statusrechtlichen Vorbehalte in der so genannten salvatorischen Klausel zum Ausdruck gebracht worden waren, gestalteten sich die Verhandlungen jetzt ungleich schwieriger. Erst ein Dreivierteljahr später kam es zum Abschluss. Die SPD informierte in dieser Zeit die SED fortlaufend über die innerbundesrepublikanischen Widerstände und nutzte verstärkt die geheime Verhandlungsebene – mit Stehle als Mittler.

Angekündigt durch ein Blitztelegramm, stand der mittlerweile zum *Stern* gewechselte Korrespondent am 10. Januar 1964 erneut vor der Tür Seidowskys. Im Auftrag des Regierenden Bürgermeisters Brandt und seines Pressechefs Bahr verlas er ihm eine vertrauliche Mitteilung an die SED, der zufolge sich der Westberliner Senat auf massiven Druck der Bundesregierung gezwungen sähe, am heutigen Tage einen Brief von DDR-Ministerpräsident Stoph zurückzugeben. Wenn daran jedoch die neuen Passierscheinverhandlungen scheitern sollten, würde das nur denjenigen zupass kommen, die ohnehin dagegen wären. Senatsrat Korber habe deshalb die Anweisung, die Rückgabe des Stoph-Briefs möglichst unter vier Augen und ohne jede Kränkung zu vollziehen. »Wenn die Angelegenheit über die Klippe gebracht wird«, so die Botschaft Brandts, »kann Erhard seinen Ultras eins auf den Kopf hauen.«[17]

Stehle berichtete auch, was er bei Bahr über die Hintergründe der aus Bonn verlangten Briefrückgabe in Erfahrung gebracht hatte: Der entsprechende Beschluss der Bundesregierung sei nicht nur auf Drängen des rechten Flügels der CDU, sondern auch der Alliierten erfolgt, die eine Schwächung ihrer Verhandlungsposition in den Berlin-Verhandlungen mit der UdSSR befürchtet hätten. Auslöser sei ein Vermerk des Westberliner Senats gewesen, dem zufolge bei der letzten Verhandlungsrunde der DDR-Vertreter einen Zettel mit den Vorstellungen der westlichen Seite zerrissen hatte – angeblich in beiderseitigem Einvernehmen. Dies sei im Bonner Kabinett als Brüskierung gewertet und zum Anlass genommen worden, im Gegenzug den Stoph-Brief zurückzugeben. Brandt, an den der Brief gerichtet war, habe dem nur unter starkem politischem und finanziellem Druck zugestimmt. Die Bonner Regierung, so informierte Stehle weiter, verfolge offenbar die Taktik, die Verhandlungen in die Länge zu ziehen, um Munition für eine Kampagne zu sammeln, in der sie der DDR die Schuld am Scheitern der Verhandlungen zuschieben wolle. In der Regierung säßen nach Ansicht der Brandt-Gruppe genügend Leute, die aus der Vergangenheit umfangreiche Erfahrungen in der Sabotage solcher Unternehmungen hätten. Die inoffizielle Unterrichtung der DDR-Regierung erfolge auf ausdrücklichen Wunsch Brandts, obwohl er und Bahr sich darüber im Klaren seien, »dass sie sich mit dieser Kommentierung des heutigen Vorgangs sehr weit in östliche Hände geben würden«.[18]

Stehle begab sich in diesen Wochen alle paar Tage nach Ostberlin, oftmals unmittelbar vor der nächsten anstehenden Verhandlungsrunde. »Bahr«, so berichtete Seidowsky über eine Unterredung mit Stehle am 30. Januar 1964, »wird über ›Jakob‹ diejenigen Punkte mitteilen, die zu unterschreiben man sofort bereit sei.«[19] Gleichzeitig verfolgte Stehle seine eigenen Interessen, indem er für den *Stern* mehrfach um ein Gespräch mit DDR-Unterhändler Wendt bat. Auch mit dem stellvertretenden Ministerpräsidenten Alexander Abusch wollte er ein Pressegespräch führen. Intern schlug die Stasi deshalb vor, Zu- oder Absage unbedingt über Seidowsky mitzuteilen, »um diesen Kanal für weitere Informationen offen zu halten bzw. das Interesse von Stehle an unserem IM weiter aufrechtzuerhalten«.[20] Daneben versorgte Stehle seinen Ostberliner Gesprächspartner auch mit Informationen aus seiner journalistischen Arbeit. So übergab er Seidowsky einen Auszug aus einer von ihm mitgeschnittenen Predigt des polnischen Kardinals Wyszyński, während er dem Kirchenführer in der *Zeit* öffentlich seine ablehnende Haltung gegenüber dem Kommunismus vorhielt.[21]

Im Januar 1964 berichtete Stehle in Ostberlin über den Verlauf eines Pressegesprächs, das Brandt mit den Chefredakteuren der großen westdeutschen Zeitungen geführt hatte.[22] Im Februar teilte er mit, dass Außenminister Schröder in einem internen Memorandum an Bundeskanzler Erhard gefordert habe, der DDR weniger Zugeständnisse zu machen als beim Weihnachtsabkommen.[23] Im Juni berichtete »Jakob« von »Egon« [Bahr], wie man den Freundschaftsvertrag zwischen der DDR und der Sowjetunion in Bonn und Westberlin einschätzte. In der Passierscheinfrage werde der Berliner Senat bald von sich hören lassen – nicht offiziell, sondern »auf dem diskreten Wege«.[24] Obwohl die Westberliner Seite eigentlich schon für Ostern ein neues Abkommen hatte abschließen wollen, konnte Stehle erst im September vermelden, dass Bonn nun zur Unterzeichnung bereit sei. Bahr hatte ihn über eine mehrstündige Beratung der Fraktionsvorsitzenden informiert, in der darüber Einigung erzielt worden war.[25] Um den Erfolg zu würdigen, vereinbarte Bahr mit Stehle eine Artikelserie für die *Zeit*, die zur Unterstützung des SPD-Wahlkampfs zugleich als Broschüre erscheinen sollte. Zudem teilte er in Ostberlin mit, »dass Bahr von Brandt die Zusage habe, bei dessen Kanzlerwahl als Staatssekretär Bundespressechef in Bonn zu werden«.[26]

An der Grenze zur Spionage

Stehles Verbindungen nach Ostberlin beschränkten sich nicht auf Botendienste für Bahr und Brandt. Durch seine regelmäßigen Gespräche mit Seidowsky wurde er vielmehr zu einer ergiebigen Abschöpfquelle der Stasi. Seine Insiderinformationen über das politische Ränkespiel in Bonn waren für die SED von hohem Wert und erlaubten ihr, den Kampf um die völkerrechtliche Anerkennung ihres Regimes gezielt voranzutreiben. Seidowsky wurde deshalb angewiesen, den Kontakt »planmäßig« auszubauen. Dazu gehörte nicht nur der Übergang zum vertraulichen »Du«, sondern auch die Legendierung der Zusammenkünfte mit scheinbar ohnehin bestehenden terminlichen Verpflichtungen. Die Grenze zwischen vertraulichen Ost-Kontakten und politischer Spionage war dabei kaum noch auszumachen. Stehles Verbindungen in den Ostblock führten dazu, dass die Bundesanwaltschaft 1965 ein Ermittlungsverfahren wegen des Verdachts auf Landesverrat gegen ihn einleitete. Anlass waren die Aussagen eines polnischen Überläufers, der über umfangreiche nicht gemeldete Kontakte Stehles zur Berliner Militärmission berichtet hatte. Auch andere Journalisten, darunter Bahrs Stellvertreter Hanns-Peter Herz, waren von dem Überläufer belastet worden und sahen sich mit Ermittlungsverfahren konfrontiert.[27]

Obwohl Stehle im Dezember 1966 – »in Übereinstimmung mit der Gruppe um Außenminister Brandt/Bahr« – ARD-Korrespondent in Wien wurde, vertiefte sich in der Folgezeit der Kontakt zu Seidowsky, dem Stehle aus erster Hand politische Interna preisgab. Im Oktober informierte er beispielsweise über eine Geburtstagsfeier für den damaligen Vizekanzler Mende, auf der der (nicht verwirklichte) Fahrplan für einen Regierungswechsel in Bonn besprochen wurde. Die Spitzen von SPD und FDP, so Stehle, hätten am Rande der Feier besprochen, nach den nächsten Landtagswahlen Bundeskanzler Erhard durch ein Misstrauensvotum zu stürzen. Kurz zuvor waren die Freien Demokraten wegen Meinungsverschiedenheiten in der Steuerpolitik aus der Koalition mit der CDU ausgeschieden.[28]

Stehle berichtete auch über die Reise Willy Brandts nach Rumänien, mit dem die Bundesrepublik im Januar 1967 als erstem Ostblockland die Aufnahme diplomatischer Beziehungen vereinbarte. Er gehörte damals zur Begleitung des westdeutschen Außenministers, der damit das Ende der Hallstein-Doktrin einleitete. Auch den französischen Präsidenten Charles de Gaulle begleitete er 1967 auf einer Polen-Reise. »Jakob«, so heißt es in einem Treffbericht vom Oktober 1967, gelte als einer der bedeutendsten Ostexperten Westdeutschlands. Fast alle wichtigen Persönlichkeiten der Bundesrepublik, die über Wien in eines der sozialistischen Länder reisten, konsultierten ihn dort vor ihrer Weiterreise, darunter Egon Bahr und der frühere WDR-Intendant Klaus von Bismarck.[29]

In dieser Zeit fungierte Stehle nicht mehr nur als freischwebender Ostspezialist, denn Brandt und Bahr hatten ihn nach der Übernahme des Außenministeriums durch die SPD in den Rang eines offiziellen ostpolitischen Beraters erhoben – mit direktem Zugang zu Regierungsgremien, in denen die Außenpolitik der Bundesregierung beraten und entwickelt wurde. Braintrust für die Neue Ostpolitik war die vertraulich tagende »Studiengruppe für die deutschen Beziehungen zur Sowjetunion und die übrigen Länder des Ostens«, der mehrere von der Regierung berufene Experten angehörten. Aufgrund der Informationen von Stehle konnte Seidowsky seinem Führungsoffizier die Diskussionen der Studiengruppe detailliert wiedergeben. Einmal gelangten sogar Auszüge aus dem streng vertraulichen, einzeln nummerierten und »bei persönlicher Haftung« übergebenen Protokoll in Seidowskys Stasi-Akte. Ausführlich informierte er auch über eine vergleichende Analyse Bahrs über die Beistandsverträge zwischen den Ostblockstaaten, die sich, wie es im Treffbericht heißt, »im Besitz von ›Jakob‹ befand«.[30]

Die Stasi verfolgte damals den Plan, Stehle noch enger an sich zu binden. Allerdings galt er als äußerst misstrauisch und vorsichtig, sodass er nicht erkennen sollte, mit wem er so vertraulichen Umgang pflegte. »Zu St[ehle]«, heißt es in einer Konzeption, »ist in der Perspektive eine Kontaktaufnahme unter Legende vorgesehen.« Im Januar 1968 resümierte man zufrieden, dass der persönliche Kontakt Seidowskys zu Stehle im vorangegangenen Jahr »planmäßig ausgebaut« worden sei. Bei mehreren Treffen, insbesondere im Ausland, »konnten wertvolle Informationsergebnisse hinsichtlich feindlicher kirchlicher und staatlicher Pläne und Absichten abgeschöpft werden«.[31] Im April 1969 hieß es in einem Vorschlag zur Neueinstufung des Stasi-Mitarbeiters »Gerhard«: »Besonders wichtig ist die Kontaktpflege zu dem bereits genannten Auslandskorrespondenten der *FAZ* und des westdeutschen Fernsehens, der ab 1970 auf Grund seiner Spezialkenntnisse über die katholische Kirche in Rom akkreditiert wird.« Seidowsky wurde damals instruiert, auch über Interna der Ostpolitik des Vatikans Abschöpfungsmöglichkeiten zu erkunden.[32]

Stehles Kontaktmann in der DDR hatte allerdings noch andere Eisen im Feuer. In einer Stasi-Einschätzung vom April 1969 heißt es, dass Seidowsky seine Verbindungen zu Ostspezialisten, die als Journalisten und Korrespondenten in bedeutenden westdeutschen Publikationsorganen sowie in Fernsehen und Rundfunk tätig seien, »zur Aufklärung feindlicher Pläne und Absichten zur Beschaffung wertvoller Informationen und Materialien klug und konspirativ abgeschöpft bzw. für vorbeugende Abwehrmaßnahmen ausgenutzt« habe. Namentlich werden in diesem Zusammenhang Theo Sommer von der *Zeit*, der Kirchenjournalist Hartmut Bunke, die ARD-Korrespondenten Stehle (Wien) und Helmut Clemens (Prag), der damalige *Spiegel*-Korrespondent Christian Schmidt-Heuer sowie ein Journalist der Zeitung *Avanti* genannt. In einer Liste der »Verbindungen« Seidowskys im Westen sind darüber hinaus der WDR-Korrespondent Wolfgang Nette und sein Kollege Ulrich Gembardt aufgeführt. Die Stärke des IM, so heißt es im bürokratischen Stasi-Deutsch, liege in der geschickten Ausnutzung der geschaffenen Verbindungen zu Aufklärungs- und Abschöpfungszwecken über Feindpläne, die zum Teil bis in den staatlichen Bereich des Gegners und seine Zentren reichten.[33]

Im Dezember 1969 resümierte die Stasi erneut, dass Seidowsky eine große Anzahl interessanter Beziehungen besitze, von denen bisher nur die wichtigsten hätten abgeschöpft oder ausgenutzt werden können. Die Abschöpfung habe sich auf Journalisten und Ostspezialisten als wichtige Informationsträger konzentriert und sei »besonders effektiv und bedeutend« gewesen im Zusammenhang mit den Ereignissen in der ČSSR im Jahr 1968, der Aufklärung der Pläne der Bonner Ostpolitik vor und nach der Regierungsneubildung in Westdeutschland, der vatikanischen Ostpolitik und anderen wichtigen Ereignissen wie der Vorbereitung der Verhandlungen der DDR mit der Regierung Brandt/Scheel. Über die weitere Perspektive schrieb die Stasi: »Die zu dem westdeutschen Chefkorrespondenten der ARD stabilisierte Verbindung H.-J. Stehle mit derzeitigem Sitz in Wien ist für den weiteren Einsatz des IM bedeutungsvoll. Stehle soll voraussichtlich im Juli 1970 als Chefkorrespondent der ARD in Rom und beim Vatikan akkreditiert werden. ›Gerhard‹ hat bereits mit St. die Möglichkeit seines Einsatzes auf einer anderen Ebene besprochen und eine positive Reaktion bei Stehle festgestellt. Da Stehle in höchsten Kreisen des Vatikans über beste Referenzen und Verbindungen verfügt, ist für den IM eine konkrete Möglichkeit gegeben, sich bei seinem legendierten Einsatz in Rom in diese Verbindungen im Vatikan einzuspielen. Da der Vatikan objektiv eine der bestinformierten Zentralen über politische Pläne des imperialistischen Systems ist, könnten durch den Einsatz des IM wichtigste Informationen von staatspolitischer und kirchenpolitischer Bedeutung aus dem Feindlager beschafft werden.«[34]

Gläserne Ostpolitik

In der Tat erwies sich Stehle als fruchtbare Informationsquelle. Im Mittelpunkt des Interesses der Stasi stand die Ostpolitik der Sozialdemokraten, die, dank Stehle, für sie fast wie ein offenes Buch war. Daneben landeten aber auch zahlreiche andere Interna auf diese Weise beim DDR-Geheimdienst.

Auf der Durchreise zu einer Tagung des Planungsstabes des Auswärtigen Amts berichtete Stehle beispielsweise im April 1969 über seine Gespräche mit verschiedenen Journalistenkollegen: dem Moskauer ARD-Korrespondenten Lothar Loewe, dem ausgewiesenen Prager *Spiegel*-Korrespondenten Christian Schmidt-Heuer sowie mit Peter Merseburger, Helmut Clemens und Wolfgang Nette. Merseburger hatte ihn beispielsweise über die seinerzeit noch geheim gehaltenen Ergebnisse einer Infratest-Untersuchung über den Ausgang der kommenden Bundestagswahlen unterrichtet. »Es sei damit zu rechnen«, so Seidowsky in seinem Bericht, »dass die SPD in nächster Zeit über inoffizielle Unterhändler bei der SED anfragen lässt, inwieweit die SPD noch mit den Angeboten rechnen kann, die von der SED vor dem letzten Wahlkampf ihr unterbreitet worden sind.« Außerdem informierte Stehle über ein Zusammentreffen mit dem jugoslawischen Dissidenten Milovan Djilas in Belgrad, der dem westdeutschen Journalisten freimütig erzählt hatte, dass er das Manuskript seines neuen Buchs bei einer USA-Reise in New York gelassen habe. In Kürze werde es dort und in Wien erscheinen, wo er mehrere

Veranstaltungen plane. Ob er deshalb verhaftet würde, hinge in erster Linie von der augenblicklichen Stärke Titos ab.[35]

Im September 1969 fanden dann die Bundestagswahlen statt, die Willy Brandt ins Kanzleramt brachten. Dass SPD und FDP eine kleine Koalition eingehen wollten, hatte Seidowsky schon vor den Wahlen unter Berufung auf Brandt und Bahr nahe stehende Journalisten mitgeteilt.[36] Unterdessen flossen auch aus dem Vatikan, dem aufgrund der alten Kirchengrenzen eine wichtige Rolle in der Neuen Ostpolitik zufiel, die ersten Informationen nach Ostberlin. So konnte Seidowsky im November 1969 nach einem Gespräch mit Stehle vermelden, dass die SPD-Politiker Herbert Wehner und Georg Leber eine Privataudienz bei Papst Paul VI. gehabt hätten, bei der es insbesondere um die ostpolitischen Vorstellungen der Regierung Brandt gegangen sei. Stehle zufolge hatte die Bundesregierung mit dem Heiligen Stuhl vereinbart, diesen in allen ostpolitischen Fragen über beabsichtigte Aktivitäten zu unterrichten. Bei dieser Gelegenheit erfuhr die Stasi auch von einem streng vertraulichen Memorandum des polnischen Kardinals Wyszyński, mit dem dieser den Papst dazu bewegen wollte, die Kirchengrenzen der Vorkriegszeit schon vor der geplanten Neuordnung der deutsch-polnischen Beziehungen zu korrigieren. Auch über Einzelheiten aus Gesprächen Stehles mit Egon Bahr und Theo Sommer konnte »Gerhard« die Stasi unterrichten.[37] Zwei Tage später erfuhr sie weitere Details über die sensiblen Verhandlungen zwischen Polen und dem Vatikan beziehungsweise der Bundesregierung. Zudem teilte Stehle mit, dass die SPD den Verhandlungsdruck auf die DDR erhöhen wolle. »Um die DDR weiter als verhandlungsfeindlich charakterisieren zu können«, schrieb Seidowsky in seinem Bericht, »soll Brandt in den nächsten Tagen einen Brief an Ministerpräsident Stoph schicken und Verhandlungen anbieten. Kernstück soll ein Gewaltverzichtsangebot sein.«[38]

Im Vorfeld der Spitzenbegegnungen zwischen Brandt und Stoph im Jahr 1970 glühte die Verbindung zwischen Stehle und Seidowsky. Die Staatssicherheit scheute keine Kosten, um auf diesem Weg in die internen Überlegungen der Bundesregierung eingeweiht zu werden. Schon im Dezember 1969 hatte Stehle versichert, dass die Bonner Regierung das DDR-

Angebot eines innerdeutschen Dialogs wahrscheinlich annehmen werde. Am 17. Januar werde Brandt öffentlich auf die SED-Vorschläge antworten. Zuvor sei eine Zusammenkunft mit Journalisten, die zum Ausschuss des Planungsstabes des Auswärtigen Amts gehören, geplant, auf der der Kanzler sprechen werde.[39] Im Februar 1970 trafen sich Seidowsky und Stehle dann in München, wo der aus Wien angereiste Stehle mitteilte, dass Brandt die Einladung Stophs annehmen werde, auch wenn sie überaus kurzfristig ausgesprochen worden sei. Verhandlungskonzept würden die DDR-Passagen seiner Rede zur Lage der Nation sowie der Diskussionsbeitrag des Bundesministers für innerdeutsche Beziehungen, Egon Franke, sein. In einer ersten Verhandlungsrunde, so wusste Stehle aufgrund eines Gesprächs mit dem Chef des Bundeskanzleramts, Horst Ehmke, weiter zu berichten, sei die neue westdeutsche Regierung bereit, auf alles einzugehen, ausgenommen die offizielle Anerkennung der DDR. Sollte die DDR aber in voller Solidarität mit der Sowjetunion und den anderen sozialistischen Staaten verhandeln können, werde auch diese nicht zu umgehen sein. Ähnlich verhalte es sich mit den Gesprächen mit Polen und der Anerkennung der Oder-Neiße-Linie. Allerdings gebe es für die Bundesregierung eine klare Reihenfolge der Verhandlungen: Zuerst käme ein Gewaltverzichtsabkommen mit Moskau, dann die Anerkennung der Oder-Neiße-Grenze gegenüber Warschau, danach die Annullierung des Münchner Abkommens gegenüber Prag und erst zuletzt die diplomatische Anerkennung der DDR.[40]

Die Verhandlungen mit Polen, die mit Brandts legendärem Kniefall ihren Abschluss fanden, konnte die Stasi über den Stehle-Kanal ebenso hautnah verfolgen. Unter dem Vorwand, auf der Durchreise nach Moskau zu sein, fuhr Seidowsky im Februar 1970 nach Warschau, wo Stehle einen Film vorführen wollte. Dreimal traf er dort mit Stehle zusammen, der ihn vor allem über die Auseinandersetzungen in der polnischen Führung um die neue Ostpolitik der Bundesrepublik informierte. Seidowsky konnte seinem Führungsoffizier Burkhardt nach den Gesprächen unter anderem einen langen Bericht über die Vita des westdeutschen Verhandlungsführers, Georg Ferdinand von Duckwitz, liefern.[41]

Wenig später verabredete man sich zu einem Gespräch in Westberlin, bei dem auch der Warschauer ARD-Korrespondent Zimmer und der Westberliner WDR-Korrespondent Wolfgang Nette zugegen waren. Seidowsky erfuhr dabei, dass die Bonner Regierung auf Initiative von Brandt, Wehner und Bahr *Stern*-Chefredakteur Nannen nach Polen geschickt habe, um inoffiziell »die äußerste Grenze der polnischen Verhandlungsbereitschaft festzustellen«. Nannen war, so heißt es in dem Bericht, vorher informiert worden, »in welchen Räumen die polnischen Sicherheitsorgane Abhöranlagen eingebaut haben«. Nach seiner Rückkehr habe er Brandt persönlich darüber unterrichtet, dass Bonn jetzt die Oder-Neiße-Grenze anerkennen müsse oder aber die Gespräche scheitern würden, was anschließend bei den Beratungen im Kanzleramt eine Rolle gespielt habe. Seidowsky erfuhr von der Journalistenrunde nicht nur weitere Details über die Bonner Verhandlungstaktik gegenüber Polen, sondern auch für das geplante deutsch-deutsche Spitzengespräch in Kassel. Für dieses wolle die Bundesregierung einen Gegenvertragsentwurf zum DDR-Papier und eine Liste vorbereiten, in der die Bildung gemischter Kommissionen, die Sicherung Westberlins und die Herabsetzung des Reisealters für DDR-Bürger an erster Stelle stünden.[42]

Acht Tage später informierte Stehle bei einem Treffen in Warschau über ein Vier-Augen-Gespräch mit Egon Bahr. Dieser hatte ihm von einer Diskussion mit Brandt »im engsten Beraterkreis« berichtet, in der die weitere Verhandlungslinie gegenüber Polen festgelegt worden war. Auch die Richtlinien für den innerdeutschen Gipfel in Kassel, aus denen zum Beispiel hervorging, dass die Bundesregierung für die Sicherung Westberlins »fast zu jedem Zugeständnis bereit« sei, wurden so der Staatssicherheit bekannt. Ferner hatte Bahr, laut Stehle, erklärt, es sei die ernsthafte Absicht der Bundesregierung, der DDR die Mitarbeit in den Vereinten Nationen zu ermöglichen. Schließlich gab Stehle den Inhalt eines vertraulichen Gesprächs mit dem deutschen Unterhändler, von Duckwitz, weiter, in dem dieser den Verlauf der letzten deutsch-polnischen Verhandlungsrunde geschildert hatte. Beigefügt war dem Bericht ein detaillierter Ablaufplan der Gespräche.[43]

Im Juni 1970 erteilte die Stasi ihrem IM »Gerhard« weitere Aufträge. Seidowsky sollte erreichen, dass Stehle, der auch an der nächsten deutsch-polnischen Verhandlungsrunde in Bonn teilnehmen würde, über Westberlin zurückreiste, um ihn »abschöpfen« zu können. Gleichzeitig sollte er das freundschaftliche Verhältnis zu Clemens ausbauen und die Kontakte zu dem WDR-Journalisten Ulrich Gembardt und dem Warschauer ARD-Korrespondenten Zimmer intensivieren. »Im Ergebnis dieser Maßnahmen soll ein funktionsfähiges Informationssystem im Operationsgebiet geschaffen bzw. ausgebaut werden, um rechtzeitig und effektiv über die wichtigsten politischen Aktivitäten westdeutscher und Bonner Regierungsstellen informiert zu werden.«[44]

Obwohl Stehle im Sommer 1970 wie angekündigt ARD-Korrespondent in Rom wurde, funktionierte die Verbindung auch über die größere Entfernung hinweg. Im August teilte er mit, dass er den vatikanischen Unterstaatssekretär Casaroli auf einer Reise nach Belgrad begleiten werde. Außerdem kündigte er an, dass Bundeskanzler Brandt in nächster Zeit ein Schreiben an DDR-Ministerpräsident Stoph senden werde. Nach dem Abschluss des Moskauer Vertrags laute eine taktische Überlegung in Bonn, dass die DDR nicht mehr, aber auch nicht weniger Zugeständnisse als die Sowjetunion machen könne. In ähnlicher Weise äußerte sich auch Helmut Clemens, der zugleich mitteilte, dass der aus der ČSSR emigrierte Reformpolitiker Jiři Pelikán in London gegenwärtig eine Solidaritätskampagne für Alexander Dubček vorbereite.[45]

Im Oktober 1970 nutzte Seidowsky einen mehrtägigen Aufenthalt in Moskau, um seine Kontakte zu westlichen Journalisten weiter auszubauen. Vor allem führte er dort Gespräche mit Lothar Loewe und dem Chefredakteur der ZDF-Sendung *heute*, Hans Joachim Friedrichs, der ihm unter anderem von den Vorbereitungen der CSU auf ihre Ausdehnung zur bundesweit agierenden Partei berichtete. Mit Stehle konnte er indes nur ein Telefonat führen, in dem dieser über ein Gespräch mit dem Berliner Bischof, Kardinal Bengsch, berichtete.[46] Im Dezember kam er dafür erneut mit dem ARD-Korrespondenten Clemens zusammen, der ihm die Vorbereitungen der Bundesregierung auf die Verhandlungen mit der ČSSR schilderte. Angesichts des Popularitätsverlusts der sozialliberalen Bundesregierung brauche diese für die außenpolitischen Zugeständnisse, die sie den sozialistischen Staaten machen wolle, innenpolitisch vorweisbare Erfolge, insbesondere die Sicherung Westberlins und der Zufahrtswege dorthin.[47] Im April 1971 fuhr Seidowsky dann nach Rom, wo ihm Stehle einen Einblick in die neue Ostpolitik des Vatikans verschaffte, einschließlich der darüber entbrannten innervatikanischen Auseinandersetzungen und einiger pikanter Details aus dem Privatleben westdeutscher Botschaftsangehöriger.[48]

Danach verlieren sich die Spuren Stehles in den Stasi-Akten. Seidowsky wurde, wie es hieß, aufgrund »spezieller operativ wichtiger Verbindungen« nunmehr direkt vom stellvertretenden Leiter der Hauptabteilung XX, Oberst Ludwig, gesteuert.[49] Unterlagen sind darüber nicht überliefert, doch in der Begründung zur Verleihung der Verdienstmedaille der NVA in Gold vom November 1973 bescheinigte man Seidowsky, dass er »entscheidenden Anteil an der Aufklärung und Verhinderung feindlicher Pläne und Absichten des Gegners gegen die DDR und die sozialistischen Länder« gehabt habe. In diesem Rahmen habe er aus dem Westen wertvolle Informationen beschafft, deren Bedeutung den Verantwortungsbereich der Kirchenabteilung überschritten hätten.[50] In einer Einsatzkonzeption vom April 1974 wurde zudem festgelegt, dass er seine Verbindungen zu westdeutschen Journalisten intensivieren sollte, insbesondere zu solchen Journalisten, die über komplexes Wissen auf kirchenpolitischem Gebiet verfügten und spezielle Kenntnisse in der neuen Ostpolitik Bonns und des Vatikans hätten – Stehle war offenbar nach wie vor im Geschäft.[51]

Die zunehmend dünne Aktenlage hängt auch damit zusammen, dass Seidowsky beim DDR-Fernsehen, wo er inzwischen beschäftigt war, Karriere machte. Als Programmdirektor des Deutschen Fernsehfunks (DFF) und stellvertretender Vorsitzender des Staatlichen Fernsehkomitees der DDR war er für den Einkauf westlicher Filme zuständig, sodass er nach der Wende problemlos in eine westdeutsche Filmfirma einsteigen konnte. Da er beim Fernsehen dem ZK der SED unterstellt war, musste der IM-Vorgang 1974 formal beendet werden – inoffiziell und ohne Akte ging die Zusammenarbeit mit der Stasi-Kirchenabteilung (HA XX/4) jedoch bis zum Untergang der Stasi weiter.

Nur dem Umstand, dass Seidowsky in den achtziger Jahren zeitweise in den Verdacht der Spionage für den Verfassungsschutz geriet, ist es zu verdanken, dass darüber wenigstens einige Hinweise erhalten geblieben sind. Im Sonder-Operativvorgang »Saturn« ist nachzulesen, dass Seidowsky in den siebziger und achtziger Jahren nicht nur Aufträge von führenden Funktionären aus Partei und Regierung erfüllte, sondern weiterhin auch für den Leiter der Stasi-Kirchenabteilung Joachim Wiegand tätig war, der ihm im Gegenzug freie Grenzpassagen ermöglichte. Seidowsky traf danach auch in dieser Zeit regelmäßig mit Stehle zusammen, was insofern nicht schwer zu bewerkstelligen war, als er laut Stasi-Bericht fast ein Drittel seiner Zeit im Westen verbrachte. Stehle gewann für die DDR sogar noch an Bedeutung, weil über ihn, wie es in der Akte heißt, »die Vorbereitungsmaßnahmen für den Besuch des Genossen Honecker beim Vatikan [1985] realisiert« wurden. Bei mehreren Sondierungs- und Vorgesprächen in Rom, in die teilweise auch Mitarbeiter des Vatikans einbezogen waren, seien »wechselseitig entsprechende Unterlagen und Informationen übergeben« worden. Auch der von Honecker erhoffte Gegenbesuch des Papstes sowie der Besuch des SED-Chefs 1987 in Bonn wurden auf diese Weise vorbereitet. Im Mai 1988 konnte Stehle seinem Kontaktmann in der DDR, der von der SED bereits als künftiger Staatssekretär für Kirchenfragen vorgesehen war, dann die lang ersehnte Nachricht übermitteln, dass der Papst die Absicht habe, im nächsten Jahr die DDR zu besuchen – ein Vorhaben, das die Wende zunichte machte.[52]

Der Ellrodt-Kanal

Der »Draht« zwischen Seidowsky und Stehle war nicht der einzige vertrauliche Kanal, den die Berliner Sozialdemokraten um Willy Brandt für ihre geheimen Sondierungen nutzten und der direkt beim Staatssicherheitsdienst endete. Stehle und der Leiter des Westberliner ZDF-Studios, Hanns Werner Schwarze, hatten vielmehr schon 1963 versucht, eine weitere Verbindung herzustellen: zwischen Egon Bahr und dem Leiter der Westabteilung im ostdeutschen Presseamt, Hermann von Berg, der, wie erwähnt, in den sechziger und siebziger Jahren als IM »Günther« für den Staatssicherheitsdienst arbeitete.

Weil dieser erste Kontaktversuch gescheitert war, suchte man 1964 im Kreis um Brandt nach neuen Möglichkeiten. Klaus Ellrodt, Mitarbeiter des ZDF und später Berliner *ppp*-Korrespondent, sollte deshalb seine Verbindung zu von Berg in den Dienst der grenzüberschreitenden Nachrichtenübermittlung stellen – »zum beiderseitigen Nutzen«.[53] Seine Aufträge bekam er jedoch nicht von Bahr, sondern vom Leiter der Berliner Senatskanzlei, Dietrich Spangenberg, der von Berg noch aus seiner Zeit als Leiter des gesamtdeutschen Referats des Verbandes Deutscher Studenten (VDS) kannte. Auch Spangenberg war ein enger Vertrauter Brandts und gehörte wie Bahr zur so genannten Viererbande.

Wie Stehle wurde Ellrodt zunächst bei den Passierscheinverhandlungen als Nachrichtenübermittler eingesetzt, doch die Kontakte zur SED umfassten bald ein wesentlich breiteres Themenspektrum. Spangenberg schwebte damals die »Ausarbeitung einer gemeinsamen Plattform in Teilfragen« vor, wozu er sich bald auch selbst an den Geheimgesprächen beteiligte.[54] Der Draht nach Ostberlin glühte derart, dass die Stasi für die »Linie Spangenberg« einen eigenen Vorgang »Distel« anlegte, in dessen Mittelpunkt Klaus Ellrodt stand.

Die nur durch Zufall überlieferten Teile der »Handakte Ellrodt« – von Berg wurde 1977 verdächtigt, das so genannte *Spiegel*-Manifest geschrieben zu haben, sodass die Stasi seine Westbeziehungen eingehend untersuchte – füllen einen halben Aktenordner. In langen Vermerken sind darin Niederschriften der Gespräche abgeheftet, die Ellrodt zwischen 1964 und 1968 mit von Berg geführt hat. Auch über Bahr gab es eine solche »Handakte«, die von HVA-Oberstleutnant Heinz Dornberger geführt wurde, aber nicht erhalten geblieben ist. Einer Äußerung Ellrodts zufolge hatte das MfS Ellrodt bereits Anfang der sechziger Jahre vergeblich anzuwerben versucht.

Auch der Zweite Sekretär der sowjetischen Botschaft in Ostberlin, den er stets als seinen »Hausrussen« bezeichnete, suchte ihn 1964 erfolglos für eine nachrichtendienstliche Zusammenarbeit zu gewinnen. Doch auch ohne förmliche Anwerbung übermittelte der Westberliner Journalist seinen Gesprächspartnern in der DDR zahllose politische Interna – auch solche, für deren Weitergabe es keinerlei sozialdemokratischen »Auftrag« gab.

Im April 1964 teilte Ellrodt von Berg erstmals mit, dass Spangenberg, der mit Bahr und Klaus Schütz um die Gunst des Regierenden Bürgermeisters Brandt buhle, erwäge, ihn künftig als Kontaktmann zu verwenden. Im Mai nahm das Vorhaben konkretere Formen an. In Absprache mit Brandt bat Spangenberg um ein Gespräch mit von Berg in Ellrodts Wohnung. Bedingung sei, dass von beiden Seiten Schweigen bewahrt und die Begegnung als »rein privat« verstanden würde. Wenn etwas schief ginge, sollte Ellrodt erklären, er habe das Treffen ohne Wissen der Beteiligten »aus persönlichem Ehrgeiz« arrangiert.[55]

Eine Woche später traf man sich wie verabredet im Westberliner Villenviertel Grunewald. Ellrodt und von Berg hatten zuvor abgesprochen, nicht zu erkennen zu geben, dass sie seit langem Kontakt miteinander hatten und sich gegenseitig duzten. Spangenberg, der die Zusammenkunft als »offiziell inoffiziell« charakterisierte, beklagte sich in dem dreistündigen Gespräch über die unbewegliche Haltung der DDR in den laufenden Verhandlungen über das zweite Passierscheinabkommen. Er verwies darauf, wie sehr die SPD der SED beim letzten Abkommen entgegengekommen sei. So habe man Bundeskanzler Erhard »aufs Kreuz gelegt«, indem man ihn auf dem Weg zur Beerdigung des verstorbenen Bundespräsidenten Heuss, »verschlafen wie er war«, aus dem Zug geholt und sein Einverständnis erpresst habe. Erhard, so gab von Berg Spangenbergs deftige Äußerungen später wieder, sei eine »verwaschene Figur«, und »das Arschloch Mende passe zu ihm«. Sie hätten mit Brandt natürlich auch erörtert, ob es richtig wäre, wenn dieser das Ruder energisch herumwerfe und eine Konföderation mit der DDR ansteuere. Aber das sei einfach illusionär und unmöglich, so etwas würde selbst den

Bundeskanzler hinwegspülen. Brandt stünde dann als KP-Agent und Vaterlandsverräter da. Er, Spangenberg, sei aber an einer weiteren Zusammenarbeit mit der SED und an gegenseitiger Information interessiert. Er schlug deshalb vor, auch in Zukunft bei Bedarf über Ellrodt derartige Gespräche zu vereinbaren.[56]

Mit diesem Treffen war der Anfang einer mehrjährigen, zwischen offiziöser und geheimdienstlicher Ebene changierenden Verbindung geschaffen. Auf westlicher Seite hielt man von Berg für einen Vertrauten von DDR-Ministerpräsident Stoph, der angeblich die liberaleren Kräfte in der SED repräsentierte – eine von der Stasi in die Welt gesetzte Legende, die ihrem IM einen Vertrauensvorschuss verschaffen sollte. Ellrodt, der bei diesem Kanal als westliches Gegenstück zu von Berg fungierte, war Bote und Informant zugleich, der die Verbindung zu Spangenberg, Bahr und Brandt aufrechterhielt. Doch die Annahme der Sozialdemokraten, sie verhandelten über von Berg »von Willy zu Willi«, entsprach nur ausnahmsweise der Realität, nämlich dann, wenn Stoph einen Briefträger brauchte, um Nachrichten in den Westen zu übermitteln. Ansonsten nutzte die Stasi diese Verbindung nur, um ihren IM »Günther« mit westlichen Politikern in Kontakt zu bringen und diese, wenn möglich, in eine nachrichtendienstliche Beziehung zu verwickeln. Der Bericht über das erste Treffen mit Spangenberg ging denn auch schon am nächsten Tag über HVA-Chef Wolf an Stasi-Minister Mielke – bevor von Bergs »ziviler Dienstherr«, Willi Stoph, unterrichtet wurde. Allerdings schien Stoph partiell in die Stasi-Arbeit seines vermeintlichen Emissärs involviert gewesen zu sein. So wusste er nicht nur von dessen geheimdienstlicher Anbindung, sondern begrüßte ihn auch beim deutsch-deutschen Spitzentreffen in Kassel mit demonstrativer Herzlichkeit, um die Mär von dem Stoph-Vertrauten noch glaubwürdiger zu machen.

Wahlkampfhilfe für die SPD

Auf westlicher Seite, scheint es, war der Stasi-Charakter des Kanals zumindest in der Anfangszeit nicht bekannt. Egon Bahr hat behauptet, erst nach der Wende erfahren zu haben, dass von Berg für das MfS tätig war. Die Sozialdemokraten hatten offenbar nur den vermeintlichen Draht zur SED-Spitze im Blick, obgleich gerade Spangenberg als Chef der Senatskanzlei in Sicherheitsfragen gut informiert gewesen sein muss. Im Oktober 1964 teilte Ellrodt mit, dass Spangenberg – im Auftrag Brandts – ein weiteres Gespräch mit von Berg in Ellrodts Wohnung wünsche. Brandt wolle nach Möglichkeit wissen, welche Initiativen von DDR-Seite bis zu den Bundestagswahlen zu erwarten seien. Die Unterhaltung solle ohne »taktische Hintergedanken« geführt werden, wobei klar gesagt werden sollte, was der SPD bei den Wahlen helfen könne. Spangenberg wollte seinerseits noch vor dem SED-Parteitag bestimmte Grundzüge der Brandtschen Konzeption mitteilen. Ellrodt plauderte bei der Begegnung aber noch mehr aus. Neben allerlei Interna aus Bonn übermittelte er auch, dass Spangenberg und Brandt »stets ausgezeichnet über Sitzungen des ZK und sogar des Politbüros informiert« seien. Namentlich nannte er dabei Sitzungen des Politbüros, in denen Albert Norden im Zusammenhang mit dem Tod von Otto Grotewohl versucht haben soll, sich in den Vordergrund zu drängen. Von Berg notierte nach dem Gespräch: »Sie müssen offenbar bei uns über einige ausgezeichnete Quellen verfügen« – ein Satz, der die Staatssicherheit sofort in Aktion versetzt haben dürfte.[57]

Tatsächlich gab der Leiter der Desinformationsabteilung, Wagenbreth, von Bergs Bericht umgehend an HVA-Chef Wolf weiter und schlug vor, von Bergs Vorgesetzten, Presseamtschef Blecha, nicht zu informieren, »so dass das zu erwartende Gespräch mit Spangenberg in unserer Regie laufen könnte«. Handschriftlich ergänzte er jedoch später, dass Ministerpräsident Stoph es abgelehnt habe, zum gegenwärtigen Zeitpunkt mit Spangenberg in Kontakt zu treten, »da dadurch die Verhandlungen auf der anderen Linie gestört werden könnten (Reuter)« – womit die offiziellen Passierscheinverhandlungen gemeint waren.[58] Spangenberg hatte fürs erste einen Korb bekommen.

Im November 1964 erhielt von Berg dann von Stoph den Auftrag, Spangenberg im Schöneberger Rathaus aufzusuchen und ihm eine an Brandt gerichtete »Denkschrift« zu übergeben. Bei dieser Gelegenheit bekräftigte der Chef der Westberliner Senatskanzlei, dass er von Berg baldmöglichst treffen wolle und gab ihm seine Durchwahlnummer. Da er negative Presseberichte fürchtete, schlug er erneut ein Treffen in seiner oder Ellrodts Wohnung vor; ein Besuch in Ostberlin wäre ihm »nicht so angenehm«.[59] Spangenberg beschäftigten damals vor allem die nächsten Bundestagswahlen und die Frage, ob die Wahlchancen der SPD mit Hilfe der SED verbessert werden konnten. Als er im Januar 1965 in Ellrodts Wohnung von Berg Brandts Antwortschreiben übergab, wies er deshalb ausdrücklich darauf hin, dass dessen Position in der SPD bei einer Wahlniederlage gefährdet wäre. Die SED könne ihn am besten unterstützen, indem sie die in seinem Brief enthaltenen Vorschläge berücksichtige und seine Politik der kleinen Schritte unterstütze – »das würde sich auch auf die Wahlen unmittelbar auswirken«.[60]

Zwei Monate später informierte Ellrodt, der inzwischen als hauptamtlicher Mitarbeiter für den Wahlkampfstab Brandts vorgesehen war, dass dieser es für zweckmäßig halte, aus dem Stadium des Briefwechsels herauszukommen und »einmal in aller Ruhe« miteinander zu sprechen. Konkret ginge es um Möglichkeiten der Unterstützung für die SPD bei den Wahlen. Von Berg erhielt vom MfS deshalb den Auftrag, in einem akribisch vorbereiteten Gespräch zu »testen«, was hinter Brandts Angebot stand und »wie er [Brandt] sich von unserer Seite eine bestimmte Wahlhilfe vorstellt«. Weiter hieß es in der Gesprächskonzeption der Stasi: »Im zweiten Teil der Unterredung ist zu erörtern, wie sie (die SPD, Spangenberg, Brandt u. a.) sich vorgestellt haben, was wir wirklich tun können, um Brandt und der SPD zum Wahlsieg zu verhelfen. Was gibt es für Ideen? … Wir wollen der SPD helfen. Aus Sorge um die ganze Entwicklung; aber wir reißen uns auch nicht um Gespräche …«[61] Und laut einer »Ergänzung« zu dieser Konzeption sollte von Berg fragen: »Wie soll die Zusammenarbeit SPD/SED im Hinblick auf den Wahlkampf aussehen? … Was gibt es für Vorstellungen, welche Maßnahmen unsererseits gegen die CDU einzuleiten sind?«[62]

Im April 1965 kam das heikle Gespräch schließlich zustande. Brandt sei der Ansicht, erklärte Spangenberg, dass man sich öfter treffen sollte. Für sie sei es jetzt das A und O, Brandts Politik der kleinen Schritte den Wählern als die richtige Politik »einzuhämmern«. Es dürfe nur nichts offiziell gemacht werden, »weil das verheerende Auswirkungen für die SPD hätte«. Im Klartext: Die Wähler sollten von der beabsichtigten Verständigung mit der SED nichts erfahren. Überhaupt würden die Sozialdemokraten sich nicht daran stören, aus taktischen Gründen manches zu sagen, was sie in der Praxis dann anders machen würden. Brandt, so Spangenberg, habe wörtlich erklärt: »Wir haben eine einmalige Chance zu gewinnen. Entweder wir gewinnen jetzt oder nie. Mir sind alle Mittel recht.« Nach von Bergs Bericht führte Spangenberg weiter aus: »Eine Zusammenarbeit mit uns gegen die CDU und CSU im Hinblick auf den Wahlkampf sei nach wie vor für die SPD nützlich.« Eine Hilfe würden aber nur solche Maßnahmen darstellen, die die Richtigkeit von Brandts Politik bestätigten. Wenn die SED wirklich den Sieg der SPD wolle, könnte sie einiges tun, um Brandts Position zu stärken – etwa die Wiederaufnahme des Telefonverkehrs gestatten. Die Sozialdemokraten »seien einverstanden mit einer Handvermittlung. Das sei natürlich technisch nicht das Letzte, aber der Staatssicherheitsdienst habe schließlich legitime Interessen.«[63]

Für die SPD endeten die Bundestagswahlen im September 1965 entgegen den guten Prognosen mit einer Niederlage, obwohl sich Brandt und die DDR-Führung für April und Juni erneut auf ein Passierscheinabkommen verständigt hatten. Die SPD-Spitze ließ sich dadurch jedoch nicht entmutigen, sondern setzte weiter auf ihre vertraulichen Kontakte zur SED. Im Dezember erhielt Ellrodt von Brandt den Auftrag, als inoffizieller Beobachter zur so genannten Arbeiterkonferenz der SED nach Leipzig zu fahren. Gleichzeitig versorgte er seinen Kontaktmann regelmäßig mit Interna aus der SPD, die, nur leicht anonymisiert, an die Auswertungsabteilung VII und die für die Parteien zuständige HVA-Abteilung II weitergeleitet wurden. Auch Markus Wolf bekam die Berichte, vielfach sogar Erich Mielke und das Politbüro der SED. So referiert eine MfS-Information »Zur Lage der SPD nach der Bundestagswahl« vom September 1965 fast wörtlich die Aufzeichnungen von Bergs über ein diesbezügliches Gespräch mit Ellrodt.[64]

Manchmal drängte sich Ellrodt mit seinen Berichten regelrecht auf. Als im April 1965 der Bundestag in Berlin zu einer Sitzung zusammentreten wollte, schlug der Journalist vor, von Berg solle ihn am ersten Abend der Sitzung in seiner Wohnung aufsuchen, wo er ihn über den Ablauf informieren würde.[65] Für die SED war diese Sitzung von großer Bedeutung, weil sie der Bundesrepublik seinerzeit mit großem propagandistischem Aufwand das Recht zu Parlamentssitzungen in der alten Reichshauptstadt abzusprechen versuchte, während sie ihrerseits das DDR-Parlament ohne Gewissensbisse im Ostteil der Stadt tagen ließ. Spangenberg erklärte damals, die Brandt-Gruppe sei mit großer Intensität dabei, durch mühselige Kleinarbeit bei den Abgeordneten in Bonn und Berlin sowie bei den Gewerkschafts- und Parteifunktionären »den Boden zu lockern«. Es fänden sich auch bei der CDU immer mehr Leute, die die Politik der kleinen Schritte guthießen.[66]

Im Frühjahr 1966 – SED und SPD nahmen damals erstmals einen direkten und diesmal öffentlichen Dialog auf – wurden die Abstände zwischen den Gesprächen mit Ellrodt immer kürzer. Für März und April enthalten die Akten insgesamt zwölf unterschiedlich datierte Berichte, und im Mai und Juni kam es zu sechs vertraulichen Briefübergaben. Ellrodt berichtete jetzt vor allem über die Reaktion der SPD-Führung auf den Offenen Brief der SED, der die Gespräche zwischen den beiden Parteien eingeleitet hatte und in den Plan eines so genannten Redneraustausches mündete. Von Spangenberg sollte er im März ausrichten, dass die öffentlichen Erklärungen der SPD-Spitze in dieser Angelegenheit lediglich »Schutzbehauptungen« seien, da der Brief der SED die SPD-Mitglieder völlig unvorbereitet getroffen habe. Im Auftrag Bahrs sollte er außerdem fragen, ob man diesem »ohne jedes Aufsehen« ermöglichen könne, auf einer Reise nach Prag in seiner Heimatstadt Torgau zu übernachten, um sie seiner Familie zu zeigen.[67] Im Juni nahm von Berg dann am SPD-Parteitag in Dortmund teil, wo er vom Chef des SPD-nahen Pressedienststs *ppp*, Erhardt Eckert, betreut wurde und sich diskret mit Bahr traf – um nach der Rückkehr aus dem Westen als erstes Markus Wolf über das Erfahrene zu informieren.[68]

Mit der Verlagerung der Gespräche auf die Parteiebene entwickelten die geheimen Verhandlungen mit der SED Züge eines politischen Komplotts. Schon früher hatte von Berg deutlich gemacht, »dass wir an einer Wahlniederlage der CDU interessiert sind und dabei auch gedenken, Hilfestellung zu leisten«. Das ganze Feuer richte sich gegen Erhard und dessen Kriegs- und Notstandspolitik.[69] Umgekehrt suchten jetzt aber auch die Sozialdemokraten immer unverhohlener nach Schützenhilfe der SED: So ließ Brandt im April 1966 anfragen, was die SED von dem Vorschlag halte, in Hannover und Karl-Marx-Stadt (Chemnitz) eine Versammlung mit Rednern der jeweils anderen Seite durchzuführen – man könnte, wenn Brandt rechtzeitig Bescheid wüsste, bei dem geplanten Gespräch mit Bundeskanzler Erhard »die Verwirrung bei der CDU/CSU noch mehr steigern und für die SPD wesentlich mehr Vorteile herausholen«.[70] Tatsächlich griff die SED den Vorschlag auf, machte dann aber aus Angst vor innenpolitischen Turbulenzen in letzter Minute einen Rückzieher.

Munition für innerparteiliche Auseinandersetzungen

Besonders befremdlich erscheint aus heutiger Sicht, wie die geheimen Kontakte der sozialdemokratischen »Viererbande« zur SED in die Auseinandersetzungen innerhalb der SPD hineinspielten. Die Stasi erfuhr über die vertraulichen Kanäle nicht nur von persönlichen und politischen Differenzen in der Parteispitze, sondern wurde durch ihre Kontaktpersonen bald auch selbst in das Ränkespiel hineingezogen oder entwickelte von sich aus entsprechende Initiativen. Zu den harmloseren Dingen zählt noch, dass Ellrodt im Zusammenhang mit dem angedachten Redneraustausch der SED empfahl, sie solle Äußerungen von Herbert Wehner und Fritz Erler, wonach die Versammlungen nur zustande kämen, wenn die DDR das Antwortschreiben der SPD veröffentliche, »nicht zu ernst nehmen«.[71] Gravierender erscheint, wie Brandt den Akten zufolge gegen seinen politischen Konkurrenten Erler – einen eher konservativen SPD-Politiker – Belastungsmaterial der SED einsetzte. In den Stasi-Unterlagen ist in diesem Zusammenhang vermerkt, dass von Berg im Mai 1965 den Auftrag bekam, Brandt ein Schreiben des Generalstaatsanwalts der DDR zu überbringen, in dem es um Erlers Aussagen nach seiner Verhaftung durch die Gestapo ging. In einer eingehenden »Konzeption« wurde von Berg zur Auflage gemacht, gegenüber Spangenberg zu betonen, dass er nicht in offizieller Mission, also als Mitarbeiter des Presseamts, käme. »Sollte die Frage gestellt werden, zu wem der Draht geht, dann ein geheimnisvolles Gesicht machen und erklären, dass ja bis jetzt immer alles angekommen ist«, hieß es in der Stasi-Vorgabe. Von Berg sollte zugleich in Erfahrung bringen, wie man einen direkten Kontakt zu Brandt herstellen könnte. So sollte er verhindern, dass Spangenberg den Brief öffnet, und fragen, »was zu tun ist, wenn es Dinge gibt, die nur unter vier Augen besprochen werden sollen«. Offensichtlich hegte man die Hoffnung, mit dem Material bei Brandt Appetit auf weitere Unterlagen zu wecken, um auf diese Weise nachrichtendienstlich an ihn heranzukommen. Die Angelegenheit, wurde von Berg deshalb eingeschärft, liefe »inoffiziell *nur* auf unserer Linie. Höchste Konspiration!!!«[72] Brandt fürchtete jedoch – zu Recht, wie sich herausstellte –, dass ein direkter Kontakt früher oder später von der SED gegen ihn verwandt werden würde, weshalb er Spangenberg weiterhin als Mittler vorschickte.[73]

Allerdings setzte Brandt vierzehn Tage später den SPD-Parteivorstand von dem Schreiben in Kenntnis. Erler verteidigte sich auf der Sitzung damit, dass alle in dem Schreiben vorgebrachten Anschuldigungen durch seine Haft abgegolten und deshalb erledigt seien. Brandt seinerseits war der Eindruck »etwas unangenehm«, dass er einen besonderen Draht zur SED und auf diesem Wege Material gegen Erler bekommen habe. Dennoch bat er den Generalstaatsanwalt der DDR über den Ellrodt-Kanal, ihm auf demselben Weg Kopien von etwa vorhandenen Unterlagen, die Erlers Auffassung widerlegten, zukommen zu lassen – was sogleich SED-Chef Ulbricht gemeldet wurde.[74] Schon zwei Wochen später erhielt Brandt daraufhin ein weiteres Schreiben des DDR-Staatsanwalts in

Sachen Erler. Laut einer neuerlichen »Konzeption« sollte von Berg gegenüber Spangenberg nunmehr erklären: »Eigentlich wollten wir ja nicht so recht, aber Sie sagten mir ja, dass Ihr Chef Interesse hätte, etwas in die Hände zu bekommen.« Zudem sollte er Brandt mit Belastungsmaterial gegen SPD-Fraktionschef Wehner locken. So hatte er zu erklären, dass es auch über den »Verrat Wehners« – gemeint war der später von der Stasi selbst widerlegte Vorwurf, Wehner hätte im schwedischen Exil antifaschistische Mitstreiter verraten – Akten und Untersuchungen gebe. Angesichts von Wehners Haltung zur SED habe man keinen Grund, sich ihm gegenüber Zurückhaltung aufzuerlegen.[75]

Ob sich Brandt auf die dubiosen Avancen einließ, geht aus den Unterlagen nicht hervor. Fest steht aber, dass ein Dreivierteljahr später in der *Zeit* unter dem Titel »Die Anklage der SPD-Fronde gegen Herbert Wehner« jenes erwähnte anonyme Pamphlet erschien, das mit hoher Wahrscheinlichkeit auf ostdeutsches Belastungsmaterial zurückging.[76] Außer der von SED und MfS seinerzeit verbreiteten Verratslegende enthielt es diskreditierende Details über Wehners frühere Tätigkeit im ZK-Apparat der KPD sowie über seine angeblichen Verbindungen zum Bundesamt für Verfassungsschutz. Die Vorwürfe gipfelten darin, dass er die SPD mit denselben skrupellosen, konspirativen Methoden lenke wie vordem die illegale KPD. Wie dargestellt, wurde das so genannte Memorandum damals linken Kritikern Wehners beim sozialdemokratischen *Vorwärts* zugeschrieben, ohne dass die Urheberschaft je geklärt werden konnte. Die Anschuldigungen riefen ein derart starkes öffentliches Echo hervor, dass Brandt in der nächsten Ausgabe der *Zeit* Wehner öffentlich in Schutz nahm.[77] Politisch hatte sich Wehner in dieser Zeit nicht nur bei der SED, sondern auch bei linken Sozialdemokraten zunehmend unbeliebt gemacht, weil er zielstrebig daran arbeitete, die SPD aus der Oppositionsecke herauszuführen und auf eine Große Koalition mit der CDU/CSU einzustimmen.

Besondere Bereitschaft, die vertraulichen Kontakte zur SED für den innerparteilichen Machtkampf einzusetzen, zeigte der Brandt-Vertraute Spangenberg. Deutlich wird dies vor allem in seinen Manövern gegen den Westberliner Bürgermeister

Klaus Schütz, der, ebenso wie der damalige Innensenator Kurt Neubauer, dem rechten Flügel der Partei zugerechnet wurde. Im Gespräch mit seinem Ostberliner Gegenüber breitete sich Spangenberg nicht nur über Schwächen und Winkelzüge seiner politischen Gegenspieler aus, sondern versuchte auch, auf diesem Weg, gleichsam über Bande, auf die heimischen Entwicklungen einzuwirken. So informierte er die SED im Oktober 1967 über die geplante Senatsneubildung und warnte vor einem Durchmarsch der Linken, der unweigerlich zur Folge hätte, dass das Pendel in die andere Richtung zurückschwingen würde. Er bat deshalb – wohlgemerkt die SED – darum, »dass der Einfluss dahingehend aufgewandt wird, dass die Linke [in der SPD] erkennt, welche teuflische Situation da entstehen kann, wenn [der als rechts geltende Harry] Liehr durch die Linke dazu gebracht wird, in den Senat zu kommen«. Auch bei dem geplanten Abwahlantrag gegen den rechten SPD-Politiker Kurt Mattick riet er zu größter Vorsicht, weil er zur Folge haben könnte, dass der gesamte Landesvorstand (LV) neu gewählt werden müsste und die Linke überhaupt keine Chance mehr hätte. »Spangenberg«, so die Botschaft an die SED, »bittet hier zu sehen, dass die nach seiner Überzeugung vernünftige Berlin-Politik der letzten Zeit in großer Gefahr ist, wenn die Rechte nicht nur im LV dominiert, sondern auch Einfluss auf den Senat gewinnen kann.«[78]

Im Februar 1968 erfuhr die Stasi weitere Interna aus der Westberliner SPD. Laut von Berg würden Ellrodt und Spangenberg »alles tun, um mitzuhelfen, ihn [Schütz] zu stürzen«. Um den Regierenden Bürgermeister »noch empfindlicher zu treffen«, informiere Ellrodt mit Wissen von Spangenberg auch den Republikanischen Club über die Absichten des Senats; der Club bildete damals ein Zentrum der Westberliner Studentenbewegung, in dem das MfS diverse Agenten hatte. Schütz habe beispielsweise in einer Senatssitzung erklärt, dass er die Westberliner Polizei mit Stahlhelmen und Maschinengewehren ausrüsten wolle und bei der Konfrontation mit linksradikalen Studenten auch vor Blutvergießen nicht zurückschrecken werde. Diese Angelegenheit solle nun groß im *Spiegel* herausgebracht werden. Ellrodt war inzwischen der Meinung, dass nur noch die Unterstützung der Außerparlamentarischen Opposition einen Sinn hätte.[79] Im März 1968 teilte Spangenberg dann mit, dass er mit Schütz »fertig« sei; dieser sei »einfach allzu dumm«. Vierzehn Tage später meinte er, Schütz sei nahezu restlos demoralisiert und käme wohl kaum »wieder hoch«.[80] Diese Prognose bewahrheitete sich jedoch nicht; stattdessen hatte Spangenberg Anlass, sich darüber zu beschweren, dass von Berg mittlerweile selbst mit seinem Intimfeind Schütz verhandelte – was er als »groben Vertrauensbruch« ihm gegenüber beanstandete.[81]

Auf der anderen Seite wurde freilich mit ebenso harten Bandagen gekämpft. Schütz und sein Vertrauter Struwe versuchten ihrerseits, sich gegenüber von Berg als Alternative zum Kanal Ellrodt-Spangenberg zu präsentieren. Die Stasi machte ihrem IM schon im Sommer 1968 den Vorschlag, sich gegenüber Struwe »als leitender Offizier des MfS« zu erkennen zu geben und ihn anzuwerben.[82] Struwe wiederum machte sich im Oktober 1969 anheischig, statt des bisherigen Weges in Zukunft selbst mündliche oder schriftliche Nachrichten der SED an Brandt »heranzubringen«. Spangenberg und Bahr seien, so wörtlich, »keine gelernten Juristen und hätten auch sonst keine ordentliche Ausbildung«.[83] Struwe wollte seinerseits baldmöglichst ein direktes Zusammentreffen zwischen Schütz und Stoph erreichen. Mit der Forderung nach absoluter Diskretion verbunden, erklärte er gegenüber von Berg außerdem, »Schütz und Brandt wäre es sehr recht, wenn sie ›Spielmaterial‹ gegen die CDU/CSU« bekämen. Sie dächten an die Geheimgespräche des früheren Arbeitgeberchefs Hans-Constantin Paulssen in der DDR sowie an Hans Dichgans, Berthold Beitz und andere. »Kopien wären am besten, aber nicht in jedem Fall erforderlich. Es genüge eine Dokumentation«, zitierte von Berg den SPD-Politiker in seinem Bericht. Zur Begründung erläuterte Struwe: Nach der bevorstehenden Machtübernahme durch die sozialliberale Koalition sei die Ostpolitik bei der geplanten Regierungserklärung der wundeste Punkt der SPD, und vom »harten und energischen Zurückschlagen beim ersten Mal« hänge viel ab für die SPD und den inneren Zerfallsprozess der CDU/CSU.[84] Nur kurze Zeit später erschien im *Spiegel* ein entsprechender Artikel, in dem die sogenannten Paulssen-Gespräche genüsslich ausgebreitet wurden – die Stasi heftete ihn wie eine Trophäe zu den Struwe-Protokollen.[85]

Die SPD als Regierungspartei

Waren die vertraulichen Verständigungsversuche zwischen SPD und SED – abgesehen von den Westberlin betreffenden Fragen – bis dahin eher theoretischer Natur gewesen, änderte sich dies, als die Sozialdemokraten im Dezember 1966 erstmals Regierungsverantwortung in Bonn übernahmen. Wie schon Stehle korrekt berichtet hatte, sah der ursprüngliche Plan vor, nach dem Auseinanderfallen der schwarz-gelben Koalition eine neue Regierung aus SPD und FDP zu bilden. Im Auftrag des SPD-Vorsitzenden Brandt erhielt DDR-Ministerpräsident Stoph über den Spangenberg-Kanal damals nicht nur umfangreiches Material über die deutschlandpolitischen Vorstellungen der SPD, sondern sogar schon die komplette Liste der designierten Kabinettsmitglieder sowie eine fertig ausgearbeitete »Quasi-Regierungserklärung«.[86] Erst in letzter Minute wurden die Weichen dann doch, wie Wehner es angestrebt hatte, auf eine Große Koalition umgestellt, so dass Brandt nicht Bundeskanzler, sondern Außenminister wurde.

Die Sozialdemokraten um Brandt verstärkten in dieser Zeit ihre Avancen gegenüber der SED, um ein politisches Zweckbündnis mit ihr zu erreichen. Schon kurz nach dem Regierungseintritt traf sich Spangenberg mit von Berg und erläuterte sein Konzept, mit der DDR zuerst im praktischen Bereich Übereinkünfte zu erzielen, um dann die politischen Fragen zu lösen, also die Anerkennung der DDR herbeizuführen. Seine Devise lautete, dass man zunächst die Mentalität der Menschen in Westdeutschland ändern müsse, weil Tabus immer nur langsam abgebaut werden könnten.[87] Im März 1967 bat Brandt dann seinen Emissär Bahr, dem Regierungschef der DDR über von Berg auszurichten, dass die Bundesregierung inoffiziell eine Reihe von Gesprächswünschen und konkreten Angeboten zu machen habe. Leider fehle es ihr an einem zuverlässigen ostdeutschen Gesprächspartner, mit dem sie diese notwendigerweise streng vertraulichen Gespräche führen könne.[88] Bahr bot deshalb ein inoffizielles Wochenendtreffen in Bonn oder Westberlin an. »Wir brauchen eine sichere Verbindung«, wird er im Stasi-Protokoll zitiert. Und weiter: »Wir müssen zusammengehen, bis hier der größte Murks weg ist: Oder-Neiße, Münchner Abkommen, Alleinvertretung usw.« Darüber hinaus lockte man die SED damit, dass man aufgrund der Regierungsbeteiligung der SPD mittlerweile Einblick in Materialien habe, an die man bisher nicht herangekommen sei. Mit Bahr, nunmehr Planungschef im Auswärtigen Amt, seien bereits Absprachen möglich, wie man sich in Zukunft international weniger oder gar nicht in die Quere komme. »Wir könnten«, so von Berg in seinem Vermerk, »miteinander gegen gewisse Leute in der SPD, auf alle Fälle gegen die Strauß-Anhänger, kooperieren.«[89]

Die Stasi reagierte reserviert auf das Drängen der SPD. Das Politbüro der SED setzte in dieser Zeit eher auf Abgrenzung gegenüber den Sozialdemokraten, sodass der vertrauliche Kanal fast nur noch in einer Richtung funktionierte: So übergab Spangenberg im April 1967 den Entwurf eines Offenen Briefs an die Delegierten des VII. Parteitags der SED zur Durchsicht, über den im SPD-Parteivorstand zuvor heftig gestritten worden war.[90] Im Mai bat Bahr von Berg ebenso dringend wie Spangenberg um eine »Konsultation« zur Wertung des Stoph-Briefs an Bundeskanzler Kurt-Georg Kiesinger zur Orientierung Brandts für die nächste Kabinettssitzung. Die Stasi wollte jedoch bei einem Treffen nur die offiziellen Verlautbarungen Stophs wiedergeben; außerdem sollte ein zweiter IM mit dem Decknamen »Alfred« in den Vorgang eingeführt werden, um die »Gefahr von Provokationen durch die Westberliner Seite zu verringern«.[91] Im Juni bat Spangenberg dann erneut um Auskunft, ob die SED nunmehr gewillt sei, den wiederholt vorgebrachten Vorschlag aufzugreifen, einen festen Kreis aus Bahr, ihm selbst, von Berg und einem weiteren DDR-Vertreter zu installieren. HVA-Chef Wolf leitete den entsprechenden Bericht »mit der Bitte um Festlegung der Art der Beantwortung« umgehend an Mielke weiter.[92] Der war jedoch der Auffassung, dass die »rechten« SPD-Führer Brandt und Wehner durch ihren Regierungseintritt nur noch gefährlicher geworden seien, weil ihre Vorstellungen zum Kampf gegen die DDR jetzt zum festen Bestandteil der offiziellen Bonner Regierungspolitik geworden seien und sie es besser als die CDU/CSU verstünden, ihre Absichten »demagogisch zu tarnen«.[93]

Ellrodt war in dieser Zeit gleichwohl ein häufiger Grenzgänger. Im November 1967 überbrachte er in Spangenbergs Auftrag von Berg diverse Materialien der Bundeskonferenz der SPD und berichtete ihm über deren Verlauf. Seine eigenen politischen Vorstellungen umriss er bei dieser Gelegenheit so, dass er – ebenso wie Spangenberg – nicht für den Kalten Krieg sei, sondern für die Anerkennung der DDR eintrete. Man müsse im Interesse Deutschlands zusammenkommen. Die SED habe die »historische Aufgabe«, die DDR zu stabilisieren und dementsprechend auf Westdeutschland einzuwirken, »um hier indirekt der SP[D] zu helfen, demokratische Veränderungen durchzusetzen«. Er sehe deshalb die Notwendigkeit ein, »mit den Kommunisten gegen die NPD und CDU/CSU in einzelnen Fragen vorzugehen«. Auf der anderen Seite werde die SPD aber nie die Rolle der KPD vor 1933 und nach der Vereinigung 1946 vergessen. Als Sozialdemokrat werde man daher den eigenen Standpunkt wahren – als Gegner, nicht als Feind der SED.[94] Diese Unterscheidung bekräftigte Ellrodt auch beim nächsten Treffen, als er von sich selber sagte, er habe sich vom »Feind (Vernichtung der DDR)« zum »Gegner (Gutes behalten, aber Wandlungen erreichen)« entwickelt. Ulbricht, den er gerne einmal sprechen würde, halte er »für den überragendsten Staatsmann und erfolgreichsten Politiker«.[95]

Bei dem Versuch, mit dem sowjetischen Block ins Gespräch zu kommen, wandten sich die Sozialdemokraten im Herbst 1967 auch an die damals noch stark Moskau-hörige Kommunistische Partei Italiens (KPI). Hinter dem Rücken des Bundeskanzlers reiste im November eine SPD-Delegation nach Italien, um dort mit führenden KPI-Vertretern vertrauliche Gespräche über die Möglichkeit eines Dialogs zu führen. Die KPI erklärte sich dabei bereit, »die günstigsten Bedingungen für die Verwirklichung einer stufenweisen Annäherung zwischen der SPD und der SED zu schaffen«, wie es in einem später bekannt gewordenen Geheimbericht des BND hieß.[96]

Im Januar 1968 traf Brandt dann persönlich mit KPI-Chef Luigi Longo zusammen, dem er die Möglichkeit einer Wiederzulassung der KPD in Aussicht stellte, wenn dieser im Gegenzug als Vermittler zur SED und zu anderen kommunistischen Parteien auftrete. Bei gewissen Konzessionen auf humanitärem Gebiet ließe sich unter Umständen auch über eine Anerkennung der DDR reden. Vierzehn Tage später reiste eine SED-Delegation unter Politbüromitglied Paul Verner nach Italien, nachdem Brandt beim christdemokratischen Außenminister Amintore Fanfani bewirkt hatte, dass die SED-Delegation Diplomatenvisa bekam, ohne die eine Einreise nicht möglich gewesen wäre. Durch Spangenberg ließ Brandt wenig später daran erinnern, dass Verner seine Reise, bei der er auch vom italienischen Außenminister empfangen worden war, ausschließlich ihm zu verdanken habe, er hätte alles mit seinem italienischen Amtskollegen »geritzt«.[97] Als diese Geheimkontakte einige Zeit später bekannt wurden, kam es zu einer schweren Krise in der Großen Koalition, weil Bundeskanzler Kiesinger sich von der SPD hintergangen fühlte.

Die SED trat in dieser Zeit zunehmend fordernder auf. Angesichts des offenkundigen Scheiterns der Hallstein-Doktrin schien es nur noch eine Frage der Zeit zu sein, bis die Bundesrepublik den SED-Staat in irgendeiner Form würde anerkennen müssen. Gestärkt sah sich die DDR-Führung auch durch die Außerparlamentarische Opposition (APO) in Westdeutschland, die dem bis dahin fest verankerten Antikommunismus den Kampf angesagt hatte. Gleichzeitig empörte sich die SED darüber, dass die Sozialdemokraten die Verabschiedung der Notstandsgesetze im Mai 1968 und andere »reaktionäre« Entscheidungen der Bonner Regierung ermöglicht hatten. Im November ging Ulbricht schließlich so weit, die SPD dadurch unter Druck zu setzen, dass er, wie oben dargestellt, ihre in den Geheimgesprächen geäußerten Willensbekundungen bekannt machte – und Brandt und Bahr damit in der Öffentlichkeit in den Geruch von Vaterlandsverrätern brachte.[98] Als die Sozialdemokraten daraufhin abstritten, der SED zugesichert zu haben, die Anerkennung der DDR herbeizuführen, durchforstete die Stasi ihre Gesprächsprotokolle, um herauszufinden, wie man die SPD am besten unter Druck setzen könnte.

Von Berg machte dem MfS seitenweise Vorschläge, wie das Material am wirksamsten in die westdeutsche Öffentlichkeit lanciert werden könne.

Gleichwohl setzte Bahr weiterhin auf die geheimen Kanäle in den Ostblock – nur trat jetzt die Sowjetunion verstärkt in den Vordergrund, zu der Bahr seit Beginn der sechziger Jahre ähnliche Drähte wie zur SED gespannt hatte. Die russischen Kommunisten wurden von den Sozialdemokraten in dieser Zeit nicht nur für flexibler, sondern auch für bedeutender gehalten als die Führung in Ostberlin. Allerdings führte auch diese Geheimdiplomatie direkt zu einem Geheimdienst. Diesmal landete Bahr beim KGB – wie er nach der Wende eingestehen musste, als sein langjähriger »Betreuer« ein Buch über die Beteiligung des sowjetischen Nachrichtendiensts an der Bonner Ostpolitik veröffentlichte.[99] Bahrs Vorgehen wird durch ein Dokument vom September 1969 illustriert, das der einstige sowjetische Dissident Wladimir Bukowski im Moskauer Parteiarchiv fand und 1996 in seinem Buch *Abrechnung mit Moskau* veröffentlichte. Der damalige KGB-Chef Juri Andropow berichtet darin über ein Gespräch mit dem Direktor des Krupp-Konzerns, Arnim von Zedtwitz, der sich einige Monate zuvor auf Bitten Bahrs mit einem Verbindungsmann des KGB in den Niederlanden getroffen hatte. Bahr ließ der sowjetischen Führung – noch vor dem Machtwechsel in Bonn – durch von Zedtwitz mitteilen, die »vernünftigen« SPD-Politiker seien zu der Erkenntnis gekommen, dass in der Ostpolitik andere Wege beschritten werden müssten. Die offiziellen Kontakte hätten sich als wenig effektiv erwiesen, während Kontakte mit Vertretern der sowjetischen Botschaft nicht wünschenswert seien, weil diese »schwer auf inoffizielle Weise« durchzuführen seien. Man wolle deshalb »direkte und zuverlässige Verbindungskanäle« nach Moskau herstellen. Von Zedtwitz fügte seinerseits hinzu, dass die Sowjetunion seiner Meinung nach gegenüber der Bundesrepublik »nur in unzureichendem Maße den Außenhandel als Druckmittel zur Erreichung politischer Ziele« benutze, obwohl man auf diese Weise »dem Kokettieren westdeutscher Politiker« mit China entgegenwirken könne. Andropow verwies in seinem Bericht abschließend darauf, dass auch die Führung der CDU versuche, inoffizielle Kontakte mit einem Vertreter der sowjetischen Seite herzustellen, und bat um Zustimmung für eine Fortsetzung der Geheimgespräche.[100]

In den sowjetischen Geheimarchiven fand Bukowski auch die Hintergründe der Ausbürgerung des Literaturnobelpreisträgers und Dissidenten Alexander Solschenizyn heraus, die unter Mithilfe von Bahr und Brandt zustande kam.[101] Im Politbüro der KPdSU war man Anfang der siebziger Jahre unschlüssig, ob man dem weltberühmten Schriftsteller – wie anderen Oppositionellen – den Prozess machen sollte. Mehrfach schlug KGB-Chef Andropow deshalb vor, den Dissidenten zwangsweise auszubürgern, was allerdings voraussetzte, dass sich ein Land zu seiner Aufnahme bereit fand. In vertraulichen Vorgesprächen wurde deshalb im Februar 1974 – hinter dem Rücken des Betroffenen – mit Bahr und Brandt vereinbart, dass die Bundesrepublik den Schriftsteller aufnehmen würde. Am 7. Februar berichtete Andropow in einem persönlichen Schreiben an Breschnew, dass Bahrs nachrichtendienstlicher Kontaktmann, Wjatscheslaw Keworkow, noch am selben Tag zu Bahr fliegen werde, um die Einzelheiten auszuhandeln. »Es muss alles schnell gehen, weil – wie aus operativen Dokumenten zu ersehen ist – Solschenizyn allmählich unsere Absichten ahnt und mit einer Erklärung an die Öffentlichkeit treten könnte, die uns und Brandt in eine schwierige Lage versetzen würde.«[102] Drei Tage später wurde Solschenizyn von KGB-Offizieren gegen seinen Willen an Bord einer Aeroflot-Maschine gebracht, die ihn nach Frankfurt am Main brachte.

Der Draht der SPD nach Ostberlin lief erneut heiß, als die Sozialdemokraten im Oktober 1969 ins Kanzleramt einzogen und erstmals die reale Chance bestand, die geheimen Ostkontakte in zwischenstaatliche Politik umzuwandeln. Zwei Tage nach den Bundestagswahlen teilte Ellrodt der SED mit, Bahr und Spangenberg würden »die künftige Kontaktarbeit« von nun an gemeinsam betreiben.[103] Beide seien ermächtigt, von Berg eine offizielle und verbindliche Interpretation der Regierungserklärung für die SED-Spitze zu geben – »als ein erster Schritt zur möglichen Aufnahme weiterer Kontakte«. Anfragen oder Formulierungswünsche in Bezug auf die Regierungserklärung sollte die SED gegebenenfalls über Spangenberg an Bahr herantragen. Zudem würden Bahr und Ehmke voraussichtlich die Kontrolle über die westdeutschen Geheimdienste erlangen. »Sicherlich«, so von Berg in seinem Vermerk, »gebe es das eine oder andere Problem, was wir von unserer Seite dann Bahr oder Ehmke vortragen könnten.« Da man nicht wisse, wie lange es mit der vorgesehenen kleinen Koalition gut gehe, sollte man damit vielleicht nicht allzu lange warten. Für sich selbst erbat Ellrodt ein Dauervisum für die DDR, um am Grenzkontrollpunkt Zeit zu sparen, während von Berg seinen Führungsoffizier fragte, ob er gegenüber Ellrodt »wieder wie früher den familiären Umgang aktivieren« solle.[104]

Die SED dachte jedoch nicht daran, der SPD mit fliegenden Fahnen entgegenzulaufen. Die mit großer Emphase gestartete Bonner Regierung sah sich vielmehr rüde zurückgestoßen, weil die SED-Spitze Zeit brauchte, um ihr Verhältnis zu Bonn neu zu bestimmen. Statt des erhofften Visums erhielt Ellrodt ein Einreiseverbot, und auch von Berg, mit dem die SPD nunmehr offiziell zu verhandeln wünschte, wurde vom MfS an die kurze Leine genommen. Im November 1969 wurde der schwatzhafte Emissär vom Staatssicherheitsdienst schriftlich ermahnt, »in der operativen Bearbeitung der vorhandenen Kontakte größte Aufmerksamkeit und Vorsicht« walten zu lassen und keinen Anlass für politische Spekulationen im Westen zu geben. Jegliche Versuche zur »Provokation« gegenüber der SED oder der Sowjetunion sollten von ihm zurückgewiesen werden. Wegen seines geringen »nachrichtendienstlichen Geschicks« erteilte die Leitung sogar die Anweisung, seine Kontakte zu Spangenberg gänzlich einzufrieren.[105]

Die SPD ihrerseits beklagte sich in dieser Zeit darüber, dass das *Neue Deutschland* systematisch Äußerungen von Walter Scheel, Helmut Schmidt und anderen entstelle. Die DDR versuche nicht nur agitatorisch, sondern auch durch gezielte Desinformation der Sozialdemokraten die Regierung zu spalten. Diplomaten wie Geheimdienstler der Sowjetunion hätten sich als vertrauenswürdig erwiesen, nie aber die DDR-Vertreter, welche die SPD stets nur hätten herauslocken wollen und in Wirklichkeit mit der CDU gegen die SPD operieren würden. Man werde sich jedoch, so Ellrodt im November 1969 gegenüber von Berg, nicht länger »wie Dreck behandeln« lassen. Die Sozialdemokraten beschlossen deshalb, mit von Berg »keinen inoffiziellen Kontakt mehr zu halten« – ein Vorsatz, der freilich nicht lange befolgt werden sollte.[106]

Der Cramer-Kanal

Außer Ellrodt bemühten sich in dieser Zeit nämlich auch andere westliche Journalisten um vertrauliche Begegnungen mit dem roten Adligen, und die Stasi, immer auf der Suche nach Kandidaten für eine Anwerbung, gestattete die Kontakte zumeist. Neben Karl-Heinz Vater vom *Spiegel* gehörte vor allem der damalige Bonner Bürochef des RIAS, Dettmar Cramer, zu dieser Gruppe. Cramer unterhielt Verbindungen zu fast allen osteuropäischen Botschaften beziehungsweise Militärmissionen, wobei er es in den meisten Fällen mit Geheimdienstlern zu tun hatte. Mitte der sechziger Jahre berichtete der desertierte polnische Missionschef Tikoschinsky dem US-Geheimdienst, dass Cramer regelmäßig Kontakt zum für Geheimdienstfragen zuständigen Mann in der polnischen Militärmission gehabt hätte.[107] Auch der in Ostberlin lebende tschechoslowakische Germanist Miroslav Beck, der von 1953 bis 1970 als IM »Kröger« für den Sicherheitsdienst der ČSSR arbeitete und sich nach der sowjetischen Invasion in Prag zusätzlich dem MfS anbot, zählte zu den Kontakten des späteren Chefredakteurs des Deutschlandfunks.[108] Zuweilen gerierte sich Cramer in seinen Gesprächen fast als Vertreter sowjetischer Interessen, etwa wenn er, zusammen mit dem damaligen Redakteur des *Abends*, Jürgen Engert, gegenüber Beck »Gegenmaßnahmen« der DDR und der Sowjetunion gegen den Bundesparteitag der CDU 1968 in Westberlin für notwendig erachtete, weil sonst jene Kräfte ermuntert würden, die auch die Bundespräsidentenwahl in Berlin durchführen wollten – ein damals von SED und KPdSU heftig bekämpftes Unterfangen, da Westberlin in ihren Augen ein eigenständiges staatliches Gebilde war und nicht zur Bundesrepublik gehörte.[109]

Bei der Stasi wurde Cramer von der HVA-Abteilung X/3 registriert. In einem Auskunftsbericht vom Dezember 1966 wird er als »typischer Verfechter der Gesellschaftsordnung in der Bundesrepublik« bezeichnet, der jedoch für Entspannung in Deutschland sei und sich von den »kalten Kriegern« bei der *FAZ* distanziere.[110] Die HVA führte zu Cramer einen eigenen Vorgang, der nicht erhalten geblieben ist.[111] Eine nachrichtendienstliche Nutzung als IM konnte sie – jedenfalls nach ihren schriftlichen Bekundungen gegenüber den MfS-Kollegen von der »Abwehr« – nicht erreichen.[112] Sie war jedoch der Auffassung, dass »seitens der sowjetischen Sicherheitsorgane über Cramer entsprechende Informationen lanciert« würden. Außerdem überließ sie der »Abwehr« Ende der sechziger Jahre insgesamt zehn »Informationen« aus Gesprächen mit Cramer in den Jahren 1965 bis 1968, die höchstwahrscheinlich aus den Aufzeichnungen von Bergs stammten. So ist in der diesbezüglichen Auflistung von einer Information zum Dialog zwischen SED und SPD die Rede; unter demselben Datum und zum selben Thema findet sich auch ein Bericht in der Akte von Berg. Andere Informationen betreffen die Gründung eines neuen Pressekonzerns (Juli 1965) und »Hinweise zu Willy Brandt im Zusammenhang eines Essens, welches der norwegische Außenminister für Brandt gab«.[113] Obwohl Cramer Ende der sechziger Jahre wegen seiner intensiven DDR-Kontakte von der Spionageabwehr im MfS registriert und von dort ausgeforscht wurde, liefen die über das Presseamt der DDR abgedeckten Verbindungen zur HVA auch in der Folgezeit weiter.

Cramer, der 1960 in die Nachrichtenredaktion der *Frankfurter Allgemeinen Zeitung* eingetreten war, ab 1964 deren Westberliner Büro leitete und 1969 Korrespondent in Bonn wurde, galt im Westen als intimer Kenner des Ostens. Anders als bei Ellrodt war das Motiv für seine klandestinen Beziehungen zu den kommunistischen Diktaturen weniger ideologischer als pragmatischer Natur: Auf diese Weise erhielt er laufend Zugang zu exklusiven Informationen aus Ost und West und gewann seinerseits auf beiden Seiten an Bedeutung. Er selbst hielt sich einem Stasi-Bericht vom Juni 1970 zufolge für »einen der bestinformierten Bonner Journalisten«, zu dessen ständigen Gesprächspartnern Minister, hohe Beamte und Parteifunktionäre zählten.[114] Die Stasi wiederum wurde den Verdacht nicht los, sein Interesse am Osten könnte von einem westlichen Geheimdienst initiiert worden sein – ohne freilich irgendeinen Beweis dafür zu finden.

Geheimbotschaften von Egon Bahr

Wie Stehle wurde auch Cramer von Egon Bahr mehrfach mit Aufträgen in den Osten geschickt. Nach der Wahl des Sozialdemokraten Gustav Heinemann zum Bundespräsidenten sollte er zum Beispiel die vertrauliche Nachricht übermitteln, dass Heinemann und Brandt ein Glückwunschschreiben Ulbrichts erhofften – als Auftakt eines Dialogs, dessen Endziel eine offizielle Begegnung der beiden Staatsoberhäupter wäre. Heinemanns Dank für die Glückwünsche würde die CDU/CSU »zur Raserei bringen«, aber sie würde »absolut nichts« dagegen unternehmen können. »Der Konnex Heinemanns zum Genossen Walter Ulbricht«, so die von der Stasi aufgezeichnete Botschaft, »würde, käme er zunächst in Form des Glückwunschschreibens und der entsprechenden Antwort zustande, der SPD im Wahlkampf sehr zugute kommen.«[115] Zuvor hatte Cramer nach Stasi-Angaben bereits ein Anliegen des damaligen Justizministers Horst Ehmke vorgetragen, der den Wunsch geäußert habe, von der DDR »Belastungsmaterial über den Kiesinger-Intimus Todenhöfer zu erhalten«.[116]

Nur wenige Tage nach der gewonnenen Bundestagswahl vom 28. September 1969 erschien Cramer bei von Berg, um ihm auszurichten, dass er sich in den nächsten Wochen unbedingt bei Bahr melden müsse. Bahr würde wesentliche Teile der Regierungserklärung mit erarbeiten und wolle ihn im Vorhinein über einige Punkte informieren. Auch eine Einladung des Schriftstellers Günter Grass, der sich im Wahlkampf der SPD stark engagiert hatte, überbrachte er. Die Einladung war für von Berg vor allem deshalb interessant, weil sich Grass in seinen Reden über einige Mitarbeiter des Bonner Verteidigungsministeriums geäußert hatte und noch »mehr Material über diese Leute zu Hause liegen« habe. Schließlich berichtete Cramer von dem Meineidsverfahren gegen den abgewählten Bundeskanzler Kiesinger und erklärte, Bahr sei der Meinung, »dass man diesen Prozess unbedingt durchführen müsse, um die CDU, nachdem sie sich in der Opposition befinde, auch noch ihres führenden Mannes zu berauben und sie so ebenfalls noch entscheidend zu schwächen«.[117]

Am 26. Oktober 1969 trafen sich Bahr, von Berg und Cramer in Bahrs Privatwohnung in der Nähe von Bonn. Bahr verlangte, die Begegnung müsse »absolut geheim« bleiben; außer dem Bundeskanzler wisse kein Mensch in Bonn davon. Anschließend schilderte er die Atmosphäre im Bundeskanzleramt nach der Machtübernahme der Sozialdemokraten und erläuterte die geplante Regierungserklärung. Schließlich unterstrich er das Interesse der neuen Regierung an vertraulichen Verhandlungen und forderte – freilich vergeblich –, dass sich von Berg nunmehr ordentlich als Staatssekretär oder Sonderbotschafter legitimieren müsse.[118] Bereits am nächsten Tag konnte die HVA »Günthers« Bericht über das Treffen in ihrer Datenbank registrieren.[119] Da Bahr von Berg den Text der Regierungserklärung gleich mitgegeben hatte, lag sie dem Politbüro eher vor als den Mitgliedern des Bundestages. Das ungewöhnliche Gespräch brachte Bahr später in Bedrängnis, als es, entgegen der Absprache, bekannt wurde, weil von Berg sich gegenüber Ellrodt damit gebrüstet und dieser die Information aus Verärgerung über seinen zunehmenden Ausschluss aus den konspirativen Ost-West-Kontakten an die Westberliner *Spiegel*-Redaktion weitergegeben hatte. Bei dieser Gelegenheit warnte von Berg den Westberliner Journalisten übrigens vor dessen ostdeutschen Kontaktleuten Manfred Müller, Hans-Joachim Kittelmann und Edgar Oster, die allesamt MfS-Mitarbeiter seien. Was von Berg jedoch nicht wusste, war, dass auch im Westberliner *Spiegel*-Büro ein Stasi-Informant saß, der seine Warnung umgehend seinem eigenen Führungsoffizier berichtete: der *Spiegel*-Redakteur Dietrich Staritz (»Erich«).[120]

Der Draht über Cramer glühte vor allem in den siebziger Jahren. Für diesen Zeitraum sind mehr als zwei Dutzend Begegnungen mit dem IM ›Günther‹ dokumentiert. In einer Stasi-Analyse hieß es seinerzeit: »Eine sehr intensive Beziehung von Cramer besteht zu unserem IM ›Günther‹. Etwa in 3-Wochen-Abständen kommt es zu persönlichen Begegnungen zwischen den Partnern in der Hauptstadt der DDR.«[121] Das Spektrum der überlieferten Protokolle reicht von den Vorbereitungen des Brandt-Besuchs in Erfurt (März 1970) bis zum Plan der Bundesregierung, ostdeutsche LKW mit einer Abgabe zu belasten (März 1977). Den Unterlagen ist beispielsweise zu entnehmen, dass die Sozialdemokraten im Vorfeld der ersten deutsch-deutschen Spitzenbegegnung fieberhaft nach einer informellen Vorklärung suchten und dabei ganz auf den Cramer-Kanal setzten. Brandt persönlich ließ von Berg auf diesem Weg mitteilen, dass es »nur einen autorisierten Draht« zwischen dem Bundeskanzler und dem DDR-Ministerpräsidenten gebe, nämlich den über ihn. Doch obwohl Cramer mehrfach bei dem von der Stasi als »Stoph-Vertrauten« präsentierten IM »Günther« vorstellig wurde und Kanzleramtschef Ehmke ihn gegen jede Etikette viermal telefonisch um eine diskrete Zusammenkunft bat, verbot Stoph dem MfS-Mann, ein derart heikles Gespräch zu führen – und düpierte damit die Sozialdemokraten.[122]

Bei Stophs Gegenbesuch in Kassel im Mai 1970 unterrichtete Cramer seinen Vertrauten, der wie er selbst beim Abendessen mit Brandt zugegen war, erneut über Bonner Interna. Auch nach New York begleitete er den Bundeskanzler und berichtete anschließend nach Ostberlin, dass dieser US-Präsident Richard Nixon für einen »Show-Master« halte, dem die deutsch-deutsche Annäherung nicht geheuer sei.[123] Cramer informierte seinen Kontaktmann zudem über den Verlauf der Vertragsverhandlungen in Moskau und Warschau. Da er als Berichterstatter während der Gespräche zeitweise vor Ort weilte und das Vertrauen höchster Bonner Regierungskreise genoss, war er stets gut informiert. Brandt, so Cramer im September, habe mit Breschnew einen Fahrplan abgestimmt und rechne fest mit der Unterstützung der sowjetischen Seite. Die neuesten, im *Stern* veröffentlichten Angriffe auf die CSU-Politiker Franz Josef Strauß und Friedrich Zimmermann würden im übrigen auf Wehner zurückgehen.[124]

Kontakte in der Ära Schmidt

Auf Cramer griffen die Sozialdemokraten auch dann noch zurück, als über Wehner und den Honecker-Vertrauten Wolfgang Vogel längst ein besser funktionierender Kontakt zur SED-Spitze existierte und diplomatische Beziehungen bestanden. So wurde er zum Beispiel ins Kanzleramt gebeten, als die DDR im Dezember 1975, entgegen den deutsch-deutschen Abreden, den *Spiegel*-Korrespondenten Mettke auswies und die Bundesregierung damit in eine schwierige Lage brachte, zumal sich diese ungeachtet dessen kurz darauf mit der DDR auf die Erhöhung der an Ostberlin zu zahlenden Transitpauschale von 243 auf 400 Millionen DM einigte. Für Unruhe in der westdeutschen Öffentlichkeit sorgte insbesondere die vom *Spiegel* aufgedeckte Praxis der Zwangsadoptionen in der DDR, sodass in der Ende Januar 1976 anstehenden Debatte über den Bericht zur Lage der Nation Angriffe der Opposition erwartet wurden. Zwei Wochen vor der Aussprache im Bundestag bat Carl-Werner Sanne, rechte Hand des Kanzlers in deutschlandpolitischen Fragen, Cramer ins Bundeskanzleramt, um ihm mitzuteilen, dass Schmidt »gewisse Sorgen« habe, da man wieder »die Leier hören werde, dass den Kommunisten Vertragsbruch nachgesehen werde«. Sanne beauftragte Cramer deshalb, die »Erwägung« nach Ostberlin weiterzuleiten, dass die DDR Mettke »wenigstens einmal wieder bis Ende Januar einreisen lassen« solle. Dies solle jedoch vorher nicht publik werden, weshalb man sich vorstellen könne, dass die DDR einfach bei Mettke anrufe und ihn einlade. »Schmidt habe so die Möglichkeit eines wirksamen Gegenschlages und die Opposition falle wirksam auf die Nase.«[125]

Die SED ließ sich durch solcherart Avancen jedoch nicht zur Rücknahme der Ausweisung bewegen. Im Bundestag erklärte Regierungssprecher Klaus Bölling, der Bundesregierung seien die Hände gebunden und außer förmlichen Protesten keine Gegenmaßnahmen geplant. Tatsächlich war die Abteilung für Innere Angelegenheiten des Bundeskanzleramts schon im Dezember zu dem Ergebnis gekommen, dass außer einer förmlichen Note der Bundesregierung keine andere Maßnahme befürwortet werden könne – die entsprechende Vorlage für die Lagebesprechung im Kanzleramt lag auch der Stasi vor.[126] Ausdrücklich lehnte Bölling es ab, im Gegenzug einen DDR-Journalisten auszuweisen. Öffentlich zu annoncieren, was die Bundesregierung in dieser Sache sonst noch unternehme, hielt er für »unzweckmäßig« und »politisch verfehlt«.[127]

Cramer übermittelte aber nicht nur Auftragsinformationen. So berichtete er im Februar 1976 seinem Kontaktmann von Berg über ein Gespräch mit Ehmke, der gerade die Verantwortung für die Kontakte der SPD zu den westeuropäischen kommunistischen Parteien übernommen hatte. Durch eine geschickte Kontaktpolitik, so Cramer, habe die SPD ihren Einfluss auf bestimmte Personengruppen in den kommunistischen Parteien Spaniens, Frankreichs, Italiens, Jugoslawiens, Rumäniens, Ungarns und Polens erheblich verstärkt. Auch der Einfluss auf die sozialistischen Parteien Europas wachse an. Brandt wolle offizieller Chef einer »echten, sozialdemokratischen Internationale« werden, ein Wunsch, der noch im selben Jahr in Erfüllung ging. Und noch eine aufschlussreiche Nachricht brachte der westdeutsche Journalist mit: Der CDU-Politiker und spätere Bundespräsident Richard von Weizsäcker habe ihm im Zusammenhang mit der Abstimmung über die Ostverträge im Mai 1972 unter vier Augen verbittert gesagt, dass er leider zu alt sei, um noch die Partei zu wechseln. Ehmke, dem Cramer diese Äußerung ebenfalls hinterbracht hatte, sei »direkt elektrisiert« gewesen, weil von Weizsäcker einen todsicheren Listenplatz habe und ein Übertritt nach der Wahl für die SPD von großer Bedeutung sein könne. Von Weizsäcker und der CDU-Schatzmeister Walter Leisler Kiep seien unter großem Beifall der Fraktion in einem Film des Fernsehjournalisten Gerhard Konzelmann aufgefordert worden, ihre Ämter niederzulegen – nicht nur wegen ihrer Haltung zu den Polen-Verträgen, sondern auch, weil sie zu Jewgeni N. Ditschenko von der sowjetischen Botschaft, der als »KGB-Chef« in Bonn gelte, seit Jahren zu enge Beziehungen unterhielten. Zu guter Letzt mokierte sich Cramer noch über eine Reihe von SPD-Politikern, wie Spangenberg und Schütz, die er den MfS-Unterlagen zufolge unter anderem als »stinkfaul« bezeichnete.[128]

Im März 1976 berichtete Cramer der SED erneut über verschiedene Bonner Rankünen. Der FDP-Politiker Josef M. Gerwald habe ihm eröffnet, dass Genscher für 1978 oder 1980 einen Koalitionswechsel vorbereite. Schütz versuche, wieder seinen Staatssekretärsposten im Auswärtigen Amt zu erhalten. Der neue Chefredakteur des *Vorwärts*, Friedhelm Merz, wolle seinen Ostberliner Korrespondenten Walter Leo, den man verdächtige, für die DDR-Seite zu arbeiten, ersatzlos abziehen. Er, Cramer, solle nun statt seiner den Hauptteil der Berichterstattung übernehmen – ob von Berg bereit sei, ihn dabei zu unterstützen?[129] Tatsächlich beantragte Cramer im Juli 1976 im Namen des *Vorwärts* und einiger anderer Medien eine achttägige Reise durch die Weinbaugebiete der DDR. Die Stasi ihrerseits schlug vor, von Berg nach Brüssel zu schicken, um unter der Legende einer wissenschaftlichen Tätigkeit Informationen über die Europäische Gemeinschaft zu beschaffen und »intensiv die Anwerbung des D. Cramer« zu betreiben. Wegen der vorübergehenden Verhaftung von Bergs im Januar 1978 musste er jedoch zu Hause bleiben.[130]

Auch aus dem Jahr 1977 ist eine Reihe ausführlicher Cramer-Berichte überliefert: etwa über Helmut Schmidts Besuch bei US-Präsident Jimmy Carter, zu dem er den Bundeskanzler begleitet hatte, über die Bonner Verhandlungspositionen für die geplanten deutsch-deutschen Gespräche mit DDR-Staatssekretär Michael Kohl, über die Ansichten des neuen Berliner Regierenden Bürgermeisters Dietrich Stobbe, den Cramer bereits 1976 zu von Berg geführt hatte, und über die nächtlichen Zusammenkünfte des ehemaligen DDR-Wirtschaftspolitikers Fred Oelßner mit dem ZDF-Moderator Fritz Schenk in Jugoslawien, bei denen Oelßner die durch die Unfähigkeit der SED-Führung und den Druck der Russen entstandene ökonomische Situation der DDR beklagt habe.[131] Haarklein erfuhr die DDR überdies von der Verärgerung des Bundeskanzlers über die Äußerungen von Bonns Ständigem Vertreter in Ostberlin, Günter Gaus, der sich, ohne dazu autorisiert zu sein, in einem *Spiegel*-Interview dafür eingesetzt hatte, dass die Bundesrepublik der DDR in der Staatsbürgerschaftsfrage mehr entgegenkommt. Cramer kolportierte in diesem Zusammenhang eine vertrauliche Äußerung Helmut

Schmidts, der in einer Journalistenrunde den Beruf des Botschafters mit einem Computer verglichen hatte, in den man oben das Richtige eingebe, damit unten etwas Richtiges herauskomme. Auf den Zuruf: »Gilt das auch für Gaus?«, habe Schmidt lachend erklärt: »Der ist defekt. Bei einem Defekten kommt nie was Richtiges raus.«[132]

Dass Dettmar Cramer auch nach der Festnahme von Bergs eine interessante Informationsquelle blieb, zeigen Berichte der HVA, die in einer anderen Stasi-Akte erhalten geblieben sind. Cramer, der im Dezember 1981 zum Chefredakteur des RIAS avancierte, berichtete seinen Ostberliner Gesprächspartnern – wahrscheinlich Mitarbeiter des DDR-Außenministeriums und zugleich Informanten des Staatssicherheitsdiensts – regelmäßig über die innenpolitische Situation in der Bundesrepublik, über die er sich stets gut informiert zeigte. Manchmal lagen nur zwei oder drei Wochen zwischen den Treffs, bei denen in der Regel gleich ein Folgetermin vereinbart wurde. Anfangs dienten die Gespräche offenbar in erster Linie dazu, gute Beziehungen zu den Presseverantwortlichen der DDR herzustellen, mit dem üblichen vorauseilenden politischen Gehorsam. So entschuldigte Cramer im Mai 1983 auf Vorhaltungen seines Gesprächspartners die »falsche Diktion« in einem seiner *Vorwärts*-Artikel, in dem es um den Tod eines Bundesbürgers am Grenzübergang Drewitz ging, durch »flüchtiges Arbeiten« unter Zeitdruck. Zugleich bot er unaufgefordert an, einen aus der DDR geflüchteten früheren Mitarbeiter des DDR-Rundfunks »ab sofort« anderweitig einzusetzen, nachdem sich sein Gesprächspartner über wiederholte journalistische Einreiseanträge des Betreffenden beschwert hatte.[133]

Bald versorgte Cramer auch seine neuen Kontaktleute in Ostberlin immer häufiger mit Bonner Interna. So teilte er im November 1984 mit, im CDU-Parteivorstand herrsche erhebliche Unruhe über mögliche weitere unangenehme Veröffentlichungen im Zusammenhang mit der Flick-Affäre. Vor allem werde befürchtet, dass aus dem Untersuchungsausschuss des Bundestages erneut gezielte Indiskretionen gegen Bundeskanzler Kohl gerichtet werden sollten.[134] Da es der HVA nicht gelungen war, Cramer als Agent anzuwerben, fragte sich angesichts solcher Beredsamkeit nunmehr selbst die Stasi-

Spionageabwehr: »Welche Gegenleistungen werden für die durch Cramer übergebenen z. T. internen Informationen gegeben?«[135] Doch auch dem zuständigen MfS-Mitarbeiter gelang es nicht, Cramers Verbindungsgeflecht zum Stasi-Spionageapparat zu durchdringen.

Die Paulssen-Gespräche

Journalisten, die als vertrauliche Kanäle zur SED fungierten, gab es nicht nur bei den Sozialdemokraten. Auch im anderen politischen Lager existierten derartige Beziehungen, die jedoch bislang noch weitgehend im Dunkeln liegen. Insbesondere FDP-Politiker wie Hans-Dietrich Genscher, Karl Moersch sowie die Westberliner Liberalen Hans-Günter Hoppe und Hermann Oxfort suchten in den sechziger und siebziger Jahren nach einem Draht zur SED, ohne bei dieser auf allzu große Gegenliebe zu stoßen. Durch Akten dokumentiert sind die Versuche des FDP-Vorsitzenden Mende, über den Präsidenten der Bundesvereinigung Deutscher Arbeitgeberverbände (BDA), Hans Constantin Paulssen, ähnlich wie die SPD in den sechziger Jahren einen heimlichen Kontakt zur SED-Spitze aufzubauen. Mittler waren auch hier zwei Journalisten: der Leiter der BDA-Presseabteilung Werner Mühlbradt und sein Stellvertreter Will Riesenberg. Aus SED-Sicht handelte es sich bei beiden eigentlich um »Exponenten des westdeutschen Monopolkapitals«. Mühlbradt hatte 1961 laut Stasi-Informationen sogar für die rechtsextreme Deutsche Reichspartei kandidiert und wurde von seinen Gesprächspartnern in der DDR als »ein der CDU nahe stehender, extrem rechter Mann« charakterisiert. Später machte er beim ZDF als Wirtschaftsredakteur Karriere. Dies hinderte jedoch weder die SED noch ihn selbst, über den eloquenten ostdeutschen Pressefunktionär von Berg jahrelang freundschaftliche Beziehungen zueinander zu unterhalten.[136]

Im Hintergrund der vertraulichen Sondierungen stand der langjährige BDA-Präsident Paulssen, der als ehemaliger Wehrwirtschaftsführer und entschiedener Anhänger der Sozialpartnerschaft zwischen Arbeitgebern und Gewerkschaften bei der

SED eigentlich einen schlechten Leumund hatte. Paulssen wiederum stimmte sich mit dem FDP-Vorsitzenden und Vizekanzler Mende ab, der, so scheint es, zumindest zeitweise Bundeskanzler Erhard in die Gespräche einweihte. Auch der Berliner Korrespondent und stellvertretende Chefredakteur des *Spiegel*, Hans Dieter Jaene, ein Vorkämpfer der Anerkennungspolitik und in den siebziger Jahren Chefredakteur der Deutschen Welle, fungierte wiederholt als Nachrichtenüberbringer.[137] Wie dies genau vor sich ging, lässt sich den Stasi-Unterlagen nicht entnehmen, weil die Akten der dafür zuständigen HVA nicht mehr vorhanden sind.[138] Belegt ist nur, dass die Stasi schon in den fünfziger Jahren auf Jaene aufmerksam geworden war, nachdem er im *Spiegel* einen Artikel gegen die Kampfgruppe gegen Unmenschlichkeit (KgU) veröffentlicht hatte. Die Widerstandsorganisation hatte damals Strafanzeige gegen Jaene erstattet, weil sie eine politische Verfolgung der beteiligten Personen durch DDR-Behörden befürchtete – die internen Unterlagen über diesen Vorgang landeten allesamt in einer Stasi-Akte.[139]

Die ersten Signale an die SED sendete der BDA im März 1964 aus. Im Auftrag Paulssens fuhr Riesenberg zur Leipziger Messe und machte von Berg als Vertreter des staatlichen Presseamts erstaunliche Avancen: Die Arbeitgeberverbände würden eine Durchbrechung der starren, unbeweglichen Politik der Bonner Regierung befürworten. Sie seien gegen die Barzel-Gruppe in der CDU, für das Passierscheinabkommen »und letztendlich für die Konföderation«. Obgleich er die Hoffnung habe, dass die DDR beim Kampf in dieser Konföderation unterliege, wolle er mithelfen, die Vorurteile und den Antikommunismus in der Bundesrepublik abzubauen. Vom DDR-Einfluss verspreche er sich die »Beseitigung der extremen Auswüchse« in der Bundesrepublik. Der BDA-Präsident, der ihn zur Messe geschickt habe, denke über die deutschen Probleme wie er. Deshalb lasse er von Berg fragen, ob er bereit sei, nach Köln zu kommen, um mit ihm und einigen leitenden Mitarbeitern des BDA persönlich zu sprechen.[140]

Die SED reagierte positiv. Im Juni 1964 fuhr von Berg in die Domstadt und traf sich mit Riesenberg und dessen Vorgesetztem Werner Mühlbradt, um ein Gespräch zwischen Paulssen und dem stellvertretenden Außenhandelsminister der DDR, Gerhard Weiss, vorzubereiten. Thema sollte sein, wie man zur Annäherung und Entspannung zwischen beiden deutschen Staaten beitragen könne. Konkret sollte über eine Generalamnestie »auf beiden Seiten«, eine Kreditgewährung seitens der Bundesrepublik und die Beteiligung größerer Firmen an der Leipziger Messe gesprochen werden. Die Staatssicherheit interessierte insbesondere, ob Paulssen mit seiner Offerte im Auftrag von Bundeskanzler Erhard handelte. Im August 1964 war es dann soweit. Paulssen und seine Mitarbeiter kamen nach Ostberlin, um im DDR-Gästehaus »Johannishof« – streng vertraulich – mit Weiss und den Mitarbeitern von MfS und Presseamt, von Berg und Müller, zu verhandeln.

Paulssen betonte in dem Gespräch den privaten Charakter der Begegnung und wies auf die unbedingte Notwendigkeit der Diskretion hin. DDR-Minister Weiss, der auf der Grundlage einer Direktive argumentierte, führte aus, dass die Bundesregierung die »Realität der Existenz der DDR« anerkennen und daraus die notwendigen Schlussfolgerungen ziehen müsse, das heißt offiziellen Verhandlungen nicht mehr aus dem Weg gehen dürfe. Nur durch die Einnahme eines »realistischen Standpunktes« könnten Fragen wie die in den Vorgesprächen behandelten geregelt werden, wobei die Frage einer Amnestie niemals »Handelsobjekt« sein könne. Paulssen hielt dem entgegen, dass es ihm um Maßnahmen gehe, die in der Bundesrepublik eine solche Resonanz fänden, dass sich die Bundesregierung veranlasst sehen könnte, ihre bisherige Position aufzugeben und die Realitäten in Deutschland anzuerkennen. Mühlbradt, der im Verhandlungsprotokoll als die treibende Kraft des Gesprächs geschildert wird, ergänzte, dass es zum gegenwärtigen Zeitpunkt nur um Teillösungen gehen könne. Die vorgeschlagene Amnestie für alle politischen Vergehen, die ihren Ursprung in der gesamtdeutschen Problematik hätten, würde zweifellos eine so starke Resonanz auslösen, dass zwangsläufig weitere Schritte zur Verständigung folgen würden.[141]

Als Paulssen sich am Abend zurück zur Grenze fahren ließ, erklärte er, dass er mit dem Ergebnis des Gesprächs sehr zufrieden sei. Sein erster Weg würde ihn nach Bonn zu den maßgeblichen Herren der Regierung führen. Ausbeuter, so erklärte er von Berg, hasse er genauso wie dieser. Er sei jedenfalls keiner, denn er müsse hart arbeiten, ohne dabei prasserisch zu leben. Er hoffe, dass sich eines Tages in ganz Deutschland Formen des gesellschaftlichen Lebens wie in Schweden entwickeln würden. Sicherlich würden sich Kapitalismus und Sozialismus im Laufe der Zeit einander annähern und gegenseitig durchdringen.[142]

Schon für Ende August war eine neue Begegnung verabredet worden. Dazu sollten die westdeutschen Verhandlungsführer auf Verlangen der DDR eine Vollmacht mitbringen, die sie autorisierte, über die angestrebte Amnestie zu verhandeln. Tatsächlich ließ sich Paulssen von Mende mit der Führung des Gesprächs beauftragen, konnte aber – im Gegensatz zu Weiss – keine schriftliche Vollmacht vorweisen. Während Paulssen über eine Generalamnestie verhandeln wollte, drängte Weiss auf die Errichtung von Handels- oder Wirtschaftsmissionen der beiden deutschen Staaten im jeweils anderen Teil Deutschlands. Außerdem verlangte er die Aufhebung des KPD-Verbots. Paulssen erwiderte, die Annahme dieser Forderungen sei gegenwärtig völlig ausgeschlossen. Wenn die DDR-Regierung zustimme, könne man aber im September über die angeschnittenen Fragen weiterverhandeln.

Die DDR-Vertreter verständigten sich jedoch intern darauf, dass eine Fortsetzung des Gesprächs nur dann sinnvoll sei, wenn Paulssen eine schriftliche Vollmacht vorlegen könne, die ihn ermächtigte, im Namen der Bundesregierung zu verhandeln und entsprechende Dokumente zu unterschreiben. Außerdem müsse sich die DDR-Führung überlegen, ob sie tatsächlich über eine Generalamnestie verhandeln wolle, da eine Freilassung aller politischen Gefangenen in der DDR zu verstärkten Versuchen einer »inneren Aufweichung« führen würde, während in der Bundesrepublik lediglich eine »Belebung der patriotischen Tätigkeit« zu erwarten sei. Eine Generalamnestie könne nicht am Anfang einer Entspannung stehen, sondern sollte das Ergebnis echter politischer Veränderungen sein. Vorher müssten erst die Voraussetzungen dafür geschaffen werden, dass »feindliche Handlungen« gegen die DDR künftig unterblieben.[143]

Damit war das Ende der Gespräche beschlossen, bevor sie richtig begonnen hatten. Als Mühlbradt im September 1964 von Berg in dessen Wohnung aufsuchte, um über den Gegenbesuch in Westdeutschland zu sprechen, teilte dieser ihm mit, der Weg der Generalamnestie sei »nicht gangbar«. Zur Begründung führte er an, die DDR-Regierung könne »keine Notiz von irgendwelchen privat gehaltenen Vorschlägen« nehmen. Als Mühlbradt daraufhin bekräftigte, dass die Bundesregierung sehr wohl bereit sei, für einen ausgehandelten Kompromiss eine schriftliche Vollmacht zur Unterzeichnung zu erteilen, entgegnete von Berg, der ganze Amnestieansatz würde nicht weiterführen. Paulssen solle sich lieber eine Vollmacht für Themen wie die Schaffung von Handelsmissionen geben lassen, womit im Endergebnis dieselbe Hebelwirkung und Normalisierung erreicht würde. Von Berg stellte zudem eine Verschiebung des geplanten Gesprächs in Aussicht, damit die westdeutschen Vertreter Gelegenheit hätten, mit Bundeskanzler Erhard und Vizekanzler Mende zu sprechen. Mühlbradt zog daraus den Schluss, dass es, da aus der Generalamnestie offensichtlich nichts würde, wohl keine weiteren Verhandlungen zwischen Paulssen und Weiss geben werde. Dennoch sollte man, auch wenn jetzt die Gespräche abgebrochen würden, privat weiter Kontakt halten – eventuell ergäben sich eines Tages doch noch bessere Möglichkeiten.[144]

Nach diesem Besuch verhielten sich die DDR-Vertreter gegenüber ihren westdeutschen Gesprächspartnern wie spröde Jungfrauen: Mal zeigten sie eine gewisse Gesprächsbereitschaft, mal schalteten sie auf Abwehr. Die langwierige Geschichte der vertraulichen Sondierungen über die Möglichkeit neuerlicher Verhandlungen zwischen Paulssen und der SED zog sich mehr als drei Jahre hin. Vor allem Mühlbradt bemühte sich immer wieder um das Wohlwollen von Bergs. Dieser hatte jedoch anderes im Sinn, als er nach dem Erhalt eines freundlichen Briefs von Mühlbradt seinem Führungsoffizier im November 1964 vorschlug, den Kontakt wieder aufzunehmen. »Mir scheint«, mutmaßte er, »wir könnten über M. an [den persönlichen Referenten von Bundeskanzler Erhard] Hohmann herankommen« – eine Möglichkeit, um vielleicht doch noch offiziell mit der Bundesregierung ins Gespräch zu kommen.[145]

Nebendiplomatie der FDP

Initiiert wurden all diese Kontaktaufnahmen vom FDP-Vorsitzenden Mende. Ähnlich wie die Sozialdemokraten um Brandt und Bahr wollte auch er Zugeständnisse der SED als innenpolitischen Wahlschlager einsetzen. Hatten Paulssen und Mühlbradt zunächst eher den Eindruck erweckt, sie würden die Verhandlungen mit der SED auf eigene Faust führen, gab Riesenberg im Februar 1965 unumwunden zu, dass Mende hinter den Gesprächen stünde. Parallel zu diesem Kanal sondierten zwei Bundestagsabgeordnete der FDP im April 1965 beim damaligen Hauptabteilungsleiter im DDR-Handelsministerium, Heinz Behrendt, was die SED von Mendes Idee hielt, paritätisch besetzte gesamtdeutsche Kommissionen zu bilden. Laut Riesenberg verfolgte Mende mit den Gesprächen die Absicht, »unbedingt noch vor den Wahlen [im September] in irgendeiner Form bestimmte Ergebnisse zu erreichen«. Dabei legte er auf strengste Geheimhaltung Wert, da er, wie Riesenberg von Berg erklärte, »äußerst vorsichtig« operieren müsse. Im Gegensatz zum gescheiterten Verhandlungskonzept der Generalamnestie für politische Gefangene sollten nun neue Themen zur Debatte gestellt werden, wie die Einrichtung eines kleinen Grenzverkehrs, weitere Reiseerleichterungen und wirtschaftliche Vereinbarungen. Von Berg solle deshalb nach Köln kommen und die Tagesordnung für die Gespräche aushandeln, die von Paulssen, Mühlbradt und Riesenberg einerseits sowie Gerhard Weiss und von Berg andererseits geführt werden sollten.[146]

Die Stasi war zu diesem Zeitpunkt freilich bereits aus anderer Quelle über den heimlichen Kurswechsel der FDP informiert – und hatte selbst daran mitgewirkt. Zur Beeinflussung der FDP hatte sie schon Mitte der fünfziger Jahre den Nürnberger Fotokaufmann Hannsheinz Porst in die Partei eingeschleust, der von Spionagechef Wolf persönlich geführt und erst Ende der sechziger Jahre enttarnt wurde. Mit Geldern des MfS hatte sich Porst seinerzeit als großzügiger Mäzen in der FDP einen Namen gemacht und eine Duz-Freundschaft mit Mende geschlossen, den er über Jahre hinweg abschöpfte und beeinflusste.[147] Auch der Berliner FDP-Vorsitzende William Borm war ein Einflussagent des MfS, der den Erinnerungen Wolfs zufolge »sein politisches Agieren, zunächst innerhalb der West-Berliner FDP, dann auf seinem Weg in den Deutschen Bundestag« kontinuierlich mit dem HVA-Chef absprach.[148] Darüber hinaus hatte der Kölner Journalist Walter Barthel (»Kurt«) im März 1964 die Stasi informiert, dass »die Leute um Mende« mit Blick auf den Bundestagswahlkampf im nächsten Jahr entschlossen seien, ihre neue gesamtdeutsche Politik »bis zur faktischen Anerkennung der DDR hochzuspielen«. Um zu testen, ob dies bei den FDP-Wählern die erhoffte Wirkung zeigen werde, hätte man einige jüngere Journalisten damit beauftragt, »provozierende Artikel« zu schreiben, die auf der neuen Konzeption beruhten. »An der Reaktion der Öffentlichkeit wolle man prüfen, ob es sich die Partei leisten könne, diese Linie offiziell zu vertreten.«[149]

Wie Egon Bahr und seine journalistischen Emissäre war auch Erich Mende mit seinen heimlichen Angeboten an die DDR direkt beim Staatssicherheitsdienst gelandet. Nachdem die SED-Spitze Weiss zurückgepfiffen hatte, nutzte Markus Wolf die westdeutschen Avancen als Basis für nachrichtendienstliche Annäherungsversuche. Auch er war auf Geheimhaltung der Kontakte bedacht, zumal direkte politische Verhandlungen mit dem westdeutschen Kapitalistenchef schlecht ins offizielle Propagandabild passten. Die Unruhe war deshalb groß, als Klaus Ellrodt am 30. März 1965 meldete, der *Spiegel* habe von den Kontakten erfahren und wolle einen Artikel darüber bringen. Ellrodt wollte wissen, ob dadurch Schaden entstehe würde. In diesem Fall könne er mit Jaene sprechen, »um Einfluss zu nehmen«. Ansonsten könnte die DDR ja eventuell der SPD zuliebe noch etwas machen, um »Öl ins Feuer zu gießen«. Auch Spangenberg meine, für die SPD sei die Veröffentlichung ganz gut; notfalls könne man für den Wahlkampf »eine Bombe daraus machen«.[150] Einen Tag später teilte Ellrodt mit, Jaene habe vergeblich gegen die *Spiegel*-Veröffentlichung interveniert – das Nachrichtenmagazin könne aber nicht über Dinge schweigen, die anderswo schon »brühwarm« erzählt würden.[151]

Am 2. April 1965 wurde HVA-Chef Wolf von der bevorstehende Veröffentlichung informiert. Während von Berg sich eher um seine westdeutschen Gesprächspartner sorgte (»Sollten wir unsere Informanten der *Frankfurter Rundschau* ebenso wie die Leute vom Unternehmerverband informieren?«)[152], hegte Wolf offenbar die Befürchtung, der *Spiegel*-Bericht könnte negative Rückwirkungen für ihn und die SED haben. Er ordnete an, alle Materialien über die Vorgeschichte und den Verlauf des Paulssen-Gesprächs bereitzuhalten, um gegebenenfalls sofort reagieren zu können, indem man klarstellte, dass es die westdeutschen Wirtschaftskreise gewesen seien, die mit dem Ersuchen an die Regierung der DDR herangetreten wären, »über Probleme der Normalisierung der Beziehungen auf wirtschaftlichem Gebiet zu verhandeln«. Entsprechend der »Friedensdoktrin« der DDR habe man sich schließlich zu solchen Verhandlungen bereit gefunden. Die Häftlingsfrage, so Wolf, sollte aus dieser »Argumentation« allerdings ausgespart bleiben.[153]

Als der *Spiegel* am darauffolgenden Montag die Geheimverhandlungen publik machte, wurde MfS-intern die »Generallinie« ausgegeben, die Verbindung bis nach den Bundestagswahlen im September zu unterbrechen.[154] Riesenberg solle zu verstehen gegeben werden, dass offizielle Kontakte keinen Nutzen mehr hätten, inoffizielle Unterredungen aber jederzeit möglich seien.[155] Im Klartext: Für heimliche Verhandlungen mit dem Klassenfeind gab es kein grünes Licht mehr, wohl aber für nachrichtendienstliche Anbahnungen. Nach einem erneuten Gesprächsangebot Mühlbradts im Oktober 1965 bekräftigte Wolf diese Linie und wies seine konspirativen Kader an zu übermitteln, dass Gespräche zwecklos seien, wenn man nicht wisse, was dabei herauskommen solle, und worauf Bonn, das eine offizielle Annäherung an die sozialistischen Länder ablehne, hinaus wolle. Gespräche seien nur noch dann sinnvoll, wenn sie die Frage beträfen, wie man die westdeutsche Regierungspolitik ändern könne – »darüber kann u[nd] sollte man immer reden«.[156]

Dass die SED nach der *Spiegel*-Veröffentlichung ihren Gesprächspartnern die kalte Schulter zeigte, bekam insbesondere der inzwischen zum Ehrenpräsidenten ernannte Ex-BDA-Chef Paulssen zu spüren. Hatte DDR-Minister Weiss in den Gesprächen noch versprochen, ihm eine Reise durch Thüringen zu ermöglichen und ihn sogar persönlich zu begleiten, war davon nun keine Rede mehr. Obwohl von Bergs Stasi-Vorgesetzter, Rolf Wagenbreth, im Juli 1965 vorschlug, die Reise zu genehmigen, schrieb Mielke auf das Schreiben, mit dem er über den schriftlichen Antrag Paulssens informiert wurde, lapidar: »Zurückstellen«.[157] Als Mühlbradt das mit fadenscheinigen Argumenten begründete Reiseverbot für seinen Chef mitgeteilt wurde, äußerte er sich zum ersten Mal ungehalten.

Die westdeutschen Hobby-Verhandler blieben gleichwohl bei ihrer Linie. Im Januar 1966 erfuhr von Berg durch Riesenberg, dass Paulssen und Mühlbradt an der Fortsetzung der Gespräche mit der SED interessiert seien. Paulssen werde in Kürze mit Vizekanzler Mende sprechen und, wie von der DDR verlangt, die Schaffung von Handelsvertretungen vorschlagen, denn der Weg zur Konföderation führe nur über die Entwicklung der Wirtschaftsbeziehungen. Zudem sollte die Einreise von Bundesbürgern in die DDR erleichtert werden, wobei die Bundesbank eine Pauschale für die Straßenbenutzung an die DDR überweisen könne. Erst an dritter Stelle stand jetzt der Vorschlag einer »beiderseitigen Amnestie«.[158] Zwei Monate später erklärte Mühlbradt, dass Paulssen inzwischen mit Mende gesprochen hätte, und bekräftigte, dass sie die Fortsetzung der Gespräche wollten. Zusätzlich wollten sie auch Brandts Pläne für Berlin erörtern.[159] Im Mai 1966 wurde Mühlbradt ein weiteres Mal vorstellig und bat, Ministerpräsident Stoph zu übermitteln, dass Paulssen nunmehr einen offiziellen Sonderstatus erhalten solle, wozu Mende ihm, wie von der SED gefordert, eine schriftliche Vollmacht geben werde. Der Bogen der Gesprächsthemen sollte von der Aufwertung der DDR-Handelsbüros in Westdeutschland über technische Erleichterungen im Berlin-Verkehr bis zu innerdeutschen Flugverbindungen reichen. Paulssen und er seien nach wie vor für die Konföderation, denn der halbkoloniale Status Deutschlands sei beschämend. Auch Mende sei dieser Ansicht und bereit, den Vier-Mächte-Status Berlins »anzuknabbern«. Außerdem befürworteten der BDA und insbesondere Paulssen den zwischen SED und SPD vereinbarten Redneraustausch.[160]

Wenige Tage später kam es zu einer weiteren Begegnung zwischen von Berg und Mühlbradt, bei der dieser mitteilte, dass Paulssen von Mende beauftragt worden sei, neue Gespräche mit der DDR zu führen, und die Einrichtung einer ostdeutschen Handelsmission in Frankfurt am Main in Aussicht stellte. Als Gegenleistung erwartete man jetzt nur noch »rein technische Verbesserungen« bei der Abfertigung im Berlin-Verkehr. Mende sei bereit, Paulssen sofort eine schriftliche Vollmacht auszustellen, wenn es um die Unterzeichnung eines Verhandlungsergebnisses ginge. Zum Schluss berichtete Mühlbradt noch von der Verhaftung zweier Stasi-Agenten in seinem Umfeld; sie täten ihm leid, da sie von ihm alles qualifizierter und einfacher hätten erhalten können.[161]

Das ständige Drängeln der BDA-Vertreter brachte den Staatssicherheitsdienst in Zugzwang. Zwar wurde der Kontakt auf Anweisung von HVA-Chef Wolf nur noch inoffiziell gehalten, so dass man, wie er Mielke wissen ließ, »auf die Anfrage nicht unbedingt reagieren« müsse.[162] Doch im Juli 1966 bat der Leiter der HVA-Abteilung X, Wagenbreth, dringend um eine Entscheidung, wie man auf die ständigen Gesprächsangebote und Einreisewünsche reagieren solle. BDA-Ehrenpräsident Paulssen, inzwischen hochbetagt, wollte die Gespräche mit der SED während einer neuerlich erbetenen Thüringenreise im August wiederaufnehmen, am liebsten in der alten Zusammensetzung. Die von der DDR aufgeworfene Frage einer Legitimierung durch die Bonner Regierung war einem Schreiben Riesenbergs zufolge inzwischen im Sinne der DDR-Wünsche geklärt worden. Zugleich war Markus Wolf von Mühlbradts Absicht unterrichtet worden, im Juli zusammen mit Riesenberg eine Informationsfahrt durch die DDR unternehmen zu wollen.[163]

Erst im September 1966 kam es jedoch zu einer Begegnung zwischen von Berg und Mühlbradt, bei der letzterer einen ausgesprochen frustrierten Eindruck machte. Paulssen, so hieß es in einem anschließend angefertigten Stasi-Vermerk, sei »reichlich deprimiert« darüber, dass ihm die Einreise zum Besuch seiner Verwandten in der DDR wieder nicht gestattet worden sei. Zugleich bedauerte es der BDA, dass es zu keinem Gespräch mit einem Beauftragten der Ostberliner Regierung gekommen sei, obwohl man einseitig alle Forderungen der DDR-Seite erfüllt habe. Ziemlich erregt bemerkte Mühlbradt, man müsse es in Deutschland doch zumindest soweit bringen, dass die einfachsten Regeln formaler Höflichkeit respektiert würden. Dennoch hegten die westdeutschen Arbeitgebervertreter nach wie vor den Wunsch, die früheren Verhandlungen fortzusetzen. Als zusätzlichen Trumpf stellte man in Aussicht, dass Paulssen »sich dafür interessiere«, auf die Forderung Ulbrichts nach westdeutschen Krediten einzugehen.[164] Aber auch diese Offerte blieb ohne Wirkung – vielleicht, weil die SED inzwischen ganz auf Egon Bahr und die Sozialdemokraten setzte, die seit November 1966 das Außenministerium leiteten. Im April 1968 heftete die Stasi als letztes Schriftstück dieses Vorgangs ein Schreiben Mühlbradts ab, in dem dieser an den »lieben Herrn von Berg« über die vergeblichen Reisewünsche Paulssens abschließend schrieb: »Eine traurige Angelegenheit. Wir werden diesen Fall zu den Akten legen und uns jedenfalls auf diesem Wege nicht noch einmal bemühen; das ist dem alten Herrn nicht zuzumuten.«[165]

Das IM-Netz: Die Unterwanderung der westlichen Medien

Die Nachricht brachte selbst den hartgesottenen *Spiegel* ins Schlingern: Als im Dezember 1990 bekannt wurde, dass die Bundesanwaltschaft einen seiner führenden Redakteure verdächtigte, jahrelang für die Stasi gearbeitet zu haben, kam es im Hamburger Verlagshaus zu aufgeregten Reaktionen. Nachdem die schwerwiegenden Verdachtsmomente durch alle Medien gegangen waren und der Beschuldigte um seine sofortige Beurlaubung gebeten hatte, musste sich das Investigativorgan Nummer eins erstmals um einen Geheimdienstskandal im eigenen Haus kümmern. Ungläubig fragte sich das Magazin: »War ein leitender *Spiegel*-Redakteur zugleich ein Stasi-Spitzel?«[1]

Die Frage ist im Juni 1993 vom Oberlandesgericht Düsseldorf beantwortet worden. Der langjährige Militärexperte des *Spiegel* Diethelm Schröder, zuletzt einer der Leiter der politisch sensiblen Berlin-Redaktion, wurde wegen geheimdienstlicher Agententätigkeit für eine fremde Macht zu einer Bewährungsstrafe von einem Jahr und neun Monaten verurteilt. Außerdem hatte er die Verfahrenskosten in Höhe von 30 000 DM zu tragen.[2]

Bis dahin hatten sich nur wenige vorstellen können, dass renommierte westdeutsche Journalisten mit einem Jahresgehalt von 280 000 DM für den DDR-Staatssicherheitsdienst gearbeitet haben könnten. Der Betroffene selbst stritt bis zum Schluss alle Vorwürfe ab und versuchte sich in verdunkelnden Erklärungen. Der *Spiegel* hingegen war derart verunsichert, dass er, als der Fall bekannt wurde, seinen Lesern ausnahmsweise mehr zweifelnde Fragen als eingängige Antworten bot: »Wer wurde da beurlaubt – ein Täter oder ein

Opfer, ein Verräter oder ein Verratener? ... War der angebliche Top-Spion nur ein kleines Licht, ein Abschöpfungsagent – oder einfach Journalist? Andererseits: Kann der *Spiegel* den Fall niedrig hängen, bloß wenn – oder weil? – der womöglich im Hause *Spiegel* spielt? ... Gibt es zwei Wirklichkeiten für Stasi-Helfer und für Stasi-Geschädigte, da doch die Grenze zwischen Opfer und Täter ohnehin verschwimmt?«[3]

So undeutlich, wie der *Spiegel* meinte, war die Grenzlinie zwischen spionierenden Journalisten und Bespitzelten keineswegs. Im Fall Schröder lag sie sogar besonders klar zutage, denn er war wie in einem Agententhriller eigens aus der DDR in die Bundesrepublik eingeschleust worden. Und er war nicht der einzige Journalist, der sich als Stasi-Agent betätigte. Dutzende westdeutscher Redakteure fanden sich bereit, mit dem Staatssicherheitsdienst zusammenzuarbeiten oder ausgesprochen fragwürdige Kontakte in die DDR zu pflegen.

Aus Sicht der Stasi war der Beruf des Journalisten für geheimdienstliche Operationen ein besonders guter Ausgangspunkt: Zielgerichtete Kontaktsuche, neugierige Fragen, Interesse an vertraulichen Dokumenten – all dies lässt sich unter dem Deckmantel der Berufsausübung hervorragend kaschieren. Nicht umsonst schenkte Mielke den Journalisten bei der »Schaffung neuer Positionen in feindlichen Zentren und Territorien« – also der Suche nach zusätzlichen Agenten im Westen – besondere Aufmerksamkeit.[4] Hinzu kam, dass Journalisten in einem demokratischen System vor allem auf Politiker so anziehend wirken wie Kerzenschein auf nächtliche Insekten – je bedeutender das Medium, das sie vertreten, desto stärker. Genau in dieses Geflecht von vertraulichen Kontakten zwischen Medien und Politik drang die Stasi mit Hilfe ihrer Inoffiziellen Mitarbeiter und Kontaktpersonen ein, um systematisch Informationen zu gewinnen. Darüber hinaus eigneten sich Journalisten hervorragend für die verdeckte politische Beeinflussung der Öffentlichkeit, ohne dass die SED als Urheber sichtbar wurde.

Die Arbeit der Desinformationsabteilung

Zuständig für den westdeutschen Journalismus waren beim Staatssicherheitsdienst vor allem drei Diensteinheiten: die für Desinformation und »aktive Maßnahmen« verantwortliche HVA-Abteilung X, die mit der Überwachung von Korrespondenten befaßte Hauptabteilung II/13 und, vor allem in der Anfangszeit, die bereits erwähnte Abteilung Agitation. Namentlich die 1966 aus einem Sonderreferat hervorgegangene und zeit ihrer Existenz von Rolf Wagenbreth geleitete Desinformationsabteilung (HVA/X), die für die Ausforschung westdeutscher Medien und deren unsichtbare propagandistische Nutzung zuständig war, fungierte als Schaltstelle.

Nimmt man zum Beispiel die von Erich Mielke 1985 herausgegebene schwarze Liste mit den so genannten feindlichen Stellen und Kräften in der Bundesrepublik, stellt man rasch fest, dass die HVA/X für die meisten der dort aufgeführten Redaktionen und Verlage zuständig war: die Ostredaktion des ARD-Fernsehens, den Springer Verlag, die Deutsche Welle, den Deutschlandfunk, den Sender Freies Berlin, den Heinrich Bauer Verlag, den *Stern* und, nach einem Wechsel in der Verantwortlichkeit, auch für die linksalternative *taz*.[5] Merkwürdigerweise fehlt der *Spiegel* in dieser Liste, obwohl er nach Auffassung des MfS im »System der Feindtätigkeit gegen die DDR« eine zentrale Rolle spielte und 1978 sogar sein Büro in Ostberlin schließen musste.[6] Zusätzlich hatte die Abteilung einen Generalauftrag für die Ausforschung der westdeutschen Medien, also des Großteils der Zeitungs-, Fernseh- und Rundfunkredaktionen.

Im Gegensatz zu anderen Einheiten des Spionageapparats verfolgten die etwa sechzig hauptamtlichen Mitarbeiter der HVA/X, zu denen auch eine Reihe von Offizieren im besonderen Einsatz und hauptamtlichen IM zählte, einen überwiegend offensiven Kampfauftrag: Die Abteilung sollte weniger Informationen beschaffen, als vielmehr durch IM, Kontaktpersonen und so genannte aktive Maßnahmen das politische Klima in der Bundesrepublik zugunsten der SED beeinflussen. Zur Umsetzung dieses Ziels bemühte sich die Abteilung, im Westen vor allem Journalisten und Publizisten, aber auch

Einflusspersonen in Parteien und Bewegungen anzusprechen und nach Möglichkeit als IM anzuwerben.

Aufgrund der ausgedünnten Aktenlage ist es bis heute nicht möglich, das IM-Netz der Desinformationsabteilung vollständig zu rekonstruieren. Die vom Verfassungsschutz beim CIA angefertigten Karteiabschriften über den im Dezember 1988 aktiven Agentenbestand der HVA in Westdeutschland haben die Bundesanwaltschaft in den neunziger Jahren jedoch in die Lage versetzt, eine Reihe von Ermittlungsverfahren gegen bundesdeutsche Journalisten einzuleiten, von denen die meisten freilich wieder eingestellt wurden. Außerdem entstand eine umfangreiche, auf Vernehmungen und Akten beruhende Anklageschrift gegen den Leiter der Abteilung, Wagenbreth, und einige seiner engsten Mitarbeiter. Doch auch diese führte nicht zu einer Verurteilung, weil das Bundesverfassungsgericht 1995 entschied, dass vom Boden der DDR aus unternommene Spionage nicht bestraft werden könne.[7]

Laut einer wegen der eingangs skizzierten Geheimhaltungspolitik bislang nicht nachprüfbaren statistischen Auswertung der vom Verfassungsschutz angefertigten Karteiabschriften über westdeutsche Agenten sollen Ende 1988 zweiundsechzig Bundesbürger als IM bei der HVA/X registriert gewesen sein. Von diesen galten siebzehn als O-Quellen, das heißt, sie waren in einem von der Stasi ausspionierten »Objekt« tätig, während fünfzehn IM ihre Informationen durch Abschöpfung von Gesprächspartnern beschafften. Darüber hinaus führte die Abteilung dreiunddreißig Bundesbürger als Kontaktpersonen, denen der nachrichtendienstliche Hintergrund ihrer Gesprächspartner in der Regel nicht bekannt war. Sechzehn Personen waren als so genannte IM mit besonderen Aufgaben erfasst, der Stasi-Bezeichnung für Einflussagenten.[8]

Tatsächlich war das IM-Netz der Abteilung jedoch bedeutend größer. Zu ihm gehörten nicht nur Bundesbürger, sondern auch zahlreiche Ostdeutsche, die als Instrukteure in den Westen reisten, Manuskripte verfassten oder mit der Betreuung westlicher Journalisten befasst waren. Durch die Rekonstruktion einer Teildatenbank der HVA in der Berliner Stasi-

Akten-Behörde ist dieses Netz inzwischen bis in ihre Anfänge hinein bloßzulegen, allerdings nur in Form von Decknamen. Wer sich hinter den zahlreichen Tarnbezeichnungen verbarg, ist bis heute in der Mehrheit der Fälle nicht zu entschlüsseln. Im letzten Jahr der DDR besaß die Desinformationsabteilung danach 367 IM, in den beiden Jahren zuvor waren es sogar 380 gewesen, ohne dass zu erkennen ist, wer von diesen aus dem Westen und wer aus dem Osten stammte. Da ständig neue Personen hinzukamen und andere ausgemustert wurden, war die Gesamtzahl derer, die für die Abteilung tätig waren, noch größer. Im Laufe der Jahre sind von den Desinformationsspezialisten der Stasi knapp 700 IM-Vorgänge angelegt worden. Hinzu kamen 53 Offiziere im besonderen Einsatz, 19 so genannte Residenturen sowie eine schwer zu quantifizierende Zahl von Kontaktpersonen.[9]

Von den zuletzt aktiven IM der Abteilung in der Bundesrepublik ist bislang nur ein gutes Dutzend Agenten namentlich bekannt geworden: der NDR-Journalist und ehemalige schleswig-holsteinische SPD-Sprecher Bernd Michels (»Bernhard«),[10] der *Bild*-Redakteur Holger Oehrens (»Alf«),[11] der frühere Redaktionsleiter »Politik« des Deutschlandfunks Gerhard Fleischle (»Alpha«),[12] der langjährige Personalratsvorsitzende des Deutschlandfunks Erhard Barunke (»Karl Herbst«),[13] der Journalist und ehemalige Vorsitzende des Bundes der Steuerzahler in Berlin Felix-Erik Laue (»Luft«),[14] die Wissenschaftler Wolfgang Fischer (»Heinrich Heine«) und Rudolf Brocke (»Thomas Müntzer«),[15] der Journalist und Diplomat Rainer Müller (»Siggi«)[16] sowie der Direktor der Kölner Journalistenschule, Heinz Stuckmann (»Dietrich«).[17] Den Ermittlungen der Bundesanwaltschaft zufolge waren zudem der Herausgeber des Kölner Anti-Geheimdienst-Blattes *Geheim*, Michael Opperskalski (»Abraham«), die Herausgeberin der in Westberlin erscheinenden Zeitung *Incontri*, Evalouise Panzer-Tamponi, der Redakteur der Deutschen Welle Herbert Siegmar Kloss (»Siegbert«) und der in Bayern lebende Publizist Kurt Hirsch (»Helm«) für die HVA/X tätig;[18] hinter der Quelle »Letter« vermutete man den ehemaligen SPD-Bundestagsabgeordneten Dieter Lattmann.[19] Darüber hinaus wurden der Journalist (»Schwager«),[20] der für den SPD-nahen Pressedienst *ppp* tätig war, und ein weiterer Vertreter seiner Profession namens [geschwärzt] (»Gemse«) über Jahre hinweg als IM der Abteilung geführt.[21] Ehemaligen MfS-Mitarbeitern zufolge war auch der Verleger und Buchautor Hans Frederik (»Fredy«) als Einflussagent für die HVA/X tätig.[22]

Aus früheren Jahren wurden weitere Fälle bekannt: Von 1968 bis 1971 wurde der Schriftsteller Günter Wallraff für die Abteilung als IM »Wagner« geführt; den entsprechenden Auskunftsbericht der Stasi dementierte er nach der Wende.[23] In den siebziger Jahren arbeitete sie eng mit dem Chefredakteur des *Berliner Extra-Diensts*, Carl Guggomos, zusammen, der als IM »Gustav« operiert haben soll.[24] Der 1975 in die DDR zurückgezogene Kölner Journalist Rudolf Schelkmann (»Karstedt«), der 1992 verstorben ist, gab im Auftrag des MfS zur Beeinflussung der FDP Ende der sechziger Jahre den Pressedienst *X-Information* heraus.[25] Zehn Jahre später wurde der Stabsoffizier für Psychologische Verteidigung beim Münchener Wehrbereichskommando VI, Wilhelm Reichenbach (»Admiral«), wegen Spionage für die HVA/X zu sechs Jahren Gefängnis verurteilt. Seinem Instrukteur aus der DDR, Jürgen Hartmann (»Schneider«), hatte Reichenbach auch den Publizisten Helmut Bärwald zugeführt, dem vorgegaukelt wurde, seine vertraulichen Unterlagen seien für ein US-amerikanisches Institut bestimmt.[26] Für die Abteilung arbeitete außerdem der Hamburger Kaufmann Dieter Vogel (»A. Horn«), der sich 1978 im Auftrag der CIA ins Blickfeld der HVA gebracht hatte und nach seiner Enttarnung während der Haft in der DDR vermutlich ermordet wurde.[27]

Darüber hinaus arbeiteten der Abteilung zahlreiche IM aus Ostdeutschland zu. Zur Abschöpfung und Anwerbung westdeutscher Journalisten verfügte sie in einschlägigen DDR-Institutionen über ein dichtes IM-Netz. Der Leiter der Westabteilung im Presseamt der DDR, Hermann von Berg, war, wie erwähnt, als IM »Günther« jahrelang für die Desinformationsabteilung tätig.[28] Sein Kollege Manfred Müller (»Wiese«) arbeitete sogar hauptamtlich für die Stasi und war beispielsweise in der Lage, aus der *Spiegel*-Redaktion die streng geschützte Quelle der spektakulären Veröffentlichungen zum

Neue-Heimat-Skandal in Erfahrung zu bringen: Seinem Bericht zufolge hatte der ehemalige Direktor für Öffentlichkeitsarbeit bei der Neuen Heimat, Siegfried Mehnert, dem *Spiegel* das Material verkauft.[29] Hauptamtlicher MfS-Offizier im besonderen Einsatz war auch der stellvertretende Leiter des Presseamts, Herbert Bertsch (»Korff«), der später stellvertretender Direktor des Instituts für Internationale Politik und Wirtschaft der DDR (IPW) wurde und zahllose Gesprächspartner aus dem Westen traf.[30] Im DDR-Journalistenverband wirkte unter anderen Hans-Joachim Kittelmann als IM »Christian« für die HVA/X.[31] Im Ostberliner Internationalen Pressezentrum waren dessen Direktor, Fred Müller, sein Stellvertreter, Herbert Schreiber, der Leiter des Bereichs Gast- und Reisekorrespondenten, Günter Wehmann, dessen Stellvertreter Dieter Böhme sowie die Mitarbeiter Kutsche und Krause als langjährige IM oder OibE in der »operativen Kontaktarbeit mit ausländischen Journalisten« eingesetzt.[32] Im Auslandspressedienst *Panorama DDR* arbeiteten der Leiter der Reisestelle, Baldur Gundermann, und ein weiterer Mitarbeiter namens Boetzel als IM. Das für die Betreuung westlicher Journalisten zuständige Reisebüro wurde vom OibE Edgar Oster geleitet, der in Wirklichkeit Edgar Schneider hieß und bis Anfang der sechziger Jahre nachrichtendienstlich in der Bundesrepublik eingesetzt war. In der so genannten »Dokumentationsstelle« des DDR-Innenministeriums, von der ausländische Journalisten Belastungsmaterial aus der Nazi-Zeit über westdeutsche Politiker und Staatsbeamte bekamen, arbeiteten der stellvertretende Leiter Kurt Stumpf, dessen Nachfolger Ludwig Nestler sowie eine Reihe weiterer Mitarbeiter als IM beziehungsweise OibE.[33] Das für die Nutzung der »legalen Dächer« – wie die Stasi derartige Einrichtungen nannte – zuständige Spezialreferat führte zuletzt die noch unentschlüsselten Quellen »Brechtel«, »Romulus« und »Student« sowie den Chefredakteur der Zeitschrift *Konkret*, Hermann L. Gremliza als »Spieler«; das Ermittlungsverfahren gegen ihn wegen des Verdachts auf Spionage wurde 1996 mangels Beweisen eingestellt.[34] Alles in allem war die Stasi überall dort, wo sich westdeutsche Journalisten an die DDR wandten, massiv präsent.

DDR-Bürger wurden zudem als Instrukteure eingesetzt, die regelmäßig zu bestimmten West-Agenten fuhren, um Berichte entgegenzunehmen oder Aufträge zu erteilen. Zu ihnen gehörten beispielsweise der erwähnte ehemalige Chefredakteur bei der DEFA, Jürgen Hartmann, der Leipziger Parteienforscher Wolfgang Fischer, der Ostberliner Professor Gerhard Huber von der Akademie der Wissenschaften, der Mitarbeiter der Abteilung Journalistenreisen beim Reisebüro der DDR, Lutz Beuchler, und der Redaktionsleiter der in Leipzig erscheinenden CDU-Zeitung *Die Union*, Klaus-Peter Bigalke.[35] Darüber hinaus wurden ostdeutsche Autoren wie der Schriftsteller Karl-Georg Egel (»Engel«) mit der Abfassung von Manuskripten beauftragt, die im Rahmen der »operativen Agitation« in den Westen lanciert oder in der DDR veröffentlicht wurden, ohne dass die Urheberschaft der Stasi sichtbar wurde. Häufig handelte es sich um zurückgeholte Agenten, die sich für die Nachahmung des westlichen Sprachgebrauchs besonders eigneten. Egel hatte beispielsweise nach dem Krieg als Journalist beim NWDR in Köln und beim Bayerischen Rundfunk gearbeitet, wo er zuletzt die Zeitfunk-Redaktion leitete. Als Agent des sowjetischen militärischen Nachrichtendiensts GRU setzte er sich 1948 mit seiner Sekretärin nach Ostdeutschland ab, um einer drohenden Verhaftung zu entgehen. Auch der in die DDR zurückgeholte ehemalige *Spiegel*-Mitarbeiter und Referent der liberalen Friedrich-Naumann-Stiftung, Herbert Adolf Willner,[36] sowie der erwähnte Journalist Rudolf Schelkmann (»Karstedt«)[37] wurden für derartige Aufgaben eingesetzt.

Gelang es der Abteilung, zu westdeutschen Journalisten oder Politikern einen festen Kontakt aufzubauen, über den sie regelmäßig Informationen erhielt oder bestimmte politische Prozesse fördern konnte, ohne dass diesen der nachrichtendienstliche Hintergrund bekannt war, wurden diese in der Regel als Kontaktpersonen geführt. Zu ihnen zählten beispielsweise der stellvertretende SPD-Fraktionsvorsitzende im nordrhein-westfälischen Landtag, Manfred Dammeyer (»Polo«), sowie der Fraktionschef Friedhelm Farthmann (»Glücksmann«).[38] Auch die früheren *Stern*-Redakteure Thomas Walde (»Kiefer«)[39] und Gerd Heidemann (»Rose«)[40], der ehemalige Pressesprecher und Referent des SPD-Politikers Björn Engholm, Klaus Nilius (»Alster«)[41], sowie der Journalist Wolfgang Schwarzenberger (»Biener«)[42] wurden als KP geführt. Den stellvertretenden *Quick*-Chefredakteur Martin Virchow (»Markus«) und einen Redakteur der *Frankfurter Rundschau* (»Toni«) registrierte man als Kontaktpersonen in so genannten Sicherungsvorgängen[43] und den 1975 aus der DDR ausgewiesenen Ostberliner *Spiegel*-Korrespondenten Jörg-Rainer Mettke (»Zwerg«) im Vorgang des erwähnten VDJ-Funktionärs Kittelmann (»Christian«), weil dieser ihn 1983 gezielt abschöpfen sollte.[44] Der Vorsitzende des Verbandes deutscher Schriftsteller (VS) in der IG Druck und Papier, Bernt Engelmann, zu dem die Abteilung laufend Kontakt hielt, war laut Bundesanwaltschaft unter dem Decknamen »Albers« als »Operative Personenkontrolle« registriert.[45]

Agenten anderer Diensteinheiten

Neben der HVA/X war vor allem die Hauptabteilung II/13 mit der Bearbeitung westdeutscher Journalisten befasst. Während erstere vor allem einschlägige Kontakte für die Stasi »aufklärungsmäßig« nutzbar machen sollte, hatte letztere, wie dargestellt, gleichsam das Gegenteil zu tun, nämlich Journalisten, die aus der DDR berichten wollten, »abwehrmäßig« zu überwachen und etwaige »staatsgefährdende« Aktivitäten zu unterbinden. Von den als »feindlich« eingestuften Medien hatte die Abteilung darüber hinaus das Informationsbüro West, die West-Ost-Nachrichtenagentur (WONA) und die für Ost- und Außenpolitik verantwortliche Abteilung Politik I des RIAS auszuforschen.[46] Die 1976 im Zuge der ständigen Akkreditierung westdeutscher Korrespondenten in der DDR gebildete Diensteinheit verfügte 1989 über einundvierzig hauptamtliche Mitarbeiter und weitere vierundzwanzig freie Planstellen.[47]

Ebenso wie die Desinformationsabteilung besaß auch die Hauptabteilung II/13 ein engmaschiges Netz aus IM und OibE, die insbesondere im IPZ, im Außenministerium, im

Auslandspressedienst und ähnlichen Einrichtungen eingesetzt waren. Bei der Gründung des so genannten Hauses der internationalen Presse wurden den Unterlagen zufolge von vornherein zahlreiche Stellen mit Stasi-Informanten besetzt: Chef vom Dienst (zwei Stellen), Chefsekretärin (eine Stelle), Einlass- und Informationsdienst (sechs Stellen), politischer Bereich (acht Stellen), Verwaltungsbereich (zwei Stellen), Gaststättenleiter (eine Stelle), Oberkellner (zwei Stellen), Kellner (drei Stellen) sowie ein Objektleiter, ein Techniker und ein Elektromeister. Ferner war im Jahresplan für 1977 vorgesehen, die Stellen des Sicherheitsbeauftragten, des Verwaltungsdirektors, des Elektroakustikers, der Chefsekretärin, des Einlassleiters, des Schichtleiters sowie der Mitarbeiter des politischen Bereichs und der Dokumentation durch OibE, das heißt getarnte hauptamtliche Stasi-Mitarbeiter zu besetzen.[48] So arbeitete etwa der Arbeitsgruppenleiter »Elektronische Medien« und Parteisekretär im IPZ, Werner Müller, als OibE »Werner« für die Hauptabteilung II/13.

Daneben waren auch DDR-Journalisten wie der Redakteur Gerd Pfau (»Erich«) für sie tätig. Dieser war ursprünglich von der Kirchenabteilung der Stasi angeworben worden und forschte in den sechziger Jahren unter anderem Tagungen der Evangelischen Akademie Bad Boll aus.[49] In Westberliner Medieneinrichtungen operierten für die Abteilung der aus der DDR übergesiedelte Fernsehjournalist Karl(-Heinz) Kaiser (»Alexander Prinz«)[50], der Volkshochschuldozent und freie Journalist Hans-Joachim Adomatis (»Hansen«) sowie die IM »Martina« und »Sayed«. Außerdem wurden für die Ausforschung westlicher Journalisten ein in Westberlin lebender Handelsvertreter (»Marti«) sowie drei arabische Korrespondenten (»André«, »Anton« und »Michel«) eingesetzt.[51]

Neben den Spezialabteilungen HVA/X und HA II/13 warben auch andere Stasi-Diensteinheiten westdeutsche Journalisten an – meistens in den von ihnen vorrangig auszuforschenden Bereichen. Die für den internationalen Terrorismus zuständige Hauptabteilung XXII führte beispielsweise die *taz*-Mitarbeiter Brigitte Heinrich (»Beate Schäfer«)[52] und Till Meyer (»Willi Waldoff«).[53] Die Arbeitsgruppe Ausländer der Hauptabteilung II schickte die DDR-Bürgerin Ariane

Mousa-Beygang (»Inge«) in den Westen, wo sie als freie Journalistin unter anderem den Hessischen Rundfunk ausforschte.[54] Für die Hauptabteilung XX/5, die für die Verfolgung von westlichen »Feindorganisationen« verantwortlich war, arbeiteten unter anderem der Pressesprecher der Universität Bremen, Wolfgang Schmitz (»Peter Lothringer«),[55] sowie – in den sechziger Jahren – der Korrespondent des *Kölner Stadtanzeigers* Walter Barthel (»Kurt«)[56] und der *Spiegel*-Journalist Dietrich Staritz (»Erich«).[57] Ende der fünfziger Jahre lenkte sie den ebenfalls in linken Kreisen agierenden Westberliner Journalisten Michael »Pit« Gromnica (»Heinz Karow«), der Redakteur der *Jungen Gemeinschaft* und Autor der SPD-Parteizeitungen *Berliner Stimme* und *Vorwärts* war – bis er 1961 überraschend in die DDR zurückgezogen wurde.[58] Die Kirchenabteilung der Stasi unterhielt unter anderem in den späten sechziger Jahren Kontakt zu einem Kirchenfunkredakteur des SFB (»Doktor«)[59] und setzte jahrzehntelang den Chefredakteur der DDR-offiziellen Katholikenzeitschrift *Begegnung*, Hubertus Guske (»Hubert«), zur Bespitzelung katholischer Würdenträger ein.[60]

Für die mit der Ausforschung der westdeutschen Parteien und Verbände befasste HVA-Abteilung II arbeiteten unter anderem der Journalist und Bonner SPD-Chef Rudolf Maerker (»Max«)[61], der Vorsitzende der Berliner Pressekonferenz und Studioleiter der Deutschen Welle, Karl-Heinz Maier (»Komet«),[62] sowie der zeitweilige Rom-Korrespondent der Katholischen Nachrichtenagentur (KNA), Alfons Waschbüsch (»Antonius«).[63] Die für den bundesdeutschen Regierungsapparat zuständige HVA-Abteilung I führte einen Kasseler Journalisten unter dem Decknamen »Marabu« als so genannten Übersiedlungs- und Führungs-IM; der ehemalige Lektor des ostdeutschen Akademieverlags war 1982 »illegal« von der DDR in die Bundesrepublik gewechselt.[64] Dieselbe Abteilung steuerte auch den *Spiegel*-Redakteur Diethelm Schröder (»Schrammel«).[65] Eine weitere HVA-Abteilung, verantwortlich für die Ausforschung der westlichen Geheimdienste (HVA/IX), lenkte den EDV-Spezialisten des ZDF Klaus-Jürgen Zuber (»Falke«).[66] Die für Europa und die NATO zuständige Abteilung XII der HVA führte den norwegischen Journalisten Stein Viksveen (»Lanze«), der unter anderem für den Deutschlandfunk tätig war und bereits 1962 als IM registriert wurde.[67] Seit Anfang der achtziger Jahre führte die HVA zudem die Journalistin und ehemalige Funktionärin des DDR-freundlichen Sozialistischen Hochschulbundes (SHB) [geschwärzt], als Inoffizielle Mitarbeiterin »Hilde«. Die von der Stasi aus dieser Quelle registrierten Informationen stammten vor allem aus dem zentralen Koordinierungsausschuss der Friedensbewegung.[68]

Auch die Bezirksverwaltungen der Staatssicherheit besaßen unter westdeutschen Journalisten eigene Agenten. Für die Aufklärungsabteilung (Abt. XV) in Magdeburg arbeitete der rechts-konservative Journalist Lutz Kuche (»Bakker«), der zuletzt den Medienteil des *Rheinischen Merkur* verantwortete.[69] Die Abteilung XV der Bezirksverwaltung Berlin führte gleich mehrere Medienmitarbeiter als IM: den freien Journalisten und Pressesprecher der Alternativen Liste, Dirk Schneider (»Ludwig«)[70], den Redakteur der *Berliner Morgenpost* und Pressesprecher des Berliner Wissenschaftssenators, Eberhard Vogt (»Pfau«),[71] den RIAS-Mitarbeiter Rudolf Stoot (»Stola«)[72] sowie die bis heute nicht entschlüsselte Quelle »Laubach«, die seit 1981 die CDU-Spitze in Westberlin, aber auch den RIAS bespitzelte und 1989 als verantwortlicher Redakteur für Wirtschaft und Kirchenpolitik in die CDU-Zeitung *Berliner Rundschau* eingeschleust werden sollte.[73] Die Aufklärungsabteilung in Leipzig lenkte den 1996 verstorbenen CSU-nahen Journalisten Gerhard Baumann (»Schwarz«), dem man vorspiegelte, für das »Büro des französischen Ministerpräsidenten« tätig zu sein.[74] Und die Abteilung II der Stasi-Filiale in Neubrandenburg hatte die ehemalige DDR-Journalistin Brigitta Richter auf den Abrüstungsexperten der SPD, Karsten Voigt, angesetzt.[75] Alles in allem sind damit bislang rund drei Dutzend westdeutsche Journalisten bekannt, die mit dem Staatssicherheitsdienst in Verbindung standen.

Die Anbahnung – eine Kölner Journalistenschule

Die Werbung eines bundesdeutschen Journalisten für den Staatssicherheitsdienst bedurfte in der Regel einer längeren Vorbereitung. Fast immer durchlief die Zusammenarbeit verschiedene Phasen – vom ersten Hinweis über die so genannte Anbahnung und den festen »operativen Kontakt« bis zur eigentlichen Werbung. Auch dann noch waren umfangreiche Anstrengungen nötig, damit die Quelle nicht wieder versiegte, sondern kontinuierlich weitersprudelte.

Um Journalisten für eine Zusammenarbeit mit dem MfS zu gewinnen, suchte die Stasi mit großem Aufwand nach Kandidaten. Insbesondere Nachwuchsjournalisten erschienen ihr geeignet. Hinweise erhielt sie vor allem von bereits angeworbenen IM sowie durch offizielle Kontakte und durch die Kontrolle des Reise- und Postverkehrs; ein Teil der Agenten wurde auch gezielt in den Westen übergesiedelt.

Ein Beispiel für den Versuch einer Kontaktaufnahme ist eine Begebenheit aus dem Jahr 1970, als der heutige Ressortleiter Zeitgeschichte und Bildungspolitik beim NDR, Hubert Rübsaat, auf einer Transitreise von Hamburg nach Berlin von Grenzbeamten der DDR kontrolliert und anschließend in ein politisches Gespräch verwickelt wurde. Der erhalten gebliebene Bericht wirft ein Schlaglicht auf die Stasi-Anbahnungsmethoden. Bei der ersten Grenzkontrolle entdeckten die Beamten unter anderem ein Tagungsprogramm des Kuratoriums Unteilbares Deutschland und eine Schrift über Sportförderung in der Bundeswehr. Freimütig erzählte der damals Neunundzwanzigjährige, der neben seinem Studium freiberuflich für verschiedene Rundfunkanstalten arbeitete, dass er Journalist werden wolle und unter anderem berufliche Kontakte zur Sozialistischen Deutschen Arbeiterjugend (SDAJ), der Jugendorganisation der Deutschen Kommunistischen Partei (DKP), habe. Bei der Ausfahrt aus der DDR erwarteten ihn in Staaken dann zwei Herren von der Potsdamer Spionageabteilung des MfS und stellten ihm erneut zahlreiche Fragen. Da Rübsaat durch die Kontrollen bereits lange aufgehalten worden war, schlugen sie ihm für den übernächsten Tag ein Gespräch im Ostberliner Café Lindencorso vor, wo er aus

Neugier auch erschien. Dem Bericht zufolge eröffneten die Genossen Horst und Eberhard Keil dem jungen Journalisten gleich zu Beginn, dass sie die »Aussprache« im Auftrag des MfS führten, was sich Rübsaat »schon gedacht« hätte. Nach einer längeren politischen Diskussion, bei dem der Jungjournalist einen »linken SPD-Standpunkt« vertreten habe und in einigen Fragen durch die MfS-Mitarbeiter »in die Enge« getrieben worden sei, boten sie an, ihm »Informationen aus der DDR zukommen zu lassen, wenn er uns ebenfalls entsprechend seinen Möglichkeiten helfen würde«. Rübsaat sei daraufhin »etwas verlegen« geworden und habe nicht gewusst, wie er sich entscheiden solle. Die MfS-Mitarbeiter gaben ihm deshalb eine Telefonnummer in Potsdam, wo er sich bei seinem nächsten Besuch melden könne. Rübsaat war jedoch ziemlich mulmig geworden, so dass er den MfS-Mitarbeitern »begeistert« von China berichtete und anschließend die Transitstrecke zwei Jahre lang nicht mehr benutzte. Das Vorgehen der Genossen erschien denn auch ihrem Vorgesetzten allzu plump, der sie anschließend schriftlich dafür rügte, dass sie den Anwerbeversuch »trotz bestehender Weisung« nicht vorher mit ihm durchgesprochen hatten. Die Akte wurde erst zwei Jahrzehnte später – im Januar 1989 – im Archiv abgelegt.[76]

Einen ähnlichen Anbahnungsversuch unternahm die Stasi bei einem kirchenpolitischen Redakteur des SFB, der 1966 an der Grenze angegeben hatte, dass er Kontakt zu »fortschrittlichen Katholiken in der DDR« suche. Der Leiter der Abteilung Dokumentation bei der ostdeutschen *Neuen Berliner Illustrierten (NBI)*, der als IM »Horst« für das MfS tätig war, arrangierte daraufhin unter einem Vorwand ein Treffen und lud ihn danach regelmäßig nach Ostberlin ein; den Akten zufolge offenbarte er sich nicht als MfS-Mitarbeiter. In den Gesprächen interessierte sich der Westberliner Journalist, der von der Stasi den Decknamen »Doktor« erhielt, unter anderem für Belastungsmaterial über den Chefredakteur des Westberliner *Petrusblatts*, während der *NBI*-Mitarbeiter entsprechende Materialien über den CDU-Politiker Rainer Barzel erbat. 1973 wurde der Vorgang archiviert, weil der Journalist nach Köln umgezogen und dort aus der Kirchenredaktion des WDR ausgeschieden war.[77]

Das Ergebnis solcher Kontaktaufnahmen war, wie im Fall Rübsaat, für die Stasi zumeist nicht sehr ermutigend. Besser war es, wenn der Hinweis auf einen Kandidaten von einem IM kam, der ihn kannte und die Erfolgsaussichten vorher abschätzen konnte. In den Akten der Journalisten Dietrich Staritz (»Erich«) und Walter Barthel (»Kurt«) kann man auf vielen Seiten nachlesen, wie sie im Auftrag der Stasi aus ihrem Bekanntenkreis ständig neue Personen ermittelten, die ihnen für eine nachrichtendienstliche Zusammenarbeit geeignet erschienen.

Von besonderem Wert war in dieser Hinsicht der Gründer und Direktor der 1970 entstandenen Kölner Schule für Publizistik, Heinz Stuckmann (»Dietrich«), der der Desinformationsabteilung jahrelang die persönlichen Daten seiner Studenten zur Verfügung stellte. Im Januar 1994 wurde Stuckmann, dessen Absolventen sich gute Karrierechancen ausrechnen konnten und häufig bei namhaften Medien unterkamen, unter dem Vorwurf der geheimdienstlichen Agententätigkeit verhaftet. Die Bundesanwaltschaft warf ihm vor, spätestens 1973 dem Staatssicherheitsdienst angeboten zu haben, Studenten und Mitarbeiter der Schule auf ihre nachrichtendienstliche Verwendbarkeit zu überprüfen. Konkret habe er der Stasi mehr als dreißig von ihnen als »geeignet« benannt. Einer der Absolventen, der deutsche Diplomat Rainer Müller (»Siggi«), der es bis zum Botschafter in Gabun gebracht hatte, wurde 1994 tatsächlich als Stasi-Agent verhaftet.[78] Stuckmann, der die Schule auch nach dem Erreichen der Pensionsgrenze weiter leitete, sorgte auch dafür, dass seine Studenten in die DDR reisten, um Material für ihre Diplomarbeiten, etwa zum Thema Umweltschutz, zu sammeln, sodass die Stasi sie vor Ort in Augenschein nehmen konnte. Während der Studentenbewegung war er Mitbegründer des Republikanischen Clubs in Köln gewesen und hatte als freier Journalist vor allem für Gewerkschaftszeitungen gearbeitet. Im August 1996 wurde er zu einer Bewährungsstrafe von einem Jahr sowie zu einer Geldbuße verurteilt. Das Oberlandesgericht Düsseldorf sah es als erwiesen an, dass er von 1978 bis 1989 Listen mit Namen und Geburtsdaten nach Ostberlin geliefert hatte. Trotz des »erheblichen Verdachts«, dass er bereits seit 1973 den Hintergrund seiner DDR-Kontakte kannte, schränkte das Gericht mangels Beweisen den Tatzeitraum ein, so dass die Kontaktaufnahme der Stasi zu drei Studenten juristisch unberücksichtigt blieb. Vom MfS hatte er eine großzügige Aufwandsentschädigung und einen Verdienstorden erhalten. Als Motive für seine Zusammenarbeit nannte das Gericht neben »journalistischer Neugier« kritische Sympathie für die DDR und die Freundschaft zu einem MfS-Offizier.[79]

Neben westdeutschen Zuträgern setzte die Stasi auch eine Reihe ostdeutscher IM ein, die auf Anbahnungen bei westdeutschen Journalisten spezialisiert waren. Zu ihnen gehörten der spätere stellvertretende Chef des DDR-Fernsehens, Hans-Joachim Seidowsky (»Gerhard«), und der Leiter der Westabteilung im Presseamt der DDR, Hermann von Berg (»Günther«), die beide, wie erwähnt, lange Zeit in der »Kontaktarbeit« eingesetzt waren. Auch das Internationale Pressezentrum der DDR diente dieser Aufgabe: So nutzte sein Direktor, Fred Müller, seine berufsbedingten Kontakte zu West-Journalisten systematisch für nachrichtendienstliche Zwecke – wie im Fall einer Redakteurin der WDR-Redaktion »Deutscher Alltag«, die er, Stasi-Unterlagen zufolge, im Juni 1979 in seinem Arbeitszimmer angeblich dazu brachte, sich »zur Preisgabe interner Informationen über interessante Vorgänge im WDR bzw. SFB« bereit zu erklären.[80] Ein anderer Stasi-Mitarbeiter im IPZ, der Leiter des Bereichs Gast- und Reisejournalisten, Günter Wehmann, pflegte über Jahre hinweg eine Bekanntschaft zu einem RIAS-Redakteur, den die HVA verdächtigte, für den amerikanischen Geheimdienst zu arbeiten. Ein dritter Informant, der HVA-Mitarbeiter Baldur Gundermann, baute im Auftrag der Desinformationsabteilung beim Auslandspressedienst *Panorama DDR* eigens eine so genannte Reisestelle zur »Kontaktarbeit mit ausländischen Journalisten« auf. Manchmal waren die Anbahnungsversuche so plump, dass dies selbst Stasi-Kollegen unangenehm auffiel – wie jenem in der Journalistenbetreuung eingesetzten IM »Wolfgang«, der sich 1978 bei seinen Vorgesetzten über die penetranten Kontaktbemühungen seiner Kollegen Beuchler und Brunner von *Panorama DDR* gegenüber Mitgliedern einer Delegation der *Jungen Presse* Hessen beschwerte.[81]

Auch der Ostberliner Journalist Herbert Thur, der seit 1961 unter dem Decknamen »Duo« für den Staatssicherheitsdienst tätig war,[82] hielt bis in die achtziger Jahre hinein in deren Auftrag Ausschau nach westdeutschen IM-Kandidaten, mit denen er zunächst ein Vertrauensverhältnis aufzubauen versuchte, um sie dann dem MfS zuzuführen. Zu diesem Zweck verbrachte er seinen Sommerurlaub regelmäßig in Bulgarien oder am Plattensee, wo er nichtsahnende Touristen aus der Bundesrepublik in freundschaftliche Gespräche verwickelte. Für diese Tätigkeit bekam Thur vom MfS seit 1968 ein Gehalt von anfangs monatlich 600 Mark sowie mehrere Orden.

Unter anderem wurde er auf einen *taz*-Redakteur und den Gründer des Berliner Szenemagazins *Zitty* angesetzt, die er unter einem Vorwand mehrfach kontaktierte – ohne allerdings Erfolg zu haben. Einen anderen Bekannten, den Berliner Bezirksabgeordneten der Alternativen Liste Gerhard Elsbach, brachte er immerhin mit dem Stasi-Offizier Schubert zusammen, der vorgab, eine Dissertation über die Grünen schreiben zu wollen. Einen jungen Rechtsanwalt aus Frankfurt am Main, der dem Vorstand der Vereinigung sozialdemokratischer Juristen angehörte, verstrickte Thur unter dem Decknamen »Fred« in eine Zusammenarbeit. Auch der Pressesprecher der Universität Bremen, Wolfgang Schmitz (»Peter Lothringer«), wurde von ihm dem MfS zugeführt.

Als besonders wertvoll erwies sich sein Kontakt zu dem Liedermacher Diether Dehm, der unter dem Künstlernamen »Lerryn« auftrat und im Dezember 1971 auf Basis politischer Überzeugung als IM »Willy« geworben wurde.[83] Thur hatte Dehm in einem so genannten Antifa-Jugendlager in der DDR kennen gelernt. Für das MfS forschte er insbesondere die Frankfurter Jungsozialisten und den SPD-Unterbezirk Südhessen aus. 1976 wurde auch seine Lebensgefährtin Christa Desoi als IM »Christa« verpflichtet.[84] Nach der Ausbürgerung Wolf Biermanns wurde Dehm dessen erster Konzertmanager im Westen. Regelmäßig berichteten er und seine Frau über die Krise, in die Biermann durch seine Ausbürgerung geraten war; politisch missliebige Konzertangebote wurden von Dehm aussortiert. Für ihre Bemühungen, Biermann »unter Kontrolle zu bekommen«, erhielten beide von der Stasi eine Geldprämie von jeweils 500 DM.[85] Obwohl sich Dehm, der den Kontakt zur Stasi 1978 abbrach, noch vor der Wende gegenüber Biermann offenbarte, stritt er später die Verbindung ab. Der CDU-Abgeordneten Erika Steinbach ließ der inzwischen zum millionenschweren Manager aufgestiegene SPD-Politiker entsprechende Behauptungen bei Androhung eines Ordnungsgeldes von bis zu 500 000 DM verbieten. 1996 unterlag er jedoch vor Gericht, wurde vorübergehend von der Ausübung höherer Parteiämter ausgeschlossen und trat schließlich zur PDS über, in deren Bundesvorstand er gewählt wurde.[86]

Thur, der hin und wieder in linken westdeutschen Zeitungen wie *Die Tat* publizierte, leistete auch in der DDR nützliche Dienste. So wurde er 1966 in einem Hotel in der Gemeinde Dabel einquartiert, um in dem Ort »staatsfeindliche« Personen ausfindig zu machen. In seinem Wohnort Berlin-Rahnsdorf notierte er nicht nur gezielt die Autonummern westdeutscher Besucher, sondern berichtete der Stasi auch, wenn jemand nicht »geflaggt« hatte. Regelmäßig fertigte er ausführliche Notizen über politische Gespräche mit Nachbarn, im Lebensmittelladen oder beim Friseur an. So berichtete er 1977 etwa über die in der Nähe wohnende Frau des Schriftstellers Bernd Jentzsch, der nach der Biermann-Ausbürgerung aus Protest im Westen geblieben und für die Stasi entsprechend wichtig war. Autonummern schrieb er 1973 auch bei einem Fußballspiel von Schalke 04 in Prag auf, diesmal jedoch von angereisten DDR-Besuchern. Da seine Frau als Lehrerin tätig war, konnte Thur die Stasi auch darüber informieren, dass die Tochter des Grünheider Pfarrers und Havemann-Vertrauten Johannes Meinel sich 1982 weigerte, den pazifistischen Aufnäher »Schwerter zu Pflugscharen« vom Anorak zu entfernen. Volksbildungsministerin Margot Honecker bestimmte daraufhin persönlich, dass sie nicht zur Erweiterten Oberschule zugelassen werden dürfe. Erst 1985 trennte sich das MfS von Thur – nachdem sich herausgestellt hatte, dass er einen so genannten »Vorlauf-IM« im Westen für den Kauf eines Surfbretts eingesetzt hatte.

Der operative Kontakt – ein nordrhein-westfälischer Fraktionschef

Hatte das MfS einen Bundesbürger als potentielle Quelle herausgefiltert, versuchte es, den »operativen Kontakt« zu stabilisieren. Wenn regelmäßig Informationen flossen oder die Verbindung auf andere Weise genutzt wurde, ohne dass der Betreffende den nachrichtendienstlichen Hintergrund kannte, wurde dieser zumeist als Kontaktperson geführt. Die Zusammenarbeit des Staatssicherheitsdiensts mit einer solchen Kontaktperson konnte sehr unterschiedlichen Charakter tragen. Das Spektrum reichte vom quasi-amtlichen Kontakt zu westdeutschen Journalisten, die ständig mit Mitarbeitern des IPZ oder ähnlicher Einrichtungen sprachen, über gut funktionierende Abschöpfbeziehungen zu Politikern oder Journalisten bis zu fest etablierten Lancierungskanälen, über welche die Stasi Manuskripte, Dokumente und Desinformationen unerkannt in die westlichen Medien brachte. Auch die aktenmäßige Behandlung der Kontaktpersonen, die sich in einer Grauzone zwischen Gespräch und Zusammenarbeit bewegten, changierte bei der HVA. Viele wurden als so genannte Operative Personenkontrolle, in einem Sammelvorgang oder bei einem anderen Informanten registriert, der sie regelmäßig abschöpfte. Erst in der »Aktenordnung« von 1984 legte die HVA-Leitung fest, dass zu Personen, »die beständig unbewusst für die operative Arbeit genutzt werden«, eine registrierte KP-Akte anzulegen sei, was aber, nicht zuletzt aus Geheimhaltungsgründen, nicht immer befolgt wurde.[87]

Als KP der HVA-Abteilung X wurde zum Beispiel der frühere Fraktionsvorsitzende der SPD im nordrhein-westfälischen Landtag, Friedhelm Farthmann (»Glücksmann«), bezeichnet. Nach Ermittlungen der Bundesanwaltschaft war Farthmann im September 1987 beim Besuch Honeckers in der Bundesrepublik mit diesem zusammengetroffen und hatte dabei zu erkennen gegeben, dass er an gelegentlichen Jagdaufenthalten in der DDR interessiert sei. Daran anknüpfend, wurden ab Ende 1987 auf Veranlassung von Abteilungsleiter Wagenbreth fünf oder sechs mehrtägige Aufenthalte Farthmanns im MfS-Sonderjagdgebiet »Kobeln« im Kreis Eisenhüttenstadt sowie in anderen Jagdgebieten der DDR arrangiert. Organisiert wurden sie von Oberstleutnant Manfred Müller (»Wiese«), der mit dem Jagdgast ausgiebige politische Gespräche führte und anschließend die erlangten Erkenntnisse weitergab. Auch Fotos machte die Stasi bei diesen Gelegenheiten. Farthmann gegenüber gab sich der Stasi-Offizier als Mitarbeiter des Ministerrats aus, doch die Umstände der DDR-Reisen warfen bei den Beteiligten schon damals Fragen auf – zum Beispiel bei Farthmanns Fahrer, der sich wunderte, dass er bei einer Radarkontrolle in der DDR trotz überhöhter Geschwindigkeit nicht angehalten worden war. Bis heute ist die Frage unbeantwortet, ob und welche Gegenleistungen für die Jagdaufenthalte erbracht wurden.

Auch Farthmanns Stellvertreter Dammeyer (»Polo«) wurde, wie erwähnt, von der HVA/X als KP geführt; bei einer Pressekonferenz im November 1999 dementierte er – inzwischen selber Fraktionschef – jegliche Zusammenarbeit mit dem MfS.[88] Als ehemaliger Bundesgeschäftsführer des SDS und Anhänger Wolfgang Abendroths zählte der aus Oberhausen stammende Dammeyer zum linken Flügel der SPD. Wie bei Farthmann sind die Vorgangsakten nicht überliefert, doch anderen Unterlagen sind immerhin einige aufschlussreiche Details zu entnehmen. Danach traf Dammeyer bereits 1978 bei den westdeutschen Kurzfilmtagen in Oberhausen mit IPZ-Direktor Fred Müller zusammen. Als früherer Sekretär für Internationale Beziehungen im Verband der Film- und Fernsehschaffenden der DDR und IM der Desinformationsabteilung fuhr Müller regelmäßig nach Oberhausen, um Kontakte zu knüpfen, potentielle Quellen aufzutun und politische Informationen zu sammeln. Im Mai 1978, als in der DDR gerade die Pläne Margot Honeckers zur Einführung des so genannten Wehrunterrichts für Vierzehn- und Fünfzehnjährige bekannt wurden, wandte sich Dammeyer an Müller und bat ihn, für sich und den stellvertretenden Fraktionsvorsitzenden der SPD, Hans Schwier, eine Reise in die DDR zu organisieren. Im Herbst reisten dann drei nordrhein-westfälische SPD-Landtagsabgeordnete nach Ostberlin, wo sie in Absprache mit dem Leiter der Westabteilung der SED, Herbert Häber, vom IPZ in Empfang genommen wurden. In Wahrheit landeten sie jedoch bei der HVA, die das Pressezentrum, wie beschrieben, als »legales Dach« benutzte.

Aus diesem Kontakt entspann sich eine intensive Verbindung des MfS zur nordrhein-westfälischen SPD. Einzelheiten darüber sind in einer Akte überliefert, die Abhörprotokolle von Gesprächen zwischen IPZ-Direktor Müller und seinem Führungsoffizier, Major Wohllebe, den er meist nur den »Langen« nannte, enthalten. Den Unterlagen ist zu entnehmen, dass Müller auch zu Farthmann eine freundschaftliche Beziehung unterhielt und ihn, wenn er in Oberhausen war, in Düsseldorf zu ausgiebigen Zusammenkünften traf. Die Stasi stattete ihn dazu vor der Abreise mit dem jeweiligen »Informationsbedarf« aus, den der »Auswerter für die SPD-Seite« aufgeschrieben hatte.[89]

Eine derartige Reise fand auch im April 1988 statt und ist, von der Vorbereitung bis zum Abschlussbericht, durch die erwähnten Abhörprotokolle genau belegt. Eine Woche vor der Abreise kündigte Müller bei Fahrtmanns Referenten Stefan Bajohr telefonisch seinen Besuch an, um bei dieser Gelegenheit auch über das »nächste Unternehmen« – wahrscheinlich einen Jagdaufenthalt – zu sprechen. Bajohr trat später zu den Grünen über, zog 1995 selber in den Landtag ein und gehörte dort zum linken Flügel. Anschließend rief Müller seinen Führungsoffizier an und erbat »noch ein paar Eckdinger von ihm«, womit er den Stasi-Informationsbedarf meinte. Zwei Tage später fand der »Einweisungstreff« für die Reise statt, bei dem ihm unter anderem aufgetragen wurde, sich mit Dammeyer möglichst diskret – »in Wohnung – Gaststätte ist nichts« – zu treffen. Was Farthmann anbelangt, ging Müller davon aus, dass er »dort bei F. übernachtet«. Anschließend wurde ihm der erbetene Informationsbedarf überreicht.[90] Unmittelbar vor der Abreise kam es zu einem weiteren »Einweisungstreff«, bei dem Müller die Fahrkarten und 2 100 DM in bar ausgehändigt wurden.[91]

Nach seiner Rückkehr erstattete Müller seinem Führungsoffizier Bericht. Zweimal hatte er sich danach mit Dammeyer in Oberhausen getroffen, und ebenso oft mit Fahrtmann in Düsseldorf, davon einmal sechs Stunden lang, von 19 Uhr abends bis ein Uhr nachts. Nach dem von einem anderen Stasi-

Mitarbeiter abgeschriebenen und kommentierten Mitschnitt des Auswertungstreffs zu urteilen, trugen die Beziehungen, die Dammeyer, Farthmann und sein Mitarbeiter Bajohr seinerzeit zur DDR unterhielten, zumindest teilweise konspirative Züge.[92] So berichtete Müller gleich zu Beginn des Treffs, dass er bei seiner zweiten Verabredung mit Dammeyer zunächst vergeblich auf diesen gewartet und deshalb große Angst bekommen habe. Später habe sich herausgestellt, dass Dammeyer wegen eines Arztbesuchs erst »zur zweiten Runde« kommen konnte. Dies kann als Hinweis auf die nachrichtendienstliche Praxis interpretiert werden, bei Verabredungen immer einen Ausweichtermin festzulegen. Auf einen derartigen Hintergrund deutet auch die weitere Schilderung des Treffs durch Müller hin, der sich, als Dammeyer schließlich eintraf, mit diesem sofort an einen abhörsicheren Ort begab. Wörtlich sagte Müller zu seinem Führungsoffizier über das Treffen in Oberhausen: »Ich kann Dir sagen, mir ging der Arsch … Er kam dann am Dienstag zur 2. Runde, ich glaube so um 13.00. Ich hatte seit 11.00 gesessen, mir ging der Arsch, weil ich nicht wusste … Kannst Du Dir vorstellen, wie man da zittert? Wir sind vom Restaurant zu ihm nach Hause gefahren, weil ein Mann in das Restaurant kam. Alles klar, kam da ein Mann, packte eine Tasche auf den Tisch und fing an zu kramen. Wir guckten uns nur an, und ›Polo‹ sagte: Wir fahren zu mir nach Hause … Haben dann dort im Garten gesessen …«.

Schwieriger zu entschlüsseln sind Müllers weitere Ausführungen, bei denen es darum ging, dass Dammeyer von Müllers Gespräch mit Farthmann unterrichtet war, was sowohl Müller als auch seinen Führungsoffizier beunruhigte. Dem Mitschnitt zufolge berichtete Müller über das Gespräch mit Dammeyer alias »Polo«: »Stell Dir vor, am Schluß fragt mich doch ›Polo‹, wie mein Gespräch mit ›Glücksmann‹ war. … Ich sei doch dort am Mittwoch gewesen. Nein, am Donnerstag, sag ich, wieso fragst Du? Er hatte davon gehört, es sei doch sehr interessant gewesen … Hab ich gesagt, da siehst Du mal, wie das ist, wenn man Jägern helfen muss …« Und als sein Führungsoffizier nachfragte, wieso Dammeyer überhaupt nach dem Farthmann-Treff fragen konnte, antwortete Müller:

»Fahrtmann hat mir das gesagt, dass er mit ›Polo‹ gesprochen hat. Fahrtmann hat von ›Polo‹ erfahren, wie die ganzen politischen Dinger zwischen uns sich entwickelt haben über all die Jahre … Es gibt Verständnis auf allen Seiten, unsere Legende hält überall …«

Welche »politischen Dinger« und welche »Legende« Müller meinte, geht aus den Unterlagen nicht hervor. Das Protokoll vermerkt an dieser Stelle nur ein »zustimmendes Lachen« des Führungsoffiziers. Anschließend berichtete Müller, dass er sich auch mit den *NRZ*-Redakteuren Jens Feddersen, Heinz Kurtzbach, Herbert von Straaten und Joachim Rindfleisch getroffen hätte. Beim Gespräch mit Farthmann sei es unter anderem um den nächsten Jagdbesuch gegangen. Müller berichtete, dass Farthmann und Bajohr den »roten Wilderer« nicht mehr bei der Jagd sehen wollten, womit sie den hauptamtlichen Stasi-Offizier meinten, der die Jagden organisierte. Er habe Farthmann daraufhin erklärt, dass er ohne diesen nicht in das Jagdgebiet käme, aber versprochen, dass beim nächsten Mal »alles noch unprotokollarischer, gemütlicher ablaufen« würde. Farthmanns Fahrer habe sich wiederum darüber gewundert, dass sie nicht angehalten worden waren, als sie mit Tempo hundertdreißig in eine Radarkontrolle gerieten. Darauf habe er, Müller, erwidert, dass er sie natürlich bei der Polizei habe avisieren müssen, weil sie doch eine Waffe im Auto und keine Begleitpapiere gehabt hätten. Zu guter Letzt habe Farthmann noch den Wunsch geäußert, demnächst vier Tage Urlaub in Thüringen zu machen.

Im weiteren Verlauf des Treffs teilte Müller seinem Führungsoffizier die auf seiner Reise gewonnenen politischen Erkenntnisse mit. Der eigentliche Macher in der Fraktionsspitze, erklärte er, sei Bajohr, mit dem er inzwischen per Du sei; Farthmann sei nur die Autorität im Hintergrund. In der Bundesrepublik schimpfe jeder auf die schwarz-gelbe Regierungskoalition, aber niemand rufe nach der SPD. In diesem Jahrhundert werde die SPD nichts mehr. Rau, so werde kolportiert, habe »keine Ausstrahlung auf Frauen«, Vogel hingegen einen [geschwärzt] mit seinen Mitarbeitern und einen »unmöglichen Leitungsstil«. Lafontaine wiederum versuche, vor allem wirtschaftlich, den Schulterschluss mit CDU-Positionen. Dammeyer habe ihm eine sehr gute Wahlanalyse gezeigt, doch habe er ihn nicht um eine Kopie bitten wollen. Zur weiteren Auswertung seiner Reise nach Westdeutschland erhielt Müller den Auftrag, einen Bericht über das Treffen mit Farthmann zu schreiben, eine Sachinformation für das MfS anzufertigen und die neu gewonnenen Personenerkenntnisse über Farthmann, Bajohr und Dammeyer zu Papier zu bringen.

Die Arbeit unter Legende – ein Bremer Pressesprecher

Gelang es der Stasi, den Kontakt zu einem Bundesbürger so zu festigen, dass daraus eine dauerhafte Arbeitsbeziehung entstand, wurde er in der Regel als IM registriert. Nicht allen war jedoch klar, dass sie es mit dem Staatssicherheitsdienst zu tun hatten. Manchmal wurde die anfangs entwickelte »Legende« auch dann beibehalten, wenn der betreffende Journalist aus der DDR Geld bekam, Aufträge ausführte oder einen Decknamen benutzte. Bei einer plötzlichen Offenbarung, so die Überlegung der Staatssicherheit, hätte die weit verbreitete Scheu vor einer Agententätigkeit womöglich zu einem Abbruch der Beziehung geführt. In den achtziger Jahren sah man sich zudem immer häufiger gezwungen, eine westliche Dienststelle als Auftraggeber vorzutäuschen – wie im Fall des Münchner Journalisten Gerhard Baumann (»Schwarz«), den man, so die Stasi-Ausdrucksweise, unter »fremder Flagge« führte.[93]

Ein Beispiel für diese Vorgehensweise ist der ehemalige Pressesprecher der Universität Bremen, Wolfgang Schmitz, der von der Hauptabteilung XX/5 als IM »Peter Lothringer« geführt wurde. Als junger Mann hatte Schmitz 1964 am so genannten Deutschlandtreffen der FDJ in Ostdeutschland teilgenommen. Dort lernte er den Ostberliner Journalisten Herbert Thur kennen, der den Studenten aus der Bundesrepublik ein Jahr später über den Verband deutscher Journalisten erneut in die DDR einlud. Nachdem Schmitz sein Studium an der Universität Trier abgeschlossen hatte, intensivierte Thur Anfang der siebziger Jahre den Kontakt, denn nun war er ein interessanter IM-Kandidat: Als ehemaliger Vorsitzender des Allgemeinen Studentenausschusses (AStA) der Universität Trier und Sympathisant der DKP galt er politisch als ansprechbar, und als angehender Journalist – er arbeitete nach dem Studium zunächst als Pressereferent der Universität Trier, dann als freier Mitarbeiter der *Frankfurter Rundschau* und verschiedener anderer Medien – versprach er, Zugang zu interessanten Informationen zu bekommen. Aufgrund seiner Mitarbeit in der kommunistisch gelenkten Berliner Konferenz Europäischer Katholiken weilte er zudem regelmäßig in der DDR, sodass der Kontakt auf einfache Weise vertieft werden konnte. Nachdem Schmitz 1973 Pressesprecher der Universität Bremen geworden war, traf sich Thur etwa dreimal im Jahr in Ostberlin mit ihm und machte im folgenden Jahr seinen Führungsoffizieren den Vorschlag, ihn als »Perspektiv-IM« zu werben.

Schmitz, der unter anderem für die DKP-nahe Progress-Presse-Agentur (PPA) schrieb, wurde – wie Dammeyer oder Farthmann – zunächst als Kontaktperson (Deckname »Wolfgang«) geführt. Bei seinen Treffen in der DDR informierte er insbesondere über die Universität Bremen, über die Deutsche Journalisten Union (DJU), der er angehörte und deren Bremer Vorsitzender er später wurde, sowie über einzelne Journalisten in der Hansestadt. Zudem brachte er jedes Mal diverse Papiere mit, von der Universitäts-Zeitung bis zum Blanko-Kopfbogen der Hochschule. Bald bekam er bei jedem Treff konkrete Aufträge wie etwa den, Informationen über Hochschullehrer zu beschaffen, die sich an der Universität mit der DDR beschäftigten. Zufrieden stellte die Stasi zudem fest, dass Schmitz auch von sich aus spionagerelevantes Material beschaffte, zum Beispiel über die Kernforschungsanlage in Jülich. Wenn Schmitz sporadisch fragte, für wen die Informationen denn bestimmt seien, erklärte ihm Thur lakonisch, dass sie direkt an die Parteiführung der SED gingen.

Ende der siebziger Jahre übernahmen die Stasi-Hauptamtlichen Detelmann und Jaeckel schrittweise den Kontakt. Schmitz gegenüber gaben sie sich als Rechercheure der DDR-Nachrichtenagentur ADN aus, und diese »Legende« wurde in einer Art stillschweigenden Übereinkunft bis zu Schmitz' Freitod im Jahr 1988 beibehalten, obwohl der nachrichtendienstliche Hintergrund immer weniger zu übersehen war. Zum Beispiel durfte Schmitz die mitgebrachten Materialien und Notizen nicht selbst durch die Grenzkontrolle bringen, sondern musste sie in einem Schließfach im Berliner Bahnhof Friedrichstraße deponieren, wo sie von einem Stasi-Mitarbeiter abgeholt wurden. Am Telefon sollte er absolute Zurückhaltung wahren und es »zu seiner eigenen Sicherheit« möglichst überhaupt nicht benutzen. Überdies wollte Thur genau wissen, wer an der Universität für Sicherheitsfragen verantwortlich war und wie die Zusammenarbeit mit dem Verfassungsschutz lief. Schmitz' Berichte wurden in der Regel nach einem Restaurantbesuch in mehrstündigen Sitzungen auf Tonband aufgenommen, anfangs in einem Nebenzimmer des DDR-Presseclubs, später in einer konspirativen Wohnung. Für jedes Treffen erhielt er einen festen D-Mark-Betrag ausgezahlt, der sich im Laufe der Zeit von 200 auf 450 DM, zuzüglich Reisekosten, erhöhte. Als er sich wegen des Stasi-Überläufers Werner Stiller besorgt um seine Sicherheit zeigte, machten ihm seine Geldgeber 1981 den Vorschlag, die Quittungen nicht mehr mit seinem eigenen Namen zu unterschreiben, sondern mit einem selbstgewählten. Seither fungierte er als IM »Peter Lothringer«.

Wertvoll war Schmitz für die Stasi vor allem bei der Überwachung und Bekämpfung des DDR-Dissidenten Rudolf Bahro, der 1977, nachdem sein Buch *Die Alternative* in der Bundesrepublik erschienen war, verhaftet und anschließend wegen »Spionage« zu acht Jahren Zuchthaus verurteilt worden war.[94] An der Universität Bremen konzentrierten sich damals verschiedene Bemühungen, Bahro durch westliche Interventionen freizubekommen. So unterbreitete der Rektor Alexander Wittkowsky der SED informell den Vorschlag, »im Interesse einer DDR-freundlichen Lösung des Bahro-Problems« diesen bei Beibehaltung seiner DDR-Staatsbürgerschaft mit einer zweijährigen Gastprofessur zu betrauen, und ließ einen entsprechenden Brief an Erich Honecker entwerfen.[95] Parallel dazu initiierten mehrere Hochschullehrer der Universität eine Unterschriftenaktion, um die Forderung nach der Freilassung Bahros und der Aufhebung des Hausarrests von Robert Havemann zu unterstützen. Nachdem die DDR den Vorschlag einer zeitweisen Ausreise des Dissidenten schon im Vorfeld abgelehnt hatte, verstärkten sich an der Universität die Bemühungen, Bahros Thesen bekannt zu machen und dadurch Druck auf die DDR auszuüben. Über all das informierte Schmitz seine ostdeutschen Gesprächspartner in allen Einzelheiten. Nicht nur interne Briefentwürfe und Überlegungen der Universitätsleitung (darunter ein »streng vertraulicher« Vorschlag, *Stern*, *Konkret* und *Frankfurter Rundschau* »bevorzugt« mit Presseinformationen über die Bahro-Initiative zu informieren) finden sich in seiner Stasi-Akte, sondern auch Namen, Anschriften und Kurzcharakteristiken der Beteiligten.

1978 nahm Schmitz auftragsgemäß an einem Internationalen Kongress in Westberlin zur Freilassung Bahros sowie an Folgekonferenzen in Marburg und Köln teil. Anschließend reiste er jedesmal sofort zur Berichterstattung nach Ostberlin. Gegen ein Sonderhonorar von 500 DM schnitt er unter anderem sämtliche Referate mit und deponierte sie in der Gepäckaufbewahrung. Darüber hinaus berichtete er über die Initiatoren der Bahro-Komitees in Bremen und Westberlin, nach denen seine Gesprächspartner immer wieder fragten, weil ihre Diensteinheit diese im Operativvorgang »Kongreß« bekämpfte.[96] Noch interessanter wurden Schmitz' Informationen, als Bahro nach seiner Freilassung und Ausreise im Oktober 1979 tatsächlich einen dreijährigen Forschungsauftrag in Bremen erhielt. Durch Schmitz stand Bahro, der sich anschickte, mit seinem Engagement in der Friedensbewegung und bei den Grünen in der Bundesrepublik eine bedeutende politische Rolle zu spielen, auch hier unter Stasi-Kontrolle. Schmitz lieferte nicht nur den internen Antrag für Bahros Anstellung an der Universität, sondern konnte auch Originalbriefe von und an den Dissidenten beschaffen. Seinem Kontaktmann in Ostberlin teilte er Bahros Privatadresse mit und berichtete über dessen Vorlesungsreihe, die dieser gemeinsam mit dem ehemaligen Hamburger Juso-Vorsitzenden und nunmehrigen Universitätsprofessor Detlef Albers abhielt. Die aus der Bahro-Solidaritätsbewegung hervorgegangenen Sozialistischen Konferenzen und die damaligen Kongresse der blockübergreifenden Friedensbewegung wurden von Schmitz ebenfalls überwacht.

Das Ziel, das die Stasi mit all diesen Ausforschungsbemühungen verfolgte, war auch für Schmitz nicht mehr übersehbar, als Stasi-Major Jaeckel ihn im Februar 1981 fragte, welche Möglichkeiten es gebe, »Bahro mit seinen Mitteln und Möglichkeiten in Bremen zu isolieren und zu verunsichern«. Während Schmitz nach diesem Vorstoß zunächst eine gewisse Unwilligkeit gezeigt habe, so Jaeckel in seinem Bericht, sei nach entsprechender Begründung festgelegt worden, über seinen guten Kontakt zu Detlef Albers Bahro zu verunsichern. Eine Möglichkeit, seine Pressearbeit dafür zu nutzen, was offenbar ebenfalls erörtert wurde, biete sich hingegen nicht.[97] Auch Herbert Thur hielt in seinem handschriftlichen Treffbericht die Frage des Stasi-Hauptamtlichen fest, »inwieweit W[olfgang Schmitz] durch gezielte Maßnahmen gegen Bahro an der Bremer [Universität] ihn in Misskredit bringen könne«. Schmitz, so Thur, habe jedoch ärgerlich reagiert und gemeint, es sei weder möglich, Bahro über Albers zu kontrollieren, noch gebe es Presseveröffentlichungen der Universität zu Bahro. Thur kritisierte anschließend die »falsche Konzeption« des Stasi-Hauptamtlichen, Schmitz derart direkt anzugehen, da dieser bislang »als Journalist Informationen *für mich*« geliefert habe. Er ahne oder wisse zwar, wohin diese gingen, und habe nichts dagegen, doch durch die Forderung nach Aktionen gegen Bahro sei Schmitz offensichtlich »geschockt« worden.[98] Beim nächsten Treffen im März erklärte der Stasi-Major deshalb, der Vorstoß sei lediglich so gemeint gewesen, dass der IM »sich klassenmäßig (an der Seite der DDR) gegen Bahro verhält, wenn sich eine Situation ergibt, wo Bahros Wirken und Einfluss eingeschränkt werden kann, ohne dass W[olfgang Schmitz] direkt in Erscheinung tritt oder sich Gefahren aussetzt«. Schmitz habe dies akzeptiert und betont, dass Bahro sich selber abwirtschafte.[99]

Im Zusammenhang mit Bahros Gastprofessur informierte Schmitz auch über einen Brief des DDR-Schriftstellers Joachim Seyppel, der die Universität Bremen im Juni 1979 um ein ähnliches Angebot wie das an Bahro ergangene gebeten hatte, nachdem er im *Neuen Deutschland* wegen seines Eintretens für Robert Havemann und Stefan Heym als »kaputter Typ« beschimpft und aus dem DDR-Schriftstellerverband ausgeschlossen worden war.[100] Die Universität, berichtete Schmitz, wolle Seyppel zwar helfen, zugleich aber auch vermeiden, dass, so wörtlich, »nachher so ganze Rattenschwänze nach Bremen kommen und sich dort so ein [El] Dorado entwickelt«.[101] In der Universität stieß Seyppels Hilferuf laut diesem Bericht auf unterschiedliche Reaktionen: Während ihr Präsident, Alexander Wittkowsky, dem verfemten Autor helfen wollte und ihm wenig später einen Lehrauftrag zusagte, äußerte der Literaturwissenschaftler Wolfgang Emmerich Bedenken, da man bereits den DDR-Autor Gerhard Wolf, Ehemann der Schriftstellerin Christa Wolf, eingeladen habe. »Wenn Seyppel kommt und hochgespielt wird«, notierte Thur nach dem Gespräch mit Schmitz, »dann könnte das ihre Pläne stören.«[102] Thurs Führungsoffizier fertigte umgehend eine Information für die Stasi-Kulturabteilung an, die er, als Seyppel dann tatsächlich in Bremen Vorlesungen hielt, dank Schmitz' Berichten auch weiterhin über dessen Auftreten im Westen auf dem Laufenden halten konnte.

Ein weiterer Schwerpunkt von Schmitz' Berichterstattung über »feindliche Bestrebungen« an der Universität Bremen war die 1981 gegründete Forschungsstelle für unabhängige Literatur und gesellschaftliche Bewegungen Osteuropas. Schon der erste Hinweis von 1978, dass an der Universität ein Archiv für Untergrundschriften aus dem kommunistischen Machtbereich eingerichtet werden sollte, hatte die Stasi aufhorchen lassen. Seither war Schmitz regelmäßig über den Fortgang des Vorhabens befragt worden und hatte spezielle Aufträge zur Informationsbeschaffung erhalten. Gleich zu Beginn hatte er sich beispielsweise bereit erklärt, die Dissertation des Hochschullehrers und Havemann-Freundes Manfred Wilke zu besorgen, den er – zusammen mit dem tschechischen Exil-Politiker Jiři Pelikán – als einen der Initiatoren des Archivs ausgemacht hatte.[103] In der Folgezeit beschaffte er nicht nur »Einschätzungen« über den künftigen Leiter der Forschungsstelle, Professor Wolfgang Eichwede, sondern auch einen Großteil der internen Unterlagen – vom ersten Konzept über den Entwurf eines Hochschul-Gesamtplans, in dem die Einrichtung der Forschungsstelle bereits vorgesehen war, bis zum offiziellen Gründungsantrag. Auch die geplante Satzung sowie Aufstellungen über die Finanzierung gelangten auf diesem Weg in die Hände der Stasi. Nach der Gründung berichtete Schmitz über den personellen Aufbau des Archivs, über den Inhalt von Vorträgen und Konferenzen und über alles, was er sonst in Erfahrung bringen konnte. Sein Führungsoffizier, Major Jaeckel, fertigte aus dem Material und den Tonbandberichten schriftliche Informationen an, die nicht nur an die Leitung seiner Abteilung gingen, sondern auch an die Zentrale Auswertungs- und Informationsgruppe des MfS, den Spionageapparat HVA, den tschechoslowakischen Geheimdienst und an die »Freunde« – wie die Stasi den sowjetischen KGB nannte.

Während ehemalige Stasi-Informanten häufig zu ihrer Verteidigung anführen, dass sie mit ihren Berichten niemandem geschadet hätten, zeigt der Fall Schmitz, wie die gewonnenen Informationen, selbst wenn sie »unter Legende« gewonnen wurden, nicht nur vom Staatssicherheitsdienst, sondern auch von den verbündeten Geheimdiensten des Ostblocks systematisch weitergenutzt wurden. Auch wenn einzelne Meldungen für sich genommen wenig spektakulär wirken mögen, ermöglichten sie zusammengenommen eine permanente Überwachung der »feindlichen Kräfte«, auch wenn sie im Westen lebten. In einem Vermerk vom Januar 1985 machte Führungsoffizier Jaeckel beispielsweise nach der Lektüre eines von Schmitz beschafften Projektberichts der Forschungsstelle die Auswerter seiner Abteilung darauf aufmerksam, dass die Ehefrau des sowjetischen Dissidenten Lew Kopelew einen Werkvertrag mit der Forschungsstelle abgeschlossen habe – »und was für einen«, so Jaeckels Kommentar, »für Freunde sicherlich sehr interessant«.[104] Exakt die angegebene Seite des »unbedingt zurückbenötigten« Projektberichtes fehlt in Schmitz' Stasi-Akte. Auch über das »Auftreten« von sowjetischen und tschechischen Emigranten auf einem Symposium im Juni 1986, an dem Schmitz auftragsgemäß teilnahm, schickte Jaeckel nur wenige Tage später ausführliche Berichte an die HVA und die befreundeten Geheimdienste.[105]

Durch ihren Zuträger versuchte die Stasi auch gezielt Informationen über politisch missliebige Personen im Westen zu beschaffen, oft als »Dienstleistung« für andere Abteilungen oder Geheimdienste. Im November 1982 erhielt Schmitz beispielsweise den Auftrag, den Leiter der Forschungsstelle über den Stand ihrer Arbeit zu befragen, wobei er zur Begründung einen Beitrag für die Deutsche Welle vorschieben sollte.[106] Ähnliche Aufträge bekam er auch in Bezug auf andere Mitarbeiter des Instituts. So wurde er im November 1984 befragt, ob ein Wissenschaftler an einer Veranstaltung der blockübergreifenden Friedensbewegung teilgenommen habe, weil der Stasi die Namensgleichheit aufgefallen war. Zu einem anderen Mitarbeiter sollte er den Kontakt ausbauen, indem er auf seinen »gut angekommenen« Artikel über die Forschungsstelle im Pressedienst der Katholischen Nachrichtenagentur verwies. Auf »Anforderung« des tschechoslowakischen Nachrichtendiensts sollte er überdies feststellen, ob zwei oppositionelle tschechische Historiker, die in ihrer Heimat als Bauarbeiter arbeiten mussten und nach jahrelangen vergeblichen Bemühungen der Forschungsstelle mit Hilfe des Bremer Bürgermeisters Hans Koschnick für ein Jahr von der Universität als Gastdozenten in die Hansestadt geholt worden waren, womöglich für die Forschungsstelle arbeiteten – was tatsächlich der Fall war. Eine von Major Jaeckel darüber angefertigte Kurz-Information wurde an die Sicherheitsorgane der ČSSR geschickt und im Ordner »Bruderorgane« abgelegt.[107]

Derartige Aufträge erteilte die Stasi ihrem Informanten noch in Bezug auf zahlreiche andere Einrichtungen und Personen. So sollte er einen Bremer »Erfüllungsgehilfen« Bahros, der ein Flugblatt für dessen Freilassung unterzeichnet hatte, und eine Professorin ausforschen, die mit Bahro in der Russell-Peace-Foundation zusammenarbeitete. Gezielten Kontakt suchte er zudem zum Schutzkomitee Freiheit und Sozialismus und zum Komitee für die Freilassung Rudolf Bahros in Berlin. Auch über einen Journalistenkollegen, den heutigen Deutschlandfunk-Moderator Rainer Berthold Schossig, der in Bremen eine Veranstaltungsreihe mit kritischen DDR-Schriftstellern organisierte, ließ sich die Stasi von Schmitz monatelang Informationen beschaffen. Für die Stasi in Frankfurt/Oder spionierte er die Bremer Zentralstelle für Kriegsdienstverweigerer aus, weil bekannt geworden war, dass diese ein Seminar mit Wehrdienstgegnern in der DDR plante. An das Sozialistische

Osteuropakomitee in Hamburg schrieb er einen Brief, in dem er für dessen Zeitschrift *Osteuropa-Info* einen Artikel über die Rolle der katholischen Kirche in Polen anbot, worauf er als Antwort umfangreiche Informationen über das ostblockkritische Komitee und die genauen Planungen für das nächste Heft erhielt.[108] Als er im September 1986 in Hamburg eine ihm völlig unbekannte Person gegen Honorar ausspähte, wertete sein Führungsoffizier dies als »Durchbruch« im Hinblick auf seine endgültige Bindung an die Stasi.

Sogar Studenten der Universität Bremen wurden auf diese Weise zum Ausforschungsobjekt. So berichtete Schmitz im März 1980 eher am Rande von einem jungen Mann, der einen Bahro-Lesekreis initiiert hatte. Rasch stellte die Stasi fest, dass der Student bereits von einer anderen Diensteinheit »operativ« bearbeitet wurde, und ließ sich fortan regelmäßig über dessen Aktivitäten unterrichten. Im September 1982 wurde Schmitz beauftragt, die Rolle des Studenten bei der letzten AStA-Wahl zu erkunden, da dieser »besondere Aktivitäten zur Zurückdrängung der Wirksamkeit des ›Marxistischen Studentenbundes Spartacus‹ entwickelt hat«. Die Stasi musste erfahren haben, dass der Student einer der Gründer einer »Gruppe Ulbricht« war, die die Politik des kommunistischen MSB Spartakus auf die Schippe genommen und auch bei den Wahlen kandidiert hatte. Außerdem sollte Schmitz Informationen über ein eigenes Sozialistisches Osteuropakomitee in Bremen beschaffen, das der Student nach Stasi-Kenntnissen initiiert hatte.[109] Im April 1983 erhielt er dann den Auftrag, über seine Arbeit für die linksprotestantische Zeitschrift *Neue Stimme* an den Studenten »heranzukommen«.[110] Im Juli konnte Major Jaeckel nach erfolgreicher Kontaktaufnahme vermelden, dass der Student für *Radio Bremen* einen Rundfunkbeitrag über unabhängige Friedensgruppen in Ungarn gemacht hätte.[111] Im November folgte eine weitere Information.[112] Im Dezember fand die Stasi mit Schmitz' Hilfe heraus, dass eine für das Bremer Osteuropakomitee genannte Adresse diejenige der Freundin des Studenten war.[113] Im April 1984 erfuhr der Staatssicherheitsdienst, dass der Student Pressesprecher der Bremer Grünen geworden sei, und verlangte von Schmitz, den Kontakt zu »festigen« – danach erhielt das MfS auch alle Pressemitteilungen der Grünen.[114] Im November konnte Schmitz sogar ein Foto übergeben, das in der Grünen-Zeitung *Krokodil* abgedruckt worden war.[115] Auch in der Folgezeit wurde der Auftrag, die »Feindperson« unter Kontrolle zu halten, regelmäßig erneuert, sodass der Stasi jede Veränderung sofort bekannt wurde.

Die Informationen des IM »Peter Lothringer« verschwanden nicht in irgendeiner Schublade. Hatte die Stasi ihre »Feinde« im Westen erst einmal identifiziert, ergriff sie auch Gegenmaßnahmen. Der Student, der im Operativvorgang »Kleber« bearbeitet wurde, durfte nicht mehr in die DDR einreisen, um seine Kontakte zu kirchlichen Oppositionskreisen zu unterbinden.[116] Gegen das Westberliner Bahro-Komitee und das Sozialistische Osteuropakomitee wurden Maßnahmen eingeleitet, die, wie es die Stasi formulierte, zur »Verunsicherung« der Akteure führten. Neben Einreiseverboten für alle Komiteemitglieder sorgte die Stasi beispielsweise dafür, dass einer der führenden Köpfe des Komitees, der Rechtsanwalt Jürgen Graalfs, berufliche Schwierigkeiten bekam. Ein Westberliner IM, der DDR-Forscher Walter Völkel (»Walter Rosenow«), rief dazu anonym bei Graalfs' Personalchef an und erklärte ihm, dass Graalfs' politische Aktivitäten die Ost-Geschäfte der Firma gefährden würden.[117] Auch die für die Bremer Universität und die Bekämpfung der Forschungsstelle zuständige Spionageabteilung in Schwerin profitierte von Schmitz' Berichten. HVA und KGB waren ohnehin Nutznießer des Informationsstroms und konnten ihre Einflussagenten dementsprechend instruieren. Wichtigere Informationen gingen außerdem an den Parteiapparat der SED, der die kommunistischen Funktionäre in Westdeutschland anleitete und ihnen so genaue Instruktionen geben konnte.

Das Zusammenspiel zwischen den verschiedenen Apparaten ist bis heute nicht richtig aufgehellt. An der Universität Bremen war beispielsweise der Jura-Professor Erich Stuby beschäftigt, der als Mitglied des sowjetisch gelenkten Weltfriedensrats und Vorsitzender der DDR-freundlichen Vereinigung Demokratischer Juristen ein wichtiger *fellow traveller* des Ostblocks war. Nach der Ausbürgerung des Liedermachers Wolf Biermann im November 1976 rief Stuby im Ostberliner Institut für Internationale Politik und Wirtschaft an und bat dringend um die »Möglichkeit für eine Besprechung«, weil er aufgefordert worden war, zusammen mit Günter Wallraff, Bernt Engelmann und Wolfgang Abendroth die DDR um eine Rücknahme der Entscheidung zu bitten. Stubys Anfrage, die den Zweck hatte, »die Meinungsbildung für die endgültige Formulierung dieser Stellungnahme zu erleichtern«, landete über HVA-Chef Wolf direkt bei Erich Honecker, der sie noch am selben Tag positiv beschied.[118] Als Stuby 1978 Generalsekretär der Internationalen Vereinigung Demokratischer Juristen wurde, verlangte er ein Büro, eine Sekretärin und einen persönlichen Referenten. Bezeichnenderweise informierte der DKP-Parteivorstand das ZK der SED über diesen Wunsch und bat um diskrete Unterstützung.[119] Von den westdeutschen Behörden wurde damals geprüft, ob Stuby überhaupt als Beamter im Staatsdienst beschäftigt werden könne; dabei ging es besonders um die Frage seiner Verbindungen zu SED und DKP. In dieser Situation wurde Schmitz vom Staatssicherheitsdienst nach möglichen Nachforschungen des Verfassungsschutzes an der Bremer Universität befragt. Einem Fragenkatalog seines Führungsoffiziers zufolge erhielt er den Auftrag, »alle Fakten zu Stuby generell [zu] erarbeiten«, insbesondere die Vorwürfe, die gegen ihn in »Richtung DDR« und »Richtung Weltfriedensrat« erhoben würden.[120]

Vor diesem Hintergrund war es wohl kein Zufall, dass sich an der Universität Bremen bald politischer Widerstand gegen die Einrichtung der Forschungsstelle Osteuropa rührte. Im »Perspektivplan« für die Zusammenarbeit zwischen der Stasi-Hauptabteilung XX und ihrem Pendant im KGB war 1981 vereinbart worden, die »inoffizielle Arbeit« in der offiziell noch gar nicht gegründeten Forschungsstelle Osteuropa zu ihrer »noch wirksameren Bekämpfung« zu verstärken.[121] Nach einem Bericht von Major Jaeckel kam es bei der Beschlussfassung im Akademischen Senat im Herbst 1981 zu »heftigen Auseinandersetzungen«. Der MSB Spartakus und der DKP nahestehende Wissenschaftler wie Professor Jörg Huffschmidt hätten das Institut als »Instrument der Einmischung in innere Angelegenheiten« der sozialistischen Staaten abgelehnt.[122] Auch die polnische Regierung meldete offiziellen Protest an und legte die Partnerschaftsbeziehungen zwischen Bremen und Gdansk auf Eis. Über die beiden tschechischen Dissidenten, die den Sicherheitsdienst in Prag so interessierten, wurde durch den damaligen Leiter der Bremer Landeszentrale für politische Bildung, Frank Boldt, der in Prag studiert hatte, das diskreditierende Gerücht verbreitet, sie seien in Wahrheit Geheimdienstspitzel.

Wie eng gerade die Zusammenarbeit mit dem tschechoslowakischen Geheimdienst war, geht aus einem Schreiben hervor, das die Stasi im September 1977 an die Prager »Bruderorgane« richtete. Darin ging es um »Ermittlungen« über den Direktor der Europäischen Verlagsanstalt, Tomas Kosta, der Bahros Buch *Die Alternative* im Westen verlegt hatte. Nach der Verhaftung seines Autors entfaltete Kosta vielfältige Aktivitäten, um seine Freilassung zu erreichen – Schmitz berichtete darüber nach Ostberlin und beschaffte auftragsgemäß auch Informationen über die Pressesprecherin des Verlags. Über Kosta, der von den Nationalsozialisten aus rassistischen Gründen ins Konzentrationslager gesperrt worden war, wollte die Stasi von den tschechoslowakischen Sicherheitsorganen wissen, ob »die Möglichkeit besteht, seine feindliche Position und Handlungen offiziell beweisbar zu dokumentieren«, das heißt, sie suchte nach Möglichkeiten, strafrechtlich gegen Kosta vorzugehen oder ihn zumindest durch entsprechendes Faktenmaterial im Westen zu diskreditieren.[123] In einem anderen Dokument geht es sogar ganz unverblümt um die Frage, welche Erkenntnisse es gebe, »die man zu seiner Kompromittierung nutzen könnte«. Die Stasi interessierte sich unter anderem für »Erfahrungen bei der Entlarvung von zweifelhaften Finanzquellen«, zum Beispiel bei der Finanzierung der »ideologischen Diversionstätigkeit« des tschechischen Emigranten Jiři Pelikán – die Antwort des tschechischen Geheimdiensts ließ nicht lange auf sich warten.[124]

Typen des West-IM – vier Berliner Journalisten

Weil der Arbeit unter Legende, wie bei den Maßnahmen zur Verunsicherung Bahros deutlich wurde, Grenzen gesetzt waren, bemühte sich die Staatssicherheit, feste nachrichtendienstliche Beziehungen zu ihren Zuträgern im Westen aufzubauen. Entscheidend war dabei die beiderseitige Geheimhaltung der Zusammenarbeit, wofür verschiedene Instrumente zur Verfügung standen: die Benutzung eines Decknamens, die Durchführung der Treffen in konspirativen Wohnungen, die Aushändigung einer Decktelefonnummer und, in der höchsten Form, einschlägige Spionagehilfsmittel wie tote Briefkästen, Deckadressen, Agentenfunk, Geheimschriftverfahren und eine so genannte Instrukteursverbindung. Diese Instrumente kamen im Regelfall nur dann zum Einsatz, wenn eine förmliche Werbung als IM erfolgt war. Aber auch bei förmlich geworbenen West-IM gab es unterschiedliche Abstufungen in der Zusammenarbeit – von zeitlich begrenzten Perioden regelmäßiger Treffs über eine langjährige Kooperation, die die Aushändigung vertraulicher Unterlagen einschloss, bis zum regelrechten Agentendasein, das den Einsatz einschlägiger technischer Hilfsmittel einschloss. Manche Journalisten brachen den Kontakt nach einiger Zeit wieder ab, andere hielten ihn bis zum Untergang des Staatssicherheitsdienstes aufrecht, inklusive eines letzten Entpflichtungstreffs, bei dem die Verhaltensregeln für die Zukunft ausgegeben wurden.

Als West-IM wurde beispielsweise der Berliner *Focus*-Redakteur Eberhard Vogt geführt, gegen den die Bundesanwaltschaft 1992 ein Ermittlungsverfahren wegen des Verdachts auf Spionage einleitete. Bekannt wurde der Fall aber erst im Juli 2000, als der Verlag in einer dürren Presseerklärung m[illegible] teilte, dass er das Arbeitsverhältnis zu einem seiner Mit[illegible] ter in gegenseitigem Einvernehmen aufgelöst habe, [illegible] aus Sicht der Chefredaktion eine vertrauensvolle Zus[illegible]nenarbeit nicht mehr möglich sei. »Die Gründe für d[illegible]rennung waren ungeklärte Kontakte des Journalisten z[illegible]inisterium für Staatssicherheit der DDR«, hieß es, und [illegible] Verlagsleitung beeilte sich hinzuzufügen, dass die ihr je[illegible]kannt gewordenen »problematischen Kontakte« zu[illegible]S in den achtziger Jahren entstanden seien, während [illegible]agazin erst seit 1993 existiere.[125]

Mit der Auflösung des Arbe[illegible]hältnisses wollte *Focus* einer geplanten »Enthüllung« d[illegible]rgangs durch andere Medien zuvorkommen. Dem Journalisten wurde vor allem verübelt, dass er bei seiner Einstellung das damals laufende Ermittlungsverfahren wegen des Verdachts auf Spionage verschwiegen hatte. Unter Kollegen galt Vogt indes bis dahin als jemand, dem die Aufarbeitung der DDR-Vergangenheit besonders am Herzen lag. In seinen Artikeln hatte er mehrfach beklagt, dass viele Spione in der Bundesrepublik noch immer nicht enttarnt seien, und die Hoffnung geäußert, dass neu entschlüsselte Datenbänder der Staatssicherheit Aufklärung bringen würden. Wie der *Spiegel* nach seiner Entlassung feststellte, enthielten ironischerweise gerade jene Bänder neues Belastungsmaterial gegen ihn.[126]

Beim Staatssicherheitsdienst war Vogt seit 1982 für die Spionageabteilung der Berliner Bezirksverwaltung als Quelle »Pfau« erfasst. Das Ermittlungsverfahren wurde 1995 eingestellt, weil keine beweiskräftigen Unterlagen (mehr) existierten. Vogt selber bestritt gegenüber dem *Spiegel*, »jemals wissentlich und willentlich für das MfS gearbeitet zu haben«.[127] Durch die Entschlüsselung der Datenbänder kann man inzwischen feststellen, welche Informationen die Stasi von der Quelle »Pfau« erhielt. Insgesamt sind dort dreiunddreißig Berichte registriert, die Vogts beruflichen Werdegang ziemlich genau widerspiegeln: So berichtete »Pfau« 1983 mehrfach aus dem »Leitungsgremium« der *Berliner Morgenpost*, bei der Vogt damals beschäftigt war. Ab 1984 lieferte die Quelle dann Berichte aus dem Umfeld des Westberliner Wissenschaftssenators, dessen Mitarbeiter Vogt war. Ende der achtziger Jahre schließlich wurden vor allem Informationen aus dem Bereich der Computertechnologie registriert, die wiederholt als »wertvolles Material und von hoher Bedeutung für die angewandte Forschung« eingeschätzt wurden – also wohl kaum, wie Vogt später behauptete, lediglich aus Fachzeitschriften stammten. Die Quelle selbst wird in den Bändern zunächst als »vertrauenswürdig«, später als »zuverlässig« bezeichnet, was die höchste Einstufung eines Informanten darstellte.[128]

Für die Hauptabteilung II/13 arbeitete der Westberliner Journalist Hans-Joachim Adomatis (»Hansen«). Seit Anfang der fünfziger Jahre war er freiberuflich für das *Extra-Blatt*, den *Tagesspiegel*, das *Spandauer Volksblatt* und den *Abend* tätig. Eine Zeit lang war er auch Redakteur der *Berliner Liberalen Zeitung*, die von der FDP herausgegeben wurde, der er 1968 wegen ihrer deutschlandpolitischen Vorstellungen beigetreten war. In seinen Artikeln beschäftigte sich Adomatis vielfach mit den deutsch-deutschen Beziehungen, wobei er sich für eine Verständigung zwischen der Bundesrepublik und der DDR einsetzte. Als politisches Fernziel schwebte ihm eine Art Konföderation vor.

Vom MfS wurde Adomatis seit 1963 bearbeitet. Drei Quellen aus seiner Umgebung berichteten damals ständig über ihn, sodass die Stasi gut über ihn informiert war. Als er sich 1972 an die DDR wandte, um etwas über den tödlichen Verkehrsunfall seines Bruders nahe den Grenzanlagen zu erfahren, wurde er deshalb gleich von dem MfS-Mitarbeiter Wolfram Meinel empfangen, dem gegenüber er sich nach einigen Treffen zur Zusammenarbeit bereit erklärte. Im November 1972 wurde er förmlich als Inoffizieller Mitarbeiter mit Feindberührung (IMB) geworben und erhielt den Decknamen »Gert Hansen«. Nach Auffassung der Staatsanwaltschaft unterzeichnete er dabei auch eine schriftliche Verpflichtungserklärung, was sich jedoch vor Gericht nicht zweifelsfrei klären ließ.

1973 wurde er im Auftrag der Hauptabteilung II/13 Mitglied und später Vorstandsmitglied der Deutschen Journalisten-Union; zudem gehörte er der Freiwilligen Polizeireserve an. Die Treffen mit dem MfS fanden alle vier bis acht Wochen statt, zunächst in Gaststätten, dann in konspirativen Wohnungen in Ostberlin. Adomatis erstattete dabei mündlich und schriftlich Bericht, besprach Tonbänder und übergab zahlreiche Schriftstücke. Das letzte offizielle Treffen fand am 15. Dezember 1989 statt, doch Anfang 1990 traf sich Adomatis noch zwei weitere Male mit seinem Führungsoffizier, bei denen dieser ihm mitteilte, dass es ihm nicht mehr gelungen sei, die über ihn geführten Akten zu vernichten. Bei jedem Treffen bekam er zwischen 200 und 500 DM. Nach Abzug seiner Auslagen erhielt er insgesamt mindestens 50 000 DM vom MfS, nach Einschätzung der Staatsanwaltschaft sogar rund 65 000 DM. Wegen geheimdienstlicher Agententätigkeit wurde er 1993 zu einer Freiheitsstrafe von einem Jahr auf Bewährung verurteilt.

»Um den beruflichen Neuanfang des Angeklagten nicht zu gefährden«, so das Gericht, sei darauf verzichtet worden, den Agentenlohn zurückzufordern.

Adomatis hatte unter anderem den Auftrag, sich den Geheimdiensten der USA zu nähern, wozu er unter anderem sein Promotionsthema wechseln sollte. Über seine Ehefrau hatte er gleichzeitig den Justizbereich abzuschöpfen. Darüber hinaus sollte er Informationen über westdeutsche Korrespondenten und DDR-Oppositionelle beschaffen. Tatsächlich berichtete er vor allem aus seinem Arbeitsbereich, dem Journalismus, sowie über die Tätigkeit in DJU, FDP und Freiwilliger Polizeireserve. Er lieferte dem MfS nicht nur so genanntes offenes Material wie Ausgaben des Landespressediensts, Fachzeitschriften (*Journalist*, *Die Feder*, *Medien*), Teilnehmerverzeichnisse der Berliner Pressekonferenz oder Anschriftenverzeichnisse führender FDP-Mitglieder, sondern berichtete auch über zahlreiche Personen aus seinem Umfeld, darunter Kommilitonen und Dozenten aus seiner Studienzeit, Parteifreunde aus der FDP, Mitglieder des SPD-Bezirksvorstands in seinem Wohnbezirk und mehrere, zum Teil in der DDR akkreditierte Journalisten, die er gelegentlich auf Informationsreisen durch Ostdeutschland begleitete. Darüber hinaus bekam die Stasi von ihm politische Einschätzungen zu deutschlandpolitischen Fragen, zu Entwicklungen im Medienbereich und zur Politik von Senat und FDP sowie Stimmungsberichte aus Junger Union, FDP und SPD. Unter anderem schilderte er dem MfS einen Zwist über den völkerrechtlichen Status von Ostberlin zwischen dem Berliner FDP-Vorsitzenden Walter Rasch und Hans-Rüdiger Karutz, einem Redakteur der *Welt*, was insofern von Bedeutung ist, als Karutz vom Staatssicherheitsdienst wegen seiner DDR-kritischen Artikel als »Feindperson« betrachtet wurde. Von ähnlicher Relevanz war das kircheninterne Material, das Adomatis dem MfS im April 1988 über die Durchsuchung der Ostberliner Umweltbibliothek übergab.

Ein dritter Fall eines West-IM ist der des Westberliner Journalisten Felix-Erik Laue, der für die Desinformationsabteilung als IM »Luft« tätig war.[129] Aufgrund der Abschriften, die der Verfassungsschutz in Amerika von der HVA-Agentenkartei anfertigen konnte, wurde Laue im Februar 1994 verhaftet und ein Jahr später wegen Spionage angeklagt. Den Ermittlungen der Bundesanwaltschaft zufolge arbeitete er seit 1980 für die Stasi und traf sich regelmäßig mit Führungsoffizieren in Ostberlin. Bis zur Auflösung des MfS Ende 1989 soll er mehr als 100 000 DM Agentenlohn erhalten haben.

Aus Sicht der Stasi war Laue das Geld wert. Als stellvertretender Vorsitzender des CDU-Ortsverbandes Kurfürstendamm hatte er Zugang zu führenden Politikern der Berliner Union. Regelmäßig tauchte er zum Beispiel in der Kanzlei des stellvertretenden Fraktionsvorsitzenden Uwe Lehmann-Brauns auf, angeblich um Informationen für seinen privaten Pressedienst zu sammeln. Nachrichtendienstlich interessant wurde er vor allem, nachdem er 1986 Kontakt zum Chef des Bundeskanzleramts, Waldemar Schreckenberger, bekam. Schreckenberger, ein Schulfreund des damaligen Bundeskanzlers Helmut Kohl, war oberster Beamter des Bonner Regierungsapparats und zugleich Herr der westdeutschen Nachrichtendienste. Laue schaffte es, sein Vertrauen zu gewinnen, und wurde fortan etwa drei- bis viermal im Jahr zu ausführlichen Gesprächen im Kanzleramt empfangen. Um Laues Schilderungen aus der Bonner Regierungszentrale möglichst frisch anzuhören, stellte Stasi-Oberst Rolf Rabe sogar Sicherheitserwägungen zurück und begab sich zum Treff nach Westberlin.

In einer Datenbank der HVA kann man nachlesen, was die Quelle »Luft« der Stasi geliefert hat. Für die Zeit zwischen 1980 und 1989 sind dort insgesamt 104 Berichte verzeichnet, die überwiegend die politische Situation in Westberlin betreffen. Anhand der Unterlagen ist zu verfolgen, wie die Quelle zunehmend kräftiger sprudelte: Während sie anfangs noch als »nicht überprüft« eingestuft wurde und über verhältnismäßig abseitige Themen wie »Meinungen portugiesischer Diplomaten zur politischen Entwicklung ihres Staates« (Juni 1980) berichtete, galt sie ein Jahr später bereits als »vertrauenswürdig« und referierte beispielsweise die »Haltung des FDP-Politikers [Guido] Brunner zu Verhandlungsangeboten der DDR« (Juli 1981). In der Folge kamen die Berichte in immer dichterer Folge und beinhalteten Stellungnahmen führender Politiker aller Parteien. Auch zum Pressechef der französischen Militärmission hatte die Quelle »Luft« offensichtlich ein gutes Verhältnis. Ab 1986 – dem Jahr der Kontaktaufnahme zu Kanzleramtschef Schreckenberger – finden sich dann Berichte unter dem vermutlich bewusst unscharf gehaltenen Titel »Äußerungen eines leitenden Beamten der Bundesregierung«. Regelmäßig erfuhr die Stasi zudem das Neueste »zur Situation in der Westberliner CDU« und erhielt Personeneinschätzungen über Eberhard Diepgen und Richard von Weizsäcker. Hin und wieder lieferte die Quelle ein internes Protokoll aus dem Ausschuss für Bundesangelegenheiten und Gesamtberliner Fragen, in dem die Stasi auch durch den SPD-Abgeordneten Bodo Thomas (»Hans«) vertreten war. Schließlich standen der RIAS und dessen damals geplantes Fernsehprogramm sowie Berlin-politische Fragen wie die Vorbereitungen auf die 750-Jahr-Feier oder die Erweiterung der S-Bahn auf der Themenliste. Dennoch war »Luft« offenbar kein Spitzenagent, denn seine Berichte wurden auf der fünfstufigen Bewertungsskala der Stasi fast immer mit der Note III bewertet.

Nach seiner Verhaftung im Februar 1994 – der Haftbefehl wurde gegen eine Kaution von 30 000 DM ausgesetzt – reagierte Laue teils konfus, teils aggressiv: Beim Berliner Bund der Steuerzahler, dessen Vorsitzender er war, meldete er sich krank. Der Presse gegenüber erklärte er, dass er sich aus rein journalistischem Interesse mit »Leuten aus Ostberlin« getroffen, aber »niemals Kontakt zum MfS« gehabt hätte.[130] Als in der CDU Stimmen laut wurden, die seinen Ausschluss forderten, trat er aus der Partei aus. Gleichzeitig ließ er verlauten, bei den Ermittlungen der Bundesanwaltschaft handele es sich um ein »Komplott«, das damit zusammenhänge, dass er als Vorsitzender des Steuerzahlerbundes Kritik an der Finanzpolitik des Senats geübt habe. Diesen Posten wolle er auf jeden Fall beibehalten, da ein Rücktritt einem Schuldbekenntnis gleichkäme: »Wenn ich in einem Verfahren, das mit der reinen Beschuldigung erst in der ersten Stufe ist, alles wegwerfe, kann ich gleich einen Strick nehmen.«[131] Am folgenden Tag beurlaubte ihn der Vorstand jedoch von seinem Amt. Nachdem die Bundesanwaltschaft im Januar 1995 Anklage erhoben hatte, beging Laue im November desselben Jahres Selbstmord. In seinem Abschiedsbrief an die Medien behauptete er, von Bundesregierung, Berliner CDU und CIA verfolgt worden zu sein. Der gegen ihn angestrengte Spionageprozess wäre auf der Grundlage gefälschter Unterlagen geführt worden und von »politischen Weisungen« bestimmt gewesen. Sein Geständnis vor der Bundesanwaltschaft habe er nur abgelegt, um aus der Untersuchungshaft freizukommen. Wörtlich schrieb er kurz vor seinem Tod: »Der Vorgang hat meine Gesundheit irreparabel angegriffen, meine Existenz vernichtet. Im rechtlichen ... wie im moralischen Sinn schuldlos, muss ich das Verfahren nun in eigener Konsequenz beenden ...«[132]

Unklar ist bis heute, ob Laue auch für desinformatorische Aktivitäten benutzt wurde. Geführt wurde der 1979 registrierte Vorgang vom Referat 3 der HVA-Abteilung X, das für die »Schaffung und Steuerung von Einflussagenturen (Kanäle, Multiplikatoren)« zuständig war. Zwei Jahre zuvor hatte Laue in der *Quick* einen Artikel veröffentlicht, der die aufstrebenden CDU-Nachwuchspolitiker um Eberhard Diepgen in Bedrängnis brachte, denn er hatte behauptet, der CDU-Fraktionsvorsitzende im Berliner Abgeordnetenhaus, Klaus Landowsky, und der Bundestagsabgeordnete Gero Pfennig hätten Kontakte zum kriminellen Bordellmilieu und zu kommerziellen Fluchthilfeunternehmen. Laue wurde in der Folge wegen »übler Nachrede« verurteilt und musste an Pfennig ein Schmerzensgeld entrichten; außerdem erhielt er eine Rüge vom Presserat. Einige Jahre später wurde er von Diepgen damit beauftragt, gegen Honorar das Wahlkampf-Info *CDU-extra* mitzugestalten, was zu Spekulationen darüber führte, dass er auf diese Weise womöglich zum Schweigen gebracht werden sollte. Bei seiner Verhaftung verlautete aus Sicherheitskreisen, der von ihm herausgegebene Pressedienst hätte dem MfS dazu gedient, kompromittierende Interna über den Berliner Senat zu verbreiten.[133] Auf jeden Fall erwies sich dieser Dienst als nützliche »Eintrittskarte« für Gespräche mit führenden CDU-Politikern.

Ein anderer, wirklich hochkarätiger West-IM, der viele Jahre im Dienst des MfS stand, war der Vorsitzende der Westberliner Pressekonferenz, Karl-Heinz Maier. Der Journalist, der 1948 angeblich Hauptmann der israelischen Armee und Mitglied der Israelischen Arbeiterpartei war,[134] kam 1955 als

Korrespondent der *Westfälischen Rundschau* nach Berlin und leitete seit 1968 das Westberliner Studio der Deutschen Welle. Vor allem durch seine Tätigkeit für die Pressekonferenz, einer Arbeitsgemeinschaft der Chefredaktionen Berliner Medien, fand er Zugang zu höchsten politischen und wirtschaftlichen Kreisen. Als Mitglied der SPD gelang es ihm, für die jeweils im Dezember stattfindenden Jahresessen der Berliner Pressekonferenz prominente Spitzenpolitiker aus aller Welt zu gewinnen – etwa den französischen Staatspräsidenten François Mitterrand, den israelischen Staatspräsidenten Chaim Herzog und den österreichischen Bundeskanzler Bruno Kreisky. In Westberlin unterhielt er enge Kontakte zum jeweiligen Regierenden Bürgermeister, von Brandt über Schütz, Stobbe und von Weizsäcker bis zu Eberhard Diepgen. Auch zu den Repräsentanten der Alliierten hatte er beste Verbindungen. Wegen seiner Verdienste wurde Maier mit dem Großen Bundesverdienstkreuz, dem Orden des Britischen Empire und dem Großen Ehrenzeichen der Republik Österreich ausgezeichnet. Als er 1996 verstarb, sprach Berlins Regierender Bürgermeister Diepgen von einem »schweren Verlust« und erklärte, eines Tages werde man sich der Zeit entsinnen, »als Karl-Heinz Maier mit Umsicht und menschlicher Wärme den Regierenden ihre Geheimnisse entlockte«.[135]

Die Bundesanwaltschaft hatte sich schon 1994 dieser Zeit entsonnen und aufgrund von Hinweisen aus der in den USA lagernden Agentenkartei der HVA ein Ermittlungsverfahren eingeleitet. Hochrangige MfS-Offiziere bestätigten später den Verdacht und erklärten, Maier habe auch zu Spionagechef Markus Wolf persönlichen Kontakt gehabt. Seit 1956 arbeitete Maier unter dem Decknamen »Komet« als IM und lieferte der Staatssicherheit eine Fülle von Berichten.[136] Allein zwischen 1969 und 1987 registrierte die HVA dreihundertneun Einzelinformationen aus dieser Quelle – im Durchschnitt kam also alle zwanzig Tage ein Bericht. Aufgrund seiner guten Kontakte zur Westberliner SPD-Spitze konnte Maier die Stasi stets über deren aktuelle politische Überlegungen und die neuesten Kräfteverschiebungen auf dem Laufenden halten. So übermittelte er regelmäßig interne Äußerungen des Regierenden Bürgermeisters Stobbe, aber auch Egon Bahr,

Klaus Schütz und Hans-Jochen Vogel wurden laufend von ihm abgeschöpft. In Bonn zählten vor allem die Parteisprecher Wolfgang Clement und Lothar Schwarz zu seinen Informationsquellen. Ferner berichtete er über Gespräche mit dem stellvertretenden SPD-Vorsitzenden Hans-Jürgen Wischnewski, Kanzleramtschef Horst Ehmke, Regierungssprecher Klaus Bölling, dem Ständigen Vertreter der Bundesrepublik in Ostberlin, Günter Gaus, dem hessischen Ministerpräsidenten Holger Börner, dem CDU-Politiker Richard von Weizsäcker, SPD-Chef Brandt und vielen anderen. Zahlreiche Berichte gaben zudem Gespräche mit dem heutigen amerikanischen Botschafter in Deutschland, John C. Kornblum, wieder, der damals die US-Mission in Westberlin leitete. Außerdem lieferte Maier der Stasi eingehende Informationen über seine Auslandsreisen und über Gespräche mit in Berlin weilenden ausländischen Staatsgästen.

Dem Themenprofil der Berichte kann man entnehmen, dass die Stasi »Komet« in erster Linie zur Informationsbeschaffung »auf der SPD-Linie« einsetzte. Dazu passt, dass er vom Stasi-Referat HVA/II/4 geführt wurde, das für die Ausforschung der SPD zuständig war. Aber auch aus dem Medienbereich finden sich immer wieder Berichte. Wiederholt informierte Maier beispielsweise über die Lage bei seinem Arbeitgeber, der Deutschen Welle, zu dessen Intendanten, dem ehemaligen Regierenden Bürgermeister von Berlin, Klaus Schütz, er ein gutes Verhältnis hatte. Auch über Hintergrundgespräche mit Journalistenkollegen berichtete er der Stasi, beispielsweise wenn ihm der *NRZ*-Redakteur Horst Büscher seine Beobachtungen und Ansichten im Zusammenhang mit dem Prozess gegen den Dissidenten Robert Havemann schilderte oder einer von dessen Kollegen seine Meinung über einen Parteitag der KPdSU darlegte. Oftmals gab er auch Erkenntnisse weiter, die er aus, wie es die Stasi nannte, »führenden Journalistenkreisen« gewonnen hatte. Über den Publizisten Johannes Groß lieferte er zudem eine ausführliche Personencharakteristik. Des weiteren informierte er über Reaktionen auf die Strafmaßnahmen, welche die DDR gegen westdeutsche Korrespondenten verhängte, weil ihr deren Berichterstattung nicht behagte. Wegen seines plötzlichen

Todes Anfang 1996 kam es zu keinem Prozess mehr gegen Maier.

Der Übersiedlungs-IM – ein langjähriger *Spiegel*-Redakteur

Zu den Methoden des Staatssicherheitsdiensts zählte es auch, DDR-Bürger gezielt in den Westen zu schicken, damit sie dort im Journalismus und anderswo Fuß fassten. In keinem anderen Land war diese Vorgehensweise so leicht umzusetzen wie in Deutschland. Vor dem Mauerbau gaben sich die Stasi-Agenten meist als politische Flüchtlinge aus, später oft als Übersiedler, die jahrelang auf ihre Ausreise hatten warten müssen. Viele bekamen auch eine neue Identität, sodass ihre Herkunft nicht zurückzuverfolgen war. Die Auswahl der Kandidaten, ihre Umsiedlung in die Bundesrepublik und ihre Etablierung in einem »feindlichen Objekt« waren Teil eines akribisch geplanten Prozesses, der sich oftmals über Jahre hinzog und durch ausgefeilte Vorschriften geregelt war.[137]

Der bekannteste Fall eines eingeschleusten Stasi-Mitarbeiters war der des Ostberliner Verlagsmitarbeiters Günter Guillaume, der 1956 als »Flüchtling« in Frankfurt am Main auftauchte, um für die Stasi Quellen in der SPD zu erschließen. Als er 1974 verhaftet wurde, hatte er es bis zum persönlichen Referenten von Bundeskanzler Willy Brandt gebracht.[138] Einen ähnlichen Hintergrund hatte der langjährige *Spiegel*-Redakteur Diethelm Schröder, der nur wenige Monate nach Guillaume vom Staatssicherheitsdienst in den Westen expediert worden war.[139] Schröder, der in der DDR im Verlag der Nation gearbeitet und für die *Nationalzeitung* und die *Deutsche Woche* geschrieben hatte, war Mitte der fünfziger Jahre von der HVA angeworben worden, die ihn unter dem Decknamen »Schrammel« als Perspektivagent in den Westen einschleusen wollte. Nach einer Ausbildung im einseitigen Funkverkehr »flüchtete« er 1956 in die Bundesrepublik und arbeitete zunächst bei der Koblenzer *Rhein-Zeitung*. Ausschlaggebend für seine Bereitschaft, mit dem MfS zusammenzuarbeiten, waren offensichtlich ideologische Gründe. Vielleicht hing sie aber auch damit zusammen, dass er am Ende des Zweiten Weltkriegs als vierzehnjähriger Jungvolkführer zur Bekämpfung sowjetischer Panzer eingezogen und anschließend drei Jahre interniert worden war.

Im Westen erhielt Schröder wöchentlich über Funk chiffrierte Anweisungen. Schon 1961 konnten diese vom Verfassungsschutz entschlüsselt werden, doch ein daraufhin eingeleitetes Ermittlungsverfahren wurde 1965 eingestellt, weil die Beweismittel, wie es hieß, »nicht gerichtsverwertbar« waren. Die Funksprüche, die ein ungewöhnlich detailliertes Bild seiner Zusammenarbeit mit dem MfS geben, fanden deshalb erst in Schröders Prozess im Herbst 1992 Verwendung. Das Spektrum der Nachrichten reichte von Grüßen zum 40. Jahrestag der Oktoberrevolution über Aufforderungen, ein Lebenszeichen zu übersenden, bis hin zu konkreten Aufträgen. Im November 1957 sollte Schröder beispielsweise einen Stimmungsbericht zur NATO-Gipfelkonferenz liefern, und im Februar 1958 wollte man wissen, wie der Parteiausschluss des SED-Politikers Karl Schirdewan im Westen aufgenommen wurde. Im April forderte man einen Bericht über den Besuch des stellvertretenden sowjetischen Ministerpräsidenten Anastas Mikojan in Bonn an; im Juli und August ging es um bestimmte militärische Informationen; im August kam der Auftrag, eine Mitarbeiterin des diplomatischen Kurierdiensts zu observieren und Kontaktmöglichkeiten zu sondieren; im September sollte Schröder nach einem Mann fahnden, der angeblich im Verdacht stand, eine homosexuelle Beziehung zum damaligen Außenminister Heinrich von Brentano – dem eigentlichen »Erfinder« der strikten Nicht-Anerkennungspolitik gegenüber der DDR – zu unterhalten. Regelmäßig beschwerte sich die Zentrale zudem über die Disziplinlosigkeit ihres Agenten, der seine Termine nicht einhielt und immer wieder an seine Berichterstattungspflichten erinnert werden musste. Während die Funksprüche recht prosaisch daherkamen (»karte und paeckchen erh. wuenschen viel erfolg«), war der Merksatz für ihre Entschlüsselung um so lyrischer: »Welken muss die Blüte in der Zeiten Flucht, aber im Gemüte bleibt die reife Frucht.« Diesen Satz hatte sich Schröder zur Erinnerung in seinen Notizkalender geschrieben, außerdem zwei Ostberliner Deckadressen. Obwohl der Kalender bereits 1964 bei einer Hausdurchsuchung gefunden worden war, reichte er nicht für eine Verurteilung aus.

In den frühen sechziger Jahren arbeitete Schröder zunächst als Nachrichtenredakteur bei Associated Press, bis er 1965 ins Bonner Büro der *Bild*-Zeitung wechselte, dessen Leitung er später übernahm. Aus Sicherheitsgründen hatte die Stasi damals den Kontakt unterbrochen, doch seit Mitte der sechziger Jahre sandte sie erneut einen »Instrukteur«, der sich regelmäßig in Westdeutschland mit Schröder traf. Dabei handelte es sich um den Ostberliner Lehrer Werner Gärtner, der seit 1963 unter dem wenig phantasievollen Decknamen »Gärtner« als hauptamtlicher IM für das MfS tätig war. Gärtner reiste damals etwa achtmal pro Jahr mit einem falschen Pass in die Bundesrepublik, um von Schröder mündliche Berichte und Papiere entgegenzunehmen, die er anschließend in einer Aktentasche mit doppeltem Boden, einem so genannten Container, in die DDR schmuggelte. In umgekehrter Richtung überbrachte er Aufträge zur Informationsbeschaffung, wobei sich die Stasi besonders für die Ansichten westdeutscher Spitzenpolitiker zu aktuellen, die DDR betreffenden Fragen interessierte. Angeblich soll Schröder auch Desinformationen der Stasi in die *Bild*-Zeitung und später den *Spiegel* lanciert haben.[140] Für seine Dienste erhielt er vom MfS die Verdienstmedaille in Bronze, Silber und Gold sowie eine umfangreiche »Auslagenerstattung«.

Dennoch war das MfS unzufrieden mit der Qualität seiner Berichte. Anders als bei Günter Guillaume ließ bei ihm die Motivation zur Spionage unter den Bedingungen der westlichen Gesellschaft offenbar nach. Aus diesem Grund lud man ihn 1967 in den idyllischen Badeort Orebić in Jugoslawien ein und veranstaltete Anfang der siebziger Jahre eine Reihe von Führungstreffs in Ostberlin, bei denen Schröder auch mit dem späteren HVA-Chef Werner Großmann zusammentraf. Nach einer kurzzeitigen Unterbrechung des Kontakts – das MfS erteilte Schröder wegen einer DDR-kritischen Serie in der *Bild*-Zeitung auf Bitten des ostdeutschen Presseamts ein mehrjähriges Einreise- und Durchreiseverbot[141] – setzte die

Stasi 1972 mit dem Ostberliner Professor Lemm (IM »Weinert«) einen neuen Instrukteur ein, der in der Regel zweimal im Jahr in der Bundesrepublik mit Schröder zusammenkam. 1974 wechselte Schröder dann zum *Spiegel*, in dessen Bonner Redaktion er mehr als ein Jahrzehnt für die Verteidigungspolitik zuständig war. In dieser Eigenschaft freundete er sich unter anderem mit Manfred Wörner an, der ihn, als er Verteidigungsminister wurde, zu seinem Pressereferenten machen wollte. Stasi-Mitarbeiter berichteten vor Gericht, dass Schröder in dieser Zeit zunehmend widerspenstig geworden sei und vereinbarte Treffermine nicht wahrgenommen habe; im Herbst 1982 habe er dem MfS letztmalig Material überlassen. Versuche, den Kontakt wiederzubeleben, blieben erfolglos, so dass die HVA den Vorgang 1987 beendete und die Akte archivierte.

In den Archiven des Bundesbeauftragten finden sich über all dies kaum noch Spuren. Aus den spärlichen Unterlagen geht nur hervor, dass Schröder von der HVA 1955 unter dem Decknamen »Schrammel« als IM registriert und – im Zuge einer Neuorganisation – ab 1960 mit einer neuen Nummer weitergeführt wurde. Sein letzter Führungsoffizier, Kohlhagen, von der für die Ausforschung des Regierungsapparats zuständigen HVA-Abteilung I, gab die Akte erst 1988 ins Archiv – wo sie 1990 wahrscheinlich vernichtet wurde.[142]

Durch die Entschlüsselung einer Datenbank der HVA, die bei Schröders Prozess noch nicht zur Verfügung stand, kann man heute für die Zeit ab 1969 relativ genau rekonstruieren, was »Schrammel« der Stasi geliefert hat. In ihr sind fünfunddreißig Berichte registriert, der letzte vom August 1986. Inhaltlich reicht das Spektrum von Informationen über Differenzen zwischen führenden SPD-Politikern im Wahlkampf von 1969 bis zu den Ansichten des damaligen Bundesaußenministers Genscher zu aktuellen politischen Problemen im April 1986. Während anfangs die Ostpolitik einen großen Raum einnahm, lieferte der als »zuverlässig« eingestufte »Schrammel« später vor allem militärische Informationen, die häufig mit der Note I oder II bewertet wurden: etwa über das amerikanische Mehrzweckflugzug F-111, das SDI-Projekt der USA, den so genannten Bundeswehrplan oder ein Positionspapier von Horst Ehmke für die Genfer Abrüstungsverhandlungen, das »Schrammel« im Wortlaut übermittelte.

Unerklärlich ist, warum die nachrichtendienstliche Verbindung zum MfS intakt blieb, obwohl sie bereits in den sechziger Jahren von den westdeutschen Sicherheitsbehörden aufgedeckt worden war. War Schlamperei im Spiel, konnte man sich so viel Kaltblütigkeit nicht vorstellen, oder ließ man die Verbindung mit Absicht bestehen, um sie besser beobachten zu können? In den Stasi-Akten finden sich keine Antworten auf diese Fragen. In einer internen Kurzauskunft von 1984 ist lediglich vermerkt, dass Schröder 1964 wegen des Verdachts auf »verräterische Beziehungen« vorläufig festgenommen worden sei. Deshalb spiele er in einer HVA-Akte eine Rolle, in der Personen erfasst waren, die »im Blickpunkt gegnerischer Abwehrorgane standen«.[143] Darüber hinaus existiert eine Registrierung aus dem Jahr 1963 im Vorgang »Distel«, den die für Gegenspionage zuständige HVA-Abteilung IX führte und in dem auch der ehemalige *Spiegel*-Mitarbeiter Erich Kuby erfasst war – vermutlich ein »Sicherungsvorgang«, in dem möglicherweise Personen registriert waren, die in Westdeutschland als Agenten verdächtigt wurden.[144]

Die Schwierigkeiten der Justiz bei der Strafverfolgung illustriert eine Episode, die sich am Rande der Hauptverhandlung gegen Schröder im November 1992 abspielte, in der ein gewisser Rolf Weißbach aus Ostberlin aussagte, niemals für das MfS gearbeitet zu haben. Nur wenige Tage später erschien jedoch in der *Frankfurter Allgemeinen Zeitung* ein Artikel über eine Sitzung des Schalck-Untersuchungsausschusses, der ebenfalls von einem Rolf Weißbach aus Ostberlin handelte. Dem Artikel zufolge ging aus Unterlagen des Ausschusses hervor, dass Weißbach Mitarbeiter der HVA und bei Schalck mit der »Freimachung von Konten und Erbschaften« im Westen beauftragt gewesen sei.[145] Tatsächlich fand sich später in der Stasi-Akten-Behörde eine Karteikarte, der zufolge er seit 1957 bei der HVA registriert war. Mangels weiterer Unterlagen wurde jedoch keine Anklage wegen Falschaussage erhoben.

Aus der DDR übergesiedelt wurde auch der Westberliner Fernsehjournalist Karl(-Heinz) Kaiser, den die Stasi als IM »Alexander Prinz« führte.[146] Die Hauptabteilung II/13 war auf ihn aufmerksam geworden, als er 1983 versuchte, dem ARD-Büro in Ostberlin Fotonegative aus der Zeit des Zweiten Weltkriegs zu verkaufen. Da er einen Ausreiseantrag gestellt hatte, veranlasste sie ihn zunächst, den Antrag zurückzunehmen. Nachdem das Verhältnis so weit gediehen war, dass er eine Schweigeverpflichtung unterschrieb, stellte er 1984 im Einvernehmen mit dem MfS einen neuen Antrag und verpflichtete sich schriftlich zur Zusammenarbeit. Schon damals stand fest, dass er »in die Ausgangsbasen des Gegners im Medienbereich Westberlin« eindringen sollte. Kurz vor seiner Übersiedlung im Dezember erfuhr er dann von seinen Führungsoffizieren Manfred Spalteholz und Matthias Wittenberg von der Hauptabteilung II/13 seine künftige geheimdienstliche Aufgabe.

In Westberlin arbeitete Kaiser zunächst als freier Mitarbeiter für SFB, RIAS und *Berliner Morgenpost*. Ab 1986 war er bei einem privaten Fernsehsender, dem Fernsehstudio Kurfürstendamm, angestellt. Die Zusammenarbeit mit dem MfS erfolgte nach allen Regeln des Handwerks: geheime Treffen im Ausland, Schulung in der Verwendung von Sichtzeichen für Notfälle, toten Briefkästen und Möglichkeiten der verschlüsselten Kontaktaufnahme, Aushändigung gefälschter Personaldokumente, eines Tonaufzeichnungsgeräts und eines präparierten Buchs zum Transport von Dokumenten (Container). Die Stasi finanzierte ihm zudem ein Auto, damit er leichter zu den Trefforten gelangen konnte, mehrere Reisen sowie eine Fotoausrüstung, die er für seine Agententätigkeit brauchte. In den verbleibenden fünf Jahren bis zum Ende des MfS fanden mindestens neununddreißig Treffen statt, das letzte im Dezember 1989. Kaiser berichtete fortlaufend über seinen Arbeitsbereich und zahlreiche Journalistenkollegen. Er fertigte mehrfach heimlich Ablichtungen von deren Telefon- und Adressverzeichnissen an und übergab der Stasi auch Fotos von ihnen. Spezielle Ausforschungsaufträge, etwa über einen Redakteur der *Berliner Morgenpost*, führte er ebenfalls für seine Führungsoffiziere aus. Im Auftrag des MfS trat er 1988 der CDU bei, die er gleichermaßen ausspionierte. So berichtete er über einzelne Parteimitglieder, über den Wahlkampf der Union sowie über die Teilnehmer und Referenten einer von der CDU organisierten Reise nach Bonn. Auch die Aktivitäten der Republikaner, die Gründung eines so genannten Medienclubs in Westberlin sowie die Arbeit der Hilfsorganisation für ehemalige DDR-Bürger »Gilde« waren Gegenstand seiner Berichte. Im Mai 1996 wurde Kaiser vom Kammergericht Berlin zu einer Bewährungsstrafe von acht Monaten verurteilt. Von den über 85 000 DM, die er seit seiner Ausreise vom MfS erhalten hatte, fielen nur 13 000 DM an die Staatskasse – laut Gericht der Wert des Agentenlohns, der dem Angeklagten »nach Abzug seiner Unkosten« verblieben sei.

Die Spitzenquelle – ein Bonner Parteichef

Die vielfältigen Einsatzmöglichkeiten von Journalisten führten dazu, dass sich manche von ihnen in der Praxis eher als reißender Informationsstrom denn als tröpfelnde Quelle erwiesen. Ein Beispiel dafür ist die Quelle »Max«, die mit 1281 zwischen 1973 und 1987 registrierten Eingangsinformationen zu den »Top Ten« im Heer der Stasi-Lieferanten zählte. Der Agent der HVA-Abteilung II brachte im Durchschnitt alle vier Tage eine neue Information, in den frühen achtziger Jahren sogar noch häufiger. Damals verbuchte die Stasi jedes Jahr weit über einhundert Berichte auf das Konto von »Max«.[147]

In der Öffentlichkeit wurde lange gerätselt, wer der Spion gewesen sein könnte, der über Jahre hinweg vor allem über den Parteivorstand der SPD und die sozialliberale Bundesregierung berichtete. »Max« musste direkten Zugang zu sozialdemokratischen Parteigrößen gehabt haben, die ihn kontinuierlich über Diskussionen und Entscheidungen der SPD-Spitze ins Bild setzten. Auch über den Bundesvorstand des DGB, die Leitung der Friedrich-Ebert-Stiftung, das Auswärtige Amt und die Sozialistische Internationale berichtete »Max« regelmäßig. Zudem beschaffte er detaillierte Informationen über die Aktivitäten der Parteilinken, insbesondere während der Debatten um die NATO-Nachrüstung. Vor allem aber fiel auf, dass seine Berichte häufig von Nordrhein-Westfalen und der dort regierenden SPD handelten.

Erst im Sommer des Jahres 2000 wurde die Identität des Informanten gelüftet. Der Redakteur des *Tagesspiegels*, Jürgen Schreiber, der mit einem Bericht über die Stasi-Lauschangriffe auf führende Unionspolitiker eine monatelange Debatte ausgelöst hatte, ob die Protokolle abgehörter Telefongespräche des früheren Bundeskanzlers Helmut Kohl zur Aufklärung der CDU-Parteispendenaffäre zugänglich gemacht werden sollten, hatte ein MfS-Dokument gefunden, in dem es um illegale Finanzpraktiken der SPD ging. Die Quelle der Information, die die Stasi im November 1984 an die SED-Spitze weitergeleitet hatte, war eben jener IM »Max«. Nachfragen bei der Bundesanwaltschaft in Karlsruhe ergaben, dass es sich dabei um den Bonner Journalisten und SPD-Politiker Rudolf Maerker handelte.[148]

Nach Erkenntnissen der Bundesanwaltschaft, die beim Prozess gegen den Leiter der HVA-Abteilung II (Parteien), Kurt Gailat, eine Rolle spielten, hatte sich Maerker um 1968 herum dem MfS zur Mitarbeit angeboten. Dort wurde er zunächst von der Desinformationsabteilung (HVA/X), spätestens ab Mitte der siebziger Jahre dann vom SPD-Referat HVA/II/4 geführt.[149] Seine Berichte sprach er auf Tonbänder oder Kassetten, die er jeden Monat seiner Führungsstelle zukommen ließ. Mehrfach nahm SPD-Experte Gailat persönlich an den Führungstreffs mit Maerker teil. Vor allem wegen der Bandbreite seiner Informationen, so die Bundesanwaltschaft, sei er von der HVA als wichtige Quelle eingeschätzt worden.

Da der Aktenvorgang des Staatssicherheitsdiensts zur Quelle »Max« in der Wendezeit vernichtet wurde, ist der Fall bis heute nur in Umrissen zu rekonstruieren; auch über die Motive der Zusammenarbeit herrscht Unklarheit. Nach dem Krieg wurde der 1927 im Rheinland geborene Maerker zunächst Mitglied der KPD und war Mitarbeiter der Westabteilung des Ostberliner Deutschlandsenders. Im Zusammenhang mit den stalinistischen Kommunistenverfolgungen – der Chefredakteur des Senders, Leo Bauer, wurde 1950 verhaftet und zwei Jahre später als angeblicher amerikanischer Spion von einem sowjetischen Militärgericht zum Tod verurteilt, später jedoch in den Westen entlassen – flüchtete Maerker 1952 nach Westdeutschland und wurde Mitarbeiter des Parteivorstands der SPD. Bis 1966 arbeitete er unter dem Decknamen »Rudi Baumann« beim Ostbüro der SPD, das den Kontakt zu den in die Illegalität gedrängten Sozialdemokraten in Ostdeutschland aufrechterhielt und vom MfS massiv bekämpft wurde. Der Stasi vorliegende »inoffizielle Hinweise« besagten, dass er in dieser Zeit mit dem Bundesamt für Verfassungsschutz zusammenarbeitete.[150] 1967 war Maerker dann Leiter der Presseabteilung im Wiedervereinigungsreferat der SPD, ab 1970 freiberuflicher Journalist, der unter anderem für den *Vorwärts* und die Ost-West-Redaktion des Deutschlandfunks tätig war. Seit Mitte der sechziger Jahre bis zu seinem Tod im November 1987 war der als links stehend geltende Maerker Vorsitzender des SPD-Ortsverbandes Bonn-Beuel. Von 1967 bis 1986 war er außerdem Chef des SPD-Unterbezirks Bonn, also Parteichef der Bundeshauptstadt, von 1973 bis 1987 Mitglied des Bezirksvorstands Mittelrhein. Er gehörte der Medienkommission des Parteivorstands an und bereitete in der Reformkommission die Parteireform von 1970/71 vor. Aufgrund dieser Funktionen hatte er enge Kontakte zu sozialdemokratischen Spitzenpolitikern wie Hans-Jürgen Wischnewski und Horst Ehmke. Wegen seiner Verdienste um die Partei trägt das Bonner SPD-Gebäude bis heute den Namen eines Stasi-Agenten.[151]

Anfang der siebziger Jahre veröffentlichte Maerker zusammen mit dem Juso-Vorsitzenden des Bezirks Mittelrhein, Peter Krause, ein Buch mit dem programmatischen Titel *Sozialismus ist das Ziel*, das die marxistischen Traditionen der Partei bis 1933 herausstellte. Der Verlag, so konnte man im Vorwort lesen, messe diesem Buch eine besondere Bedeutung bei, weil es die von vielen gesponnene Legende von der »liberalen Reformpartei« widerlege. Gemeint war, dass die SPD anfangs weit sozialistischer gewesen war, als ihre Führer es mittlerweile wahrhaben wollten.[152] Dies wäre kaum erwähnenswert, wenn nicht der Herausgeber, der Verleger Hans Frederik, höchstwahrscheinlich selber Einflussagent von MfS und KGB gewesen wäre. Die früheren Mitarbeiter der HVA-Abteilung X Günter Bohnsack und Herbert Brehmer erklärten nach der Wende, Frederik alias »Fredy« sei regelmäßig von der HVA mit Manuskripten und Dokumenten versorgt worden.[153] Der

Verdacht liegt nahe, dass auch Maerkers Buch mit Unterstützung des Staatssicherheitsdiensts entstand.

Die Berichte, die »Max« der Stasi lieferte, gaben der Ostberliner Führung einen tiefen Einblick ins Innenleben der SPD, die von 1969 bis 1982 den Bundeskanzler stellte. Sie erfuhr nicht nur kontinuierlich, wie Bundesregierung und Parteivorstand aktuelle innen- oder außenpolitische Probleme diskutierten und bewerteten, sondern auch, wie es um die Kräfteverhältnisse und Auseinandersetzungen in der SPD bestellt war. Wie aus den registrierten Titeln seiner Berichte hervorgeht, interessierte sich das MfS ferner für die Politik der SPD-Spitze gegenüber dem sozialistischen Lager und im Rahmen des KSZE-Prozesses sowie für ihre Einstellung zu Dissidenten wie Wolf Biermann und Robert Havemann. Die Fülle der in den über tausend Lieferungen behandelten Themen kann an dieser Stelle nur angedeutet werden. Sie reichten von »internen Äußerungen Wehners über Brandt und Kühn« (1973) über die »Rolle von Egon Bahr als SPD-Bundesgeschäftsführer und dessen Vorstellungen zur Entmachtung der SPD-Ortsvereine« (1977) bis zu »Personeneinschätzungen zu Fuchs, Engholm und Wischnewski« (1987).[154]

Dass die Meldungen von »Max« nicht in der Schublade verschwanden, zeigt sein Bericht über die Verstrickung der SPD in die Flick-Affäre, den unter anderem SED-Chef Honecker, Ministerpräsident Stoph und das für die West-Arbeit zuständige Politbüromitglied Herbert Häber auf den Schreibtisch bekamen. Damals waren führende bundesdeutsche Politiker in Verdacht geraten, Schmiergelder des Flick-Konzerns angenommen zu haben, der dafür bestimmte Gegenleistungen erhalten haben sollte – zum Beispiel eine umfangreiche Steuerbefreiung nach dem Verkauf von Daimler-Aktien im Wert von zwei Milliarden Mark. Wegen des Verdachts der Bestechlichkeit hatte die Staatsanwaltschaft ein Verfahren gegen den ehemaligen Finanzminister Hans Matthöfer eingeleitet, das jedoch wieder eingestellt wurde. Der Parteilinke hatte erklärt, er würde »von Herrn Flick nicht mal ein Käsebrötchen annehmen«. Durch »Max« erfuhr die SED-Spitze nun, dass Unionspolitiker den Sozialdemokraten »mit der Kundgabe bisher nicht bekannter Einzelheiten über die Beziehungen führender

SPD-Politiker zum Flick-Konzern« gedroht hätten, wenn sie nicht auf das Angebot der Union einginge, eine gemeinsame Initiative zur Offenlegung der Einkommens- und Vermögensverhältnisse aller Abgeordneten in den Bundestag einzubringen. Da niemand genau wisse, worüber die CDU/CSU konkret informiert sei, seien die Meinungen in der SPD-Führung geteilt, ob man auf das Angebot eingehen oder einen eigenen Antrag einbringen solle. Der größte Unsicherheitsfaktor, so »Max«, sei der ehemalige Bundeskanzler Helmut Schmidt, über den verbreitet würde, dass er die umstrittene Steuerbefreiung von Flick nicht nur gebilligt, sondern im Rahmen seiner Richtlinienkompetenz angeordnet hätte. Der ehemalige Finanzminister Matthöfer, der intern zugegeben habe, Geld von Flick erhalten und an den Parteivorstand weitergeleitet zu haben, werde sogar verdächtigt, das Geld unterschlagen und für private Zwecke genutzt zu haben. Belastet seien auch der ehemalige Finanzminister Manfred Lahnstein sowie der einstige Chefredakteur des SPD-Pressediensts und persönliche Referent des ehemaligen Bundespräsidenten Heinemann, Günter Markscheffel, der »für monatlich 3000 DM Berichte an Flick geliefert und zusätzliche Erfolgsprämien erhalten [habe], wenn er SPD-Bundestagsabgeordnete veranlasste, im Sinne des Konzerns zu handeln« – allerdings nach seiner Pensionierung. Lediglich in Sachen Friedrich-Ebert-Stiftung, die ebenfalls Gelder des Konzerns erhalten habe, zeige man sich in der SPD-Führung beruhigt: Die Zusicherung ihres ehemaligen Vorsitzenden, Alfred Nau, sich bei Brandt und Matthöfer für die Steuerbefreiung von Flick einzusetzen, sei mittlerweile »nicht mehr nachweisbar«. Nau sei inzwischen tot, und Brandt und Matthöfer bestritten, von Nau in dieser Hinsicht angesprochen worden zu sein.[155]

Nützlich waren die »Max«-Berichte auch für Versuche zur Einflussnahme auf den politischen Kurs der SPD. Mit großem Aufwand bemühte sich die SED beispielsweise Anfang der achtziger Jahre, den von der Regierung Schmidt unterstützten Nachrüstungsbeschluss der NATO zu Fall zu bringen. Erich Mielke hatte den Staatssicherheitsdienst angewiesen, die Anti-Raketen-Bewegung in der Bundesrepublik »durch geeignete, wirksame aktive Maßnahmen, unter Nutzung [der] Mittel und

Möglichkeiten des MfS« zu unterstützen. In der SPD müssten jene Kräfte gefördert werden, »die realistisch denken und jetzt für Aufhebung des Raketenbeschlusses eintreten«. Voraussetzung dafür sei eine »noch bessere Analyse, auf welche Kräfte man sich stützen kann (Funktionäre, Landesverbände, Parteibasis)«.[156] Insbesondere auf dem SPD-Parteitag im April 1982 wollte man durch IM und Kontaktpersonen den Druck auf die Parteiführung verstärken. Wörtlich hatte der Leiter der HVA-Abteilung II, Gailat, im August 1981 in einem »Konzept für aktive Maßnahmen zur Förderung der Friedensbewegung in der BRD« geschrieben: »Eine wesentliche Aufgabe ist es, während der Tagung Initiativanträge zu formulieren und zu lancieren, um die Manöver der Führung zu unterlaufen.«[157]

Gerade dieser Parteitag, der die SPD vor eine Zerreißprobe stellte, spielt in den Berichten von »Max« eine große Rolle. Im Vorfeld lieferte er insgesamt acht Berichte über die Vorbereitungen und den Leitantrag des Parteivorstands (PV) zur Sicherheitspolitik. Dabei informierte er insbesondere über »unterschiedliche Positionen der linken Friedenspolitiker zur Regie und zum Inhalt des Parteitages«, die »Linie des PV und sichtbar gewordene Differenzen zur Vorbereitung«, die »Haltung der bisherigen Unterbezirks-, Bezirks- und Landesparteitage zur Sicherheitspolitik«, die »Beurteilung des zu erwartenden Widerstandes durch die Linken innerhalb des PV« und die Ergebnisse der »Tagung linker Delegierter des SPD-Bundesparteitages am 6. 3. 82 in Bonn«. Auch über die Vorbereitung einer Demonstration der Friedensbewegung am Vorabend des Parteitags und die »Reaktion innerhalb des PV der SPD auf diese geplanten Demonstrationen« setzte er die Stasi ins Bild.[158] Auf diese Weise war das MfS schon im Vorhinein über das zu erwartende Kräfteverhältnis auf dem Parteitag und die Strategien, mit denen die Parteiführung ihre Leitanträge durchsetzen wollte, informiert. Wichtiger war aber noch, dass die Stasi selbst mit von der Partie war, denn Maerker gehörte zu den Parteitagsdelegierten.

Nach den Berichten von »Max« zu urteilen, war die Stasi an Informationen über die Entwicklung der Friedensbewegung außerordentlich interessiert. Ein wichtiges Datum war in diesem Zusammenhang der Besuch des amerikanischen

Präsidenten Ronald Reagan in der Bundesrepublik im Juni 1982. Achtmal berichtete »Max« über die Visite und die aus diesem Anlass geplanten Anti-Reagan-Demonstrationen in Bonn und Berlin. Um die NATO-Nachrüstung doch noch zu verhindern, versuchte die Sowjetunion damals, die Differenzen zwischen Europa und den USA künstlich anzuheizen, wobei KGB und Stasi eine wichtige Rolle zufiel. In einem Papier vom September 1982 über gemeinsame Maßnahmen der beiden Geheimdienste heißt es, im Zusammenhang mit dem Reagan-Besuch seien »gezielte und Maßnahmen mit Massencharakter« in der Bundesrepublik und Westberlin »politisch und organisatorisch mitorganisiert und gestaltet« worden. Dabei seien »die Verurteilung und Nichtrealisierung des Brüsseler Raketenbeschlusses, der Konfrontationspolitik von Reagan und Verhandlungen zwischen der UdSSR und den USA« gefordert worden. Auch die wachsenden Differenzen innerhalb der sozialliberalen Regierungskoalition, über die »Max« in dieser Zeit ständig berichtete, seien durch Unterstützung der »realistischen Kräfte« von den beiden Geheimdiensten gefördert worden.[159]

Ob Maerker nur als Informant oder auch als Einflussagent genutzt wurde, ist angesichts der ausgedünnten Aktenlage nicht zu entscheiden. Gerade im Bereich der Friedensbewegung und im linken politischen Spektrum wurden IM auch zur politischen Beeinflussung genutzt. Erst im Sommer 2000 wurde bekannt, dass der langjährige sicherheitspolitische Referent beim SPD-Parteivorstand, Wolfgang Biermann, beim MfS seit 1969 unter dem Decknamen »Akker« als IM registriert war.[160] Biermann, der in den achtziger Jahren Geschäftsführer der SPD-finanzierten Initiative für Frieden, Internationalen Ausgleich und Sicherheit war und im zentralen Koordinierungsausschuss der westdeutschen Friedensbewegung saß, fiel damals durch seine ausgesprochen DDR-freundlichen politischen Positionen auf. 1986 war er dann von der CIA in einem Dossier als Einflussagent verdächtigt und als sowjetischer »Trichter in die Friedensgruppen« bezeichnet worden.[161] Nach der Wende leitete die Bundesanwaltschaft aufgrund der so genannten Rosenholz-Unterlagen ein Ermittlungsverfahren wegen Spionage gegen ihn ein, das 1996 gegen Zahlung von 25 000 DM eingestellt wurde.[162] Obwohl dies juristisch als Schuldeingeständnis zu werten ist, blieb Biermann weiterhin als Referent beim SPD-Parteivorstand beschäftigt. Mit hunderteinundachtzig registrierten Berichten erreichte »Akker« zwar nicht annähernd die Liefermengen von »Max«, doch Biermanns Beteuerungen, er sei lediglich abgeschöpft worden, erscheinen nicht besonders glaubwürdig. In der langen Liste von »Akkers« Lieferungen sind nämlich auch Dinge enthalten, von denen man sich kaum vorstellen kann, wie sie unbewusst »abgeschöpft« worden sein sollen – zum Beispiel eine Kabinettsvorlage des damaligen Verteidigungsministers Manfred Wörner.

Der Einflussagent – ein Achtundsechziger in Köln

Tatsächlich waren gerade Politiker und Journalisten nicht nur als Informanten brauchbar. Durch ihr Auftreten oder ihre Berichte eigneten sie sich vielmehr in besonderem Maße für politische Einflussnahmen, wie sie vor allem von der HVA-Abteilung X betrieben wurden. Es versteht sich von selbst, dass Einflussagenten besonders dort eingesetzt wurden, wo sich eine realistische Chance bot, mit ihrer Hilfe im Sinne der SED wirksam zu werden. Im Bundesvorstand der NPD, wo das MfS Anfang der siebziger Jahre durch den Journalisten Lutz Kuche (»Bakker«) vertreten war, war dies naturgemäß schwieriger als am linken Rand der SPD oder der Grünen. Ähnliches galt für den Bereich der Medien, wo ein IM, der in einer konservativen Zeitung beschäftigt war, seine wahren Anschauungen in der Regel verbergen musste, während er sie in einem links orientierten Blatt mehr oder weniger offen verbreiten konnte. Aus diesem Grund konzentrieren sich die Fälle der zur direkten Einflussnahme eingesetzten Journalisten überwiegend auf das linke politische Lager.

Die politische Überzeugung eines Informanten war für die Stasi von Anfang an ein wichtiger Gesichtspunkt. »Das effektivste Motiv für die Bereitschaft zur bewussten operativen Arbeit«, hieß es im Kommentar zur Stasi-Richtlinie für die Arbeit mit West-Agenten, »ist die im Klassenstandpunkt der

Arbeiterklasse, in der Verbundenheit mit der Sowjetunion und der sozialistischen Staatengemeinschaft sowie in der marxistisch-leninistischen Weltanschauung wurzelnde Überzeugung von der Notwendigkeit und Rechtmäßigkeit der sozialistischen Kundschaftertätigkeit als einer spezifischen Form des Klassenkampfes gegen den Imperialismus und andere reaktionäre Kräfte.« Daneben sollten aber auch andere »progressive« Überzeugungen ausgenutzt werden, wie Friedensliebe, Solidarität mit unterdrückten Völkern, Patriotismus oder bürgerlich-demokratische und humanistische Einstellungen.[163]

Einflussagenten sind inzwischen in allen Parteien bekannt geworden. Bei den Grünen sorgte deren deutschlandpolitischer Sprecher Dirk Schneider (»Ludwig«) dafür, dass die Bundestagsfraktion praktisch das deutschlandpolitische Programm der SED – die so genannten »Geraer Forderungen« – übernahm.[164] In der FDP betätigte sich deren Berliner Parteichef und spätere Bundestagsabgeordnete William Borm (»Olaf«) als Wegbereiter der Verständigungspolitik gegenüber der SED und, Anfang der achtziger Jahre, als Kritiker der NATO-Nachrüstung.[165] In der SPD standen gleich mehrere Bundestagsabgeordnete mit dem Staatssicherheitsdienst in Verbindung, darunter der Fraktionsgeschäftsführer Karl Wienand (»Streit«) sowie die Abgeordneten Paul Gerhard Flämig (»Walter«), Josef Braun (»Freddy«) und, als Kontaktperson, Horst Peter (»Kirchner«). Der eklatanteste Fall politischer Einflussnahme dürfte jedoch der des Unionsabgeordneten Julius Steiner gewesen sein, dem HVA-Chef Wolf 1972 50 000 DM zahlte, damit er beim konstruktiven Misstrauensvotum gegen Willy Brandt für diesen und gegen den Kandidaten seiner eigenen Partei stimmte.[166]

Auch im Bereich der Medien ist eine Reihe von Einflussagenten aktenkundig geworden, obwohl hier vieles noch im Dunkeln liegt. Zu ihnen zählten unter anderem der Leiter des Informationsdiensts *Blick nach rechts*, Kurt Hirsch (»Helm«),[167] der Herausgeber des liberalen Pressediensts *X-Information*, Rudolf Schelkmann (»Karstedt«),[168] der Westberliner Journalist Hartmut Bunke (»Veritas«)[169] und die *taz*-Redakteurin Brigitte Heinrich (»Beate Schäfer«).[170] Nach Angaben ehemaliger MfS-Mitarbeiter gehörten auch der Verleger und Herausgeber des *Politischen Informations- und Archiv-Diensts (PINAR-Dienst)*, Hans Frederik (»Fredy«),[171] sowie der Chefredakteur des *Berliner Extra-Diensts*, Carl Guggomos (»Gustav«), zu diesem Kreis.[172]

Reich dokumentiert ist der Fall des Westberliner Journalisten Walter Barthel (»Kurt«), der bereits Ende der fünfziger Jahre vom MfS angeworben wurde.[173] Anfangs sollte Barthel vor allem den Sozialistischen Deutschen Studentenbund ausforschen, doch nachdem die SPD 1960 die Gelder für seinen Posten als Berliner Landessekretär gestrichen hatte, gewann seine publizistische Arbeit zunehmend an Gewicht. Bei seiner Anwerbung im Jahr 1959 hatte ihn die Stasi instruiert, seine »bisherige linke Einstellung schrittweise auf die Position des 3. Weges [zu] bringen«.[174] Auf diese Weise kam er mit einer Gruppe geflüchteter SED-Kritiker um den ehemaligen stellvertretenden FDJ-Chef Heinz Lippmann in Kontakt, die in Westdeutschland die Zeitung *Der dritte Weg* herausgab.[175] Das Blatt, das die DDR nicht von einem antikommunistischen, sondern von einem »revisionistischen« Standpunkt aus kritisierte, konnte seinerzeit nur mit finanzieller Unterstützung des Bundesamts für Verfassungsschutz erscheinen, was den Lesern allerdings nicht mitgeteilt wurde. Für die Stasi waren die dünnen Heftchen so bedeutsam, dass sich Barthel mit ihrer Zustimmung im Oktober 1960 unter dem Decknamen »Student« auch vom Verfassungsschutz anwerben ließ und alsbald seinen Wohnsitz nach Köln verlegte; bezahlt wurde er jetzt von zwei Geheimdiensten.[176]

Barthel betrieb das Agentengewerbe in einer Weise, wie man sie selbst in den Stasi-Akten selten antrifft: Sein Führungsoffizier hatte ihn mit einer Minox-Kamera und einem Geheimversteck für den Transport von Unterlagen ausgestattet sowie im unsichtbaren »Trockenschriftverfahren« unterweisen lassen. Seine Berichte füllen Hunderte eng beschriebener Seiten, und er lieferte in ihnen nicht nur eine Fülle von Informationen, sondern unterbreitete den »Genossen« auch immer wieder Vorschläge, wie sie ihren Einfluss im Westen stärken könnten. Moralische Hemmungen ließ er dabei nicht erkennen. In seiner Zeit als SDS-Sekretär hatte er der Stasi beispielsweise mitgeteilt, wie sie die Geschäftsstelle in der Berliner Ziethenstraße unbemerkt durchsuchen könne, und die Notizbücher zweier Freunde komplett abgeschrieben. Seitenweise gab er Empfehlungen, welche Westberliner Studenten für die Stasi oder die FDJ ansprechbar seien – einschließlich der jeweils besten Ansatzpunkte für eine Werbung. Wann immer sich eine Möglichkeit bot, die SPD politisch unter Druck zu setzen oder weiter nach links zu drängen, gab Barthel, nicht ohne Raffinesse, entsprechende Hinweise. Als sich die Parteiführung beispielsweise gegen eine SDS-Ausstellung über »Ungesühnte Nazi-Justiz« stellte, weil sie exakt der damaligen DDR-Propaganda entsprach und zudem aus nicht nachvollziehbaren Quellen finanziert worden war, empfahl er, die SPD dadurch in die Enge zu treiben, dass man ostdeutsche Journalisten hinschickte, die groß über die Ausstellung und die Distanzierung der SPD berichten sollten. Die Idee wurde von MfS und *Neuem Deutschland* prompt in die Tat umgesetzt.[177]

Wie skrupellos Barthel vorging, zeigte sich insbesondere in seinem Verhalten gegenüber dem aus der DDR geflüchteten Heinz Lippmann, mit dem er eng befreundet war und intensiv zusammenarbeitete. Barthel schilderte der Stasi nicht nur in allen Details, wie der Renegat und ehemalige Auschwitz-Häftling Anfang der sechziger Jahre zunehmend in einen Sumpf aus Alkohol, Korruption und geheimdienstlichen Aktivitäten abglitt, sondern forderte die Stasi regelrecht auf, gegen ihn vorzugehen, bevor das Bundesamt für Verfassungsschutz – im MfS-Jargon BVSA – sich deswegen von ihm trennte. »Ich schlage vor«, regte er in einem Geheimschriftbrief vom September 1963 an, »dass mit Hilfe des sowjetischen Geheimdienstes ein Plan entwickelt wird, Lipp[mann] im nächsten Frühjahr nach Ostberlin zu locken. … Ein öffentlicher Prozess gegen Lipp[mann] wäre doch gerade jetzt eine Köstlichkeit. Wenn er erst einmal nicht mehr für das BVSA arbeitet, wird er allseits uninteressant.«[178] Tatsächlich beriet die Stasi mit ihrem Geheimen Mitarbeiter (GM) schon beim nächsten Treff »ausführlich alle Möglichkeiten einer aktiven Maßnahme gegen den Verräter Lippmann …, wobei der GM zum Ausdruck brachte, dass er jederzeit bereit ist, mit uns gemeinsam derartige Dinge durchzuführen«.[179] Vier Wochen später meldete Barthel: »Meinerseits ist für die evtl. Aktion alles klar. In der kommenden Woche fahre ich die Route zur entsprechenden Zeit ab.«[180] Warum die Aktion – wahrscheinlich eine Entführung, denn Barthel sollte anschließend in die DDR abgezogen werden – abgeblasen wurde, ergibt sich nicht aus den Akten. Neben den Journalisten Michael Gromnica (»Heinz Karow«) und Dietrich Staritz (»Erich«) war Barthel der wichtigste Agent, der den im Operativvorgang »Verkäufer« verfolgten Lippmann auskundschaftete.[181]

Solche Vorschläge waren für Barthel nichts Ungewöhnliches. Im selben Geheimschriftbrief vom November 1963 berichtete er, dass sich der damalige WDR-Redakteur Arnulf Baring gerade in Polen aufhalte, und erinnerte an den Fall eines DDR-Journalisten, der in der Bundesrepublik wegen seiner Tätigkeit für einen ostdeutschen Propagandasender inhaftiert worden war. Barthels Idee: »Wäre er [Baring] als verantwortlicher Redakteur der Sendereihe ›Wir sprechen zur Zone‹ nicht eine angemessene Kompensation für den unlängst zu zweieinhalb Jahren verurteilten Kommentator des ›Freiheitssenders 904‹?«[182] Einen Monat später lieferte er einen für die SED bedeutsamen Hinweis zum gerade stattfindenden Auschwitz-Prozess in Frankfurt, in dem DDR-Anwalt Friedrich Karl Kaul in propagandistischer Manier als Nebenkläger auftrat. Lippmann, so Barthel, habe ihm erzählt, dass er unter dem angeklagten Leiter der Sanitätsbaracke Gerhart Neubert als Kapo gearbeitet hätte und dieser »nicht der schlechteste« gewesen sei. Barthels Vorschlag: »Möglicherweise hat sich Lipp[mann] an der Auswahl von Häftlingen für die Vergasung beteiligt. Ich empfehle, dass diese Angelegenheit in geeigneter Weise durch Kaul zur Sprache gebracht wird. Vielleicht kann Neubert nach der Rolle seiner Kapos befragt werden. Anschließend hätte Kaul die Möglichkeit, darauf hinzuweisen, dass einer der Kapos der Verfassungsschutzagent Lippmann ist, der auch schon als Zeuge im KPD-Verbotsprozess aufgetreten ist.«[183]

Eine andere Idee Barthels war es, von Lippmann angeblich begangene Unterschlagungen von Verfassungsschutzgeldern für eine propagandistische Aktion im *Stern* zu nutzen. Zwei MfS-Mitarbeiter sollten sich, als westdeutsche Staatsanwälte oder Kriminalbeamte getarnt, zu Lippmanns Sekretärin begeben und sie »vernehmen«. Das Protokoll sollte dann, zusammen mit einigen Fotos, dem *Stern* zugespielt werden. »Die Kette der BVSA-Skandale hätte ihre würdige Fortsetzung, und zwar sogleich mit dem Start des Erhard-Kabinetts!« so Barthel.[184] Zwei Monate später kam er darauf zurück und kündigte zusätzliche Ideen zur Steigerung der »Effektivität« einer solchen Kampagne an.[185] Kurz darauf berichtete er, dass sich Lippmann auf einem Briefbogen des *Stern* selber bescheinigt habe, für diesen als Sonderkorrespondent zu arbeiten, und empfahl: »Daraus sollte sich zu gegebener Zeit unbedingt ein Aufhänger für die Unterbringung einer Lippmann-Verfassungsschutz-Story beim *Stern* machen lassen.«[186] Mit einer ähnlichen Aktion wollte er auch gegen den DDR-kritischen Neuen Deutschen Verlag vorgehen, in dem unter anderem Hermann Webers Aufsehen erregendes Buch *Ulbricht fälscht Geschichte* erschienen war.[187] Auch hier berichtete er ausführlich von angeblichen finanziellen Unregelmäßigkeiten und setzte hinzu: »Ich schildere diese Vorgänge, weil sie Ansatzpunkte für eine Aktion gegen den Neuen Deutschen Verlag ... bieten können.«[188]

In seiner Zeit in Köln wurde Barthel für die Stasi (und die Nachwelt) auch zum Chronisten der miserablen und korrupten Arbeitsweise des damaligen Verfassungsschutzamts – insbesondere des für »Beschaffung« im Bereich Linksextremismus zuständigen Referatsleiters Ferdinand Skoula alias Schuller. Barthels Berichte zeigen ein Milieu, in dem Unterschlagungen, Alkoholismus, Promiskuität und Bespitzelung offenbar an der Tagesordnung waren. Gelegentlich gelangte er dabei in den Besitz von Informationen, die sogar weltgeschichtliche Bedeutung für sich in Anspruch nehmen konnten – etwa über den Mord an US-Präsident John F. Kennedy. Unter der Überschrift »Betr.: Kennedy-Attentat« berichtete Barthel im Januar 1964, der damalige USA-Korrespondent des WDR, Gerd Ruge, hätte dem Mitarbeiter des *Dritten Weges*, Heinz Zöger, erzählt, dass ein Kollege unmittelbar nach der Ermordung des Präsidenten in Dallas vergeblich versucht habe, ein Interview mit dem örtlichen Polizeipräsidenten zu machen. Ein US-Journalist hätte ihm schließlich empfohlen, zu einem Barbesitzer namens

Rubinstein zu gehen, der dann durch einen einzigen Telefonanruf das Interview mit dem Polizeipräsidenten ermöglicht habe. Kurz darauf habe eben dieser Rubinstein den angeblichen Kennedy-Mörder erschossen. Ruge, so heißt es weiter in dem Bericht, sei »zu feige«, diese Nachricht in der Bundesrepublik zu verbreiten, weil er befürchte, in die Affäre hineingezogen zu werden. Interessanter ist aber vielleicht noch, was Barthel als »Nachtrag« vermeldete: Lippmann habe ihm von einem Gespräch mit Ferdinand Schuller berichtet, dem zufolge man sich beim Verfassungsschutz in der Einschätzung des Attentats einig sei. Oswald, so habe Schuller die Meinung eines Verfassungsschutzmitarbeiters wiedergegeben, »hätte auch für Deutschland geschossen, als er den Schuss auf Kennedy abgab«.[189] War Kennedy, der von Konrad Adenauer nur mühsam davon abgehalten worden war, die DDR bereits im Frühjahr 1962 als zweiten deutschen Staat anzuerkennen, den SED-kritischen Kräften in der Bundesrepublik womöglich im Weg gewesen?

Barthels Spezialität war es, allen möglichen Leuten geheimdienstliche Verbindungen nachzusagen, auf die er meist durch Schuller hingewiesen wurde: Verfassungschef Günther Nollau habe den *Stern*-Kolumnisten Sebastian Haffner auf einer Amtsleiterbesprechung im Februar 1964 als östlichen Einflussagenten bezeichnet; umgekehrt lasse Nollau die Zeitschrift wahrscheinlich durch den *Stern*-Redakteur Leo Bauer ausspionieren (Barthel: »Lässt sich da nichts unternehmen?«); in der Deutschen Friedensunion (DFU) arbeite deren Bundesgeschäftsführer, Pfarrer Heinrich Werner, mit Schuller zusammen, ohne dessen Verfassungsschutzhintergrund zu kennen; außerdem sei dort ein rheinländischer Pfarrer als V-Mann tätig; der *Zeit*-Mitarbeiter Hansjakob Stehle werde »von kommunistischer Seite mit speziellen Informationen versorgt, um sie über ihn in die westdeutsche Presse lancieren zu lassen«; der SDS-Aktivist Erik Nohara arbeite seit Jahren mit dem englischen Geheimdienst zusammen; der *ppp*-Redakteur Karl-Heinz Maier sei nach 1945 »Vertrauensmann« der sowjetischen Militäradministration in der Berliner Kriminalpolizei gewesen und vermutlich Mitarbeiter des israelischen Geheimdiensts. Nach der Lektüre von Barthels nicht enden wollenden Spitzelberichten beschleicht einen das unheimliche Gefühl, dass die linke politische und publizistische Szene in dieser Zeit vor allem aus Geheimagenten bestand.

Nachdem der Verfassungsschutz beschloss, die Finanzierung des *Dritten Weges* im Frühjahr 1964 einzustellen, hatte auch Barthel in Köln nicht mehr viel zu tun. Deshalb ging er zurück nach Westberlin, wo er als Korrespondent des *Kölner Stadtanzeigers* und Rathausberichterstatter des *Spandauer Volksblatts* arbeitete. Für die Stasi war diese Tätigkeit nur von begrenztem Nutzen, sodass sie ihn mehrfach aufforderte, sein Studium zu beenden und sich eine nachrichtendienstlich ergiebigere Anstellung zu suchen. Schon gar nicht passte es ihr, dass er nunmehr auch aus Ostberlin berichten wollte, weshalb sie dafür sorgte, dass er vom Presseamt der DDR keinen Passierschein mehr erhielt. Allerdings hinderte dies die Stasi nicht daran, Barthel regelmäßig durch den Bahnhof Friedrichstraße zu konspirativen Treffs nach Ostberlin zu schleusen, bei denen er vor allem Neues aus der Westberliner Politik berichtete – zum Beispiel, was Senatspressechef Egon Bahr den Berliner Journalisten bei den regelmäßigen vertraulichen Gesprächsrunden mitgeteilt hatte. Umgekehrt erhielt Barthel von der Stasi hin und wieder Lancierungsaufträge, wie im Dezember 1964, als er einen Artikel gegen einen geplanten Fluchthilfetunnel veröffentlichen sollte, von dem das MfS erfahren hatte. Der Artikel sollte dabei so abgefasst sein, dass der Eindruck entstand, die Organisatoren des Tunnelbaus hätten mit ihrer Aktion eine Störung des Passierscheinabkommens erreichen wollen – auf diese Weise sollte die Öffentlichkeit gegen sie aufgebracht werden.[190] Während *Spandauer Volksblatt* und *Kölner Stadtanzeiger* es ablehnten, den Artikel zu veröffentlichen und sich damit als »Tunnelverräter« zu betätigen, war Bahr um so dankbarer für die Information: Wenige Tage später rief er Barthel zu sich und bedankte sich »noch einmal bei dem GM für die Information bezüglich des vorbereiteten Tunneldurchbruchs. Er erklärte ihm, dass sie alles überprüft hätten, die Information auch stimmte und der Senat in der Lage war, dieses Unternehmen zu stoppen.«[191]

In der Folgezeit engagierte sich Barthel wieder verstärkt in der Studentenbewegung in Westberlin, wo er als Gegengewicht zur Springer-Presse die Gründung einer linken Massenzeitung betrieb. Für die Finanzierung konnte 1966 *Spiegel*-Herausgeber Rudolf Augstein gewonnen werden, der eine fünfköpfige Vorbereitungsgruppe beauftragte, die erste Nullnummer herauszubringen.[192] Neben Barthel wurde unter anderen auch Peter Heilmann, der als »Adrian Pepperkorn« für die Stasi arbeitete, in diese Gruppe berufen. Zur eigentlichen Gründungsredaktion gehörten – wiederum neben Barthel – die Journalisten Stefan Reißner, Hermann L. Gremliza, Martin Buchholz und Carl (Charly) Guggomos, der nach Aussagen ehemaliger MfS-Mitarbeiter als IM »Gustav« für die Desinformationsabteilung der HVA tätig gewesen sein soll. Später stieß auch noch Hannes Schwenger dazu, den die Stasi ebenfalls anzuwerben versuchte.

Nachdem Augstein das Projekt 1967 nach dem Erscheinen der ersten drei Nullnummern verworfen hatte, initiierte Barthel zunächst die Herausgabe einer unregelmäßig erscheinenden linken Boulevardzeitung namens *Extrablatt*, deren Chefredakteur er wurde. Während er bei den SDS-Veteranen der November-Gesellschaft sofort Unterstützung fand, da das Blatt die politischen Botschaften der Studentenbewegung in hoher Auflage unters Volk bringen sollte, waren seine geheimdienstlichen Auftraggeber in Ost und West nicht sonderlich davon angetan: Der Verfassungsschutz fühlte sich übergangen und unterrichtete den *Spiegel* über Barthels konspirative Kontakte zu ihm, woraufhin Augstein seine finanzielle Unterstützung sofort einstellte.[193] Das MfS dagegen wollte nicht, dass Barthel sich in dem Blatt exponierte, da es »Hinweise« darauf erhalten hatte, dass der Westberliner Verfassungsschutz ihn für einen »Agenten des Ostens« hielt. Bei einer Enttarnung hätte er nicht nur sich gefährdet, sondern auch das gesamte Zeitungsprojekt diskreditiert. Die Stasi wollte deshalb lieber, dass er zum *Stern* oder zum Westberliner *Telegraf* geht. Da er sich jedoch nicht an die Anweisungen hielt, schlug die Stasi im April 1966 intern vor, die Verbindung zu ihm zu unterbrechen.[194] Doch Barthel ließ sich nicht von seinen Plänen abbringen und rief in bescheidenerem Rahmen mit einer Startauflage von viertausenddreihundert Exemplaren den *Berliner Extra-Dienst* ins Leben, der von der Westberliner SED und der Desinformationsabteilung der Stasi unterstützt wurde. Chefredakteur des zweimal in der Woche erscheinenden Blatts wurde Guggomos, während Barthel als Geschäftsführer fungierte und über seinen Kompagnon, den *Spiegel*-Redakteur Dietrich Staritz (»Erich«), seine Führungsstelle bei der Stasi weiterhin auf dem Laufenden hielt. Obwohl seine IM-Akte einige Zeit später ins Archiv wanderte, blieb er auch in seiner neuen Rolle ein Sprachrohr der DDR.

Lancierungswege:
Versteckte SED-Propaganda in der Bundesrepublik

Der Meister der Legende gab sich bestimmt: Nein, so erklärte der langjährige Spionagechef der DDR, Markus Wolf, im Frühjahr 2000 in einem Interview, die umfangreichen Kenntnisse der Stasi über die illegale Parteispendenpraxis der CDU seien vom Geheimdienst der DDR zu keinem Zeitpunkt genutzt worden. »Man sollte uns«, fügte er hinzu, »nicht immer die Absicht unterstellen, dass wir die BRD destabilisieren wollten. Das ist purer Unsinn.«[1]

Wie so oft, wenn Mielkes Stellvertreter, der sich in den Medien gern als Ehrenmann präsentiert, das Wort ergreift, ist Vorsicht geboten. Angesichts des vielfach dokumentierten Kampfauftrags der Staatssicherheit, den Einfluss der »reaktionären Kräfte« in Westdeutschland zurückzudrängen, wäre es erstaunlich, wenn sie das kompromittierende Wissen über die Unionsparteien ungenutzt gelassen hätte. Tatsächlich ist zumindest für die erste Phase des Parteispendenskandals ziemlich genau nachzuzeichnen, wie die Stasi ihr Wissen über die Finanzpraktiken der CDU politisch fruchtbar machte. Damals, in den frühen siebziger Jahren, lancierte sie es gezielt in die westdeutschen Medien, um die SPD an der Regierung zu halten – ohne dass der Westen die Einmischung merkte.

»Operative Agitation«

Derartige Einflussnahmen auf die westdeutsche Öffentlichkeit gehörten zum festen Repertoire der Stasi. Im Gegensatz zu den meisten anderen Geheimdiensten sollte sie im Ausland nicht nur Informationen beschaffen, sondern auch die Politik der SED mit nachrichtendienstlichen Mitteln unterstützen. Diese offensive Zielrichtung nahm in den Richtlinien für Auslands-IM breiten Raum ein. Bereits 1968 war darin festgelegt worden, die »politisch-operativen Kräfte« unter anderem auf die »Durchführung aktiver politisch-operativer Maßnahmen gegen die Politik und die Zentren des Feindes zur direkten Unterstützung der Politik der Partei- und Staatsführung« zu konzentrieren. Es gehe um die »Ausnutzung des Differenzierungsprozesses, von Widersprüchen, Ansatzpunkten und besonderen Vorkommnissen im Operationsgebiet [das heißt der Bundesrepublik] zur Bekämpfung des Feindes, insbesondere seiner Entlarvung«.[2] Elf Jahre später wurde diese Stoßrichtung noch einmal bekräftigt. In einer aktualisierten Richtlinie befahl Mielke, die »aktiven Maßnahmen« darauf auszurichten, mit Hilfe »operativer Kräfte, Mittel und Methoden den Feind bzw. einzelne feindliche Kräfte und Institutionen zu entlarven, zu kompromittieren bzw. zu desorganisieren und zu zersetzen; progressive Ideen und Gedanken zu verbreiten und fortschrittliche Gruppen und Strömungen im Operationsgebiet zu fördern, die Entwicklung von Führungspersönlichkeiten und solchen Personen zu beeinflussen, die bei der Bestimmung der öffentlichen Meinung eine besondere Rolle spielen«.[3]

Zur Umsetzung dieses Auftrags entwickelte der Staatssicherheitsdienst ein ausgefeiltes Instrumentarium. Im Kern ging es darum, durch Einwirkung auf die politische Öffentlichkeit auf unsichtbare Weise im Westen wirksam zu werden. Neben der direkten Beeinflussung der westdeutschen Politik durch Einflussagenten und von der SED angeleitete Kader spielte dabei die konspirative Verbreitung von Schriftstücken, Informationen und Meinungen eine zentrale Rolle, was vom Staatssicherheitsdienst mit dem Begriff »aktive Maßnahmen« bemäntelt wurde. Der von MfS und Presseamt organisierten »Öffentlichkeitsarbeit« der DDR kam in diesem Zusammenhang eine wichtige Rolle zu. Aufgabe der Staatssicherheit war dabei, laut der eingangs erwähnten Forschungsarbeit von Kurt Blecha und Günter Köhler, die »Schwächung des Feindes durch Herabsetzung seines Ansehens bei gleichzeitiger Demoralisierung seiner Kräfte mit dem Ziel, ihn zu zwingen, seine Aktivitäten einzustellen oder unter für ihn ungünstigen Bedingungen fortzusetzen, die die Möglichkeit weiterer Entlarvung bis zur Zerschlagung in sich bergen«.[4]

Dieses Vorgehen bezeichnete die Stasi als »operative Agitation«. Gemeint war damit jener Teil der Agitation, »der sich in den Massenmedien oder auf andere Weise in der Öffentlichkeit auswirkt, ohne dass das Ministerium für Staatssicherheit als Quelle ersichtlich ist«. Ihr »primärer Effekt« lag »in der Entlarvung und der damit verbundenen Schwächung und Demoralisierung des Feindes ... durch entsprechende Auswirkungen im Territorium und unter der Bevölkerung des Gegnerstaates und durch ebensolche Auswirkungen unter den feindlichen Kräften selbst«. Hauptaufgabe war es, die »verbrecherischen« Absichten des Feindes zu »enthüllen«, das »staatsmonopolistische Herrschaftssystem« zu »entlarven« und die Rolle des »militärisch-industriellen Komplexes«, des »Rechtskartells« und der »Kräfte des Revanchismus und Neonazismus« aufzudecken. Auf diese Weise sollten »neuralgische Positionen« des Feindes »freigelegt« und seine »Basis« geschwächt werden.[5]

Zur Erreichung dieser Ziele wurden vom MfS laufend Nachrichten verbreitet, »die vorrangig auf den Feind, sein Territorium und seine Bevölkerung wirken« sollten. In der Forschungsarbeit aus der Stasi-Hochschule ist nachzulesen, dass dazu auch Vorhaben gehörten, die der »Desinformation des Feindes aus politischen oder operativen Erwägungen« dienten – mit anderen Worten: Falschmeldungen.[6] Dem *Wörterbuch der politisch-operativen Arbeit* zufolge griff das MfS zum Mittel der Desinformation, um »feindliche Kräfte über die eigenen Pläne, Absichten und Maßnahmen zu täuschen und eigene Kräfte, Mittel und Methoden zu konspirieren« sowie »Aktivitäten und Kräfte des Feindes in dem MfS genehme Richtungen zu lenken bzw. diese Kräfte zu verunsichern«.[7]

Für diese geheime Agitation standen dem MfS verschiedene Wege zur Verfügung. Am einfachsten war es, die Medien der DDR in Zusammenarbeit mit dem Presseamt und dem ZK der SED für verdeckte Propagandaaktionen zu benutzen. So betätigte sich die Stasi hinter den Kulissen als Auftraggeber von Filmen, Büchern und Broschüren, die dann unter dem Namen anderer Institutionen verbreitet wurden.[8] Auch Filme mit bekannten DDR-Schauspielern wie Erwin Geschonnek, Armin Müller-Stahl oder Manfred Krug sollten den schlechten Ruf der Staatssicherheit aufpolieren.[9] Allein um die diversen Buchprojekte der HVA-Abteilung X zu betreuen, beschäftigte die Stasi in Gestalt von Gerhard Boer einen eigenen »Sonderoffizier für Öffentlichkeitsarbeit«. Als Autoren wurden bevorzugt zurückgeholte »Kundschafter« herangezogen, die im Auftrag der Stasi Manuskripte verfassten, die dann in irgendeinem DDR-Verlag erschienen – wie etwa die Erinnerungen des Kanzleramtsspions Günter Guillaume.[10]

Die regelmäßigen Pressekonferenzen für westdeutsche und ausländische Journalisten in Ostberlin waren besonders in den fünfziger und sechziger Jahren ein beliebtes Propagandaforum. Meist wurden sie unter direkter Beteiligung des Staatssicherheitsdiensts organisiert, was der Öffentlichkeit allerdings in der Regel verheimlicht wurde. Bei den Konferenzen handelte es sich nicht um Presseunterrichtungen im üblichen Sinne, sondern um Inszenierungen, in denen der Öffentlichkeit wie in einem Schauprozess präparierte Zeugen, manipulierte Dokumente und polemische Anklagen präsentiert wurden. Oftmals wurde das zusammengestellte Material zusätzlich in einer Broschüre verbreitet. 1971 beschrieb der MfS-Mitarbeiter Hans-Dieter Ternies in seiner an der Leipziger Karl-Marx-Universität eingereichten Diplomarbeit, wie die Pressekonferenzen als »Methode staatlicher Öffentlichkeitsarbeit und publizistisches Mittel zur Entlarvung subversiver Pläne und Aktionen imperialistischer Geheimdienste und Agentenzentralen« vom Staatssicherheitsdienst eingesetzt wurden. Am Beispiel von fünf derartigen Konferenzen, die zwischen 1955 und 1968 stattgefunden hatten, analysierte er das Echo solcher Veranstaltungen in der westdeutschen und ostdeutschen Presse. »Die Tatsache«, so sein Resümee, »dass auch imperialistische Medien über die Konferenzen berichteten, spricht für die Kraft der Enthüllungen und die Richtigkeit von Pressekonferenzen, wenn auch diese Veröffentlichungen natürlich klassenbedingt abgefasst wurden, und in einer gesonderten Untersuchung zu bewerten versucht werden müssten.«[11]

Meldungen im *Neuen Deutschland* und anderen DDR-Zeitungen gingen oftmals direkt auf den Staatssicherheitsdienst zurück. Während kundige Ost-Leser allenfalls ahnten, dass Artikel über Fluchthelfer oder Spione nicht zufällig in die Zeitung gekommen waren, kann man heute in den Unterlagen des MfS nachlesen, wie die Stasi den Redakteuren die Feder führte. Damit die ostdeutsche Bevölkerung nicht mehr erfuhr, als sie wissen sollte, wurden die (Des-)Informationen allerdings häufig über »spezielle Publikationsmittel mit vorrangigem Vertrieb außerhalb der DDR« verbreitet, wie es die Stasi ausdrückte. Dazu gehörten beispielsweise der Auslandspressedienst *Panorama DDR* und die außenpolitische Zeitschrift *Horizont*, deren Chefredakteur Ernst-Otto Schwabe eng mit dem MfS zusammenarbeitete. Eine andere Möglichkeit bestand darin, Meldungen über die DDR-Nachrichtenagentur ADN ausschließlich in den Westen zu senden. War es, wie man intern formulierte, »aus Gründen auch der politischen Optik« erforderlich, die von der Stasi verfassten Nachrichten über ostdeutsche Medien zu verbreiten, bedurfte es »in besonderem Maße der Regulierung der Veröffentlichung, um zu verhindern, dass aus falsch verstandenen Opportunitätsgründen im Zusammenhang mit der DDR-Veröffentlichung der auf vorrangige Feindwirkung bedachte Effekt verloren geht«.[12]

Am wirkungsvollsten war es freilich, wenn westliche Medien die Desinformationen der Stasi in Umlauf brachten. Dazu brauchte man einerseits einen Braintrust zur Entwicklung von Ideen und Manuskripten und andererseits ein Netz von bundesdeutschen Journalisten, die als so genannte Lancierungsgehilfen dafür sorgten, dass das Material im Westen veröffentlicht wurde. Zu ihnen zählten auch »ausgewählte Korrespondenten«, wie aus einer »Konzeption« des DDR-Außenministeriums vom September 1982 hervorgeht. Die Journalisten mussten nicht unbedingt Inoffizielle Mitarbeiter sein, sondern nur dazu bewegt werden, die Herkunft des Materials für sich zu behalten, damit es nicht von vornherein als Propagandamittel der SED erkennbar war. Fest angeworbene Agenten, die ständig derartige Lancierungsaufgaben erfüllten, wurden als Inoffizielle Mitarbeiter für besondere Aufgaben (IMA) bezeichnet.[13] Wenn die Verbreitung anonym erfolgen sollte, wurden zumeist Stasi-Mitarbeiter der Hauptabteilung VIII oder der Arbeitsgruppe Grenze der HVA eingesetzt, die die Unterlagen vom Westen aus an bestimmte Medien verschickten oder sie ausgewählten Journalisten einfach in den Briefkasten warfen.

Mit diesem Instrumentarium konnten die meisten »aktiven Maßnahmen« problemlos realisiert werden. Für die Durchführung war in erster Linie die 1966 geschaffene HVA-Abteilung X unter Rolf Wagenbreth zuständig. Die Abteilung gliederte sich in sieben Referate, die jeweils einen bestimmten Arbeitsschwerpunkt hatten: Referat 1 sollte die Außenpolitik und Referat 2 die Innenpolitik der Bundesrepublik unterminieren; Referat 3 lenkte Multiplikatoren in Medien und politischen Bewegungen; Referat 4 steuerte die Einflussnahme über offizielle DDR-Einrichtungen; Referat 5 widmete sich den westlichen Geheimdiensten; Referat 6 war für die Ausbildung des Nachwuchses zuständig; Referat 7 schließlich nahm auf Wirtschaft und Handel Einfluß.[14] Die Arbeit der Abteilung galt als »Spielwiese« von Spionagechef Markus Wolf, der mindestens einmal wöchentlich mit Wagenbreth zusammentraf, um die einzelnen Aktionen zu beraten. Die desinformatorischen Maßnahmen erfolgten in enger Abstimmung mit dem ZK der SED, namentlich mit den Abteilungen für Agitation und Propaganda, für internationale Verbindungen und für West-Arbeit.[15] Zudem kooperierte die Abteilung intensiv mit dem KGB, mit dem man auch eine Vielzahl gemeinsamer Aktionen plante und durchführte.[16] Bevor eine Maßnahme eingeleitet wurde, musste sie grundsätzlich von der Generalität der HVA bestätigt werden; nach Abschluss wurde sie im Jahresbericht der Abteilung förmlich abgerechnet.[17]

Die geheimen Lancierungswege, über die die Botschaften der SED in den Westen gelangten, sind bislang nur teilweise aufgedeckt worden, weil die Unterlagen der Abteilung nahezu vollständig vernichtet wurden. Kein einziger der etwa siebenhundert IM-Vorgänge hat die Aktenzerstörung der Wendezeit überlebt. Auch die insgesamt achtundvierzig Objektvorgänge (OVO) über Parteien und Einsatzbereiche, in denen die Unterlagen über die »aktiven Maßnahmen« abgeheftet wurden, sind allesamt zerstört – vom Vorgang »Schwarz«, der sich gegen die Unionsparteien richtete, über den Vorgang »Jesuit«, durch den das Bundesamt für Verfassungsschutz in Misskredit gebracht werden sollte, bis zum Vorgang »Sonne«, der die Bundesrepublik in Afrika diskreditieren sollte.[18] Nur die Aussagen einiger ehemaliger Mitarbeiter der Abteilung sowie Ermittlungen der Bundesanwaltschaft und vereinzelt aufgefundene Unterlagen in anderen Bereichen bringen etwas Licht in die Stasi-Praxis der ständigen Beeinflussung der westdeutschen Öffentlichkeit.[19]

Das Institut Wandlitz

Die nachrichtendienstliche Einflussnahme auf die westdeutsche Öffentlichkeit gehörte von Anfang an zu den Methoden der Staatssicherheit. In der Frühzeit arbeitete deren Apparat noch grobschlächtiger und war weniger zentralisiert, sodass auch andere Diensteinheiten häufig »aktive Maßnahmen« durchführten. Deshalb ist aus dieser Zeit eine Fülle von Akten überliefert, die das Vorgehen der Stasi manchmal bis ins Einzelne dokumentieren. Die Desinformationskampagnen und Zersetzungsmaßnahmen richteten sich damals vor allem gegen die Ostbüros der westdeutschen Parteien und andere SED-kritische Organisationen wie die Kampfgruppe gegen Unmenschlichkeit oder den Untersuchungsausschuss freiheitlicher Juristen. Aber auch einzelne Parteien und Politiker sollten durch die Lancierung abträglicher Informationen kompromittiert werden. Agenten in Ost und West wurden gezielt beauftragt, von der Stasi gefertigte Texte in Form von Flugblättern, Broschüren oder Presseveröffentlichungen in der Bundesrepublik zu verbreiten.

Auch die Kirchenabteilung der Staatssicherheit beteiligte sich am verdeckten Propagandakrieg, durch den in ihrem Fall vor allem SED-kritische Kirchenfunktionäre demontiert werden sollten – zum Beispiel der Ratsvorsitzende der Evangelischen Kirche in Deutschland (EKD), Otto Dibelius, oder der langjährige Bundestagspräsident und Oberkonsistorialrat Eugen Gerstenmaier. Laut ihrem »Perspektivplan« für das Jahr 1961 hatte sich die Stasi-Kirchenabteilung die »systematische und ununterbrochene Kompromittierung der politisch-klerikalen Kräfte durch Erarbeitung von qualifizierten Dokumenten und Publikationen« zum Ziel gesetzt. Die gesamte »politisch-operative« Arbeit sollte so organisiert werden, dass eine Trennung der DDR-Kirchen von den »reaktionären« gesamtdeutschen Gremien der Kirche in Westdeutschland erreicht würde.[20] Da Angriffe gegen SED-kritische Kirchenvertreter sehr viel glaubwürdiger wirkten, wenn sie nicht im *Neuen Deutschland*, sondern zunächst im Westen vorgebracht wurden, suchte man angestrengt nach Lancierungskanälen.

Eine wichtige Rolle spielte dabei der spätere stellvertretende Chef des Deutschen Fernsehfunks, Hans-Joachim Seidowsky, der, wie oben erwähnt, seit Ende der fünfziger Jahre unter dem Decknamen »Gerhard« als Geheimer Mitarbeiter für die Stasi tätig war.[21] Als Leiter einer speziell getarnten Gruppe von Analytikern und Geheimen Informatoren betrieb er seit 1960 für die Kirchenabteilung des MfS eine Art geheimer Propagandaeinheit – das so genannte Institut Wandlitz. Es hatte die Aufgabe, kirchliche Publikationen aus dem In- und Ausland für den Staatssicherheitsdienst auszuwerten, Auskunftsberichte zu einzelnen Kirchenfunktionären zu erstellen und das gewonnene Material gezielt gegen missliebige Amtsträger einzusetzen.[22]

Seidowsky erschien für diese Arbeit besonders geeignet, da er sich als ehemaliger persönlicher Referent des DDR-Staatssekretärs für Kirchenfragen in der Materie hervorragend auskannte; im Unterschied zu gewöhnlichen Spitzeln verfolgte er zudem auch wissenschaftlich-analytische Ambitionen. Einem Stasi-Bericht zufolge analysierte Seidowsky »speziell Material zur Kompromittierung von Personen und kirchlichen Organisationen in Westdeutschland in Form von Dokumentationen«. Darunter befand sich auch eine zur angeblichen Beteiligung der Kirchen an der »Organisierung von Republikfluchten« – ein Hinweis, der im Zusammenhang mit der weiter unten dargestellten Rolle des Journalisten Peter Merseburger von Bedeutung ist.[23] Für seine Arbeit erhielt Seidowsky ein »Gehalt« von anfangs fünfhundert Mark pro Monat sowie eine

Reihe von Orden. Offiziell arbeitete er seit 1961 am Institut für Geschichte der Völker der UdSSR an der Berliner Humboldt-Universität, das von Eduard Winter geleitet wurde, einem Vatikan-Spezialisten, der gleich mehreren Systemen als Geheimdienstmitarbeiter diente: 1945 war er für die SS und den nationalsozialistischen Sicherheitsdienst (SD) in Prag tätig gewesen, anschließend hatte er sich den sowjetischen Sicherheitsorganen angeboten, und schließlich arbeitete er in Ostberlin für die HVA.[24]

Neben seiner »Auswertungstätigkeit« unterhielt Seidowsky ein dichtes Netz »operativer Kontakte« zu Informanten, die sich regelmäßig zur Berichterstattung mit ihm trafen, zu »Feindpersonen«, die er für die Stasi überwachen sollte, und zu Kirchenvertretern, die mit der SED sympathisierten oder aus anderen Gründen gegen die eigene Kirchenführung opponierten. Mehrfach versuchte er auch, westliche Kontaktpartner für den Staatssicherheitsdienst anzuwerben. Zu seinen konspirativen Mitarbeitern zählten unter anderem der Referent für Ökumene beim Staatssekretär für Kirchenfragen Helmut Dressler (IM »Harry«),[25] der Redakteur der DDR-CDU-Zeitung *Neue Zeit* Herbert Trebs (IM »Anton«),[26] der Diplom-Historiker Dieter Pape (IM »Wilhelm«)[27] sowie ein Ostberliner Philosophiestudent (IM »Herbert«), der später jedoch wieder absprang.[28] Darüber hinaus unterhielt er enge Beziehungen zum Mitarbeiter der Ostberliner Evangelischen Akademie Gerhard Bassarak (IM »Freund«, später »Buss«),[29] der dem MfS unter anderem den gesamten Aktenbestand seiner damaligen Arbeitsstätte zur Auswertung zur Verfügung stellte. Auch Heinrich Fink, ehemaliger Rektor der Berliner Humboldt-Universität und später Bundestagsabgeordneter der PDS, der vom Staatssicherheitsdienst als IM »Heiner« geführt wurde, gehörte zu den als »zuverlässig« eingestuften Verbindungen Seidowskys. Kontakt suchten aber auch unabhängige Kirchenvertreter wie der Direktor der Westberliner Evangelischen Akademie, Erich Müller-Gangloff, oder der Cottbusser Superintendent und Bischofsverweser Günter Jacob, die Seidowsky für den Staatssicherheitsdienst ausforschte oder abschöpfte. 1963 gelang es ihm zudem, sich in einen von der Stasi verfolgten evangelischen Hauskreis einzuschleichen, indem er sich als geschasster SED-Reformer und Bloch-Schüler ausgab.[30]

Besonders wichtig waren Seidowskys Beziehungen zu westlichen Journalisten, die nicht nur – wie der erwähnte Hansjakob Stehle – Informationen lieferten, sondern auch als Multiplikatoren des Staatssicherheitsdiensts fungierten. Über seinen Mittelsmann Bassarak unterhielt er zum Beispiel einen vertraulichen Kontakt zum damaligen Westberliner *Spiegel*-Korrespondenten Peter Merseburger. Im Dezember 1960 lancierte die Stasi über diesen Kanal das erwähnte »Material über die Organisierung von Republikfluchten durch die Kirche« in den Westen. Umgekehrt überließ Merseburger, den Akten zufolge, seinem Kontaktpartner in der DDR »Materialien«, die er zum Thema »Kirche und Republikflucht« in der nächsten Ausgabe des *Spiegel* veröffentlichen wollte und die sofort in die Hände des Staatssicherheitsdiensts gelangten. Darüber hinaus, konnte Seidowsky berichten, werde der *Spiegel* im nächsten Heft gegen die von der SED bekämpfte »Handreichung« der Kirchen zur Wehrpflicht polemisieren, die die Christen in der DDR zur Wehrdienstverweigerung ermutigte.[31]

Wenig später erhielt Merseburger durch Bassarak den »Auftrag«, in einem Artikel über die Nachfolge des EKD-Ratsvorsitzenden Dibelius »die Sache so darzustellen, als würde eine Wahl von Bischof Krummacher von der [DDR-]Regierung erwünscht werden, um [gerade dadurch] diese Wahl unmöglich zu machen«. Zufrieden nahm die Stasi noch vor Erscheinen des Artikels die Vollzugsmeldung zu den Akten.[32] Um die Wahl Krummachers zu verhindern, erschien auch in der in Hamburg verlegten *Anderen Zeitung* ein Artikel, der vermutlich ebenfalls vom MfS inspiriert war.[33] Tatsächlich stimmten die SED-nahen Synodalen aus Ostdeutschland zur allgemeinen Überraschung zusammen mit den konservativen Vertretern für den westdeutschen Bischof Hanns Lilje, den die SED laut *Spiegel* eigentlich ablehnte – mit diesem taktischen Manöver sollte die Spaltung der EKD forciert werden. Im Oktober 1961 lieferte Merseburger das unautorisierte Manuskript eines Interviews mit dem damals noch stellvertretenden Ratsvorsitzenden Bischof Lilje in Ostberlin ab. Es war von zwei seiner Kollegen geführt worden und behandelte so heikle Themen wie heimliche Geldtransfers in die DDR und das Recht auf Widerstand gegen die atheistische Obrigkeit. »Es ist anzunehmen«, heißt es vielversprechend in der entsprechenden Stasi-Information, »dass wesentliche Teile der Ausführungen, besonders über diesen Komplex, in der Korrektur durch Bischof Lilje gestrichen werden.«[34] Im Januar 1963 teilte Merseburger schließlich mit, dass der *Spiegel* eine Kampagne gegen den konservativen Staatsekretär im Ministerium für gesamtdeutsche Fragen, Franz Thedieck (CDU), einleiten werde und fragte an, »ob für eine solche Kampagne Material aus der DDR gegen Thedieck zur Verfügung stehen würde«.[35] Tatsächlich hatte der Chefpropagandist der SED, Albert Norden, Erich Mielke schon im Mai 1960 aufgefordert, Belastungsmaterial über den Adenauer-Vertrauten zu beschaffen, doch bevor der *Spiegel* aktiv werden konnte, erklärte Thedieck im Oktober 1963 seinen Rücktritt.[36]

Ein anderer Kontaktmann Seidowskys im Westen war der Darmstädter Studentenpfarrer und Schriftleiter der Zeitschrift *Stimme der Gemeinde*, Herbert Mochalski, ein Mitstreiter Martin Niemöllers und Aktivist der so genannten kirchlichen Bruderschaften. In einem Auskunftsbericht des MfS wird er als Kontaktperson Seidowskys »bei der Lancierung von Materialien in die Westpresse« charakterisiert.[37] MfS-Chef Mielke rechnete ihn in einer Analyse vom August 1960, ebenso wie Niemöller, zum »konsequent oppositionellen Flügel« der Kirchen, der durch die *Stimme der Gemeinde* »vorwärtsgetrieben und ausgerichtet« würde.[38] Mochalski gab beispielsweise 1960 ein so genanntes *Violett-Buch* mit von der Stasi zusammengetragenem Material gegen den EKD-Ratsvorsitzenden Dibelius heraus. Um es kostenlos an die Kirchenparlamentarier von Berlin-Brandenburg verteilen zu können, sorgte der Staatssicherheitsdienst für den problemlosen Transport in den Ostsektor.[39]

Wenig später wurde mit Mochalski die Veröffentlichung einer Broschüre gegen den langjährigen Bundestagspräsidenten Eugen Gerstenmaier erörtert, gegen den das MfS ebenfalls eine Kampagne führte. Darüber hinaus erhielt er durch einen Emissär des ZK der SED – den erwähnten leitenden Redakteur des ostdeutschen *Evangelischen Pfarrerblatts*, Karl Kleinschmidt – das Angebot zu »ideeller und materieller Hilfe«

für die Bruderschaften. Unter anderem wurde ihm der Vorschlag unterbreitet, dreißig Pfarrer aus der DDR zu einer Aktion der Anti-Atomwaffen-Bewegung einzuladen, die durch ihr Auftreten die westdeutsche Politische Polizei zwingen sollten, sie zu verhaften – womit man »Modell-Fälle« für die geplante Notstandsgesetzgebung in der Bundesrepublik hätte.[40] Mochalski lehnte die Offerte zwar ab und gab sich auch sonst dem ihm unbekannten Abgesandten gegenüber zugeknöpft, doch im Gespräch mit Seidowsky erklärte er sich im Oktober 1962 »zu jeglichen [gemeinsamen] Aktionen in kirchlichen und innerdeutschen Fragen« bereit.[41] Zwei Jahre später sollte er von der Stasi-Kreisdienststelle Zittau angeworben werden, doch dann archivierte diese den Vorgang, weil sie nicht mehr gegen West-Kirchen operierte.[42] 1967 verlieh ihm die Universität von Bratislava die Ehrendoktorwürde. Mochalski galt seit den sechziger Jahren als einer der wichtigsten Parteigänger des Ostblocks in den westdeutschen Kirchen, gehörte unter anderem dem Präsidium des sowjetisch dominierten Weltfriedensrats an und war Vizepräsident der kommunistisch kontrollierten Christlichen Friedenskonferenz.

Ein bedeutender Lancierungskanal der Stasi-Kirchenabteilung war der mittlerweile verstorbene Westberliner Journalist Hartmut Bunke. Der Pfarrerssohn schrieb für eine ganze Reihe linker Zeitungen, wie das *Andere Deutschland*, *SOS*, die *Deutsche Woche*, die *Stimme der Gemeinde*, das *Westdeutsche Tageblatt*, die *Andere Zeitung* und den *Freiheitsboten*, und war als Korrespondent für die Nachrichtenagentur AP und den Pressedienst *ppp* tätig. In den fünfziger Jahren hatte er sich an verschiedenen Aktionen der Friedensbewegung beteiligt und Kontakt zu linken Kirchenvertretern wie Gustav Heinemann, Martin Niemöller, Helmut Gollwitzer, Karl Barth und dem erwähnten Herbert Mochalski unterhalten. Eine Zeit lang war er Sekretär eines Ausschusses der so genannten Paulskirchenbewegung und Vorstandsmitglied der Gesamtdeutschen Volkspartei (GVP) in Berlin, der auch Heinemann angehörte. Dort wurde er 1955 verdächtigt, mit dem französischen Geheimdienst zusammenzuarbeiten. Nach Auflösung der GVP wechselte er zur SPD, aus der er einige Jahre später wegen desselben Verdachts ausgeschlossen wurde.

Tatsächlich war Bunke ein emsiger Zuträger des Staatssicherheitsdiensts. Im Auftrag von Seidowsky lieferte er nicht nur zahlreiche schriftliche und mündliche Berichte, sondern führte auch vielfältige Lancierungsaufträge aus. Für seine Dienste bekam er regelmäßig Geld, wobei die Quittungen der Stasi als »Faustpfand« dienten.[43] Wegen seiner Tätigkeit als Redakteur der *SOS* war Bunke bereits 1958 in Westberlin vorübergehend verhaftet worden. Das Blatt mit der Unterzeile »für weltweite Verständigung« war 1951 von dem ehemaligen *ND*-Redakteur Manfred Röhling gegründet worden und galt als kommunistische Tarnzeitung. Es agitierte insbesondere gegen die Vereinigten Staaten und veröffentlichte regelmäßig Enthüllungsbeiträge über NS-belastete Personen in der Bundesrepublik. Röhling soll in der DDR geschriebene Texte abgedruckt haben, damit diese dann im *Neuen Deutschland* unter Berufung auf eine westliche Quelle »nachgedruckt« werden konnten, um so die Glaubwürdigkeit der SED-Propaganda zu erhöhen.[44] Obwohl Bunke nach seiner Freilassung die Auflage bekam, die DDR nicht mehr zu betreten, traf er sich regelmäßig mit Seidowsky im Ostberliner Presseclub.

In der Hinterlassenschaft der Staatssicherheit hat Bunke dennoch nur nebelhafte Spuren zurückglassen. Ein förmlicher IM-Vorgang ist nicht vorhanden und wurde wahrscheinlich auch nie angelegt. Von der Stasi-Kirchenabteilung wurde Bunke zunächst mit einem gewissen Misstrauen betrachtet und halb skeptisch, halb bewundernd als »befähigter Nachrichtenhändler« eingeschätzt.[45] Die Abteilung führte den Journalisten anfangs als Kontaktperson »Patriot« und von 1960 bis 1962 als so genannten Vorlauf-IM. 1962 stellte das MfS fest, dass Bunke »für die sowjetischen Freunde bestimmte Aufträge durchführt und für den französischen Geheimdienst arbeitet«; früheren Mitteilungen der Sowjets zufolge gebe es jedoch mit ihnen keine »direkte« Zusammenarbeit.[46] Von einer unmittelbaren »Kontaktaufnahme« nahm man deshalb vorerst Abstand, und als er 1963 erneut vom MfS angeworben werden sollte, wurde auch dieses Vorhaben anscheinend nicht in die Tat umgesetzt. Selbst die Stasi war sich Anfang der achtziger Jahre nicht ganz im Klaren darüber, ob Bunke als IM geführt wurde oder nicht. In einem Bericht der Spionageabwehr heißt es, er sei von Seidowsky »aufgeklärt und vermutlich auch im Auftrag des MfS geworben und gesteuert« worden. »Die Kontaktaufnahme zum B. durch das MfS erfolgte am 3. 3. 1961.«[47]

Unterlagen über Bunkes Tätigkeit finden sich ausschließlich in den Akten über Seidowsky und in einer Materialsammlung der Stasi-Kirchenabteilung, wo er teils unter Klarnamen, teils unter den Decknamen »Patriot« und »Veritas« auftaucht. Sie machen deutlich, dass die Zusammenarbeit in der Praxis ohne Zweifel gut funktionierte. »Über den B.«, so heißt es in dem Bericht der Spionageabwehr zusammenfassend, »wurde ein großer Teil von Veröffentlichungen in die Westpresse lanciert.«[48] Regelmäßig publizierte er beispielsweise – in enger Abstimmung mit Seidowsky – in der Hamburger *Anderen Zeitung*. Seine Beiträge, in denen er durchweg für die von der SED geförderte linke Kirchenopposition Partei ergriff, beruhten vielfach auf Stasi-Material. Die fertigen Artikel übergab er, gedruckt oder als Manuskript, Seidowsky, der sie an seinen Führungsoffizier weiterleitete. Im April 1960 meldete Seidowsky beispielsweise, »Veritas« habe in der *Anderen Zeitung* einen Artikel gegen den angeblichen »kalten Kirchenkrieg in der Landwirtschaftsfrage« veröffentlicht, und übergab den unter Pseudonym veröffentlichten Beitrag der Stasi-Kirchenabteilung.[49] Wenig später erschienen unter demselben Namen zwei weitere Artikel zum Thema, die ebenfalls Eingang in Bunkes Stasi-Akte fanden.[50]

Im selben Jahr erhielt »Veritas« den Auftrag, eine Stasi-Information über die für die SED hochnotpeinliche Flucht des Sohns des DDR-Staatssekretärs für Kirchenfragen in die Bundesrepublik über die Presseagentur AP in die westdeutsche Presse zu lancieren.[51] Wenig später organisierte Bunke im Auftrag des MfS eine »Kampagne« gegen die Zeitschrift *Kyrios*, um diese »zum Verschwinden zu zwingen«.[52] 1961 veröffentlichte er in der *Anderen Zeitung* von der Stasi zusammengetragene Dokumente gegen den damaligen Bundestagspräsidenten Gerstenmaier.[53] Im Juni 1962 erschien erneut ein Artikel Bunkes in der *Anderen Zeitung*, dessen Manuskript mit dem Vermerk »Artikel Veritas« wieder beim Staatssicherheitsdienst landete. Unter der Überschrift »Kalter Kirchenkrieg geht weiter« berichtete er darin unter anderem über das »schamlose und unverantwortliche Tun und Lassen« von Westberliner Kirchenstellen in der DDR, nicht ohne darauf hinzuweisen, dass eine ausländische Nachrichtenagentur – wahrscheinlich die von ihm selbst bediente – sich in den letzten Wochen »erfreulicherweise« dieses Themas angenommen hätte. Auch der Pressedienst *ppp* wurde von ihm in dem Artikel ausführlich zitiert – vermutlich hatte er auch diese Meldungen selbst verfasst.[54] So entstand der Eindruck, dass die von ihm verbreiteten Desinformationen schon eine breite Öffentlichkeit beschäftigten.

Für die folgenden Jahre finden sich nur noch wenige Stasi-Unterlagen über Bunke. Die Zusammenarbeit mit ihm dauerte aber auch 1970 noch an, wie ein ausführlicher Bericht über die EKD-Synode im Mai in Stuttgart belegt.[55] In einem internen Vermerk war damals vorgeschlagen worden, die Kontaktperson »Patriot« zur »Überwachung und Informationsbeschaffung einzusetzen«, da diese als Westberliner Journalist die Möglichkeit habe, an der Synode teilzunehmen. Anschließend notierte Seidowskys Führungsoffizier: »›Gerhard‹ hat auftragsgemäß Teilnahme von ›Patriot‹ organisiert und die KP für Information abgeschöpft.«[56] Auch für die folgenden Monate wurde vereinbart, dass »Patriot« verschiedene Synoden und Kirchenveranstaltungen besuchen sollte. Für jede ausgespähte Synode erhielt Bunke 150 DM.[57]

Seidowskys Institut Wandlitz war Anfang der sechziger Jahre auch an anderen Propagandamaßnahmen der Staatssicherheit beteiligt. Eine wichtige Rolle spielte es in der Kampagne gegen den EKD-Vorsitzenden Dibelius, der 1960 die Rechtmäßigkeit der atheistischen »Obrigkeit« öffentlich in Frage gestellt hatte und der SED wegen seiner politischen Auffassungen ein Dorn im Auge war. Die Stasi organisierte eine regelrechte Kirchenopposition gegen Dibelius, die ihn 1961 schließlich zur Abdankung zwang. Zu diesem Zweck sammelte Seidowsky systematisch Material gegen den Bischof, bereitete es auf und ließ es gezielt im Westen verbreiten. Unter anderem übergab er Bunke Ende 1959 eine vom MfS erarbeitete »Dokumentation«, die er »auftragsgemäß« an die linksprotestantische Zeitung *Stimme der Gemeinde* schickte und – zum Teil wieder unter Pseudonym – in Artikeln für die *Andere Zeitung*, das *Andere Deutschland* und den Pressedienst *ppp* verarbeitete.[58] Wenig später verlangte Seidowsky von der Stasi weiteres Material zur Veröffentlichung durch Bunke.[59] Laut Stasi-Akte wurden auch der Westberliner Theologe Helmut Gollwitzer und weitere Kirchenvertreter »beauftragt«, den Zeitungen *Welt*, *Tagesspiegel*, *Telegraf* und *Kurier* gegen Dibelius gerichtete Artikel zuzuleiten.[60] Im Mai 1960 wandte sich Bunke in einem Offenen Brief an den Generalsekretär des Deutschen Evangelischen Kirchentages, Heinrich Giesen, in dem er ihn wegen eines Artikels zum achtzigsten Geburtstag von Dibelius scharf angriff – das zweite Exemplar des Briefs ging wiederum dem Staatssicherheitsdienst zu.[61] 1962 erschienen in der *Anderen Zeitung* weitere Anwürfe gegen Dibelius aus der Feder Bunkes.[62] Stolz rechnete sich der Leiter der Kirchenabteilung, Franz Sgraja, noch Jahre später den Rücktritt des EKD-Vorsitzenden als Verdienst der Stasi an.[63]

Im April 1961 dirigierte Seidowsky die Aktion »Rom«. Vor dem Hintergrund des Eichmann-Prozesses in Israel ging es dabei um die Diskreditierung der Bundesrepublik als antisemitisch und neo-faschistisch. Im Rahmen der Aktion verbreitete der linksprotestantische Westberliner Unterwegskreis laut Stasi-Bericht eine Broschüre des Journalisten Reinhard Henkys mit dem Titel »War es wirklich so schlimm«, die sich kritisch mit dem Verhalten der Kirchen gegenüber den Juden in der NS-Zeit beschäftigte.[64] Darüber hinaus schickte die Stasi westdeutschen Juden anonyme Drohbriefe, um den Anschein zu erwecken, sie seien ihres Lebens nicht mehr sicher. »Zu dieser Aktion«, heißt es in einem Stasi-Bericht über Seidowskys Aktivitäten, »arbeitete er über eine Woche im Objekt.«[65] Seidowsky stellte der Stasi auch Adressenlisten jüdischer Bürger aus München zur Verfügung.[66] Wenig später fuhr er selbst in die bayerische Landeshauptstadt, um herauszufinden, welche Wirkung die Kampagne hatte.[67] Dabei kam ihm seine eigene jüdische Herkunft gelegen, zumal ein Verwandter Vorstandsmitglied der Münchner Jüdischen Gemeinde war.

Über die weiteren publizistischen Aktivitäten Seidowskys finden sich in den MfS-Akten nur schüttere Angaben. Im August 1961 notierte sein Führungsoffizier, dem GI »Gerhard«

sei es gelungen, mit seinen Informanten den Deutschen Evangelischen Kirchentag »völlig abzudecken und durch Publikationen zu stören«. Die von Helmut Dressler (»Harry«) ausgearbeiteten Materialien über führende Kirchenvertreter wie Reinhold von Thadden-Trieglaff, Hermann Kunst, Kurt Scharf und Bischof Lilje habe Seidowsky erfolgreich in die Westpresse lanciert, sodass Letzterer öffentlich dazu Stellung nehmen musste.[68] Und in einer Beurteilung des MfS heißt es ein Jahr später zusammenfassend: »Besonderes Interesse zeigte der GI ›Gerhard‹ bei der Organisierung der Veröffentlichung des bei uns vorhandenen kompromittierenden Materials über verschiedene kirchliche Personen in Westdeutschland. Es gelang dem GI ›Gerhard‹ mehrere Schleusen zur Publikation dieses Materials in westdeutschen Zeitungen und Zeitschriften aufzubauen.«[69] Konkret wurde ihm angerechnet, »Publikationsschleusen« zu westdeutschen Zeitungen wie der *Anderen Zeitung*, der *Deutschen Volkszeitung*, dem *Anderen Deutschland* und dem *Spiegel* organisiert zu haben.[70]

Ende der sechziger Jahre hatte Seidowsky auch Kontakt zu Theo Sommer, dem späteren Chefredakteur der *Zeit*. In einer Auflistung der Stasi-Kirchenabteilung über »Möglichkeiten der Lancierung von Material zwecks Veröffentlichung in westdeutschen bzw. Westberliner Presseorganen« heißt es im Februar 1969, Seidowsky habe die Möglichkeit, über Sommer DDR-Material zu veröffentlichen. Eine solche Möglichkeit bestünde auch über Bunke alias »Patriot«, der Verbindungen zur *Anderen Zeitung* in Hamburg, zum *Spiegel* und zum *Spandauer Volksblatt* habe. Ein weiterer IM mit der Möglichkeit, »auf direktem Wege oder über Verbindungspersonen in westlichen Presseunternehmen (Journalisten)« Material zu lancieren, wird mit dem Decknamen »Meier« angegeben. Dieser bislang nicht enttarnte Informant habe Verbindung zur *Stimme der Gemeinde*.[71]

Manche prominente Kirchenvertreter suchten ihrerseits die Verbindung zu Seidowsky. So berichtete sein Mitstreiter Bassarak im Juni 1963, dass der fünf Jahre zuvor ausgewiesene EKD-Bevollmächtigte bei der DDR-Regierung, Heinrich Grüber, »wieder über eine Kontaktperson Kontakt zu offiziellen Kreisen der DDR« suche. Er habe angefragt, »wodurch er sich rehabilitieren könne«, und »Zeitungsausschnitte über sein Auftreten in Westdeutschland im progressiven Sinne« übersandt. Bassarak machte daraufhin den Vorschlag, Grüber im Ostberliner Propagandaprozess gegen Hans Globke als Zeuge auftreten zu lassen. Er werde Grüber fragen, ob er dazu bereit sei, und Seidowsky anschließend die Antwort übermitteln.[72]

Der Bischofsverweser von Berlin-Brandenburg, der Cottbusser Superintendent Günter Jacob, traf sich damals regelmäßig zu vertraulichen Gesprächen mit Seidowsky – »als Partner, aber nicht als Bestochener«, wie er sich einmal ausdrückte. Gleichwohl kam der von der Stasi hart bedrängte Kirchenmann dem SED-Vertreter weit entgegen. So informierte er ihn nicht nur laufend über interne Auseinandersetzungen in der EKD, sondern bot sich auch selber als Sprachrohr der DDR-freundlichen Kirchenkräfte an. Nach dem propagandistischen »Wartburggespräch« des thüringischen Bischofs Moritz Mitzenheim mit SED-Chef Ulbricht im August 1964 unterbreitete er ihm beispielsweise den Vorschlag, einen Artikel für den *Stern* zu schreiben, in dem er die »Legende vom Kirchenkampf zerstören« und »als Bischof der DDR die staatliche Anerkennung der DDR in Westdeutschland fordern« wollte.[73] Tatsächlich kam es im Oktober zu einem vorbereitenden Treffen zwischen dem Superintendenten und *Stern*-Chefreporter Walter Leo, doch der Artikel ist offenbar nie erschienen.

Die Gerstenmaier-Kampagne

Eine wichtige Rolle spielte der erwähnte Hartmut Bunke in der Kampagne gegen Gerstenmaier, dem von der SED jahrelang eine Verstrickung in den Nationalsozialismus vorgeworfen wurde, obwohl er wegen seiner Beteiligung am Hitler-Attentat vom 20. Juli 1944 zu sieben Jahren Zuchthaus verurteilt worden war. Derartige Kampagnen wurden von der DDR vor allem in den sechziger Jahren mit großem Aufwand in Szene gesetzt, um einzelne Politiker, bestimmte Berufsgruppen sowie die Bundesrepublik und ihr demokratisches System insgesamt in Misskredit zu bringen. Zu diesem Zweck ließ die DDR-Führung sämtliche in Ostdeutschland befindlichen Akten aus der NS-Zeit nach Belastungsmaterial gegen westdeutsche Politiker, Spitzenbeamte, Richter, Diplomaten, Militärs et cetera durchsuchen. Die relevanten Unterlagen kamen als »Verschlusssachen« in eine 1964 gegründete »Dokumentationsstelle«, die durch MfS-Offiziere im besonderen Einsatz kontrolliert wurde. Binnen kurzem waren dort achttausendfünfhundert westdeutsche Staatsbeamte registriert und fünfzigtausend Karteikarten angelegt.[74] Die interessantesten Dokumente nahm das MfS in Verwahrung, deren speziell für die »zielgerichtete Entlarvung« westdeutscher Amtspersonen geschaffene Hauptabteilung IX/11 eine umfassende Personenkartei aufbaute – mit zuletzt über einer Million Karten.[75]

Die auf diese Weise zusammengezogenen Unterlagen bildeten die Grundlage für die Kampagnen im Rahmen der so genannten Aktion »Nazi-Kamarilla«.[76] In Zusammenarbeit mit dem KGB betrieb das MfS darin die »Entlarvung« von Hunderten echter und vermeintlicher ehemaliger Nationalsozialisten in der Bundesrepublik, wobei das Material, je nach Maßgabe, durch Dokumente aus eigener Fertigung »vervollständigt« wurde, wie zwei ehemalige Mitarbeiter der Desinformationsabteilung nach der Wende enthüllten.[77] In Abstimmung mit Ulbricht und der Westabteilung des ZK der SED organisierte Chefpropagandist Norden insbesondere in den sechziger Jahren auf dieser Basis generalstabsmäßig geplante Kampagnen gegen führende Vertreter des Bonner Staates. Zur Vorstellung der einseitig selektierten und zum Teil frisierten »Dokumente« wurden im Steinsaal des ehemaligen NS-Propagandaministeriums in Ostberlin »Internationale Pressekonferenzen« abgehalten. Um die Wirkung zu erhöhen, bemühten sich SED und Stasi, die Vorwürfe auch durch westliche politische Sympathisanten und Journalisten verbreiten zu lassen. Außer Gerstenmaier standen vor allem die CDU-Politiker Hans Globke (Staatssekretär im Bundeskanzleramt), Theodor Oberländer (Vertriebenenminister), Heinrich Lübke (Bundespräsident) und Kurt-Georg Kiesinger (Bundeskanzler) im Mittelpunkt der Anwürfe. Aber auch Willy Brandt sollten in seiner Zeit als Regierender Bürgermeister von Berlin angebliche Gestapo-Verbindungen nachgewiesen werden. Zu diesem Zweck veranlasste HVA-Chef Wolf 1959 unter anderem die Verhaftung eines früheren Bekannten Brandts, der so lange festgehalten wurde, bis er sich zu kompromittierenden Aussagen bereit fand.[78]

Im Fall von Heinrich Lübke war man bei der Suche nach Belastungsmaterial auf Barackenbaupläne gestoßen, die er im Auftrag der Wehrmacht angefertigt hatte. Nach Aussagen ehemaliger Stasi-Offiziere wurden diese nachträglich mit einem Deckblatt versehen, auf dem zu lesen stand: »Vorentwurf zur Erstellung eines KZ-Lagers für 2000 Häftlinge der Fa. Kalag bei Schacht VI in Neu-Staßfurt«. Fortan wurde Lübke nur noch als »KZ-Baumeister« bezeichnet. Das *Neue Deutschland* klagte ihn öffentlich »des Mordes an 279 KZ-Häftlingen [an], die in seinem Privat-KZ Leau allein vom 29. Januar bis 1. April 1945 unter qualvollsten Umständen starben«.[79] Vertreter der Staatssicherheit, des ZK und anderer DDR-Einrichtungen bildeten eine spezielle »Arbeitsgruppe ›Lübke‹«, die regelmäßig darüber beriet, mit welchen Maßnahmen der damalige Bundespräsident weltweit am besten in Misskredit gebracht werden konnte. 1969 trat er, kurz vor dem Ende seiner Amtszeit, unter dem Druck einer ihm zunehmend kritisch gegenübertretenden Öffentlichkeit zurück.

Politisch erfolgreich war die Kampagne erst geworden, als es 1966 gelungen war, sie in die westlichen Medien zu tragen.[80] Im Februar hatten sich Staatssicherheitsdienst und Presseamt der DDR durch ihren Abgesandten Hermann von Berg im Westen massiv um Unterstützung bemüht. Ein offenes Ohr für sein Anliegen fand er unter anderem beim stellvertretenden Chefredakteur des *Kölner Stadtanzeigers*, Hans Gerlach, der sich in besonderem Maße für die »Anerkennung der Realitäten« im Osten Europas einsetzte. Beide vereinbarten, dass Gerlach, wenn er ein Interview mit dem DDR-Staatssekretär Frank-Joachim Herrmann bekäme, auch ein Informationsgespräch mit Albert Norden zum Thema Lübke führen wolle. »Er würde dann«, so von Berg in seinem Vermerk, »eine Reportage schreiben oder Lübke in einer anderen Form im *Stadtanzeiger* angreifen.« Stolz fügte er für seine Auftraggeber hinzu: »Der *Stadtanzeiger* wird in Bonn sehr viel gelesen und vor allen

Dingen von den ausländischen Korrespondenten als seriöse Informationsquelle geschätzt.«[81]

Interessiert zeigte sich auch das Fernsehmagazin *Report* aus Baden-Baden. Im Februar 1966 schrieb der Rundfunk- und Fernsehreporter Wolf D. Littmann an den Deutschen Fernsehfunk in Ostberlin: »Sie werden sich entsinnen, daß ich Ihnen von der Übernahme der Sendereihe *Report* durch den Südwestfunk Baden-Baden berichtete. Dafür haben wir in diesen Tagen unsere Themen-Vorschläge einzureichen. Bei Gesprächen im Kollegenkreis ... wurde die Meinung vertreten, dass wir mit der von Ihnen skizzierten ›Affäre Lübke‹ nicht bis zu meinem Film über Bernburg warten sollten, sondern möglichst schon in unserer ersten *Report*-Sendung im April darauf einsteigen. Leider ist die Angelegenheit ja nun schon so weit gediehen, dass sie nicht mehr ›Brand-aktuell‹ ist. Sie wäre m. E. jedoch für unsere Sendung zu retten, wenn wir sie in einer Art aufgreifen, die bisher noch nicht da war. So stelle ich mir vor, dass wir in unserem Beitrag sowohl Herrn Albert Norden als auch Generalstaatsanwalt Dr. Streit zu Wort kommen lassen.«[82]

Der Vorschlag, dem ZK-Sekretär für Agitation und Propaganda im westdeutschen Fernsehen ein Forum anzubieten, war für damalige Verhältnisse mehr als ungewöhnlich. Wenige Tage später wandte sich der damalige stellvertretende Intendant und Programmdirektor des Südwestfunks, Günther Gaus, in einem Fernschreiben an den DFF und erklärte verbindlich, dass das Interview mit Norden für die *Report*-Sendung am 25. April 1966 vorgesehen sei.[83] Als Gaus und Littmann drei Tage vor dem Sendetermin zur Aufnahme nach Ostberlin reisten, mussten sie jedoch erfahren, dass Norden das Interview wegen Krankheit abgesagt hatte. An diesem Tag, dessen Verlauf anhand ostdeutscher Protokolle bis ins Einzelne nachvollzogen werden kann, machten Gaus und Littmann nun wie auf einem Pferdemarkt immer neue Angebote, um Norden doch noch vor die Kamera zu bekommen. Am Nachmittag, so berichtete der zuständige Funktionär vom DDR-Journalistenverband, schlugen sie vor, dass die Fragen schriftlich beantwortet und die Antworten »ohne irgendwelche Veränderungen oder Kommentierung« verlesen werden könnten. Wenn

Norden dem zustimme, würde man ihm fünfundvierzig bis sechzig Minuten in der besten Sendezeit zu einem von ihm gewünschten Zeitpunkt zur Verfügung stellen. Laut Protokoll fügten die Südwestfunk-Vertreter hinzu: »Glauben Sie uns, mehr können wir Ihnen nicht bieten. Sie können über unseren Sender Ihre Politik vertreten. Was wir Ihnen hier anbieten, dürfte man drüben nicht hören. Man würde sagen, wir seien politisch links engagiert. Andere würden sagen, ihr seid nicht mehr normal.«[84] Gegen 22.30 Uhr brachte Gaus einen »letzten Vorschlag« vor: »Ich will auf keinen Fall eine Antwort, es ist viel zu spät, aber morgen früh um 8.30 Uhr bin ich mit Littmann und Wendt wieder bei Ihnen. Was ich jetzt sage, ist eigentlich ungeheuerlich. Das hat bisher noch kein Kollege von mir getan, kein anderer Intendant, auch [Hans] Heigert nicht, würde so weit gehen, wie ich jetzt gehe. Ich zermartere mir den Kopf, wie wir die gute Absicht unserer Sendung verwirklichen können und betone, dass ich mir über die Folgen meiner Entscheidung absolut klar bin. Ich sage morgen Dr. Mende ab. Ich garantiere, dass Mende nicht auf den Bildschirm kommt, Norden soll das letzte Wort haben. Bringen Sie mir, wenn Prof. Norden aus Gesundheitsgründen nicht kann, einen gleich- oder höhergestellten Mann!«[85]

Die Gier nach politisch-medialen Sensationen bescherte der SED in dieser Zeit noch mehr Offerten dieser Art. Insbesondere wenn es darum ging, westdeutsche Politiker wegen ihres Verhaltens in der NS-Zeit zu »entlarven«, fand man im Westen eine wachsende Zahl dankbarer Abnehmer. Im Juli 1966 veröffentlichte die Zeitschrift *Konkret* erstmals Ostberliner Material gegen Lübke. Bald wurde der *Stern* zum Vorreiter der Kampagne. Die Liste derjenigen, die sich – in der Regel insgeheim – von der DDR mit belastenden Dokumenten versorgen ließen, reicht von Bernt Engelmann und Günter Wallraff über *Stern*-Herausgeber Henri Nannen bis zum SDS-Aktivisten Reinhard Strecker und zur Kiesinger-Kritikerin Beate Klarsfeld. Zu Hilfe kam der SED das erwachende Interesse der Medien, sich durch regierungskritische Enthüllungen als »unerschrockene Aufklärer« zu profilieren. Viele Journalisten schnappten nach den von der SED hingehaltenen Ködern und wurden so zu Verstärkern der einseitigen Anklagen aus Ostberlin. Vielfach verzichteten sie darauf, das ihnen zugespielte Material kritisch zu prüfen, und waren bestrebt, noch mehr Unterlagen zu erhalten. Die wenigsten stießen sich daran, dass ihnen das Material von den kommunistischen Machthabern nur in aufbereiteter Form zugänglich gemacht und – beispielsweise im Fall Globke – eine Prüfung der Originalakten durch unabhängige Historiker bis zum Ende der DDR abgelehnt wurde. Die Stasi wiederum nutzte diese Kontakte, um über den Zugang zu spektakulären NS-Unterlagen eine dauerhafte nachrichtendienstliche Zusammenarbeit zu erreichen.

Die »operative« Verwendung von NS-Unterlagen durch die Stasi währte bis zum Untergang der DDR. So hatte die HVA beispielsweise die Federführung bei der Veröffentlichung der Tagebücher von Josef Goebbels in der Bundesrepublik. In einem Stasi-Bericht heißt es darüber: »In Zusammenarbeit zwischen der HVA und Genossen des sowjetischen Bruderorgans und nach Absprache des ehemaligen Leiters der HVA, Genossen Wolf, mit Genossen Kurt Hager begann 1972 die Übergabe von Kopien der Tagebücher an die BRD-Seite. (Genosse Wolf habe sich für diese Sache selbst sehr engagiert). Empfänger war zunächst der Hamburger Verlag Hoffmann & Campe, der die Kopien an das ›Institut für Zeitgeschichte‹ in München weitergegeben hat.« Bei einem Besuch im Dokumentationszentrum der DDR stellten Vertreter des Instituts später fest, dass ihnen Teile der Tagebücher fehlten. Institutsleiter Martin Broszat, der eng mit dem Ostberliner Institut für deutsche Geschichte zusammenarbeitete, bemühte sich deshalb 1987, auch in diese Unterlagen Einsicht nehmen zu können. Nach einigen Verzögerungen sollte ihm dies auch erlaubt werden, weil man »seitens zuständiger Parteifunktionäre und DDR-Historiker« der Ansicht war, dass »diese Sache politisch gut läuft«.[86] Im April 1988 wurde jedoch beschlossen, dass die Originaldokumente vom Dokumentationszentrum an die HVA-Abteilung X »zurückgegeben« werden sollten und über künftige Benutzungsanträge nur noch von dieser entschieden werden dürfte.[87] Die Stasi machte dem Münchener Institut zum Vorwurf, dass es an der Publikation der Tagebücher durch einen rechtsextremen Verleger mitgewirkt hätte.[88] In einem internen Schreiben monierte Abteilungsleiter Wagenbreth, »dass die Vermarktung der Edition der Goebbelstagebücher in unverantwortlicher Weise zum finanziellen Vorteil der Neofaschisten erfolgte und darüber hinaus durch Presseveröffentlichungen die großzügige Unterstützung der DDR politisch diffamiert wurde«. Nach Konsultation mit den »zuständigen Genossen des ZK« ordnete er deshalb an, die noch fehlenden Teile »aus operativen Gründen« nicht zugänglich zu machen. Die Herausgeber der Edition sollten aufgefordert werden, »sich in Zukunft an den politisch-antifaschistischen Anspruch der DDR zu halten«.[89]

Im Fall Eugen Gerstenmaiers waren die von der DDR erhobenen NS-Vorwürfe besonders perfide. Der protestantische Theologe und Oberkonsistorialrat, der von 1954 bis 1969 das Amt des Bundestagspräsidenten bekleidete, gehörte in der Zeit des Nationalsozialismus zum Widerstandskreis um Helmuth James Graf von Moltke, dem so genannten Kreisauer Kreis. Am Tag des Hitler-Attentats wurde er im Zentrum der Verschwörung, dem Oberkommando der Wehrmacht in der Berliner Bendlerstraße, verhaftet und Anfang 1945 vom Volksgerichtshof verurteilt. Nach dem Krieg erinnerte er die Deutschen immer wieder an ihre unaufhebbare Verantwortung für die Verbrechen der Nationalsozialisten und setzte sich trotz starken politischen Gegenwindes für eine angemessene Würdigung des Widerstands gegen Hitler ein.[90]

Der SED war Gerstenmaier vor allem deshalb ein Dorn im Auge, weil er zu den erklärten Gegnern der Anerkennung der DDR gehörte. In seiner Funktion als Präsident der Bundesversammlung hatte er sich 1964 und 1969 dafür eingesetzt, diese jeweils nach Westberlin einzuberufen, um die Bindung der Inselstadt an Westdeutschland zu unterstreichen – was bei der DDR und der Sowjetunion auf massiven Widerstand stieß. Angestrengt versuchten SED und Staatssicherheitsdienst, den Politiker in West und Ost zu diskreditieren. Auch bei ihm suchte man deshalb nach belastenden Unterlagen aus der NS-Zeit. Die jahrelangen Recherchen der Stasi sind in einem Vorgang der Hauptabteilung IX/11 dokumentiert, der ohne die nur teilweise überlieferten Unterlagen über die heimliche Verbreitung des Materials bereits einundsechzig Bände umfasst. Da die meisten vom MfS zusammengetragenen NS-Dokumente nur als Kopie abgeheftet sind, kann deren Echtheit heute nicht mehr überprüft werden.[91]

Ansatzpunkt in Sachen Gerstenmaier bot ein jahrelanger Streit mit Hermann Bernhard Ramcke, einem ehemaligen Fallschirmjägergeneral der Wehrmacht, den der Bundestagspräsident wegen dessen Verbindungen zu Kreisen früherer SS-Angehöriger öffentlich kritisiert hatte. In Ramckes Auftrag hatte der Kieler Rechtsanwalt Wilhelm Maßmann daraufhin seit 1957 mehrere Schriftsätze an die Synode der EKD gerichtet, in denen unter anderem behauptet wurde, Gerstenmaier sei 1944 als völlig Unbeteiligter in die Berliner Bendlerstraße geeilt und habe, um seinen eigenen Kopf zu retten, anschließend seine Freunde im Widerstand verraten. Erst sieben Jahre später nahm Ramcke diesen letztlich sich selbst widersprechenden Vorwurf mit dem Ausdruck des Bedauerns zurück und verpflichtete sich zur Zahlung einer Geldbuße, da ihm nach einer Strafanzeige Gerstenmaiers eine Verurteilung wegen Beleidigung drohte.

Wie Gerstenmaier in seinen Erinnerungen schreibt, hatten schon während der 1960 aufgenommenen Ermittlungen gegen Ramcke einige seiner Mitarbeiter bemerkt, dass sich die SED lebhaft für den Prozess interessierte und dem Beklagten unter die Arme greifen wollte.[92] Tatsächlich belegen MfS-Dokumente, dass die Stasi bereits spätestens 1959 in dieser Sache aktiv wurde. So fertigte Seidowsky im Zusammenhang mit den Ramcke-Anträgen im Juli für den Staatssicherheitsdienst eine erste Materialsammlung über Gerstenmaier an, die diesen kompromittieren sollte. Einen Monat später übergab er weiteres Material über Gerstenmaier.[93] Dass Ramcke und Maßmann in der zentralen Personenkartei der Stasi nicht erfasst sind, liegt vermutlich daran, dass die entsprechenden Karteikarten – wie alle Karten der HVA – in der Wendezeit entfernt wurden.

Im Auftrag der DDR-Führung arbeitete die Stasi-Kirchenabteilung in dieser Zeit noch mit mindestens zwei weiteren IM an »Dokumentationen« gegen Bonner Politiker. Einer der drei – wahrscheinlich Seidowsky – veranlasste damals auch den Westberliner Journalisten Hartmut Bunke dazu, entsprechendes Material zusammenzutragen.[94] Im November 1960 präsentierte der stellvertretende Außenminister der DDR, Otto Winzer, auf einer internationalen Pressekonferenz in Ostberlin einen Teil der gesammelten Dokumente. Laut einem Artikel des *Neuen Deutschlands* legte er den diplomatischen Vertretern Jugoslawiens, Bulgariens und Rumäniens »Originalakten« des Auswärtigen Amts vor, aus denen hervorging, dass Gerstenmaier im Auftrag des Kirchlichen Außenamts 1941 eine Balkan-Reise zur »Bekämpfung der bolschewistischen Propaganda« unternommen hatte. Unter Überschriften wie »Der Bonner Neokolonialismus und sein Kreuzritter Gerstenmaier« oder »So wühlte Gerstenmaier schon unter Hitler« erhob das SED-Zentralorgan den Vorwurf, die »schmutzige Arbeit der Korrumpierung und Bestechung der Geistlichen, des Missbrauchs der orthodoxen Kirche des Balkans zu antibolschewistischer und faschistischer Kriegshetze« sei »von niemand anders verrichtet [worden] als von Gerstenmaier«.[95]

Im Dezember überreichte Seidowsky seinem Führungsoffizier weitere hundertzwanzig Seiten »belastendes Material« über Gerstenmaier aus den Akten des NS-Außenministeriums und kündigte an, dass er noch mehr »besorgen« werde. Ausführlich berichtete er über den Stand der Versendung der Unterlagen an ausgewählte Multiplikatoren, unter anderem in Israel, Dänemark und Frankreich.[96] Außerdem traf er sich mit dem Herausgeber der Zeitschrift *Stimme der Gemeinde*, Herbert Mochalski, und unterbreitete ihm den Vorschlag, das Material in einer Broschüre im Faksimile nachzudrucken. Als aktueller Anlass könne der Streit zwischen Gerstenmaier und dem Theologen Helmut Gollwitzer dienen, von dem bekannt sei, dass er »sich an verschiedene Leute gewandt hat, um Material gegen Gerstenmaier in die Hand zu bekommen«.[97]

Größere Wellen schlug die Aktion jedoch erst, nachdem das Material über Hartmut Bunke in die Hamburger *Andere Zeitung* gelangt war. Den Auftakt machte ein Artikel Bunkes, den er parallel der *Stimme der Gemeinde* zur Verfügung stellte. Darin wandte er sich unter Berufung auf »dieser Tage in Ostberlin der Öffentlichkeit übergebene« Dokumente gegen die vorgesehene Berufung Gerstenmaiers zum EKD-Synodalen. Unter der Überschrift »Im Dienste eines primitiven Anti-Bolschewismus« zitierte er Unterlagen aus Gerstenmaiers Tätigkeit im Kirchlichen Außenamt während der NS-Zeit und wandte sich gegen eine »von der Restauration und Reaktion beherrschte Kirche«. Kryptisch deutete er an, dass – »zur tiefsten Bestürzung aller Betroffenen!« – die Akten des Reichsministeriums für kirchliche Angelegenheiten »wieder da« seien und diese eines Tages vollends ausreichen dürften, um »heute amtierenden evangelischen Kirchenführern ihre Tarnkappen vom Gesicht zu reißen … Aber zu gegebener Zeit mehr!«[98]

Wenig später, im Januar 1961, zitierte Bunke auf einer ganzen Zeitungsseite aus Akten des besagten Ministeriums über Gerstenmaier und stellte dessen Rolle im Widerstand in Frage. Das Material war so umfangreich, dass die Veröffentlichung auf vier Folgen verteilt werden musste.[99] Wie der Autor seinem Kontaktmann Seidowsky berichtete, hätten ihn der Bundesvorstand der SPD und der parteinahe Pressedienst *ppp* schon nach der ersten Folge mehrfach angerufen, um ihm mitzuteilen, dass sowohl im SPD-Vorstand als auch in der SPD-Bundestagsfraktion »große Freude« herrsche über die Veröffentlichungen in der *Anderen Zeitung*. Man glaube, dass Gerstenmaier, »der seine bisherige theologische und kirchliche Tarnung stets als Trumpf gegen die SPD ausnutzte, etwas in seiner Position erschüttert« worden sei. Unter der Überschrift »Echo zur Veröffentlichung des Materials über Gerstenmaier in *Die Andere Zeitung* Hamburg« vermerkte die Stasi weiter, dass Gerstenmaier Bunkes Artikel ebenso vorgelegen hätten wie die *ppp*-Meldungen über einen unterstützenden Brief des Theologen Karl Barth an den Verfasser.[100] Als »besonders peinlich« sei die Veröffentlichung eines Auszugs der *ppp*-Meldung im *Neuen Deutschland* eingeschätzt worden. Gerstenmaier lasse jetzt durch seine Anwälte prüfen, inwieweit er gegen die *Andere Zeitung* gerichtlich vorgehen könne.[101] Da deren Vorwürfe ein solches Aufsehen erregt hatten, sah sich der Bundestagspräsident zudem gezwungen, sie in einer Erklärung gegenüber dem *Evangelischen Pressedienst* (EPD) öffentlich zurückzuweisen.

In den darauffolgenden Wochen organisierte die Stasi weitere Veröffentlichungen. Im Februar 1961 bekam der Geheime Informator (GI) »Herbert« den Auftrag, für die Zeitung der

DDR-CDU, *Neue Zeit*, einen Artikel über Gerstenmaiers Vergangenheit zu schreiben. »Der GI soll dazu die Dokumente vom MfS erhalten, eine schriftliche Konzeption über die dabei zu beachtenden Zusammenhänge sowie die letzte Erklärung von Gerstenmaier im EPD.«[102] Acht Tage später erschien dort – anonym – eine ganzseitige »Widerlegung« von Gerstenmaiers EPD-Erklärung. Darin hieß es, dass man sich um eine »Überprüfung« der Angaben der *Anderen Zeitung* bemüht habe und nunmehr in der Lage sei, »bisher noch nicht herangezogene Dokumente des Kirchlichen Außenamtes zusätzlich auszuwerten«.[103] Einige Tage zuvor war bereits ein ähnlicher Artikel erschienen, in dem Gerstenmaier unter Hinweis auf die in der *Anderen Zeitung* veröffentlichten Dokumente als »Belastung für die evangelische Kirche« bezeichnet wurde. Drohend wurde zudem Albert Norden zitiert, der kürzlich angekündigt hätte, »dass auch andere Perioden des Lebens von Gerstenmaier, z. B. sein mysteriöses Doppelspiel im Zusammenhang mit dem 20. Juli 1944 einer aufschlussreichen Durchleuchtung fähig seien«.[104] Gleichzeitig nahm MfS-Unterleutnant Kuschel direkten Kontakt zu Bunke auf und vereinbarte mit ihm, dass er im März für zwei Wochen zu Verwandten nach Königs Wusterhausen fahren sollte, um dort ein Buch über Gerstenmaier zu schreiben. Von Seidowsky erhielt Kuschel zwei druckfrische Exemplare der *Anderen Zeitung* mit dem letzten Teil der Serie über Gerstenmaier und einen noch unveröffentlichten Bericht Bunkes über den Kirchentag. Seidowsky, so heißt es am Ende »schlug eine Beihilfe für ›Veritas‹ [Bunke] von ca. 200,– DM West vor«.[105]

Über den weiteren Fortgang der Kampagne sind nur noch vereinzelt Unterlagen aufzufinden. Im Sommer 1963 eskalierte der Streit mit Ramcke, als dessen Anwalt Anzeige gegen Gerstenmaier erstattete und ihn bezichtigte, seine akademischen Grade zu Unrecht zu führen und eine uneidliche Falschaussage gemacht zu haben. Um den Verdacht zu entkräften, seine Habilitation sei nicht ordnungsgemäß erworben, bemühte sich Gerstenmaier in der Folgezeit um eine formelle Feststellung seiner akademischen Grade durch das zuständige Bundesinnenministerium. Der schließlich erbrachte amtliche Nachweis, dass er in der NS-Zeit aus politischen Gründen die

Universität verlassen musste, brachte ihn in den Genuss von hohen Wiedergutmachungsleistungen – was später noch eine wichtige Rolle spielen sollte.

Eine neue Medienattacke, bei der die Staatssicherheit ihre Finger im Spiel hatte, erfolgte 1964, dem Jahr der von sowjetischen Drohgebärden überschatteten Bundespräsidentenwahl in Westberlin. Im November dieses Jahres erschien im linkssozialdemokratischen *Spandauer Volksblatt* in großer Aufmachung ein zweiseitiger Artikel über Gerstenmaier mit zahllosen Zitaten aus NS-Dokumenten – ohne ein Wort über die Quelle der Papiere zu verlieren. Unterzeichnet war der Aufsatz von Stefan Reißner, dem bereits erwähnten Politik-Verantwortlichen der Zeitung. Im Mittelpunkt der Vorwürfe stand diesmal eine alte Schrift Gerstenmaiers mit dem Titel »Frankreichs Protestantismus im Krieg«, die er im Auftrag des Auswärtigen Amts verfasst hatte und die später unter dem Pseudonym Albrecht Allmann veröffentlicht wurde. Im Vorspann des Artikels hieß es, die Dokumente, die das *Volksblatt* erstmals veröffentliche, sollten nicht beweisen, dass Gerstenmaier Nationalsozialist gewesen sei, aber deutlich machen, »in welcher Zwielichtigkeit die Person des gegenwärtigen Bundestagspräsidenten gesehen werden kann«.[106] Bereits am nächsten Tag meldete das *Neue Deutschland*, dass das *Spandauer Volksblatt* »aufsehenerregende Einzelheiten über die nazistische Vergangenheit des Bonner Bundestagspräsidenten« enthüllt habe, womit er »eindeutig vor der Öffentlichkeit als Handlanger der faschistischen Gewaltherrschaft« dastehe.[107]

Die Beteiligung der Staatssicherheit an der Veröffentlichung geht unter anderem aus einem MfS-Dokument vom Februar 1964 hervor. In einer streng vertraulichen Aktennotiz berichtete damals der GI »Günther« alias Hermann von Berg über ein Gespräch mit dem westdeutschen Journalisten Ansgar Skriver, den er noch aus dessen Zeit als Sekretär des Berliner Arbeitsausschusses »Kampf dem Atomtod« kannte. Von Berg rapportiert darin unter anderem, dass Skriver »das Material, das von einem Kontaktmann des MfS an Skr[iver] gegeben wurde (gegen Gerstenmaier gerichtet, dessen anti-französische Hetzschrift)« in Bonn an den Mann gebracht habe. Mit achtzigprozentiger Sicherheit sei anzunehmen, dass es veröffentlicht werde. Allerdings halte man es für so bedeutungsvoll, dass man vorher erst die maßgeblichen Leute des Parteivorstands der SPD konsultieren wolle. Von Bergs streng vertraulicher Vorschlag: »Dasselbe Material an den *Spiegel* geben, [Hans Dieter] Jaene brennt darauf!«[108]

Die Zusammenarbeit zwischen von Berg und dem inzwischen verstorbenen Skriver, der zuletzt die Redaktion Politisches Feature beim WDR leitete, war nicht neu. Der ehemalige SDS-Aktivist und spätere Cheflektor des Kreuz-Verlages, der Anfang der sechziger Jahre als freier Journalist bis zu seinem Austritt aus der SPD vor allem für den *Vorwärts* schrieb und sich auch als Herausgeber der Zeitschrift *Alternative* einen Namen machte, hatte bereits im Mai 1963 im *Kölner Stadtanzeiger* einen ähnlich gearteten Artikel über Hans Globke veröffentlicht, den er zuvor mit von Berg abgesprochen hatte. Unter der Überschrift »Globke erneut der Lüge überführt. *Kölner Stadtanzeiger* weist aktive Mitarbeit an Rassengesetzen nach« berichtete anschließend das *Neue Deutschland* über die »Enthüllungen« des westdeutschen Journalisten – was propagandistisch wirkungsvoller war, als wenn sie direkt in der DDR erschienen wären.[109]

Dass Skriver hinter der Veröffentlichung im *Spandauer Volksblatt* stand, geht auch aus anderen Stasi-Dokumenten hervor. In einem Bericht von Bergs über ein Gespräch mit Skriver im Dezember 1964 wird dieser mit den Worten zitiert, dass jetzt auch der anfangs wenig interessierte *Spiegel* das Gerstenmaier-Material veröffentlichen wolle und die *Andere Zeitung* »sehr scharf« darauf gewesen sei. Da diese jedoch »zu unseriös« sei und auch die Informanten preisgebe, »habe man es schließlich im *Spandauer Volksblatt* veröffentlicht«.[110] Wie von Berg ein gutes Jahr später nach einer Reise nach Westdeutschland berichtete, teilte ihm Skriver im Februar 1966 zudem mit, dass auch der Verfassungsschutz die Hintergründe der Publikation herausgefunden habe. Der westdeutsche Geheimdienst, so von Berg, habe »ermittelt, dass er, Skr[iver], unser Material gegen Gerstenmaier in dieser großen Aufmachung im *Spandauer Volksblatt* gebracht hat«. Skriver müsse deshalb »jetzt etwas vorsichtiger operieren«. Anlass für diese Mitteilung war der Versuch von Bergs, Skriver – und ein Dutzend anderer Journalisten – auch für die Kampagne gegen Bundespräsident Heinrich Lübke einzuspannen.[111]

Seidowsky indes war an der Veröffentlichung über Gerstenmaier im *Spandauer Volksblatt* allem Anschein nach nicht beteiligt. Die Verantwortung für die propagandistischen Aktivitäten in Sachen NS-Vergangenheit lag inzwischen bei der HVA, die diese zusammen mit dem KGB, der Abteilung Agitation und der Hauptabteilung IX/11 betrieb. Markus Wolf persönlich ließ sich regelmäßig Bericht erstatten und erteilte die entsprechenden Anweisungen. In einem Bericht der Stasi-Kirchenabteilung über Reißners Artikel heißt es deshalb lediglich, dass einige Zeit vor der Veröffentlichung ein Journalist der Zeitschrift *Konkret* bei Seidowsky gewesen sei und sich nach Material über Gerstenmaier erkundigt habe. Als Motiv habe dieser angeführt, dass Gerstenmaier den westdeutschen Außenminister Schröder »abschießen« und selber dessen Amt übernehmen wolle, was durch die Publikation von abträglichem Material verhindert werden solle. Seidowsky habe jedoch abgestritten, mit der Thematik etwas zu tun zu haben.[112]

Die Vorwürfe im *Spandauer Volksblatt* fanden ein beträchtliches Echo. Im April 1965 berichtete Reißner seinem DDR-Kontaktmann von Berg, dass die Bonner CDU-Spitze über die Veröffentlichung in dem vergleichsweise unbedeutenden Berliner Blatt beraten habe.[113] Was die Quelle der Kampagne anbetrifft, tappe man jedoch im Dunkeln. Man sei der Ansicht, dass das *Volksblatt* das Material von Außenminister Schröder bekommen habe. Da der Vertreter der mit der SED verbundenen *Konkret* dieselbe Fehlinformation benutzte, könnte es sein, dass sie bewusst zur Irreführung in die Welt gesetzt worden war. Gerstenmaier, so Reißner weiter, werde jedoch keine Klage erheben, da das Material ein Jahr zuvor bereits im *PINAR-Dienst* veröffentlicht worden sei. Dieser Pressedienst wurde, wie man heute weiß, ebenfalls aus östlichen Quellen gespeist.

Ein Vierteljahr nach Erscheinen von Reißners Artikel bat der Verlagsleiter des *Volksblatts*, Otto Peter Schasiepen, persönlich bei von Berg um weiteres Belastungsmaterial gegen Gerstenmaier. Außerdem notierte von Berg nach dem Gespräch: »Sch. möchte Material gegen Strauß haben, er habe gehört, dass von Schnitzler im Besitz eines Aufnahmeantrags Strauß's in die KPD sei.« Seinem Führungsoffizier schlug von Berg daraufhin vor: »1. Ständigen Kontakt halten, Sch. könnte ja hin und wieder einen Passierschein bekommen. 2. Möglichst gutes Material zur Verfügung stellen. … 5. Prüfen, ob die Sache gegen Strauß, KPD-Aufnahmeantrag, irgendwie betrieben werden kann.«[114] Ähnliche Anfragen des *Volksblatts* gab es auch noch in Bezug auf andere Themen. So erfuhr von Berg im April 1965 von Reißner, dass zwischen der Bundesregierung und dem Westberliner Senat Geheimverhandlungen liefen mit dem Ziel, die Notstandsgesetze auf Berlin zu übertragen. Da dadurch die Rechte der Alliierten beeinträchtigt würden, ließe sich, so Reißner, »ein Hebel bilden, um gegen die Notstandsgesetze generell anzugehen«. Den Aufzeichnungen von Bergs zufolge erkundigte sich Reißner deshalb, ob es möglich sei, »von unserer Seite Material zu erhalten, um die Sache publizistisch hochzuspielen«.[115]

Auf eine, wie die SED es nannte, »völkerrechtswidrige« Bundestagssitzung am 7. April 1965 in Berlin reagierte die DDR erneut mit heftigen Angriffen gegen Gerstenmaier. Sie stützte sich dabei auf Material, das sie, zum Beispiel in der Broschüre »Kreuzritter des Neokolonialismus«, schon früher publiziert hatte. Am 15. April 1965 »enthüllte« der Nationalrat der Nationalen Front im *Neuen Deutschland* unter der Überschrift »Ein waschechter Gefolgsmann Hitlers« Einzelheiten aus Gerstenmaiers Studentenzeit. Darin wurde unter anderem behauptet, Gerstenmaier sei 1923 – also im Alter von siebzehn Jahren – der SA beigetreten.[116] Im 1965 erschienenen *Braunbuch* der DDR, das mit wesentlicher Unterstützung des MfS entstanden war und Hunderte von echten oder vermeintlichen »Kriegs- und Naziverbrechern« in der Bundesrepublik an den Pranger stellte, wurde Gerstenmaier als »Nazi-Propagandist in geheimer Mission« vorgestellt. Als Beleg diente unter anderem der erwähnte Artikel im *Spandauer Volksblatt* über Gerstenmaiers Frankreich-Broschüre.[117] Im selben Tenor schrieb auch die Frankfurter Wochenzeitung *Die Tat* über den Bundestagspräsidenten, ein Blatt, das von der SED-finanzierten Vereinigung der Verfolgten des Naziregimes (VVN) herausgegeben wurde.[118] Die *Andere Zeitung* veröffentlichte im Oktober 1965 erneut einen Artikel von Hartmut Bunke, in dem Gerstenmaier als »NS-Kollaborateur« bezeichnet wurde.[119] Sogar der *Spiegel* griff nunmehr die aus Ostberlin lancierten Vorwürfe auf.[120]

Angesichts der Dimensionen, welche die Kampagne jetzt annahm, entschloss sich Gerstenmaiers Bevollmächtigter im Prozess gegen Ramcke, Fabian von Schlabrendorff, im Evangelischen Verlagswerk Stuttgart eine eigene Dokumentation über *Eugen Gerstenmaier im Dritten Reich* zu veröffentlichen. Auslöser dafür war nicht zuletzt, dass die SED in der Bundesrepublik zunehmend Waffenhilfe von der anderen Seite des politischen Spektrums bekam: von der *Deutschen National- und Soldaten-Zeitung*, deren »wütende Polemiken«, wie von Schlabrendorff schrieb, »im wesentlichen auf dem Propagandamaterial Pankows« beruhten.[121] Tatsächlich tat sich das von Gerhard Frey, dem heutigen Chef der Deutschen Volksunion (DVU), herausgegebene Wochenblatt dadurch hervor, dass es die hingerichteten Beteiligten am Hitler-Attentat als »Hochverräter« titulierte und zugleich gegen die strafrechtliche Verfolgung von Kriegsverbrechern polemisierte – und namentlich Gerstenmaier scharf angriff, der mehrfach gegen die rechtsextremen Hasstiraden Stellung genommen hatte.[122] Nach einer Pressekonferenz des stellvertretenden DDR-Staatsratsvorsitzenden Manfred Gerlach druckte die Zeitung beispielsweise im April 1965 die Ostberliner Vorwürfe en détail nach und forderte den Bundestagspräsidenten pathetisch auf, nunmehr »Farbe zu bekennen«.[123] Im Mai veröffentlichte sie einen Artikel von Christoph Dohrn, in dem dieser, unter anderem anhand der erwähnten Frankreich-Broschüre, »Gerstenmaiers unbewältigte Vergangenheit« anprangerte – nicht ohne darauf hinzuweisen, dass der Vater des Verfassers, Harald Dohrn, wegen seiner Zugehörigkeit zur Widerstandsgruppe »Weiße Rose« von den Nationalsozialisten ermordet worden sei.[124] Drei Wochen später folgte ein Aufsatz mit Dokumenten aus der NS-Zeit, die zeigen sollten, dass Gerstenmaier ein überzeugter Nationalsozialist war und sogar der SA angehörte – wie Tausende andere Deutsche, so die diesmal rechtsgestrickte Argumentation.[125] In der nächsten Ausgabe zog die Zeitung auf einer ganzen Seite Gerstenmaiers Beteiligung am Hitler-Attentat in Zweifel, weil er nicht wie die anderen Verschwörer zum Tod verurteilt wurde. Andeutungsvoll hieß es im Vorspann, dass es in Gerstenmaiers Version seiner Verschwörertätigkeit Punkte gebe, »die manchem kritisch Denkenden dunkel zu sein scheinen«.[126]

Vieles spricht dafür, dass auch diese Angriffe aus Ostberlin lanciert worden waren. Die Stasi war damals in diversen rechtsextremen Organisationen und Zeitschriften in der Bundesrepublik vertreten. Vor allem in den fünfziger und sechziger Jahren bot sich die gesamtdeutsche, anti-amerikanische Propaganda der SED als ideologische Brücke an, um im rechten Lager Bündnispartner gegen die von Adenauer betriebene Westbindung der Bundesrepublik zu finden. Von 1951 bis 1959 erschienen in Westdeutschland insgesamt sieben von der DDR unterstützte Zeitschriften mit neutralistisch-nationalistischem Hintergrund. 1955 enthüllte Rudolf Steidl, Herausgeber der *Internationalen Militärkorrespondenz* (später *Militärpolitisches Forum*), dass sein Blatt bis dahin mit mehr als einer halben Million DM von der SED subventioniert worden sei. In die von 1953 bis 1954 in München erschienene *Deutsche National-Zeitung* seien sogar 1,6 Millionen DM geflossen.[127] Zwei Jahre später wurde der Herausgeber der Blätter *Die Sicht* und *Deutsche Einheit*, Gerhard Walleiser, als MfS-Agent verhaftet; unter seiner Ägide waren in den Publikationen des Blocks der Heimatvertriebenen und Entrechteten immer wieder proöstliche Artikel erschienen.[128] In den sechziger Jahren beteiligte sich die *Deutsche National- und Soldaten-Zeitung* an den von der SED initiierten Kampagnen gegen SPD-Fraktionschef Herbert Wehner und den Verleger Axel Springer.[129] Zu Gerstenmaier erschien in dem Blatt im Juni 1968 unter der Überschrift »Straße frei den braunen Bataillonen« erneut ein groß aufgemachter Artikel, in dem der »Vorkämpfer für die Verlängerung der Verjährung deutscher Kriegsverbrechen« anhand von Dokumenten aus der NS-Zeit schwer belastet wurde. Die Leser erfuhren auch, dass Gerstenmaier Mitte der sechziger Jahre ein Wiedergutmachungsverfahren durchlaufen habe – der Auftakt für die letzte Phase der Kampagne.[130]

Bereits im April 1967 hatte die Desinformationsabteilung der Stasi dem KGB mitgeteilt, »dass aus den bisher vorhandenen Dokumenten über Gerstenmaier zur Zeit eine ihn belastende Dokumentation erarbeitet wird mit dem Ziel, die Person Gerstenmaier zu einem geeigneten Zeitpunkt zu entlarven«. Die Stasi informierte ihre sowjetischen Kollegen zugleich, dass Dokumente vorlägen, in denen Gerstenmaier als eine »unzuverlässige Person, besonders aufgrund seiner starken kirchlichen Bindungen«, beurteilt würde, sodass er »auch unter operativen Gesichtspunkten« betrachtet werden müsse. Im Klartext: Das MfS war der Meinung, Gerstenmaier böte unter Umständen Ansatzpunkte für eine Anwerbung, und wollte wissen, wie die sowjetische Seite vor diesem Hintergrund den kurz zuvor erfolgten Besuch der Tochter Gerstenmaiers in Moskau bewertete. KGB-Oberst Sergej Kondraschow informierte daraufhin seine ostdeutschen Kollegen, Gerstenmaiers Tochter sei während ihres Aufenthalts »operativ bearbeitet und kontaktiert« worden, und dieser Kontakt werde in Bonn fortgesetzt. Das Ziel sei, über sie möglicherweise an Gerstenmaier selbst heranzukommen. Momentan sehe man deshalb »keine Notwendigkeit«, ihn zu »entlarven«.[131]

Wann genau sich diese Einschätzung änderte, ist den Dokumenten nicht zu entnehmen. Eine Rolle mag dabei gespielt haben, dass sich Gerstenmaiers Tochter, eine studierte Slawistin, keineswegs als nützlich erwies, sondern zu einer gefürchteten »Feindperson« wurde, die als Chefredakteurin der deutschsprachigen Ausgabe der Zeitschrift *Kontinent* osteuropäischen Dissidenten in den siebziger und achtziger Jahren alle drei Monate ein prominentes Forum bot. Von Bedeutung war wahrscheinlich auch, dass Gerstenmaier die nächste Bundespräsidentenwahl erneut in Westberlin durchführen wollte, wogegen die SED mit allen Mitteln agitierte. Bald jedenfalls wurde er zum Gegenstand einer Kampagne, die alles bis dahin Stattgefundene in den Schatten stellte: Im Januar 1969 »enthüllte« der *Stern*, dass Gerstenmaier im Rahmen seines Wiedergutmachungsverfahrens vom bundesdeutschen Staat eine Viertelmillion DM erhalten habe, wobei es sich um entgangene Versorgungsbezüge für eine theologische Professur handelte, die er nicht hatte antreten können, weil ihm 1938 aus politischen Gründen die Lehrbefugnis verweigert worden war.[132] In der Folge warfen ihm führende westdeutsche Medien, allen voran *Frankfurter Rundschau* und *Süddeutsche Zeitung*, ein persönliches Bereicherungsinteresse vor, für das er sogar auf die Wiedergutmachungsgesetzgebung Einfluss genommen habe.[133] Gerstenmaier betonte demgegenüber, dass es ihm nicht um Geld, sondern nur um die amtliche Bestätigung seiner Verfolgung gegangen sei und dass er an den Beratungen der vom Bundesverfassungsgericht veranlassten Novellierung gar nicht mitgewirkt habe.[134]

Die Nachricht, dass der zweite Mann im Staat zusätzlich zu seinen hohen Bezügen eine für damalige Verhältnisse nicht eben geringe Summe an staatlicher Wiedergutmachung erhalten hatte, löste eine Woge der Entrüstung aus. »Rechte« und »linke« Motive vermengten sich dabei mit latentem Sozialneid. Einige westdeutsche Medien setzten sich an die Spitze der Empörung und schürten sie noch. Dass Gerstenmaier auf seinem Rechtsanspruch beharrte, stieß in der Öffentlichkeit erst recht auf Unverständnis, doch auch er selbst fühlte sich jetzt tief verletzt. Eine Woche nach dem *Stern*-Bericht erklärte der Bundestagspräsident – gegen den Willen von Bundeskanzler Kiesinger – seinen Rücktritt.[135]

Die Eigendynamik des »Skandals« überraschte selbst die Staatssicherheit. Mit ihren Propagandamaßnahmen, über deren Vorbereitung Gerstenmaier durch den Chef des Bundesnachrichtendiensts, Reinhard Gehlen, informiert worden war, hinkte sie der Entwicklung nunmehr hinterher. Für die Bundespräsidentenwahl am 5. März, die von Gerstenmaier geleitet werden sollte, hatte die Desinformationsabteilung nämlich in monatelanger Arbeit umfangreiches »belastendes Material« gegen ihn erarbeitet, das wenige Tage davor auf einer Pressekonferenz öffentlichkeitswirksam präsentiert werden sollte.[136] In einer Stasi-Akte findet sich noch das komplette maschinenschriftliche Manuskript, in dem es am Ende heißt: »In Erfüllung ihrer antifaschistischen Verpflichtung unterbreitet die Deutsche Demokratische Republik hier die unwiderlegbaren Beweise über Vergangenheit und Gegenwart des westdeutschen Bundestagspräsidenten mit der Aufforderung an die Weltöffentlichkeit, ... dem unheilvollen Wirken Gerstenmaiers wenigstens jetzt ein Ende zu setzen.«[137] Als Albert Norden am 21. Februar die von der HVA gefertigte hundertfünfunddreißigseitige »Dokumentation« vorstellte, die Gerstenmaiers angeblichen Weg »Vom SD-Agenten P 38/546 zum Bundestagspräsidenten« belegen sollte, feuerte er ins Leere, denn der Angegriffene war längst zurückgetreten.[138] Umso mehr steigerte sich Nordens Rhetorik. Unter Berufung auf eine Karteikarte, die nichts anderes enthielt als Gerstenmaiers Namen, seine kirchliche Dienstanschrift und eine Nummer, erklärte Norden, dass Gerstenmaier »lange Jahre unter der Registriernummer P 38/546 verpflichteter V-Mann des Sicherheitsdienstes im Himmlerschen Reichssicherheitshauptamt und Agent der nazistischen Auslandsspionage« gewesen sei, der »von seinem Auftraggeber bewusst in den Kreis der Verschwörer des 20. Juli 1944 eingeschleust« worden sei und »nachweislich mindestens 17 Angehörige des Kreisauer Kreises an die Gestapo und damit an den Henker ausgeliefert« habe.[139] Nicht einmal Gerstenmaiers Name war auf der Karteikarte richtig geschrieben.

Politisch konnten diese Anklagen nicht mehr viel bewirken – außer die Bundesrepublik insgesamt als korrupten und von Nationalsozialisten durchsetzten Staat darzustellen. Eine weitere Folge war, dass vierzehn Westdeutsche gegen Gerstenmaier Anzeige wegen Betrugs erstatteten, weil dieser die Wiedergutmachungsleistungen angeblich zu Unrecht bekommen hatte. Das daraufhin von der Bonner Staatsanwaltschaft eingeleitete Ermittlungsverfahren wurde 1974 nach umfassenden Untersuchungen eingestellt und der Verfemte offiziell rehabilitiert. In den Medien erschien diese Nachricht jedoch nur noch als unbedeutende Meldung über einen in Vergessenheit geratenen ehemaligen Politiker.[140]

Kampf um die Anerkennung

Kampagnen wie die gegen Gerstenmaier zielten nicht nur gegen CDU-Politiker. Insbesondere Herbert Wehner, der die Partei aus ihrer linken Oppositionsrolle herausführte und als ehemaliger hoher KPD-Funktionär bei der SED als »Verräter« galt, wurde jahrelang mit ähnlichen Vorwürfen überzogen. Unter direkter Anleitung von Spionagechef Wolf behauptete man unter anderem, er hätte 1942 den »feigsten und erbärmlichen Verrat« begangen, der in der Geschichte der deutschen Arbeiterbewegung seinesgleichen suche. In Verhören im schwedischen Exil hätte er »nachweisbar einunddreißig Antifaschisten dem Tode überantwortet«.[141] Erst 1978, als die Stasi auf Anweisung Honeckers, der inzwischen persönlichen Kontakt zu Wehner unterhielt, diese Vorwürfe überprüfte, musste sie eingestehen, dass sie jeder Grundlage entbehrten und nicht ein einziger in Deutschland illegal tätig gewesener Genosse infolge von Wehners Aussagen verhaftet, verurteilt oder hingerichtet worden war.[142]

Eine Kampagne zur »Entlarvung« der SPD wurde auch im November 1968 erwogen, als die Parteiführung den ungeduldigen Forderungen der SED nach völkerrechtlicher Anerkennung der DDR eine vorläufige Absage erteilte. In der Tat hatten sich führende sozialdemokratische Politiker um Willy Brandt in den Jahren zuvor, wie oben dargestellt, in Geheimgesprächen zu einem solchen von der westdeutschen Öffentlichkeit seinerzeit noch abgelehnten Schritt bereit erklärt, wenn die SED im Gegenzug ihre »Politik der kleinen Schritte« unterstützen würde. Als die SPD öffentlich abstritt, derartige Zusagen gegeben zu haben, wurden die vom MfS erstellten Gesprächsprotokolle nach Aussagen durchforstet, mit denen man die SPD unter Druck setzen könnte.

Überliefert ist aus dieser Zeit ein zweiundzwanzigseitiges Papier des SED-Unterhändlers und Stasi-IM Hermann von Berg. Darin werden verschiedene Varianten durchgespielt, wie man die SPD politisch in die Enge treiben könnte. Die harmloseste bestand darin, die Unterhändler auf Seiten der SPD, Spangenberg und Bahr, an ihre früheren Zusagen zu erinnern und die Beziehungen zu ihnen zu formalisieren, um kurzfristig eine wirkliche Annäherung auszuhandeln – eine mögliche Taktik, die in dem Papier aber nur am Rande erörtert wird. Als zweite Variante wurde eine Kampagne der DDR-Presse erwogen, in der den Sozialdemokraten en détail ihre Kontakte vorgehalten werden sollten: »Leugnet Herr Brandt, dass am … um … einer seiner engsten Mitarbeiter im Auftrag von Seiten der DDR dieses und jenes Schreiben entgegengenommen hat …; leugnet Brandt, dass es zwischen Parteiführung SED/SPD über diese Kontakte gegenseitige Verständigungsversuche gab, den Sozialdemokraten im letzten und vorletzten Wahlkampf zu helfen.« An die Tatsache, dass Brandt Belastungsmaterial gegen seinen Parteikonkurrenten Erler aus der DDR erbeten hatte, sollte ebenso erinnert werden wie an die angebliche Zusage der SPD, dass die Notstandsgesetze nicht verabschiedet würden.[143]

Die dritte Möglichkeit nimmt in dem Papier den größten Raum ein und soll, weil sie in seltener Offenheit die Arbeitsweise der Stasi-Desinformationsabteilung zum Ausdruck bringt, nur geringfügig gekürzt wiedergegeben werden. Ohne Punkt und Komma diktierte von Berg: »Es gibt, meine ich, als beste Lösung das Mittel, dass man in der Westpresse, vielleicht am besten im *Spiegel*, eine Story verkauft, die wir zwar nicht journalistisch aufbereiten, sondern nur mit ganz knappen Hinweisen und Kommentaren, wo wir eine Fülle von Details, die sowieso schon mehr oder weniger bekannt sind und sich leicht recherchieren lassen, angeben, darum herum allerdings gezielt einige wohl dosierte Halb- und Fehlinformationen geben, die die gesamte Glaubwürdigkeit der Aussagen der SPD von dieser Seite her erschüttern, nach einer solchen Sache, die man, um korrekt zu gehen, natürlich ganz im Stil des Westens machen müsste, ich meine vom Standpunkt der technischen Herstellung – Papier, Reproduktion, vielleicht einige Kopien beilegen u. ä. – dem *Spiegel* anbieten und sagen: Acht bis zehn Tage lassen wir euch Zeit, dann sind wir wieder da, dann wollen wir das Geld dafür, wenn nicht, bekommt es die Konkurrenz, die prüft zur Zeit ebenfalls, ob das echt oder nicht echt ist. Das würde, meine ich, für unsere Abteilung einen riesigen Vorteil bedeuten. Wir könnten im Hinblick gerade auf die sich jetzt abzeichnende minimale Rivalität, die sich ja noch verstärken wird, zwischen den Koalitionspartnern in Bonn die Kluft aufreißen, neues Misstrauen säen, wir könnten erreichen, dass sich die Parteien gegenseitig noch heftiger bekämpfen als vorgesehen ... Wir könnten, angenommen, eine ganze Mappe von Spielmaterial fertig machen für die *Spiegel*-Leute und dabei auch Ablichtungen beilegen, sagen [wir] zum Beispiel von meiner Gesprächskonzeption, die ich zum Dortmunder Parteitag hatte, dort gibt es handschriftliche Korrekturen von mir und Anmerkungen. Man könnte auch noch einiges von anderen Genossen darauf setzen, die uns irgendwie dienlich waren, dass man eben sieht, das ist eben echt. Das hat man in Ostberlin rausgeholt, so liefen die Dinge damals. Wir könnten natürlich auch Material machen, was Spangenberg und Bahr oder andere belastet im Hinblick auf die direkte zugesagte Anerkennung der DDR und zwar aus dem Ganzen, was vorliegt, lässt sich das ohne große Mühe rekonstruieren. ... Wir brauchten alle diese Dinge natürlich nicht schlagartig zu verkaufen, könnten das sukzessive tun und damit faktisch die westdeutsche Presse bis zum Ende des Wahlkampfes beschäftigen, was unwahrscheinlich zu unseren Gunsten sein könnte und helfen würde, die Fronten innerhalb der SPD zu scheiden und den Kern zu festigen, der wirklich nicht für systemstabilisierende, sondern für -verändernde Maßnahmen eintritt und ernstlich bemüht ist, mit uns die Verständigung zu finden.«[144]

Wie gut der Staatssicherheitsdienst inzwischen auf der westdeutschen Medienklaviatur zu spielen gelernt hatte, geht aus einer weiteren Passage des Papiers hervor. Von Berg teilt darin mit, dass er mit den »Nachbarn« – wer immer damit gemeint gewesen sein mag – schon über einige Möglichkeiten der technischen Realisierung gesprochen habe. Wörtlich fährt er dann fort: »Wir könnten ja ohne Zweifel direkt an einen solchen Mann heran, falls das opportun ist, wie Sebastian Haffner, mit dem man ganz offen redet, dafür lege ich die Hand ins Feuer, da war ich selbst beteiligt, so hat das ausgesehen: Hier haben Sie die Dokumente, verarbeiten Sie die im *Stern* so, daß die CDU/CSU eine gewaltig übergezogen bekommt, aber auch die SPD-Spitze. Ich bin überzeugt, dass man auch mit Augstein offen reden kann: Sie verstehen, wir hätten das Material an die Konkurrenz für einige Tausend ohne Zweifel verkaufen können, die wir dringend nötig hätten. Aber im Interesse des nationalen Problems, der politischen Grundprinzipien, die Sie zum großen Teil auch vertreten – prüfen Sie das, wir können noch einmal drüber reden, machen Sie etwas daraus. Das wird keine einmalige Sache, da werden Sie fünf- bis sechsmal schreiben müssen. Das Material ist umfangreich, da können Sie mehr bekommen.«[145]

Von Berg wollte aber nicht nur die westdeutschen Medien spicken, sondern hatte noch andere Vorschläge für die Desinformationskampagne parat: Vor allem die Parteien, aber auch verschiedene Politiker der SPD sollten gegeneinander ausgespielt werden. Für »denkbar« hielt er es zum Beispiel, an den zurückgetretenen Regierenden Bürgermeister von Berlin, Heinrich Albertz, heranzutreten. Er stünde in Opposition zu manchen Dingen und sei möglicherweise für ein »partielles Zusammengehen mit uns« zu gewinnen. Das von der Stasi zusammengetragene Material enthalte auch eine Fülle von Hinweisen auf Cliquenbildungen in der SPD, zum Beispiel auf Feinde des amtierenden Bürgermeisters Klaus Schütz. Auch die Rivalität zwischen den SPD-Unterhändlern Bahr, Spangenberg und Schütz, die alle auf die Gunst Brandts angewiesen seien, könne man ausnutzen, insbesondere über deren geheime Emissäre Hansjakob Stehle, der im Wesentlichen für Bahr tätig geworden sei, Klaus Ellrodt, den Spangenberg geschickt hätte, sowie Armin Korn und Robert Stengl, über die Schütz »an uns heranzukommen« versucht hätte. »Wir könnten, um die diesbezüglichen internen Kämpfe und Auseinandersetzungen auszulösen, natürlich auch ganz gezielt in alle Parteien bestimmtes Material geben, die Wege dazu sind relativ einfach … Wir könnten natürlich auch Details ausstreuen, die für bestimmte Leute innerhalb der SPD sehr peinlich sind, sagen wir, die Privatübernachtung von Egon Bahr in Torgau o. ä., wo es dann so aussieht, als ob die Übereinstimmung zwischen uns schon so weit gediehen sei« (Bahr hatte 1966 über von Berg einen diskreten Besuch in seiner Heimatstadt Torgau arrangiert).

Darüber hinaus schlug von Berg vor, die Streuung der Dokumente dem Westberliner Verfassungsschutz in die Schuhe zu schieben, den man damit schwer treffen könne, da Spangenberg dessen Chef, Eberhard Zachmann, als »vollkommen verlottertes Individuum« betrachte. Schließlich diktierte von Berg einen merkwürdigen Satz, der auf den Tod des erwähnten Chefredakteurs der *Frankfurter Abendpost* Bezug nimmt: »Wir könnten natürlich auch den toten Armin Korn zu einer Hauptfigur machen, indem man ihm nun alles Mögliche anlasten kann und seinen Tod als zufällig darstellen, auch in

Verbindung mit den ganzen Dingen, die jetzt geschehen sind in dieser Hinsicht. Stoßrichtung könnte sein: Die Parteispitze, Brandt und Wehner, schicken alle Leute ins Gefecht mit allen Vollmachten, aber lassen sie dann, wenn es hart auf hart geht, fallen, wenn sie sich davon einen taktischen Vorteil versprechen.«[146]

Die Kampagne gegen die SPD kam jedoch nicht wie vorgesehen zustande, da SED und Staatssicherheitsdienst daran interessiert waren, dass erstmals in der Geschichte der Bundesrepublik ein Sozialdemokrat ins Bundeskanzleramt einzog – im Vergleich mit einem CDU-Kanzler das kleinere Übel. Um die Große Koalition zu spalten, bereitete die HVA unter anderem eine Publikation vor, für die man bereits im Frühjahr 1969 »Material gesammelt und zusammengestellt, Sondierungs- und Kontaktgespräche geführt, Abgeordnete und Funktionäre um schriftliche Stellungnahme ersucht« hatte. Über den damaligen Bundeskanzler Kiesinger hatte die Desinformationsabteilung zudem in der schwedischen und holländischen Presse kompromittierende Artikel veröffentlicht und den ersten Entwurf einer »Dokumentation« fertig gestellt – jene Materialsammlung, die Beate Klarsfeld mit einem Vorwort von Heinrich Böll wenig später veröffentlichte.[147]

Tatsächlich konnte die SPD unter Willy Brandt die Bundestagswahlen im September 1969 für sich entscheiden und leitete bald darauf ihre Anerkennungspolitik gegenüber der DDR und den von Stalin geschaffenen Realitäten im Osten Europas ein. Eine starke Opposition verwahrte sich jedoch gegen die Zugeständnisse, die die Bundesregierung den kommunistischen Staaten zu machen versprach. Eine wichtige Rolle spielte dabei die Illustrierte *Quick*, die im Juli 1970 das so genannte Bahr-Papier veröffentlichte, ein streng geheimes Dokument mit den zwischen Bahr und dem sowjetischen Außenminister Andrej Gromyko erzielten Verhandlungsergebnissen.[148] Auch in der Folgezeit brachte das Blatt die Regierung immer wieder mit unangenehmen Indiskretionen in Verlegenheit. Im April 1972 beantragte die CDU/CSU-Fraktion dann ein konstruktives Misstrauensvotum, nachdem die sozialliberale Koalition durch Überläufer aus der FDP ihre Mehrheit im Bundestag verloren hatte.

Der Staatssicherheitsdienst entfaltete damals beträchtliche Aktivitäten, um Brandt und seine Ostpolitik vor dem Untergang zu retten. Dem CDU-Abgeordneten Julius Steiner wurden, wie erwähnt, 50000 DM gezahlt, damit er für Brandt stimmte. Die zweite Stimme für den Sieg Brandts soll vom langjährigen Parlamentarischen Geschäftsführer der CDU/CSU-Bundestagsfraktion, Leo Wagner, gekommen sein, der laut Bundesanwaltschaft unter dem Decknamen »Löwe« von 1976 bis 1983 für das MfS Informationen beschaffte und von einem anderen IM (»Dürer«) damals Geld dafür bekommen hätte, dass er für Brandt votierte – was Wagner bestreitet. Auch der FDP-Abgeordnete Erich Mende sollte unter Anspielung auf lange zurückliegende Abschöpfkontakte zum MfS zur Stimmabgabe für Brandt veranlasst werden.[149] Im September 1972 beauftragte die Desinformationsabteilung ihren IM von Berg (»Günther«), bei einem Treffen mit Egon Bahr eine nicht näher beschriebene »aktive Maßnahme« an den Chef des Bundeskanzleramts Horst Ehmke weiterzuleiten. Dem knappen Vermerk ist lediglich zu entnehmen, dass es um die so genannte *Quick*-Affäre ging. Damit war eine im August erfolgte staatsanwaltliche Durchsuchung der Redaktion gemeint, die Ehmke angelastet wurde. Ihm wurde vorgeworfen, daß er auf diese Weise das unliebsame Oppositionsblatt mundtot hatte machen wollen. Die Stasi notierte später: »Bericht von ›Günther‹ über Erledigung.«[150]

Da die im Amt gebliebene Regierung ohne Mehrheit auf Dauer nicht regieren konnte, stellte Brandt im September 1972 die Vertrauensfrage, und für den 19. November wurden Neuwahlen anberaumt. In den Wochen davor ging es in einem gnadenlosen Wahlkampf darum, ob die sozialliberale Koalition ein dreijähriges Zwischenspiel bleiben würde. Auch jetzt mischte sich die Stasi wieder ein. In den großen Zeitungen erschienen zahlreiche Werbeanzeigen, in denen Wählerinitiativen und Vereinigungen zur Wahl der CDU aufriefen. Eine dieser Unterstützergruppen war die Staats- und wirtschaftspolitische Gesellschaft in Köln, die unter anderem eine großformatige Anzeige schaltete, in der der zurückgetretene »Super-Minister« Karl Schiller (SPD) gemeinsam mit dem »Vater des Wirtschaftswunders« Ludwig Erhard (CDU) für die Union votierte. In dieser Gesellschaft besaß der Staatssicherheitsdienst einen unter falschem Namen eingeschleusten Agenten, der seine Auftraggeber eingehend über die Finanzierung der Kampagne informierte. Als Schriftführer des Freundeskreises der CSU und Geschäftsführer der Wochenzeitung *Das Deutsche Wort* galt der Agent, der sich Wolfgang Sinnemann nannte, als strammer Rechter. Im November 1972, kurz vor der Bundestagswahl, verschwand er überraschend. Kurz darauf erschien in der Hamburger Zeitschrift *Konkret* ein sechsseitiger Artikel, der davon handelte, wie, so wörtlich, »die deutsche Großindustrie über ihre Prokuristen STRAUSSbarzel die Macht in Bonn durch den Erwerb von Abgeordneten und Ministern der Brandt-Regierung zurückkaufen wollte«.[151] Als Kronzeuge fungierte der abgetauchte Sinnemann, der nun – angeblich in Wien – gegenüber *Konkret* über die illegalen Finanzpraktiken der Unionsparteien auspackte. Aus Angst, es könnte ihm etwas zustoßen, so konnte man weiter lesen, würde er sich bis nach der Bundestagswahl versteckt halten – in Wahrheit verschwand er auf Nimmerwiedersehen in der DDR.

Sinnemann berichtete unter anderem, dass deutsche Firmen der Union heimlich Geld zugeschanzt hätten: Melitta zahlte danach beispielsweise 25 000 DM, BMW 35 000 und BASF jährlich 20 000 bis 25 000. Die Beträge seien an die Kölner Staats- und Wirtschaftspolitische Gesellschaft gegangen, sodass die Firmen die Beträge von der Steuer absetzen konnten. Nach einem *Konkret* vorliegenden Abrechnungsbeleg, so hieß es weiter, habe die Gesellschaft allein für die Anzeigenkampagne mit Erhard und Schiller fast 800 000 DM ausgegeben. Die Interna, die Sinnemann zu Protokoll gab, waren atemberaubend: geheime Treffen mit Industriellen und Politikern, siebenstellige Summen, mit denen versucht worden sei, den FDP-Minister Josef Ertl zu kaufen, strategische Pläne, die FDP mittels einer »National-liberalen Aktion« zu zerschlagen und die CSU bundesweit auszudehnen. Aus all dem ergab sich das Bild eines finsteren politischen Komplotts, in dem Sinnemann selber eine zentrale Rolle spielte und dessen Fäden beim damaligen CSU-Chef Franz Josef Strauß zusammenliefen. Merkwürdig war nur, dass *Konkret* nicht einen einzigen

Satz darüber verlor, warum der rechtskonservative Verleger all diese Anschuldigungen in einem Kampfblatt der Linken erhob.

Die so genannten Sinnemann-Protokolle fanden, nachdem die sozialliberale Koalition die Bundestagswahlen gewonnen hatte, auch Eingang in ein bei Kiepenheuer & Witsch erschienenes Taschenbuch mit dem Titel *Das schwarze Kassenbuch. Die heimlichen Wahlhelfer der CDU/CSU*, das noch mehr Einzelheiten über die angeblichen Finanzpraktiken der Union enthielt.[152] Herausgeber war der so genannte Presseausschuss der Demokratischen Aktion (PDA), unter Mitarbeit, wie es auf dem Titel hieß, des späteren Vorsitzenden des Verbandes deutscher Schriftsteller Bernt Engelmann. Nach Ermittlungen der Bundesanwaltschaft waren die Stasi-Informationen über die Staats- und wirtschaftspolitische Gesellschaft der Desinformationsabteilung für eine ihrer »aktiven Maßnahmen« überlassen und dann von dem ostdeutschen Schriftsteller Karl-Georg Egel (IM »Engel«) und einem weiteren Stasi-Mitarbeiter, dem stellvertretenden Leiter des NS-Dokumentationszentrums der DDR, Ludwig Nestler, Engelmann zugespielt worden.[153]

Die Verbindungen zum *Stern*

Der unerwartete Ausgang des Misstrauensvotums gegen Willy Brandt und die Frage, ob Bundestagsabgeordnete bestochen wurden, beschäftigte auch einen Untersuchungsausschuss des Bundestages, der dazu im Oktober 1973 Redakteure der *Quick* vernehmen wollte. Am Vorabend dieser Verhandlung wurde die Öffentlichkeit durch einen Bericht im *Stern* aufgeschreckt, dem zufolge der Redaktionschef der *Quick*, Heinz van Nouhuys, als Agent für das MfS und den BND gearbeitet hätte. Wörtlich hieß es: »Wann immer die Bundesregierung mit den Staaten des Ostens ins Gespräch kam, versuchte die Illustrierte *Quick* mit einem journalistischen Tiefschlag dazwischen zu fahren. Den Verrat geheimer Staatspapiere motivierte *Quick*-Redaktionsdirektor van Nouhuys mit seiner Sorge um Berlin und um Deutschland. Nun stellt sich heraus, dass der Holländer van Nouhuys unter dem Decknamen ›Nante‹ gegen hohe Bezahlung für den kommunistischen Staatssicherheitsdienst gearbeitet hat. Und noch mehr: Nouhuys war unter der Tarnbezeichnung ›Handwerker‹ gleichzeitig Agent des Bundesnachrichtendiensts, der von Amts wegen Zugang zu den Bonner Geheimdokumenten hatte.« Um diese Behauptungen zu untermauern, druckte der *Stern* zwei handschriftliche Quittungen ab, auf denen van Nouhuys – mit Klarnamen – den Empfang von MfS-Honoraren bestätigt hatte, und setzte die Berichterstattung zwei Wochen später mit weiteren Details fort.[154] Die Enthüllungen wurden sofort von allen führenden westdeutschen Medien aufgegriffen – die politische Kritik der *Quick* war auf das Niveau einer billigen Geheimdienstintrige herabgesunken.[155] Inzwischen steht fest, dass die Veröffentlichung im *Stern* Ergebnis einer Stasi-Operation war. In seinen Erinnerungen räumt Spionagechef Wolf ein, dass die im *Stern* veröffentlichten Dokumente von ihm geliefert wurden, um, so wörtlich, van Nouhuys »mundtot zu machen«.[156] Der ehemalige Chef des Bundesamts für Verfassungsschutz, Richard Meier, kam allerdings bereits 1984 in einem Gutachten zu dem Schluss, dass die MfS-Unterlagen eine nachrichtendienstliche Tätigkeit von van Nouhuys »in keiner Weise« belegten.

Offenbar war auch die damalige Bundesregierung in die Operation verwickelt.[157] Nachdem Egon Bahr am 15. September 1972, wie erwähnt, in Sachen *Quick* »eine politisch aktive Maßnahme« zur Weiterleitung an Kanzleramtschef Ehmke erhalten hatte, wurde der *Stern*-Reporter Josef (Sepp) Ebelseder, wie er 1979 vor Gericht erklärte, wenig später in Bonn von einem führenden Bundestagsabgeordneten aufgefordert, in Ostberlin Nachforschungen über die frühere Geheimdiensttätigkeit von van Nouhuys anzustellen. Er solle sich dazu unter einem genau benannten Vorwand an das Presseamt der DDR wenden. Über diesen Weg kam es – nach einer anfänglichen Ablehnung und der Aufforderung von Bonner Politikern, nicht locker zu lassen – im September 1973 tatsächlich zu einer Begegnung mit dem Mitarbeiter der Stasi-Desinformationsabteilung Herbert Brehmer, der Ebelseder diverse Unterlagen über van Nouhuys' angebliche Agententätigkeit übergab und ihn unter dem Decknamen »Ebert« als Kontaktperson registrierte.[158] Über das Bundeskanzleramt erhielt der *Stern* parallel dazu auch beim Bundesnachrichtendienst Einsicht in Akten über van Nouhuys. Regelmäßig wurde der neue Kanzleramtschef, Horst Grabert, über den Fortgang der Recherchen informiert, und vor Erscheinen des Artikels legte ihm der Bonner Büroleiter des *Stern*, Horst Knape, das Manuskript zur Freigabe vor.[159]

Diese vom Staatssicherheitsdienst initiierte Presseveröffentlichung war kein Einzelfall. Seit den ersten Kontakten des *Stern* in die DDR Anfang der sechziger Jahre wurde das Blatt immer wieder vom MfS mit Unterlagen und Informationen gespickt. Wie das Zusammenspiel westdeutscher Journalisten mit der DDR genau funktionierte, lässt sich jedoch aufgrund der Aktenlage nur punktuell rekonstruieren. Allerdings kam es schon vor der Wende in einer Reihe von Fällen zu – oftmals auch gerichtlichen – Auseinandersetzungen über die ostfreundliche Berichterstattung des *Stern*, die der Journalist Wilfried Ahrens bereits 1984 in seinem aufschlussreichen Buch *Herrn Nannens Gewerbe* dokumentiert hat.[160]

Eine der Verbindungen des *Stern* lief zu dem bereits erwähnten Stasi-Kirchenspezialisten Hans-Joachim Seidowsky (»Gerhard«). Dieser sollte der Illustrierten 1964 Unterlagen über den Hitler-Attentäter Georg Elser beschaffen. Obwohl die Suche damals erfolglos blieb, wollte sich der *Stern* mit einem Honorar erkenntlich zeigen – in der Hoffnung auf andere Unterlagen aus den in der DDR gehorteten Aktenbeständen aus der Zeit des Nationalsozialismus. Im April 1964 schickten die stellvertretenden *Stern*-Chefredakteure Victor Schuller und Gert von Paczensky dann ihren Berliner Korrespondenten Hansjakob Stehle zu Seidowsky, weil sie gehört hatten, dass dieser umfangreiche Archivstudien zum Thema katholische Kirche und Nationalsozialismus betrieben hätte. In einem Vorgespräch wurde Seidowsky mitgeteilt, dass der *Stern* an diesem Material außerordentlich interessiert sei. Schuller und von Paczensky schlugen einen Vertrag vor, durch den Seidowsky sich verpflichten sollte, seinen Aktenbestand gegen Bezahlung zur Verfügung zu stellen und auf Kosten des *Stern* in weiteren Archiven zu recherchieren. Der Vorgang werde »absolut diskret« behandelt, nur noch der Verleger Gerd Bucerius und der Herausgeber Henri Nannen würden unterrichtet. Seidowsky reichte das Angebot umgehend an den Staatssicherheitsdienst weiter; über den Ausgang des geplanten Geschäfts sind keine Unterlagen überliefert.[161]

Eine zentrale Rolle spielte der *Stern* wenig später in der Kampagne gegen den damaligen Bundespräsidenten Heinrich Lübke. SED und Stasi bemühten sich damals intensiv, westdeutsche Journalisten für eine Veröffentlichung der von der DDR zusammengetragenen Unterlagen zu gewinnen. Als von Berg im Februar 1966 bei seinen diversen Kontaktpartnern im Westen einen entsprechenden Vorstoß machte, erntete er jedoch überwiegend ablehnende Reaktionen.[162] Dann nahm sich der *Stern* des vermeintlichen Skandals an. Vorreiter war hier der bei der Leitung der Desinformationsabteilung »erfasste« Kolumnist Sebastian Haffner, der im Juli 1966 erstmals massiv gegen Lübke zu Felde zog.[163] Während der Bundespräsident die SED-Kampagne bis dahin öffentlich ignorierte, sah er sich nunmehr zu einer Stellungnahme genötigt und ließ die Vorwürfe als »frei erfunden« zurückweisen. Auch westdeutsche Sicherheitsstellen erklärten die von der DDR verbreiteten Dokumente für gefälscht. In einer konzertierten Aktion zwischen dem Hamburger Politblatt *Konkret*, dem *Stern* und dem Rowohlt Verlag, der die Aktenstücke aus Ostdeutschland in hoher Auflage als Taschenbuch verbreiten wollte, wurden die Papiere deshalb im Februar 1967 in die Schweiz gebracht, um sie vom Chef des Wissenschaftlichen Dienstes der Stadtpolizei Zürich prüfen zu lassen. Als dieser die Brisanz der Angelegenheit erkannte und die Erstellung eines Gutachtens ablehnte, nahm der Verlag von dem Vorhaben wieder Abstand und verständigte auch den *Stern* davon.[164]

Im Januar 1968 veröffentlichte die Illustrierte dann eine Barackenbauzeichnung und ein Besprechungsprotokoll, aus dem sie ableitete, »dass Heinrich Lübke gewusst haben muss, wozu die von ihm mitkonstruierten Lagergebäude dienen sollten«. Der westdeutsche Kriminalschriftsteller Frank Arnau hatte die Schriftstücke von der DDR mit der Auflage erhalten, sie keiner westdeutschen Dienststelle auszuhändigen. Stattdessen wurden sie einem amerikanischen Schriftsachverständigen vorgelegt, der dem *Stern* die Echtheit der Unterlagen bestätigte.[165]

Wie problematisch ein solches Verfahren war, zeigte nicht nur der spätere Skandal um die gefälschten Hitler-Tagebücher, deren »Echtheit« sich der *Stern* zuvor ebenfalls von Schriftgutachtern hatte bestätigen lassen. Auch der Überbringer der Dokumente war nicht eben vertrauenserweckend. Arnau, dessen eigentlicher Name Charles Henry Schmidt lautete, war freier Mitarbeiter der von der DDR finanzierten *Deutschen Volkszeitung* und als kommunistischer *fellow traveller* bekannt.[166] Zwei Monate nach Erscheinen des *Stern*-Artikels verlieh ihm die Ostberliner Humboldt-Universität die Ehrendoktorwürde der Jurisprudenz. Zeitgleich informierte die Westabteilung des ZK der SED Albert Norden, dass »der *Stern* in der nächsten oder übernächsten Ausgabe nochmals auf den Fall Lübke zurückkommt und dabei auch eine Reihe weiterer Dokumente abdrucken will«.[167] In seiner berühmten »Lieber *Stern*-Leser«-Kolumne forderte Herausgeber Nannen den Bundespräsidenten zum sofortigen Rücktritt auf.[168] Kurz darauf äußerte sich HVA-Mitarbeiter von Berg so euphorisch über die Bereitschaft Sebastian Haffners, von der DDR geliefertes Belastungsmaterial gegen die CDU/CSU im *Stern* zu veröffentlichen. Statt sich kritisch mit der eigenen Berichterstattung auseinander zu setzen, prozessierte der *Stern* später mit Erfolg gegen alle, die die Echtheit der von ihm veröffentlichten Unterlagen in Zweifel zogen.

In dieser Zeit erschienen im *Stern* noch weitere Artikel, mit denen er sich schon damals dem Vorwurf aussetzte, sich zum Instrument östlicher Desinformationskampagnen machen zu lassen. So veröffentlichte der Bonner *Stern*-Korrespondent Peter Stähle nach dem Einmarsch sowjetischer Truppen in die ČSSR im August 1968 einen Artikel, dem zufolge die von tschechoslowakischen Journalisten improvisierten Untergrundsender in Wahrheit vom Bundeswehrbataillon für psychologische Kampfführung betrieben wurden.[169] Vier Tage später nahm das *Neue Deutschland* den Artikel zum Anlass, um eine ADN-Meldung zu veröffentlichen, in der es hieß: »Ein Beamter des Bonner Kriegsministeriums hat der Hamburger Illustrierten *Stern* ausdrücklich bestätigt, dass mobile Sender der westdeutschen Bundeswehr die tschechoslowakischen Konterrevolutionäre mit getarnten Sendungen unterstützen.«[170] Nannen hatte zwar am Vortag in einer Mitteilung an die Nachrichtenagenturen erklärt, dass die Verdächtigungen falsch gewesen seien, doch im *Stern* selbst suchte man vergebens nach einer Richtigstellung. In der östlichen Propaganda sprach man in der Folge von einem erzwungenen Dementi, und Dutzende von Ostblockzeitungen druckten die Falschmeldung nach.[171]

Stähle war es auch, der 1969 angebliche Geheimpläne der USA für den Einsatz von ABC-Waffen in Europa veröffentlichte. Dem Artikel zufolge waren dem *Stern* die Geheimunterlagen anonym aus Rom zugesandt worden, angeblich von einem Freund des ehemaligen BND-Vizechefs Horst Wendland, der 1968 Selbstmord begangen hatte.[172] Auch der *Spiegel* hatte ein Exemplar erhalten, aber – im Gegensatz zum *Stern* – berichtet, dass die Desinformationsabteilung des KGB dahinter stecke.[173] Einige Monate später erschien im *Stern* ein ähnlicher Artikel, in dem die Behauptung aufgestellt wurde, die Vereinigten Staaten planten, im Kriegsfall »Atombomben auf Kiel« zu werfen.[174] Später stellte sich heraus, dass der KGB in ein militärisches Handbuch, das ausschließlich Angriffsziele im Ostblock aufzählte, Ziele in Westeuropa und neutralen Ländern eingefügt hatte.[175] Schon am Vortag des Erscheinens konnte das *Neue Deutschland* vermelden, dass der *Stern* in seiner neuesten Ausgabe von den »Mordplänen des Pentagons« berichten werde.[176]

Bei den Kampagnen des KGB spielte der Moskau-Korrespondent der englischen Tageszeitung *Evening News*, Viktor Louis alias Witali Lui, eine wichtige Rolle. In seinem Buch über den sowjetischen Geheimdienst bezeichnete ihn John Barron als den berühmtesten Agenten für Desinformation.[177] Seine Beziehungen zum *Stern* wurden erstmals bekannt, als er 1967 dafür sorgte, dass die Illustrierte einen Foto-Bericht über die Memoiren der Stalin-Tochter Swetlana veröffentlichte. Die Tatsache, dass sie ihre Erinnerungen an das Leben mit dem Despoten ausgerechnet zum 50. Jahrestag der Oktoberrevolution im Westen herausbringen wollte, hatte erhebliches Aufsehen erregt – und für Missstimmung beim KGB gesorgt. Ziel der Veröffentlichung unter der Überschrift »Swetlana Stalin: Mein Vater war ein guter Mensch« war es, wie der *Stern* später selbst einräumte, der Autorin die Schau zu stehlen und Luft aus der Sensation zu lassen.[178] Der Vorgang wiederholte sich in ähnlicher Weise, als der amerikanische Time-Life-Verlag 1970 ankündigte, die Memoiren des gestürzten Parteichefs Nikita Chruschtschow veröffentlichen zu wollen. Auch diese gelangten zuvor auf dubiose Weise in den *Stern*.[179] Ebenfalls im *Stern* erschienen, Angaben des russischen Schriftstellers Alexander Solschenizyn zufolge, Einzelheiten und heimlich aufgenommene Fotos eines Gesprächs zwischen ihm und Louis, in dem dieser ihm mitgeteilt hatte, dass er den weltberühmten Roman *Krebsstation* nicht im Westen verkauft hätte.[180]

Im November 1971 erschien im *Stern* ein Artikel über den damals noch in Russland lebenden Solschenizyn, in dem eine entfernte Tante sich abfällig über den Literaturnobelpreisträger äußerte – angeblich hatte der *Stern*-Reporter Dieter Steiner sie auf eigene Faust in einem kleinen, für Ausländer gesperrten Ort im Kaukasus ausfindig gemacht.[181] Der Artikel trug die Überschrift »Eine Familie von Flegeln …« und wurde einige Wochen später von der sowjetischen Literaturzeitschrift *Literaturnaja Gaseta* triumphierend nachgedruckt. Angriffsziel des Artikels war Solschenizyns historischer Roman *August 1914*, der gerade in Deutschland erschienen war und von dem der *Stern* behauptete, dass er sich in Wahrheit gegen das Sowjetregime richte. Denselben Vorwurf erhob damals auch die sowjetische Kulturbürokratie. »Lieber Neffe, du behandelst mich nicht gut«, wurde die alte Frau in fetten Lettern zitiert und der drangsalierte Dichter, der bis 1956 in der Verbannung leben musste, als »Millionär« und Sohn »schwerreicher Großgrundbesitzer« bezeichnet, was in der damaligen Sowjetunion einer politischen Hinrichtung gleichkam. Solschenizyn erklärte später, der *Stern* hätte damit eine Art Begründung für den Fall geliefert, dass man ihn ins Gefängnis werfen wollte. Seinen Angaben zufolge waren drei unbekannte Herren, die perfekt Russisch sprachen, etwa fünfmal bei seiner Tante gewesen und hatten sie überredet, ihnen ihre Aufzeichnungen zu übergeben, die sie dann freilich niemals zurückerhielt. Der Autor folgerte daraus, dass der Artikel auf Betreiben des KGB erschienen sei – eine Behauptung, die ihm der *Stern* noch Jahre später per einstweiliger Verfügung verbieten ließ.[182]

Ein ähnlicher Artikel richtete sich gegen den zwangspsychiatrisierten Bürgerrechtler und ehemaligen General Pjotr Grigorenko, dessen vom KGB gefälschte Krankengeschichte zusammen mit einem diskreditierenden Großfoto unter der Überschrift »Patient oder Gefangener?« 1973 im *Stern* verbreitet wurde.[183] Im November 1975 sollte Sebastian Haffner, laut einer Aktennotiz des KGB, schließlich dazu bewegt werden, in der Zeitschrift einen negativen Kommentar zur Verleihung des Friedensnobelpreises an den Dissidenten Andrej Sacharow zu veröffentlichen.[184]

Nach seinen eigenen Angaben stand auch MfS-Mitarbeiter Herbert Brehmer, der 1973 die Nouyhous-Unterlagen übergeben hatte, jahrelang in ständigem Kontakt zum *Stern*. »Zwischen 1973 und 1982«, schrieb er nach der Wende, »gelang es uns, und mit unserer Hilfe dem KGB, daher über den *Stern* Informationen und Desinformationen zu lancieren.«[185] Auf diesem Weg sei beispielsweise der Wortlaut eines Telefonats zwischen dem CDU-Vorsitzenden Helmut Kohl und seinem Generalsekretär Kurt Biedenkopf in das Blatt gekommen. Die Stasi hatte es abgehört, auf ein Formblatt des US-Abwehrdiensts Military Intelligence Group übertragen und an *Stern* und *Spiegel* geschickt.[186] Ziel der Operation war es, eine angebliche Führungsschwäche Kohls herauszustellen, die Differenzen zwischen ihm und seinem Generalsekretär zu schüren und obendrein den Eindruck zu erwecken, westliche Geheimdienste hörten bundesdeutsche Spitzenpolitiker ab. Monatelang sah sich die Bundesregierung in Anfragen im Bundestag dem Vorwurf ausgesetzt, dass das Telefongeheimnis von Oppositionspolitikern durch amtliche Stellen verletzt worden sei. Der *Stern* hatte sich seinerzeit von den Betroffenen zunächst die Authentizität des Protokolls bestätigen lassen und es dann gegen deren Willen und trotz Zustellung einer einstweiligen Verfügung publiziert. Der Verlag musste später eine Gegendarstellung veröffentlichen und je 10 000 DM Schmerzensgeld an die beiden Politiker zahlen.[187]

Die Rolle des *Stern* als Lancierungsziel illustriert ein weiterer Vorgang, bei dem die Desinformationsabteilung des MfS die Federführung hatte. Im März 1979 zog die Stasi überraschend die Agentin Inge Goliath (»Herta«) in die DDR zurück, die als Vorzimmerdame des außenpolitischen Sprechers der CDU, Werner Marx, gearbeitet hatte.[188] Auf Anweisung von Spionagechef Markus Wolf wurde damals entschieden, mit Hilfe der Sekretärin eine breit angelegte Diffamierungskampagne gegen den Politiker in Gang zu setzen, dem unter anderem vorgeworfen werden sollte, intensiv mit angeblichen CDU-Seilschaften im BND zusammenzuarbeiten und eine Art eigenen Geheimdienst zu betreiben, um Politiker der Regierungsparteien SPD und FDP auszuspionieren. Noch bevor die ostdeutsche Wochenzeitung *Horizont* im Auftrag des MfS am 15. Mai 1979 zu einem Pressegespräch mit Frau Goliath im Internationalen Pressezentrum einlud, erhielt der Ostberliner *Stern*-Korrespondent Nick Barkow, den die Stasi regelmäßig mit Material beliefern ließ, die Gelegenheit zu einem Exklusivinterview mit ihr.[189] Die Sekretärin, die behauptete, mit ihrem Mann in der DDR Asyl gesucht zu haben, erhob dabei schwere Vorwürfe gegen Marx und überreichte zum Beweis eine Reihe von internen BND-Unterlagen, die angeblich in dessen Büro gelegen hatten.

Das Interview wurde jedoch nicht veröffentlicht, woraufhin der *Stern*, ebenso wie mehrere andere Zeitungsredaktionen, wenig später ein dreiundvierzigseitiges Manuskript mit noch detaillierteren Informationen der Ex-Sekretärin erhielt. Aufgrund der mangelnden Resonanz auf das Pressegespräch hatte es sich die HVA im Juni 1979 über 10 000 DM kosten lassen, eine Broschüre mit dem Titel »Ein verhängnisvolles Bündnis« per Post an zweitausend Bundestagsabgeordnete und Journalisten zu verschicken. Als Absender war Frau Goliath angegeben, »erreichbar für die Lieferung weiteren Informationsmaterials über das IPZ«.[190] Insgesamt fertigte die Stasi damals drei Broschüren mit echten und gefälschten Dokumenten an, die sie anschließend in der Bundesrepublik verschickte – ohne freilich sichtbaren Erfolg damit zu erzielen.

Erst 1980 erreichte die Stasi, dass der *Stern* das Material publizierte. Bei einem Verwandtenbesuch des Redakteurs Thomas Walde zu Pfingsten 1980 fragte ihn die Stasi direkt nach der Veröffentlichung der Goliath-Papiere. In mehreren Gesprächen wurde ihm und seinem Kollegen Gerd Heidemann ein Deal vorgeschlagen, nach dem der *Stern* in der DDR nach dem Verbleib der Hitler-Tagebücher recherchieren und möglicherweise auch Markus Wolf interviewen könne, wenn er sich im Gegenzug zu einer Reihe von im Interesse der SED liegenden Veröffentlichungen bereit fände. Unter anderem sollte die Zeitschrift einen Bericht über die schlechten Haftumstände von fünfzig gefangenen West-Spionen publizieren, die die DDR im Austausch mit dem inhaftierten Kanzleramtsspion Günter Guillaume freilassen wollte. Damit sollte der Druck auf die Bundesregierung erhöht werden, Guillaume in die DDR abzuschieben. Im Juli 1980 wurde Walde und Heidemann dann in Ostberlin im Auftrag Wolfs feierlich eine Gehaltsliste des BND überreicht, die angeblich aus dem Büro von Marx stammte, in Wahrheit aber vom MfS angefertigt worden war. Eine Woche später erschien unter der Überschrift »Ein Maulwurf wird gesucht« im *Stern* ein Artikel, der den Eindruck erweckte, der BND werde von einem Verräter untergraben und Markus Wolf sei es gelungen, die komplette Struktur- und Gehaltsliste des westdeutschen Nachrichtendiensts in die Hände zu bekommen – für den Bundesnachrichtendienst ein Schock.[191] Bei einem Treffen im August erklärte Brehmer dann, dass Markus Wolf mit dem Goliath-Artikel sehr zufrieden gewesen sei.

Nach dieser Veröffentlichung trafen sich die beiden *Stern*-Redakteure öfters mit dem Mitarbeiter der Desinformationsabteilung. Wie die Bundesanwaltschaft herausfand, erhielten sie beispielsweise Kartenmaterial des KGB über angebliche atomare Raketenstellungen der USA, das der *Stern* im Februar 1981 veröffentlichte. Die Stasi wollte damit die Proteste gegen die NATO-Nachrüstung verschärfen.[192] In der vom MfS geförderten Anti-Raketen-Bewegung spielte der *Stern*, der die USA mit eingängigen Titelbildern als unverantwortlichen Kriegstreiber darstellte, eine wichtige Rolle.[193] Auch diverse »Enthüllungsartikel« über die Arbeit von Bundesnachrichtendienst und Bundesamt für Verfassungsschutz, die die beiden westdeutschen Geheimdienste zum Teil empfindlich trafen, dürften zumindest partiell auf Stasi-Informationen beruht haben.[194]

Im Februar 1978 behauptete der *Stern* zum Beispiel, dass zehn bundesdeutsche Journalisten – unter ihnen Gerhard Löwenthal, Karl Wilhelm Fricke, Dieter Kronzucker und Peter Boenisch – »gern gesehene Gäste« des BND-Präsidenten Gerhard Wessel seien.[195] Unter Berufung auf die Illustrierte wurden die Anschuldigungen wenige Tage später von der ostdeutschen Nachrichtenagentur ADN wiederholt und unter Überschriften wie »BND im engen Kontakt mit leitenden Journalisten« von den meisten DDR-Medien nachgedruckt.[196] Schon damals wurde der Verdacht geäußert, dass es sich hier um eine gezielte Desinformation des DDR-Geheimdiensts handeln könnte.[197] Allen Journalisten war gemeinsam, dass sie als konservativ oder SED-kritisch bekannt waren. Unabhängig voneinander erklärten die meisten, dass sie den BND-Präsidenten noch nie gesehen hätten; für die Veröffentlichung der Gegendarstellungen brauchte der *Stern* anschließend doppelt so viel Platz wie für den verursachenden Artikel. »Richtig ist«, so schrieb beispielsweise Karl Wilhelm Fricke, »dass ich noch niemals in meinem Leben ein Gespräch mit dem Präsidenten des BND geführt habe noch überhaupt jemals in München-Pullach gewesen bin.« Und der Herausgeber des *Rheinischen Merkur*, Otto B. Roegele, erklärte: »Ich bin noch nie Gast von General Wessel gewesen.«[198] In den DDR-Zeitungen wurden die Richtigstellungen freilich nicht veröffentlicht. Und *Stern*-Chefredakteur Nannen behauptete in einer Gegendarstellung zu den Dementis: »Der *Stern* ist weder bei dieser Meldung noch bei früheren Meldungen einer ›Desinformation aufgesessen‹.«[199] Erst in den späten neunziger Jahren gab der ehemalige Mitarbeiter der Desinformationsabteilung Günter Bohnsack zu: »Die Papiere für diese Schmutzkampagne waren von uns.«[200]

Dass die Stasi gegen missliebige Journalisten und den BND in dieser Weise vorging, kann man auch einem Dokument der HVA vom Dezember 1982 entnehmen. In diesem ging es darum, in der Bundesrepublik »unter Verwischung der DDR-Herkunft« mit »aktiven Maßnahmen« dazu beizutragen, »die subversive Tätigkeit der feindlichen Geheimdienste und ihrer Stützpunkte unter Journalisten zu entlarven und zu beeinträchtigen«. Zu diesem Zweck wurden vierundvierzig Journalisten durchleuchtet, darunter Karl Wilhelm Fricke und die *Zeit*-Korrespondentin Marlies Menge, »um Materialien zu erlangen bzw. Abstimmungen vorzunehmen im Hinblick auf mögliche aktive Maßnahmen gegen diese Personengruppe bzw. gegen gezielt ausgewählte Personen«. Mit anderen Worten, sie sollten der Zusammenarbeit mit einem westlichen Geheimdienst bezichtigt werden. HVA-Oberstleutnant Gerhard Boer ließ intern prüfen, welche der aufgelisteten Personen »längerfristig in aktive Maßnahmen gegen feindliche Geheimdienste einbezogen werden« konnten. Ihn interessierten nicht nur detaillierte Angaben über Journalisten, denen Kontakte zu »feindlichen Geheimdiensten« nachgesagt werden konnten, sondern auch über solche, »die dazu ausgenutzt werden können, Verdachtsmomente oder Beweise für eine geheimdienstlich orientierte bzw. gesteuerte subversive Tätigkeit zu schaffen«.[201] Ob die Journalisten wirklich für einen westlichen Geheimdienst tätig waren oder nicht, war für die Stasi zweitrangig, wichtig war, den Verdacht glaubwürdig begründen zu können. Einige Monate später lag eine Liste mit siebzehn Personen vor, unter ihnen Karl Wilhelm Fricke, die »für die vorgesehenen langfristigen Maßnahmen« vorgeschlagen wurden.[202]

Der *Stern* war nicht das einzige Massenblatt, das die Stasi für »aktive Maßnahmen« nutzte. Auch die inzwischen eingegangene *Quick*, die 1973 noch »mundtot« gemacht werden sollte, wurde Opfer derartiger Aktionen. Ein Beispiel ist die Kampagne gegen den westdeutschen Astronauten und Physikprofessor Reinhard Furrer, der 1985 als erster Deutscher zum Weltraumlabor Spacelab flog. Für die DDR war er eine unerwünschte Konkurrenz für ihren Nationalhelden und Stasi-Mitarbeiter Siegmund Jähn, der zuvor mit einer sowjetischen Raumfähre als erster Deutscher im All gewesen war. Furrer hatte sich als Student am Bau des »Tunnels 57« beteiligt, um DDR-Bürgern die Flucht zu ermöglichen. Dabei war es, wie erwähnt, zu einem Schusswechsel gekommen, in dessen Verlauf der Grenzsoldat Egon Schultz von einem Volksarmisten versehentlich erschossen worden war. Die DDR machte jedoch die Fluchthelfer dafür verantwortlich. Furrer war zwar mit einer Pistole am Tatort bewaffnet gewesen, hatte diese aber schon nach einer zeitgenössischen Meldung der Ostberliner Nachrichtenagentur ADN unbenutzt weggeworfen und war dann durch den Tunnel in den Westen geflüchtet.[203]

Um den spektakulären Weltraumflug des westdeutschen Astronauten in Misskredit zu bringen, wollte die Stasi diese Vorgänge zwei Jahrzehnte später noch einmal aufwärmen. Einem MfS-Vermerk vom August 1985 zufolge wurde dabei zunächst erwogen, die von der Stasi zusammengetragenen Informationen in ostdeutschen Medien zu publizieren. Nachdem sich jedoch der Leiter der Abteilung Agitation des ZK der SED dagegen ausgesprochen hatte, wurden die »operativen Hinweise« der Desinformationsabteilung der HVA zur weiteren Verwendung übergeben. Die Abteilung, heißt es in dem Dokument, »ist mit einer Lancierung einverstanden und nutzt die nächste Treffmöglichkeit (22.8.85) mit einem IM aus dem Operationsgebiet zur Übergabe des Materials.«[204] Welcher IM das war, ist nicht bekannt. Zeitgerecht zum Start von Furrers Raumflug erschien aber im Oktober 1985 in der Illustrierten *Quick* ein Artikel über »Das Geheimnis des Astronauten Furrer«. Der Autor Andreas Petzold berichtete darin über Furrers Tunnelgeschichte und schrieb: »Nur engste Freunde wahrten bislang ein Geheimnis aus der Vergangenheit des Raumfahrers, das in *Quick* gelüftet wird. Etwas, über das Furrer ungern spricht, da er bohrende Fragen und böse Konsequenzen fürchten muss: Er soll einen Menschen auf dem Gewissen haben.«[205] Andere westdeutsche Zeitungen griffen die von der Stasi lancierte Reportage anschließend ebenfalls auf.[206]

Auch der *Spiegel* wurde wiederholt Opfer östlicher Desinformationskampagnen. Hatte er 1969 bei den Geheimunterlagen über den angeblich geplanten Einsatz von ABC-Waffen noch die wahren Urheber erkannt, gelang ihm das 1980 beim gefälschten CSU-Positionspapier »Rückbesinnung auf Kreuth« nicht mehr. Das Papier war vom hauptamtlichen Mitarbeiter der Desinformationsabteilung Frank Ritter verfasst worden, der sich dabei auf eine Analyse des Journalisten Rudolf Schelkmann (»Karstedt«) stützte. Die politische Brisanz lag darin, dass der Eindruck erweckt wurde, die CSU plane insgeheim nach den Bundestagswahlen, bei denen Parteichef Franz Josef Strauß für das Amt des Bundeskanzlers kandidierte, ihre bundesweite Ausdehnung. Eine Woche vor dem Wahltag veröffentlichte der *Spiegel* das anonym erhaltene Papier.[207] Ganz offiziell konnte hingegen der FDP-Politiker und Einflussagent William Borm, dessen Reden und Artikel vielfach direkt vom MfS geschrieben wurden, 1981 im *Spiegel* gegen die NATO-Nachrüstung und die Außenpolitik seines Parteifreundes Hans-Dietrich Genscher zu Felde ziehen.[208]

Eine Täuschung gelang der Stasi auch bei der *Süddeutschen Zeitung*, die im Januar 1978 Auszüge eines angeblichen Telefongesprächs zwischen dem CSU-Vorsitzenden Franz Josef Strauß und dem Chefredakteur des *Bayernkurier*, Wilfried Scharnagl, veröffentlichte.[209] Dabei handelte es sich um ein verfälschtes Protokoll, das die Stasi in ein offizielles G-10-Abhörformular des BND montiert hatte. In dem bereits zwei Jahre zuvor aufgezeichneten Telefonat ging es um die so genannte Lockheed-Affäre, zu der damals im bayerischen Landtag ein Untersuchungsausschuss eingesetzt worden war, weil der Verdacht bestand, dass bei einem Flugzeuggeschäft Schmiergelder gezahlt worden waren. Als sich die Arbeit des Ausschusses ihrem Ende näherte, wurde der Text des Telefongesprächs durch eine Passage ergänzt, der zufolge Strauß persönlich Unterlagen über das Geschäft aus den Akten entfernt hatte. Ein Untersuchungsausschuss des Bundestages ging in der Folge über zwei Jahre lang der Frage nach, ob Strauß vom BND illegal abgehört worden war.[210]

Das Fernsehmagazin *Panorama* sendete im Oktober 1988 wesentliche Teile eines von der Stasi gefälschten Briefs des seinerzeit bereits verstorbenen Ministerpräsidenten von Schleswig-Holstein, Uwe Barschel, an Bundesfinanzminister Gerhard Stoltenberg. Der Brief war so formuliert, dass Stoltenberg darin als Mitwisser der so genannten Barschel-Affäre erschien. Die originalgetreue Unterschrift Barschels hatte man einem Grußwort entnommen, das Barschel im Juli 1987 an die Zeitschrift *Epoche* gesandt und von dem ein bislang unbekannter Agent eine Kopie beschafft hatte. Das Schreiben war nur wenige Tage vor den Landtagswahlen in Schleswig-Holstein unter anderem an den *Spiegel* geschickt, aufgrund einer Strafanzeige Stoltenbergs aber erst im Herbst veröffentlicht worden – nachdem ein Linguist die »Echtheit« bestätigt hatte.[211]

Im SPD-nahen Pressedienst *ppp* erschien schließlich ein von der Stasi gefertigtes »Grundsatzpapier« der CDU, das die Union schwächen sollte. Darin wurde die Trennung der Ämter des Bundeskanzlers und des Parteivorsitzenden gefordert und vorgeschlagen, Helmut Kohl an der Spitze der Partei durch den niedersächsischen Ministerpräsidenten Ernst Albrecht zu ersetzen.[212] Auch in diesem Fall merkte niemand, daß die Stasi der Urheber gewesen war.

Fiktive Pressedienste

»Aktive Maßnahmen« wie diese erfolgten nicht nur punktuell und anlassbezogen. Vielmehr fütterte die Stasi auch regelmäßig erscheinende Presse- und Hintergrunddienste in Westdeutschland mit Unterlagen und Informationen oder betrieb sie sogar selbst. Anders als bei den großen Medien, bei denen die Entscheidung über eine Veröffentlichung häufig unkalkulierbar blieb, erlaubten derartige Dienste eine kontinuierliche Verbreitung einschlägiger Materialien bei relativ geringem Aufwand. Meist waren die Periodika dabei so konzipiert, dass sie eine bestimmte Zielgruppe auf Dauer beeinflussen sollten.

Mit dem Tenor »Deutsche an einen Tisch« erschien bereits Anfang der fünfziger Jahre für die Bonner Politprominenz die von dem Journalisten und Wehner-Vertrauten Otto Weil herausgegebene *Kommentar-Korrespondenz*. Später stellte sich heraus, dass Weil im Auftrag des DDR-Spionageapparats arbeitete.[213] Eine ähnliche Funktion hatte die hektographierte *Allgemeine Berliner Chronik*, abgekürzt *ABC-Dienst*, die von Kurt Dumdei, einem ehemaligen Redakteur der KPD-Zeitung *Rote Fahne*, herausgegeben wurde.[214] Zur »Zersetzung« der Freien Volkspartei (FVP), einer Adenauer-freundlichen Abspaltung der FDP, die besonders in Berlin mit ihrem populären Vorsitzenden Carl-Hubert Schwennicke politisch von Bedeutung war, fertigte die Staatssicherheit 1956/57 Mitteilungsblätter einer fiktiven parteiinternen Oppositionsgruppe an, die sie als so genannte *Holstenbriefe* an die FVP-Mitglieder verschickte. Die Blätter lösten in der Partei erhebliche Verunsicherung aus, da sie häufig kompromittierende Informationen enthielten und gezielt die parteiinternen Gegensätze schürten. Sie beruhten zumeist auf nachrichtendienstlich beschafften Fakten und wurden zum Teil direkt von IM wie dem späteren Berliner CDU-Politiker Harald Müller (»Herbert Hildebrandt«) formuliert.[215]

Ein besonders aufwändiges Beispiel ist die Tarnzeitschrift *Demokratische Polizei – Organ der Gruppe Demokratischer Polizeibeamter in Berlin.* Westberliner Polizeibeamte erhielten das Blatt, das von der Abteilung Agitation der Stasi seit 1954 herausgebracht wurde, ein- bis zweimal monatlich an ihre Privatanschrift zugestellt, wobei als Absender jeweils ein Westberliner Polizeibeamter angegeben wurde. Allein im Jahr 1964 erschienen von der Zeitschrift einem internen Stasi-Bericht zufolge einundzwanzig Ausgaben, davon eine Doppelnummer aus Anlass des zehnjährigen Bestehens, alles in allem 53846 Exemplare. Die Staatssicherheit verfolgte auf diese Weise die Absicht, »den politischen Differenzierungsprozess innerhalb der Westberliner Polizei zu verstärken und die demokratisch gesinnten Polizeibeamten zu unterstützen«.[216] Das Blatt betrieb auf subtile Weise Propaganda für die SED, indem den Lesern vorgegaukelt wurde, dass es sich um das Sprachrohr einer innerpolizeilichen Oppositionsgruppe handele. Gleich gesinnte Kollegen hätten sich zusammengefunden, weil sie erkannt hätten, welche Gefahren der Demokratie in Berlin drohten, behauptete ein Jubiläumsartikel 1964. »Aus den zunächst nur gelegentlichen Zusammenkünften ergab sich bald die Notwendigkeit eines festen Zusammenschlusses.« Unmittelbar nach Bildung der Gruppe seien auch ihre ersten Publikationen erschienen. »Parteipolitisch ist unser Blatt nicht gebunden, wobei wir jedoch aus unserem Bekenntnis zur Demokratie keinen Hehl machen.«[217] Die Zeitschrift wandte sich beispielsweise gegen die Bindungen Westberlins und seiner Polizei an die Bundesrepublik oder gegen die »Quertreibereien der Westberliner CDU«. Auch die Maßnahmen gegen eine Unterwanderung der Westberliner Polizei durch den Staatssicherheitsdienst wurden unter Beschuss genommen, indem man sich für das »Recht der Westberliner Polizeibeamten zum Besuch ihrer Verwandten in Ostberlin« einsetzte oder die »Verletzung der Prinzipien der Rechtsstaatlichkeit« anprangerte. Viele Artikel richteten sich zudem gegen die eher konservative Gewerkschaft der Polizei oder leitende Westberliner Polizeibeamte. Andere nahmen sich bestimmter sozialer Fragen an, um die Unzufriedenheit der Polizisten zu schüren.[218]

Mit der gleichen Stoßrichtung wurden im Namen eines angeblichen »Frauen-Arbeitskreises« der »Gruppe Demokratischer Polizeibeamter in Berlin« fingierte Briefe an die Ehefrauen Westberliner Polizisten verschickt – 1964 immerhin dreizehn Ausgaben mit zusammen sechstausendfünfhundert Exemplaren. »Die *Frauenbriefe* und die *Demokratische Polizei*«, heißt es in einem Bericht der Abteilung Agitation aus dieser Zeit, »werden seit mehreren Jahren in Westberlin verbreitet und stellen eine ständige spezielle aktive Maßnahme dar.«[219] Aus den seit 1961 erscheinenden *Frauenbriefen* ging 1966 das *Kleine Magazin für die Frau* hervor, das drei Jahre später den Titel *Berolina* erhielt. Auch dieses Blatt schürte auf geschickte Weise die Unzufriedenheit unter Polizisten. So wandte es sich gegen »die ständig zunehmende dienstliche Beanspruchung« der Ehemänner; immer öfter kämen die Männer nervös und abgespannt vom Dienst nach Hause, würden die Erholungspausen kürzer. »Offensichtlich will die Polizeiführung aus unseren Männern Roboter machen oder auch in dieser Hinsicht Polizeisoldaten, die nur noch ab und zu Familienurlaub erhalten«, hieß es beispielsweise 1968 in einem Artikel.[220]

Beide Tarnzeitschriften, die bis Anfang der siebziger Jahre von der Stasi herausgegeben wurden, erzielten erhebliche Wirkungen. Einige der unfreiwilligen Bezieher übergaben das Blatt zwar den Behörden, sodass es Eingang in die Akten des Berliner Staatsschutzes fand (die dort archivierten Exemplare sind inzwischen in der Bibliothek der Landespolizei zugänglich). Andererseits trugen die Hefte über Jahre hinweg dazu bei, die Unzufriedenheit der Polizisten zu schüren, leitende Polizeibeamte zu diskreditieren oder auf andere Weise Unfrieden zu stiften, insbesondere wenn polizeiliche Interna – etwa aus Dienstbesprechungen – wahrheitsgemäß oder verfälscht vor der Öffentlichkeit ausgebreitet wurden. Zum Teil hatten die Berichte auch disziplinarische Maßnahmen zur

Folge, etwa wenn berichtet wurde, dass ein Verkehrsdelikt eines bestimmten Politikers mit Rücksicht auf dessen Person von der Polizei nicht geahndet worden sei. Aufgrund der zahlreichen Interna, die in den Tarnzeitschriften ausgebreitet wurden, gingen Polizeiführung und Öffentlichkeit davon aus, dass ihre Quellen in der Westberliner Polizei zu suchen seien, was die Verunsicherung noch verstärkte. Dass die desinformatorische Wirkung sogar die Existenz der Staatssicherheit überdauerte, zeigt ein 1993 erschienenes Buch über die Berliner Polizei, in dem das Stasi-Blatt den »polizeilichen Fachzeitschriften und Verbandsorganen« zugeordnet wird und seine Artikel unbesehen als authentische historische Quellen Verwendung finden. Die Autoren, Lehrbeauftragte in der Polizei- und Verwaltungsausbildung, distanzieren sich in dem Buch von den damaligen Maßnahmen gegen eine Unterwanderung der Westberliner Polizei, die sie auf eine »bisweilen schon psychoseähnliche Züge aufweisende Furcht vor kommunistischer ›Infiltration‹ und ›Subversion‹« im Kalten Krieg zurückführen, und machen damit deutlich, dass die Aktivitäten des Staatssicherheitsdiensts selbst im engeren Bereich der Polizei bis heute offenbar unterschätzt werden.[221]

Hintergrunddienste betrieb die Stasi auch zur Einwirkung auf die Bundestagsparteien. So gab die Desinformationsabteilung in der ersten Hälfte der siebziger Jahre im Namen von Parteivorstand und Bundestagsfraktion der SPD den Pressedienst *intern* heraus, der jeden Monat in einer Auflage von rund zweihundertfünfzig Exemplaren erschien und an Funktionäre und Abgeordnete verschickt wurde. Auf diese Weise sollten der linke Flügel in der SPD gestärkt sowie missliebige Politiker und deren Auffassungen diskreditiert werden. Eine ähnliche Aufgabe hatte der Pressedienst *Die Mitte*, der zwischen 1973 und 1983 etwa drei- bis fünfmal im Jahr in einer Auflage von achtzig bis einhundert Exemplaren an ausgewählte Bundestagsabgeordnete der CDU verschickt wurde und in kompromittierender Absicht nachrichtendienstlich beschaffte Parteiinterna verbreitete. Zur Förderung einer der SED genehmen Ostpolitik der FDP gab der 1992 verstorbene Kölner Journalist Rudolf Schelkmann (IM »Karstedt«),wie erwähnt, zwischen 1964 und 1968 den Hintergrunddienst *X-*

Information heraus, der vierzehntägig in einer Auflage von rund fünfhundert Exemplaren erschien.[222] Später fütterte die HVA den von William Borm (»Olaf«) und anderen linksliberalen Politikern seit Anfang der siebziger Jahre herausgegebenen *Pressedienst* mit Informationen und Manuskripten.[223]

In kleinerem Maßstab versuchte die Stasi mit Serienbriefen Einfluss zu nehmen, die bestimmten Zielgruppen anonym oder unter Angabe eines falschen Absenders zugesandt wurden. Seit Ende der siebziger Jahre erhielt zum Beispiel der Chefredakteur des *Bayernkurier*, Scharnagl, in unregelmäßigen Abständen etwa sechs bis acht »Briefe« zugesandt, die den Eindruck erwecken sollten, die CDU erfahre durch eigene »Quellen« regelmäßig Parteiinterna der CSU, während es sich in Wahrheit um nachrichtendienstlich beschaffte Erkenntnisse der Stasi handelte.[224] In Berlin brachte die Desinformationsabteilung Briefe in Umlauf, die suggerierten, der CDU-Kandidat für das Amt des Regierenden Bürgermeisters, Richard von Weizsäcker, sei ungeeignet, da er mit den Berliner Verhältnissen nicht vertraut sei. Die angeblich aus Kreisverbänden der CDU stammenden Briefe sollten im Wahlkampf eine »stützende Maßnahme« für die SPD bilden.

Nur teilweise geklärt sind bislang die Verbindungen des Staatssicherheitsdiensts zu dem von dem Journalisten und Verleger Hans Frederik herausgegebenen *PINAR-Dienst*, der regelmäßig allen Bundestagsabgeordneten, rund neunhundert westdeutschen Zeitungen sowie den diplomatischen Vertretungen in der Bundesrepublik zugestellt wurde.[225] Der Österreicher Frederik, der als Mitglied der Sozialdemokratischen Partei Österreichs 1938 von der Gestapo interniert worden war, war 1956 nach München gegangen, nachdem die Sowjetunion ihre Truppen aus Österreich abgezogen hatte. Damals soll er, dem ehemaligen *Spiegel*-Journalisten Peter-Ferdinand Koch zufolge, vom KGB den Auftrag erhalten haben, journalistisch für den Ostblock tätig zu werden, und mit dessen Hilfe den Humboldt-Verlag gegründet haben. Dort erschien 1961 unter dem Titel ... *da war auch ein Mädchen* ein diskreditierendes Buch über den damals noch von der SED bekämpften SPD-Kanzlerkandidaten Brandt, das im Wesentlichen seine Liebesbriefe an die vom MfS verhaftete Journalistin Susanne

Sievers zum Inhalt hatte. Nachdem der Humboldt-Verlag Bankrott gegangen war, gründete Frederik in Landshut den *verlag politisches archiv*. Diesmal soll ihm die HVA behilflich gewesen sein, deren Chef, Markus Wolf, er Ende der fünfziger Jahre vorgestellt worden sein soll. Auch sein Stiefsohn Rangmar Staffa soll als IM »Junior« unter dem Führungsoffizier Manfred Laszczak für die HVA tätig gewesen sein; Unterlagen der HVA weisen ihn indes als IM »Ernst Wulf« aus.[226] Nach der Wende bestätigten ehemalige Mitarbeiter der Desinformationsabteilung, dass sie Frederik regelmäßig mit Manuskripten, Dokumenten und »enormen Summen« Geldes versorgten; bei der Stasi habe er den Decknamen »Fredy« getragen.[227] Der ehemalige Leiter der Deutschlandabteilung des KGB, Sergej Kondraschow, erklärte, Frederik habe in der Bundesrepublik für den KGB gearbeitet.[228]

Durch Akten belegt ist, dass der als konservativ geltende Frederik zusammen mit Arno Behrisch, einem führenden Politiker der Deutschen Friedensunion, 1963 in der DDR vorstellig wurde, um »›seriöses Informationsmaterial‹ über westdeutsche Politiker, Naziblutrichter u. a. zur Auswertung im *PINAR-Dienst*« zu bekommen. »Sie nannten eine ganze Reihe von Personen, die der CDU/CSU, der SPD und der FDP angehörten und baten über diese um Material«, heißt es in einem Aktenvermerk der Westabteilung des ZK der SED vom September. Zuvor, am 1. Juli, hatte Frederik in seinem Pressedienst bereits kompromittierende Unterlagen aus der DDR – »klischiert und kommentiert« – über den CSU-Abgeordneten Max Frauendorfer veröffentlicht. Ein Jahr später publizierte er, wie erwähnt, vom MfS zusammengestellte Unterlagen über Eugen Gerstenmaier. Auf die Frage, nach welchen Prinzipien er Personen aufbaue oder anprangere, erklärte er seinerzeit Funktionären des DDR-Nationalrats, ihm komme es darauf an, »so zu informieren, dass es der Entspannung und der Verständigung der beiden deutschen Staaten diene«.[229]

In Frederiks *verlag politisches archiv* erschienen zudem zahlreiche Bücher, die bestimmte, der SED nicht genehme Politiker in Misskredit brachten, darunter den CSU-Vorsitzenden Strauß, den SPD-Fraktionsvorsitzenden Wehner und den »Superminister« Schiller.[230] Der Verleger rühmte sich 1982 selbst, indem er schrieb: »Bundeskanzler Kurt-Georg Kiesinger wurde entlarvt; Karl Schiller als vorbildlicher Nationalsozialist dokumentiert, und auch über Franz Josef Strauß veröffentlichte Frederik ein Buch. Die ›gemeinsamen Leichen‹, die ›Ehemaligen‹ und sonstigen verkappten Existenzen, die die SPD, CDU und FDP bis in die sechziger Jahre hinein im Sarg schlummern ließ, wurden in den Wahlkämpfen offen aufgehoben.«[231] Mehrere Aktenvermerke des MfS legen den Schluss nahe, dass mindestens die diskreditierenden Bücher über Wehner und den ersten Präsidenten des Bundesamts für Verfassungsschutz, Otto John, direkt auf den Staatssicherheitsdienst beziehungsweise den KGB zurückgingen.[232] In einem 1974 herausgekommenen Buch über den DDR-Spion Günther Guillaume, das die bundesdeutschen Sicherheitsstellen bloßstellte, finden sich sogar Fotos hoher MfS-Offiziere in Uniform – darunter eines von Markus Wolf, von dem es im Westen damals keinerlei aktuelle Fotos gab.[233]

In den erhalten gebliebenen Unterlagen des Staatssicherheitsdiensts ist für die HVA-Abteilung X seit 1963 ein IM registriert, bei dem es sich um Frederik handeln könnte. Dieser leicht abweichend geschriebene IM »Freddy« wurde zuletzt von dem erwähnten Manfred Laszczak geführt, der in der Desinformationsabteilung für die westdeutsche Innenpolitik zuständig war.[234] Von der Quelle erhielt die Stasi im Laufe der Zeit aber nur ein knappes Dutzend Berichte, was mit dem schwerpunktmäßigen Einsatz als Einflussagent erklärt werden könnte. Das Themenspektrum der Berichte reicht von einer Tagung in den USA zur psychologischen Kriegführung über eine Personencharakteristik des früheren Finanzministers Alex Möller bis zu internen Vorgängen in der CDU/CSU.

Der »Blick nach rechts«

Ein Lancierungskanal war nach den Ermittlungen der Bundesanwaltschaft auch der mittlerweile verstorbene bayerische Journalist Kurt Hirsch. Aufgrund von Angaben aus der in Amerika lagernden Agentenkartei der HVA wurde gegen ihn 1993 ein Ermittlungsverfahren wegen des Verdachts auf Spionage eingeleitet. Ehemalige MfS-Mitarbeiter bestätigten, dass er als IM »Helm« für die HVA-Abteilung X tätig gewesen sei. Verschiedene Buchprojekte über rechte politische Strömungen, Parteien und deren Akteure, bei denen Hirsch als Autor oder Herausgeber auftrat, seien von der Abteilung X mit »Argumentationshilfen« und umfangreichen Geldbeträgen unterstützt worden – zusammengerechnet mit mindestens 300 000 bis 500 000 DM. Zu diesem Zweck hätten in Ostberlin und anderen Hauptstädten des Ostblocks regelmäßige Treffs mit Hirsch stattgefunden. Seine publizistischen Aktivitäten seien bei der Desinformationsabteilung im Vorgang »Feder« geführt worden.[235] Zu einer Anklageerhebung gegen Hirsch kam es jedoch nicht, da das Verfahren 1996 aus Krankheitsgründen eingestellt wurde.

Hirsch, ein gebürtiger Österreicher, arbeitete in der Bundesrepublik vor allem für gewerkschaftliche, sozialdemokratische und prokommunistische Zeitungen. Nach eigenen Angaben hatte er schon als junger Mann Artikel für die österreichische *Arbeiter-Zeitung* geschrieben und war aufgrund seiner Tätigkeit in der sozialdemokratischen Jugendorganisation 1936 für einige Monate interniert worden. Nach dem Anschluss Österreichs ans Dritte Reich im Jahr 1938 sei er festgenommen und ins Konzentrationslager Dachau eingeliefert worden; drei Monate später sei er nach Buchenwald verlegt worden, wo er 1945 von den Amerikanern befreit worden sei. Nach dem Krieg wurde er Mitglied der Kommunistischen Partei Österreichs und arbeitete für die sowjetische Nachrichtenagentur TASS. 1948 »floh« er vor den Russen und bat in der Schweiz um politisches Asyl, um ein Jahr darauf in die Bundesrepublik überzusiedeln, wo er Mitglied der SPD wurde. Hier machte er es sich zur Lebensaufgabe, Material über neonazistische Gruppen und Aktivitäten zusammenzutragen und diese durch aufklärerische Veröffentlichungen zu bekämpfen. Schon 1960 stellte er in einem Buch die Frage *Kommen die Nazis wieder?* und wies auf angebliche von rechts drohende Gefahren für die Bundesrepublik hin, in einem Buch mit dem Titel *Die Blutlinie* wandte er sich zugleich gegen den Antikommunismus in Deutschland.[236] Aufgrund seiner Lebensgeschichte und seines publizistischen Engagements genoss er im linken politischen Lager, insbesondere bei Sozialdemokraten, beträchtliches Ansehen. So erschien noch 1989 in der Schriftenreihe der bayerischen SPD eine überarbeitete und ergänzte Auflage seiner Abhandlung *Die Republikaner – die falschen Patrioten*.[237]

Hirsch selbst bestritt nach der Wende jede Zusammenarbeit mit dem MfS. Sein letzter Führungsoffizier, Frank Ritter, erklärte, dass man sich ihm gegenüber immer als Vertreter der SED, Bereich westliches Ausland, ausgegeben habe. Angesprochen worden sei er bei einem Besuch in Ostberlin, wo er Verbindungen zum Nationalrat der Nationalen Front unterhielt. Obwohl Hirsch die Partei-Legende mehrfach in Zweifel gezogen habe, sei diese bis zum Ende der Zusammenarbeit aufrechterhalten worden. Auch seien keine Informationen aus der Quelle »Helm« gespeichert worden. Obzwar zu Hirsch kein Aktenvorgang überliefert ist, erscheint diese Darstellung wenig überzeugend. Die Identität von Hirsch und »Helm« ist aus den so genannten Rosenholz-Unterlagen zu entnehmen. Der Vorgang »Helm« ging danach ursprünglich aus offiziellen Kontakten hervor. 1970 war der Agent dann in der DDR auf »ideologischer Basis« angeworben worden. Acht Jahre später wurde der Vorgang von der HVA-Abteilung II (Parteien und Verbände) an die Abteilung X (Desinformation) übergeben. Dies deckt sich mit einem Schreiben der Staatssicherheit, dem zufolge Hirsch 1977 für die HVA-Abteilung II erfasst war.[238] Laut einer Karteikarte war Hirsch aber auch bei der Desinformationsabteilung der Stasi registriert, die seit 1977 ebenfalls eine Quelle »Helm« führte – vermutlich eine Doppelerfassung.[239] In der Desinformationsabteilung wurde der Vorgang »Helm« zunächst von Wolfgang Mutz geführt, der dort zuletzt stellvertretender Leiter der Desinformationsabteilung und Chef des Anleitungsbereichs »Aktive Maßnahmen« war; später wurde der Vorgang von Ritter übernommen. Hirsch verfügte auch über einen DDR-Pass mit falschem Namen und besaß einen Fluchtplan für Gefahrensituationen. Materialien deponierte er jeweils in einem Schließfach im Bahnhof Friedrichstraße, wo sie ein Stasi-Offizier abholte. In seinen Pass erhielt er einen Stempel, der seine mehrtätigen Aufenthalte in Ostberlin verschleierte.

Es stimmt auch nicht, dass aus der Quelle »Helm« keine Informationen flossen. Die HVA-Abteilung II registrierte zwischen 1978 und 1987 achtzehn Berichte von »Helm«. Die meisten davon betrafen Gespräche mit SPD-Politikern, zu denen Hirsch gezielt Kontakt suchte. »Helm« galt ab 1978 als zuverlässig – die höchste Einstufung der Stasi.[240] Von der Desinformationsabteilung wurden zwischen 1977 und 1984 zwanzig Berichte ihrer Quelle »Helm« verbucht, die hier als »vertrauenswürdig« eingestuft war.[241] Die Informationen betrafen zumeist die politische Situation in Bayern, die Entwicklung in den Parteien und immer wieder Fragen der inneren Sicherheit. Im Januar 1982 berichtete »Helm« zudem über eine Sitzung der Konservativen Aktion in der Redaktion der Münchener Zeitschrift *Criticon*, im Dezember 1984 über die Gründung einer Deutsch-deutschen Arbeitsgruppe e. V. Im Vergleich zu anderen Informanten war »Helm« keine Spitzenquelle, aber immerhin eine funktionierende nachrichtendienstliche Verbindung.

Wichtiger waren für die Stasi Hirschs politische Einflussmöglichkeiten. In den siebziger Jahren organisierte er den so genannten Presseausschuss der Demokratischen Aktion, einen »Zusammenschluss von Publizisten, die sich vornehmlich mit der Beobachtung und Bekämpfung rechtsradikaler Tendenzen in der BRD« befassten, wie es 1972 in einer Selbstdarstellung hieß.[242] Unter dem Dach des 1969 gegründeten Ausschusses, der auf eine Initiative der von der SED mit jährlich zuletzt 2,3 Millionen D-Mark finanzierten VVN zurückging, fanden sich namhafte Schriftsteller wie Erich Kästner, Hermann Kesten und Martin Walser zusammen. Die eigentliche Organisation lag jedoch in den Händen von Konfidenten der Staatssicherheit. Zu ihnen gehörte neben Hirsch insbesondere der Publizist Bernt Engelmann, der engen Kontakt zu HVA-Chef Wolf hielt. Ein anderes prominentes Mitglied war der Schriftsteller Günter Wallraff, den die Desinformationsabteilung der Stasi von 1968 bis 1971 als IM »Wagner« führte.[243] Zu dem Ausschuss gehörten ferner der Vizepräsident des westdeutschen PEN, Robert Neumann, und der Mitarbeiter des *Spandauer Volksblatts* Jochen Willke, die beide in den Stasi-Kampagnen gegen Heinrich Lübke und Eugen Gerstenmaier publizistische Schützenhilfe leisteten.[244]

In den politischen Auseinandersetzungen der siebziger Jahre spielte der Ausschuss insofern eine große Rolle, als er der Öffentlichkeit eine linke bis linksradikale Politik nahebrachte. Zu diesem Zweck gab er 1973 unter anderem das bereits erwähnte *Schwarze Kassenbuch* über die angebliche heimliche Finanzierung der CDU/CSU durch westdeutsche Industrielle heraus. Auch in diesem Fall steuerte der Literaturnobelpreisträger Heinrich Böll ein Vorwort bei – besser konnten die vom MfS lancierten Informationen kaum verpackt werden. Der Einfluss des Ausschusses nahm zu, als er sich 1974 in Presseausschuss demokratische Initiative (PDI) umbenannte und sich verstärkt um die Aufnahme von sozialdemokratischen Politikern und Gewerkschaftsfunktionären bemühte. Großen Zulauf erhielt er vor allem, nachdem der CSU-Vorsitzende Strauß im Zusammenhang mit einer in hoher Auflage verteilten PDI-Broschüre über ihn öffentlich von linken »Ratten und Schmeißfliegen« gesprochen hatte. Neben Engelmann, Wallraff und Walser zählten 1980 unter anderem die Schriftstellerin Ingeborg Drewitz, der Kabarettist Dieter Hildebrandt, der Rhetorikprofessor Walter Jens, der Fernsehjournalist Ulrich Wickert sowie die SPD-Bundestagsabgeordneten Manfred Coppik, Karl-Heinz Hansen und Ernst Waltemathe zu den Mitgliedern. Auch der SPD-Bundestagsabgeordnete und Vorsitzende des Verbandes deutscher Schriftsteller Dieter Lattmann, den die Bundesanwaltschaft später verdächtigte, seit 1983 als Quelle »Letter« für das MfS tätig gewesen zu sein, gehörte dem Ausschuss an.[245] 1982 waren bereits einundzwanzig sozialdemokratische Bundestagsabgeordnete Mitglied des PDI, darunter der heutige SPD-Fraktionschef Peter Struck und Horst Peter, der von der Stasi seit 1984 als Kontaktperson »Kirchner« geführt wurde.[246]

Auch wenn viele Prominente nur ihren Namen hergegeben haben dürften, war es gerade ihre Mitwirkung, die dem PDI seine politische Wirkung verlieh. Wie immer bei »kommunistischen Tarnorganisationen« – als eine solche durfte die CSU den PDI nach einem Urteil des Oberlandesgerichts Stuttgart vom Juni 1977 bezeichnen –, dienten die großen Namen nur als Aushängeschild, während die eigentliche Organisation in den Händen weniger Kader lag, vor allem in denen des Geschäftsführers Hirsch und des Finanzverantwortlichen Engelmann. Der PDI veröffentlichte zahlreiche Publikationen. Neben einem Pressdienst gab er eine Schriftenreihe heraus, in der Broschüren über konservative CDU-Politiker und ähnliche Themen erschienen. Bis 1984 entstanden über hundert Hefte und Taschenbücher mit einer Gesamtauflage von über dreihunderttausend Exemplaren.[247]

Mit dem Angebot, Informationen der SPD zum Rechtsextremismus ohne Quellenangabe im PDI-Hintergrunddienst zu veröffentlichen, hatte sich PDI-Geschäftsführer Hirsch 1977 auch an das Büro von Willy Brandt im Bundeskanzleramt gewandt. Zu diesem Zeitpunkt versorgte er bereits die bayerische SPD mit Informationen zum Rechtsextremismus – eine Zusammenarbeit, die bis 1989 währte, als die bayerische SPD, wie erwähnt, seine Schrift *Die Republikaner – die falschen Patrioten* publizierte. Auch die Bundes-SPD sollte nunmehr – gegen Entgelt – in den Genuss vergleichbarer Monatsanalysen kommen. Obwohl Egon Bahr eine institutionelle Kooperation zwischen SPD und PDI ablehnte, kam es von nun an regelmäßig zu Begegnungen zwischen Hirsch und Brandts Büroleiter Klaus-Henning Rosen.

Eine Ausweitung seines Aktionsfeldes erfuhr der PDI mit der Gründung des Pressediensts *Blick nach rechts*, der seit Dezember 1980 alle vierzehn Tage herauskam; die Jahresgebühr für ein Abonnement betrug 30 DM. Als Herausgeber fungierten neben Bernt Engelmann und Ernst Waltemathe der Erste Bevollmächtigte der IG Metall in Nürnberg, Horst Klaus, die SPD-Landtagsabgeordnete Ursula Pausch-Gruber, der Chefredakteur der *Holzarbeiterzeitung*, Peter Riemer, der ehemalige DPA-Chefredakteur Fritz Sänger sowie der Chefredakteur der Berliner Jugendzeitschrift *Blickpunkt*, Klaus-Peter Wolf. Verantwortlicher Redakteur war Kurt Hirsch. Das Blatt, so hieß es in einer Probenummer, bringe nicht nur Berichte über neue Entwicklungen im Rechtsradikalismus und Neonazismus, sondern beobachte auch den Rechtskonservatismus, denn zwischen beiden politischen Strömungen bestehe eine geistige Verwandtschaft und oft genug auch eine organisatorische Verbindung. Tatsächlich stellte der Pressedienst konservative Politiker und Institutionen häufig als rechtsextrem dar und rückte sie in die Nähe antidemokratischer, neofaschistischer Tendenzen. Wie dies funktionierte, kann man an der ersten Meldung der Probenummer studieren, in der über den ausgebürgerten ostdeutschen Oppositionellen Nico Hübner berichtet wurde. Dieser hatte unter Berufung auf den entmilitarisierten Status von Berlin in der DDR den Wehrdienst verweigert und war deshalb inhaftiert worden. »Springers und Löwenthals liebstes Kind«, meldete der *Blick nach rechts* im Dezember 1980, vorgeblich unter Berufung auf FDP-Kreise, wolle zum Parteitag der Liberalen in München von Westberlin aus mit dem Auto fahren, obwohl die DDR ein Transitverbot gegen ihn verhängt und die Bundesregierung dies akzeptiert habe. Allein dies erschien in der Meldung schon wie eine unbotmäßige Provokation der SED-Oberen. Dann ging es um einen angeblichen »Verbindungsmann« Hübners in Freiburg, der eine »national-liberal orientierte« Arbeitsgemeinschaft »Junger Liberaler« zu bilden versuche und Verbindungen zum »Ring Freiheitlicher Studenten«, einer der NPD nahe stehenden Studentenorganisation, habe. Diktion und Argumentation der Meldung waren so, dass der Wehrdienstverweigerer und SED-Kritiker am Ende als extremer Rechtsaußen erschien.[248]

In zahlreichen Gesprächen bemühte sich Hirsch, die Verbindung zwischen PDI und SPD zu intensivieren. Dabei ging es ihm besonders um eine stärkere Verbreitung der PDI-Publikationen in der Partei, um gemeinsame Veranstaltungen und Aktivitäten sowie um die Schaffung von »Stützpunkten« des PDI in allen westdeutschen Landtagen. Als aus dem PDI heraus eine Initiative »Bildung und Wissenschaft« gegründet wurde, suchte Hirsch auch Kontakt zum früheren SPD-Vorsitzenden Björn Engholm, der damals Staatssekretär im Bildungsministerium war. In Gesprächen mit Rosen versuchte Hirsch zudem, Interna über Brandt und aus dem SPD-Parteivorstand in Erfahrung zu bringen. Darüber hinaus erbat er für eine PDI-Veröffentlichung ein Vorwort Brandts, das ihm dieser jedoch versagte. Angeblich aufgrund einer Finanzkrise bot Hirsch Anfang der achtziger Jahre der SPD den *Blick nach rechts* sowie sein Archiv zum Kauf an. Nach einer vorübergehenden Unterbrechung kam der Dienst dann ab September 1984 als Pressedienst der SPD heraus, wobei die Redaktion nach wie vor in München saß und Hirsch im Impressum als »Verantwortlicher« erschien. Monatlich zahlte ihm die SPD dafür ein Honorar von 3500 DM. In Bonn wurden die von Hirsch gelieferten Nachrichten durch den *ppp*-Redakteur Rudolf Schwinn bearbeitet. Die Bundesanwaltschaft verdächtigte diesen nach der Wende, unter dem Decknamen »Schwager« für die Desinformationsabteilung der Stasi gearbeitet zu haben. Das 1993 eingeleitete Ermittlungsverfahren wegen des Verdachts auf Spionage wurde jedoch 1997 eingestellt, da ihm eine IM-Tätigkeit nicht nachgewiesen werden konnte. Die Stasi registrierte aus der als »zuverlässig« eingestuften Quelle »Schwager« zwischen 1976 und 1987 insgesamt zweiundvierzig Berichte, die meisten über die Lage in der SPD.[249]

Als Ende 1987 ruchbar wurde, dass Hirsch im Dienst der DDR stehen könnte, stellte die SPD die Zusammenarbeit mit ihm ein. Wie Rosen 1994 in der Fernsehsendung *Panorama* erklärte, war er damals von einer Journalistin darauf aufmerksam gemacht worden, dass Hirsch für den *Blick nach rechts* regelmäßig Geld aus der DDR erhalte.[250] »Drei Jahre, nachdem Guillaume verhaftet war«, erklärte Rosen in der Sendung, »tauchte Kurt Hirsch in meinem Büro auf.« Die Stasi, so Rosens Verdacht, suchte damals erneut eine Verbindung zum SPD-Vorsitzenden Brandt – entgegen allen Nach-Wende-Beteuerungen von Markus Wolf, dass die Einschleusung Guillaumes großen politischen Schaden angerichtet habe. Rosen, als Nachfolger Guillaumes besonders sensibilisiert, informierte umgehend den Verfassungsschutz. Die Verdachtsmomente gegen Hirsch hatten es in sich: Die Journalistin, die mit ihm eng zusammengearbeitet hatte, sagte aus, dass dieser schon seit der PDI-Zeit ständig Zuwendungen aus der DDR bekommen hätte. Das Geld habe er sich in Ostberlin abgeholt oder von Bernt Engelmann erhalten. Die DDR habe auf diese Weise beispielsweise das *Schwarze Kassenbuch* finanziert, während Engelmann immer nur von »anonymen Spenden« gesprochen habe. Auch habe Hirsch stets erhebliche Mengen Bargeld bei sich geführt. Bis 1975 sei er von der VVN mit großen Beträgen unterstützt worden, danach seien die Gelder direkt aus der DDR gekommen. Von seinen Reisen nach

Berlin und Salzburg sei er mit Manuskripten zurückgekehrt, über deren Ursprung er strenges Stillschweigen bewahrte. So habe er beispielsweise Beiträge über heimliche Wahlkampfspenden an die CDU/CSU mitgebracht. Der Journalistin bot Hirsch an, für 5000 DM im Monat einen Pressedienst mit anonymen Texten herauszugeben, die sie jeweils in ihrem Briefkasten vorfinden würde. Trotz dieser Verdachtsmomente unterließ es der Verfassungsschutz, die Bundesanwaltschaft zu informieren, weil er davon ausging, dass Hirsch nicht vom MfS, sondern von der SED gefördert wurde. Ein ähnlicher Verdacht war offenbar auch schon früher laut geworden und der polnischen Staatssicherheit zu Ohren gekommen, die deshalb 1977 bei der Stasi Erkundigungen einholte.[251]

Hirsch führte der HVA auch westdeutsche Journalisten als IM-Kandidaten zu. So machte er die Stasi auf eine Westberliner Journalistin aufmerksam, die bald darauf nach Ostberlin eingeladen wurde und Zugang zum sogenannten Dokumentationszentrum der DDR erhielt. Für eine SFB-Rundfunksendung über das amerikanische Verteidigungssystem SDI finanzierte ihr die Desinformationsabteilung eine vierwöchige Reise in die USA und registrierte sie als IM »Lehne«. Später erhielt sie Unterlagen der HVA, aus denen hervorging, dass die Amerikaner für die Immunschwächekrankheit Aids verantwortlich seien, und verbreitete diese in Südamerika. Damals lancierte die DDR auch in andere Medien die Falschinformation, dass der Virus in einem militärischen Genlaboratorium der USA hergestellt worden und über Versuchspersonen nach außen gelangt sei. Wie die MfS-Mitarbeiter Günter Bohnsack und Herbert Brehmer nach der Wende berichteten, sorgten sie beispielsweise dafür, dass der Bestsellerautor Johannes Mario Simmel die Legende in seinem Roman *Doch mit den Clowns kamen die Tränen* benutzte, und auch die *taz* ließ sich durch die Stasi täuschen.[252] Eine dritte Aktion der Journalistin betraf die Münchener *Stern*-Redaktion, der sie ein von der Stasi fabriziertes Tagebuch eines ungenannten CSU-Insiders übergab. Die in den Aufzeichnungen enthaltenen Informationen über Querelen und unsaubere Geschäfte in der Parteispitze stammten aus abgehörten Telefongesprächen. Für ihren Dienst erhielt »Lehne« damals 500 DM.[253]

Eine andere Bekannte Hirschs wurde von der HVA als IM »Assistent«, ein dritter als IM »Reif« registriert.

Der Fall Engelmann

Eine Schlüsselfigur im PDI war, wie erwähnt, der Publizist Bernt Engelmann. Als Vorsitzender des Verbandes deutscher Schriftsteller (VS) verfocht dieser in den frühen achtziger Jahren einen höchst umstrittenen Kurs der Annäherung gegenüber der DDR.[254] Während des Zweiten Weltkriegs war Engelmann Soldat gewesen, 1944 jedoch ins KZ Dachau gekommen. Nach dem Krieg arbeitete er als Journalist, unter anderem für den *Spiegel* und das Fernsehmagazin *Panorama*. Als freier Publizist veröffentlichte er seit den sechziger Jahren zahlreiche gesellschaftskritische Bücher, darunter *Meine Freunde, die Millionäre* (1963), *Meine Freunde, die Manager* (1966) und *Die Macht am Rhein. Meine Freunde, die Geldgiganten* (1968). In den siebziger Jahren wurde er mit Büchern wie *Ihr da oben – wir da unten* (1973, zusammen mit Günter Wallraff), *Wir Untertanen. Ein deutsches Anti-Geschichtsbuch* (1974) und *Großes Bundesverdienstkreuz* (1974) zum Bestsellerautor. Auch an einigen Produktionen des DDR-Fernsehens war er als Autor beteiligt, zum Beispiel an einem Film über den Industriellen Krupp *(Schöne Zeiten, feine Leute)*, den er zusammen mit dem ostdeutschen Drehbuchautor Karl-Georg Egel (»Engel«) schrieb. Von 1977 bis 1984 war Engelmann VS-Vorsitzender, seit 1981 zugleich Vizepräsident des PEN-Zentrums der Bundesrepublik. Er hatte enge Kontakte zur SPD, unter anderem zum Parteivorsitzenden Brandt. »Als SPD-Mitglied«, heißt es sinnfällig in einem Auskunftsbericht der Stasi aus dem Jahr 1981, »sympathisiert Engelmann mit der DKP.«[255]

Die Bundesanwaltschaft ermittelte nach der Wende gegen Engelmann wegen des Verdachts auf Spionage unter dem Decknamen »Albers«. Unter dieser Tarnbezeichnung ist in der Datenbank der HVA ein Vorgang registriert, der 1981 vom hauptamtlichen Mitarbeiter der Desinformationsabteilung Wolfgang Mutz angelegt und später von Frank Ritter geführt wurde.[256] Allerdings handelt es sich nicht um einen IM-Vorgang, sondern um eine Operative Personenkontrolle. Diese wurden von der HVA häufig dann angelegt, wenn eine direkte nachrichtendienstliche Zusammenarbeit nicht möglich oder eine Werbung erst beabsichtigt war. Von »Albers« ist in der Datenbank nur eine einzige Information registriert, die jedoch einen deutlichen Bezug zu Engelmann erkennen lässt: die »Einschätzung eines prominenten westdeutschen Schriftstellers über den Fortgang der Koalition in Bonn« vom Februar 1982. Die Information enthält auch einen Personenhinweis zu Leonhard Mahlein, dem Vorsitzenden der IG Druck und Papier, zu der der VS organisatorisch gehörte.[257]

Engelmanns Beziehungen zum MfS lassen sich bislang nur bruchstückhaft rekonstruieren, da das Aktenmaterial über ihn zum größten Teil vernichtet ist. Günter Bohnsack, ein ehemaliger Mitarbeiter der Stasi-Desinformationsabteilung, berichtete nach der Wende, der VS-Vorsitzende sei regelmäßig mit Spionagechef Markus Wolf zusammengekommen. Er selbst habe Engelmann in Wolfs Auftrag jahrelang unkontrollierte Grenzübertritte in die DDR ermöglicht. Der als »fortschrittlich« eingeschätzte Autor sei ein nahe liegender Kandidat für Infiltration und politische Beeinflussung gewesen, der von Wolf hundertprozentig unterstützt worden sei. »Geld spielte dabei keine Rolle«, erklärte der ehemalige Stasi-Mann. In der Regel hätten sich die beiden in Eichwalde bei Berlin im Haus von Karl-Georg Egel getroffen, den Wolf noch aus seiner Zeit beim Berliner Rundfunk gekannt habe und der für die Abteilung unter dem Decknamen »Engel« tätig war. Engelmann selbst sei von der Stasi als IM »Albert« geführt worden.[258] Ein IM der Desinformationsabteilung mit dem Decknamen »Albert« ist in der Datenbank der HVA jedoch nicht registriert, was Bohnsack damit erklärt, dass die Kontaktleute im Umfeld von Markus Wolf eine »Sonderbehandlung« erfahren hätten. Sie seien nicht als förmliche IM-Vorgänge geführt worden, was unter anderem zu der Schwierigkeit geführt hätte, im Haushalt der HVA Geld für Engelmann zu beantragen oder abzurechnen – deshalb sei er in einem Objektvorgang über westdeutsche Medien registriert worden. Wahrscheinlich ist Bohnsack jedoch einfach ein Erinnerungsfehler unterlaufen und »Albers« zu »Albert« geworden.

Wie auch immer die Registrierung Engelmanns im Einzelnen aussah, fest steht, dass der VS-Vorsitzende mindestens seit Mitte der siebziger Jahre von der Desinformationsabteilung »erfasst« war. Einem überlieferten »Suchauftrag« der Stasi vom Juni 1976 zufolge war für ihn der Referatsleiter und spätere »Sonderoffizier für Öffentlichkeitsarbeit« Gerhard Boer zuständig.[259] Belegt ist darüber hinaus, dass sich der Leiter der HVA-Abteilung X, Rolf Wagenbreth, bereits im August 1973 im Auftrag von Markus Wolf an die Hauptabteilung XX/3 wandte, um das Erscheinen von Engelmanns Büchern im Ostberliner Verlag der Nation zu beschleunigen. Einem Schreiben Wagenbreths zufolge stand Engelmann seit Mitte 1972 mit dem Verlagsleiter, Günter Hofé, in Verhandlungen, die bis dahin jedoch ergebnislos geblieben waren. Entsprechend einer Weisung Wolfs bat Wagenbreth die MfS-Kollegen nun, den Stand der Dinge in Erfahrung zu bringen und »zu ermitteln, welche Maßnahmen eingeleitet werden müssen, um das genannte Projekt schnellstmöglich zu realisieren«. Ein Gespräch mit Hofé solle dabei möglichst so geführt werden, »dass zunächst nicht vordergründige Interessen des MfS in dieser Angelegenheit sichtbar werden«.[260]

Kurze Zeit später erhielt Wagenbreth auf demselben Weg den Schriftwechsel zwischen Autor und Verlag. Den Unterlagen zufolge war das erforderliche Gutachten über Engelmanns Buch *Das Reich zerfiel, die Reichen blieben* negativ ausgefallen. Ein Professor Siegfried Kahn hatte moniert, dass die Beschränkung der Untersuchung auf die »alte Geld- und Machtelite« zu einer Desinformation des Durchschnittslesers führe. Für das Erscheinen des Buchs setzte sich aber außer Wolf auch der prominente Wirtschaftsprofessor Jürgen Kuczynski ein. Dieser hatte für das Manuskript bereits eine überschwängliche Vorbemerkung geschrieben. In einem Brief an den Verlagschef vom Januar 1974 plädierte er nunmehr dafür, »doch nicht nur Dichter und Künstler, die, ohne Marxisten-Leninisten zu sein, auf unserer Seite der Barrikade kämpfen«, herauszubringen, sondern sich auch solcher Publizisten wie Engelmann anzunehmen. Verlagschef Hofé schlug deshalb vor, Kuczynskis Vorwort kurzerhand als neues Gutachten zu nehmen. Noch bevor er darüber mit dem stellvertretenden Kulturminister Klaus Höpcke sprechen wollte, sollte Wagenbreth einem Stasi-Vermerk zufolge über die Einzelheiten informiert werden, da seine Abteilung an Engelmann interessiert sei und »Gen[osse] Generalleutnant Wolf bereits selbst in dieser Sache Aussprachen in Richtung Ministerium usw. durchgeführt hat«.[261]

Hofé war bei der Stasi übrigens kein Unbekannter. Auf der Frankfurter Buchmesse war er 1963 als Agent des MfS sogar verhaftet worden. Einem Stasi-Bericht zufolge war man 1964 im Bundesamt für Verfassungsschutz zudem der Meinung, dass der Verleger nicht nur Mitarbeiter des MfS, sondern auch des KGB und des BND gewesen sei, was der Staatssicherheit jedoch nicht bekannt wäre.[262] Seine Festnahme sei auf eine Aussage des Chefredakteurs der in München erscheinenden *Deutschen Woche*, Carl August Weber, zurückzuführen, den Hofé zuerst für das MfS angeworben und dann beim BND denunziert habe. Weber habe daraufhin seinerseits Hofé als östlichen Geheimdienstmitarbeiter bezeichnet. Nach einjähriger Untersuchungshaft wurde Hofé in die DDR entlassen, wo er erneut die Leitung des Verlags der Nation übernahm. Weber indes wurde wegen landesverräterischer Beziehungen zu zwei Jahren und sechs Monaten Haft verurteilt. Nach dem Krieg hatte er sich an führender Stelle am Aufbau des von der SED nach Westdeutschland »exportierten« Kulturbunds beteiligt und wurde dessen Vorsitzender in Bayern. 1951 gründete er dann seine als »fortschrittliche Tarnzeitung« konzipierte *Deutsche Woche*, in die die DDR, zeitgenössischen Zeitungsberichten zufolge, insgesamt fünf Millionen Mark investierte.[263] Nach seiner Festnahme sollte Weber dann vom Verfassungsschutz dazu bewogen werden, ein Buch über die kommunistische Tarnarbeit in der Bundesrepublik zu schreiben.[264]

Was Engelmann angeht, so beschränkte sich das Interesse des HVA-Chefs zehn Jahre später offenbar nicht darauf, den DDR-Lesern das Buch eines prominenten westdeutschen Autors zugänglich zu machen. Zur selben Zeit wurde der Publizist von der HVA vielmehr bereits dazu genutzt, Stasi-Material unerkannt im Westen zu publizieren, wie etwa im Fall des bereits erwähnten *Schwarzen Kassenbuchs*. Wie diese publizistische Schützenhilfe im Einzelnen vonstatten ging und welchen Umfang sie hatte, ist unklar. Den Angaben des HVA-Mitarbeiters Bohnsack zufolge hat Engelmann auch für andere Bücher umfangreiches Exklusivmaterial aus der DDR bekommen; mit dem Presseausschuss hätte die HVA-Abteilung X eng zusammengearbeitet. Ein anderer HVA-Mann erklärte, er habe Ende der achtziger Jahre den Auftrag erhalten, bei Engelmann vorzufühlen, ob er zu einem Buchprojekt über die CDU/CSU bereit sei, wenn man ihm dafür ausgewähltes »Hintergrundmaterial« überlasse. Er habe sich damals jedoch nicht als MfS-Abgesandter, sondern als Mitarbeiter des Dokumentationszentrums der DDR vorgestellt. Das Projekt sei aber nicht zustande gekommen.

Die Kooperation mit den Machthabern der DDR bekam eine andere Ebene, als Engelmann 1977 VS-Vorsitzender wurde. Unter seiner Leitung geriet der von Heinrich Böll, Günter Grass und Martin Walser initiierte Schriftstellerverband zunehmend ins Fahrwasser der SED. Während die Literaten in Ostdeutschland durch die Ausbürgerung Wolf Biermanns (1976), die Vertreibung kritischer Autoren wie Reiner Kunze, Sarah Kirsch und Hans-Joachim Schädlich (1977) und den Ausschluss von Stefan Heym, Joachim Seyppel und anderen unbotmäßigen Autoren aus dem DDR-Schriftstellerverband (1979) von der SED systematisch eingeschüchtert wurden, betrieb Engelmann eine insistente Annäherung an die DDR und deren Literaturpolitik.

Im September 1977 notierte die HVA-Abteilung X in einer MfS-internen Information, dass der VS-Vorsitzende die Bitte der Europäischen Verlagsanstalt, sich für den kurz zuvor verhafteten DDR-Dissidenten Rudolf Bahro einzusetzen, zurückgewiesen habe. Auch in seiner Eigenschaft als PEN-Funktionär könne er nichts unternehmen, da sich der Präsident des PEN im Urlaub befände. Diese Information, so heißt es einleitend, sei durch eine »Kontaktperson, die Zugang zu namhaften Schriftstellern der BRD hat«, bekannt geworden – wahrscheinlich Engelmann selbst, dessen Kontakt zum MfS durch die Umschreibung verdeckt werden sollte. In dem Papier kann man nämlich weiter lesen, Engelmann hätte nicht die Absicht, die Schwierigkeiten der DDR noch zu vergrößern. Zudem sei es ihm »ein persönliches Vergnügen« gewesen, den

Verlagsvertreter Tomas Kosta, der die Veröffentlichung von Bahros Buch *Die Alternative* betreut hätte, abblitzen zu lassen. Engelmann halte es auch nicht für ausgeschlossen, dass Sarah Kirsch und weitere Schriftsteller aus der DDR nach »gewissen bitteren Erfahrungen« im Westen »zu mancher Einsicht kommen könnte, die er nach Kräften fördern wolle«. Selbst den Gedanken einer Rückkehr hielte er »bei, wie er sagte, klugem Verhalten seitens der DDR und entsprechender Einflussnahme durch ihn und durch seine Freunde, nicht für unrealistisch«. Auf jeden Fall wolle er der Autorin und einigen anderen seine Aufmerksamkeit widmen, um herauszufinden, »unter welchen Bedingungen die Leute heute in der BRD leben, wer sich an sie heranmacht und mit welchen Absichten«.[265]

Im Zusammenhang mit den Ausschlüssen aus dem DDR-Schriftstellerverband bemühte sich Engelmann 1979, die virulente öffentliche Kritik an der SED zu entschärfen und umzulenken. Nachdem die DDR-Autoren Stefan Heym und Joachim Seyppel im *Neuen Deutschland* als »kaputte Typen« bezeichnet worden waren, sagte er im *heute journal* des ZDF: »Das sind Dinge, die wir in der Bundesrepublik als Schriftsteller leider auch gewöhnt sind.« Gerade diejenigen, die sich am meisten über die Ausschlüsse in der DDR erregten, seien »ja diejenigen, die uns hier am meisten beschimpfen«. Und im Pressedienst der SPD schrieb er, die bundesdeutschen Schriftsteller seien angeekelt »nicht nur von den Auslassungen einiger Opportunisten in der DDR, sondern auch von den Krokodilstränen der bundesdeutschen Kalten Krieger, die sich nun gar nicht lassen können vor angeblicher Trauer über das Vorgehen kommunistischer Funktionäre gegen DDR-Autoren, die, lebten sie in der Bundesrepublik, von denselben Leuten als ›Einflussagenten Ostberlins‹ oder als ›Untergrundkommunisten‹ geschmäht würden«.[266]

Die kommunistischen Funktionäre, die den Ausschluss der Schriftsteller aus dem DDR-Verband betrieben hatten, avancierten in der Folgezeit zu freundschaftlichen Partnern des VS, mit denen Engelmann regelmäßig zusammentraf. Die SED verfolgte dabei insbesondere das Ziel, die westdeutschen Schriftsteller verstärkt für den »Friedenskampf« und die Proteste gegen die Nachrüstung der NATO zu aktivieren. Zu diesem Zweck fanden auf Initiative des Honecker-Vertrauten Stephan Hermlin Anfang der achtziger Jahre mehrere so genannte Berliner Begegnungen zur Friedensförderung statt, an denen Autoren aus Ost und West teilnahmen. Im August 1981 berichtete dann der Sekretär des DDR-Schriftstellerverbandes, Gerhard Henniger, der Stasi über ein Gespräch, bei dem es um einen von Engelmann vorgeschlagenen Schriftsteller-Appell gegen Atomwaffen ging. Über diesen Appell informierte einige Monate später auch Engelmanns Mitstreiter Kurt Hirsch alias »Helm« die Stasi.[267] Henniger und der Verbandsvorsitzende Hermann Kant, der jahrelang als IM »Martin« für den Staatssicherheitsdienst tätig war,[268] hatten bereits im Februar mit Engelmann über das Vorhaben gesprochen. Damals hatte man ihn dazu gebracht, den Appell nicht als deutsch-deutsche Initiative, sondern als Erklärung europäischer Schriftsteller anzulegen. Jetzt, im August, war Henniger ins bayerische Rottach gereist, um den weiteren Fortgang der Kampagne zu besprechen. Er konnte befriedigt feststellen, »dass in dieser Aktion des ›Verbandes deutscher Schriftsteller‹ der BRD keine gesamtdeutschen Tendenzen enthalten sind«. Wie mit der Partei abgestimmt, habe er Engelmann mitgeteilt, dass das Präsidium des DDR-Schriftstellerverbands positiv zu dem Appell stünde und ihn unterstütze. Auf wenig Gegenliebe stieß hingegen Engelmanns Plan, den Appell über die von der DDR mit Mißtrauen betrachtete Fernsehsendung *Kennzeichen D* öffentlich zu machen. Der VS-Vorsitzende disponierte deshalb um und plante nunmehr eine Pressekonferenz. Nicht unterschrieben, so teilte er Henniger noch mit, habe bislang Günter Grass, der sich gegenwärtig »etwas zu weit rechts« bewege. Im übrigen sei er stolz darauf, dass sich der Kreis der Unterzeichner diesmal »nicht, wie sonst üblich, auf linke Schriftsteller« beschränke. Den Einwand Hennigers, dass ein Name wie der von Lew Kopelew die Autorität eines Abrüstungsappells nicht stärken, sondern eher diskreditieren würde, akzeptierte Engelmann nicht. Wörtlich entgegnete er: »Den Kopelew haben wir jetzt in der Hand. Der gibt keine Erklärungen mehr ab, die wir vorher nicht gesehen haben.«[269]

1982 erschien Engelmanns so genanntes *Weißbuch: Frieden*, das sich gegen die Nachrüstung der NATO mit neuen atomaren Mittelstreckenraketen in Westeuropa richtete. Dem ehemaligen MfS-Mitarbeiter Bohnsack zufolge war das Buch von der Desinformationsabteilung angeregt und unterstützt worden; nach der Veröffentlichung habe Erich Mielke die beteiligten Mitarbeiter mit Geldprämien ausgezeichnet. Im selben Jahr kam es zu einer Welle von Austritten aus dem VS, weil insbesondere ehemalige DDR-Autoren die politische Instrumentalisierung des Verbandes durch Engelmann nicht mehr mittragen wollten. Als der VS-Vorsitzende im August 1982 in Ostberlin das Streben nach Wiedervereinigung nicht nur als illusionär, sondern auch als »gefährlich« bezeichnete, trat Reiner Kunze unter Protest aus dem Verband aus. Nicht wenige Menschen in der DDR, begründete er seinen Schritt, sähen in der Wiedervereinigung die einzige Hoffnung, dass, »wenn nicht sie selbst, so doch vielleicht ihre Kinder oder Kindeskinder jene Grundfreiheiten erlangen, die ihnen heute verweigert werden«.[270] Als der VS-Vorstand die Bekanntgabe des Austritts über die Presse als »unkollegial« kritisierte, auf dem Recht der politischen Stellungnahme bestand und den Vorwurf zurückwies, er diskriminiere ehemalige DDR-Autoren, rügte Herbert Achternbusch dessen »Arroganz« und trat ebenfalls aus dem Verband aus. Während der Frankfurter Buchmesse im Oktober kam es zu weiteren Austritten, weil mehrere ehemalige DDR-Schriftsteller Engelmann bezichtigten, die Zustände in der DDR zu beschönigen. Unter anderem verlor der VS im Laufe der nächsten Monate Horst Bieneck, Jürgen Fuchs, Franz Xaver Kroetz und Uwe Johnson als Mitglieder.

An der Linie des Verbandes und seines Vorsitzenden änderte sich jedoch nichts. Trotz heftiger Dispute auf dem 6. Kongress in Mainz wurde Engelmann im März 1983 als Vorsitzender wiedergewählt. Im August desselben Jahres reisten die Emissäre des DDR-Schriftstellerverbandes, Kant und Henniger, erneut nach Bayern, um mit Engelmann fünf Stunden über die weitere Zusammenarbeit zu beraten. Dem anschließend angefertigten Bericht der Stasi-Kulturabteilung (HA XX/7) zufolge, wollte man eine Zwischenbilanz der gemeinsamen

Friedensinitiativen ziehen und neue Maßnahmen beschließen, und es wurde dann auch »Übereinstimmung erzielt, dass neue Initiativen gegen die für Herbst 1983 angekündigte Stationierung von US-Raketen in der BRD notwendig sind«. Die DDR-Vertreter schlugen vor, am 1. September mit einer neuen gemeinsamen Erklärung an die Öffentlichkeit zu treten.[271] Die Vorstände beider deutscher Schriftstellerverbände warfen darin den USA vor, die Gefahr eines Atomkriegs heraufzubeschwören. Wörtlich schrieben Engelmann und Kant: »Es droht die Vernichtung unseres ganzen Kontinents. Wer hier lebt, muss sich jetzt gegen jede weitere Rüstung wenden.« Von den sowjetischen SS 20, der angekündigten Nach-Nachrüstung oder der von der SED verbotenen ostdeutschen Friedensbewegung »Schwerter zu Pflugscharen« war keine Rede. Engelmann und seine DDR-Besucher waren sich intern vielmehr einig, dass »die von bestimmten Kräften praktizierte Methode, als ›Repräsentanten‹ sozialistischer Staaten so genannte Dissidenten einzuladen, für die nicht der Frieden, sondern der Antikommunismus das Wesentliche ist«, abzulehnen sei.

Henniger und Kant beschwerten sich bei dieser Gelegenheit auch über Engelmanns Stellvertreter Jürgen Lodemann, der den IX. Schriftstellerkongress der DDR in einem Schreiben in höchsten Tönen gelobt, in einem Rundfunkkommentar jedoch angeblich das Gegenteil gesagt hatte. Außerdem versuche er, ein deutsch-deutsches Schriftstellertreffen zustande zu bringen, »auf dem einmal nicht über den Frieden gesprochen werden« solle. Engelmann erklärte darauf hin, dass Lodemann für derartige Aktivitäten keinen Auftrag des Vorstands hätte. »Beide Seiten hielten es für notwendig, noch in diesem Jahr eine Zusammenkunft von Leitungsmitgliedern der Schriftstellerverbände europäischer Staaten durchzuführen. Darin soll – ausgehend vom Friedensappell europäischer Schriftsteller vom August 1981 – für Frieden und Abrüstung beraten werden.« Engelmann informierte Kant und Henniger schließlich noch von einer geplanten Aktion während der Frankfurter Buchmesse im Oktober. Parallel zur feierlichen Verleihung des Friedenspreises des Deutschen Buchhandels in der Frankfurter Paulskirche wolle man während der Hauptgeschäftszeit die Messe für fünf Minuten lahm legen, um gegen die Atomraketenstationierung in der Bundesrepublik zu protestieren. Dazu müsse man die Beschallungszentrale der Messe in die Hand bekommen, was jetzt gewährleistet sei. Das Vorhaben war für die SED nicht nur deshalb von Bedeutung, weil es sich gegen die Nato-Nachrüstung richtete, sondern auch, weil der Preis an einen abtrünnigen Kommunisten, den Schriftsteller Manès Sperber, gehen sollte.

Nach der Veröffentlichung ihres gemeinsamen Friedensappells trafen sich Engelmann und Kant am 23. September wieder, diesmal im Rahmen eines »Arbeitsbesuchs« des VS-Vorsitzenden bei seinem Kontaktmann Karl-Georg Egel. Wie die Kulturabteilung der Stasi »inoffiziell« in Erfahrung brachte, übermittelte Engelmann seinem Gesprächspartner Kant die beruhigende Nachricht, dass bisher kein Verbandsmitglied gegen die Erklärung protestiert habe. Kant berichtete seinerseits vom Besuch des stellvertretenden VS-Vorsitzenden Lodemann in der DDR, der erneut seinen ungeliebten Plan einer deutsch-deutschen Schriftstellerveranstaltung ins Gespräch gebracht habe. »Kants Vorschlag, Lodemann einen abschlägigen Bescheid zu geben«, vermerkt der Stasi-Bericht über Engelmanns Reaktion, »finde seine Zustimmung.« Beide Verbandsvorsitzende stimmten auch darin überein, dass sie bei den geplanten Sitzstreiks westdeutscher Schriftsteller vor NATO-Raketenbasen in der Bundesrepublik eine Teilnahme von DDR-Autoren »nicht für zweckmäßig« hielten.[272]

Die Vergabe des Friedenspreises des Deutschen Buchhandels im Oktober 1983 an den in Paris lebenden Sperber wurde von der SED damals heftig bekämpft. Sperber war in jungen Jahren ein glühender Kommunist gewesen, dann aber 1937 im französischen Exil wegen der Gängelung der Intellektuellen durch die stalinistische Parteibürokratie aus der KP ausgetreten. Nach dem Ende des Nationalsozialismus entwickelte er sich zu einem führenden Kritiker der kommunistischen Diktaturen in Osteuropa, womit er in den Augen der SED ein klassischer »Renegat« und »Antikommunist« war. Der stellvertretende Kulturminister der DDR, Klaus Höpcke, verbot deshalb nach Konsultation mit der zuständigen ZK-Abteilung den Mitgliedern der zur Frankfurter Buchmesse entsandten neunundsiebzigköpfigen DDR-Delegation, an der Preisverleihung teilzunehmen. Zugleich nutzte er einer Stasi-Information zufolge das ostblockweite Verlagstreffen im September 1983 in Moskau, »um einen einheitlichen Standpunkt und ein einheitliches Auftreten der sozialistischen Staaten bezüglich der Auszeichnung von Sperber zu garantieren«. Durch die Hauptabteilung XX/7 seien geeignete operative Maßnahmen zur Gewährleistung der Sicherheit der DDR-Delegation und zur Informationsgewinnung zwecks Feststellung, Vorbeugung und Unterbindung feindlicher Angriffe eingeleitet worden.[273]

Die Kampagne gegen Sperber fand auch im Westen publizistische Unterstützer. Er hatte sich den Unmut linksliberaler Kreise zugezogen, weil er auf dem Höhepunkt der Friedensbewegung den Westen aufgefordert hatte, die im Ostblock herrschenden Regime »politisch und vor allem ökonomisch zu isolieren«. In einem Interview im *Börsenblatt* hatte er sich gegen die weitere Stabilisierung der kommunistischen Diktaturen durch den Ost-West-Handel und für eine »Revolution oder einen Umsturz in Russland« ausgesprochen.[274] Inoffiziell, so heißt es in der erwähnten Stasi-Information im Vorfeld der Buchmesse, werde die Ehrung Sperbers »als Ausdruck eines sich weiter eskalierenden Rechtsrucks im BRD-Börsenverein und offene Provokation gegenüber den sozialistischen Staaten und allen fortschrittlichen, humanistischen Kräften in den westlichen Ländern charakterisiert«. Auch der Direktor der Frankfurter Messe- und Ausstellungs-GmbH hätte gegenüber inoffiziellen Quellen zum Ausdruck gebracht, dass die »reaktionären« Kräfte im Stiftungsrat in der Offensive seien und einen »Ausrutscher« wie 1981, als der nicaraguanische Theologe und Politiker Ernesto Cardenal den Preis erhalten hatte, nicht mehr zuließen.[275]

Während der Buchmesse im Oktober 1983 veranstaltete der VS eine Pressekonferenz, auf der es abermals um das Thema Frieden ging. Das Unverständnis über Engelmanns Nähe zum SED-Regime war mittlerweile auch im eigenen Verband so stark geworden, dass Hannes Schwenger vom Westberliner Schriftstellerverband gleich zu Beginn eine Erklärung abgab, in der er sich von Engelmanns letztem Friedensappell distanzierte. Er und viele andere Kollegen vermissten darin die Forderung an die DDR, die Friedensbewegung im eigenen Land nicht länger zu diskriminieren. Am selben Tag, an dem der Appell der beiden Verbände veröffentlicht wurde, habe es in der DDR erneut Verhaftungen von Anhängern der Friedensbewegung gegeben. Schwenger stellte auch den aus der DDR ausgewiesenen Autor Dieter Schulze vor, der sein Unverständnis darüber äußerte, dass Engelmann mit einem politisch so abgestempelten Mann wie Stephan Hermlin überhaupt verhandele. Den internen Bericht der DDR-Nachrichtenagentur ADN über den Eklat schickte die Leiterin der Abteilung Kultur des ZK der SED, Ursula Ragwitz, wenig später »mit besten Grüßen« Hermlin zur Kenntnisnahme zu.[276]

Als Engelmann im Herbst 1983 Sperber auch öffentlich attackierte und auf dem Gewerkschaftstag der IG Druck und Papier wegen seiner »abenteuerlichen« politischen Vorschläge sogar aufforderte, den Friedenspreis zurückzugeben, hatte er den Bogen überzogen. Rund fünfzig westdeutsche Schriftsteller rückten demonstrativ von ihm ab und verlangten seinen Rücktritt. Der Verbandschef, so schrieben sie in einer Erklärung, ordne die Interessen der Schriftsteller einer falsch verstandenen Diplomatie unter. Kollegen, die aus der DDR emigrieren mussten, habe er die Solidarität verweigert und aus dem VS getrieben. Der Kernsatz des Protests, den unter anderem Heinrich Böll, Günter Grass, Sarah Kirsch und Siegfried Lenz unterzeichnet hatten, lautete: »Bernt Engelmann hat von uns kein Mandat, als Vorsitzender des VS Kollegen Zensuren zu erteilen und Denkverbote auszuteilen«.[277]

Obwohl Engelmann die Vorwürfe zurückwies, erklärte der VS-Vorstand angesichts der Tatsache, dass nahezu die gesamte literarische Elite Westdeutschlands auf Distanz gegangen war, wenig später seinen Rücktritt. In einem Interview mit dem Deutschlandfunk bedauerte Stephan Hermlin diesen Schritt.[278] Engelmann selbst war jedoch keineswegs niedergeschlagen, sondern fühlte sich eher gestärkt, wie er im Dezember an den »lieben Hermann Kant« im vertraulichen Duzton schrieb: »Der Schock, den unser Schritt bei unseren Kolleginnen und Kollegen ausgelöst hat, könnte eine heilsame Wirkung haben, und jedenfalls beginnt nun unsere Gegenoffensive. Wie sagte doch mal jemand? Seit heute früh wird zurückgeschossen.«[279] Da der Vorstand bis zu den Neuwahlen am 1. April 1984 die Amtsgeschäfte weiterführte, sah Engelmann auch keinen Anlass, sich eher als nötig seiner öffentlichen Wirkungsmöglichkeiten zu begeben. In dem Brief an Kant hatte er bereits angekündigt, dass er vor dem Frühjahr gewiss noch einmal nach Ostberlin kommen werde und ihn dann gerne sprechen würde. Im März reisten Kant und Henniger dann für vier Tage nach München, wo sie mit Engelmann und Lattmann »über die Lage im VS der BRD und über die Friedensaktivitäten der Verbände« konferierten. Die Gespräche, die Kant und Henniger auch in die Redaktion des *Kürbiskern* und zum DKP-nahen Brückenverlag führten, verfolgten den Zweck, bei dem bevorstehenden VS-Kongress in Saarbrücken die Wahl eines DDR-freundlichen Nachfolgers zu sichern.[280] Kant und Engelmann verfassten zudem einen gemeinsamen Offenen Brief an die annähernd viertausend Unterzeichner ihres ersten Friedensappells, in dem sie den Erfolg ihrer Initiative unterstrichen und weitere Aktionen forderten. »Ins Kalkül derer«, erklärte der eigentlich zurückgetretene VS-Vorsitzende, »die noch immer glauben, den atomaren Holocaust auf Europa begrenzen zu können, gehört auch, den Widerstand gegen weitere Aufrüstung sich abnutzen zu lassen.«[281]

Konkret und *Extra-Dienst*

Auch zu anderen Zeitschriften und Verlagen der linken Szene unterhielt das MfS nachrichtendienstliche Verbindungen. In vielen Fällen verfügte die SED über zusätzliche Beziehungen, die zwar keinen geheimdienstlichen Charakter hatten, aber in der Regel ebenfalls konspirativ gepflegt wurden und insbesondere eine geheime finanzielle Unterstützung einschlossen. Gemeinsames Kennzeichen war, dass die Verbindungen zur DDR in der Regel vor der Öffentlichkeit streng verborgen wurden.

Ein Beispiel dafür ist der Kölner Pahl-Rugenstein Verlag, der »zu den [der] DKP nahestehenden Verlagsunternehmen in der Bundesrepublik« gehörte, wie Erich Honecker 1978 von Albert Norden erfuhr. Im Gegensatz zum offiziellen Parteiverlag, dem Verlag Marxistische Blätter, gebe sich der Pahl-Rugenstein Verlag »bewusst einen linksliberalen antiimperialistischen Anstrich«, weil dies die »Verbreitung fortschrittlicher Ideen« begünstige und dem »Gegner die Verketzerung des Verlages schwerer« mache. Dennoch verwirkliche er sein Verlagsprogramm »in Absprache mit der Führung der Bruderpartei«, also der DKP, und werde von einem Parteimitglied geleitet.[282] Darüber hinaus hatte auch die HVA eine bislang nicht näher bekannte »operative Verbindung« zu dem Verlag.[283] Bei Pahl-Rugenstein kamen zahlreiche Bücher heraus, die auf den ersten Blick nicht unbedingt als SED-gelenkt erschienen, aber im Rahmen der ideologischen Vorfeldarbeit von Bedeutung waren – darunter auch solche, die von Einflussagenten des MfS wie dem Initiator der Gruppierung Generale für den Frieden, Professor Gerhard Kade (IM »Super«), stammten.[284] Eine ähnliche Funktion hatte auch die in dem Verlag erscheinende linksprotestantische Zeitschrift *Neue Stimme*, in der regelmäßig Konfidenten der Staatssicherheit wie Wolfgang Schmitz (»Peter Lothringer«) und Hartmut Bunke (»Veritas«) publizierten.

In einer vom Büro Norden 1968 angefertigten Liste werden insgesamt sechsundzwanzig weitere »befreundete Zeitungen und Zeitschriften« aufgeführt, von denen jede eine eigene Schlüsselnummer besaß. Die Liste reicht von den wöchentlich erscheinenden Blättern *Deutsche Volkszeitung*, *Die Tat* und *Die Andere Zeitung* bis zu Zeitschriften wie den *Marxistischen Blättern*, den *Sozialistischen Heften* und den *Blättern für deutsche und internationale Politik*. Lapidar heißt es am Ende, dass »nach den Vorschlägen von Thomas und Uwe an das Politbüro« die acht genannten Regionalzeitschriften auf fünf reduziert und sieben Publikationen im Laufe des Jahres ganz eingestellt würden – über ihr Schicksal wurde allein in Ostberlin entschieden.[285] Während diese Blätter in erster Linie »politisch« durch die SED angeleitet wurden, gab es andere, auf die das MfS mit nachrichtendienstlichen Methoden einwirkte. Dazu gehörte beispielsweise die in Köln erscheinende Zeitschrift *Geheim*, die sich die »Entlarvung« westdeutscher Geheimdienstpraktiken zum Ziel gesetzt hatte und deren Herausgeber Michael Opperskalski bei der Desinformationsabteilung als IM »Abraham« geführt wurde. *Geheim* veröffentlichte nicht nur zahlreiche Enthüllungsartikel über den Verfassungsschutz, den BND und die CIA (darunter auch solche des MfS-Propagandaautors Julius Mader), sondern auch gegen DDR-kritische Organisationen wie die Internationale Gesellschaft für Menschenrechte gerichtete Artikel.[286] Auch die Herausgeberin der Westberliner Zeitschrift *Incontri*, Evalouise Panzer-Tamponi, publizierte nach Erkenntnissen der Bundesanwaltschaft ab 1983 Beiträge, die von ihrer Führungsstelle in der HVA-Abteilung X verfasst worden waren.[287]

In vielfältiger Weise mit der SED verwoben war darüber hinaus die in Hamburg erscheinende Zeitschrift *Konkret*. Unterlagen aus der ehemaligen DDR belegen, dass die Gründung des linksorientierten Blattes auf einen Beschluss des Zentralrats der FDJ zurückging. Im April 1955 beauftragte die Jugendorganisation der SED den späteren DKP-Vorsitzenden Herbert Mies, in Westdeutschland eine von der FDJ bezuschusste Studentenzeitschrift zu gründen, deren »feste Grundlage« die sowjetische Deutschlandpolitik sein sollte. In dem Beschluss waren Seitenumfang, Preis, Druck und Titel genau vorgegeben worden.[288] Eine ähnliche Gründung war 1951 die ebenfalls in Hamburg erscheinende und von der FDJ finanzierte Tarnzeitung *Blitz* gewesen, die jedoch zwei Jahre später wieder eingestellt worden war, nachdem die wahren Geldgeber bekannt geworden waren. Im Hintergrund hatte damals der Sekretär für Agitation und Propaganda der West-FDJ und spätere Direktor des DDR-Instituts für Ausländisches Recht und Rechtsvergleichung, Wolfgang Seiffert, agiert, der 1953 verhaftet und zu vier Jahren Haft verurteilt wurde. Nachdem er 1956 aus der Haft ausgebrochen war, flüchtete er in die DDR, wo er Stasi-Unterlagen zufolge seit 1972 inoffiziell mit der HVA zusammenarbeitete. Später geriet er jedoch in den Verdacht, ein Doppelagent zu sein, und reiste 1978 nach seinem Ausschluss aus der SED in die Bundesrepublik aus, wo er ein radikaler Kritiker der DDR wurde.[289] Von der FDJ finanziert worden sein soll in den fünfziger Jahren auch die rechtsorientierte Hamburger Wochenzeitung *Deutscher Beobachter*, die aber nur kurze Zeit erschien.[290]

Am 8. Mai 1955, zehn Jahre nach Kriegsende, erschien die erste Ausgabe von *Konkret*, damals noch unter dem Namen *Studentenkurier*, denn erst im Oktober 1957 benannte sie sich in *Konkret* um. Im Umfeld der Zeitschrift entstand ein Netz aus jungen, von der FDJ instruierten Kadern, die als so genannte *Konkret*-Fraktion den Studentenverband der SPD, den Sozialistischen Deutschen Studentenbund (SDS), systematisch unterwanderte. Wie das zu geschehen hatte, legte das Politbüro der SED beispielsweise im Oktober 1962 in einem Maßnahmeplan fest, in dem es hieß: »1. Allen Genossen, die an Universitäten studieren, wird empfohlen, entsprechend der Orientierung im SDS tätig zu sein. 2. Den Zeitschriften *Konkret* und *Pläne* wird empfohlen, einen Artikel über die Delegiertenkonferenz des SDS zu veröffentlichen. 3. Zum neuen Vorsitzenden des SDS wird eine ständige Verbindung aufrechterhalten. 4. Der SDS-Gruppe in München wird empfohlen, das Studienthema über die Konzentration der wirtschaftlichen Macht in der Bundesrepublik zu übernehmen, das entsprechende Material zusammenzutragen, in geeigneter Form zu veröffentlichen und den Bildungsgemeinschaften zur Diskussion zur Verfügung zu stellen.« Es folgen noch zehn weitere Punkte mit genauen Anweisungen für die SDS-Gruppen in Frankfurt, München, Hamburg und anderen Städten.[291]

Nachdem der langjährige Chefredakteur der *Konkret*, Klaus Rainer Röhl, Anfang der siebziger Jahre aus der Redaktion verdrängt worden war, machte er 1974 die Beziehungen zur DDR öffentlich bekannt. In seinem Buch *Fünf Finger sind keine Faust* berichtete er, dass die Gelder für den Druck »direkt aus der DDR kamen« und die *Konkret*-Gruppe durch »Instrukteure« der illegalen KPD angeleitet worden sei. Ab 1956 sei es zu »immer häufigeren Besuchen« in Ostberlin gekommen, bei denen er mit kommunistischen Parteifunktionären in einer konspirativen Wohnung die »praktische Zusammenarbeit« besprochen habe. Auch die damalige Sprecherin des Anti-Atomausschusses in Münster, Ulrike Meinhof, die später Röhls Ehefrau wurde und sich schließlich der Rote-Armee-Fraktion (RAF) anschloss, sei von ihm 1958 für die verbotene KPD geworben worden und von da an regelmäßig mit nach

Ostberlin gereist. 1964 sei es jedoch zum Bruch mit der SED gekommen, woraufhin alle Geldquellen versiegt seien.[292]

Diese Angaben werden durch einen Bericht der für die Absicherung kommunistischer Kontakte in der Bundesrepublik zuständigen Stasi-Hauptabteilung II/19 bestätigt. Darin heißt es, »Röhl und das Studentenmagazin *Konkret* wurden von der KPD unterstützt«. Röhl sei 1956 Mitglied der illegalen KPD geworden, im Dezember 1964 jedoch wegen »parteifeindlichen Verhaltens« ausgeschlossen worden. Seit 1962 sei bei ihm eine »Rechtsentwicklung« eingetreten. In *Konkret* seien Artikel veröffentlicht worden, »die nicht mit der Linie der KPD zu vereinbaren waren«. Unter Röhls Leitung habe sich das Blatt immer mehr zu einer »politisch-pornographischen Zeitschrift« entwickelt. Sein 1974 erschienenes Buch sei ein »Machwerk, das voll von antikommunistischer Hetze« sei.[293] Auch in einem Bericht aus dem SED-Parteiapparat über eine Unterredung mit den *Konkret*-Redakteuren im März 1963 ist von »großen Unklarheiten in ideologischen Fragen« die Rede, die sich unter anderem in der Auffassung geäußert hätten, dass die DDR »nicht so verherrlicht« werden dürfe. Röhl soll damals gesagt haben: »Wir kommen schon einige Jahre hierher nach Berlin, wir haben uns immer darauf gefreut, aber seit einem Jahr wird nur noch kritisch mit uns gesprochen, ist man mit uns nicht mehr zufrieden.«[294]

Die Verbindungen zur DDR rissen nach Röhls Parteiausschluss jedoch nicht völlig ab. Eine wichtige Rolle spielte die Zeitschrift beispielsweise in der SED-Kampagne gegen Heinrich Lübke. 1966 veröffentlichte der Vizepräsident des westdeutschen PEN, Robert Neumann, in *Konkret* zwei Artikel mit Belastungsdokumenten gegen Lübke, die, wie er es ausdrückte, »in meine Hände gekommen sind«. Unter einem sich über zwei Seiten erstreckenden Faksimile hieß es im Oktober: »Robert Neumann veröffentlicht hier ein Dokument über die Vergangenheit des Bundespräsidenten, das noch niemand gesehen hat.« Daneben stand in fetten Lettern: »Was sagen Sie nun, Herr Lübke?« Die führenden westdeutschen Publizisten und Verleger wurden aufgefordert, »sich selbst mit Hilfe von Fachleuten ein Urteil über die Echtheit der in Ostberlin zur Inspektion bereitliegenden Dokumente [zu] bilden«. Das veröffentlichte Dokument war freilich ziemlich unspektakulär. Es handelte sich um einen Gerichtsbeschluss aus dem Jahr 1935, durch den ein Verfahren gegen Lübke wegen »Urkundenbeseitigung« mangels Beweisen eingestellt und lediglich eine »grobe Unredlichkeit« festgestellt wurde.[295]

In dieser Zeit verhandelten Röhl und seine Ehefrau wiederholt mit dem ostdeutschen Rechtsanwalt Friedrich Karl Kaul, der im Auftrag von MfS und SED die Kampagne in den Westen tragen sollte. Bei Besprechungen in Hamburg »bezüglich der Aktion Lübke« riet Röhl beispielsweise, dass das DDR-Fernsehen den Aufruf Neumanns aufgreifen solle. Zufrieden stellte Kaul bei seiner Rückkehr fest, dass aus Neumanns Text »überaus geschickt keinerlei Sympathie für uns« deutlich würde.[296] Zwei Monate später fragte Ulrike Meinhof bei einem weiteren Treffen mit SED-Funktionären in Ostberlin, »ob wir nicht neues Material nachschieben könnten, das von *Konkret* veröffentlicht würde, wodurch eine neue Aktion gestartet würde«.[297] Kaul war es auch, der Röhl 1969 in einem Prozess wegen »staatsgefährdender Zersetzung« in Hamburg verteidigte, nachdem sein Blatt Ratschläge zur Umgehung der Wehrpflicht veröffentlicht hatte.[298]

Die Stasi bemühte sich zudem darum, einzelne *Konkret*-Redakteure für eine nachrichtendienstliche Arbeit zu gewinnen. Einem »Auskunftsbericht« der Desinformationsabteilung zufolge wurde beispielsweise der Schriftsteller und *Konkret*-Autor Günter Wallraff 1968 unter dem Decknamen »Wagner« für eine »Zusammenarbeit mit dem Nachrichtendienst der DDR« geworben. Im Auftrag der Abteilung sei er damals zu einem früheren »Agenten« der Widerstandsorganisation Kampfgruppe gegen Unmenschlichkeit (KgU) nach Schweden gereist. Auf der Grundlage des »erarbeiteten Materials« sei anschließend »eine Veröffentlichung« in der Zeitschrift *Konkret* erfolgt, die »vorher mit dem MfS abgestimmt war«. Wallraff selbst bestritt dies 1998 und fügte dem Stasi-Bericht eine Gegendarstellung bei. Tatsächlich sind 1969 in *Konkret* zwei Artikel über die KgU erschienen, jedoch unter einem anderen Namen. In einem zwei Jahre später erschienenen Buch von Karl Heinz Roth bedankte sich dieser ausdrücklich bei Wallraff »für die Überlassung von Unterlagen, Dokumenten und Ausarbeitungen« über die KgU; ganze Absätze der beiden *Konkret*-Artikel stimmen wörtlich mit den von Roth veröffentlichten Dokumenten überein.[299]

Von 1973 bis zum Zusammenbruch der DDR war zudem der einstige *Konkret*-Mitarbeiter Bernd Michels (»Bernhard«) für die Desinformationsabteilung tätig. Michels hatte 1969 als Volontär bei der Zeitschrift angefangen und arbeitete dort bis 1972 als Redakteur. Als Röhl ausscheiden musste und die Zeitschrift *das da* gründete, folgte ihm Michels. Später arbeitete er als Redakteur der *Hamburger Morgenpost*. 1976 wurde er Pressesprecher der schleswig-holsteinischen SPD und in dieser Eigenschaft zugleich Chefredakteur der Landesparteizeitung. 1985 wechselte er zum NDR. Noch in seiner Zeit bei *Konkret* war er ins Blickfeld der Stasi geraten. Mitarbeiter der Desinformationsabteilung suchten damals das Gespräch mit ihm und boten ihm Unterstützung bei journalistischen Recherchen an. 1973 wurde der Redaktionsleiter der Leipziger CDU-Zeitung *Die Union*, Klaus-Peter Bigalke, als Instrukteur eingeschaltet und Michels als IM registriert. Dass er mit dem MfS kooperierte, wurde ihm nur indirekt zu verstehen gegeben. Gleichwohl schwoll die Akte mit den von ihm gelieferten Berichten und Unterlagen rasch an und umfasste schließlich sechs Bände mit durchschnittlich dreihundert Blatt. Wegen seiner guten Kontakte zu führenden SPD-Politikern wie Jochen Steffen, Günther Jansen, Björn Engholm, Klaus Matthiesen und Heidemarie Wieczorek-Zeul galt Michels beim MfS als »Spitzenagent«. Umgekehrt stattete es ihn mit vorgefertigten Argumentationen aus, die er SPD-Politikern nahe bringen sollte. Auch zur Verbreitung von Desinformationspapieren – beispielsweise zur Kießling-Affäre – versuchte man ihn anzuhalten. Anfang der achtziger Jahre wurde er mit einem Kurzwellengerät, Codierungsunterlagen und einem Versteck für die Aufbewahrung ausgestattet. Die monatlichen Zuwendungen, die er vom MfS erhielt, erhöhten sich im Laufe der Zeit von 250 DM auf zuletzt 1200 DM. 1980 musste allerdings sein Führungsoffizier, Peter Eberlein, ausgewechselt werden, da dieser wegen Unterschlagung von 40 000 DM aus dem MfS entlassen und zu fünfeinhalb Jahren Haft verurteilt worden war. Nach der Wende sollte Michels vom KGB übernommen werden, doch fand er sich nicht bereit dazu. 1996 wurde er wegen Spionage zu achtzehn Monaten Haft auf Bewährung verurteilt.[300]

Ein Ermittlungsverfahren wegen nachrichtendienstlicher Agententätigkeit leitete die Bundesanwaltschaft 1993 auch gegen den Nachfolger Röhls als Chefredakteur, Hermann L. Gremliza, ein. Der Generalbundesanwalt verdächtigte ihn, unter dem Decknamen »Spieler« von 1979 bis zur Auflösung des MfS nachrichtendienstlich gegen die Bundesrepublik Deutschland tätig gewesen zu sein;[301] das Verfahren wurde 1996 ergebnislos eingestellt. Unter der in den Rosenholz-Unterlagen verzeichneten Registriernummer Gremlizas sind in der Datenbank der HVA insgesamt vierzehn Berichte einer als »zuverlässig« charakterisierten Quelle aus der Zeit zwischen 1976 und 1981 registriert. Unterlagen des MfS belegen darüber hinaus, dass es bereits im März 1968 einen Versuch der »Kontaktaufnahme« unternahm, dieser aber ein gutes Jahr später wieder abgebrochen wurde.[302] Ansonsten liegen Gremlizas Beziehungen in die DDR aufgrund der Aktenvernichtung im Dunklen. Fest steht lediglich, dass er deren Ende nur schwer verwinden konnte: Als die SPD-Bundestagsfraktion im November 1989 bei der Nachricht vom Mauerfall gemeinsam mit den Abgeordneten der Regierungskoalition die Nationalhymne anstimmte, erklärte er seinen Austritt aus der Partei.[303]

In den sechziger Jahren hatte Gremliza, wie erwähnt, zu den Mitbegründern der linken Wochenzeitung *Heute* gehört, ein Zeitungsprojekt der Westberliner Studentenbewegung, das vom Staatssicherheitsdienst stark unterwandert war. Nach dem vorzeitigen Ende des Unternehmens hatte dessen Initiator, Walter Barthel, dann das kurzlebige *Extrablatt* und anschließend den *Berliner Extra-Dienst* ins Leben gerufen. Aus diesem ging im Februar 1979 die überregionale Tageszeitung *Die Neue* hervor, die sich jedoch gegenüber der linksalternativen *tageszeitung* nicht lange behaupten konnte.[304]

Am *Berliner Extra-Dienst* war die Stasi über verschiedene Kanäle beteiligt: Für die schwerpunktmäßig in Westberlin operierende Hauptabteilung XX/5 war Dietrich Staritz (»Erich«) der entscheidende Kontaktmann, für die Desinformationsabteilung Carl Guggomos (»Gustav«), für die SED Walter Barthel (»Kurt«). Mitarbeiter der Desinformationsabteilung enthüllten nach der Wende, dass der mittlerweile verstorbene Guggomos noch als Redakteur des *Vorwärts* zu »vertraulichen Beratungen« in die DDR eingeladen worden war, wo ihm für das Projekt einer linken Zeitung in Westberlin finanzielle und journalistische Unterstützung angeboten worden sei.[305] Tatsächlich wurde »Gustav« exakt 1967 als IM-Vorgang registriert.[306] Im selben Jahr findet sich in einer Stasi-Akte der Vermerk: »Beratung über evtl. Unterstützung des *Extra-Dienstes*«, nachdem Staritz seinen Führungsoffizier darauf hingewiesen hatte, dass es »politisch wertvoll« wäre, »wenn das Erscheinen des *Extra-Dienstes* weiterhin gesichert würde«.[307] Guggomos, so die Ex-Stasi-Mitarbeiter weiter, habe »jede Hilfe« erfahren, »ohne dass der Geheimdienst sichtbar in Erscheinung getreten wäre«. Sein Blatt sei vom MfS »massiv gefördert« worden und hätte »ohne unsere redaktionellen Beiträge und ohne unser Geld gar nicht leben können«.[308]

Obwohl die Akten der Desinformationsabteilung vernichtet worden sind, finden sich in dem übrig gebliebenen Material deutliche Spuren der damaligen Einflussnahme. Belegt ist beispielweise die Beteiligung des MfS an einer Ende 1967 erschienene Ausgabe des *Extrablatts*, die sich gegen den Springer Verlag richtete und unter anderem einen auf Stasi-Material beruhenden ganzseitigen Artikel über angebliche »Nazis bei Axel Springer« enthielt.[309] Und in einem von Markus Wolf abgesegneten Plan zur Störung der Bundespräsidentenwahl im März 1969 wurde festgelegt, den *Berliner Extra-Dienst* für eine »Kampagne von Meldungen und Artikeln gegen die Bundesversammlung und die Politik des Schütz-Senats und die Folgen für Westberlin« zu nutzen. Sogar die »Herausgabe einer Sonderausgabe« des Blattes beschloss die Stasi – wenig später wurde sie in Westberlin in hoher Auflage verteilt.[310]

Feindbekämpfung:
Maßnahmen gegen DDR-kritische Medien

Der Mauerbau lag nur wenige Tage zurück, als der Westberliner Journalist und Fotograf Hans-Joachim Helwig-Wilson am 28. August 1961 durch ein Telegramm nach Ostberlin gebeten wurde. Plötzlich hielt neben ihm ein Wagen, nahm ihn auf und brachte ihn ins Stasi-Untersuchungsgefängnis. Nach monatelangen, vorwiegend nächtlichen Verhören, strenger Isolation und mehrfachem Dunkelarrest wurde er vom Bezirksgericht in Frankfurt/Oder wegen angeblicher Spionage und schwerer Hetze zu dreizehn Jahren Zuchthaus verurteilt. 1965 kehrte der körperlich schwer Geschädigte im Zuge eines Häftlingsfreikaufs endlich in die Bundesrepublik zurück. Die Urteilsbegründung bekam er erst dreißig Jahre später zu Gesicht – in den Unterlagen der Gauck-Behörde.[1]

Als Helwig-Wilson verhaftet wurde, war er dreißig Jahre alt und Vater zweier kleiner Kinder. Der Journalist fuhr damals regelmäßig in die DDR, um Fotos zu schießen und für Artikel zu recherchieren. Einer seiner spektakulären Schnappschüsse zeigte eine Wohnungstür in Leipzig, hinter der die erste Frau des SED-Chefs Walter Ulbricht wohnte.[2] Helwig-Wilson galt als »progressiv« und war bei den Presseabteilungen der wichtigsten DDR-Institutionen registriert. Hans Modrow, der letzte SED-Ministerpräsident, der damals Chef der Berliner FDJ-Bezirksleitung war, sagte ihm für eine Bilderserie über die DDR-Jugend seine Unterstützung zu. Als freiberuflicher Bildberichterstatter arbeitete Helwig-Wilson für die Londoner Agentur Popper, den *Tagesspiegel*, die *Berliner Morgenpost*, die *Bild*-Zeitung und eine Reihe weiterer Zeitungen. Zudem lieferte er Fotos für das Bildarchiv des Bundeshauses in Berlin und das Büro Bonner Berichte, die beide zum Gesamtdeutschen Ministerium gehörten und ihre Bilder anderen Medien kostenlos zum Abdruck zur Verfügung stellten. Viele seiner Fotos erschienen im vom Ministerium für Gesamtdeutsche Fragen herausgegebenen *Sowjetzonen-Pressespiegel*. Eine Zeitlang war er auch für den Heinrich-Bär-Verlag tätig, in dem die Satirezeitschrift *Tarantel* erschien, die die SED-Herrschaft mit bissigem Humor auf die Schippe nahm und damals kostenlos an DDR-Bürger abgegeben wurde.

1959 machte er die Bekanntschaft von Michael »Pit« Gromnica, einem jungen sozialdemokratischen Journalisten, der früher einmal Landessekretär des Sozialistischen Deutschen Studentenbundes gewesen war und jetzt konspirativ für den Verfassungsschutz, den BND und das Ostbüro der SPD arbeitete. Dieser brachte ihn im August 1960 mit dem abgesprungenen FDJ-Funktionär Heinz Lippmann zusammen, der im Westen die Zeitschrift *Der dritte Weg* herausgab. Lippmann vereinbarte mit Helwig-Wilson, dass dieser fortan – gegen Honorar – Gromnica über die Ergebnisse seiner DDR-Besuche informieren sollte; dieser würde daraus für Lippmann Berichte fertigen. Was Helwig-Wilson nicht wusste, war, dass das Blatt vom Bundesamt für Verfassungsschutz finanziert wurde und Lippmann dafür bezahlt wurde, für das Kölner Amt Informationen über die Lage in der DDR zu beschaffen. Erst recht war Helwig-Wilson nicht bekannt, dass Gromnica ihn als Informant des Verfassungsschutzes einstufte und ihm intern den Decknamen »Linse« gab.

Zum Verhängnis wurde dem Journalisten, dass Gromnica seine politischen und nachrichtendienstlichen Aktivitäten in Westberlin im Auftrag des MfS unternahm. Noch als Student hatte er sich im April 1957 handschriftlich zur Zusammenarbeit verpflichtet und schon zum Anwerbetreff Material mitgebracht, durch das es, wie die Stasi zufrieden vermerkte, möglich war, »bestimmte Personen [aus der DDR], die mit dem SDS in Verbindung stehen, festzustellen«.[3] Seitdem lieferte er dem Staatssicherheitsdienst unter den Decknamen »Michael«, »Günter Milau« und »Heinz Karow« regelmäßig Berichte und Unterlagen aus der linken Szene in Westberlin. Bald ließ er sich auf Geheiß der Stasi auch vom Verfassungsschutz anwerben – und schickte seine Berichte für das Amt (gegen ein zweites Honorar) im Durchschlag nach Ostberlin. Als seine Ost-Verbindungen im Westen Verdacht erregten, wurde er zusammen mit seiner Frau Erica (GM »Hannelore«) im August 1961 in die DDR zurückgezogen. In langen Schriftsätzen für die Stasi stilisierte er Helwig-Wilson nunmehr zu einem skrupellosen Mitarbeiter von Westberliner »Spionagezentralen«.[4] Am 23. November trat er dann auf einer propagandistischen Pressekonferenz als Kronzeuge gegen die SPD-Führung und das Ostbüro als angebliche westliche »Diversionszentralen« auf.[5] Auch danach leistete er hauptamtlich für das MfS »operative und agitatorische Arbeit zur Entlarvung von Agentenorganisationen«[6] und blieb der Stasi bis 1989 als IM verbunden, insbesondere bei der ostdeutschen Nachrichtenagentur ADN, wo er später arbeitete. Noch 1974 berichtete er von Fluchtvorbereitungen einer Friseuse, die infolgedessen inhaftiert wurde.[7] Trotz mehrfacher Aufforderung durch Helwig-Wilson sah die Berliner Staatsanwaltschaft nach der Wende keine Veranlassung, gegen Gromnica oder den Vernehmer Gunter Liebewirth ein Strafverfahren wegen Freiheitsberaubung einzuleiten – schließlich habe er im DDR-Gefängnis ja ein Geständnis abgelegt. »Es kann dahinstehen«, so die Staatsanwaltschaft im Dezember 1996 in ihrer Antwort, »ob etwaige Informationen des Beschuldigten (mit-)ursächlich waren für die Verurteilung.«[8] Wie das »Geständnis« zustande gekommen war, blieb unberücksichtigt.

Helwig-Wilson war nicht der einzige westdeutsche Journalist, den die Staatssicherheit im Gefängnis verschwinden ließ. Bis in die frühen sechziger Jahre kam es immer wieder vor, dass kritische Berichterstatter nach Ostberlin gelockt wurden, um sie dort als Spione anzuklagen. Ließen sie sich nicht darauf ein, scheute man auch nicht davor zurück, sie gewaltsam zu entführen, wie den ehemaligen SED-Funktionär Heinz Brandt, der 1961 in die DDR verschleppt wurde.[9] Manchmal war es nur einem Zufall zu verdanken, dass die fertig ausgearbeiteten Entführungspläne, zum Beispiel gegen die SED-kritischen Publizisten Wolfgang Leonhard und Carola Stern, nicht umgesetzt werden konnten.[10] Oftmals handelte es sich um junge, idealistische Leute, die die DDR verlassen hatten und nun mit der Schreibmaschine oder dem Fotoapparat über den wahren Charakter der kommunistischen Diktatur aufklären wollten. Einer von ihnen war Karl Wilhelm Fricke, der von Westberlin aus unter anderem für den *Rheinischen Merkur*, das *SBZ-Archiv* und die Zeitschrift *Aktion* des von Margarete Buber-Neumann initiierten Befreiungskomitees für die Opfer totalitärer Willkür schrieb. Im April 1955 wurde er von Kurt Rittwagen, einem Bekannten, der unter dem Decknamen »Fritz« verdeckt für die Stasi tätig war, zu einem Glas Cognac eingeladen, das ein Betäubungsmittel enthielt. Anschließend wurde er von einer »Operativgruppe« des MfS ins Untersuchungsgefängnis Hohenschönhausen nach Ostberlin gebracht und nach endlosen Vernehmungen zu vier Jahren Zuchthaus verurteilt.[11]

Nach dem Mauerbau, als die SED um die internationale Anerkennung ihres Regimes buhlte, kamen Vorgehensweisen wie diese nur noch in Ausnahmefällen zur Anwendung. Gleichwohl galten DDR-kritische Journalisten nach wie vor als gefährliche »Feindpersonen«, die auch im Westen bespitzelt, durch Einreiseverbote ausgesperrt und oftmals durch spezielle »Zersetzungsmaßnahmen« bekämpft wurden. Bei letzteren handelte es sich zumeist um sorgfältig geplante Diskreditierungsaktionen, die den Ruf der Betroffenen in ihrer Umgebung und in der Öffentlichkeit untergraben sollten, um ihre Berichterstattung auf unsichtbare Weise unwirksam zu machen. Der Feindbegriff der Stasi war dabei ausgesprochen breit, denn auch liberale oder linke Journalisten erschienen ihr häufig als raffiniert getarnte »Diversanten«.

Zu den besonders verhassten West-Journalisten zählte der langjährige Moderator des *ZDF-Magazins*, Gerhard Löwenthal.[12] Noch 1991 beantwortete der frühere Spionagechef der DDR, Markus Wolf, der nach dem Krieg mit Löwenthal gemeinsam für den sowjetisch kontrollierten Berliner Rundfunk gearbeitet hatte, die Frage »Welchen Deutschen hassen Sie?« mit den Worten: »Den Löwenthal vom ZDF. Der einzige Mensch, bei dem ich nicht ruhig bleiben kann.«[13] In den Archiven der Stasi haben dennoch nur wenige Unterlagen über ihn überlebt. Wahrscheinlich hielt man es in der Wendezeit nicht für opportun, die Belege für die Diskreditierungsmaßnahmen gegen den prominenten SED-Gegner dem »Klassenfeind« zu überantworten. Nur ein umfangreicher Zentraler Operativvorgang (ZOV »Kontra«) gegen den von Löwenthal und dem Journalisten Claus-Peter Clausen gegründeten Verein »Hilferufe von drüben« (Hvd) ist erhalten geblieben. Zu Löwenthal finden sich darin jedoch so gut wie keine Unterlagen – wohl aber neun säuberlich nummerierte Aktenordner, die nur noch aus leeren Aktendeckeln bestehen.[14]

Die Zielrichtung der Stasi-Aktivitäten geht jedoch aus einer vierzigseitigen »Bearbeitungskonzeption« von 1980 für das Vorgehen gegen den in Lippstadt ansässigen Verein hervor. Danach wollte das MfS die Menschenrechtsorganisation nicht nur umfassend ausforschen, sondern auch die »Verunsicherung und Diskriminierung leitender Mitarbeiter« sowie die »Zersetzung und Zerschlagung der Feindorganisation« erreichen. »Entlarvung und Verunsicherung der Feindorganisation«, heißt es weiter, könnten unter anderem durch »Veröffentlichungen in den Kommunikationsmitteln der DDR sowie durch Lancierung von Artikeln in den Massenmedien der BRD« erfolgen. Zu Löwenthal wurde konkret festgelegt, dass in Zusammenarbeit mit der HVA-Abteilung X »operative Maßnahmen« in der Bundesrepublik eingeleitet werden sollten, »die seinen Wirkungskreis einschränken«, sodass »er seinen inspirierenden Einfluss auf die Feindorganisation verliert«. Dazu sollten »Materialien« über angebliche Verbindungen zu westlichen Nachrichtendiensten, »persönliche Gegner im eigenen Lager (ZDF, *Stern*-Redaktion)« sowie »Personen, die gegen eine Veröffentlichung von Löwenthal Protest erheben«, aufbereitet werden.[15]

Wie diese Pläne in die Tat umgesetzt wurden, geht aus den Akten nur punktuell hervor. Von der *Stern*-Behauptung, Löwenthal sei ein »gern gesehener Gast« des BND-Präsidenten, war bereits die Rede. Dokumentiert ist zudem ein Vorhaben der Stasi vom April 1983, in der DDR-Wochenzeitung *Horizont* einen Artikel zu veröffentlichen, der die »subversiven Methoden der so genannten Menschenrechtsorganisation, insbesondere die Rolle Löwenthals als Ehrenpräsident der Feindorganisation«, entlarven sollte. Selbst die Überschrift »Vom ›gemeinnützigen‹ Wirken eines ›Ehrenpräsidenten‹« wurde von der Stasi vorgegeben.[16] In der »Bearbeitungskonzeption« vom April 1987 wird noch einmal bekräftigt, dass gegen die Organisation »spezifische offensive politisch-operative Maßnahmen« durchgeführt würden. Diese seien »auf die Desorientierung, Verunsicherung, Diskreditierung und Zersetzung des Vorstandes und die Lähmung aktiver Helfer, auf die Zurückdrängung der subversiven Angriffe gegen die DDR sowie auf die Veranlassung staatlicher Stellen und anderer Kräfte im Operationsgebiet [Bundesrepublik] zur Einflussnahme auf die Führungskräfte und Helfer von Hvd zur Einstellung ihrer gegen die DDR gerichteten Aktivitäten auszurichten«.[17] Die Maßnahmen würden zusammen mit der HVA im Rahmen der 1982 begonnenen Aktion »Natter« durchgeführt – einem Sammelvorgang mit zahlreichen »aktiven Maßnahmen«, die sich auch gegen die Internationale Gesellschaft für Menschenrechte (IGFM) in Frankfurt am Main richteten.[18]

Ein Feind von rechts: der Springer Verlag

Geradezu als Inkarnation des Klassenfeinds galt der Verleger Axel Springer. In seinen Zeitungen hatte er die DDR, seit die drei Buchstaben in ihnen überhaupt genannt wurden, prinzipiell in Anführungsstriche setzen lassen. Von den einen verachtet, von den anderen belächelt, wollte er auf diese Weise zum Ausdruck bringen, dass er das Regime der SED keineswegs für einen normalen Staat im Herzen Europas hielt – weder für deutsch noch für demokratisch noch für eine Republik, wie er unter Berufung auf Willy Brandt zu sagen pflegte.

Kaum ein anderer deutscher Unternehmer zog so viel Feindschaft auf sich wie Springer. Für manche ist der 1985 verstorbene Verleger noch heute der Inbegriff des reaktionären Kapitalisten. Erst mit dem Ende der DDR verstummte die massive Kritik am Springer-Konzern, als seien mit dieser auch ihre Gegner untergegangen. Es lohnt sich, den Auseinandersetzungen um Springer und seinen Konzern, die für die alte Bundesrepublik wie ein Katalysator wirkten, im Spiegel der Stasi-Akten noch einmal nachzugehen.

Eigentlich war Springer vor allem ein ökonomischer Shootingstar. 1912 als Sohn eines Vorstadtverlegers in Altona geboren, gründete er nach dem Zweiten Weltkrieg eine Reihe von Zeitungen und Zeitschriften, die binnen kurzem durchschlagenden Erfolg hatten: die Rundfunkprogramm-Zeitschrift *Hörzu* (1946), das *Hamburger Abendblatt* (1948), die Boulevardzeitung *Bild* (1952) – sie alle wurden in ihrem Genre zum Branchenführer. Gestützt auf den wirtschaftlichen Erfolg seiner Blätter ließ er Druckereien bauen, kaufte Zeitungen und Verlage auf, erwarb unter anderem die renommierte Hamburger *Welt* (1953) und den traditionsreichen Berliner Ullstein Verlag mit den Zeitungen *Morgenpost* und *B. Z.* (1959). Heutzutage wäre Springer wahrscheinlich als deutscher Bill Gates gefeiert worden.

Selbst seine Gegner bescheinigten ihm eine genialische verlegerische Begabung, die es ihm ermöglichte, fast aus dem Nichts ein unternehmerisches Großreich zu schaffen. Sein Gespür für neue journalistische Entwicklungen, sein dandyhafter Charme und seine ungewöhnliche Gabe, Menschen für sich zu gewinnen, waren dabei die wesentlichen Faktoren.[19] Trotz seines bürgerlichen, intellektuellen Habitus verstand er es, gesellschaftliche Stimmungslagen schneller als andere zu erkennen und aufzunehmen – eine Fähigkeit, die den Kern seines wirtschaftlichen Erfolges bildete.

Doch Springer war mehr als ein erfolgreicher Unternehmer. Er war auch ein politischer Visionär, der sich in starkem Maße von seinen Überzeugungen leiten ließ. Geschäft und Gefühl gingen bei ihm eine geradezu symbiotische Verbindung ein. Im Mittelpunkt stand ein Kanon politischer Grundprinzipien, für deren Verwirklichung er die ganze Macht seines Verlagsimperiums einzusetzen bereit war. Seit 1967 wurden die Journalisten seines Hauses auf folgende vier Grundsätze verpflichtet: »1. Eintreten für die friedliche Wiederherstellung der deutschen Einheit in Freiheit; 2. Aussöhnung zwischen Deutschen und Juden; hierzu gehört auch die Unterstützung der Lebensrechte des israelischen Volkes; 3. Ablehnung jeder Art von Totalitarismus; 4. Verteidigung der freien sozialen Marktwirtschaft.«[20]

Springers Treue zu seinen politischen Prinzipien, seine Vorliebe für das Denken in großen historischen Zusammenhängen machten ihn unempfindlicher als andere gegenüber den Versuchungen des Zeitgeists. Während er sonst sein Ohr so nah am Volk hatte, handelte er in manchen Fragen, als erläge er seinen eigenen Visionen. Geschäftliche Überlegungen spielten dann kaum noch eine Rolle. In besonderer Weise galt dies für sein hochemotionales Verhältnis zu Deutschland und Berlin. Schon in jungen Jahren hatte er von seinem geistigen Mentor Hans Zehrer, dem legendären Zeitungsmann der Weimarer Republik, die Bewunderung für Berlin übernommen. 1967 verlegte er dann den Hauptsitz seines Verlagsimperiums in die ehemalige Reichshauptstadt. Auf die Frage, warum das Verlagshochhaus ausgerechnet direkt an der Berliner Sektorengrenze stehen sollte, antwortete er bei der Grundsteinlegung im Mai 1959 ebenso lapidar wie prophetisch: »Wir glauben, ... mit den Augen der Zukunft gesehen, dass dieser Platz in einem einheitlichen Berlin der verkehrsgünstigste ist.«[21]

Springers Hang zu symbolischen Gesten oder, wie man heute sagen würde, seine Fähigkeit zur Inszenierung des Politischen zeigte sich auch anderswo. So startete er im Januar 1959 in Hamburg – lange vor US-Präsident Ronald Reagan – die Kampagne »Macht das Tor auf« und forderte alle Deutschen auf, eine eigens hergestellte Anstecknadel mit dem stilisierten Brandenburger Tor zu tragen. Am 13. August 1962 hallte Westberlin von einem Hupkonzert wider, nachdem die *B. Z.* an alle Autofahrer appelliert hatte, zum ersten Jahrestag des Mauerbaus aus Protest gegen die Teilung der Stadt zu hupen. In ähnlicher Weise engagierte er sich mit zahlreichen Projekten für die Versöhnung zwischen Deutschen und Juden.

Die Fähigkeit zur symbolischen Zuspitzung war es, die Springer bei seinen Gegnern so verhasst machte. Während er sich in den fünfziger und frühen sechziger Jahren mit seinen Prinzipien im Mainstream der öffentlichen Meinung bewegte, änderte sich dies mit dem Aufkommen der Studentenbewegung und der Neuen Ostpolitik. Vor allem in der Zeit der Großen Koalition (1966–1969), als sich eine starke außerparlamentarische Opposition formierte, die gegen Notstandsgesetze und Vietnamkrieg sowie für die Anerkennung der DDR eintrat, stieß Springers missionarischer Impetus auf zunehmende Ablehnung. Die SED, der Springers politisches Credo naturgemäß verhasst war, bemühte sich nach Kräften, die politische Kluft in der Bundesrepublik zu vertiefen.

Das MfS sah in Springer einen gefährlichen Gegner. In den zentralen Moskauer Datenspeicher, in dem die kommunistischen Geheimdienste ihr Wissen über westliche »Feindpersonen« zusammenführten, ließ es über den Verleger eingeben: »Feind des Sozialismus und alles Fortschrittlichen; Dissidenten, Renegaten, Verräter und andere Feinde des Sozialismus werden von ihm unterstützt und nutzen Springerzeitungen zur Hetze und Verleumdung; seine reaktionäre antikommunistische menschenverachtende ideologische Grundhaltung spiegelt sich in der Berichterstattung der Springerzeitungen wieder.« Als Personenkategorie kreuzte man an: »Leitender Mitarbeiter eines Zentrums der Politisch-Ideologischen Diversion«.[22]

Zur Ausforschung, Analyse und Bekämpfung des Springer-Konzerns setzte die Stasi gewaltige Ressourcen ein. Mehrere Abteilungen der Staatssicherheit – sowohl die für die westdeutschen Medien verantwortliche HVA-Abteilung X als auch die für die Überwachung ausländischer Korrespondenten zuständige Hauptabteilung II/13 – spionierten das Verlagshaus aus. Zur Informationsbeschaffung wurden nicht nur dessen Publikationen ausgewertet, sondern auch Telefongespräche, insbesondere zwischen Westberlin und dem Bundesgebiet, abgehört und IM im Innern und im Umfeld des Verlages eingesetzt. Zugleich versuchte die Stasi, Springer und seinen Konzern politisch zu isolieren.

Obwohl das Aktenmaterial der in erster Linie verantwortlichen HVA vernichtet wurde, sind verschiedene Unterlagen erhalten geblieben, die das Vorgehen der Staatssicherheit gegen den Springer Verlag dokumentieren. Insbesondere die Zentrale Auswertungs- und Informationsgruppe der Stasi hat eine ganze Reihe von Aktenbänden hinterlassen, die allerdings in erster Linie Zeitungsartikel und anderes »offenes« Material enthalten; interessant sind hier vor allem die von der Abteilung Agitation hinterlassenen Dokumente.[23]

Schon in den fünfziger Jahren sammelte die Stasi Informationen über den Verlag. In einer »Zusammenstellung von unzusammenhängenden Hinweisen über den Springer-Konzern« wird unter anderem von einer Beratung leitender Verlagsmitarbeiter im Februar 1958 berichtet, in der die künftige politische Linie der vom Konzern herausgegebenen Zeitungen festgelegt worden sei. Hintergrund bildete die durch eine Moskau-Reise genährte Hoffnung des Verlegers, im Zuge des Tauwetters in der Sowjetunion könne es zu einer Verständigung mit dieser und zu einer baldigen Wiedervereinigung Deutschlands kommen. In dem Stasi-Bericht heißt es über die Besprechung, man habe die Regionalredaktionen der *Bild*-Zeitung angehalten, im Vorfeld der Landtagswahlen für SPD und FDP Stimmung zu machen. Bei der *Welt* stünde deren weitgehende wirtschaftliche Abhängigkeit von konservativen Wirtschaftskreisen einem Wechsel der politischen Linie entgegen, doch wolle man auf den Seiten drei und vier in Zukunft eine weitgehend wohlwollende Berichterstattung aus den Ostblockstaaten betreiben, um die Arbeit der Korrespondenten in den sozialistischen Staaten zu erleichtern. Besonders der Sonderkorrespondent Heinz Schewe solle stimmungsvolle russische Berichte schreiben, die als sowjetfreundlich gelten würden. Lediglich die traditionell national orientierte *Welt am Sonntag* müsse gegenüber der DDR kompromisslos auftreten, die Schwierigkeiten in der SED dramatisieren und die Politik des Kalten Krieges fortsetzen.[24]

Die Hoffnung auf ein Ende der deutschen Teilung zerschlug sich bald. Spätestens Chruschtschows Ultimatum vom Dezember 1958, das verlangte, Berlin in eine »Freie Stadt« umzuwandeln, die sich jeder »feindseligen« Tätigkeit gegen die DDR enthalten müsse, machte unmissverständlich deutlich, dass die Sowjetunion ihren deutschen Halbstaat mit allen Mitteln zu stabilisieren gedachte. Aus dem Berliner Ullstein Verlag, bei dem Springer damals nur Minderheitsgesellschafter war, berichtete im Zusammenhang mit den sowjetischen Forderungen im Mai 1959 eine ungenannte »zuverlässige Quelle«, der Verlagsleiter Heinz Ullstein habe den Redaktionen von *Berliner Morgenpost* und *B. Z.* empfohlen, stärker deutlich zu machen, dass das kommunistische Lager in Wahrheit gar keine selbstständige Stadt Westberlin wolle. Dazu hätte er auf Berichte Ostberliner Zeitungen über angebliche Spionageaktivitäten von Westberliner Dienststellen verwiesen, in denen unter anderem zu lesen war, dass in einer »Freien Stadt« Westberlin, deren Tage gezählt wären, »für solche Kreaturen kein Platz mehr« sei. Ullstein hätte dies mit der Frage kommentiert, wie die SED dazu käme, Prognosen darüber aufzustellen, was in einer »Freien Stadt« Westberlin möglich sei und wessen Tage gezählt seien.[25]

Inoffizielle Mitarbeiter bei Springer

Das Netz der IM, die über den Springer-Konzern berichteten, ist bislang nur in Umrissen bekannt geworden. Aus den übrig gebliebenen Unterlagen geht aber hervor, dass immer wieder Interna aus dem Verlag zum Staatssicherheitsdienst gelangten. So findet sich in einer Akte eine Ablichtung mit den Namen, Funktionen und Gehältern sämtlicher Mitarbeiter von *Berliner Morgenpost* und *B. Z.* vom Juli 1961.[26] Ebenso überliefert ist ein Bericht einer »vertrauenswürdigen Quelle« über eine Beratung zwischen dem Leiter des Senatspresseamts, Hanns-Peter Herz, und Chefredakteuren und leitenden Mitarbeitern des Verlags im September 1969.[27] Auch eine interne Untersuchung des Axel Springer-Inlandsdiensts (ASD) über die SPD-eigene Konzentrations-GmbH von 1970, die nur an fünfzehn Personen aus der Geschäftsleitung des Konzerns ging, fand Eingang in die Stasi-Akten.[28]

In der zentralen Datenbank der für die Bearbeitung des Springer-Konzerns verantwortlichen HVA sind – neben zahllosen Berichten aus der Stasi-Telefonkontrolle – insgesamt neun Quellen registriert, die Informationen über das Verlagshaus und dessen Chef lieferten. Danach berichtete die Quelle »Sänger« 1980 über die Beteiligung Springers an der Vorbereitung der Preußen-Ausstellung in Westberlin; im Zusammenhang mit diesem Decknamen ermittelte die Bundesanwaltschaft gegen den ehemaligen Referatsleiter in der Berliner Kulturverwaltung, Peter Sauerbaum, der jedoch die Vorwürfe abstritt, sodass das Verfahren eingestellt wurde.[29] Von der Quelle »Steve« erfuhr die Stasi im Dezember 1980, wie Springer und der damalige Berliner CDU-Vorsitzende Peter Lorenz die aktuelle politische Lage einschätzten.[30] Der Bonner SPD-Chef Rudolf Maerker (»Max«) berichtete 1977 über Verhandlungen des SPD-Parteivorstands mit dem Springer Verlag.[31] Der IM »Gemse«, hinter dem sich ein bereits 1962 registrierter Journalist aus Westdeutschland verbarg, informierte 1982 über die geplante, später vom Kartellamt untersagte Fusion zwischen den Verlagshäusern Springer und Burda.[32] Der Funktionär im DDR-Außenministerium [geschwärzt] (»Peter«) wusste 1983 etwas über das Verhältnis zwischen Springer und dem CSU-Vorsitzenden Strauß zu berichten, was auf der fünfstufigen Bewertungsskala mit der Note III bewertet wurde.[33] Dieselbe Bewertung erhielt ein Bericht des Agenten »John«, der 1984 die aktuellen politischen Vorstellungen Springers darlegte.[34] Auch der Bonner Journalist Lutz Kuche (»Bakker«), der früher den Medienteil des *Rheinischen Merkur* verantwortete, beteiligte sich an der Ausforschung des Verlags, indem er 1981 über die Rolle von Springer-Journalisten im Zusammenhang mit den Unruhen in Polen berichtete.[35] Aus dem Umfeld des Verlags informierte schließlich 1982 die Quelle »Fischer« über Aktivitäten der Jungsozialisten gegen den Springer Verlag, während »Günther« 1982 kolportierte, Springer und der *Spiegel* versuchten, gemeinsam die damalige sozialliberale Regierungskoalition zu stürzen.[36]

Darüber hinaus waren noch andere Stasi-Abteilungen mit Agenten aktiv. So verfügte die Bezirksverwaltung Frankfurt/Oder Ende der siebziger Jahre über einen IM in der Bundesrepublik, dessen Nutzung hinsichtlich des Verlages geprüft werden sollte,[37] und die Spionageabteilung der Berliner Bezirksverwaltung bekam Anfang der achtziger Jahre von der Quelle »Pfau« Informationen aus der Leitung der *Berliner Morgenpost*; erst im Sommer 2000 wurde bekannt, dass sich dahinter der spätere *Focus*-Redakteur Eberhard Vogt verbarg.

Einer Information der Hauptabteilung II/2 vom Februar 1978 ist zu entnehmen, dass diese einen IM »Grunewald« lenkte, der aus intimer Kenntnis heraus über Springers politische Überlegungen und Aktivitäten berichtete. Möglicherweise handelte es sich dabei um Rosemarie Hanke, die Sekretärin des Leiters des Verlegerbüros, Claus Dieter Nagel, der 1993 der Vorwurf gemacht wurde, bis zum Sommer 1989 mehr als zehn Jahre lang Protokolle, Terminpläne, Journalistenverzeichnisse und Einladungslisten an einen Agenten des MfS weitergegeben zu haben. Dieser habe sich als Freund und Ostberliner Werbefachmann ausgegeben, der aus wissenschaftlichen Gründen Interesse an den Informationen hätte – vermutlich eine klassische »Romeo«-Konstellation.[38] Für diese Vermutung spricht auch, dass IM »Grunewald« einem Instrukteur mit dem Decknamen »Gerd« berichtete und in dem Papier eine Reihe von Namen – zum Beispiel Golda Meir – falsch geschrieben wurden. Der IM informierte darin unter anderem über das gespannte Verhältnis Springers zum CSU-Vorsitzenden Strauß, dessen Präsente zum Jahreswechsel – bayerische Bierseidel – Springer nicht einmal hätten übergeben werden dürfen. Stärkere persönliche Kontakte hätten sich hingegen zu Rainer Barzel (CDU) entwickelt; unter anderem sei es zu einer »Brieffolge über Gemeinsamkeiten« und im Dezember 1977 zu einem Treffen »mit Damen« gekommen. »Zwischen beiden«, teilte der IM mit, »wurden Jahresglückwünsche mit herzlichem Inhalt ausgetauscht.« Ein weiteres Treffen auf dem Landsitz des Verlegers in Schierensee sei für Februar vorgesehen. Darüber hinaus weihte der IM die Stasi in die Einzelheiten einer Israel-Reise Springers ein, die damals von Springers Berater und Vertrautem Ernst Cramer vorbereitet wurde, und berichtete über »Sicherungsmaßnahmen« im Konzern und über das gespannte Verhältnis zum *Spiegel*, der ungeachtet dessen im Springer-Druckhaus hergestellt werde. Wörtlich heißt es in diesem Zusammenhang: »Die Direktverantwortlichen für [die] Produktion [des *Spiegel*] und die Korrekturbeauftragten müssten noch erfragt werden.«[39]

Berichte über den Springer Verlag lieferte auch der Journalist Horst-Günter Wyremba (»Teddy«), der schon 1959 als Informant der Staatssicherheit geworben worden war. Anfang der sechziger Jahre arbeitete er für die SEW-Zeitung *Wahrheit*, danach als Bildreporter für die Presseagentur Schirner. Ende der sechziger Jahre wurde er Redakteur der *Bild*-Zeitung in Frankfurt, anschließend Reporter und schließlich Chef vom Dienst bei *Wochenend* in Hamburg, einer auflagenstarken Zeitschrift des Heinrich Bauer Verlags. Seit 1974 arbeitete er als PR-Mann in der Wirtschaft, antichambrierte aber bei seinen Gesprächspartnern aus Medien und Politik wiederholt wegen eines neuen Jobs – was ihn nicht daran hinderte, sie gleichzeitig für die Stasi auszuhorchen. So setzte sich der Leiter des Springer-Büros in Bonn, Hermann Franz Gerhard Starke, im Sommer 1980 beim Personalchef des Verlagshauses dafür ein, Wyremba einzustellen. Nur weil damals keine entsprechende Position frei war, kam es zu keinem konkreten Angebot. Bei dem Gespräch, so vermerkte »Teddy« in seinem Bericht, hätten Starke und er feststellen können, »dass wir ein und dieselbe politische Meinung haben, also auf der rechten konservativen Seite der CDU uns bewegen«. Starke sei ein Law-and-order-Mann – ein, wie er der Stasi fürsorglich erläuterte, »inzwischen eingebürgertes Wort in der Bundesrepublik für Recht und Ordnung«.[40]

Wyremba war beileibe kein Spitzenagent. Immerhin versorgte er die Stasi aber mit Hintergrundinformationen und Personenporträts über zahlreiche Journalisten, in erster Linie aus Hamburg und Westberlin. Außerdem übernahm er so genannte Ermittlungsaufträge und kundschaftete ihm unbekannte Bundesbürger für die Stasi aus. Durch seine Recherchen für *Wochenend*, insbesondere über Mord- und Spionagefälle, kam er wiederholt mit Sicherheitsbeamten in Kontakt, darunter mit dem späteren Verfassungsschutzchef Heribert Hellenbroich. Mehrfach sprach er zudem mit dem früheren Hamburger CDU-Vorsitzenden und Bundestagsabgeordneten Dietrich Rollmann. Regelmäßig berichtete er über den so genannten Schäffer-Club in Bonn, ein 1951 vom damaligen CSU-Finanzminister Fritz Schäffer gegründetes Diskussionsforum mit Vertretern der Wirtschaft, das dem Stasi-Informanten gute Kontaktmöglichkeiten bot.[41]

Politisch war Wyrembas Werdegang ähnlich schillernd: 1960 wurde er in die SED aufgenommen, die ihn jedoch ein Dreivierteljahr später wieder ausschloss. In Westberlin trat er der Sozialistischen Einheitspartei Westberlins (SEW) bei, wollte aber Anfang der siebziger Jahre über das MfS unbedingt wieder in die SED aufgenommen werden. Von der Geschäftsleitung des Bauer Verlags wurde er zur selben Zeit verpflichtet, den Wahlkampf der CDU/CSU zu unterstützen. Anfang der achtziger Jahre gestand er seinem Führungsoffizier, mit den

Grünen zu sympathisieren, wurde allerdings im Vorfeld der Bundestagswahlen von 1983 darauf »orientiert, seine Stimme der DKP zu geben«.[42] 1987 wurde er Pressesprecher der CDU in Lokstedt, was der Stasi so bedeutsam erschien, dass sich nun auch die HVA an den Treffen beteiligte, für die er jeweils tausend bis tausendfünfhundert D-Mark erhielt. Allerdings wurde der Wert seiner Berichte in den Augen des MfS immer geringer, so dass ihn die Stasi 1987 schließlich »abschaltete«.

Im Springer Verlag hatte Wyremba persönlichen Kontakt zu einer ganzen Reihe von Journalisten, namentlich in Berlin. Auf dem jährlichen Presseball machte er 1975 zudem die Bekanntschaft von Claus Dieter Nagel. Einen tiefen Einblick in die Verlagspolitik erhielt er auch von Starke, Springers Mann in Bonn, den er 1980 durch Vermittlung des Sekretärs des Schäffer-Clubs kennengelernt hatte. Entsprechend ausführlich konnte »Teddy« die Stasi informieren. Unter anderem hatte er von Starke erfahren, dass in den Verlegerbüros in Bonn, Hamburg und Berlin festgelegt würde, welche Haltung die einzelnen Springer-Blätter im Vorfeld der Bundestagswahlen im Oktober 1980 einnehmen sollten. Der Wahlkampf sollte demnach ganz im Zeichen der Union stehen und auf jede Äußerung von Bundeskanzler Helmut Schmidt mit einem Interview seines Herausforderers Franz Josef Strauß reagiert werden. Des weiteren beabsichtige man, sich bei der Industrie für eine stärkere finanzielle Unterstützung des Wahlkampfs der CDU/CSU einzusetzen. Offenbar würden auch die Chefredakteure zu Besprechungen gebeten, um ihnen die augenblickliche Linie des Verlegers mitzuteilen. »Ich habe verabredet«, so schließt der Bericht, »dass ich weitere Konsultationen bzw. Gespräche mit Herrn Dr. Starke haben werde, und hoffe dann, wesentlich mehr zu erfahren.«[43]

Informationen, insbesondere über die DDR-Berichterstattung, erhielt die Stasi in den achtziger Jahren auch aus der Hamburger *Bild*-Redaktion. Dort arbeitete der Journalist Andreas Jost, der beim MfS den Decknamen »Michael Heinrich« trug und bereits 1977 im Alter von achtzehn Jahren wegen seiner Zusammenarbeit mit der Stasi zu einer zweijährigen Bewährungsstrafe verurteilt worden war. Nach dem Abitur ging er als Sonderkorrespondent für Ost-West-Fragen zum

Berliner *Abend.* Als er im Frühjahr 1980 bei der polnischen Botschaft in Ostberlin ein Visum beantragen wollte, um den Arbeiterführer Lech Wałęsa zu interviewen, empfing ihn am Bahnhof Friedrichstraße sein alter Führungsoffizier. Jost erklärte sich erneut zu einer Zusammenarbeit bereit und erhielt im Gegenzug Unterstützung bei der Visabeschaffung. In der Folgezeit entwickelte er sich zu einer ergiebigen Quelle, insbesondere nach seinem Einstieg bei der *Bild*-Zeitung im Dezember 1983. Bei den anfangs monatlichen, später wöchentlichen Treffs informierte er die Stasi vor allem über DDR-kritische Aktivitäten in der Bundesrepublik. So offenbarte er die Namen mehrerer Kollegen, die unter Pseudonym zu heiklen DDR-Themen geschrieben hatten – beispielsweise einen Bericht über die Ausreise der Nichte von Willi Stoph. Darüber hinaus knüpfte er Kontakte zu Fluchthelfern und anderen »Feindorganisationen«, wie der Arbeitsgemeinschaft 13. August und der Internationalen Gesellschaft für Menschenrechte. Als *Bild*-Redakteur war er für diese von großem Interesse, da sie sich von ihm eine positive Berichterstattung erhofften, doch stattdessen unterrichtete er den Staatssicherheitsdienst.

In ähnlicher Weise verfuhr er mit den vielen Briefen, die er von hilfesuchenden *Bild*-Lesern erhielt. Einer der Absender übersandte ihm beispielsweise ein oppositionelles Manifest aus der DDR mit dem Titel »Rettet die Stadt Stendal vor sinnloser Zerstörung«, das er umgehend an die Stasi weitergab. Ebenso verfuhr er mit einem achtzehnseitigen »Auszug aus dem Leben eines Ausreisewilligen«. Auch Namen und Anschrift seiner Verlobten, die in der DDR einen Ausreiseantrag gestellt hatte, erfuhr die Stasi, einschließlich ihrer Bitte an die *Bild*-Zeitung, den Vorgang aufzugreifen. In einem anderen Fall lieferte Jost der Stasi die Briefe eines Hamburger Taxifahrers, der von der Stasi als »Feindperson« im Operativvorgang »Inspirator« verfolgt wurde. Den Ermittlungen der Staatsanwalt zufolge hat Jost für seine Berichte jährlich etwa 5000 DM erhalten; allein ein Bericht über eine vom Gesamtdeutschen Institut 1982 veranstaltete Journalisten-Informationsreise ins geteilte Berlin ist mit 1020 DM honoriert worden. Im Mai 1996 wurde Jost, der sich geständig zeigte, zu einer zweijährigen Bewährungsstrafe verurteilt.[44]

Feindobjekt-Vorgang »Sumpf«

Zahllose Interna beschaffte sich die Staatssicherheit auch durch das Abhören von Telefongesprächen. In einem fünfundsiebzigseitigen Schriftstück aus dem Jahr 1974 findet sich eine detaillierte Aufstellung des »Informationsbedarfs«, nach der die zuständige Abteilung ihre Lauschaktionen durchführen sollte. Danach interessierte sich die Stasi vor allem für Journalisten, »die die Ultras, reaktionären Kräfte, Verfechter der CDU/CSU-Politik, alle Gegner der Politik der friedlichen Koexistenz unterstützen«. In einer Anlage wurden Anschriften und Telefonnummern der Bonner Büros von sechsunddreißig großen Medien mitgeliefert, deren Ferngespräche über das Richtfunknetz der Deutschen Bundespost von einem Abschöpfstützpunkt in der Ständigen Vertretung der DDR abgehört werden konnten. »Benötigt« wurden alle Angaben zur Person der Journalisten, zu ihrer Stellung in der jeweiligen Redaktion, zur politischen Haltung oder Parteizugehörigkeit, zu beruflichen und privaten Beziehungen in die DDR, zu Verbindungen zu Ministerien, Dienststellen und andere staatlichen Einrichtungen sowie über »kompromittierende Umstände«, wie die Stasi potentielles Erpressungsmaterial umschrieb. Einen speziellen Fragenkatalog hatte man für Verlage und Redaktionen ausgearbeitet.[45]

Unter diesem Aspekt war die Verlegung des Hauptsitzes des Springer-Konzerns nach Berlin für die Stasi ein Geschenk des Himmels. Mit einer Abhöranlage in Schwerin (»Quelle 3«) konnte sie ohne Probleme die Telefongespräche ranghoher Springer-Mitarbeiter zwischen den Verlagshäusern in Hamburg und Westberlin aufzeichnen. Auch die vertraulichen Kontakte nach Bonn waren für die Stasi ein offenes Buch.[46] Die Telefonleitungen wurden bis in den Spätherbst 1989 angezapft, sodass die Stasi noch nach dem Sturz Erich Honeckers auf diese Weise beispielsweise vom geplanten Zeitungsvertrieb des Springer Verlags in der DDR erfuhr.[47] Die Lauschabteilung wertete die aufgefangenen Informationen aus und fasste sie in so genannten »Sachstandsberichten« zur Situation im Springer-Konzern zusammen.[48] Da selbst Springers vertrauliche Gespräche mit führenden Redakteuren oder dem Hamburger Rechtsanwalt des Konzerns abgehört wurden, war die Stasi über die inneren Vorgänge in dessen Verlagshaus, einschließlich interner Auseinandersetzungen und Personalangelegenheiten, bestens informiert.

Wie bedeutsam die Lauschaktionen waren, illustriert ein zwölfseitiges Dossier vom Mai 1972 über den ehemaligen Chefredakteur von *Bild* und *Bild am Sonntag*, Peter Boenisch, der später Regierungssprecher unter Helmut Kohl wurde. Darin werden Boenischs Bemühungen analysiert, die Ratifizierung der Ostverträge im Bundestag zu verhindern, und eine Fülle interner Gespräche mit Politikern und Journalisten zum Teil im Wortlaut wiedergegeben – für die Stasi ein eminent wichtiger politischer Vorgang, hatte sie doch den Auftrag, mit ihren Mitteln den Kampf um die Ratifizierung der Verträge »effektiv durch exakte, rechtzeitig beschaffte Informationen über die Pläne, Konzeptionen und Absichten des Gegners« zu unterstützen.[49] Beunruhigt zeigte man sich in diesem Zusammenhang insbesondere über die Versuche der Union, die Regierung Brandt zu stürzen. Zwar hatte diese – mit Hilfe des Staatssicherheitsdienstes – die Abstimmung über den konstruktiven Misstrauensantrag der CDU/CSU-Fraktion am 27. April überstanden, aber das Ergebnis war denkbar knapp ausgefallen, und es war ungewiss, ob die Verträge das Parlament passieren würden.

Durch die Abhöraktionen war der Stasi unter anderem bekannt geworden, dass der Springer Verlag im Besitz von Protokollen eines Gesprächs zwischen den Außenministern der Bundesrepublik und der Sowjetunion, Scheel und Gromyko, war, die Boenisch für eine »zielgerichtete Antiratifizierungspublikation« verwenden wollte. Wie dargestellt, hatten derartige Veröffentlichungen, namentlich in der *Quick* und der *Bild*-Zeitung, wiederholt zu einer erheblichen Verunsicherung der westdeutschen Öffentlichkeit geführt und die Vertragsverhandlungen stark belastet. Im Begleitschreiben zu dem Boenisch-Dossier verwies die Lauschabteilung stolz darauf, dass es ausschließlich mit ihren »spezifischen Mitteln« erarbeitet worden sei. Boenisch werde eindeutig als einer der »führenden Köpfe der politisch-ideologischen Diversion« erkennbar. Ferner würde eine Reihe von Verbindungen deutlich, die

»seine zentrale Stellung im System der ›Meinungsmache‹ der CDU/CSU« belegten. Der Bericht sollte zur weiteren Bearbeitung dem »Genossen General Wolf« vorgelegt werden, von dem man wissen wollte, welche zusätzlichen »Informationen zu welchem Personenkreis und in welcher Form die HVA auf dem Gebiet des westdeutschen Journalismus von uns erwartet und benötigt«.[50]

Infolge der Aktenvernichtung der Wendezeit ist über die konkreten Operationen der HVA gegen den Springer-Konzern bisher nur wenig bekannt. Überliefert ist jedoch ein so genannter Feindobjekt-Vorgang der für die Überwachung ausländischer Korrespondenten zuständigen Hauptabteilung II/13, der den viel sagenden Codenamen »Sumpf« trug und im Sommer 1980 angelegt wurde. Zur Begründung schrieb man in die Akte: »Die ständig bzw. zeitweilig tätigen Mitarbeiter des Axel-Cäsar-Springer-Verlages unterhalten eine umfangreiche Kontaktpolitik zu feindlich negativen Kräften in der DDR. Sie missbrauchen die gewährten offiziellen Reisemöglichkeiten in die DDR für eine gezielte Informationsabschöpfung, illegale journalistische Tätigkeit und eine feindlich negative Einflussnahme auf ihre Kontaktpartner. Das Feindobjekt und die dort tätigen Mitarbeiter entwickeln umfangreiche subversive Aktivitäten gegen die gesellschaftlichen Verhältnisse in der DDR und berichten in entstellender und provokatorisch hetzerischer Form über die entwickelte sozialistische Gesellschaft.«[51]

Dem Vorgang ist zu entnehmen, dass sich »Aufklärung« und »Abwehr« die Ausforschung des Springer Verlags brüderlich teilten: Etwa die Hälfte des darin genannten Führungspersonals wurde von der HVA bearbeitet, darunter neben Boenisch auch dessen Nachfolger als Chefredakteur der *Bild*-Zeitung, Günter Prinz, sowie das Mitglied der *Welt*-Chefredaktion Günter Zehm; auch der ehemalige Chefredakteur der *Welt*, Hans Zehrer, war 1968 bei der HVA erfaßt.[52] Für die übrigen leitenden Mitarbeiter, beispielsweise den Chefkommentator Matthias Walden und Alleinvorstand Peter Tamm, war hingegen die Hauptabteilung II/13 zuständig. Manche, wie der Chefredakteur des Axel-Springer-Inlandsdiensts, Johannes Otto, wurden auch von der Spionageabteilung der Berliner Bezirksverwaltung bearbeitet. Nur wenige Springer-Journalisten waren gar keiner Diensteinheit zugeordnet.

Der Vorgang »Sumpf« enthält nicht nur Angaben über die Führungs- und Besitzstruktur des Konzerns sowie die Auflagen der von ihm herausgegebenen Zeitungen und Zeitschriften, sondern vor allem eine Fülle von Informationen und Analysen auf der Grundlage abgehörter Telefongespräche. Interessiert war die Stasi insbesondere an inneren Differenzen, aber auch an laufenden Recherchen, Kontakten zur Unionsfraktion sowie allen internen politischen Vorgängen, über die sich die Journalisten am Telefon unterhielten. So ist beispielsweise ein Telefonat zwischen einem Springer-Journalisten und einem Referenten der CDU/CSU-Bundestagsfraktion abgeheftet, in dem es um den gegen den damaligen baden-württembergischen Ministerpräsidenten Hans Filbinger gerichteten Vorwurf ging, kurz vor Kriegsende als Marinerichter mehrere Todesurteile gegen desertierte Matrosen verhängt zu haben. Ob die Affäre auf eine Stasi-Kampagne zurückging, wie Filbinger meint, ist dem Papier nicht zu entnehmen; Unterlagen über ihn sind in den Archiven des Bundesbeauftragten kaum noch vorhanden.[53] Dem Bericht ist aber zu entnehmen, dass Filbinger, wie die meisten hochrangigen Politiker, von der HVA-Abteilung II bearbeitet wurde.

In dem Telefonat bedauerte der Referent der CDU/CSU, dass bisher lediglich der Verein der Widerstandskämpfer eine Ehrenerklärung für Filbinger abgegeben habe. Auf die Vorwürfe habe dieser von Anfang an völlig falsch reagiert. Er hätte klarstellen müssen, dass es insbesondere bei Kriegsende darum gegangen sei, Fahnenflucht zu verhindern, weil mit Hilfe der Kriegsmarine Millionen Menschen aus den Ostgebieten »vor den Bolschewisten« zu retten gewesen wären. Hinzu käme, dass Matrosen ihre Offiziere über Bord geworfen hätten, um mit den Schiffen nach Schweden flüchten zu können, was heute noch als »Kriegsverbrechen« bestraft werden könne. Nur auf diese Weise, indem er seine Opfer als Kriegsverbrecher hingestellt hätte, hätte Filbinger sein Gesicht wahren können – so aber werde es nicht möglich sein, ihn als Ministerpräsidenten zu halten.[54]

Bei der Überwachung und Bekämpfung des Springer Verlags spielten auch das Außenministerium der DDR und seine für die Betreuung von ausländischen Journalisten zuständige Abteilung Journalistische Beziehungen eine wichtige Rolle. Diese Abteilung arbeitete, wie dargestellt, eng mit dem Staatssicherheitsdienst zusammen und wurde vom ZK der SED dirigiert. So verwundert es nicht, dass Vermerke der Abteilung, deren Bestände bis heute für die Forschung gesperrt sind, immer wieder in den Akten der Stasi auftauchen. Der Feindobjekt-Vorgang »Sumpf« enthält zum Beispiel einen Vorschlag vom Oktober 1980, den Mitarbeitern des Springer Verlags keine Genehmigungen für journalistische Vorhaben in der DDR mehr zu erteilen. Zur Begründung wurde angeführt, einzelne Zeitungen des Konzerns hätten in der DDR illegale Telefonumfragen durchgeführt. Weiter wird empfohlen: »Die bisherige Regelung, einzelne Vorhaben von Springer-Journalisten mit dem Hinweis auf die unkorrekte Bezeichnung der DDR in Springerblättern abzulehnen, sollte ergänzt werden durch die Bemerkung, dass dies und andere unseriöse journalistische Gepflogenheiten von Springer-Journalisten eine journalistische Tätigkeit dieser Korrespondenten in der DDR von selbst ausschließen«.[55]

Über die meisten Springer-Journalisten hatte die Staatssicherheit eine ausgesprochen schlechte Meinung. Zu Matthias Walden verfertigte sie schon 1965 ein düsteres Personendossier, als er noch Chefkommentator des SFB war und nur nebenbei für die *Welt am Sonntag* und andere Blätter schrieb. Nach einer kurzen Darstellung seines Werdegangs – Walden hatte nach dem Krieg als Journalist in Dresden gearbeitet – wird er als »Hetzer und Befürworter der kalten Krieger, der Annexion der DDR, des schärfsten Antikommunismus« bezeichnet.[56] Allein schon die Tatsache, dass er nicht unter seinem eigentlichen Namen Otto Baron von Sass, sondern unter einem Pseudonym auftrat, machte ihn der Stasi verdächtig. Zehn Jahre später war das Urteil nicht besser geworden; jetzt wurde er als »einer der aktivsten Verfechter des ›Kalten Krieges‹ und des Antikommunismus« beschrieben. In seinen Kommentaren und Büchern trete er als »eingefleischter Scharfmacher« auf, hetze gegen die DDR und greife westdeutsche

Politiker und Publizisten an, die für eine »realistische« Bonner Politik einträten. Mit dem Beginn der Durchsetzung einer »realistischen Außenpolitik« der BRD-Regierung sei er zu scharfen Angriffen gegen die Verträge der Bundesrepublik mit Russland, Polen und der DDR übergegangen und immer stärker auf Positionen der CDU/CSU eingeschwenkt. Seine »sich ständig verschärfende hetzerische Tätigkeit« gegen die DDR und das gesamte sozialistische Lager habe dazu geführt, dass sich die Leitung des SFB zu einer gewissen Einschränkung seiner Themen und Sendezeiten genötigt gesehen habe. Walden, so kann man dem Dossier entnehmen, sei aufgrund eines Sekretariatsbeschlusses des ZK der SED seit 1964 »in Einreisesperre gestellt«.[57]

Eine längere »Auskunft« aus dem Jahr 1978 ist auch über den früheren Leiter der Berliner *Welt*-Redaktion, Friedhelm Kemna, überliefert. Danach war Kemna im Juni 1955 als junger Journalist – als er noch nicht bei Springer arbeitete – durch einen Residenten des militärischen Nachrichtendiensts der DDR kontaktiert und schriftlich zur Zusammenarbeit verpflichtet worden; allerdings hätte sich der Werber als Mitarbeiter des britischen Geheimdiensts ausgegeben. Bis Ende 1958 habe Kemna eine Reihe wertvoller Informationen, vor allem über die Bundeswehr und die NATO, geliefert. Das Motiv der Zusammenarbeit sei »seine starke materielle Interessiertheit« gewesen. Wann diese Zusammenarbeit eingestellt wurde, war der Stasi nicht bekannt; die Akte wanderte jedoch erst 1972 ins Archiv. Trotz dieser Vorgeschichte fällte die Staatssicherheit sechs Jahre später in ihrer »Auskunft« ein vernichtendes Urteil über den *Welt*-Redakteur: Charakteristisch für ihn sei eine äußerst negative Berichterstattung über die DDR. Einer besonders verleumderischen Ausdrucksweise habe er sich namentlich in seinen Artikeln über Adoptionen in der DDR bedient. Feindlich und verleumderisch seien auch seine Veröffentlichungen über das so genannte *Spiegel*-Manifest gewesen.[58] Kemna bestreitet diese Angaben.

Besonders verhasst war dem MfS Lutz-Peter Naumann von der *Berliner Morgenpost*, ein exponierter Gegner des SED-Regimes, der regelmäßig über Fluchtaktionen, Schikanen gegen Ausreisewillige und Hafterfahrungen freigekaufter politischer Gefangener berichtete. Als ehemaliges Mitglied des Wachregiments der Stasi war er selber Anfang der siebziger Jahre wegen »staatsfeindlicher Hetze« inhaftiert und 1972 in den Westen abgeschoben worden. 1977 war ihm dann die Einreise in die DDR verweigert worden, nachdem er auf dem entsprechenden Antragsformular als letzte Wohnanschrift in der DDR die Adresse des Zuchthauses Bautzen angegeben hatte. Im Operativvorgang »Journalist« versuchte die Stasi vor allem den Nachweis zu erbringen, dass sich Naumann als »Inspirator« von Fluchtversuchen und Protesten gegen die SED hervortue. Mit ihm sollte nach Möglichkeit der ganze Verlag als unverantwortlicher Störfaktor im Entspannungsprozess gebrandmarkt werden. So behauptete das *Neue Deutschland* im April 1980, in der Hauptverhandlung gegen einen ehemaligen DDR-Bürger, der von Westberlin aus Protestaktionen und Brandanschläge gegen die Mauer durchgeführt hatte, sei »erneut nachgewiesen« worden, dass Naumann als »Organisator terroristischer Anschläge gegen die DDR wirkt«. In der Überschrift hieß es sogar: »Schwerwiegende Angriffe auf die Staatsgrenze der DDR von der Springer-Presse organisiert«.[59] Tatsächlich hatten die Vernehmungen des Angeklagten das Gegenteil ergeben, wie man in den überlieferten Protokollen nachlesen kann: Auf Suggestivfragen der Stasi hatte dieser zwar bestätigt, dass Naumann mit ihm gesprochen, dabei aber ausdrücklich eingewandt habe, »dass durch solche Aktionen, wie sie bisher durchgeführt wurden, wenig bei den Grenzern erreicht würde«. Stattdessen habe er den Vorschlag gemacht, »auf die Grenzer mehr ideologisch einzuwirken, um zu erreichen, dass die Grenzer ihre Dienstpflichten vernachlässigen und somit besser die Möglichkeit besteht, dass Personen nach Westberlin von der DDR aus flüchten können«.[60] Naumann ist inzwischen, auch an den Folgen seiner Haft, verstorben.

Selbst solche Springer-Mitarbeiter, die nicht zur Feder griffen, gerieten ins Visier der Staatssicherheit. So wurde der Leiter der Rechercheredaktion der *Welt* im Vorgang »Tonne« bearbeitet, weil er nach Ansicht des MfS Informationen beschaffte, die sich »gegen die sozialistischen Staaten, ihre Sicherheitsorgane und gegen fortschrittliche Kräfte in der BRD richten«. Die standardmäßige Beschuldigung, diese Informationen trügen nachrichtendienstlichen Charakter, wurde schon im übernächsten Satz ad absurdum geführt, in dem es hieß, die Informationsgewinnung erfolge »außerhalb des Staatsgebietes der DDR durch Recherchen«. Groteskerweise wurde die so genannte Operative Personenkontrolle auch noch damit begründet, dass der Springer-Mitarbeiter – angeblich mit dem Ziel der Störung des Entspannungsprozesses – die Informationen in die Zeitungen seines Arbeitgebers »lanciere«. Selbst der Leiter der Rechtsabteilung der *Berliner Morgenpost* war der Stasi verdächtig, weil er häufig privat in die DDR fuhr und sich hin und wieder mit einem führenden Reichsbahnmitarbeiter traf.[61]

Die Ausforschung des Springer-Konzerns erfolgte nicht nur mit nachrichtendienstlichen Methoden. Auch die Zeitungen selbst – das sogenannte offene Material – wurden akribisch ausgewertet, woran sich wissenschaftliche Einrichtungen der DDR bereitwillig beteiligten. So fertigte der Völkerrechtler Manfred Mohr von der Ostberliner Humboldt-Universität 1977 zusammen mit zwei Mitarbeitern des SED-Instituts für Internationale Politik und Wirtschaft, Werner Rosenberg und Siegfried Stübner, ein achtzigseitiges Gutachten »über Charakter und Tätigkeit mehrerer Organisationen, Einrichtungen und Gruppen in der Bundesrepublik Deutschland« an, das sich unter anderem mit dem Axel-Springer-Inlandsdienst (ASD) beschäftigte. Zweck des Gutachtens war der Nachweis eines »abgestimmten, verflochtenen, einheitlichen und planmäßigen Vorgehens« gegen die DDR im Zusammenhang mit der Schlussakte von Helsinki, mit deren Unterzeichnung sich die DDR 1975 verpflichtet hatte, ihren Bürgern auf Antrag die Ausreise zu gestatten. Unter anderem hatten die Verfasser sämtliche ASD-Meldungen über den Fall des Riesaer Arztes Karl Heinz Nitschke ausgewertet, der im August 1976 verhaftet worden war, nachdem er eine von dreiunddreißig Einwohnern unterzeichnete »Petition zur vollen Erlangung der Menschenrechte« initiiert und an verschiedene internationale Einrichtungen geschickt hatte. Die Wissenschaftler stellten die abstruse These auf, durch Hetze gegen die DDR sollten die westdeutschen Leser der Springer-Zeitungen gegen den Arbeiter-und-Bauern-Staat aufgewiegelt und in die »subversiven Umtriebe« des Verlags einbezogen werden, »indem sie die vom ASD initiierten und von den Springer-Zeitungen verbreiteten Hetzmeldungen bei Briefen bzw. Besuchen bei Bürgern der DDR weiter verbreiten und diese somit bewusst oder unbewusst zu strafbaren Handlungen anstiften bzw. selbst strafbare Handlungen begehen«.[62]

Die Stasi selbst untersuchte unter anderem Ende 1980 auf sechsundzwanzig Seiten die »Aktivitäten, Veröffentlichungen sowie die in Erscheinung getretenen Journalisten des Springer-Konzerns bei den konterrevolutionären Umtrieben« in der Tschechoslowakei (1968) und Polen (1970, 1976 und 1980). Zu diesem Zweck wurden sämtliche themenbezogenen Veröffentlichungen der auflagenstärksten Tageszeitungen des Springer-Konzerns in bezug auf Verfasser und Aussage ausgewertet. Einzelne »speziell interessierende« Journalisten wie Bernt Conrad, Axel Schützsack, Günter Zehm, Inge Santner-Cyrus, Werner Sikorski, Carl Gustaf Ströhm, Werner Kahl und Matthias Walden wurden in der Analyse besonders hervorgehoben und kamen meist ausgesprochen schlecht weg.[63]

Von tief sitzenden Feindbildern geprägt sind auch die an der Stasi-Hochschule in Potsdam-Golm entstandenen Untersuchungen über den Springer Verlag. In einer »Jahresarbeit« untersuchte beispielsweise Stasi-Major Heinz Fathke die »Rolle des Manipulierungskonzerns Springer und die geistige Manipulierung während der Zeit der israelischen Aggression im Juni 1967 und der Wehrdebatte im Deutschen Bundestag im Dezember 1967«. Sein Schluss aus der Analyse der Berichterstattung von *Bild* und *Welt* in diesem Zeitraum lautete, dass der Springer-Konzern »zur entscheidenden Zentrale der psychologischen Kriegsführung« der Bundesrepublik ausgebaut worden sei und eine ständige Gefahr für den Frieden in Europa darstelle. Der Kampf gegen den Konzern sei deshalb zugleich ein Kampf gegen den westdeutschen Imperialismus. Aufschlussreicher als die im plumpen Propagandaton abgefassten Einschätzungen sind die unbewusst übermittelten Botschaften, die in den Betrachtungen über den Sechstagekrieg von 1967 durchscheinen. Der von einem ägyptischen Truppenaufmarsch auf dem Sinai ausgelöste Krieg, dem unmissverständliche arabische Vernichtungsdrohungen vorausgegangen waren, wird vom Autor durchgängig als »Aggression Israels« bezeichnet. Zudem zieht er eine überraschende Analogie zwischen Judenstaat und Hitler-Regime: Die israelische Militäroperation sei »das Feiern und die Urständ der Hitlerschen Blitzkriegsstrategie«. Wie bei mancher überzogenen Kritik an der Politik Israels drängt sich der Eindruck auf, dass auch bei der Stasi durch Projektion Entlastung von der Hypothek des Nationalsozialismus gesucht wurde.[64]

Kaum tiefgründiger ist die Jahresarbeit eines Oberleutnant Hünich vom Mai 1968, der sich ebenfalls mit dem Springer-Konzern »als Instrument der geistigen Manipulierung« beschäftigt hat. Seine Untersuchung, die sich auf die Analyse der *Welt* vom Januar und Februar 1967 stützt, beschäftigt sich unter anderem mit der Entwicklung des Springer Verlags und seiner angeblichen Interessenidentität mit den Wirtschaftsmonopolen und dem westdeutschen Staat. Aufschlussreich sind lediglich die Schlussbemerkungen, die einen Bezug zur praktischen Arbeit der Stasi herstellen. Nach der verwirrenden Lektüre der »Feindpresse« kommt der Autor nämlich zu dem Schluss, dass im feindlichen »Operationsgebiet« eingesetzte IM eine gründliche politisch-ideologische Vorbereitung benötigten, um der »geistigen Manipulierung« im Westen widerstehen zu können. Darüber hinaus betont er die Notwendigkeit der weiteren nachrichtendienstlichen Durchdringung des Springer-Konzerns, um »rechtzeitig die Pläne und Absichten des Gegners in seinem ideologischen Kampf gegen die DDR« zu erkennen und über den Konzern in »wichtige Zentren des Feindes« einzudringen. Zudem sei die Nutzung inoffizieller Stasi-Quellen erforderlich, »um entsprechend der konkreten Situation die Aktionen der antiimperialistischen Kräfte gegen den Springer-Konzern wirksam zu unterstützen«.[65]

Die Anti-Springer-Kampagne

Die Rolle des MfS in der Anti-Springer-Kampagne am Ende der sechziger Jahre ist bislang nicht näher untersucht worden. Dabei ist nach der Erinnerung führender Akteure, wie Peter

Schneider und Hannes Schwenger, den Beteiligten schon damals das starke Interesse der DDR an den Protesten gegen das Verlagshaus ins Auge gefallen. Zur Mythenbildung vieler so genannter Achtundsechziger gehört es jedoch, dass sie die ostdeutsche Einflussnahme weitgehend verdrängt haben – und damit auch ihre eigene Rolle als Wegbereiter und Verstärker SED-genehmer Positionen in Westdeutschland.

Die Anfänge der Anti-Springer-Kampagne reichen in die frühen sechziger Jahre zurück und liegen, wie die überlieferten Unterlagen zeigen, direkt in der DDR. Im Frühjahr 1962 hatte Albert Norden erstmals zu einem Propagandaschlag gegen den Springer-Konzern ausgeholt und im Zuge seiner Attacken auf die Bundesrepublik im März eine Pressekonferenz abgehalten, auf der er eine einhundertfünfzigseitige Dokumentation über »Goebbels' Journalisten in Bonner Diensten« vorlegte. Norden behauptete, Ziele und Methoden des Springer-Konzerns stimmten mit den übelsten Blättern der Nazis überein, da das »ideologische Zentrum, der Gehirn-Trust dieses Pressemonopols, aus Wegbereitern und Parteigängern Hitlers« bestehe.[66] Wenig später erschienen in den gleichgeschalteten ostdeutschen Zeitungen mehrere Artikel über den »Zeitungsdiktator« und »Frontstadt-Berichterstatter« Axel Springer, wobei dieser damals noch zusammen mit Berlins Regierendem Bürgermeister Willy Brandt an den Pranger gestellt wurde.[67]

Aus westlichen Presseveröffentlichungen ließ Norden damals umfangreiches Material zusammentragen und eine fünfundsechzigseitige Broschüre über den Springer-Konzern konzipieren.[68] Auf dieser Basis legte der DDR-Journalistenverband Anfang Oktober 1962 ein Konzept für eine »Dokumentation über den Axel-Springer-Trust« vor, die speziell zur Verbreitung im Westen gedacht war. Dieser »Verband«, bei dem es sich, wie gesehen, nicht um eine Standesorganisation, sondern um ein unauffälliges Dach für die West-Arbeit von SED und Staatssicherheitsdienst handelte, übernahm auch in der Folgezeit die Federführung bei der Anti-Springer-Propaganda.

Die geplante VDJ-Dokumentation sollte, ähnlich wie die bereits vorliegenden Broschüren über den RIAS und den SFB, »in packender, interessanter Form ... die friedensgefährdende

Rolle des größten westdeutschen und Westberliner Pressemonopols entlarven« und Springer »der Mord- und Kriegshetze überführen, seine Praktiken zur Organisierung von Provokationen und Zwischenfällen an der Staatsgrenze der DDR enthüllen und sein Zusammenwirken mit den Leitorganen der psychologischen Kriegsführung nachweisen«. Das Konzept schloss mit den Worten, »erste Ehrenpflicht für jeden friedliebenden Menschen« sei es, die »Kriegspresse zu boykottieren und weder durch Inseratenaufträge noch durch Kauf von Zeitungen und Zeitschriften finanziell zu unterstützen«. Dies war der erste Aufruf zum Boykott der Springer-Presse.[69]

Die Gründe, warum Springer der damaligen DDR-Führung ein Dorn im Auge war, liegen auf der Hand: Kein anderer westdeutscher Verleger hatte sich so offensiv mit der SED auseinandergesetzt und war dabei so wirkungsvoll gewesen wie er. Sein Eintreten für die Wiedervereinigung und die Ablehnung des sozialistischen Systems machten ihn zu einer bedeutenden publizistischen Bastion, die der Anerkennung der DDR entgegenstand und das innenpolitische Klima in Westdeutschland zuungunsten der SED beeinflusste. In einem Bericht der Agitationskommission aus dieser Zeit wurden zum Beispiel folgende »Vergehen« Springers angeführt: seine Kampagne über die Massenflucht aus der DDR im Sommer 1958; sein Auftreten auf der Jahrestagung des Kuratoriums unteilbares Deutschland im November 1959, auf der er zum Thema »Wiedervereinigung und öffentliche Meinung« gesprochen hatte; seine Aufforderung an den DGB, ein spezielles Referat für Fragen der Wiedervereinigung zu bilden, sein Aufruf an die Westberliner Zeitungshändler, den *Toto-Lotto-Express*, der damals als einzige Zeitung das Programm von Rundfunk und Fernsehen der DDR veröffentlichte, nicht mehr zu vertreiben; die Mitte 1961 gegebene Anweisung an seine politischen Redakteure, die DDR-kritische Berichterstattung zu verstärken, die publizistische Unterstützung der Gesamtdeutschen Partei – um nur einige Punkte zu nennen.[70]

In die Vorbereitung der Kampagne wurde auch die Staatssicherheit einbezogen. Im September 1962 schickte Norden dem MfS einen dreiseitigen Fragenkatalog, der von den wirtschaftlichen und politischen Verbindungen Springers über die

Rolle von achtundzwanzig namentlich aufgeführten Journalisten in der Zeit des Nationalsozialismus bis zu Ansatzpunkten für eine persönliche Diffamierung reichte. »In welchen Kreisen verkehrt Springer überhaupt?«, wurde zum Beispiel unter Punkt drei gefragt, der Springers Beziehungen zu Persönlichkeiten des öffentlichen Lebens zum Inhalt hatte. »Gibt es interessante gesellschaftliche Beziehungen? Wo hält sich Springer häufig auf? Bei wem in Bonn und im Ausland? Gibt es kompromittierendes Material?« Auch darüber, wie derartige Informationen beschafft werden könnten, hatte Norden bereits konkrete Vorstellungen: »Die erste Frau von Springer war Hannelore Holtz [in Wirklichkeit hieß Springers erste Frau Martha Meyer]. ... Da Springer sie verlassen hat, ist die Holtz vielleicht bereit, Auskünfte über Springers Beziehungen und sein Privatleben zu geben.« Außerdem müssten »Möglichkeiten bestehen bzw. gefunden werden, an Redakteure des Nachrichtenmagazins *Der Spiegel* heranzukommen, um von diesen belastendes Material über Springer und seine Redakteure zu erhalten«.[71]

Wie immer bei derartigen Kampagnen suchte der Propagandachef der SED zuvörderst nach Möglichkeiten, Springer mit dem Nationalsozialismus in Verbindung zu bringen. Da es dafür aber in seiner Biographie keine Ansatzpunkte gab, stürzte man sich auf seinen Schwiegervater, den ehemaligen SS-Obergruppenführer Werner Lorenz, der 1946 zu zwanzig Jahren Zuchthaus verurteilt worden war, von denen er zwölf absitzen musste. Norden wollte deshalb wissen, was Lorenz mache.[72] In einem gesonderten Vermerk wird ausgeführt, Springer hätte behauptet, mit Lorenz vor 1945 keinerlei Verbindung gehabt zu haben; zugleich sei er jedoch Vater eines einundzwanzigjährigen Sohnes, womit sein Sohn aus zweiter Ehe, Axel junior (Sven Simon), gemeint war. »Demnach«, so die Schlussfolgerung des Propagandaspezialisten, »könnte nachgewiesen werden, dass Springer die Lorenz-Tochter ja schon 1941 geheiratet haben muss, wenn der Sohn dieser Ehe entsprungen wäre. Demnach müsste er schon damals zu Lorenz Kontakte gehabt haben!«[73]

Die Anfragen Nordens landeten beim Leiter der Abteilung Agitation, Oberstleutnant Halle, der sofort die entsprechenden

Recherchen einleitete. Wenige Wochen später schickte er, nach vorheriger Vorlage beim »Genossen Minister«, Norden das angeforderte Material zu, wobei die von der Stasi beschafften Informationen und die aus der westdeutschen Presse übernommenen in zwei Schriftsätzen säuberlich voneinander getrennt aufgeführt waren.[74] Der fünfundzwanzigseitige »Informationsbericht« beschäftigt sich ausführlich mit den von Norden gestellten Fragen. Eine ganze Seite nehmen zum Beispiel die Angaben über Springers dritte Ehefrau Rosemarie, geborene Lorenz, ein, die er, wie die Stasi schnell herausfand, erst 1952 – korrekt wäre gewesen: im Dezember 1953 – geheiratet hatte und die eben nicht die Mutter seines Sohns war. Allerdings, wird hinzugefügt, hätte er sich schon vor seiner Hochzeit für die Freilassung von Lorenz aus dem Kriegsverbrechergefängnis Landsberg eingesetzt. Dass dieser im Oktober 1962, zum Zeitpunkt der Berichterstattung, gar nicht mehr Springers Schwiegervater war, da dessen Ehe mit Rosemarie Lorenz inzwischen geschieden worden war, hatten die Stasi-Analytiker übersehen oder unterschlagen.

Ausführlich werden in dem Bericht auch die zu dem Konzern gehörenden Zeitungen und Verlage abgehandelt sowie Springers internationale Verbindungen und seine Beziehungen zu westdeutschen Politikern, insbesondere zu Willy Brandt. Neun Seiten umfassen allein die Rechercheergebnisse zu Redakteuren und Angestellten des Konzerns. Über Springers politische Konzeption heißt es: »Springer und die Zeitungen seines Konzerns gehören zu den gefährlichsten Scharfmachern in der Hetze gegen die DDR und das sozialistische Lager. Sie unterstützen bedingungslos die provokatorische Politik des ›letzten Risikos‹ der Bonner und Westberliner Ultras.« Ein in englischer Sprache herausgegebenes Sonderheft der *Berliner Illustrierten* zum Amtsantritt des amerikanischen Präsidenten John F. Kennedy sei das »bisher unerhörteste antikommunistische Machwerk, das die Rotationsmaschinen des Springer-Konzerns verließ«.[75]

Auf der Grundlage dieser Nachforschungen erschien 1963 unter dem vielsagenden Titel *Hetzer, Fälscher, Meinungsmacher* die geplante VDJ-Broschüre über Springer.[76] Im selben Jahr brachte der Leipziger Journalistikprofessor Franz Knipping zudem ein Anti-Springer-Buch heraus, das ihn einige Jahre später zu einem gefragten Experten der Studentenbewegung machen sollte.[77] Ein von dem westdeutschen Fernsehmagazin *Panorama* im Februar ausgestrahlter Beitrag über den Springer-Konzern wurde von der Stasi dankbar zu den Akten genommen.[78]

Im Frühjahr 1966 wurde die Kampagne von Norden erneut angefacht. Auslöser war eine im April gehaltene programmatische Rede Walter Ulbrichts aus Anlass des 20. Jahrestags der Gründung der SED, in der dieser die Forderung erhoben hatte, »die Zeitungskonzerne wie den Springer-Konzern u. a. unter Kontrolle zu nehmen und damit der Hetze des Kalten Krieges und der Kriegshetze einen Riegel vorzuschieben«.[79] Erstmals stand damit die politische Forderung im Raum, die private Verfügungsgewalt Springers über sein Verlagsimperium zu begrenzen. Unter Berufung auf die Rede regte Norden eine Fernsehdokumentation an, um die Tätigkeit des Springer-Konzerns zu »entlarven«. Autor sollte der ehemalige Sowjetspion und Journalist Karl-Georg Egel (»Engel«) sein. In einem Schreiben an Erich Mielke bezeichnete es Norden im Juni 1966 als »dringend erforderlich, Genossen Dr. Egel bei der Beschaffung verschiedener Materialien, die für seine Arbeit von Bedeutung sein können, behilflich zu sein«. Dem Brief war ein zweiseitiger Fragespiegel beigefügt mit der Bitte, »die Möglichkeiten Deines Ministeriums bei der Beantwortung dieser Fragen auszunutzen«.[80] Die Fragen zielten noch stärker als bisher auf eine persönliche Diffamierung Springers (»Welche Liebesaffären hat er?«) und bezweckten die Bestätigung einer abenteuerlichen Konstruktion, der zufolge der Konzern mit geheimen SS-Geldern aufgebaut worden wäre. Wörtlich hieß es in Egels Papier: »In der Geschichte soll möglichst davon ausgegangen werden, dass Verwalter des SS-Vermögens sich Springer ausgesucht haben und ihm die erste finanzielle Starthilfe zum Ankauf der *Welt* und zum Aufbau seines Pressemonopols gegeben haben. … Wenn man unterstellt, dass eine Kerntruppe des alten Naziapparates SS-Vermögen zum Aufbau des Springer-Konzerns beigesteuert hat, wäre weiter anzunehmen, dass die Kreise, die Springer gemacht und aufgebaut haben, ihm auch einen Kreis von Mitarbeitern als Korsett zur Verfügung gestellt haben. Welche Leute kämen dafür in Frage? ... Lassen sich von diesen oder anderen wichtigen Personen im Springer-Konzern glaubhafte oder tatsächliche Verbindungen zu SS-General Wolff oder Bekannten und Freunden des oben genannten Lorenz herstellen bzw. finden?«[81]

Die Stasi konnte diese Theorie indes nicht bestätigen. Ziemlich knapp beschied sie den Fragesteller mit den Worten: »Lorenz hatte nichts mit SS-Finanzen zu tun, das war Pohl.« Auch die *Welt* habe Springer selbst abgestottert – mit 3,7 Millionen Mark, die er in drei Raten abgestottert habe. Ansonsten verwies die Stasi auf das Material über Springer von 1962/63. Intern schlug der Leiter der Abteilung Agitation, Halle, seinem Minister vor, das Material direkt und nicht über Norden an Egel zu übergeben, damit »wir direkt [die] Sache in die Hand bekommen«, wie er handschriftlich anmerkte.[82] Nach Mielkes Zustimmung wurde auch HVA-Chef Wolf an dem Vorhaben beteiligt, für den Egel als IM arbeitete und der ihm weitere Unterlagen übergeben sollte.[83] Ergebnis war ein fünfteiliger, als Pseudobiographie aufgemachter Propagandaspielfilm *(Ich – Axel Cäsar Springer)*, der vom Fernsehen der DDR zwischen 1968 und 1970 ausgestrahlt wurde, selbstverständlich ohne dass die Mitwirkung des Staatssicherheitsdiensts erkennbar wurde.[84] Auch in anderen ostdeutschen Medien wurde erneut gegen »Springers reaktionäre Meinungsfabrik« polemisiert.[85]

Im Unterschied zur ersten Welle der Anti-Springer-Propaganda, die im Westen nur auf wenig Resonanz gestoßen war, fand man jetzt in der westdeutschen Studentenbewegung eine politische Kraft, die die Parolen der SED aufgriff und weiter zuspitzte. Vor allem in der Zeit der Großen Koalition (1966–1969) wurde Springer zu einer Schlüsselfigur der innenpolitischen Auseinandersetzungen, an der sich eine ganze Generation von Westdeutschen abarbeitete. Während die politisch aktiven Studenten noch wenige Jahre zuvor gegen die politische Gleichschaltung in Ostdeutschland protestiert hatten, kämpften sie jetzt für die Anerkennung des daraus entstandenen Halbstaats – und gegen ein Verlagshaus, in dessen Zeitungen die undemokratischen Zustände in der DDR beständig angeprangert wurden.

Die Ursachen dafür liegen gewiss auf verschiedenen Ebenen: Zum einen handelte es sich um einen kulturellen Konflikt zwischen einer aufbegehrenden studentischen Subkultur und den Meinungen und Lebensweisen der Mehrheitsgesellschaft, die in den Boulevardzeitungen des Springer Verlags ihr Sprachrohr fand. Zum anderen traten in dem Konflikt grundlegende politische Divergenzen zutage, die in der prekären Lage Westberlins mit größerer Schärfe aufeinander stießen als anderswo. Während die Studenten unter dem Einfluss des SDS den gesellschaftlichen Aufbruch in sozialistische Befreiungsutopien suchten, erschienen sie Springer und dem überwiegenden Teil der Westberliner als gefährliches Spiel mit dem Feuer.

Angeheizt wurde diese Konfrontation auf studentischer Seite durch die schmerzhafte Erfahrung, dass ihre revolutionären Vorstellungen bei der Bevölkerung auf wenig Gegenliebe stießen. Umso begieriger griffen die Protestierer auf die marxistische Vorstellung zurück, dass die Gesellschaft von den Herrschenden künstlich daran gehindert werde, ihre »objektiven Interessen« zu erkennen. Symbol dieser großangelegten Verdummung wurden der Verleger Axel Springer und insbesondere sein Boulevardblatt, die *Bild*-Zeitung. Wohl erstmals in ihrem Leben griffen Studenten damals zu den Publikationsorganen der Arbeiterschaft und betrachteten sie mit einer Mischung aus Entsetzen und dem Gefühl intellektueller Überlegenheit. Rasch war die Erklärung geboren, dass es in erster Linie die marktbeherrschende Stellung des Verlagshauses Springer sei, die die Bevölkerung zur Lektüre der verachteten Zeitungen zwänge.

In der Rückschau erscheint die von manchem SDS-Veteranen mit Stolz erinnerte Kampagne gegen den Springer Verlag in vielerlei Hinsicht als obskur. Insbesondere in Westberlin waren die Aktionen nicht nur überzogen, sondern politisch gefährlich. Immerhin war die Stadt von übermächtigen sowjetischen Truppen umzingelt und stellte im Vergleich zur DDR eine ebenso vorbildliche wie gefährdete Insel der Demokratie dar, deren Einverleibung ins kommunistische Umland nach wie vor angestrebt wurde. Erwiesen war auch, dass diese bislang vor allem deshalb nicht gelungen war, weil der Widerstandsgeist der Bevölkerung allen Drohungen und Ultimaten und auch der monatelangen Blockade der Zufahrtswege getrotzt hatte. Fest stand schließlich, dass die Zeitungen des Springer Verlags einen nicht unwesentlichen Beitrag dazu leisteten, diesen Widerstandsgeist am Leben zu erhalten, auch wenn dies zuweilen unter Verwendung populistischer Parolen oder unter Ausgrenzung entgegengesetzter politischer Auffassungen geschah.

Axel Springer war auch keineswegs der anti-demokratische Reaktionär, als der er von der Studentenbewegung dargestellt wurde. Im Gegensatz zu Alfred Hugenberg, mit dem er in einschlägigen Schriften gern verglichen wurde, war er kein Gegner, sondern aktiver Unterstützer des parlamentarischen Systems. Für die Nationalsozialisten, die seinem Vater 1941 die *Altonaer Nachrichten* »entzogen« hatten, hatte der hanseatische Bürgersohn erst recht keine Sympathien übrig, auch wenn seine Gegner immer wieder (vergeblich) nach braunen Flecken in seiner Vergangenheit suchten. Anders als die Anführer der APO wandte sich Springer jedoch nicht nur gegen faschistische, sondern auch gegen kommunistische Diktaturen, was ihn für die Masse der rebellierenden Studenten, die gerade den Marxismus als Befreiungsutopie für sich entdeckt hatten, zur Unperson machte.

Schließlich markiert die Anti-Springer-Kampagne, in der die Studentenbewegung erstmals Gewalt als Form der politischen Auseinandersetzung einsetzte, den Anfang dessen, was Jürgen Habermas im Juni 1967 auf dem SDS-Kongreß in Hannover als »linken Faschismus« bezeichnete, womit er sich nicht nur in den Augen von Studentenführer Rudi Dutschke als »konterrevolutionär« disqualifizierte.[86] In Bezug auf Springer erschien den neomarxistischen Theoretikern Gewalt nämlich nicht mehr nur im fernen Vietnam, sondern auch im eigenen Land als legitimes Mittel, um politische Veränderungen zu erzwingen, auch wenn man damals noch zwischen Menschen und Strukturen unterschied. In der Sprache der Studentenbewegung las sich das so: »Wir probieren nicht, Springer tot zu schießen (das wäre unmenschlich). Aber wir wollen seine Maschinerie kaputt machen. Terror richtet sich in sozialrevolutionärem Sinn nicht gegen Menschen, sondern gegen unmenschliche Maschinerien. Die müssen wir vernichten« – so Studentenführer Rudi Dutschke.[87]

Agenten in der Studentenbewegung

SED und Stasi hatten – unter anderem durch die Zeitschrift *Konkret* – schon seit Mitte der fünfziger Jahre versucht, die linke studentische Opposition in der Bundesrepublik zu manipulieren und für ihre Zwecke einzuspannen. Insbesondere der Sozialistische Deutsche Studentenbund, aber auch die Vereinigung Unabhängiger Sozialisten sollten in der Zeit des KPD-Verbots zu einer Art Ersatz-KP umfunktioniert werden. Dazu schleuste das MfS zielstrebig Agenten in diese Organisationen ein, die aus deren Innenleben berichteten, die Schachzüge DDR-kritischer Widersacher schilderten, politisch oder nachrichtendienstlich »ansprechbare« Mitglieder benannten und Vorschläge für die praktische Unterwanderung durch SED-nahe Kader machten.[88]

Nach dem gleichen Muster erfolgte die Einflussnahme in Sachen Springer Verlag. Obwohl ein großer Teil des einschlägigen Aktenmaterials als vernichtet gelten muss und die Rolle des Parteiapparats noch weitgehend im Dunkeln liegt, lässt sich zumindest für Westberlin das Vorgehen von SED und Stasi ziemlich genau rekonstruieren. Die Kampagne gegen den Verlag wurde damals auf verschiedenen Ebenen vorangetrieben: Zum einen schickte die DDR Abgesandte von SED, FDJ und VDJ nach Westberlin, um die Proteste anzufachen und die aufbegehrenden Studenten mit Argumentationshilfen zu versorgen, die häufig aus den Archiven des Staatssicherheitsdiensts stammten. Zum anderen stützte sie sich auf politische Kader in Westberlin, die als Sympathisanten im SDS, in der so genannten November-Gesellschaft oder im Republikanischen Club aktiv waren oder als Mitglieder der SEW direkt von Ostberlin aus angeleitet wurden. Eine Schlüsselrolle spielten schließlich mehrere IM, insbesondere im Republikanischen Club und in der Redaktion des dort erscheinenden *Berliner Extra-Diensts*, die regelmäßig über die APO berichteten und entscheidend auf Inhalt und Taktik ihrer Aktionen einwirkten. So war die DDR-Führung, die der Kampagne gegen den Springer Verlag einen hohen Stellenwert beimaß, unmittelbar an den Ereignissen in Westberlin beteiligt.

Als regelmäßiger Berichterstatter fungierte beispielsweise das ehemalige SDS-Bundesvorstandsmitglied Dietrich Staritz (»Erich«), der 1961 für eine Zusammenarbeit mit dem Staatssicherheitsdienst geworben worden war.[89] Seit 1963 arbeitete er in dessen Auftrag auch als V-Mann des Bundesamts für Verfassungsschutz. Nach einer Assistententätigkeit an der Freien Universität trat er im Januar 1968 in die Westberliner *Spiegel*-Redaktion ein. Staritz gehörte zum inneren Zirkel der November-Gesellschaft, eines Zusammenschlusses von früheren SDS-Funktionären um Klaus Meschkat und Horst Mahler, die auch den Republikanischen Club und den *Berliner Extra-Dienst* aus der Taufe gehoben hatten.

Eine ähnliche Rolle spielte Staritz' Freund und Kompagnon, der Westberliner SDS-Landessekretär Walter Barthel (»Kurt«), der, wie erwähnt, 1959 vom MfS angeworben worden war und zum harten Kern der sogenannten Uralt-SDS'ler zählte.[90] Auch er war zur Ausforschung der Studentenvereinigung rekrutiert worden und ließ sich in Absprache mit dem MfS wenig später zusätzlich vom Verfassungsschutz anwerben. Als Mitbegründer des Republikanischen Clubs und Geschäftsführer des *Berliner Extra-Diensts* war er ein wichtiger Motor der Anti-Springer-Kampagne. Der überlieferten IM-Akte zufolge hatte die Staatssicherheit zwar 1966 die Verbindung zu ihm unterbrochen, weil sie aufgrund seiner exponierten politischen Rolle seine Enttarnung befürchtete, doch arbeitete er nun eng mit der SEW und deren Vorsitzendem Gerhard Danelius zusammen.

Ein dritter mutmaßlicher DDR-Agent war der frühere Chef vom Dienst des *Vorwärts*, Carl Guggomos, der nach Aussagen ehemaliger MfS-Mitarbeiter unter dem Decknamen »Gustav« für die Desinformationsabteilung der Stasi (HVA/X) tätig war.[91] Wie Barthel war Guggomos maßgeblich an der Gründung des *Berliner Extra-Diensts* und seines Vorläufers, des *Extrablatts* beteiligt. Mehr als ein Jahrzehnt lang war er Chefredakteur des *Extra-Diensts*, der, wie oben dargestellt, vom MfS kontinuierlich mit Artikeln und Finanzmitteln versorgt und als verdecktes Medium für SED-freundliche Kampagnen genutzt wurde. Dem früheren *Extra-Dienst*-Mitarbeiter Hannes Schwenger zufolge machten Guggomos und Barthel regelmäßig »Kurzurlaube«, nach denen dann wieder Geld in der Kasse war. Beide gehörten zum harten Kern der Aktivisten, die die Kampagne gegen den Springer Verlag organisierten.

Außer den Genannten führte das MfS im Republikanischen Club Ende der sechziger Jahre noch mindestens vier weitere IM und ebenso viele Kontaktpersonen, von denen jedoch bislang nur die Decknamen bekannt sind.[92] Belegt sind darüber hinaus vergebliche Versuche, Klaus Meschkat, Horst Mahler und Hannes Schwenger anzuwerben. Zu Mahler, heute Mitglied der NPD, ist ein förmlicher IM-Vorlauf überliefert; nach einem positiven Bericht von Dietrich Staritz wurde dieser im November 1962 angelegt, zwei Jahre später aber archiviert, weil die Wirtschaftsabteilung der Stasi Interesse an ihm bekundete.[93] Über die aktenkundigen DDR-Verbindungen eines anderen *Extra-Dienst*-Redakteurs, des späteren Kabarettisten Martin Buchholz, liegen keine aussagefähigen Unterlagen (mehr) vor. Allenthalben wird jedoch sichtbar, wie groß das Interesse der Staatssicherheit an der APO war.

Im Mai 1967 erschien das *Berliner Extrablatt* erstmals mit der Parole »Enteignet Axel Caesar Springer!« auf der Titelseite. Im so genannten Konzeptor – der nach dem Pseudonym, mit dem die SDS-Veteranen um Walter Barthel ihre Leitartikel zu unterzeichnen pflegten, benannten Meinungsspalte – hieß es, dass die Westberliner Teile des Springer-Konzerns im Lebensinteresse der Stadt enteignet und gesellschaftlicher Kontrolle unterworfen werden müssten. Diese Forderung werde fortan nicht mehr aus der politischen Diskussion verschwinden. Zur Begründung konnte man lesen, dass der Verleger gegen ein neues Verhältnis des Senats zum Osten sei, weil »dann einige antikommunistische Tabus und liebgewordene Illusionen der letzten zwanzig Jahre zerstört werden müssten. Weil der Parvenü Springer seine hunderte Millionen vor allem mit Hilfe der antikommunistischen Massenverhetzung und Illusionspolitik gemacht hat.«[94]

Die nachrichtendienstliche Einflussnahme auf die Westberliner APO war vor allem Aufgabe der HVA, die dafür Anfang

1969 ein eigenes »Arbeitsgebiet« einrichtete.[95] Getarnt wurden die Kontakte unter anderem über den DDR-Journalistenverband. Wie sich die Zeitzeugen Hannes Schwenger und der Schriftsteller Peter Schneider erinnern, trat hier insbesondere der inzwischen verstorbene VDJ-Funktionär und Stasi-Mitarbeiter Hans-Joachim Kittelmann (»Christian«) in Erscheinung. Kittelmann unterhielt damals enge Kontakte zu den Organisatoren der Anti-Springer-Proteste. Er diskutierte mit ihnen das taktische Vorgehen, versorgte sie – streng vertraulich – mit Material aus Ostberlin und bemühte sich, seine Gesprächspartner für eine nachrichtendienstliche Zusammenarbeit zu gewinnen. Auf Ostberliner Seite berichtete er über den Stand der Proteste und koordinierte die Maßnahmen zu ihrer Unterstützung. Als »Fachmann« griff er manchmal auch ganz offiziell zur Feder, um den Springer-Konzern an den Pranger zu stellen.[96]

Den erhalten gebliebenen Unterlagen zufolge war Kittelmann unter dem Decknamen »Christian« als IM bei der Desinformationsabteilung der Stasi erfasst.[97] Der Vorgang wurde zuletzt vom HVA-Mitarbeiter Gerhard Schubert geführt. Dieser arbeitete im Referat 3 der HVA-Abteilung X, das für die »Schaffung und Steuerung von Einflussagenturen (Kanäle, Multiplikatoren)« zuständig war. Im Vordergrund seiner Arbeit stand also nicht die Informationsbeschaffung, sondern die politische Einwirkung auf den Westen. In der Teildatenbank 12 der HVA sind deshalb nur elf Berichte aus der Quelle »Christian« registriert, die meisten davon aus den achtziger Jahren.[98]

Kittelmanns Werdegang, soweit er bekannt wurde, trägt Züge einer klassischen Agentenkarriere. Nach dem Einsatz in der Westberliner Studentenbewegung gehörte er 1970 zu den Begleitern von DDR-Ministerpräsident Stoph bei dessen Besuch in Kassel. Außer ihm befanden sich in der Delegation noch weitere Stasi-Agenten, darunter der vermeintliche SED-Reformer Hermann von Berg.[99] In Kassel lernte Kittelmann unter anderem den damaligen Leiter der Berliner Dienststelle des Bundespresseamts, Martin Captuller, kennen. Aus dem dienstlichen Kontakt der beiden »Pressesprecher« entwickelte sich bald ein freundschaftliches Verhältnis. Sechs Jahre später wurde Captuller nach Bonn zurückberufen, wo er 1979 Selbstmord beging. Kittelmann nahm daraufhin Verbindung zu Captullers Sohn Andreas auf, der damals an der Freien Universität Berlin studierte. Die beiden trafen sich etwa achtzehn Mal in Ost- und Westberlin, bis Kittelmann im Dezember 1981 bei einem der Treffen festgenommen wurde.

Die Staatsanwaltschaft ging damals davon aus, dass Kittelmann Offizier des Staatssicherheitsdiensts sei und die Aufgabe gehabt habe, den Studenten durch Einladungen, Geldzuwendungen und die Erteilung von Aufträgen langfristig für eine nachrichtendienstliche Zusammenarbeit zu gewinnen. Auch die freundschaftliche Beziehung zum Vater habe er im Auftrag des MfS gesucht. Den Sohn wollte er unter anderem dazu bewegen, in die konservative Notgemeinschaft für eine Freie Universität einzutreten, um herauszufinden, wie diese mit dem Verfassungsschutz zusammenarbeitete. Im August 1981 ging es dann um einen Einsatz in der Friedensbewegung. Zu dem Gespräch war ein Mann namens »Gerd« hinzugekommen, hinter dem ein anderer Stasi-Mitarbeiter im Journalistenverband der DDR vermutet wurde. Obwohl Kittelmann die Vorwürfe energisch bestritt, verurteilte ihn das Westberliner Kammergericht im Mai 1982 zu einer zweijährigen Freiheitsstrafe. Ein Dreivierteljahr später wurde er ausgetauscht.[100]

Kittelmann war bestrebt, auch Hannes Schwenger vom *Berliner Extra-Dienst*, der später Vorsitzender des Westberliner Schriftstellerverbandes wurde, für die Stasi zu gewinnen. In einem Auskunftsbericht, den die Desinformationsabteilung 1977 wegen Schwengers Aktivitäten zur Freilassung von inhaftierten DDR-Schriftstellern anfertigte, ist der Versuch seiner schrittweisen Anwerbung als IM »Zwerg« genau beschrieben – und sein Bestreben, sich dem Zugriff des aufdringlichen Ostdeutschen wieder zu entziehen. Schwenger war Kittelmann durch seine Mitarbeit beim *Extra-Dienst* und in der Anti-Springer-Kampagne als »operativ interessante Person« aufgefallen. Mit dem Ziel, ihn »als Quelle und für die Erarbeitung von Personenhinweisen einzusetzen«, lud Kittelmann ihn im Januar 1968 in den Sitz des VDJ nach Ostberlin ein. Durch regelmäßige Treffen mit Kittelmann und dem

Offizier im besonderen Einsatz »Conny« festigte die Stasi in der Folgezeit den Kontakt. Solange er in der Redaktion des *Berliner Extra-Diensts (BED)* gearbeitet habe, heißt es in dem Bericht weiter, sei die Verbindung relativ effektiv gewesen. »Es konnte eine Reihe Informationen und Hinweise erarbeitet werden. ›Zwerg‹ verwertete auch Material, das er von uns erhielt, in Artikeln im *BED* und Deutschlandfunk.« Seit er 1969 in den nicht-journalistischen Bereich gewechselt sei, habe sich die Effektivität der Informationsbeschaffung jedoch verschlechtert. »Die Hinweiserarbeitung operativ interessanter Personen war ungenügend«, sodass die »politisch-ideologische Erziehungsarbeit« verstärkt worden sei. Unter anderem habe man mit ihm sehr intensiv an einer Broschüre über Westberlin gearbeitet, die jedoch nicht erschienen sei, weil sich kein Verlag dafür gefunden habe. Bei einem »grundsätzlichen Gespräch« im Februar 1971 habe sich Schwenger schließlich zur Zusammenarbeit »auf politisch-ideologischer Basis« bereit gefunden. Er habe zugesagt, »über interessante Fakten und Tendenzen aus allen ihm zugänglichen Bereichen Westberlins bzw. Westdeutschlands zu informieren, Personen zu benennen, die als Bündnispartner in Frage kommen, und Material von uns in westdeutsche Publikationsorgane (*Stern*, *Spiegel*) zu lancieren«.

Als »Instrukteur« sei ein weiterer IM in die Verbindung eingeführt worden. Je stärker Schwenger im Westberliner Künstler- und im Schriftstellerverband Fuß gefasst habe, desto weniger Bereitschaft habe er jedoch gezeigt, »sich an unsere Übereinkunft zu halten«. Er wolle zwar über alles informieren, was mit seiner unmittelbaren Tätigkeit zusammenhänge, darüber hinausgehende Aufträge könne er jedoch »aus Zeitgründen« nicht erledigen; auch Personenhinweise wolle er nicht liefern. An anderer Stelle wird er mit dem Satz zitiert, er wolle »Partner und kein Agent« sein. Die Zahl der Treffs wurde deshalb von der Stasi erheblich eingeschränkt, und »außer gelegentlichen Hinweisen gab es keine operativen Ergebnisse«. Erst im Zusammenhang mit Schwengers Engagement für verhaftete DDR-Schriftsteller sei der Kontakt wieder aktiviert worden, um das von ihm repräsentierte Schutzkomitee Freiheit und Sozialismus auszuschalten. Dabei habe man zwar »eine Reihe guter Informationen« und »operativer Hinweise« erhalten, aber das Vorhaben, das Komitee im Sinne der DDR umzufunktionieren, habe nicht realisiert werden können.[101] In der Folgezeit wurden deshalb zahllose »Zersetzungsmaßnahmen« gegen Schwenger ergriffen.[102]

Das Springer-Tribunal

Nach der Erschießung des Studenten Benno Ohnesorg durch einen Polizisten am 2. Juni 1967 radikalisierten sich die Studentenproteste in Westberlin, und der Springer Verlag, der den demonstrierenden Studenten die Schuld an dem Vorfall gab, geriet zunehmend in den Mittelpunkt der Protestaktionen. Am 25. Juni kam es zu einer Zusammenkunft von Vertretern des AStA, des SDS und der so genannten Dutschke-Gruppe, bei der konkrete Aktionen gegen den Springer Verlag beschlossen wurden. Danach war für den 10. Juli in der Berliner Hasenheide eine Großkundgebung vorgesehen; im Oktober sollte ein »Tribunal« stattfinden, »auf welchem Springer wegen Marktbeherrschung und Völkerverhetzung ›moralisch verurteilt‹ werden soll«. Über die Vereinbarungen wurden alle Teilnehmer des Treffens zum Schweigen verpflichtet.

Die Stasi war bei der Besprechung gleich mehrfach vertreten. Zehn Tage später konnte sie die SED-Führung unter Berufung auf eine »zuverlässige Quelle« über die vertraulichen Beschlüsse der Studenten informieren. Darüber hinaus berichtete sie, dass sich Axel Springer nach einer »internen Information« wegen einer für den nächsten Tag geplanten Demonstration vor dem Springer-Hochhaus besorgt an den Regierenden Bürgermeister Heinrich Albertz gewandt habe.[103] Wer die Stasi-Quelle war, geht aus dem Bericht nicht hervor. Dass die Informationen von Staritz stammten, der an dem Studententreffen teilgenommen hatte und als Redner für die Großkundgebung in der Hasenheide ausgewählt worden war, ist eher unwahrscheinlich, denn sein ebenfalls erhalten gebliebener Bericht unterscheidet sich erheblich von dem, was die SED-Spitze erfuhr. Teilnehmer der Zusammenkunft waren neben Staritz nur noch Rudi Dutschke, Wolfgang Lefèvre,

Bernd Rabehl, Karl-Heinz Stantzik, Christian Semler, Walter Weller, Urs Müller-Plantenberg, Klaus Meschkat, Peter Furt und Walter Barthel. Letzterer war jedoch damals schon »abgeschaltet«, und in seiner Akte findet sich kein diesbezüglicher Bericht. Mit Stantzik, den Staritz für die Stasi als »Werbungskandidat« ausgeforscht hatte, war 1967 zwar ein Kontaktgespräch geführt worden, doch der Anwerbeversuch blieb erfolglos. Von der geplanten Anwerbung Wellers nahm die Stasi von sich aus Abstand.[104] Wie so oft sind die noch vorhandenen Akten derart ausgedünnt, dass die Quelle nicht mehr zu eruieren ist.

Fest steht jedoch, dass sich auch Staritz nicht an das vereinbarte Stillschweigen hielt. Beim Treff mit seinem Führungsoffizier, bei dem er wie üblich umfangreiche Tonbanddiktate vornahm, berichtete er ausführlich über die vereinbarten Anti-Springer-Proteste. Bei der Veranstaltung in der Hasenheide würden unter dem Motto »Enteignet Springer« sechs Referate gehalten, davon eines über die Person Springers, mehrere über die Berichterstattung des Konzerns (»Volksverhetzung oder nicht?«) und eines zum Thema »Hugenberg – *Völkischer Beobachter* – Springer«. Als Referenten denke man an die Publizisten Sebastian Haffner und Erich Kuby. Im Anschluss an die Veranstaltung sollten die Teilnehmer aufgefordert werden, »im Abgeordnetenhaus mit ihren Volksvertretern die Frage einer Enteignung Springers zu diskutieren«. Ferner berichtete Staritz, dass bei der Veranstaltung mit dem Verkauf einer Plakette begonnen werden sollte, die der *Extrablatt*-Redakteur Hannes Schwenger erfunden hatte und die später in großer Zahl über den Republikanischen Club vertrieben wurde. Zu Beginn des Wintersemesters würde dann das Springer-Tribunal stattfinden, bei dem anhand »authentischen Materials« die Monopolstellung Springers auf dem deutschen Pressemarkt nachgewiesen werden solle. Im Mittelpunkt stehe dabei die Forderung nach seiner Enteignung gemäß Artikel 14 und 15 des Grundgesetzes. Der symbolische »Urteilsspruch« sollte anschließend zusammen mit den Materialien den zuständigen Stellen übergeben werden, verbunden mit der Aufforderung, die Frage der Enteignung zu prüfen. Nach dem Tribunal, eventuell aber auch schon früher, sollten Studenten vor dem Springer-Hochhaus beziehungsweise vor der Druckerei ein »Lay-in« durchführen, um die Auslieferung der Springer-Zeitungen zu verhindern.[105]

Wahrscheinlich wurde die Stasi zu diesem Zeitpunkt auch aus dem Springer-Konzern mit Informationen versorgt. In einem längeren Bericht der HVA gibt eine als »ehrlich und zuverlässig« beschriebene Quelle im Abstand weniger Tage Einzelheiten über Sicherungsmaßnahmen gegen die erwarteten Studentenproteste preis. Am 7. Juli sei auf dem Dach des Flachbaus von betriebseigenen Elektrikern ein Anschluss für einen Starktonlautsprecher mit Richtung Kochstraße verlegt worden. Am Eingang würden durch bisher unbekannte männliche Personen strenge Kontrollen der Betriebsausweise durchgeführt. Hilfsarbeiter der Rotationsabteilung hätten sich Schlaginstrumente angefertigt und Farbkübel vorbereitet, um damit gegen etwaige Blockaden vorgehen zu können. Auf allen umliegenden Gebäuden seien Fotoreporter postiert worden, um Foto-Dokumente über die befürchteten Unruhen zu erstellen. Außerdem sei im Haus eine Telefonnotleitung verlegt worden. Am 11. Juli hätte sich eine Studentin mit einem Plakat vor das Gebäude gestellt, auf dem die Enteignung Springers gefordert worden sei. Bezeichnend sei, dass die Arbeiter und Angestellten im Springer-Haus die Aktionen der Studenten völlig unverständlich gefunden hätten.[106]

Am 25. Oktober 1967 bildete sich dann beim ZK der SED eine »Arbeitsgruppe zur Unterstützung der Anti-Springer-Kampagne in Westdeutschland und Westberlin«. Die Federführung lag bei der für die West-Arbeit zuständigen Abteilung 62.[107] Neben verschiedenen SED- und FDJ-Funktionären (unter anderem Günter Pötschke, Norbert Podewin, Werner Ruch, Siegfried Ransch und der Genosse Hein) gehörten ihr auch mehrere MfS-Mitarbeiter an, offizielle und inoffizielle. Hans-Joachim Kittelmann (»Christian«) figurierte in der Arbeitsgruppe als VDJ-Vertreter, Manfred Müller (»Wiese«) als Vertreter der Westabteilung des DDR-Presseamts, ein Genosse H. Thomas, der bei der Stasi für die Anti-Springer-Kampagne zuständig war, kam direkt von der Agitationsabteilung. In der ersten Beratung gab Kittelmann einen Überblick über Ziele, Verlauf und bisherige Ergebnisse der unter der

Losung »Enteignet Springer« in Westdeutschland und Westberlin durchgeführten Kampagne. Anschließend wurde festgelegt, dass VDJ und FDJ-Zentralrat für die Durchführung »geeigneter Maßnahmen«, die von der Arbeitsgruppe zur Unterstützung der Kampagne erarbeitet würden, »unmittelbar verantwortlich« seien. Bis zur nächsten Beratung, die eine Woche später stattfinden sollte, verpflichteten sich VDJ und FDJ, einen gemeinsamen Entwurf für einen Plan vorzulegen, »der die in Abstimmung mit den Vorhaben der westdeutschen und Westberliner Kräfte gegen Springer (Republik[anischer] Club, Studenten) geeigneten Maßnahmen zur Unterstützung dieser Kräfte enthalten soll«. Zusätzlich wurde vereinbart, dass ab dem 4. November mit dem Vertrieb einer ersten Dokumentation über Springer, herausgegeben vom Republikanischen Club in Westberlin, begonnen werden sollte.[108]

In handschriftlichen Aufzeichnungen des MfS-Mitarbeiters Thomas ist der Verlauf der konstituierenden Sitzung stichwortartig wiedergegeben. Danach machte man sich in Ostberlin über die strategische Ausrichtung der Kampagne Gedanken. Laut Kittelmanns Ausführungen auf der Sitzung beabsichtigte man, sich von den ultralinken Kräften zu trennen, da diese die Gefahr von Zusammenstößen mit der Polizei heraufbeschworen. Unter dem Stichwort »Methoden« werden »Demonstrationen, Flugblätter, Plaketten, Boykott« genannt, und als »bisheriger Mangel« wurde unter anderem vermerkt, dass es keine einheitlichen Maßnahmen und Aktionen gebe und dass die Losung »Enteignet Springer« nicht ratsam sei, weil sie potentielle Anhänger abschrecke. Manfred Müller vom Presseamt meinte dagegen, es käme vor allem darauf an, Springer zu »entlarven« – seine »Nazivergangenheit«, woher sein Kapital stamme und wer seine Mitarbeiter seien. Ziel müsse es sein, »Springer [zu] diffamieren (seine Praktiken)« und »seine Methodik (rechte Kräfte)« anzuprangern. Schließlich beschloss man, bis zum Jahresende einen Maßnahmeplan für die weitere Arbeit zu anzufertigen und auch auf längere Sicht einschlägige Maßnahmen zu erarbeiten. MfS-Mitarbeiter Thomas notierte sich am Ende als »Aufgaben«: »Einflußnahme auf politische Richtung, Formierung der Führung« und »Schwerpunkt Tribunal, möglichst viel Publizität in Vorbereitung«. Außerdem sollten bestimmte inhaltliche Punkte geklärt werden, darunter die alte Frage, wie »der Verkauf der *Welt* vor sich [ging] (Betrag)«.[109]

Am 30. Oktober lieferte die Stasi erneut einen umfangreichen Bericht über »geplante Maßnahmen gegen den Springer-Konzern in Westdeutschland und Westberlin«.[110] Darin werden die Beschlüsse einer Zusammenkunft in Frankfurt am Main wiedergegeben, bei der unter anderem festgelegt worden sei, dass alle Aktionen gegen Springer künftig unter der Leitung der »Kampagne für Abrüstung« stehen sollten. Danach wird die Konzeption des Springer-Tribunals dargelegt. Dieses solle nunmehr im Januar 1968 stattfinden; vorher, voraussichtlich Anfang November, werde eine Pressekonferenz veranstaltet. Das Sekretariat des Tribunals – bestehend aus dem Schriftsteller Peter Schneider und den Mitarbeitern Hameister und Bernhard Blanke – sei daran interessiert, in allen Fragen unabhängig zu erscheinen und »die von ihnen gesuchten Kontakte zur DDR nicht öffentlich bekannt werden zu lassen«. Mit der Unterstützung durch den Republikanischen Club werde gerechnet, auch wenn dieser sich öffentlich von dem Tribunal distanziere. Eine Arbeitsgruppe des Clubs, so heißt es weiter, plane, eine gegen Springer gerichtete Dokumentation herauszugeben. Schließlich wird berichtet, dass voraussichtlich mit Unterstützung der FDP-Fraktion im Bundestag ein Gesetz »zur Wahrung der Pressefreiheit« eingebracht werden solle – möglicherweise über den Bundestagsabgeordneten William Borm, der zu den Unterstützern des Republikanischen Clubs zählte und zugleich Agent des Staatssicherheitsdiensts war.

Der Bericht der Stasi beruhte, wie es im Vorspann heißt, auf mehreren »zuverlässigen Quellen«. Aus Gründen ihrer Sicherheit dürfe er publizistisch nicht ausgewertet werden. Wer die Informationen geliefert hat, ist nicht ersichtlich. Augenscheinlich wurde das MfS jedoch laufend mit internen Arbeitspapieren der Studentenbewegung beliefert. Abgeheftet in den Stasi-Akten ist unter anderem ein vom Mitglied des Zentralen Ostermarsch-Ausschusses der Kampagne für Abrüstung und ehemaligen SDS-Vorsitzenden Helmut Schauer stammender Entwurf mit Leitsätzen zur Kritik der Rolle des Springer-

Konzerns. These 1 des Papiers lautete beispielsweise: »Der Springer-Konzern ist als die propagandistische Vorhut des aggressiven Antikommunismus das entscheidende Hemmnis für die Entwicklung einer demokratischen und sozialen Innenpolitik der Bundesrepublik sowie für eine Politik der Entspannung und Abrüstung.«[111] Außerdem verfügte die Stasi über die vorläufigen Entwürfe der Konzeption für das Springer-Tribunal sowie für ein zuvor vorgesehenes Hearing über den Springer-Konzern.[112]

Auch diesmal dürfte Staritz nicht der Informant gewesen sein, denn in seinem Bericht werden zum Teil divergierende Fakten genannt. Bei einem Treff am 18. Oktober 1967 berichtete er, dass das verschobene Springer-Tribunal nunmehr in der Berliner Hasenheide stattfinden sollte. Der Vorbereitungsausschuss habe vor, eine Art Gerichtsverhandlung zu veranstalten, mit den Rechtsanwälten Heinrich Hannover und Horst Mahler als »Anklägern«, den SDS-Funktionären Bernhard Blanke und Johannes Agnoli als »Verteidigern« sowie Professor Helmut Ridder und einem Rechtsanwalt Kramer als »Urteilskommission«. Ziel des Tribunals sei jedoch »keine Verurteilung, sondern der Freispruch Springers« – weil nicht er, sondern »die Gesellschaft, die Springer hervorbringt und ermöglicht«, verurteilt werden sollte.[113]

Demgegenüber vertraten der Republikanische Club und das aus der Studentenbewegung hervorgegangene Gegenöffentlichkeitsinstitut, zu dessen ständigen Mitarbeitern Peter Schneider und Bernhard Blanke gehörten, den Standpunkt, ein wissenschaftlich untermauertes Hearing sei besser geeignet, die Anti-Springer-Kampagne auf ein breites politisches Fundament zu stellen. Getreu dem traditionellen Volksfront-Konzept wollten sie unbedingt auch linksbürgerliche und sozialdemokratische Kreise dafür gewinnen.[114] Schon im November konnte Staritz das MfS über die veränderte Konzeption unterrichten. Der Springer-Ausschuss, so teilte er mit, sammle gegenwärtig sehr intensiv Material. Auch eine Reihe westdeutscher Verleger, darunter Rudolf Augstein vom *Spiegel*, Hans Huffzky vom *Constanze*-Verlag und der Verlagschef der *Süddeutschen Zeitung*, würden dem Ausschuss Material zur Verfügung stellen – allerdings nur unter der Bedingung, »dass das

Tribunal personalisiert gegen Springer und nicht allgemein gegen die gesellschaftlichen Grundlagen durchgeführt wird«.[115]

Inzwischen hatte Hans-Joachim Kittelmann in Ostberlin, wie bei der Besprechung im Oktober vereinbart, im Namen des VDJ einen vertraulichen Maßnahmeplan zur Unterstützung der Proteste vorgelegt. Danach bestand die Hauptaufgabe darin, »mit allen Maßnahmen zur Entlarvung der Politik des Springer-Konzerns und der Entwicklung der Anti-Springer-Aktionen zu einer über den studentischen Rahmen hinausgehenden Bewegung beizutragen«. Zur Verwendung in Westdeutschland sollten drei »dokumentarische Materialien« erarbeitet werden, und zwar zur NS-Vergangenheit und gegenwärtigen politischen Haltung von Springer-Journalisten, zur Propagierung der Bonner antisozialen Politik und des Antikommunismus durch die Springer-Presse sowie zu Springers angeblichen Verflechtungen mit dem Bonner Staat. Zur »auslandsinformatorischen Verwendung« sollten weitere sechs Dokumentationen angefertigt werden, da eine Ausweitung der Aktionen auf andere Länder angestrebt wurde. Ferner waren Analysen der Jugend-, Sport- und Familienzeitschriften des Verlags (*Kicker*, *Eltern*) geplant. Zur Beantwortung der Frage, wie eine Demokratisierung des bundesdeutschen Pressewesens erreicht werden könne, sollte Professor Knipping von der Leipziger Fakultät für Journalistik ein Konzept erarbeiten.[116]

Unterdessen hatte sich auch Peter Schneider, der Sekretär des Tribunals, an die DDR gewandt. In einem Brief an das ostdeutsche Innenministerium bat er um eine Ausreisegenehmigung für den Liedermacher Wolf Biermann, damit dieser »in der Rolle des kommissarischen Verteidigers oder als Zeuge« am Anti-Springer-Tribunal teilnehmen könne. Er hätte dabei die Aufgabe, den Springer-Konzern von links zu verteidigen, wäre also eine Art »Überankläger«, der Springer nicht etwa als Gefahr, sondern als Garanten der etablierten Öffentlichkeit interpretierte. Um der SED die Ausreise des verfemten Dissidenten schmackhaft zu machen, gab Schneider zudem seiner Überzeugung Ausdruck, dass »Herr Biermann das System des westdeutschen Monopolkapitalismus und seiner Presse vom Standpunkt eines Sozialisten kritisieren wird«. Außerdem versprach er, die Entscheidung der DDR, wie immer sie ausfallen werde, nicht publizistisch zu verwerten. In der Anlage fügte er noch den (der Stasi bereits vorliegenden) Entwurf der Tribunal-Konzeption bei – was SED und MfS freilich nicht dazu bewegen konnte, seiner Bitte zu entsprechen.[117]

Zur selben Zeit meldete die HVA Albert Norden streng vertraulich die komplette Planung eines so genannten »Anti-Springer-Extra-Blattes« in Westberlin. Dabei handelte es sich um eine im Stil einer Boulevardzeitung aufgemachte Ausgabe des *Extrablatts*. Über die politische und redaktionelle Konzeption der geplanten Zeitungsausgabe, die in einer Auflage von einer halben Million Exemplaren erscheinen sollte, war das MfS bestens informiert. Seite für Seite wurden der Inhalt der Artikel und selbst die vorgesehenen Überschriften wie »Gab Springer den Schießbefehl?« referiert, wobei der Bericht so geschrieben war, als wäre der Verfasser der Herausgeber des Blatts. Das Hauptthema der ersten Seite, erläuterte er, »muss auf jeden Fall auf die Volksverhetzung durch die Springer-Presse hinzielen, weil das unser Hauptargument für die Enteignungs-Forderung ist«. Als »mögliche Story« werde gerade recherchiert, ob es »bestellte Mauermorde« gebe. Einige Indizien sprächen dafür, »dass in mehreren Fällen der eigentliche Schießbefehl aus dem Springer-Haus kam«. Im so genannten Konzeptor müsse kurz und klar die Forderung nach der Enteignung Springers an aktuellen Problemen erläutert werden: »Springer ist mit schuld, dass es keine Passierscheine gibt usw.« In dieser Seitenplanung, so kann man am Ende lesen, seien jeweils nur die Hauptthemen genannt, die durch viele Kurzstorys aufgelockert werden müssten – an Stoff mangele es ja nicht.[118]

Die Anfang 1968 erschienene Ausgabe des *Berliner Extrablatts*, die laut Impressum von Martin Buchholz, Carl L. Guggomos, Hannes Schwenger sowie Mitarbeitern des Westberliner Springer-Tribunals zusammengestellt wurde, entspricht exakt den Ankündigungen des Stasi-Berichts.[119] Auf Seite eins finden sich mehrere Artikel, die unter Überschriften wie »Skandal um ›Bild‹-Ente« oder »Springer-Leser über Studenten: Ausmerzen« mit der Berichterstattung der Springer-Zeitungen ins Gericht gehen. Angekündigt wird dort auch der auf Seite sechs veröffentlichte Artikel »Schießbefehl aus dem Springer-Haus?«. Ein weiterer Bericht beschäftigt sich mit dem Thema »Passierscheinabkommen« und kommt dabei zu dem Schluss: »Wer wirklich im Wege steht, ist eine von Springer manipulierte Presse, die lieber noch ein Weihnachten ohne Passierscheine will als vernünftige Gespräche mit der DDR-Regierung.« In einem Kasten findet sich unter der Überschrift »Enteignet Springer!« der angekündigte Leitartikel, in dem die Forderung nach staatlichen Zwangsmaßnahmen etwas oberlehrerhaft als »nicht in erster Linie eine sozialistische, sondern eine bürgerlich-demokratische« Forderung erklärt wird. Anders als die radikal-spontaneistischen Kreise um Rudi Dutschke wollten die Traditionalisten vom Republikanischen Club – ganz im Sinne der SED-Politik – ein möglichst breites politisches Bündnis schmieden, weshalb die Enteignungsforderung nicht als revolutionärer Akt dargestellt, sondern aus dem Grundrecht auf Pressefreiheit abgeleitet wurde.

Nach Aussagen des ehemaligen *Extrablatt*-Mitarbeiters Schwenger lieferte der DDR-Kontaktmann Hans-Joachim Kittelmann eine Reihe von Materialien für die Sonderausgabe. Auch Peter Schneider erinnert sich, dass er von Kittelmann Anfang 1968 ein – von ihm nicht verwendetes – dreißigseitiges Dossier erhielt, das den Verleger »erledigen« sollte. Nach dem zitierten »Auskunftsbericht« der Desinformationsabteilung über Schwenger gab Kittelmann dem Redakteur über Schneider »Material zur NS-Vergangenheit von Springer-Journalisten«, das er auch veröffentlicht habe.[120] Tatsächlich widmete sich die Sonderausgabe des *Extrablatts* auf einer ganzen Seite den angeblichen »Nazis bei Axel Springer«. In einem MfS-internen Schreiben vom Dezember 1967 wird darauf hingewiesen, dass im Auftrag des ZK der SED eine Arbeitsgruppe gebildet worden sei, die Materialien über den Komplex »Nazijournalisten im Springerkonzern« erarbeiten solle; erste Ergebnisse seien dem ZK bereits vorgelegt worden.[121] Die Lancierung des Materials ins *Extrablatt* war offenbar gelungen.

Den gesellschaftlichen Durchbruch erreichte die Kampagne bereits, als Manfred Bissinger im November 1967 im *Stern* die so genannte »Axel-Springer-Story« veröffentlichte.

In dem reich bebilderten Artikel wurde der Verleger vor einem breiten Publikum persönlich und politisch an den Pranger gestellt. In diesem Zusammenhang ist ein Schriftstück von Interesse, in dem der Autor des Anti-Springer-Films, Karl-Georg Egel, dem MfS über den folgenden »internen Vorgang« berichtet: Ein »Verbindungsmann« des FDJ-Zentralrats zu APO-Studenten namens Marten oder Martens habe ihn angerufen und mitgeteilt, dass er, Egel, »in den nächsten Tagen ein Telegramm von drei Studenten aus Westberlin erhalten würde, die mit Bissinger vom *Stern* und Archivmaterial über A. C. Spr[inger] für mich am Kontrollpunkt Friedrichstraße eintreffen würden. Ich solle sie in Empfang nehmen und dafür garantieren, dass sie auch wieder mit dem Material zurückkönnten. Sie wollten mein Archivmaterial gegen ihres im Austausch durchblättern.« Der erfahrene Nachrichtendienstler Egel reagierte jedoch zurückhaltend und konsultierte zunächst seine Führungsstelle bei der Stasi, der er mitteilte: »Ich stellte mich dem jungen Mann gegenüber blöd, sagte nur, dass ich vor einiger Zeit, wenn ich mich recht erinnere, Herrn Bissinger mal getroffen hätte. Gibt es einen solchen Genossen im FDJ-Zentralrat? Oder war das eine Provokation, um herauszubekommen, ob ich mit Bissinger oder anderen Westberliner Studenten zusammenarbeite?«[122] Ob Bissinger tatsächlich mit Egel »zusammenarbeitete«, ergibt sich nicht aus den Akten – der heutige Herausgeber der *Woche* bestreitet einen solchen Kontakt.

Springer wurde damals vom *Stern* als ein Mann dargestellt, der aus verletzter Eitelkeit zu einem politischen Fanatiker und Hasardeur geworden war. Weil der sowjetische Parteichef Nikita Chruschtschow bei Springers Moskau-Besuch im Jahr 1958 nicht auf dessen Vorschläge zur Wiedervereinigung eingegangen sei, so der Artikel, habe der Verleger »tief getroffen« eine Kehrtwende vollzogen und sich von nun an einem »militanten Antikommunismus« verschrieben. In Wirklichkeit war das Gegenteil der Fall gewesen, wie nicht zuletzt der weiter oben zitierte Stasi-Bericht deutlich macht. Springer selbst hatte sogar die erste deutsch-deutsche Vereinbarung initiiert – ein Tauschgeschäft vom Dezember 1962, in dessen Rahmen für die Lieferung von drei Waggons Kalidünger zwanzig Häftlinge freigelassen und ebenso viele ostdeutsche Kinder mit ihren nach Westdeutschland geflüchteten Familien zusammengeführt wurden.[123]

Der *Stern* hingegen lastete Springer sogar den Mauerbau an, weil die Zeitungen des »Papier-Kriegers« zuvor zu Zehntausenden über die Zonengrenze gelangt seien und dort die Stimmung gefährlich angeheizt hätten. Bissinger wörtlich: »DDR und Ostblock wurden – wollten sie nicht das Gesicht auch im eigenen Lager verlieren – gezwungen, dem Einhalt zu gebieten.« Unbelegte oder aus dem Zusammenhang gerissene Zitate dienten dazu, auch Springers Bemühungen um eine Wiedergutmachung an Israel zu diskreditieren und ihm zu unterstellen, er betrachte die Eroberung Ost-Jerusalems im Juni 1967 als Vorbild für Berlin. Schließlich wurde ihm eine Reihe aktueller Fehlgriffe in seinen Blättern angekreidet, darunter die Verbreitung einer Meldung der Nachrichtenagentur Tarantel-Press, dass sich der Ostberliner Schriftsteller Arnold Zweig in Briefen an einen israelischen Freund bitter über die Zustände in Ostdeutschland beklagt hätte – was dieser später dementierte. Wie verzerrt die politische Wahrnehmung damals war, zeigt die Tatsache, dass nicht die Anti-Zionismus-Hetze der SED und das beredte Schweigen des jüdischen Romanciers Zweig zum Thema gemacht wurden, sondern Springer auf der Anklagebank saß. Selbst Günter Grass kommentierte den Vorfall laut *Stern* mit den Worten: »Übrig bleibt die abermals bestätigte Einsicht, dass es den Zeitungen des Springer-Konzerns … immer noch möglich ist, mit wahrhaft faschistischen Methoden Zweckmeldungen zu verbreiten …«[124]

Die Zeitungen des Springer-Konzerns bemühten sich, die vom *Stern* erhobenen Vorwürfe zu dementieren – und verschafften der Kampagne damit nur noch mehr Publizität. Bissinger hatte zum Beispiel behauptet, Springer hätte auf einer Weihnachtsfeier gesagt, man werde nach Berlin ziehen, um eine Zeitung zu machen, wie sie die Welt noch nicht gesehen habe – und dann »ein deutsches Volk schaffen, wie es die Welt noch nicht gesehen hat«. Demgegenüber stellte die *Morgenpost* richtig, Springer hätte tatsächlich gesagt, dass er an die große, von den Nationalsozialisten zerschlagene Berliner Zeitungstradition anknüpfen und ein Blatt schaffen wolle, das sich an Zuverlässigkeit, Informationsfülle und Brillanz mit dem Besten messen könne, was es in der Welt gebe. Gleichzeitig erhoffe er sich eine Erneuerung des deutschen Volks in dem Sinne, »dass seine Blätter daran mitarbeiten, eine Wiederholung vergangenen Unrechts für die Zukunft unmöglich zu machen«. Auch zur Situation in Jerusalem hatte Springer der Zeitung zufolge etwas anderes gesagt, als im *Stern* behauptet worden war: »Ich war zutiefst davon beeindruckt, jetzt durch die beiden Teile Jerusalems gehen zu können, ohne durch eine Mauer oder durch einen Stacheldraht daran gehindert zu sein; aber ich weiß natürlich, dass die Grundprobleme der Stadt Jerusalem und vor allem die Lösung, die man dort gefunden hat, in gar keiner Weise vergleichbar sind mit der Situation in Berlin.«[125]

In einem in der *Bild*-Zeitung und in der *Hamburger Morgenpost* veröffentlichten Appell forderte der Verleger seine Redakteure auf, keine Rücksicht auf die Kampagne gegen ihn zu nehmen und weiterhin in eigener Verantwortung unabhängige und überparteiliche Zeitungen zu machen. »Jeder, der das Ulbricht-Regime nicht anerkennen will, wird von der von *Stern* und *Spiegel* angeführten Anerkennungspartei unter Druck gesetzt«, erklärte er das Vorgehen seiner Gegner. Auch der *Stern*-Verleger John Jahr hielt die Anschuldigungen für ungerechtfertigt. Er kenne Springer seit fünfundzwanzig Jahren und wisse, dass dieser »stets ein liberaler Mann war und ist«.[126]

In einem Offenen Brief an Springer kritisierte der Erfolgsautor Hans Habe die Kampagne gegen den Verleger, obwohl er dessen politische Ansichten in vielen Fragen nicht teilte. Habe wunderte sich beispielsweise darüber, dass man dem Verleger vorwerfe, seinen Zeitungen eine politische Richtung aufzuzwingen. Gerade die Buchverleger, die sich jetzt von ihren Autoren in einen »Inseratenboykott« gegen Springer hineinbugsieren ließen, würden doch selber stolz auf ihr jeweiliges »Profil« und die darin zum Ausdruck kommende politische Gesinnung verweisen. Rudolf Augstein, Springers eifrigster Widersacher und Mehrheitseigner des *Spiegel*, regiere etwa sein »Orchester mit Toscaninischer Strenge« und lasse keinen

Ton zu, der sein Ohr verletzen könnte. Als irreführend erschien Habe auch die Behauptung, Springer besitze ein Meinungsmonopol und unterminiere damit die Freiheit der Presse. Diese hänge nämlich nicht vom Marktanteil einzelner Blätter ab, sondern davon, ob der Leser die Möglichkeit habe, aus einem breiten Spektrum unterschiedlicher Zeitungen auszuwählen. Springer besitze aber nur eine kleine Zahl von Zeitungen, und jeder, selbst in Berlin, habe die Möglichkeit, die Blätter eines anderen Verlages zu kaufen.

Zu den tieferen Ursachen, die Augstein und andere Linksintellektuelle seines Erachtens für Zwangsmaßnahmen gegen Springer plädieren ließen, schrieb Habe: »Der Wunschtraum von der Enteignung Springers ist der Wunschtraum von der Entmündigung des Lesers.« Augstein, aber auch Grass trauten den Deutschen nicht und träumten von einem Meinungsmonopol der Linksintellektuellen. Sie wollten sie nicht mit überzeugenden Worten auf den rechten – beziehungsweise linken – Weg führen, sondern ihnen überhaupt die Möglichkeit der Wahl nehmen. Doch die Alleinherrschaft der Intellektuellen würde kurzlebiger sein als die Republik von Weimar. Darüber hinaus beklagte Habe noch eine Reihe weiterer Erscheinungen des politischen Zeitgeists, etwa die Tendenz, den Amerikanern in Deutschland die Rolle zuzuschieben, die vormals die Juden als Kanalisatoren des Ressentiments gespielt hätten, oder die von Springers Gegnern mit feiner Ironie vorgetragenen Bemerkungen zu seinem Israel-Engagement, die ihn an den Goebbelsschen Begriff des »Judenknechts« erinnerten.[127]

Die Kampagne gegen das Verlagshaus eskalierte, als der Springer-Ausschuss der Studentenbewegung am 1. Februar zur Vorbereitung des abermals verschobenen Tribunals ein Hearing durchführte, das mit der Vorführung eines Kurzfilms von Holger Meins über die Herstellung von Molotowcocktails endete. In derselben Nacht wurden die Fensterscheiben von sieben *Morgenpost*-Filialen mit Steinen zertrümmert. Die Übergriffe hatten zur Folge, dass die meisten der vom Springer-Ausschuss für Mitte Februar nach Berlin eingeladenen Sachverständigen absagten. Am 9. Februar konnte deshalb nur die Eröffnung stattfinden, an der unter anderem Erich Kuby und Eugen Kogon teilnahmen; das eigentliche Hearing wurde verschoben, fand dann aber ebenso wenig statt wie das ursprünglich geplante Tribunal.

Die *Bild*-Zeitung veröffentlichte damals eine heftig kritisierte Karikatur, die die Anschläge auf die Springer-Filialen mit den Übergriffen auf jüdische Geschäfte in der NS-Zeit verglich. Die Reaktionen der Achtundsechziger darauf waren freilich kaum weniger grobschlächtig als dieser Vergleich. »Die Herrschenden von damals, die in der Reichskristallnacht einen Vernichtungsschlag gegen eine Minderheit führten«, verkündete ein Flugblatt, »sind auch die Herrschenden von heute. Seit 1933 trägt Axel Springer die Uniform der Nazis. Da er Geld hatte, brauchte er seine Hände nicht blutig zu machen: Er leistete seinen Beitrag zum organisierten Mord an Arbeitern, Juden und Intellektuellen vom Schreibtisch aus. Heute versuchen er und sein Dutzend alter Nazischreiber den Spieß umzudrehen: Sie heften sich stolz den Judenstern an und nennen die Studenten ›Nazis‹.«[128] Diese Einstellung gegenüber Springer hat sich, wie manches aus der Vorstellungswelt der Studentenbewegung, trotz einer Fülle differenzierter Untersuchungen über die Ursachen des Genozids an den europäischen Juden als erstaunlich zählebig erwiesen. So kommentierten Tilman Fichter und Siegward Lönnendonker in ihrer *Kleinen Geschichte des SDS* dreißig Jahre später denselben Vorfall mit den Worten: »Axel Cäsar Springer, der seit Alfred Hugenberg den größten Pressekonzern Deutschlands besitzt, schreckte nicht davor zurück, sich als von Nazis verfolgter Jude zu stilisieren. Abgesehen davon, dass ein solcher Vergleich die 6 Millionen Juden verhöhnt, für deren Ermordung die deutsche Bourgeoisie politisch verantwortlich ist, spiegelt sich in dieser Blasphemie das für einen hervorragenden Vertreter des zu Geld und Macht gekommenen deutschen Kleinbürgertums typische Hinundherschwanken zwischen Brutalität und Selbstmitleid wider.«[129]

Historische Analogien spielten in der noch unsicheren Bonner Republik ohnehin eine größere Rolle als heute – vielen stand das schmähliche Ende von Weimar mit seinen katastrophalen Folgen noch als Schreckensvision vor Augen. Für die Studentenbewegung, die für sich in Anspruch nahm, die richtigen Lehren aus der Geschichte gezogen zu haben, war es eine schwer erträgliche Provokation, mit den stiefeltrampelnden Horden der SA verglichen zu werden. Widerlegen konnte sie den Vorwurf freilich nicht, dass erstmals seit dem Zweiten Weltkrieg wieder auf der Straße Politik gemacht werde, und zwar mit dem kaum verhüllten Ziel, wie der Soziologe René Ahlberg 1968 vor einem Untersuchungsausschuss des Berliner Abgeordnetenhauses ausführte, die parlamentarische Demokratie abzuschaffen. Andere sahen die Gefahr einer Wechselwirkung zwischen SDS und NPD, die in der Zeit der Großen Koalition immer mehr Wähler für sich gewann. Rechte wie Linke, so konnte man in konservativen Zeitungen lesen, würden sich durch ihre Agitation gegen das parlamentarische System gegenseitig befördern, da die Krawalle auf den Straßen den Ruf nach dem starken Mann verstärkten, während die Wahlerfolge der NPD den Linken zusätzliche Anhänger verschafften.[130]

Auch nach den Anschlägen in Berlin bemühte sich der Republikanische Club, die Kampagne gegen Springer fortzuführen, wobei man jetzt immer unverhohlener mit der DDR zusammenarbeitete. So baten die Organisatoren im März 1968 den SED-Funktionär Dieter Klein, der als Professor an der Ostberliner Humboldt-Universität lehrte, er möge sich dafür einsetzen, »dass in der nächsten Zeit regelmäßig DDR-Referenten die politischen Diskussionen im Klub mitbestimmen«. Konkret wolle man seinen durch einschlägige Veröffentlichungen hervorgetretenen Kollegen Knipping in Vorbereitung weiterer gegen Springer gerichteter Aktionen als Referenten gewinnen. »Meine Auffassung ist«, schrieb Klein in seinem in einer Stasi-Akte abgehefteten Bericht über die Gespräche mit den Club-Vertretern, »dass man unbedingt die Möglichkeit nutzen müsste, auf diese Weise ein richtiges Verhältnis der außerparlamentarischen Opposition zum Sozialismus herzustellen.«[131]

Rudi Dutschke entwickelte in dieser Zeit ebenfalls vertrauliche Kontakte in die DDR, aus der er bekanntlich nur wenige Jahre zuvor geflohen war. Niemand weiß freilich genau, was er damals mit wem besprochen hat. Bekannt ist, dass er als Westberliner SDS-Vorsitzender im Vorfeld des Vietnam-Kongresses vom Februar 1968 mit der FDJ über eine »Aktionseinheit« verhandelte. Peter Schneider erinnert sich sogar an einen Plan, von Ostberlin aus über die Kanalisation einen Anschlag auf das Springer-Hochhaus durchzuführen. Auch Bernd Rabehl, ein enger Freund Dutschkes, weiß von geheimen Zusammenkünften zu berichten, in die nicht einmal er eingeweiht worden sei.

Ihren Höhepunkt erreichte die Kampagne, als Rudi Dutschke am Gründonnerstag 1968 bei einem Attentat lebensgefährlich verletzt wurde. Wie von Geisterhand gelenkt, richtete sich der ohnmächtige Zorn der Studenten gegen den Springer Verlag, dessen Berliner Konzernzentrale noch am Abend belagert und schließlich gestürmt wurde; allerdings drangen die Angreifer nur bis ins Foyer vor, aus dem sie von Verlagsmitarbeitern wieder hinausgedrängt wurden. Die Demonstranten waren überzeugt, dass die Berichterstattung der »Springer-Presse« die Bürger gegen sie aufgehetzt und dadurch das Attentat mitverschuldet habe. »*Bild* hat mitgeschossen«, lautete eine der zentralen Parolen, und immer wieder: »Enteignet Springer!« Durch eine Blockade, in deren Verlauf mehrere Lastwagen umgestürzt und in Brand gesteckt wurden, versuchten sie zu verhindern, dass die Zeitungen des Konzerns ausgeliefert wurden. Auch an anderen Druckorten wurde die Auslieferung der *Bild*-Zeitung behindert, und in zahlreichen Städten, etwa in Frankfurt, kam es während der Ostertage zu schweren Straßenschlachten mit der Polizei, wie es sie seit dem Ende der Weimarer Republik in Deutschland nicht mehr gegeben hatte. Dass der Attentäter, der Malergeselle Josef Bachmann, gar nicht aus Berlin, sondern aus München kam und höchstwahrscheinlich kein Artikel der *Bild*-Zeitung, sondern einer aus der *Deutschen National-Zeitung* des rechtsextremen Verlegers Gerhard Frey ihn zu dem Anschlag motiviert hatte, blieb ebenso unbeachtet wie die Tatsache, dass die antikommunistische Einstellung seines Elternhauses in der DDR geprägt worden war, wo Bachmann bis 1956 aufgewachsen war.

Auch nach dem Dutschke-Attentat, mit dem der Niedergang der Westberliner Studentenproteste begann, versuchte die Stasi, die Anti-Springer-Kampagne weiterzutreiben. Im

Mai 1968 übergab ein Genosse Karp von der Bezirksverwaltung Potsdam einen Brief, den die gewerkschaftlich organisierten Springer-Mitarbeiter an den Hauptvorstand der IG Druck und Papier schicken wollten, um gegen die einseitigen Stellungnahmen der Gewerkschaft gegen den Springer Verlag zu protestieren. »Diesen Brief«, erläuterte die Stasi in ihrem Begleitschreiben, »erhielt der Gen[osse] Karp am heutigen Tage durch seinen IM, der im Springerverlag arbeitet.« Der IM sei der Meinung, dass der Brief von Springer selbst initiiert worden sei. Handschriftlich machte der Leiter der Agitationsabteilung, Halle, daraufhin den Vorschlag, das Schreiben an die »Springerkommission« des ZK weiterzuleiten.[132] Wenig später erschien im *Berliner Extra-Dienst* ein Artikel über den Vorgang.[133]

Im August 1968 setzte man sich auf Vorschlag von Markus Wolf mit Karl-Georg Egel zusammen, um noch einmal über dessen Anti-Springer-Epos zu sprechen. Wieder brachte er eine lange Liste mit Fragen mit, die erneut vor allem auf eine persönliche Diffamierung Springers abzielten. So bat er um »Durchleuchtung und persönliche, politische und wirtschaftliche Details zur Entwicklung und zum augenblicklichen Stand der Freundschaft zwischen Springer und den Mitgliedern seines Direktoriums«. Zudem wollte er »Einzelheiten über Intimitäten« zwischen Springer und CSU-Chef Strauß wissen. Sogar nach einem Dr. Springer aus der »Kanzlei des Führers« ließ er die Stasi fahnden, weil er meinte, dieser könnte mit dem Verleger verwandt gewesen sein. Nach der vierstündigen Sitzung, an der auch Wolf teilgenommen hatte, vermerkte der Vertreter der Abteilung Agitation zu den aufgeworfenen Fragen spitz, dass es sich dabei im wesentlichen um Erwägungen gehandelt hätte, »deren Beweisführung nicht in jedem Fall gegeben ist«.[134]

Diskreditierungsmaßnahmen der Stasi

Das MfS betrachtete nicht nur die Aktionen der Studentenbewegung mit Sympathie. Es entwickelte auch selber Maßnahmen, um Mitarbeiter des Springer Verlags oder den Konzernchef in Misskredit zu bringen. Viele dieser Attacken sind wahrscheinlich nie mehr zu rekonstruieren, da die einschlägigen Unterlagen, einschließlich der über Springers Person angelegten Akten, vernichtet wurden. Erhalten geblieben ist aber ein Schreiben Markus Wolfs vom März 1977, in dem er den Leiter des Zentralen Medizinischen Diensts der Staatssicherheit, Günter Kempe, darum bittet, »im Zusammenhang mit der Durchführung einer Maßnahme gegen S.« ein psychiatrisches Gutachten über Springer anfertigen zu lassen. Daraus sollte unter anderem hervorgehen, dass der Verleger »unter depressiven Störungen, Angstzuständen, Verfolgungswahn u. ä. leidet und nicht in der Lage ist, aktiv bei der inhaltlichen Gestaltung seiner Publikationen mitzuwirken«. Als Verfasser schlug er einen »Genossen Dr. Gußmann« vor, der kurz darauf den entsprechenden Auftrag erhielt und die Einzelheiten mit der Desinformationsabteilung der HVA vereinbaren sollte.[135] Nur wenige Tage später war das Gutachten fertiggestellt und wurde der Abteilung zur weiteren Verwendung übergeben. Einem Bericht der *Welt am Sonntag* zufolge erklärte einer der an der Aktion beteiligten Stasi-Offiziere später, dass Auszüge aus dem Gutachten Springers Konkurrenten aus der Verlagsbranche zugespielt worden seien. Dabei sei der Eindruck erweckt worden, die Informationen stammten von Springers Ärzten. Auch über IM in den Verlagshäusern in Berlin und Hamburg sei verbreitet worden, der Verleger sei kaum noch zurechnungsfähig. Über den Stand der Aktion sei Wolf kontinuierlich informiert worden.[136] Jahre zuvor war Springer schon einmal, vom Psychoanalytiker Alexander Mitscherlich, in Peter Merseburgers Fernsehsendung *Panorama* als psychisch krank hingestellt worden.[137]

Mit »aktiven Maßnahmen« ging die Stasi auch gegen missliebige Mitarbeiter des Springer Verlags vor. Ein Beispiel dafür ist der *Welt*-Korrespondent Hans-Rüdiger Karutz, der in seiner Berichterstattung vom DDR-freundlichen Zeitgeist weitgehend unbeeinflusst blieb und in den achtziger Jahren rege Kontakte zu SED-kritischen Kirchenkreisen unterhielt. Der Leiter des Westberliner *Welt*-Büros, der bis 1954 selbst in der DDR gelebt hatte und im Alter von dreizehn Jahren legal ausgereist war, gehörte laut einem Stasi-Bericht zu jenen westlichen Journalisten, die den Anspruch erhoben, eine durch »authentische Informationen aus der DDR gestützte, seriöse Berichterstattung auch über innere Entwicklungsprobleme« der DDR zu garantieren – was ausreichte, ihn in den Augen der Stasi verdächtig zu machen.[138] 1981 wurde gegen ihn unter dem Codenamen »Pfarrer« eine sogenannte Operative Personenkontrolle eingeleitet. Das bedeutete, dass er bis zur Auflösung des MfS einer intensiven Überwachung ausgesetzt war. In diesem Rahmen fädelte die Stasi auch mehrfach subtile Diskreditierungsmaßnahmen ein, an denen auch die für die Journalistenbetreuung zuständigen Funktionäre des DDR-Außenministeriums mitwirkten, bei denen es sich, wie dargestellt, in Wahrheit meist um Stasi-Offiziere handelte.

Diese Aktionen waren zum Teil Ersatz für die von der Stasi vorbereiteten, von der SED aber aus politischen Gründen verworfenen strafrechtlichen Maßnahmen. In geheimdienstlicher Kleinarbeit hatte die Stasi beispielsweise herausgefunden, dass Karutz aus Kirchenkreisen immer wieder Hintergrundinformationen erhielt, die er in seine Artikel einfließen ließ – für die Stasi ein Anhaltspunkt für »Handlungen, die auf ein Wirksamwerden im Sinne des § 97 (1) StGB schließen lassen«, zu deutsch: für Spionage.[139] Da die Gespräche mit Kirchenvertretern häufig im Rahmen »offizieller« journalistischer DDR-Reisen erfolgten, sah die Stasi zudem einen Verstoß gegen das Zollgesetz der DDR. Schließlich meinte man, ihm Verstöße gegen die Journalistenverordnung der DDR nachweisen zu können, da er Informationen, die er bei genehmigten journalistischen Vorhaben für die *Welt* erhielt, vereinzelt auch anderen, der Kirche verbundenen Medien zugänglich machte. Außerdem hatte er es sich nach Meinung der Stasi erlaubt, über Themen zu berichten, für die eine offizielle Akkreditierung abgelehnt worden war – und das wurden fast alle seiner Anträge.

Da die Stasi außer einer Einreisesperre und der Versagung von Akkreditierungswünschen keine direkten Sanktionsmöglichkeiten hatte, ersann man 1986 eine »offensive Medienmaßnahme«, deren Ziel es war, Karutz und seine »politischen Hintermänner« zu verunsichern. Zu diesem Zweck war vorgesehen, in der erwähnten außenpolitischen DDR-Zeitschrift *Horizont* einen Artikel zu veröffentlichen, in dem nicht nur die zuvor erschienenen DDR-kritischen Berichte von Karutz zurückgewiesen, sondern auch seine Person in »ein richtiges Licht« gerückt werden sollte. »Eine inoffizielle Quelle in Schlüsselposition«, hieß es in einem internen Aktenvermerk lapidar, »erbittet dazu Unterstützung vom MfS durch Informationsübergabe. Die Form des *Horizont*-Beitrags (Glosse o. ä.) ist noch nicht festgelegt.«[140]

Die Stasi hatte in diesem Zusammenhang vor, ein Zerwürfnis zwischen Karutz und einem westdeutschen Kollegen, der eine Fotoagentur betrieb, herbeizuführen. Stasi-Major Manfred Schulz, über Jahre auf Karutz angesetzt und nach außen als Mitarbeiter des DDR-Außenministeriums getarnt, hatte von dem Fotografen ein Foto bekommen, das den Journalisten, wie es hieß, »bei einer religiösen Handlung« in der DDR zeigte – tatsächlich handelte es sich um eine Aufnahme von den Luther-Feierlichkeiten auf der Wartburg, auf der zu sehen war, wie Karutz im Rahmen eines Gottesdienstes, zusammen mit vielen anderen Teilnehmern, von einer Pastorin gesegnet wurde. Laut Stasi-Bericht hatte Karutz' Bekannter dazu bemerkt: »Dieser Scheinheilige!« *Horizont* sollte nun das Foto veröffentlichen, einschließlich des Ausrufs des Bekannten sowie weiterer persönlicher Dinge. Da die Stasi nur durch im Westen abgehörte Telefonate von der Beziehung zwischen den beiden wusste, die Betroffenen ihre arbeitsmäßige Bekanntschaft gegenüber dem Funktionär aber nie erwähnt hatten, hoffte man, dass sie sich gegenseitig der Indiskretion verdächtigen würden. Zudem sollten sie sich fragen, was den Artikel ausgelöst haben könnte, was die DDR darüber hinaus wissen mochte und welche weiteren Schritte sie ergreifen würde. Die Publikation würde in »gegnerischen Kreisen« als Schlag der DDR gegen Karutz, aber auch gegen die Springer-Presse beziehungsweise den erwarteten Antrag auf Eröffnung eines Korrespondentenbüros der *Welt* verstanden werden, was »politisch-operativ günstig« sei. Der Überbringer des Fotos sollte durch die Maßnahme zudem »stärker auf seinen DDR-Partner [also Schulz] fixiert werden«, während man sich bei Karutz der Hoffnung hingab, ihn »auf seine Bereitschaft zu Gegenleistungen« abklopfen zu können, da er ständiger Korrespondent der *Welt* in der DDR werden wolle.[141]

Das Wartburg-Foto von Karutz beschäftigte die Stasi noch eine Weile. Im März 1986 kam es zu einer MfS-internen Beratung mit Oberstleutnant Manfred Laszczak von der Desinformationsabteilung, bei der dieser sich bereit erklärte, das Foto einem ungenannten CDU-Politiker aus Westberlin zuzuspielen. Dieser werde es, so die Hoffnung des Staatssicherheitsdiensts, unter Umständen »aus persönlichen Gründen« gegen den Journalisten verwenden, denn Karutz berichtete damals auch umfassend über Westberliner politische Belange. Zudem sagte Laszczak zu, dass man Karutz in den Personenkreis aufnehmen werde, der bei desinformatorischen Maßnahmen im Westen erwähnt und mit Material beliefert wurde. Die HVA bot außerdem an, »eine Quelle in die Kontaktarbeit mit ›Pfarrer‹ einzubeziehen, die auch als Werber auftreten kann« – man wollte für alles gewappnet sein.[142]

Konkret verständigte man sich darauf, als erstes die aus abgehörten Telefonaten stammenden Informationen über den damaligen Bauskandal in Westberlin »für desinformatorische Maßnahmen« gegen Karutz zu verwenden. Die HVA erstellte zu diesem Zweck einen zweieinhalbseitigen Text, der die Arbeitsweise der Stasi im Westen plastisch vor Augen führt: Gespickt mit internen Fakten, vielsagenden Andeutungen und Zitaten wurde der Eindruck erweckt, es gebe eine finstere Intrige zum Sturz des Regierenden Bürgermeisters Eberhard Diepgen. Karutz spielte dabei – im Auftrag des Springer Verlags – angeblich eine Schlüsselrolle. »Der Verlag«, wird in dem Desinformationspapier versichert, »verfügt zu Diepgen über genügend Material, um ihn zur Strecke zu bringen. Allerdings nicht jetzt und nicht sofort. Insider meinen, dass die ›heiße Phase‹ gegen Diepgen im Frühherbst anlaufen soll.« Einen wesentlichen Teil seiner »profunden Kenntnisse« habe, glaubte die Stasi, der *Welt*-Redakteur von Rupert Scholz, damals Berliner Senator für Bundesangelegenheiten und Justiz, der als Kohl-Freund als aussichtsreicher Nachfolger von Diepgen gehandelt werde. Die führenden Medien Berlins, heißt es andeutungsvoll in dem gefälschten Papier, seien eine Macht, mit der man vieles erreichen könne. »Nimmt man dazu eine Äußerung des Stellvertretenden *Morgenpost*-Chefs Rudolf Stiege, der unlängst erklärte, man hätte ›mit der Ablösung von

Heinrich Lummer auch gleich die Diepgen-Sache bereinigen sollen‹, dann muss man wohl davon ausgehen, dass es auch im Berliner Szenarium heißen wird: Fortsetzung folgt.«[143] Die Schmutzkampagne, die niemand mit dem MfS in Zusammenhang brachte, bewirkte, dass führende Westberliner CDU-Politiker um Diepgen die Ablösung von Karutz als Leiter des *Welt*-Büros durchzusetzen versuchten.

Im Mai 1988 startete die Stasi eine ähnliche Aktion. Auf den Briefbögen für Hausmitteilungen des Springer Verlags wurden von ihr schon seit längerem »Berichte« verbreitet, in denen nachrichtendienstliche Informationen so aufbereitet wurden, dass sie geeignet waren, unter dem Führungspersonal Zwietracht zu säen und den Verlag und seine Mitarbeiter in Misskredit zu bringen. Unter der Überschrift »Vorgänge in und um den Axel Springer Verlag« wurde beispielsweise von einem angeblichen Machtkampf um das Erbe des zweieinhalb Jahre zuvor verstorbenen Gründers berichtet. Der Text, garniert mit Zitaten der Beteiligten und wenig schmeichelhaften Interna, wurde insgesamt fünfundsechzig Adressaten zugeschickt – Verlagsmitarbeitern, *Welt*-Journalisten, Zeitungen und Politikern. Auch Karutz kam in den Verteiler und war zugleich selber Gegenstand der »Mitteilungen«. In dem genannten Text wurde zum Beispiel von Auseinandersetzungen in der *Welt*-Redaktion berichtet, nachdem diese bei einem von Karutz geführten Interview mit einem ostdeutschen Bischof das Kürzel DDR auch in den Antworten in Anführungsstriche gesetzt hatte – auch hier ging es darum, einen Konflikt auszulösen. In anderen Berichten wurde er fälschlicherweise beschuldigt, hohe unangemeldete Nebeneinkünfte zu beziehen, weil er angeblich dem damaligen SFB-Intendanten Lothar Loewe zuarbeite, was sogar arbeitsrechtliche Folgen hätte haben können.

Keine Unterlagen finden sich über Vorkommnisse, die Karutz damals veranlassten, den Westberliner Staatsschutz einzuschalten, wenn auch vergebens: Zweimal wurde in dieser Zeit in West-Berlin in seinen Dienstwagen eingebrochen, einmal in sein Haus, in Anwesenheit seiner Familie und ohne dass Wertgegenstände fehlten; lediglich das Arbeitszimmer wurde durchwühlt. Bei einem Besuch der Leipziger Messe fuhr ihm ein Streifenwagen der Volkspolizei so dicht hinterher, dass die Absicht, einen Auffahrunfall zu provozieren, offenkundig war. Die Maßnahmen gegen Karutz wurden erst im Januar 1990 eingestellt, als die Mauer gefallen war und aufgebrachte Bürger bereits die ersten Stasi-Dienststellen besetzt hatten. In einem dreiseitigen Abschlußbericht vom 3. Januar 1990 wurden noch einmal alle »Vergehen« des Journalisten aufgelistet, um dann ziemlich unwillig den folgenden »Entscheidungsvorschlag« zu unterbreiten: »Unter den derzeitigen Lagebedingungen Einstellung der OPK auf Grund nicht ausreichender Beweise im Sinne des § 97 (2) StGB und fehlender weiterer Kontrollmöglichkeiten.«[144] Allerdings, wurde hinzugefügt, rechtfertigten Karutz' Aktivitäten nach wie vor die Verhängung einer Einreisesperre. Vierzehn Tage später wurde das Büro von Major Grünberg, dem Verfasser dieser Zeilen, durch Bürgerrechtler besetzt.

Als Ironie der Geschichte mag man betrachten, dass die von Springer gegen alle Angriffe verteidigten Anführungsstriche ausgerechnet am Vorabend der friedlichen Revolution aus den Blättern des Konzerns eliminiert wurden: Am 1. August 1989, drei Monate vor dem Mauerfall, verkündete der Sprecher des Springer Verlags, die »Tüttelchen« um die drei großen Buchstaben DDR würden ab sofort wegfallen. Angeblich war dem ein geheimer Deal unter Einschaltung von Rechtsanwalt Wolfgang Vogel vorweggegangen, nach dem dies die Bedingung dafür war, dass der Verlag ein Büro in Ostberlin eröffnen durfte. Der Symbolcharakter der Anführungsstriche, hieß es hingegen in der offiziellen Begründung, würde insbesondere in der jüngeren Generation nicht mehr verstanden. Auch mit Blick auf die Reformversuche in der Sowjetunion, Polen und Ungarn seien sie nicht mehr zeitgemäß. Und in der *Welt*, der unter Berufung auf die Anführungsstriche die Akkreditierung eines ständigen Korrespondenten immer verweigert worden war, konnte man lesen: »Wir verzichten, was die Schreibweise der DDR betrifft, jetzt auf Symbolik, die uns als formaler Vorwand gegen unser Bemühen, auch die Menschen im Osten zu erreichen und ihnen unseren Standpunkt zu Freiheit und Selbstbestimmung zu vermitteln, entgegengehalten werden könnte. Die deutschlandpolitische Grundhaltung der *Welt* gilt unverändert.«[145] Vier Monate später konnte die *Welt* in Ostberlin tatsächlich ein Büro eröffnen, doch inzwischen war auch die Mauer gefallen. Erster Leiter des *Welt*-Büros in der DDR wurde übrigens nicht der von der Stasi verfolgte Karutz, sondern Detlev Ahlers aus der Bonner *Welt*-Zentrale, der Sohn des ehemaligen Bonner Regierungssprechers Conrad Ahlers – eines Vertrauten von Willy Brandt und Egon Bahr.

Mit der Auflösung des Staatssicherheitsdiensts im Frühjahr 1990 wäre das Stasi-Kapitel für den Springer Verlag eigentlich abgeschlossen gewesen – wenn es nicht ein knappes Jahrzehnt danach noch einmal hätte aufgeschlagen werden müssen: Im November 1999 wurde publik, dass der stellvertretende Chefredakteur der *Bild*-Zeitung, Klaus-Dieter Kimmel, und Sportredakteur Manfred Hönel lange Jahre als IM tätig gewesen waren. Kimmel, ein ehemaliger DDR-Sportjournalist, hatte sich 1974 unter dem Decknamen »Fuchs« zum ersten Mal handschriftlich zur Zusammenarbeit mit dem MfS verpflichtet und zwei Jahre für die Stasi gearbeitet. 1988 erfolgte erneut eine Verpflichtung, diesmal unter dem Decknamen »Martin Meinel«. Sein Führungsoffizier bescheinigte ihm damals, »uneingeschränkt« bereit gewesen zu sein, »Personen zu bearbeiten, die eine feindliche Haltung zur DDR haben und aus dem kapitalistischen Ausland einschließlich West-Berlin und BRD sind«. Dies habe er »in der Praxis unter Beweis gestellt«. Den Unterlagen zufolge hatte er dafür mehrfach Geld in Empfang genommen. Nach der Wende machte er dann Karriere im Springer Verlag, wo er bis 1998 die *Bild*-Redaktion »Neue Bundesländer« leitete. Kimmels Kollege Manfred Hönel hatte in der DDR sogar rund zwei Jahrzehnte für die Stasi gearbeitet. Als IM »Harro« hatte er seit 1968 bis in die späten achtziger Jahre zahlreiche Aufträge in »kapitalistischen Ländern« erledigt und war dafür mit »westlichen Valuta wie D-Mark und Schweizer Franken« entlohnt sowie mit der »Medaille für treue Dienste der Nationalen Volksarmee« ausgezeichnet worden. Neben Sportlern, Funktionären und Journalisten hatte er den Akten zufolge unter anderem einen Reporter der *Bild*-Zeitung ausgehorcht, der 1972 in Göteborg die Flucht des DDR-Eiskunstläufers Günther Zöller organisiert haben sollte.[146]

Ein Feind von links: die *taz*

Die Stasi bekämpfte nicht nur Medien und Journalisten mit konservativer politischer Orientierung. Auch auf der linken Seite des politischen Spektrums sah sie »Feinde« der DDR am Werk, die nachrichtendienstlich ausgeforscht und bekämpft werden mussten. Aus Sicht des MfS waren letztlich alle westlichen Berichterstatter, wenn sie nicht in seinen Diensten standen, Teil des Propagandaapparats des Klassenfeinds zur Irreführung der Volksmassen und zur politisch-ideologischen Diversion des Sozialismus. Als besonders gefährlich galten jedoch Medien und Journalisten, die die DDR von einem sozialistischen oder linken Standpunkt aus kritisierten und der SED damit den Anspruch streitig machten, die alleinige und allein richtig handelnde Sachwalterin der Interessen der Arbeiterklasse zu sein. Diese ideologisch verstärkte Feindschaft richtete sich in den fünfziger Jahren besonders gegen die Sozialdemokratie, später vor allem gegen von der SED nicht kontrollierte linke Gruppierungen.

Ein Beispiel für ein derartiges »Feindobjekt« der Stasi auf der Linken ist die in Westberlin erscheinende *tageszeitung* (*taz*). Das MfS kannte die Zeitung bereits vor dem Erscheinen ihrer ersten Ausgabe, denn am 27. Juli 1978 berichtete der Leiter der Abteilung Postzollfahndung von einer Postsendung an den Ostberliner Korrespondenten der polnischen Zeitung *Trybuna Ludu*, die die Ankündigung einer neuen westlichen Tageszeitung enthielt. »Neben einem ›Prospekt: *Tageszeitung*‹«, vermeldete die Postüberwachung, »wurde in der Sendung ein Anschreiben zur Einfuhr gebracht, aus dem hervorging, dass eine sogenannte Initiativgruppe für eine überregionale Tageszeitung … voraussichtlich ab Anfang 1979 eine ›überregionale, unabhängige linke Tageszeitung‹ herausbringen will, die in Westberlin, der BRD und, wie aus dem Prospekt zu lesen war, auch in der DDR verbreitet werden soll.«[147]

Für die Stasi war dies ein Alarmsignal. Fortan bemühte sie sich, das unkonventionelle Szene-Blatt nachrichtendienstlich auszuforschen und politisch zu domestizieren. Hatte sie es bisher im westdeutschen Pressewald vor allem mit Zeitungen zu tun gehabt, die den Sozialismus ablehnten, sah sie sich nunmehr mit dem Problem konfrontiert, eine erklärtermaßen linke Zeitung bekämpfen zu müssen. In den Augen der SED-Funktionäre war dies jedoch kein Grund für politische Skrupel. Im Gegenteil: Das unkonventionelle Blatt, das auch die Linksextremismus-Experten der Stasi mit seinen Eskapaden immer wieder in Erstaunen versetzte, wurde als weit gefährlicher betrachtet als manche »rechte« Zeitung. Bis zum Ende der DDR versagte die SED-Spitze deshalb der *taz* die Akkreditierung eines ständigen Korrespondenten in Ostberlin.

Den ersten Akkreditierungsantrag hatten *taz*-Redakteure schon im März 1979 gestellt – sechs Wochen vor dem Beginn des regelmäßigen Erscheinens der Zeitung. »Mit Hilfe der Genossen« der SEW-Zeitung *Wahrheit* trug die Abteilung für Journalistische Beziehungen des DDR-Außenministeriums daraufhin eine Reihe von Angaben über die im Entstehen begriffene Zeitung zusammen und gelangte zu dem Schluss, »Hintergrund der Gründung der *taz* und ihres Akkreditierungsersuchens« sei der Versuch, »das Bestehen der ebenfalls in Westberlin erscheinenden Zeitung *Die Neue* zu stören (Konkurrenzunternehmen)«.[148] Tatsächlich war es seinerzeit zu einem regelrechten Wettlauf zwischen den Herausgebern des linkstraditionellen *Berliner Extra-Diensts* und verschiedenen undogmatischen Initiativgruppen gekommen, eine bundesweite linke Tageszeitung zu gründen. Da der *Extra-Dienst* von SED und Stasi unterstützt wurde, verstand es sich von selbst, dass die aus ihm hervorgegangene Zeitung *Die Neue* gefördert wurde – und nicht die wirtschaftliche und vor allem politische Konkurrenz der *taz*.[149]

Statt eines offenen Neins suchte die SED ihre Ablehnung jedoch über Jahre hinweg mit bürokratischen Einwänden zu kaschieren. Insbesondere meinte man, mit der Forderung nach Anmietung einer Wohnung und eines Büros in Ostberlin so hohe finanzielle Hürden errichten zu können, dass die *taz* von allein Abstand von ihren Plänen nehmen würde. Die Zulassung eines Reisekorrespondenten, der ständig in die DDR einreisen dürfte, wurde indes strikt abgelehnt. Auch den 1982 gestellten Antrag, einen mit Einreiseverbot belegten ehemaligen DDR-Bürger als ständigen Korrespondenten zu akkreditieren, wies das Ostberliner Außenministerium als

Zumutung zurück. Was die damaligen *taz*-Vertreter Hans-Christian Ströbele und Götz Aly ausweislich der Unterlagen des DDR-Außenministeriums daraufhin erklärt haben sollen, darf in dieser Auflage nicht mehr zitiert werden, da Aly im Mai 2001 beim Landgericht Berlin gegen die Wiedergabe eine Einstweilige Verfügung erwirkt hat. Die finanziellen Argumente der DDR entkräfteten sie mit dem Hinweis auf die ebenfalls sehr hohen Kosten der anderen Redaktionsbüros der *taz*, »von denen das uneffektivste – das Münchener – der Zeitung monatlich allein 6000 DM Unkosten verursache«.[150]

Auf Antrag Alys wurde auch eine kritische Darstellung seiner damaligen Verhandlungsführung verboten. Bedenklich stimmt daran nicht nur, wie leicht es offenbar ist, mit den Mitteln des Rechtsstaates unliebsame Äußerungen verbieten zu lassen. Merkwürdig mutet auch an, dass gerade ein Autor, der für kritische Urteile über andere Personen bekannt ist, Kritik an seiner eigenen Rolle auf diesem Wege untersagen lässt. Gerade gegenüber westlichen Journalisten nutzte die SED die Möglichkeiten für kleine und große Erpressungen gnadenlos aus. So erlaubte das Außenministerium der *taz* – gleichsam als Bewährungsprobe – 1982 die Entsendung von projektgebundenen Reisekorrespondenten, deren Betreuung ganz in der Hand linientreuer Funktionäre lag. Scheinbar problematische Themenwünsche wie die Berichterstattung über die Praxis der Schwangerschaftsunterbrechung oder über ostdeutsche Stätten der NS-Psychiatrie wurden durch die Behörden schon im Vorfeld abgelehnt. Zum Thema Konfliktregelung in DDR-Betrieben wurde intern festgelegt: »Konsultation mit FDGB, in welcher für die DDR günstigen Weise dem Antrag entsprochen werden könnte.«[151]

Wie bei allen Gesprächswünschen der *taz* setzte die DDR auf Ermüdung durch zeitliche Verzögerung. Obgleich die Reiseanträge der Zeitung bereits im Juli 1982 in Ostberlin eingegangen waren, kam es erst im Februar 1983 zum ersten offiziellen DDR-Besuch eines *taz*-Journalisten. Kurz darauf teilte Aly dem Außenministerium der DDR telefonisch mit, dass man »mit den bisher gewährten Arbeitsmöglichkeiten ›recht zufrieden‹« sei. Der zurückgekehrte Reisekorrespondent sei »sehr beeindruckt, von manchen Dingen geradezu enthusiasmiert« gewesen. Tatsächlich hatte ein *taz*-Redakteur Mitte Februar eine Reportage über die Konfliktkommission im Ostberliner VEB Yachtwerft veröffentlicht, die, wie er schrieb, »nicht allein der Disziplinierung aufsässiger und nachlässiger Kollegen [dient], wie es westdeutsche Kommentatoren sehen«.[152] Einem anderen Stasi-Vermerk zufolge war dieser Redakteur bereits 1973 aufgrund seiner Veröffentlichungen von der HVA kontaktiert und in die DDR eingeladen worden, hatte jedoch zur Enttäuschung des anwesenden MfS-Mitarbeiters erklärt, dass er keinesfalls mit dem MfS zusammenarbeiten werde, denn das verbiete ihm seine politische Haltung und sein öffentliches Engagement sowie das große Risiko, das damit verbunden ist.[153] Alys Vorschlag, »nun über die Beantragung einer ständigen Korrespondentenstelle konkreter nachzudenken«, stieß in der DDR allerdings auf wenig Gegenliebe.[154] Beim nächsten Gespräch führte man ein neues Argument für die Ablehnung ein, dass nämlich die berufliche Niederlassung von ständigen Korrespondenten den Vereinbarungen zufolge »unter Beachtung der Gegenseitigkeit« zu erfolgen hätte, die Bundesrepublik aber bereits viermal so viele Journalisten in die DDR entsandt habe wie diese umgekehrt nach Westdeutschland.[155]

Im Mai 1983 versuchten es die *taz*-Vertreter noch einmal mit politischen Verbeugungen. Mit überschwänglichen Formulierungen kommentierten sie einen Brief Erich Honeckers an die Grünen, den dieser als Antwort auf eine Protestaktion auf dem Alexanderplatz geschrieben hatte, wo vier grüne Aktivisten, darunter die Bundestagsabgeordnete Petra Kelly, Plakate ausgerollt hatten und nach wenigen Minuten von der Stasi abgeführt worden waren. Nachdem sich herausgestellt hatte, dass man die prominenteste Erstunterzeichnerin des Krefelder Appells gegen die Stationierung von Mittelstreckenraketen der NATO vor sich hatte, war diese unter höflichen Entschuldigungen wieder freigelassen worden, nicht ohne ihr die Gelegenheit zu geben, einen Brief an Honecker abzugeben.

Auf Empfehlung seines deutschlandpolitischen Beraters, Herbert Häber, lud dieser die Grünen wenig später zu einem »ordentlichen« Gespräch in die DDR ein. Die *taz*-Redaktion, so hoben Aly und Ströbele nunmehr im Außenministerium der DDR hervor, »sei sofort von dieser Sensation verständigt worden und habe das Schreiben an den Staatsratsvorsitzenden und dessen Antwort in der nächsten Ausgabe ähnlich wie das *Neue Deutschland* auf Seite 1 veröffentlicht«. Ströbele ging dem Protokoll zufolge noch weiter und äußerte sich anerkennend über die Art und Weise, wie den grünen Protestierern eine Lehre erteilt worden sei: Erstens brauche man nicht wie ein Sponti zu spektakulären Aktionen in die DDR zu reisen, zweitens könne man von der DDR auf ein konkretes Anliegen eine »unmittelbare konstruktive Antwort erwarten«. In diesem Zusammenhang müsse auch der Besuch von Ewald Moldt, dem Ständigen Vertreter der DDR in der Bundesrepublik, bei der Bundestagsfraktion der Grünen als »Respektbezeugung« gegenüber den in der Parlamentsarbeit noch unerfahrenen Abgeordneten gesehen werden, wie sie bisher nur von ganz wenigen Botschaftern erfolgt sei.[156]

Nach diesen politischen Vorreden kamen Ströbele und Aly auf ihren im März 1983 gestellten Antrag auf Akkreditierung zurück und baten »nunmehr konkret um Prüfung«. Die Argumente, mit denen sie die DDR nach deren Unterlagen zu überzeugen versucht haben sollen, dürfen aufgrund der bereits erwähnten Einstweiligen Verfügung Alys, der heute für das Feuilleton der *Berliner Zeitung* tätig ist, in dieser Auflage nicht wiedergegeben werden. Es bleibe nach wie vor bei der bereits geäußerten Zusicherung, keinen früheren DDR-Bürger als Kandidaten vorzuschlagen.[157] Doch auch dieser Kotau führte nur zu der Zusage, man werde den Akkreditierungswunsch »weiterleiten« – ohne dass etwas geschah.

Im Juli 1983 bat Aly in einem Brief an das Außenministerium der DDR »noch einmal mit Nachdruck« darum, die Entscheidung voranzubringen. Er lobte die »sehr weitgehende Unterstützung« der *taz* bei den bis dahin gestellten Einzelanträgen und stellte fest, dass die bisherigen Gespräche »in einem außerordentlich freundlichen Klima verlaufen« seien. Erstmals kam er jetzt auch auf die eigentlichen Vorbehalte der DDR zu sprechen, indem er auf die Gespräche mit dem Vertreter des Außenministeriums zurückkam, der immer wieder bemerkt hätte, »er fände die *taz* anarchisch und in gewisser Weise nicht so berechenbar wie etwa die *Frankfurter Allgemeine Zeitung*«. Aly versuchte dies mit dem offenen politischen Konzept der *taz* zu begründen, versicherte aber zugleich, dass sich die DDR auf konkrete Absprachen mit dem künftigen Korrespondenten verlassen könne. Dieser habe ja auch die Aufgabe, die großen Wissenslücken der *taz*-Leser in bezug auf die Lebenswirklichkeit in der DDR schließen zu helfen. Der konzeptionelle Hintergrund der Tätigkeit des Korrespondenten ginge aus einem Artikel mit dem Titel »Die ›nationale Frage‹ ist ein Papiertiger« hervor, den die *taz* aus Anlass des 17. Juni veröffentlich habe und den Aly in der Anlage beifügte.[158]

Wie aus einem handschriftlichen Vermerk hervorgeht, hatte sich die Stasi das Schreiben Alys »inoffiziell beschafft«. In einer ungezeichneten Erläuterung mit der Überschrift »Zur persönlichen Information« heißt es, dass sich die *taz* bislang schon siebenmal mit Akkreditierungsanträgen ans Außenministerium gewandt hätte. Die Zeitung habe jedoch während der »konterrevolutionären Ereignisse« in Polen im Dezember 1981 den Transport von Hilfsgütern koordiniert und mehrfach über Versuche »feindlich-negativer« DDR-Bürger berichtet, in Ostdeutschland einen »politischen Untergrund« zu organisieren; beides lasse erkennen, »dass diese Tendenz bei Akkreditierung eines ständigen Korrespondenten forciert wird«. Unter Berücksichtigung dieser Fakten sei beabsichtigt, dem Akkreditierungsantrag nicht zuzustimmen, Anträge von Reisekorrespondenten aber großzügig zu behandeln.[159]

Inoffiziell beschafft wurde auch der schriftliche Vorschlag der Abteilung Journalistische Beziehungen vom August 1983, wie auf den Akkreditierungsantrag reagiert werden solle. Danach sollte den *taz*-Vertretern Ströbele und Aly mitgeteilt werden, Voraussetzung einer Akkreditierung seien »die in der DDR üblichen, international gebräuchlichen Gepflogenheiten« – konkret: die Anmietung einer Wohnung und eines Büros in Ostberlin sowie journalistische Tätigkeit »im Sinne der Völkerverständigung, der Festigung des Friedens, der Einhaltung der Rechtsordnung des Gastlandes (d. h. auch Nichteinmischung in innere Angelegenheiten)«. Wenn Ströbele und Aly daraufhin finanzielle Bedenken äußern sollten, sollte »sofort« darauf eingegangen und als »Kompromiss« die wohlwollende Behandlung von Reisekorrespondenten-Anträgen in Aussicht gestellt werden.[160]

Ungeachtet dieses Vorschlags blieben die Anträge der *taz* weiterhin ohne Antwort. Im Januar 1984 wandte sich Ströbele deshalb erneut in einem Brief an das DDR-Außenministerium, in dem er darauf verwies, dass der DDR-Vertreter in Bonn den Grünen nach ihrem Treffen mit Erich Honecker, bei dem der Akkreditierungswunsch der *taz* auf allerhöchster Ebene angesprochen worden sei, eine entsprechende Zusage gemacht habe. Glaubt man der handschriftlichen Anmerkung der Stasi auf dem Schreiben, war eine solche Zusage jedoch nie gegeben worden.[161] Nach dem Gespräch mit den Grünen hatte die SED aber festgelegt, der Akkreditierung eines ständigen *taz*-Korrespondenten zuzustimmen, wenn dieser ein Büro im Internationalen Pressezentrum eröffne und nicht bereits einer Einreisesperre unterliege. Angesichts einer akuten Finanzkrise der *taz*, über die das Außenministerium der DDR unter anderem von so genannten Kontaktpartnern ins Bild gesetzt worden war, schlugen die Funktionäre Ende 1983 intern vor, »die Krisenlage abzuwarten, bevor unsererseits Entscheidungen getroffen werden«.[162] Aufgeschreckt durch mehrere Berichte der *taz* über die unabhängige Friedensbewegung der DDR, suchte der Leiter der Hauptabteilung Presse im DDR-Außenministerium, Wolfgang Meyer, unterdessen, die positive Entscheidung der SED-Spitze wieder rückgängig zu machen. In einem Brief an das zuständige Politbüromitglied Joachim Herrmann empfahl er Ende Januar 1984, den Antrag Ströbeles abzulehnen. »In jüngster Zeit«, so schrieb er, »mehrten sich in der *tageszeitung* Beiträge, in denen die Friedenspolitik der DDR diskreditiert wird. ... Die Notwendigkeit für die Akkreditierung eines Korrespondenten wird nicht gesehen.«[163]

Paradoxerweise war es wahrscheinlich gerade die Aussperrung der *taz*, die diese davor bewahrte, auf dem von Ströbele und Aly vorgezeichneten Weg politischer Selbstanpassung gegenüber der SED voranzuschreiten. Gerade weil die *taz* in Ostberlin keinen Korrespondenten haben durfte, war sie von den überregionalen Blättern der Bundesrepublik am wenigsten erpressbar. Die Mächtigen in der DDR zwangen sie geradezu, sich eigene Informationsquellen zu erschließen, und durch Vermittlung von ausgewiesenen Bürgerrechtlern wie Roland Jahn und Jürgen Fuchs lagen diese vor allem im Milieu der oppositionellen Gruppierungen. Weil die SED kein direktes Druckmittel besaß, brauchte die *taz* auf ihre Befindlichkeiten auch keine Rücksicht zu nehmen.

Inoffizielle Mitarbeiter in der *taz*

Umso größer war das Bedürfnis der Stasi, den »Feind« im Westen auszuforschen und zu kontrollieren. Während die *taz* nicht aus der DDR berichten durfte, bemühte sich der Staatssicherheitsdienst zur selben Zeit, mit konspirativen Methoden in die Zeitung einzudringen. Zu diesem Zweck suchte er nach Inoffiziellen Mitarbeitern, die aus dem Innenleben der *taz* berichten konnten. Einer seiner Informanten war der Westberliner Rechtsanwalt Klaus Croissant, den der Staatssicherheitsdienst 1981 angeworben hatte.[164] Croissant hatte sich Mitte der sechziger Jahre der APO angeschlossen und in den siebziger Jahren linke Terroristen der Rote Armee Fraktion verteidigt. Wegen Unterstützung einer kriminellen Vereinigung war er 1977 festgenommen und zu zweieinhalb Jahren Haft verurteilt worden. Auf Vermittlung des DDR-Anwalts Friedrich Karl Kaul wurde er 1981 erstmals von der Stasi kontaktiert. Stasi-Unterlagen zufolge erklärte er sich daraufhin bereit, als »Berater« bei der Aufklärung der linken Szene in der Bundesrepublik mitzuwirken. Unter dem Decknamen »Taler« lieferte er dem MfS umfangreiche schriftliche Berichte, beschaffte zahllose Materialien und gab »umfassende Einschätzungen« zu linken Gruppierungen ab. Mit seiner Hilfe wurde auch, wie es in einem Bericht heißt, »eine geplante Provokation rechter Kräfte an der Staatsgrenze der DDR durch die Mobilisierung linker und progressiver Kräfte und deren Aktivitäten verhindert«.[165]

Aufgrund der alternativen Organisationsform der *taz* war es für die Stasi vergleichsweise leicht, Informationen über sie zu beschaffen. Croissant berichtete beispielsweise ausführlich über das so genannte *taz*-Plenum im Dezember 1983, an dem nicht nur Mitarbeiter, sondern auch Sympathisanten teilnehmen konnten. Bei dem Treffen wurde eine Kommission gebildet, die eine Reihe von Kündigungen beschloss, um die Finanzkrise der Zeitung zu lösen. Croissant teilte in diesem Zusammenhang mit, dass bei den Personalentscheidungen die »Linken« in der Kommission regelmäßig überstimmt worden seien, und warnte die Stasi: »Es muss damit gerechnet werden, dass sich bei dieser Konstellation die gezielt antikommunistische Berichterstattung der *taz* noch verstärken wird.«[166] Auch über eine Vorstandssitzung zur Finanzsituation der Zeitung lag der Stasi ein ausführliches Protokoll vor, in dem unter anderem so persönliche Dinge wie die Vergabe eines Darlehens an einen Mitarbeiter für den Kauf eines Autos festgehalten worden waren.[167]

Die Stasi war vor allem daran interessiert, unter den *taz*-Mitarbeitern Informanten zu werben. Laut einem Vermerk vom Juni 1981 in der »Feindobjektakte« (HA XXII 373) ließ sie deshalb von einem ungenannten IM – wahrscheinlich Croissant – Mitarbeiter der *taz* »einschätzen«, um festzustellen, wer von ihnen »operativ genutzt« werden könnte. Unter der Überschrift »Ergebnis« finden sich die Namen Hans-Christian Ströbeles, bei dem jedoch von einem »direkten Ansprechen der Person« abgeraten wird, und der Redakteurin Brigitte Heinrich, die von der Stasi in der Folgezeit durch die IM »Maria«, »Heinrich Schneider« und »Taler«, also Croissant, auf Herz und Nieren geprüft wurde. Die Journalistin arbeitete seit 1980 in der Auslandsredaktion der *taz*. In den sechziger Jahren war sie Pressereferentin des SDS und in den Siebzigern Lehrbeauftragte sowie Präsidentin des Studentenparlaments an der Universität Frankfurt gewesen. Seit dieser Zeit hatte sie enge Kontakte zu verschiedenen terroristischen Gruppierungen. Wegen illegaler Einfuhr von Waffen und Sprengmitteln war sie 1974 festgenommen worden, hatte aber alle gegen sie erhobenen Vorwürfe bestritten. Aus gesundheitlichen Gründen wurde sie nach einigen Monaten aus der Untersuchungshaft entlassen und 1980 zu einer Haftstrafe von einem Jahr und neun Monaten verurteilt. Zwischen Mai 1983 und Februar 1984 verbüßte sie die Strafe im offenen Vollzug, weil die Frankfurter *taz*-Redaktion ihr eine Stelle zur Verfügung gestellt hatte.

Anwälte und linke Gruppierungen machten seinerzeit gegen die Verurteilung von Brigitte Heinrich mobil. Hunderte von Professoren, Juristen, Schriftstellern und Künstlern – unter ihnen auch Heinrich Böll und Helmut Gollwitzer – setzten sich in Petitionen und Gnadengesuchen für sie ein. Die Grünen im Bundestag erklärten 1983, dass sich mit der Ladung zum Haftantritt »eine Kette von Verfolgungen, Verleumdungen und Schikanen« schließe; der Prozess sei ein Skandal und hinterlasse »das Gefühl der Unrechtsprechung gegen eine unliebsame Intellektuelle«.[168] Ein Jahr später kürten die hessischen Grünen Brigitte Heinrich demonstrativ zur Kandidatin für das Europäische Parlament. Auch die Medien, vor allem *Spiegel*, *Stern* und *taz*, beschäftigten sich ausführlich mit dem vermeintlichen Justizskandal. In einem Brief forderte die *taz* die Deutsche Journalisten Union und die Gefangenenhilfsorganisation Amnesty International auf, sich für ihre Redakteurin einzusetzen.[169] Auf einer Sonderseite erinnerte sich *taz*-Redakteur Stefan Schaaf 1981 an seine Zeit als Student in Frankfurt, als er bei Brigitte Heinrich ein Pro-Seminar besucht hatte, bis diese plötzlich festgenommen worden war. Mit Teach-ins, Flugblättern und Dokumentationen hatten die Studenten gegen die Verhaftung protestiert und, wie Schaaf meinte, »mehr über die Bundesrepublik gelernt ..., als es in jedem anderen Kurs möglich gewesen wäre«. Der Kreis habe sich geschlossen, als Brigitte Heinrich 1980 seine Kollegin geworden sei, und er wolle nicht, dass er wieder zerbrochen werde, »weil manche Leute seit sieben Jahren sich immer was Neues gegen Brigitte ausdenken«.[170]

Dass die Beschuldigungen der Staatsanwaltschaft nicht aus der Luft gegriffen waren, erfuhr von Brigitte Heinrich nur der Staatssicherheitsdienst der DDR. In einem Auskunftsbericht vom Juli 1984 heißt es lapidar zum Vorwurf der illegalen Waffeneinfuhr: »Dies entspricht den Tatsachen, jedoch hatten die BRD-Behörden Schwierigkeiten in der Beweisführung.«[171] Zwei Jahre zuvor hatte die Stasi konstatiert: »Nach gesicherten Erkenntnissen gehörte die Heinrich der so genannten ›RAF-AO‹ (Gruppe um Haag/Mayer) an. In dieser Gruppe war sie für die Beschaffung von Waffen verantwortlich.«[172] Zum MfS wurde Brigitte Heinrich von Klaus Croissant gebracht, der zugleich ihr Lebensgefährte wurde. Im April 1982 fuhr er mit ihr nach Erfurt, wo zwei Stasi-Offiziere zu ihr Kontakt aufnahmen. In ihrem Bericht resümierten sie anschließend zufrieden, dass Brigitte Heinrich durch ihre Arbeit bei der *taz* über die meisten Vorgänge in der Zeitung informiert sei und sich bereit erklärt habe, »mit uns an der Einschätzung und Beeinflussung von Mitarbeitern zu arbeiten«. Sie habe versichert, dass sie die DDR entsprechend ihren Möglichkeiten unterstützen werde.[173] Vierzehn Tage später fand in Ostberlin das zweite Treffen statt. Brigitte Heinrich erklärte dabei, dass sie ihre anfänglichen Vorbehalte gegenüber einer Agententätigkeit zurückgestellt habe und jetzt auf dem Standpunkt stehe, »dass eine konspirative Zusammenarbeit mit der DDR eine solidarische Handlung für beide Seiten ist und sie auf dieser Basis versuchen wird, Informationen, Materialien aus der BRD zu beschaffen«. Dem Stasi-Bericht zufolge machte sie Angaben über ihre engsten Mitarbeiter bei der *taz* und gab Einschätzungen über diverse Redakteure ab, wofür sie 500 DM bekam.[174] »Aufgrund des positiven Treffverlaufes«, notierte ihr künftiger Führungsoffizier, »ist vorgesehen, beim nächsten Treff die KP mit Handschlag zum IM zu verpflichten.«[175]

Schon vor der Verpflichtung als IM »Beate Schäfer« fuhr die Stasi reiche Ernte ein. Allein aufgrund der ersten beiden Treffen konnte die zuständige Abteilung über mehr als ein Dutzend *taz*-Redakteure »Operativ-Informationen« anfertigen und weiterleiten. Sie gingen oft direkt in die »Feindobjektakte« zur *taz* ein.[176] Führungsoffizier Helmut Voigt, der sich 1990 durch Flucht einer Verhaftung wegen seiner Verwicklung in einen Sprengstoffanschlag entzog, hatte sich vorher einen genauen Fragenkatalog angefertigt. Darin hieß es unter anderem: »Wie kommt es zur teilweise negativ-feindlichen Berichterstattung der *taz*? … Von welchen Personen wird diese Tendenz gesteuert?« Beim nächsten Treff wollte er wissen: »Wer sind die Redaktionsmitglieder, die unteren Mitarbeiter und freischaffenden Mitarbeiter, neue Journalisten usw.?«[177] In der Folgezeit belieferte Brigitte Heinrich die Stasi immer wieder mit Berichten über ihre Kollegen, darunter eine Aufstellung, in der die Mitarbeiter fein säuberlich in »rechte«, »linke« und politisch wechselhafte Kräfte eingeteilt werden.[178]

Brigitte Heinrich berichtete der Stasi – gleichsam von der anderen Seite der Front – auch von den Bemühungen der *taz* um die Akkreditierung eines ständigen Korrespondenten in

Ostberlin. Der vorgesehene Redakteur Max Thomas Mehr, der sich sehr für Biermann, Havemann und die Opposition in Polen einsetzte, sei in der Vergangenheit mit Beiträgen mit »antisozialistischem Charakter« hervorgetreten. Seitens der *taz* werde deshalb erwartet, dass der Antrag abgelehnt werde, was dann für »publizistische Angriffe« gegen die DDR genutzt werden solle.[179] Auch über die internen Gespräche der *taz* mit den Grünen, die den Akkreditierungswunsch Erich Honecker vortragen sollten, war die Stasi inoffiziell ins Bild gesetzt worden. Informierender war in diesem Fall Unterhändler Aly selbst, dem es 1983 auf Veranlassung der HVA-Abteilung X »aus operativen Interessen« gestattet worden war, in der DDR Archivmaterialien über Euthanasieverbrechen in der NS-Zeit einzusehen. Dem im staatlichen Dokumentationszentrum als Betreuer eingesetzten Stasi-Offizier im besonderen Einsatz, Major Seckendorf, erzählte er dabei ausführlich über die Absprachen mit den Grünen.[180] Als Hintergrundmaterial, erfuhr die Stasi so, sei der Grünen-Delegation eine Dokumentation über alle bisherigen Verhandlungen mit DDR-Stellen zur Verfügung gestellt worden. Darin seien »auch Kompromissvorschläge der *taz* hinsichtlich der personellen Besetzung der Funktion des ständigen Korrespondenten in [Ost-]Berlin enthalten«.[181] Offensichtlich lag die Dokumentation dem Führungsoffizier von Brigitte Heinrich zu diesem Zeitpunkt noch nicht vor, doch die Stasi war aus anderer Quelle über die Vorbereitungen auf das Spitzengespräch mit Erich Honecker ohnehin genau informiert: vom deutschlandpolitischen Sprecher der Grünen, Dirk Schneider, der selber der Delegation angehörte und vom MfS als IM »Ludwig« geführt wurde.[182]

Auch in den Berichten von Croissant, der bald als Instrukteur und Kurier von Brigitte Heinrich fungierte, wurden die Akkreditierungsbemühungen der *taz* wiederholt behandelt. In einem seiner Berichte bestätigte er, dass Mehr, der für die »wütende DDR-Hetze« der Zeitung verantwortlich sei, DDR-Korrespondent werden wolle. Wörtlich fügte er hinzu: »Klar, was der daraus machen würde. Seine Ausweisung aus der DDR, um in die Schlagzeilen zu kommen, dürfte eines seiner Ziele sein.«[183] Brigitte Heinrich wiederum warnte davor, dass Ströbeles Mitverhandler Aly die Korrespondentenstelle wolle. Der

Stasi ließ sie ausrichten, dass ihrer Ansicht nach der ehemalige SDS-Vorsitzende Udo Knapp der richtige Mann wäre. Wahrscheinlich sei es jedoch richtiger, die Akkreditierung generell zu verweigern, da »diese Stelle von der *taz* nur einem Antikommunisten gegeben wird, und die würden sich zahlreich bewerben«. Richtiger sei es, nur von Fall zu Fall Journalisten für Reportagen zuzulassen, wenn die Gewähr gegeben sei, dass die Berichterstattung einigermaßen korrekt erfolge – ein Ratschlag, an den sich die DDR exakt hielt.[184]

Brigitte Heinrich wurde von der Stasi nicht nur als Spitzel, sondern auch als Einflussagentin eingesetzt. So erhielt sie bei einem Treff im September 1982 den Auftrag, »in der sog. linken Bewegung und auch in der Friedensbewegung eine Differenzierung der positiven, aber auch der negativen Kräfte vorzunehmen«. In der *taz* ginge es darum, »die progressiven Leute festzustellen, um hier auch einen bestimmten positiven Einfluss auf die linke Szene auszuüben und andererseits die antisozialistischen/antikommunistischen Kräfte festzustellen, um deren Einfluss zurückzudrängen und die Propagierung und Verbreitung antisozialistischer Meldungen einzuschränken bzw. zu verhindern«.[185] Brigitte Heinrich stellte sich dieser Aufgabe, wie aus einem Bericht von »Taler« hervorgeht. Darin werden die »Gegner« unter den *taz*-Redakteuren ausführlich dargestellt, darunter der Pariser Korrespondent der Zeitung. »Wir wollen sehen, d. h. Brigitte«, versicherte Croissant der Stasi, »diesem weiteren Karrieristen die Suppe zu versalzen: zum Abschreiben bürgerlicher Zeitungsartikel brauchen die keinen Korrespondenten in Paris.« Weit schwieriger werde es jedoch, die so genannte Glotz-Fraktion aus der Zeitung zu verdrängen. Bekanntlich habe nur eine knappe Mehrheit die Kampagne »Waffen für El Salvador« gebilligt. »Der Rest«, so Croissant, »müsste rausgefeuert werden. Leider ist das – jedenfalls im Moment – nicht realistisch.«[186] In einer Beurteilung von Brigitte Heinrich durch den Staatssicherheitsdienst hieß es später, sie sei auch zur »Zurückdrängung antisozialistischer und antikommunistischer Kräfte« in der Bundesrepublik genutzt worden. Mit ihrer Hilfe sei es gelungen, »schadensverhütende und vorbeugende Maßnahmen einzuleiten und in Einzelfällen derartige Pläne und Absichten zu verhindern«.[187]

Durch ihren Einzug ins Europaparlament im Jahr 1984 veränderte sich ihre Einsatzperspektive, und die Arbeit der grünen Europafraktion stand nun im Vordergrund ihrer Berichte. Im Dezember 1987 versiegte die Quelle dann ganz, da die Kettenraucherin im Alter von sechsundvierzig Jahren überraschend an einem Herzinfarkt verstarb. Der Stasi gelang es jedoch, im selben Jahr den *taz*-Redakteur und Ex-Terroristen Till Meyer zu einer inoffiziellen Zusammenarbeit zu verpflichten. Meyer hatte bereits im Juni 1978 aus der Westberliner Haftanstalt Moabit heraus den DDR-Anwalt Kaul gebeten, seine Verteidigung zu übernehmen. Wenig später war er von Gesinnungsgenossen gewaltsam befreit und anschließend über den Bahnhof Friedrichstraße in die DDR gebracht worden, wo ihn der Staatssicherheitsdienst in Empfang genommen hatte. Nach seiner erneuten Inhaftierung und späteren Freilassung lieferte er der Terrorismus-Abteilung unter dem Decknamen »Willi Waldoff« regelmäßig Informationen aus der *taz*-Redaktion. Gegenüber Spiegel-TV räumte er 1992 ein, im Auftrag der Stasi die Redaktion auch gezielt für Recherchen über militante Gruppierungen und terroristische Aktivitäten genutzt zu haben. Wenn seine Führungsoffiziere gefragt hätten, »da ist doch wieder was passiert, gab es da eine Meldung«, habe er gesagt: »Ja, liegt bei mir auf dem Schreibtisch« – und sie mitgebracht.[188]

Ob neben den genannten noch weitere Redakteure als Informanten des Staatssicherheitsdiensts tätig waren, ist aufgrund der ausgedünnten Aktenlage schwer zu sagen. Aus Unterlagen der HVA geht aber hervor, dass die Desinformationsabteilung der Stasi einen frühen *taz*-Mitarbeiter als IM »Condor« führte, und ein zeitweilig im Umfeld der RAF engagierter *taz*-Redakteur sogar als hauptamtlicher IM »Grundmann« registriert war.[189]

Die *taz* als Feindobjekt

Verantwortlich für die nachrichtendienstliche »Bearbeitung« der *taz* war die für Terrorismus zuständige Abteilung XXII der Staatssicherheit, von der auch Brigitte Heinrich geführt wurde. Die Tatsache, dass die Zeitung in ihren Anfängen wiederholt als Forum für Sympathisanten der linksterroristischen Szene diente, legte in den Augen der Stasi eine solche Zuständigkeit nahe. Die Abteilung arbeitete jedoch eng mit der Hauptabteilung II/13 (»Abwehr« von West-Journalisten) und der HVA-Abteilung X (Ausforschung von Westmedien und Desinformation) zusammen. Gemäß den »durchgeführten Koordinierungsabsprachen« erhielten Letztere die aktuellen Listen der namentlich identifizierten *taz*-Mitarbeiter zur »operativen Verwendung«.[190] Erst 1988 stellten die Terrorismus-Experten der Stasi fest, dass »kein unmittelbarer Bezugspunkt zum Arbeitsgegenstand« der Abteilung vorhanden sei, so dass die HVA die Bearbeitung übernehmen sollte.[191]

Die erste ausführlichere Analyse der Terrorismus-Abteilung stammt vom Juni 1981 und trägt den für die Weltsicht der Stasi-Offiziere bezeichnenden Titel »Zusammengefasste Hinweise zum antikommunistischen Presseerzeugnis der BRD/ Westberlin *Die Tageszeitung (taz)*«. In dem Papier wird die *taz* als Sprachrohr von Gruppen der so genannten undogmatischen »Neuen Linken« bezeichnet, die der Entwicklung in der DDR feindlich gegenüberstünden und eine antikommunistische Sammlungsbewegung anstrebten. Die Feststellung ihrer »Hintermänner« und ihres exakten politischen Standorts werde durch den ständigen Wechsel der Redakteure und die Einbeziehung von regionalen Initiativgruppen erschwert. Die »operativ-analytische Auswertung« habe jedoch ergeben, dass sich die Zeitung »immer mehr zu einem antikommunistischen Presseorgan profiliert, in dem Feinde der sozialistischen Staats- und Gesellschaftsordnung in der DDR zunehmend Einfluss gewinnen«. Ausdruck dessen sei beispielsweise die »Hetzprovokation« zum 30. Jahrestag der DDR in Form einer »gehässigen Fälschung« des SED-Zentralorgans *Neues Deutschland*. Autoren und Anhänger der *taz* verkehrten angeblich auf privater Ebene mit Neofaschisten, was auf »eine mögliche antikommunistische Blockbildung linksextremistischer und rechtsextremistischer bzw. neonazistischer Kräfte« hindeute und weiter ausgeforscht werden müsse. Als Anlage war dem Papier eine Liste einiger der Stasi bekannter Autoren und Unterstützer der *taz* beigefügt.[192]

Diese grobschlächtige Analyse konnte durch die Anwerbung von Brigitte Heinrich bald deutlich verfeinert werden. Dank ihrer Berichte verfügte die Stasi bereits ein Jahr später über ausführliche Porträts aller wichtigen Redakteure. Diese wurden von ihr in der Folgezeit regelmäßig durch aktuelle Berichte und neue Informationen ergänzt. Im März 1983 hatte die Stasi insgesamt siebenundzwanzig Redakteure und achtundsechzig sonstige Mitarbeiter identifiziert, von denen siebenundzwanzig kontinuierlich nachrichtendienstlich bearbeitet wurden.[193] 1986 waren zwanzig von dreiundvierzig personifizierten Autoren zentral erfasst, das heißt, alle Informationen über sie flossen bei einer bestimmten Diensteinheit zusammen.[194] In den überlieferten Akten befinden sich nicht nur Telefonverzeichnisse und ähnliches halb-offenes Material, sondern auch Sitzungsprotokolle, Lageskizzen und interne Finanzberichte sowie Abhörprotokolle von Telefongesprächen.

Auch die staatlichen Instanzen gewannen bald ein genaueres Bild. So übermittelte die HVA der Terrorismus-Abteilung im Januar 1984 eine »offiziell erarbeitete Analyse« (wahrscheinlich des DDR-Außenministeriums) mit ausführlichen Informationen zu Inhalt, Arbeitsweise und politischem Standort der *taz*. Untersucht wurde unter anderem die Berichterstattung der *taz* im Jahr 1983, namentlich über die Friedensbewegung. Obwohl die SED-Analytiker der Zeitung bescheinigten, »objektiv Argumente für den politischen Kampf der Friedensbewegung in der BRD/Westberlin« zu liefern, warfen sie ihr zugleich vor, die Friedenspolitik der UdSSR unterzubewerten, sektiererische, aktionistische Positionen zu vertreten und sich mit oppositionellen Kräften in sozialistischen Ländern zu solidarisieren. Politische Initiativen wie der Krefelder Appell würden zwar als gegeben hingenommen, aber nicht politisch aufgegriffen und sich zu Eigen gemacht. Unzufrieden war man insbesondere mit der Berichterstattung über die DDR. Diese werde »aus einer kleinbürgerlich-anarchistischen Perspektive dargestellt, in der kaum Verständnis für die Erfordernisse und Probleme des sozialistischen Aufbaus aufgebracht« werde. Die wenigen positiven Beispiele – etwa der erwähnte Bericht über die DDR-Konfliktkommissionen – gingen auf die Tätigkeit von Reisekorrespondenten zurück. Resümierend wurde festgestellt, dass die *taz* »unkalkulierbar« sei, weil sie keine eindeutige politische Linie habe und »keinerlei politische Rücksichtnahme« kenne. Alle sich bietenden »Möglichkeiten der politischen Arbeit« sollten genutzt werden, um in der Zeitung »antikommunistische Vorurteile« zurückzudrängen, ein »reales DDR-Bild« zu vermitteln und die »Gemeinsamkeiten im Friedenskampf« deutlich zu machen. Mittels so genannter Kontaktarbeit sollte darauf hingewirkt werden, dass die DDR-Berichterstattung der *taz* sich überwiegend (offizieller) DDR-Quellen bediene, die Unterstützung antisozialistischer Elemente eingestellt werde und »sich ein Stamm realistisch denkender und sachkundiger DDR-Experten innerhalb der Redaktion herausbildet, der bereit ist, in der DDR … im Rahmen der Gesetzlichkeit tätig zu werden«.[195]

Im Februar 1985 übertrug Erich Mielke der Terrorismus-Abteilung die zentrale Leitung der »zielgerichteten Aufklärung und offensiven Bekämpfung« der *taz*. Aufgabe des Referats XXII/3 war es, »erfolgreich in ihre Ausgangsbasen und Führungsgremien einzudringen, rechtzeitig und umfassend ihre Pläne, Absichten und Maßnahmen zu erkennen, wirksam ihre feindlichen Machenschaften zu entlarven sowie nachhaltig ihr Wirksamwerden in der DDR und anderen sozialistischen Staaten zu verhindern«. Andere Diensteinheiten der Stasi dürften gegenüber Mitarbeitern oder Unterstützern der *taz* nur noch in Absprache mit dem Referat tätig werden, um ein »einheitliches, aufeinander abgestimmtes und arbeitsteiliges Vorgehen« zu sichern.[196] Der Vorgang *taz* wurde als so genannte Feindobjektakte registriert, in der zahlreiche Redakteure nachrichtendienstlich bearbeitet wurden.[197]

Ziel der Bearbeitung war es, laut einem Maßnahmeplan vom Januar 1986, staatsfeindliche Aktivitäten der *taz* gegenüber der DDR rechtzeitig zu erkennen und zu verhindern. Darüber hinaus ging es um die »Beeinflussung der Berichterstattung in der *taz* zur Veröffentlichung realer Einschätzungen über die Verhältnisse in den Ländern des real existierenden Sozialismus und zur Unterstützung der fortschrittlichen Kräfte in der BRD/W[est]B[erlin] unter Nutzung des politischen Differenzierungsprozesses innerhalb der Redaktion«. Zu diesem Zweck sollten die Redaktionen in Westberlin, Bremen, Hamburg und Hannover durch IM ausgeforscht, die sich dort aufhaltenden Mitarbeiter »identifiziert« und die bekannten Redakteure auf ihre »operative Nutzbarkeit« geprüft werden; sechsundneunzig Mitarbeiter der *taz* hatte man zu diesem Zeitpunkt bereits namentlich festgestellt. Zum Einsatz kommen sollten für die Stasi die IM »Walter«, »Franke«, »Carmen«, »Betty« und »Jan«.[198] Letzterer, wahrscheinlich ein DDR-Bürger, hatte schon 1984 und 1985 die *taz*-Redaktion in Hamburg ausgekundschaftet und die Stasi mit Fotos und Lageskizzen versorgt; seine Kollegin »Betty« übernahm 1986 die Aufgabe, während eines Besuchs die *taz*-Filiale in Hannover auszuforschen.[199]

In einem Auskunftsbericht vom Januar 1986 werden die Erkenntnisse des Staatssicherheitsdiensts zusammengefasst. Im wesentlichen werden darin die Einschätzungen der Analyse von 1984 übernommen. »Mit der Zeitung«, heißt es nahezu wortgleich, »sollte ein größerer Einfluss auf die ›linke Szene‹ erlangt werden, nicht zuletzt, um fortschrittliche Kräfte um die DKP und SEW zurückzudrängen.« Der vorherrschende Ton der DDR-Berichterstattung pendle zwischen herablassend-ironisch und aggressiv-verleumderisch. Da es sich bei der *taz* um ein journalistisches Sammelbecken linksgerichteter extremistischer Kräfte handle, von dem in zunehmendem Maß staatsfeindliche Aktivitäten gegen die DDR ausgingen, werde die Zeitung in einer »Feindobjektakte« bearbeitet.[200]

Als »feindlich« wurde auch ein Artikel der freien Mitarbeiterin Simone von Stosch betrachtet, die im Juli 1986 festgenommen wurde, als sie die Mauer von der Ostseite fotografierte. Die Studentin, die unversehens in die Mühlen der Staatssicherheit geriet, weil sie die Sperrlinie um eindreiviertel Meter übertreten hatte, wurde stundenlang verhört, zu einer Ordnungsstrafe in Höhe von 200 DM verdonnert und erst in der Nacht über die Grenze abgeschoben. Als sie wenig später zum Jahrestag des Mauerbaus in der *taz* einen Erlebnisbericht darüber veröffentlichte, leitete die Stasi eine Operative Personenkontrolle gegen sie ein.[201]

Zu Meinungsverschiedenheiten innerhalb der Staatssicherheit kam es 1987, als die Bezirksverwaltung Berlin mitteilte, eine *taz*-Vertreterin habe den Ostberliner Oppositionellen

Lutz Nagorski, der als IM »Christian« für die Stasi arbeitete, gefragt, ob dieser für die geplante Ostberlin-Seite der Zeitung als Autor tätig werden wolle. Da die Bezirksverwaltung die Gelegenheit, in die »feindlichen« Ost-West-Beziehungen »einzudringen«, nicht ungenutzt verstreichen lassen wollte, schlug sie vor zu klären, welche Veröffentlichungen »politisch tragbar« beziehungsweise der »Bearbeitungskonzeption« zur *taz* »dienlich« seien. Geradezu empört zierte der zuständige Experte der Terrorismus-Abteilung das entsprechende Anschreiben mit Frage- und Ausrufungszeichen und gab Ratschläge wie: »Gesellschaftliche Probleme in BRD/W[est] B[erlin] aufgreifen«, oder: »gemeinsam leben – gemeinsam untergehen ist Grundfrage der Gegenwart«.[202] In einem ausführlichen Vermerk begründete er seine Ablehnung des Vorschlags unter anderem mit den Erfahrungen bei der Bekämpfung der maoistischen KPD (gemeint war wahrscheinlich: KPD/ML), deren »subversive Tätigkeit« ebenfalls »harmlos« begonnen habe, dann aber zu Artikelserien über »Missstände« in der DDR und schließlich zu einem »funktionsfähigen und für das MfS schwer kontrollierbaren Verbindungssystem« geführt habe.[203] Die DDR habe es nicht nötig, der *taz* »politisch tragbare« Artikel zu liefern, und schon gar nicht mit Unterstützung des MfS. Aus »operativer Sicht« erscheine es »nicht ratsam, den *taz*-Journalisten irgendwelche Zugeständnisse zu machen und Artikel, die von DDR-Bürgern verfasst werden, in Aussicht zu stellen. Zweckmäßiger wäre es, die IM zu instruieren, von Anfang an die ideologische Konfrontation zu suchen und durchzusetzen.« Sie müssten mit Argumenten ausgerüstet werden, um die *taz*-Journalisten in die Defensive zu drängen. Als beste Methode habe sich der »Schutz der IM und die Verfügung von Reisesperrmaßnahmen gegen verfestigte Feinde der DDR bewährt«.[204]

In einer »Lageeinschätzung« vom Oktober 1987 stellte die Terrorismus-Abteilung der Stasi fest, dass sich die *taz* seit Ende 1986 zunehmend zum Sprachrohr antisozialistischer Kräfte entwickelt hätte. Die Beiträge über die sozialistischen Staaten seien darauf gerichtet, deren Friedenspolitik zu verzerren und zu verleumden. Seit Beginn des Jahres 1987 sei zudem zu verzeichnen, dass die *taz* Verbindungen zu staatsfeindlichen

Personen in der DDR unterhalte. Redakteure der *taz* erteilten diesen – »unter Angabe von Decknamen« – Aufträge für Artikel über Mängel und Missstände sowie über konträr zur Politik der Partei stehende politische Auffassungen. Inoffiziellen Einschätzungen zufolge entwickelte sich die Zeitung außerdem durch den Übergang von kollektiven Entscheidungen zu »Chefinstitutionen«, durch Rationalisierung, Entlassungen und »Vermarktung der Informationen« in zunehmendem Maß zu einem »kapitalistischen Unternehmen« – Formulierungen, die auf einen linksradikalen IM in der *taz* hindeuten, der möglicherweise seinen Frust über diese Entwicklungen bei der Stasi ablud.[205]

Aufschlussreich ist in diesem Zusammenhang ein merkwürdiger »Rohentwurf zu einer Dokumentation über die *taz*«, in dem ein ungenannter Autor – offensichtlich dieselbe Quelle – Vorschläge für eine Art Anti-*taz*-Streitschrift unterbreitet. Ziel der Dokumentation sei es, Lesern, welche die *taz* als Alternative zur bürgerlichen Presse läsen, klarzumachen, »dass diese Zeitung keine Alternative ist in dem Sinne, dass sie über all das korrekt (wahrheitsgemäß) informiert, was die bürgerliche Presse aus wohlverstandenem Klasseninteresse verschweigt«. Den Lesern sollten deshalb Kriterien an die Hand gegeben werden, die sie dazu befähigten, mit den Informationen der *taz* zu arbeiten, ohne sich manipulieren zu lassen. Als »1. These« wird ausgeführt, dass die *taz* keine linke Zeitung sei, da sie im Laufe ihrer Entwicklung zunehmend den Charakter eines kapitalistischen Betriebes angenommen habe. Dann folgen exakt dieselben Formulierungen über »Chefinstitutionen«, »Rationalisierung« und »Vermarktung« wie in der so genannten Lageeinschätzung, ergänzt durch konkrete Beispiele aus der Berichterstattung. Ob und gegebenenfalls wie die Vorschläge umgesetzt wurden, geht aus den Unterlagen nicht hervor.

Ähnlich negativ wurde die *taz* von der HVA-Abteilung X beurteilt. In einem Papier vom Februar 1982 wird kritisiert, dass die »Negativklischees über die DDR« in der *taz* ausgeprägter seien als in anderen westlichen Medien. So sei die kurz zuvor erfolgte Abschaffung der Todesstrafe als »Bluff« abgetan worden. Zur Kommentierung seien »Leute wie Roland Jahn oder Karl Wilhelm Fricke« herangezogen worden – bei denen offenbar die bloße Namensnennung ausreichte, um sie als Feinde zu kennzeichnen. Die Darstellung der Sowjetunion und der anderen sozialistischen Länder könne man »nicht anders als extrem antisowjetisch und antisozialistisch« bezeichnen. Die Ursache dafür sahen die Desinformationsexperten der Stasi vor allem darin, dass »antikommunistische Kräfte« in den letzten Jahren verstärkt Positionen in der Zeitung eingenommen hätten. Auch junge ehemalige DDR-Bürger fühlten sich von der Zeitung angezogen und dienten als Beschaffer von Materialien aus der DDR. Die *taz* verstehe sich als Interessenvertreter von Umwelt- und Basisgruppen in der DDR und vertrete zunehmend einen »links verbrämten großdeutschen Nationalismus«. Die »Hauptangriffe« gegen die DDR fänden dabei im Westberliner Lokalteil auf der so genannten Ostberlin-Seite statt.[206]

Immer wieder beschäftigte die Stasi auch die Frage nach den Geldquellen der *taz*. Angesichts der Überlebenskünste der durch ständige Finanzkrisen gebeutelten Zeitung stellte das MfS regelmäßig konsterniert fest, dass deren Finanzierungsquellen »im Dunkeln« lägen. Zusätzlich angeheizt wurde das Misstrauen dadurch, dass die *taz*, wie es in einer Stasi-Analyse heißt, über »modernste technische Anlagen« verfügte, die einen »hohen materiellen Wert« darstellten. Ausgewiesene DDR-Dissidenten wie Roland Jahn, die sich für die Ostberlin-Seite der *taz* engagierten, wurden gar als »geheimdienstlich gesteuert« bezeichnet – selbstverständlich ohne irgendeinen Nachweis dafür zu erbringen. Im selben Bericht heißt es vielmehr wenig später: »In der gesamten Bearbeitung der *taz* konnten Geheimdienstbeziehungen und -steuerungen vermutet, aber nicht beweiskräftig nachgewiesen werden.«[207]

Die guten Kontakte zur DDR-Opposition bildeten Ende der achtziger Jahre für die Stasi offenbar das größte Ärgernis. »Die Berichterstattung einiger *taz*-Redakteure«, resümierte man im April 1988, »ist zunehmend darauf ausgerichtet, die feindlich negativen Absichten von Mitgliedern und Sympathisanten des politischen Untergrundes in der DDR zu inspirieren und zu unterstützen.« Zwar gelang es dem MfS, Pseudonyme wie »Clara Roth«, unter denen regelmäßig Berichte über die DDR-Opposition veröffentlicht wurden, relativ rasch zu knacken, doch Maßnahmepläne zur Abwehr der »feindlichen Angriffe« sind nicht überliefert. Mit Befriedigung wurde allerdings registriert, dass es bei der *taz* auch Bestrebungen »progressiver« Journalisten gebe, den Einfluss der »reaktionären« Kräfte zurückzudrängen. Insbesondere in den Berichten über die Dritte Welt und über innenpolitische Probleme der Bundesrepublik fänden »antiimperialistische Positionen« stärker Niederschlag.[208]

Die Methoden, mit denen die Stasi die Verbindungen der *taz* zur DDR-Opposition zu zerschlagen suchte, sind unter anderem dem Zentralen Operativvorgang »Weinberg« zu entnehmen. Darin finden sich Dutzende von Maßnahmen dokumentiert, mit denen das MfS gegen Roland Jahn, heute Mitarbeiter des Fernsehmagazins *Kontraste*, vorging. Zu ihnen gehörte nicht nur die umfassende Kontrolle des 1983 abgeschobenen Bürgerrechtlers durch Inoffizielle Mitarbeiter und die Überwachung seines Telefons. Die Stasi betrieb vielmehr auch eine systematische Rufschädigung durch Zersetzungsmaßnahmen, über deren Durchführung regelmäßig zwischen der Desinformationsabteilung und der eigentlich zuständigen Hauptabteilung XX/5 beraten wurde. Freunde und politische Mitstreiter erhielten 1987 beispielsweise anonyme Briefe, in denen er auf subtile Weise schlecht gemacht wurde. Wenig später konnte man im so genannten Monatsbericht »erste Reaktionen« feststellen. »Streng vertraulich« sei bekannt geworden, dass sich Jahn im Gespräch mit dem Ostberliner Oppositionellen Wolfgang Templin »über anonyme Briefe, die unter anderem beim Büro der ›Alternativen Liste‹ Westberlin eingegangen wären, beklagt. Dadurch würden für ihn noch nicht näher bekannt gewordene Probleme entstehen.«[209] Im Januar 1988 veröffentlichte die DKP-Tageszeitung *Unsere Zeit* dann einen Brief Jahns, mit dem er Firmen um Spenden für ostdeutsche Oppositionsgruppen gebeten hatte, und bezeichnete ihn, unter vollständiger Nennung seiner Anschrift, als »Schaltzentrale« für deren technische und finanzielle Ausrüstung. Zufrieden resümierte die Stasi kurz darauf, die gegen Jahn gerichteten »publizistischen Maßnahmen« hätten »zu einer starken Verunsicherung bei mehreren Kontaktpartnern des Jahn in der DDR und im Operationsgebiet geführt.«[210]

Nachwort

Das Ministerium für Staatssicherheit, so viel ist in dieser Studie deutlich geworden, hat die westdeutschen Medien in vielfältiger Weise durchdrungen und beeinflußt. Die Ebenen der Einwirkung reichten von systematischer Kontaktarbeit zu politisch aufgeschlossenen Redakteuren über langjährige vertrauliche Verbindungen zu einzelnen Berichterstattern bis zu unsichtbarer Propaganda in den westlichen Medien und gezielten Aktionen gegen DDR-kritische Journalisten. Dutzende westdeutscher Medienmitarbeiter konnte das MfS als IM verpflichten, die für die Machthaber in Ostberlin Informationen beschafften oder als Einflussagenten wirkten.

Die eingangs aufgeworfene Frage, warum die DDR im Westen zunehmend milder beurteilt wurde und welche Rolle der Staatssicherheitsdienst dabei spielte, kann dennoch nur vorläufig beantwortet werden. Die Aktenvernichtung und die andauernde Geheimhaltung der West-Agenten der Staatssicherheit machen es bis heute unmöglich, das Netz der Staatssicherheit in den westdeutschen Medien vollständig zu rekonstruieren. Gerade bei den für den Wandel des DDR-Bildes ausschlaggebenden Meinungsführern greift man in den Stasi-Archiven fast immer ins Leere, sodass unklar bleibt, welche Motive letztlich für sie ausschlaggebend waren und welche Rolle der Staatssicherheitsdienst dabei möglicherweise spielte. Solange die in Amerika lagernde Agentenkartei der HVA nicht zugänglich gemacht wird, muss deshalb offen bleiben, wer alles in den großen Redaktionen für den Staatssicherheitsdienst tätig war und wer nicht. Selbst wenn das Material, wie vom Stasi-Unterlagen-Gesetz vorgeschrieben, geöffnet werden sollte, wird das Bild unvollständig bleiben, weil darin nur die zuletzt aktiven Agenten enthalten sind und die dazugehörigen Aktenvorgänge aller Wahrscheinlichkeit nach vernichtet wurden.

Gleichwohl zeigen auch die vorhandenen Unterlagen, mit welchen Zielen und Methoden die Stasi gegenüber den westdeutschen Medien vorging. Mit großer Systematik suchte sie in diese einzudringen, die »realistischen« Kräfte zu stärken und die »feindlichen« zurückzudrängen. Die offene Gesellschaft der Bundesrepublik, die von Konkurrenz bestimmten Eigeninteressen der Medien und die innenpolitische Polarisierung zwischen rechts und links boten dafür zahlreiche Ansatzpunkte. Flankiert wurden die Aktivitäten der Staatssicherheit von gleich gerichteten Bemühungen der SED, die mittels der DKP und der mit ihr verbündeten Organisationen und Medien das politische Klima im Westen zugunsten der DDR beeinflusste.

Bilanziert man das zutage geförderte Material, wird deutlich, dass der Meinungsumschwung gegenüber der DDR nicht in erster Linie von Agenten bewirkt wurde. Diese dienten eher der Informationsbeschaffung und konnten nur dann Einfluss nehmen, wenn zwei Faktoren zusammenkamen: eine entsprechende Stellung im Journalismus und ein Umfeld, in dem sie für die DDR Position beziehen konnten, ohne sich dadurch zu verraten. Von größerer Bedeutung waren andere Formen der Kooperation mit den Machthabern der DDR, bei denen der Staatssicherheitsdienst nur eine begleitende oder stimulierende Rolle spielte. Viele westdeutsche Journalisten waren auch von sich aus bereit, die SED-Herrschaft zu akzeptieren und die kritische Auseinandersetzung mit dem politischen System in Ostdeutschland zurückzustellen. Mindestens ebenso wichtig ist deshalb die Frage, wie es dazu kommen konnte, dass die Diktatur der SED in Westdeutschland auf zunehmende Akzeptanz stieß, ohne dass die Stasi direkten Einfluß nahm.

Der Paradigmenwechsel, auch dies hat diese Studie gezeigt, hat seine Wurzeln in den sechziger Jahren, als die konservativ geprägte Bundesrepublik einen gesellschaftlichen Umbruch erlebte: Die bis dahin vorherrschenden Orientierungen wurden mit einer zuvor unbekannten Radikalität in Frage gestellt und nach und nach durch neue abgelöst. Dieser Wertewandel betraf auch das Verhältnis zur DDR, deren Ablehnung in den Nachkriegsjahren zu den ideologischen Fundamenten der Bundesrepublik zählte. Vorangetrieben wurde der Wandel des DDR-Bildes nur von einer Minderheit, doch verfügte diese in Politik und Medien über starke Bastionen. Ihr Motiv lag nur zum Teil in der nachvollziehbaren Einsicht, dass die Herrschaft der SED auf absehbare Zeit nicht zu beseitigen sei und deshalb Formen eines friedlichen und nachbarschaftlichen Zusammenlebens entwickelt werden müssten. Mindestens ebenso wichtig war die innenpolitisch begründete Absicht, den Antikommunismus in Deutschland zurückzudrängen, der die Hegemonie des konservativen Lagers lange Zeit begründet hatte. Gerade jene, die sich im Westen den Gedanken der Emanzipation auf die Fahnen geschrieben hatten, verliehen einem System, in dem dieser Anspruch mit Füßen getreten wurde, als erste den Schein von Legitimität. Die Macht des Zeitgeistes und das wachsende Desinteresse am Schicksal der Ostdeutschen taten das Übrige, um die kritische Auseinandersetzung mit der DDR einzuschläfern.

Die oftmals gleichgültige bis verständnisvolle Haltung der westdeutschen Öffentlichkeit gegenüber der SED-Herrschaft und die Vorreiterrolle, die der »progressiven« Publizistik bei ihrer Entstehung vielfach zufiel, sind nach der Wende weitgehend verdrängt worden. Ihre Nachwirkungen sind bis heute sichtbar, wenn man die Einstellung zum Realsozialismus mit jener zum Nationalsozialismus vergleicht: Während die braune Diktatur in der Öffentlichkeit weitgehend stigmatisiert ist, haben die Verbrechen des Kommunismus noch lange nicht in gleicher Schärfe den Weg ins politische Bewusstsein gefunden. Der diskrete Charme der DDR hat somit auf subtile Weise sogar ihren Untergang überlebt.

Abkürzungen

AA	Auswärtiges Amt
ADN	Allgemeiner Deutscher Nachrichtendienst
AIM	Archivierter IM-Vorgang
AKG	Auswertungs- und Kontrollgruppe
AOP	Archivierter Operativ-Vorgang
AP	Allgemeine Personalablage
APO	Außerparlamentarische Opposition
ARD	Arbeitsgemeinschaft der öffentlich-rechtlichen Rundfunkanstalten der Bundesrepublik Deutschland
AS	Allgemeine Schrift
ASD	Axel-Springer-Inlandsdienst
ASt	Außenstelle
AStA	Allgemeiner Studentenausschuss
BA	Bundesarchiv
BDA	Bundesvereinigung Deutscher Arbeitgeberverbände
Bln.	Berlin
BND	Bundesnachrichtendienst
BStU	Bundesbeauftragter für die Unterlagen des Staatssicherheitsdiensts der ehemaligen Deutschen Demokratischen Republik
BV	Bezirksverwaltung
BVSA	Bundesamt für Verfassungsschutz
CIA	Central Intelligence Agency
DFF	Deutscher Fernsehfunk
DFU	Deutsche Friedensunion
DJU	Deutsche Journalisten-Union
DKP	Deutsche Kommunistische Partei
DPA	Deutsche Presseagentur

DRP	Deutsche Reichspartei
EG	Europäische Gemeinschaft
EPD	Evangelischer Pressedienst
EKD	Evangelische Kirche in Deutschland
FAZ	*Frankfurter Allgemeine Zeitung*
FDJ	Freie Deutsche Jugend
FOA	Feindobjektakte
FR	*Frankfurter Rundschau*
FVP	Freie Volkspartei
GdP	Gewerkschaft der Polizei
GH	Geheimzuhaltende Akte mit besonderem Geheimhaltungsgrund
GI	Geheimer Informator
GM	Geheimer Mitarbeiter
GMS	Gesellschaftlicher Mitarbeiter für Sicherheit
GRU	Glawnoje Raswedywatjelnoje Uprawlenije (Nachrichtendienstliche Hauptverwaltung des Generalstabs der sowjetischen Streitkräfte)
GVP	Gesamtdeutsche Volkspartei
GVS	Geheime Verschlusssache
HA	Hauptabteilung
HIM	Hauptamtlicher Inoffizieller Mitarbeiter
HVA	Hauptverwaltung A
HvD	Hilferufe von drüben e.V.
IGFM	Internationale Gesellschaft für Menschenrechte
IM	Inoffizieller Mitarbeiter
IMA	Inoffizieller Mitarbeiter für besondere Aufgaben
IMB	Inoffizieller Mitarbeiter mit Feindberührung
IMV	Inoffizieller Mitarbeiter, an der Bearbeitung der Feindtätigkeit Verdächtigter beteiligt
IPW	Institut für Internationale Politik und Wirtschaft der DDR
IPZ	Internationales Pressezentrum der DDR
JB(/2)	Abteilung Journalistische Beziehungen im DDR-Außenministerium (Sektor 2)
JHS	Juristische Hochschule (des MfS)
KGB	Komitet Gossudarstwennoi Besopasnosti (Komitee für Staatssicherheit)
KgU	Kampfgruppe gegen Unmenschlichkeit
KNA	Katholische Nachrichtenagentur
KP	Kontaktperson

KPA	Kontaktperson-Akte
KPI	Kommunistische Partei Italiens
LPG	Landwirtschaftliche Produktionsgenossenschaft
Lpz.	Leipzig
MDA	Matthias-Domaschk-Archiv
MF	Mikrofilm
MfAA	Ministerium für Auswärtige Angelegenheiten der DDR
MfS	Ministerium für Staatssicherheit
MibE	Mitarbeiter im besonderen Einsatz
MSB	Marxistischer Studentenbund
NBI	*Neue Berliner Illustrierte*
ND	*Neues Deutschland*
NDR	Norddeutscher Rundfunk
NRZ	*Neue Ruhr Zeitung*
NVA	Nationale Volksarmee (der DDR)
OAS	Organisation de l'Armée Secrète
OibE	Offizier im besonderen Einsatz
OPK	Operative Personenkontrolle
O-Quelle	Objekt-Quelle
OV	Operativ-Vorgang
OVO	Objektvorgang
PDA	Presseausschuss der Demokratischen Aktion
PDI	Presseausschuss demokratische Initiative
PID	Politisch-Ideologische Diversion
PINAR-Dienst	*Politischer Informations- und Archiv-Dienst*
PNA	Personalnebenakte
PPA	Progreß-Presse-Agentur
ppp	*Parlamentarisch-Politischer Pressedienst*
PV	Parteivorstand
RAF	Rote-Armee-Fraktion
REA	Residenturakte
Reg.-Nr.	Registriernummer
RIAS	Rundfunk im amerikanischen Sektor
SD	Sicherheitsdienst (des Reichsführers SS)
SDAJ	Sozialistische Deutsche Arbeiterjugend
SdM	Sekretariat des Ministers
SDS	Sozialistischer Deutscher Studentenbund
SE	SIRA-Einzelinformation
SED	Sozialistische Einheitspartei Deutschlands
SEW	Sozialistische Einheitspartei Westberlins

SIRA	System Information und Recherche der Aufklärung
SIVO	Sicherungsvorgang
SOUD	Sistema objedinjonnogo utschota dannych o protiwnike (System der vereinigten Erfassung von Daten über den Gegner)
SOV	Sonderoperativvorgang
SVG	Sicherungsvorgang
TDB	Teildatenbank
VDJ	Verband deutscher Journalisten (ab 1972: Verband der Journalisten der DDR)
VDS	Verband Deutscher Studenten
VM	Verbindungsmann
vpa	verlag politisches archiv
VS	Verband deutscherSchriftsteller
VSH	Vorverdichtungs-, Such- und Hinweiskartei
VVN	Vereinigung der Verfolgten des Naziregimes
VVS	Vertrauliche Verschlusssache
VWD	Vereinigte Wirtschaftsdienste
WamS	*Welt am Sonntag*
WAZ	*Westdeutsche Allgemeine Zeitung*
WDR	Westdeutscher Rundfunk
WONA	West-Ost-Nachrichtenagentur
ZA	Zentralarchiv
ZAIG	Zentrale Auswertungsgruppe des MfS
ZDF	Zweites Deutsches Fernsehen
ZMA	Zentrale Materialablage
ZMD	Zentraler Medizinischer Dienst
ZK	Zentralkomitee
ZKG	Zentrale Koordinierungsgruppe
ZOV	Zentraler Operativvorgang

Anmerkungen

Einleitung

1 Hacker, *Deutsche Irrtümer*, S. 450.
2 Ash, *Im Namen Europas*, S. 275–291.
3 Stephan (Hg.), *Wir Kollaborateure.*
4 Henryk M. Broder: »Der betörende Charme der Diktatur«, S. 80 f.
5 Vgl. Dönhoff/Leonhardt/Sommer, *Reise in ein fernes Land*, S. 16; Sommer (Hg.), *Denken an Deutschland;* ders. (Hg.), *Reise ins andere Deutschland;* Bender, *Offensive Entspannung;* Heigert, *Deutschlands falsche Träume;* Gaus, *Wo Deutschland liegt.*
6 Thomas, *Modell DDR.*
7 Vgl. Knabe, »Samisdat« – Gegenöffentlichkeit in den 80er Jahren.
8 Neubert, Geschichte der Opposition in der DDR 1949–1989, S. 768 f.
9 Vgl. Kluge/Birkefeld/Müller, *Willfährige Propagandisten.*
10 »Typische Grautöne. Ein ehemaliger MfS-Informant arbeitet heute in Berlin als Firmenleiter für den Süddeutschen Verlag«, in: *Focus*, 20. Dezember 1999, S. 66.
11 Vgl. Schmidt-Eenboom, *Undercover.*
12 Hacker, *Deutsche Irrtümer*, S. 617.

Kontaktarbeit

1 »Ulbricht möchte mit Erhard sprechen«, in: *Stern*, 1. Dezember 1963, S. 40.
2 »Die DDR von innen« (Serie), in: *Stern*, 1., 8., 15. und 22. Dezember 1963.
3 Kurt Blecha/Günter Halle/Günter Köhler, Forschungsergebnisse zum Thema »Die Lösung von Aufgaben der staatlichen Öffentlichkeitsarbeit zum Schutz und zur Sicherung der DDR durch Kooperation des Ministeriums für Staatssicherheit und des Presseamtes beim Vorsitzenden des Ministerrates unter besonderer Berücksichtigung der Durchführung gemeinsamer Aktionen im Kampf gegen die subversive Tätigkeit des Feindes« (1971), BStU, ZA, JHS 21805.
4 Ebd., Bl. 100–102, 150–155.

5 HA XX/5/I, Bericht zu Hermann von Berg, Klaus Ellrodt und Karl-Heinz Vater vom 24. 11. 1969, BStU, ZA, AOP 10108/87, Bd. 2, Bl. 398–406, hier: 399.

6 Kurt Blecha/Günter Halle/Günter Köhler, Forschungsergebnisse zum Thema »Die Lösung von Aufgaben der staatlichen Öffentlichkeitsarbeit zum Schutz und zur Sicherung der DDR durch Kooperation des Ministeriums für Staatssicherheit und des Presseamtes beim Vorsitzenden des Ministerrates unter besonderer Berücksichtigung der Durchführung gemeinsamer Aktionen im Kampf gegen die subversive Tätigkeit des Feindes« (1971), BStU, ZA, JHS 21805, Bl. 100–102, 150–155.

7 IM-Vorgang »Günther«, Reg.-Nr. XV/10698/60, Aktenvorgang nicht überliefert, acht registrierte Berichte in SIRA-TDB 12, vorgangsführende Diensteinheit: HVA/X; vgl. HVA/X, Einschätzende Bemerkungen zum Vorgang »Günther« – Vorg.-Nr.: 10698/60 vom 18. 11. 1977, mit handschriftlichen Korrekturen von Markus Wolf am 9. 1. 1978 an Bruno Beater weitergeleitet, BStU, ZA, GH 25/87, Bd. 1, Bl. 8–17, hier: 8 f.

8 Jochen Steinmayr, Schreiben an Hermann von Berg vom 12. 12. 1963, BStU, ZA, GH 25/87, Bd. 4, Bl. 15–17, hier: 16.

9 HVA/VII/F, Vorschlag für eine Sachprämie zum Jahrestag des Ministeriums für Staatssicherheit vom 27. 12. 1963, BStU, ZA, GH 65/88, Bd. 8, Bl. 299.

10 Rolf Wagenbreth, Beurteilung des IM »Günther«, 8. 8. 1968, BStU, ZA, GH 65/88, Bd. 1, Bl. 109–114, hier: 111.

11 Hermann von Berg, Vermerk für Genossen Nitz vom 6. 9. 1963, BStU, ZA, GH 25/87, Bd. 4, Bl. 27–29, hier: 27, 29.

12 Ohne Autor [GI »Gerhard«], ohne Titel [Bericht], 4. 11. 1963, BStU, ZA, AIM 3654/71, Teil A, Bd. 7, Bl. 146–149, hier: 148 f.

13 Hermann von Berg, Zur Information an Genossen Stoph, 18. 11. 1963, BStU, ZA, GH 25/87, Bd. 4, Bl. 2–5, hier: 4 f.

14 Manfred Müller/Hermann von Berg, Gespräch mit Steinmayr am 8. 1. 1964, BStU, ZA, GH 25/87, Bd. 4, Bl. 6–10, hier: 6 ff.

15 Hermann von Berg, Bericht über die Durchführung des Auftrages: Überbringung eines Schreibens des Genossen Walter Ulbricht an Bundeskanzler Erhard, 9. 1. 1964, BStU, ZA, GH 25/87, Bd. 4, Bl. 19–25.

16 Personalnebenakte »Wiese«, Reg.-Nr. XV/278/74, Aktenvorgang nicht überliefert, vierzehn registrierte Berichte in SIRA-TDB 12, vorgangsführende Diensteinheit: HVA/X, Mitarbeiter: Gisela Schmidt, BStU, ZA, SIRA-TDB 12 und 21; Kaderakte der HA Kader und Schulung des MfS zu Manfred Müller, BStU, ZA, HA KuSch 172; vgl. HVA/X, Einschätzende Bemerkungen zum Vorgang »Günther« – Vorg.-Nr.: 10698/60 vom 18. 11. 1977, mit handschriftlichen Korrekturen von Markus Wolf am 9. 1. 1978 an Bruno Beater weitergeleitet, BStU, ZA, GH 25/87, Bd. 1, Bl. 8–17, hier: 10.

17 Information über eine Reise von Mitarbeitern des Presseamtes zu Herausgebern und Chefredakteuren westdeutscher Zeitungen und Zeitschriften vom 14. bis 17. 6. 1964, BStU, ZA, GH 25/87, Bd. 4, Bl. 79–82, hier: 79.

18 Aktenvermerk, Gespräch der Genossen v. Berg und Müller (Presseamt) mit Steinmayr am 15.6. 1964 in München bzw. Rottach, BStU, ZA, GH 25/87, Bd. 4, Bl. 60–63.
19 »Kalter Krieger auf dem Bildschirm«, in: *Revue*, 14. September 1964, S. 3.
20 Hermann von Berg, Gespräch mit Steinmayr über einige aktuelle Fragen des westdeutschen Pressewesens am 5.2. 1966, BStU, ZA, GH 25/87, Bd. 4, Bl. 160–168, hier: 165 f.
21 Ebd., Bl. 166.
22 HVA/X, Kontakte in Kassel, BStU, ZA, GH 25/87, Bd. 8, Bl. 138–142, hier: 139.
23 Ohne Autor [vermutlich HVA], Zur Person: Steinmayr, Joachim, 26.7. 1984, BStU, ZA, HA II/6 2478, Bl. 1–3, hier: 3.
24 Schmidt-Eenboom, *Undercover*, S. 123.
25 HVA/X, Information vom 25.2. 1976, betr.: Gespräch mit D. Cramer, Rias-Büro Bonn, BStU, ZA, GH 25/87, Bd. 5, Bl. 252–256.
26 IM »Gerhard«, Reg.-Nr. MfS 14146/60, BStU, ZA, AIM 3654/71.
27 Bericht betr.: Gespräch mit »Jakob« am 22.4. 1964, BStU, ZA, AIM 3654/71, Teil A, Bd. 9, Bl. 46.
28 Zit. in Ahrens, *Herrn Nannens Gewerbe*, S. 165 f.
29 »Die Flucht der 57«, in: *Stern*, 18. Oktober 1964, S. 12–17, 232 f.
30 Bericht betr.: Gespräch mit »Walter« am 8. 10. 1964, BStU, ZA, AIM 3654/71, Teil A, Bd. 9, Bl. 156–158; vgl.: »Mit Mumm auf Warschauer Parkett«, in: *Stern*, 26. April 1964, S. 198–205.
31 »Flut von Journalisten. DDR: Mehr westdeutsche Korrespondenten als Korrespondenten aus der UdSSR«, in: *Vorwärts*, 21. März 1974; Grashoff/Muth (Hg.), *Drinnen vor der Tür*, S. 108.
32 »Kennen Sie Breschnew? Sternredakteure lernten den Herrn des Kreml auf überraschende Weise kennen«, in: *Stern*, 17. Mai 1973, S. 18–34.
33 Kuby, *Das ist des Deutschen Vaterland*, S. 34, 200.
34 Vgl.: »Ein deutscher Zeitungsleser«, in: *die tageszeitung*, 28. Juni 2000.
35 SVG »Journalist«, Reg.-Nr. XV/1260/63, BStU, ZA, SIRA-TDB 21.
36 SVG »Distel«, Reg.-Nr. XV/215/63; BStU, ZA, SIRA-TDB 21.
37 Ohne Autor [Hans-Joachim Seidowsky], Bericht vom 12.7. 1963, BStU, ZA, AIM 3654/71, Teil A, Bd. VII, Bl. 46–50, hier: 47; vgl. Kuby, *Das ist des Deutschen Vaterland.*
38 Bericht vom 12.7. 1963, BStU, ZA, AIM 3654/71, Teil A, Bd. VII, Bl. 46–50, hier: 47; Bericht vom 9.5. 1963, BStU, ZA, AIM 3654/71, Teil A, Bd. VI, Bl. 136–139.
39 HA V/4, Treffbericht vom 15.5. 1963, BStU, ZA, AIM 3654/71, Teil A, Bd. VI, Bl. 140–148.
40 Einem Auskunftsbericht von 1970 zufolge unterhielt die HA V/6 seit den frühen fünfziger Jahren einen inoffiziellen Kontakt zu Ottersberg. Nach einer Unterbrechung im Jahr 1956 wegen seiner Rolle im so genannten »Jacobiner-Club« an der Humboldt-Universität wurde der Kontakt 1959 durch die HA V/5 wieder aufgenommen. In dieser Zeit erledigte Ottersberg für den Staatssicherheitsdienst eine Reihe von

operativen Aufgaben in Westdeutschland. 1960 soll er durch die HA V/4 übernommen worden sein. 1962 ergab jedoch eine MfS-interne Überprüfung, dass er nach wie vor für die HA V/5 »positiv einliegt« – eine Formulierung, die eine inoffizielle Zusammenarbeit mit dem MfS zum Ausdruck bringen sollte. 1964 wird Ottersberg in einem Bericht als Kontaktperson der HA V/5 bezeichnet, die »entsprechend einer Absprache mit der Leitung der Hauptabteilung nicht als G[eheimer] I[nformator] registriert« worden sei (HA XX, Auskunftsbericht vom 5. 11. 1970, BStU, ZA, AP 13292/92, Bl. 1–16, hier: 16; Bericht vom 1. 10. 1962 im IM-Vorgang »Gerhard«, BStU, ZA, AIM 3654/71, Teil P, Bd. 2, Bl. 19–37, hier: 34; HA V/5, Auskunftsbericht vom 2. 3. 1964 über die KP Ottersberg, Kurt, BStU, ZA, AP 13292/92, Bl. 93–96, hier: 93).

41 Dönhoff/Leonhardt/Sommer, *Reise in ein fernes Land*, S. 16.

42 Ebd., S. 146 f.

43 Abt. JB/2, Information über ein Gespräch mit Hanns Werner Schwarze, Leiter des ZDF-Studios Westberlin, am 31. 1. 1986, BStU, ZA, AP 12252/88, Bl. 94–97, hier: 94.

44 »Ein deutscher Kommunist, ein deutscher Realist«, in: *Die Zeit*, 31. Januar 1986, S. 1.

45 Nina Grunenberg, »Lust und Last der ›Leiter‹. Die Führungsspitzen der DDR: Häuser bauen ist ihnen wichtiger als Fahnenhissen«, in: *Die Zeit*, 27. Juni 1986, S. 9 ff.

46 Zitiert in Holzweißig, *Zensur ohne Zensor*, S. 198–202.

47 Vgl. Pruys/Schulze, *Macht und Meinung*, S. 113 f.

48 SOV »Tal« (12 Bde.), BStU, ZA, GH 25/87; OV »Informant«, BStU, ZA, GH 65/88. Von Berg wurde im Januar 1978 vorübergehend »konspirativ festgenommen«, da man ihn verdächtigte, Autor des so genannten *Spiegel*-Manifests gewesen zu sein. 1986 reiste er in die Bundesrepublik aus.

49 Ohne Autor [Hermann von Berg], Aktennotiz für Genossen Stoph vom 12.8. 1963, BStU, ZA, GH 25/87, Bd. 4, Bl. 141–147.

50 Ebd., Bl. 144 ff.

51 Ohne Autor [wahrscheinlich Hermann von Berg], Springers Regel, ohne Datum [Februar 1966], handschriftlich: »Verbindungen ›Neue Presse‹, Febr. 1966. Nicht veröffentlicht« (BStU, ZA, GH 25/87, Bd. 4, Bl. 180).

52 Bericht (16. 11. 1969), BStU, ZA, GH 25/87, Bd. 8, Bl. 216–220, hier: 220.

53 O-Quelle »Komet«, Reg.-Nr. XV/15996/60, kein Aktenvorgang überliefert, 309 registrierte Berichte in SIRA-TDB 12, vorgangsführende Diensteinheit: HVA/II/4; vgl. Müller-Enbergs (Hg.), *Inoffizielle Mitarbeiter des Ministeriums für Staatssicherheit* 2, S. 207.

54 Gespräch mit Ellroth am 10. Februar 1965, BStU, ZA, GH 25/87, Bd. 4, Bl. 139.

55 Gespräch mit Klaus Ellrodt, *ppp*, und Alexander von Cube, freischaffend, am 22. August 1965, BStU, ZA, GH 25/87, Bd. 4, Bl. 186 f.

56 Gespräch mit Klaus Ellrodt am 7. 12.[1965], BStU, ZA, GH 25/87, Bd. 4, Bl. 149 f.

57 Betr.: Ellrodt, 11. 3. 1966, BStU, ZA, GH 25/87, Bd. 6, Bl. 100 f.
58 Gespräch mit Klaus Ellrodt am 19. 5. 1965, BStU, ZA, GH 25/87, Bd. 4, Bl. 234.
59 Ohne Autor, Angaben zur Person, ohne Datum [September 1984], BStU, ZA, AP 12252/88, Bd. 2, Bl. 75 f.
60 GM »Günther«, Aktenvermerk vom 25. 7. 1963, BStU, ZA, AP 12252/88, Bd. 1, Bl. 65 f.
61 Ebd., Bl. 67 f.
62 »Jäger«, Betrifft: Schwarze, 15. 8. 2963, BStU, ZA, AP 12252/88, Bd. 1, Bl. 69 f.
63 »Blick nach drüben«, in: *Welt der Arbeit*, 18. August 1967.
64 »Einseitig«, in: *Die Welt*, 9. Januar 1968.
65 Aktenvermerk vom 19. 7. 1966 über ein Gespräch mit dem Leiter des Westberliner Studios des 2. Fernsehens, Schwarze, und Robert Stengl (ZDF) während der Ostseewoche 1966, BStU, ZA, AP 12252/88, Bd. 1, Bl. 71 f.
66 Verband der Deutschen Journalisten, Abteilung Arbeit nach Westdeutschland, Bericht vom 24. 7. 1967 über die Gespräche mit Hanns W. Schwarze, Studioleiter ZDF in Westberlin, während der Ostseewoche 1967, BStU, ZA, AP 12252/88, Bd. 1, Bl. 73 f.
67 Schwarze, *Die DDR ist keine Zone mehr*, S. 437.
68 Schwarze, *DDR heute*, S. 94.
69 »Boxhandschuh als Talisman«, in: *Stern*, 13. Dezember 1970.
70 HA II, Information Nr. 58/80 vom 20. 2. 1980 zu Struktur- und Personalfragen im »Zweiten Deutschen Fernsehen«, BStU, ZA, AP 12252/88, Bd. 1, Bl. 88 f.
71 HA XX, Information Nr. 976/76 vom 28. 9. 1976 über die personalpolitische Situation im »Zweiten Deutschen Fernsehen«, BStU, ZA, AP 12252/88, Bd. 1, Bl. 85 f.
72 HA II/13, Kurzauskunft über Hanns Werner Schwarze vom 12. 6. 1980, BStU, ZA, AP 12252/88, Bd. 1, Bl. 61–63.
73 HVA/X/4, Abwehrhinweis vom 17. 1. 1984, Quelle: »Basket«, BStU, ZA, AP 12252/88, Bd. 2, Bl. 43 f.; ohne Autor, Angaben zur Person, ohne Datum [September 1984], BStU, ZA, AP 12252/88, Bd. 2, Bl. 75 f.
74 Einer Auskunft der Abt. XII zufolge war Schwarze unter der Reg.-Nr. XV/1260/63 durch die HVA/X, Mitarbeiter 542, erfasst (Suchzettel vom 15. 7. 1971, BStU, ZA, AP 12252/88, Bd. 1, Bl. 3 f.).
75 Leiter HVA/X, Schreiben vom 20. 9. 1976 an den sowjetischen Verbindungsoffizier, Oberst Bysow, mit handschriftlichem Vermerk vom 9. 11. 1976, BStU, ZA, AP 12252/88, Bd. 1, Bl. 51.
76 Ab 1980 war Schwarze unter der Reg.-Nr. MfS 2033/80 für den Mitarbeiter Heise der HA II/13 erfasst. Im September 1985 wurde die so genannte K[erbloch-]K[artei]-Erfassung Schwarzes durch die HA II/13 an die HVA/X übergeben und das nichtregistrierte Material zur Ablage gebracht (vgl. HA II/13, Ergänzung zur Kurzauskunft zu Schwarze, Hanns-Werner (Abschlußbericht), 9. 12. 1988, BStU, ZA, AP 12252/88, Bd. 2, Bl. 168). In der zentralen Personeneingangskartei der Stasi (F 16)

war Schwarze zuletzt unter der Reg.-Nr. XV/1779/69 registriert, eine Erfassung, die später ohne Angabe eines Datums gelöscht wurde. Die dazugehörige Vorgangskarteikarte F 22 ist nicht überliefert; wahrscheinlich wurde sie im Zuge der Selbstauflösung der HVA entfernt. Der SIRA-Teildatenbank 21 zufolge verbarg sich hinter der Reg.-Nr. XV/1779/69 der Sicherungsvorgang »Amt« der HVA/X.

77 Ohne Autor, Auskunft über Hanns Werner Schwarze vom 10.12. 1966, BStU, ZA, AP 12252/88, Bd. 1, Bl. 42.

78 BV Leipzig, Abt. II/6, Information vom 4.7. 1980, Quelle: IM »Siegfried«, BStU, ZA, AP 12252/88, Bd. 1, Bl. 94–96.

79 BV Leipzig, Abt. II/AuI, Information Nr. 876/83 vom 24.12. 1983; BStU, ZA, AP 12252/88, Bd. 2, Bl. 40 f.

80 BV Leipzig, Abt. II, Abschlussbericht vom 8.12. 1983 zu den zum Schwarze, Hanns Werner, im Zeitraum September-Oktober 1983 realisierten Maßnahmen, BStU, ZA, AP 12252/88, Bd. 2, Bl. 36–39, hier: 36.

81 Ohne Autor, Angaben zur Person, ohne Datum [September 1984], BStU, ZA, AP 12252/88, Bd. 2, Bl. 75 f.

82 Rolf Muth, Abt. JB/2, Information vom 4.2. 1986 über ein Gespräch mit Hanns Werner Schwarze, Leiter des ZDF-Studios Westberlin am 31.1. 1986, BStU, ZA, AP 12252/88, Bd. 2, Bl. 94–97.

83 HA XX/1, Auskunftsbericht über Hanns Werner Schwarze vom 22.8. 1969, BStU, ZA, AP 12252/88, Bd. 1, Bl. 45–47.

84 HVA/X/3, Auszug aus Auskunft über das Zweite Deutsche Fernsehen vom März 1969, 31.3. 1969; HVA/X, Auskunft über Hanns Werner Schwarze vom 31.7. 1971, BStU, ZA, AP 12252/88, Bd. 1, Bl. 76, 53–56.

85 HA II/13, Kurzauskunft über Hanns Werner Schwarze vom 12.6. 1980, BStU, ZA, AP 12252/88, Bd. 1, Bl. 61–63.

86 Vgl. HA II/13, Ergänzung zur Kurzauskunft zu Schwarze, Hanns Werner, vom 23.7. 1985 – gilt gleichzeitig als Abschlussbericht, 9.12. 1988, BStU, ZA, AP 12252/88, Bd. 2, Bl. 168.

87 Aktennotiz über ein Gespräch mit Robert Stengl, ZDF, am 5.3. 1966, BStU, ZA, GH 25/87, Bd. 6, Bl. 98 f.

88 Aktennotiz betr.: Gespräch mit Robert Stengl, 2. Deutsches Fernsehen, 9.7. 1964, BStU, ZA, GH 25/87, Bd. 4, Bl. 57–59.

89 Aktennotiz betr.: Gespräch mit Karl Grobe, politischer Redakteur des *Hamburger Echos*, 4.7. 1964, BStU, ZA, GH 25/87, Bd. 4, Bl. 122 f.

90 HA V/2, Schreiben an die Abteilung X vom 29.5. 1962, BStU, ZA, AP 19244/63, Bl. 2.

91 Vgl. Information, ohne Datum, handschriftlich: »Gespräch Cube, Vorwärts-Red., Juli 1964«, BStU, ZA, GH 25/87, Bd. 4, Bl. 50–56.

92 Zu von Cube, ohne Datum, BStU, ZA, GH 25/87, Bd. 4, Bl. 103–107, hier: 106.

93 Ebd., Bl. 104.

94 Ohne Autor, Titel und Datum [Fragenkatalog für ein Gespräch mit A. von Cube, 1964], BStU, ZA, GH 25/87, Bd. 4, Bl. 124–126.

95 Aktennotiz über ein Gespräch mit Alexander von Cube am 1.6. 1965, BStU, ZA, GH 25/87, Bd. 4, Bl. 201 f.

96 »Die Anklage der SPD-Fronde gegen Herbert Wehner«, in: *Die Zeit*, 11. März 1966.
97 *Die Welt*, 16. März 1966; vgl. Knabe, *Die unterwanderte Republik*, S. 165.
98 IM-Vorgang »Kurt«, Reg.-Nr. XV/15143/60, BStU, ZA, AIM 10996/66.
99 Vgl.: »Spandauer Volksblatt: Was ganz Neues«, in: *Der Spiegel*, 22. April 1964, S. 51.
100 Information vom 3. 2. 1965 zum Antrag der Redaktion des *Spandauer Volksblattes*, mit Genossen Stoph ein Interview zu bekommen, BStU, ZA, GH 25/87, Bd. 6, Bl. 229 f.
101 Aktennotiz, Gespräch mit Reißner vom »Spandauer Volksblatt« am 9. April 1965, BStU, ZA, GH 25/87, Bd. 4, Bl. 196–198, hier: 197 f.
102 Vgl. Knabe, *Die unterwanderte Republik*, S. 211.
103 Gespräch mit Schasiepen am 18. 2. 1965, BStU, ZA, GH 25/87, Bd. 4, Bl. 203–205, hier: 204 f.
104 Gespräch mit Ellrodt am 6. 3. 1966, BStU, ZA, GH 25/87, Bd. 4, Bl. 230 f.
105 Ohne Autor [HVA], Auskunft zu Karlheinz Vater vom 24. 7. 1963, BStU, ZA, AOP 10108/87, Bd. 2, Bl. 29–34.
106 HVA/X/3, Auskunft zu Karlheinz Vater vom 30. 9. 1968, BStU, ZA, AOP 10108/87, Bd. 2, Bl. 27 f.
107 Ohne Autor [HVA], Abschließende Auskunft zu Karlheinz Vater vom 12. 7. 1968; IM »Christian« [= Hans-Joachim Kittelmann], Auskunft zu Karlheinz Vater vom 15. 11. 1968, BStU, ZA, AOP 10108/87, Bd. 2, Bl. 11–19, hier: 12, 17 f., und Bl. 20–26.
108 HVA/X, Einschätzende Bemerkungen zum Vorgang »Günther« – Vorg.-Nr.: 10698/60 vom 18. 11. 1977, mit handschriftlichen Korrekturen von Markus Wolf am 9. 1. 1978 an Bruno Beater weitergeleitet, BStU, ZA, GH 25/87, Bd. 1, Bl. 8–17, hier: 10.
109 HA II, Zur persönlichen Information, 22.4. 1980, BStU, ZA, AOP 10108/87, Bd. 2, Bl. 371 f.
110 HVA/X, Einschätzende Bemerkungen zum Vorgang »Günther« – Vorg.-Nr.: 10698/60 vom 18. 11. 1977, mit handschriftlichen Korrekturen von Markus Wolf am 9. 1. 1978 an Bruno Beater weitergeleitet, BStU, ZA, GH 25/87, Bd. 1, Bl. 8–17, hier: 10.
111 Gespräch am 30. 10. 1965 mit Klaus Ellrodt, BStU, ZA, GH 25/87, Bd. 5, Bl. 105.
112 HA XX/5/1, Treffbericht vom 21. 10. 1964, BStU, ZA, AIM 10996/66, Bd. 8, Bl. 151–155, hier: 152.
113 Gespräch mit Klaus Ellrodt, 22. 2. 1966, BStU, ZA, GH 25/87, Bd. 5, Bl. 84.
114 Betr.: Ellrodt, 11. 3. 1966, BStU, ZA, GH 25/87, Bd. 4, Bl. 220–222, hier: 220 f.
115 Briefwechsel über Arbeitsmöglichkeiten für Journalisten, in: *Bulletin des Presse- und Informationsamtes der Bundesregierung*, 3. November 1972, S. 1851 f., abgedruckt in Grashoff/Muth (Hg.), *Drinnen vor der Tür*, S. 144 f.

116 Vgl. Petersen, »›Uns verbinden keine Gemeinsamkeiten‹«, S. 19.
117 Verordnung über Tätigkeit von Publikationsorganen anderer Staaten und deren Korrespondenten in der DDR, 21. Februar 1973, in: *Gesetzblatt der DDR*, Teil I, Nr. 10, 1. März 1973, S. 99 f., abgedruckt in Grashoff/Muth (Hg.), *Drinnen vor der Tür*, S. 147 f.
118 Vgl. Petersen, »›Uns verbinden keine Gemeinsamkeiten‹«, S. 21.
119 Protokoll Nr. 8/73 der Politbürositzung am 27. 2. 1973, BA Berlin, DY/30/IV.
120 Bis Oktober 1974 wurden folgende Korrespondenten in der DDR akkreditiert: Henri Meier *(Unsere Zeit)*; Dietmar Schulz (DPA); Klaus Kämpgen *(WAZ)*; Walter Leo *(Vorwärts)*; Jörg Rainer Mettke *(Spiegel)*; Peter Nöldechen *(Westfälische Rundschau)*; Peter Pragal *(Süddeutsche Zeitung)*; Horst Büscher *(NRZ* und *Neue Hannoversche Presse)*; Claus Heinemann *(Rheinische Post)*; Eva Windmöller *(Stern)*, Christel Sudau *(Frankfurter Rundschau)* und Hans-Jürgen Tautz-Wiesner (ZDF) (vgl. Grashoff/Muth [Hg.], *Drinnen vor der Tür*, S. 46, 73, 169 f.).
121 HA XX/7, Information über die Tätigkeit der in der DDR akkreditierten ausländischen Journalisten vom 13. 5. 1974, BStU, ZA, AOP 10108/87, Bd. 1, Bl. 94 ff.
122 Erste Durchführungsbestimmung zur Verordnung über die Tätigkeit von Publikationsorganen anderer Staaten in der Deutschen Demokratischen Republik vom 21. Februar 1973, in: *Gesetzblatt der DDR*, Teil I, Nr. 10, 1. März 1973, S. 100, abgedruckt in Grashoff/Muth (Hg.), *Drinnen vor der Tür*, S. 148.
123 *Strafgesetzbuch und Strafprozessordnung der Deutschen Demokratischen Republik mit den Änderungen vom 28. Juni 1979*, S. 24.
124 HA II/13, Aktenvermerk vom 21.6. 1978, BStU, ZA, HA II/13 459, Bl. 114 f.
125 Ohne Autor, Begründung zur 2. Durchführungsbestimmung der Verordnung über die Tätigkeit von Publikationsorganen und deren Korrespondenten in der DDR vom 21. 2. 1973, ohne Datum [wahrscheinlich 1979], BStU, ZA, HA II/13 1183, Bl. 69–73, hier: 69, 71.
126 Vgl. Holzweißig, *Zensur ohne Zensor*, S. 182 f.; Grashoff/Muth (Hg.), *Drinnen vor der Tür*; vgl. Petersen, »›Uns verbinden keine Gemeinsamkeiten‹«, S. 25.
127 Vgl. Holzweißig: *Klassenfeinde und »Entspannungsfreunde«*.
128 Befehl 17/74 zur politisch-operativen Sicherung der in der Deutschen Demokratischen Republik akkreditierten Publikationsorgane anderer Staaten, deren ständigen Korrespondenten sowie von Reisekorrespondenten aus anderen Staaten vom 12. 8. 1974, abgedruckt in Knabe, *West-Arbeit des MfS*, S. 363–372.
129 Vgl. Oberstleutnant Ulrich Wollermann/Oberstleutnant Wolfgang Stuchly/Oberstleutnant Siegfried Neubert/Major Diethardt Gellert/Major Werner Kalfürst, Grundfragen der politisch-operativen Abwehrarbeit zu Korrespondenten und Journalisten des nichtsozialistischen Auslandes, BStU, ZA, JHS 21949, Bl. 216–221.

130 Befehl 17/74 zur politisch-operativen Sicherung der in der Deutschen Demokratischen Republik akkreditierten Publikationsorgane anderer Staaten, deren ständigen Korrespondenten sowie von Reisekorrespondenten aus anderen Staaten vom 12.8. 1974, abgedruckt in Knabe, *West-Arbeit des MfS*, S. 363–372.

131 HA II/13 und HVA/X, Vereinbarung über Prinzipien der Zusammenarbeit zwischen der Hauptabteilung II/13 und der HVA/X vom 30.5. 1977 (Entwurf), BStU, ZA, HA II/13 2171, Bl. 2–9, hier: 4, 6 ff. Zur Rolle des MfS im DDR-Außenministerium vgl. Hans-Dieter Ternies, Zur Tätigkeit der Abt. Journalistische Beziehungen des MfAA der DDR bei der Gewährleistung von Ordnung und Sicherheit durch Einhaltung und Durchsetzung gesetzlicher Regelungen und Schaffung von Beweisen für ungesetzliche Aktivitäten ausländischer Korrespondenten in der DDR, BStU, ZA, HA II/13 1249.

132 HA II/13, ohne Titel [Bericht des OibE »Werner«], 4.5. 1977, BStU, ZA, HA II/13 459, Bl. 85.

133 »Joachim«, Betrachtungen zur Arbeit des IPZ, 27.4. 1988, BStU, ZA, HA II/13 459, Bl. 220–228.

134 HA II/13/5, Information vom 19.11. 1980, BStU, ZA, HA II/13 459, Bl. 151 f.

135 HA II/13, Information Nr. 16 vom 29.7. 1988, BStU, ZA, HA II/13 Nr. 459, Bl. 44–47, hier: 46.

136 HA II/13, Information Nr. 18 vom 2.8. 1988, BStU, ZA, HA II/13 459, Bl. 14–25, vollständig abgedruckt in Knabe, *Die letzten Tage des Kommunismus*.

137 Vgl. Major Wolfgang Arnold, Die politisch-operative Bekämpfung des Missbrauchs von Kontakten durch Journalisten der BRD und anderer Staaten des nichtsozialistischen Auslands, BStU, ZA, JHS MF VVS 0001–267/75; Major Wilhelm Blum, Der Einsatz der operativen Beobachtung in der Bearbeitung, Kontrolle und Aufklärung von in der DDR akkreditierten und Reisekorrespondenten und die Gestaltung der erforderlichen politisch-operativen Zusammenarbeit zwischen der Hauptabteilung VIII und der Hauptabteilung II, BStU, ZA, JHS MF VVS 0001–363/84; Hauptmann Dieter Borchert, Ausgewählte Probleme der Gewinnung von IM zur operativen Aufklärung, Kontrolle und Bearbeitung von in der DDR ständig akkreditierten Korrespondenten nicht-sozialistischer und politisch-operativ interessierender Staaten in der Hauptstadt der DDR, BStU, ZA, JHS MF GVS 001–82/81; Major Peter Grigat, Politisch-operativ bedeutsame Rechtsfragen bei der Vorbereitung und Durchführung journalistischer Vorhaben von Korrespondenten ausländischer Publikationsorgane im Verantwortungsbereich der BV Halle, Abteilung II, BStU, ZA, JHS MF VVS 0001–307/87; Oberleutnant Klaus Peter Hanke, Grundlegende Orientierungen zur Qualifizierung der politisch-operativen Arbeit der HA II/13 im und nach dem Operationsgebiet, BStU, ZA, JHS 21135; Hauptmann Martin Hau, Die Analyse der Kontakttätigkeit von Korrespondenten und Journalisten des nichtsozialistischen

Auslands und operativ interessierender Staaten im Verantwortungsbereich der Bezirksverwaltung Cottbus und sich daraus ergebende Konsequenzen zur Erhöhung der Wirksamkeit der Abwehrarbeit im Rahmen der komplexen Spionageabwehr, BStU, ZA, JHS MF VVS 0001–299/86; Offiziersschüler Frank Hennig, Die Vorgehensweise westlicher Journalisten zur Diffamierung der Politik der SED in Kirchenfragen und bei der Inspirierung und Organisierung politischer Untergrundtätigkeit in der DDR, BStU, ZA, JHS MF VVS 0001–279/89; Major Rolf Kirchner, Die Anforderungen an die Auswertung der operativen Beobachtung bevorrechteter Personen und Korrespondenten nichtsozialistischer und operativ interessierender Staaten, BStU, ZA, JHS MF VVS 001–336/80; Offiziersschüler Heiko Passehl, Informationsinteressen in der DDR akkreditierter Korrespondenten bürgerlicher Massenmedien imperialistischer Staaten und Hauptmethoden des Vorgehens dieser Korrespondenten zur Deckung ihres Informationsbedarfes, BStU, ZA, JHS 21619; Oberleutnant Wilfried Podewski, Möglichkeiten und Wege des Erkennens sowie der differenzierten politisch-operativen Aufklärung, Kontrolle und Bearbeitung von aus privaten, touristischen und anderen Gründen einreisenden Journalisten bürgerlicher Publikationsorgane sowie deren Kontaktpartner und Verbindungspersonen in der DDR im Verantwortungsbereich der Bezirksverwaltung, BStU, ZA, JHS MF VVS 0001–319/84; Offiziersschüler Frank Raasch, Erkenntnisse und Aufgaben bei der Organisierung der politisch-operativen Aufklärungsarbeit und Abwehrarbeit unter Journalisten aus der BRD, die als Reisekorrespondenten bzw. aus privaten und touristischen Gründen in den Verantwortungsbereich der Bezirksverwaltung Suhl einreisen unter besonderer Beachtung der Massenmedien im grenznahen Raum der BRD, BStU, ZA, JHS MF VVS 0001–275/89; Oberleutnant Detlef Redel, Aktuelle Erkenntnisse zu Vorgehensweisen der CIA-Residentur an der Botschaft der USA in der DDR gegen in der DDR akkreditierte Diplomaten, Korrespondenten imperialistischer Massenmedien und Vertreter ausländischer Organisationen und notwendige Schlussfolgerungen einer wirksamen Abwehr derartiger geheimdienstlicher Kontaktaktivitäten, BStU, ZA, JHS MF VVS 0001–456/89; Oberleutnant Ehrenfried Rothbauer, Politisch-operativ bedeutsame Rechtsfragen der Tätigkeit ausländischer Korrespondenten in der DDR, BStU, ZA, JHS 20049; Hauptmann Klaus-Dieter Schenkwitz, Die Organisation und Gewährleistung des Schutzes der Vertretungen, bevorrechteten Personen und Korrespondenten auf dem postalischen Gebiet sowie die Aufdeckung und Bekämpfung des Missbrauchs des postalischen Verkehrs für jegliche subversive Tätigkeit dieser Einrichtungen und Personenkreise nichtsozialistischer und anderer politisch-operativ interessierender Staaten durch die Abteilung M des MfS, BStU, ZA, JHS MF GVS 001–86/75; Major Otto Schlott, Die weitere Qualifizierung der politisch-operativen Abwehrarbeit zur vorbeugenden Verhinderung und zum rechtzeitigen Erkennen des subversiven Missbrauchs von Kontakten durch in der DDR akkreditierte ständige und Reisekorrespondenten elektronischer Medien der BRD und Westberlins, BStU, ZA, JHS MF VVS 0001–353/85; Major Peter Schneider, Das schwerpunktmäßige Führen der operativen Beobachtung an Korrespondenten und Journalisten des nichtsozialistischen Auslandes und operativ-interessierender Staaten durch die Abteilung VIII der Bezirksverwaltung Erfurt, BStU, ZA, JHS MF VVS 0001–377/83; Claus-Dieter Scholze, Der Einsatz von IM/GMS zur Kontrolle ständig und zeitweilig akkreditierter Korrespondenten der BRD und Westberlins bei der Realisierung journalistischer Vorhaben, BStU, ZA, JHS 1264; Oberstleutnant Rainer Stapelberg, Politisch-operativ bedeutsame Rechtsprobleme der Tätigkeit des Mitarbeiters für die Arbeit mit Auslandskorrespondenten beim Rat des Bezirkes, insbesondere im Rahmen des politisch-operativen Zusammenwirkens mit dem Ministerium für Staatssicherheit, BStU, ZA, JHS MF VVS 0001–335/84; Hauptmann Udo Stegemann, Die Organisierung der politisch-operativen Abwehrarbeit zur Absicherung konkreter journalistischer Tätigkeit von in der DDR akkreditierten und Reisekorrespondenten nichtsozialistischer Staaten in den Bezirken der DDR, BStU, ZA, JHS MF GVS 001–67/77; Oberleutnant Peter Weichelt, Aufgaben der Linie II bei der operativen Aufklärung und Kontrolle von Reisekorrespondenten im Prozess der Vorbereitung und Realisierung journalistischer Vorhaben zur Erarbeitung von Ausgangsinformationen für Feindtätigkeit speziell geheimdienstlicher Aktivitäten, BStU, ZA, JHS MF VVS 0001–483/88; Oberstleutnant Ulrich Wollermann/Oberstleutnant Wolfgang Stuchly/Oberstleutnant Siegfried Neubert/Major Diethardt Gellert/Major Werner Kalfürst, Grundfragen der politisch-operativen Abwehrarbeit zu Korrespondenten und Journalisten des nichtsozialistischen Auslandes, BStU, ZA, JHS 21949.

138 Major Rolf Kirchner, Die Anforderungen an die Auswertung der operativen Beobachtung bevorrechteter Personen und Korrespondenten nichtsozialistischer und operativ interessierender Staaten, BStU, ZA, JHS MF VVS 001–336/80.

139 Hauptmann Dieter Borchert, Ausgewählte Probleme der Gewinnung von IM zur operativen Aufklärung, Kontrolle und Bearbeitung von in der DDR ständig akkreditierten Korrespondenten nicht-sozialistischer und politisch-operativ interessierender Staaten in der Hauptstadt der DDR, BStU, ZA, JHS MF GVS 001–82/81.

140 Oberstleutnant Ulrich Wollermann/Oberstleutnant Wolfgang Stuchly/Oberstleutnant Siegfried Neubert/Major Diethardt Gellert/Major Werner Kalfürst, Grundfragen der politisch-operativen Abwehrarbeit zu Korrespondenten und Journalisten des nichtsozialistischen Auslandes, BStU, ZA, JHS 21949.

141 Oberstleutnant Dr. Helmut Eck (JHS)/Oberst Professor Dr. Tregubenkow (Hochschule des KGB), Die psychologische Kriegführung und politisch-ideologische Diversion des westdeutschen Imperialis-

mus gegen das sozialistische Lager, insbesondere gegen die DDR. Die Anforderungen an die Bekämpfung der politisch-ideologischen Diversion durch die Diensteinheiten des MfS im Zusammenwirken mit anderen Staatsorganen und gesellschaftlichen Organisationen, BStU, ZA, JHS 21808; Hochschule des MfS, Entwurf Lehrbuch »Die politisch-ideologische Diversion gegen die DDR«, vorgelegt von Oberstleutnant Fischer (Themenleiter), Oberstleutnant Andruschow, Oberstleutnant Herrmann, Oberstleutnant Philipp, Major Köhler, Hauptmann Pitsch und Hauptmann Rotbauer, Potsdam 1987, BStU, ZA, MfS JHS 21992; vgl. Mampel, *Das Ministerium für Staatssicherheit der ehemaligen DDR als Ideologiepolizei.*

142 Holzweißig, *Zensur ohne Zensor*, S. 182. Nach anderen Angaben sollen es Ende der achtziger Jahre über 1000 beziehungsweise bis zu 2000 Reisekorrespondenten gewesen sein (Grashoff/Muth [Hg.], *Drinnen vor der Tür*, S. 70, 108).

143 Vgl. Karl Corino, »Transit«, Hessischer Rundfunk 2, 4. Dezember 1993, 18.15–19.00 Uhr (Manuskript); Fricke, *Akten-Einsicht;* Gast, »Einsichtnahme von JournalistInnen in Stasiakten«; Jochen Kummer, »Stasi-Akte ›Zwilling‹ – Wie ein WamS-Reporter und sein Bruder bespitzelt wurden«, sechsteilige Artikelserie in: *Welt am Sonntag*, Nr. 17–22 (27. April-1. Juni 1997); Lölhöffel, »Herzogin tankte, Baron putzte Scheiben«; Peter Pragal, »Die Jagd auf OV ›Kumpan‹. Der Kampf der Stasi gegen die West-Korrespondenten«, in: *Berliner Zeitung*, 31. Juli, 2., 3., 4., 5. August 1993; Jochen Bölsche, »Das Geheimnis der Tarantel«, in: *Der Spiegel*, 14. August 2000, S. 56 ff.

144 Vgl. HA II/13, Abschöpfquelle »Julius«, 16. Oktober 1986, BStU, ZA, AOPK 2334/91, Bl. 57–60.

145 Zit. in Peter Pragal, »Die Jagd auf OV ›Kumpan‹. Der Kampf der Stasi gegen die West-Korrespondenten«, in: *Berliner Zeitung*, 31. Juli 1993.

146 HA II/13: Begründung zur Einleitung der operativen Personenkontrolle über Dr. Corino, 13.8.1979, BStU, ASt Leipzig, AOPK 598/87, Bd. 1, Bl. 10–15, hier: 14.

147 Oberstleutnant Ulrich Wollermann/Oberstleutnant Wolfgang Stuchly/Oberstleutnant Siegfried Neubert/Major Diethardt Gellert/Major Werner Kalfürst, Grundfragen der politisch-operativen Abwehrarbeit zu Korrespondenten und Journalisten des nichtsozialistischen Auslandes, BStU, ZA, JHS 21949, Bl. 312.

148 Jochen Bölsche, »Das Geheimnis der Tarantel«, in: *Der Spiegel*, 14. August 2000, S. 56 ff.

149 Die Ablehnungsquote stieg offenbar im Laufe der Zeit, denn 1974 wurden von 210 Vorhaben noch 141 genehmigt. Vgl. Grashoff/Muth [Hg.], *Drinnen vor der Tür*, S. 82, 172).

150 Schreiben von […] an Fred Müller vom 10. 10. 1978, BStU, ZA, HA II/13 459, Bl. 118 f.

151 Zit. in Peter Pragal, »Die Jagd auf OV ›Kumpan‹. Der Kampf der Stasi gegen die West-Korrespondenten«, in: *Berliner Zeitung*, 2. August 1993.

152 »Der Revisor« (MfS-Lehrfilm), BStU, ZA, HA II-Vi 70.

153 Zit. in Peter Pragal, »Die Jagd auf OV ›Kumpan‹. Der Kampf der Stasi gegen die West-Korrespondenten«, in: *Berliner Zeitung*, 3. August 1993.
154 Vgl. Petersen, »›Uns verbinden keine Gemeinsamkeiten‹«, S. 15 f.
155 Zit. in Peter Pragal, »Die Jagd auf OV ›Kumpan‹«, in: *Berliner Zeitung*, 3. August 1993; »Die letzten Äpfel im Dezember«, in: *Stern*, 22. Januar 1987, S. 56–73.
156 Grashoff/Muth (Hg.), *Drinnen vor der Tür*, S. 100.
157 Zit. in Peter Pragal, »Die Jagd auf OV ›Kumpan‹«, in: *Berliner Zeitung*, 3. August 1993; »Jedes Land wählt seine Lösung«, in: *Stern*, 9. April 1987, S. 140–144.
158 Ohne Autor, Charakteristik der Illustrierten *Stern*/Inhaltsanalyse des Jahrgangs 1983, April 1984, BStU, ZA, HA II/13 1410, Bl. 1–57, hier: 11 f., 15, 18 ff.
159 HA VI, Abt. Äußere Abwehr, Vorschlag zur Gestaltung der weiteren Zusammenarbeit mit dem IMV »Mirijam«, Reg.-Nr.: 605/72 vom 26. 3. 1973, BstU, ZA, AOP 10108/87, Bl. 303–308.
160 Vgl. Petersen: »›Uns verbinden keine Gemeinsamkeiten‹«, S. 26.
161 HA II, Information vom 19. 9. 1975, BStU, ZA, AOP 10108/87, Bd. 1, Bl. 123 ff.; vgl. Schwarz, »›Sie werden euer Büro dicht machen‹«, S. 39.
162 »DDR: Kinder – Nie wiedersehen«, in: *Der Spiegel*, 15. Dezember 1975, S. 36 ff.
163 Vgl. Böhme (Hg.), *Deutsch-deutsche Pressefreiheit*, S. 281–284; MfAA, Abt. BRD, Vermerk vom 17. 12. 1975; MfAA, Vermerk vom 18. Dezember 1975, BStU, ZA, AOP 10108/87, Bd. 1, Bl. 135–138, 142–147.
164 Vgl. Grashoff/Muth (Hg.), *Drinnen vor der Tür*, S. 74 ff., 109 f. Einem MfS-Bericht zufolge hatte ein IM auf einem Waldweg, der häufig von Fahrzeugen der Sowjetarmee befahren wurde, tatsächlich sein Nummernschild gefunden (HA II/13, Auskunftsbericht vom 12. 1. 1984, BStU, ZA, AOP 10108/87, Bd. 1, Bl. 61–65, hier: 62).
165 Zit. in Petersen, »›Uns verbinden keine Gemeinsamkeiten‹«, S. 32.
166 Jochen Bölsche, »Das Geheimnis der Tarantel«, in: *Der Spiegel*, 14. August 2000.
167 Vgl. Grashoff/Muth (Hg.), *Drinnen vor der Tür*, S. 76 f., 112 ff.; Loewe, *Abends kommt der Klassenfeind;* vgl. BStU, ZA, AP 2788/64 und AP 3673/81.
168 Zit. in Schwarz, »›Sie werden euer Büro dicht machen‹«, S. 50 f.; vgl. Abt. JB/2, Ablaufplan für die Schließung des »SPIEGEL«-Büros in der DDR, 10. 1. 1978, BStU, ZA, AOP 10108/87, Bd. 1, Bl. 248 ff.
169 Vgl. Geppert, *Störmanöver.*
170 Abt. III, Auskunftsbericht über den Journalisten des BRD-Nachrichtenmagazins *Der Spiegel*, Mettke, Jörg-Rainer, 25. 1. 1978, BStU, ZA, AOP 10108/87, Bd. 1, Bl. 42–60, hier: 46, 48.
171 Einreisesperren erhielten bis 1986 unter anderen die Journalisten Dieter Bub (*Stern*, Sperre seit 1983), Wolfgang Büscher (freischaffend, 1984), Helmut Clemens (Hessischer Rundfunk, 1978), J. Fehrmann (freischaffend, 1985), Edgar Franzmann (*Express*, Köln, 1980), Karl Wilhelm Fricke (Deutschlandfunk, 1985), Peter van Loyen (ZDF,

1979), Michael Mara (Informationsbüro West), Max Thomas Mehr (*taz*, 1979), P. Probst (ZDF), Fritz Schenk (ZDF, 1979), W. Sikorsky (*BZ*, 1971), Carl Gustav Ströhm (*Die Welt*, 1985), Detlef Urban (*Evangelischer Pressedienst*, 1984), Karl-Heinz Vater (seit 1964 und seit 1978). Insgesamt hatte die DDR bis zum 30. September 1978 rund 34000 Reisesperren gegen »Bürger des nichtsozialistischen Auslands« verhängt (HA VI, Information vom 12.10. 1978, BStU, ZA, AOP 10108/87, Bd. 2, Bl. 340 ff., hier: 341; vgl. Fricke, *Akten-Einsicht*, S. 9.

172 Grashoff/Muth (Hg.), *Drinnen vor der Tür*, S. 88–104.

173 Vgl. Rein, »Diamonds are girl's best friends oder Korrespondenten lieben Dissidenten«; Neubert, *Geschichte der Opposition in der DDR 1949–1989*, S. 768.

174 Merseburger, *Grenzgänger*, S. 317.

175 Grashoff/Muth (Hg.), *Drinnen vor der Tür*, S. 120–139, hier: 126.

176 Ebd., S. 52–66, hier: 57 f., 64 f.

177 Zitiert nach Gunter Holzweißig, *Zensur ohne Zensor*, S. 194 f.

178 Günter Gaus: *Wo Deutschland liegt*; ders., *Texte zur deutschen Frage*; ders., *Die Welt der Westdeutschen*.

179 Offiziersschüler André Stech, *Analyse der Publizistik von Günter Gaus anhand ausgewählter Beispiele unter dem Aspekt der Nutzbarkeit für die Gewinnung von Kräften aus der BRD für die Koalition der Vernunft und des Realismus*, BstU, ZA, JHS MF VVS 001-294/88. MdI der VRP: Schreiben an das MfS vom 14. 8. 1978; BStU, ZA, AP 1323/78, Bd. 23, Bl. 7.

180 Günter Gaus: Zu den Akten – ein Schlusswort, in: *Neues Deutschland* vom 19. Mai 1995.

181 PNA »Peter«, Reg.-Nr. XV/269/68, Aktenvorgang nicht überliefert, letzte vorgangsführende Mitarbeiterin: Gisela Schmidt (HVA/X/4). Muth wurde am 1. Dezember 1950 durch die Verwaltung Thüringen des Ministeriums für Staatssicherheit eingestellt, am 30. Juni 1952 jedoch wegen Unregelmäßigkeiten wieder entlassen (BStU, ZA, KS 65/68).

182 PNA »Christoph«, Reg.-Nr. XV/401/73, Aktenvorgang nicht überliefert, letzte vorgangsführende Mitarbeiterin: Gisela Schmidt (HVA/X/4). Claus wurde bereits 1960 unter der Reg.-Nr. XV/15829/60 vom MfS erfasst.

183 Grashoff/Muth (Hg.), *Drinnen vor der Tür*, S. 31 f.

184 Abt. JB, Vermerk über ein Gespräch mit Eberhard Grashoff, Ständige Vertretung der BRD, am 16. 4. 1984, BstU, ZA, AOP 10108/87, Bd. 1, Bl. 311 ff.

185 Grashoff/Muth (Hg.), *Drinnen vor der Tür*, S. 86 f.

Vertrauliche Kanäle

1 »Gemeinsamkeit in Kampf und Ziel. Rede des Ersten Sekretärs des ZK der SED, Walter Ulbricht, in Warschau«, in: *Neues Deutschland*, 13. November 1968, S.3.

2 HVA/X, Einschätzende Bemerkungen zum Vorgang »Günther« – Vorg.-Nr.: 10698/60 vom 18. 11. 1977, mit handschriftlichen Korrekturen von Markus Wolf am 9. 1. 1978 an Bruno Beater weitergeleitet, BStU, ZA, GH 25/87, Bd. 1, Bl. 8–17, hier: 10.

3 Potthoff, *Bonn und Ost-Berlin 1969–1972.*

4 Vgl. Nakath/Stephan, *Die Häber-Protokolle;* Potthoff, *Bonn und Ost-Berlin 1969–1972.*

5 »Keine Hintergründe des Falles Bahr«, in: *Stuttgarter Zeitung*, 11. Januar 1969.

6 IM-Vorgang »Gerhard«, Reg.-Nr. XV 14146/70, BStU, ZA, AIM 3654/71.

7 Bericht über durchgeführte Werbung des Kandidaten Seidowsky als GI vom 15. 3. 1957, BStU, ZA, AIM 3654/71, Teil P, Bd. 1, Bl. 23.

8 HA XX/4, Einschätzung der Zusammenarbeit mit dem GI »Gerhard« vom 3. 9. 1966, BStU, ZA, AIM 3654/71, Teil P, Bd. 3, Bl. 92–94, hier: 94.

9 Bericht vom 22. 5. 1963, BStU, ZA, AIM 3654/71, Teil A, Bd. VI, Bl. 149–152.

10 HA V/4, Bericht vom 28. 5. 1963, BStU, ZA, AIM 3654/71, Teil A, Bd. 6, Bl. 163–168, hier: 166 f.

11 IM-Vorgang »Gerhard«, Reg.-Nr. XV 14146/70, BStU, ZA, AIM 3654/71; vgl. die nach der Wende aufgefundenen und archivierten Personenablagen der HA XX zu Stehle (BStU, ZA, AP 4536/92, 4537/92 und 4538/92).

12 »Was machte WDR-Mann bei der Stasi?«, in: *Bild*, 4. Oktober 1995, S. 2.

13 Ohne Autor [GI »Gerhard«], Ohne Titel [Bericht], 4. 11. 1963, BStU, ZA, AIM 3654/71, Teil A, Bd. 7, Bl. 146–149, hier: 147; ohne Autor [GI »Gerhard«], Bericht vom 9. 12. 1963 betr. Gespräch mit Dr. Stehle (Westberlin), Vertreter der *FAZ*, am 9. 12. 1963, ebd., Bl. 164–168, hier: 165; ohne Autor [GI »Gerhard«], Ohne Titel [Bericht], 12. 12. 1963, ebd., Bl. 188–190, hier: 190.

14 Bericht vom 19. 12. 1963, BStU, ZA, AIM 3654/71, Teil A, Bd. 7, Bl. 191–194, hier: 193.

15 HA V, Vorschlag zur Auszeichnung [mit der Verdienstmedaille der Nationalen Volksarmee in Bronze] vom 24. 1. 1964, BStU, ZA, AIM 3654/71, Teil P, Bd. 2, Bl. 230.

16 Bericht vom 19. 12. 1963, BStU, ZA, AIM 3654/71, Teil A, Bd. 7, Bl. 191–194, hier: 192.

17 Bericht betr. Unterredung mit »Jakob« am 10. 1. 64 von 16.00–16.30 h, BStU, ZA, AIM 3654/71, Teil A, Bd. 8, Bl. 5–7, hier: 5.

18 Ohne Autor [HA XX/4], Information vom 10. 1. 1964, BStU, ZA, AIM 3654/71, Teil A, Bd. 8, Bl. 11 f.; ohne Autor [HA XX/4], Information vom 14. 1. 1964, BStU, ZA, AIM 3654/71, Teil A, Bd. 8, Bl. 24–29; Bericht betr. Unterredung mit »Jakob« am 10. 1. 64 von 16.00–16.30 h, BStU, ZA, AIM 3654/71, Teil A, Bd. 8, Bl. 5–7, hier: 7.

19 GI »Gerhard«, Bericht vom 30. 1. 1964, betr. Unterredung mit »Jakob« am 30. 1. 64 von 9.30–10.30 h, BStU, ZA, AIM 3654/71, Teil A, Bd. 8, Bl. 6–49, hier: 46.

20 Ohne Autor, Vermerk vom 7. 1. 1964, BStU, ZA, AIM 3654/71, Teil A, Bd. 8, Bl. 195.
21 »Polens Kardinal isoliert sich. Der Papst mahnt Wyszynski zum Ausgleich mit Gomulka«, in: *Die Zeit*, 17. Januar 1964, S. 4.
22 Ohne Autor [GI »Gerhard«], Betr. Gespräch »Jakob« am 6. 1. 1964, BStU, ZA, AIM 3654/71, Teil A, Bd. 8, Bl. 191–194.
23 Bericht betr.: Gespräch mit »Jakob« am 16. 2. 1964, BStU, ZA, AIM 3654/71, Teil A, Bd. 8, Bl. 70 f.
24 Bericht vom 15. 6. 1964 betr.: Gespräch mit »Jakob«; Information vom 17. 6. 1964: Reaktion in Kreisen des Westberliner Senats zum Moskauer Freundschaftsvertrag, BStU, ZA, AIM 3654/71, Teil A, Bd. 9, Bl. 76–78.
25 Ohne Autor [HA XX/4], Information vom 16. 9. 1964, BStU, ZA, AIM 3654/71, Teil A, Bd. 9, Bl. 140–142.
26 GI »Gerhard«, Bericht vom 24. 9. 1964 betr. Gespräch mit »Jakob« am 24. 9. 1964, BStU, ZA, AIM 3654/71, Teil A, Bd. 9, Bl. 150 f.
27 Ohne Autor [IM »Günther«], Betr. Gespräch mit K. E. am 23. 9. 1965, BStU, MfS GH 25/87, Bd. 6, Bl. 130 f.
28 Ohne Autor [GI »Gerhard«], Information vom 30. 10. 1966 betr.: Gegenwärtige Lage in den Koalitionsparteien der Bundesregierung, BStU, ZA, AIM 3654/71, Teil A, Bd. 10, Bl. 176.
29 Quelle »Gerhard«, Treffbericht vom 28. 10. 1967, BStU, ZA, AIM 3654/71, Teil A, Bd. 11, Bl. 171–185, hier: 178.
30 Ebd.; Bericht vom 27. 2. 1967 über das Gespräch des IM »Gerhard« mit dem Journalisten Dr. Hansjakob Stehle am 12. 2. 1967, BStU, ZA, AIM 3654/71, Teil A, Bd. 11, Bl. 171–185, hier: 178, Bl. 53–57.
31 Abt. 4/Ref. V, GM »Gerhard« (Einsatzkonzeption), ohne Datum [10. 1. 1968], BStU, ZA, AIM 3654/71, Teil A, Bd. 12, Bl. 5 f.
32 HA XX/4/V, Vorschlag zur Neueinstufung des GI »Gerhard« zum IMF gemäß Richtlinie I/68 vom 22. 4. 1969, BStU, ZA, AIM 3654/71, Teil A, Bd. 12, Bl. 35–38, hier: 38.
33 HA XX/4/V, Vorschlag zur Neueinstufung des GI »Gerhard« zum IMF gemäß Richtlinie I/68 vom 22. April 1969, BStU, ZA, AIM 3654/71, Teil I, Bd. 4, Bl. 17–23.
34 HA XX/4, Einschätzung des IMF »Gerhard«, Reg.-Nr. 14146/60 vom 20. 12. 1969, BStU, ZA, AIM 3654/71, Teil I, Bd. 4, Bl. 27–32, hier: 31 f.
35 Bericht, Gespräch mit Hans-Jakob St. am 28. 4. 1969, BStU, ZA, AIM 3654/71, Teil A, Bd. 13, Bl. 105–110, hier: 110.
36 Ohne Autor (IMF »Gerhard«), ohne Titel, ohne Datum [1969], BStU, ZA, AIM 3654/71, Teil A, Bd. 12, Bl. 54–56.
37 Bericht, Gespräch mit Hans-Jakob St. in Westberlin, 24. 11. 1969, BStU, ZA, AIM 3654/71, Teil A, Bd. 12, Bl. 111–115.
38 Bericht, Gespräch mit Hans-Jakob St. am 26. 11. 1969 in Westberlin, BStU, ZA, AIM 3654/71, Teil A, Bd. 12, Bl. 120–122, hier: 122.
39 Bericht, Gespräch mit »Jakob« am 21. 12. 1969; Bericht, Gespräch mit ARD-Korrespondent Stehle am 21. 9. 1969, BStU, ZA, AIM 3654/71, Teil A, Bd. 12, Bl. 125 f., 128 f.

40 GI »Gerhard«, Bericht vom 16. 2. 1970, BStU, ZA, AIM 3654/71, Teil A, Bd. 12, Bl. 154–159, hier: 154–156.
41 HA XX/4, Treffbericht vom 25. 2. 1970; Bericht vom 25. 2. 1970: Reise nach Warschau vom 20. bis 22. 2. 1970, BStU, ZA, AIM 3654/71, Teil A, Bd. 12, Bl. 171–182.
42 Gespräch des IM »Gerhard« mit »Jakob« in Westberlin, 20. 4. 1970, BStU, ZA, AIM 3654/71, Teil II, Bd. 13, Bl. 60.
43 Bericht vom 28. 4. 1970 betr. Reise des IM »Gerhard« nach Warschau vom 24. bis 26. 4. 1970, BStU, ZA, AIM 3654/71, Teil II, Bd. 13, Bl. 72–85.
44 HA XX/4, Treffbericht vom 9. 6. 1970, BStU, ZA, AIM 3654/71, Teil II, Bd. 13, Bl. 141–143, hier: 141 f.
45 Bericht vom 19. 8. 1970, BStU, ZA, AIM 3654/71, Teil II, Bd. 13, Bl. 153–155.
46 Information vom 8. 10. 1970 betr. Gespräche in Moskau vom 6.–8. 10. 1970, BStU, ZA, AIM 3654/71, Teil II, Bd. 13, Bl. 164–168.
47 Information vom 7. 12. 1970, BStU, ZA, AIM 3654/71, Teil II, Bd. 13, Bl. 187 f.
48 Information vom 15. 4. 1971 über eine Reise nach Rom/Italien vom 5. 4. bis 11. 4. 1971, BStU, ZA, AIM 3654/71, Teil II, Bd. 13, Bl. 192–209.
49 HA XX/4, Aktenvermerk vom 24. 1. 1973, BStU, ZA, AIM 3654/71, Teil I, Bd. 4, Bl. 69; vgl. HA XX/4, Aktenvermerk vom 30. 9. 1970 zur Steuerung und Einsatz des IMF »Gerhard«, BStU, ZA, AIM 3654/71, Teil II, Bd. 13, Bl. 223.
50 HA XX/4, Vorschlag zur Auszeichnung des IMF »Gerhard« vom 8. 11. 1973; vgl. HA XX/4, Abschlussbericht vom 10. 12. 1974, BStU, ZA, AIM 3654/71, Teil I, Bd. 4, Bl. 77, 97.
51 HA XX/4/V, Konzeption für die perspektivische Aufgabenstellung des IMF »Gerhard« vom 29. 4. 1971, BStU, ZA, AIM 3654/71, Teil I, Bd. 4, Bl. 64 f.
52 SOV »Saturn«, BStU, ZA, HA II/6524, 602, 616–618.
53 Aktennotiz über ein Gespräch mit Klaus Ellrodt, Mitarbeiter des 2. Deutschen Fernsehens, Studio Westberlin, am 13. Mai 1964, BStU, ZA, GH 25/87, Bd. 5, Bl. 129–131, hier: 130.
54 G., Gespräch mit K. E. am 1. 4. 1965, BStU, ZA, GH 25/87, Bd. 4, Bl. 207.
55 Aktennotiz über ein Gespräch mit Klaus Ellrodt, Mitarbeiter des 2. Deutschen Fernsehens, Studio Westberlin, am 13. Mai 1964, BStU, ZA, GH 25/87, Bd. 5, Bl. 129–131, hier: 129.
56 Aktenvermerk über ein Gespräch zwischen Genossen von Berg, Abteilungsleiter im Presseamt beim Vorsitzenden des Ministerrates, und Dietrich Spangenberg, Leiter der Senatskanzlei bei Willy Brandt, am 20. Mai 1964 in der Wohnung des Journalisten Klaus Ellrodt, 21. 5. 1964, BStU, ZA, GH 25/87, Bd. 6, Bl. 249–259.
57 Aktennotiz, Gespräch mit Klaus Ellrodt, Berliner Studio des Zweiten Deutschen Fernsehens am 20. Oktober 1964, BStU, ZA, GH 25/87, Bd. 5, Bl. 162–165, hier: 164.

58 HVA/VII/F, Schreiben an Markus Wolf vom 21. 10. 1964, BStU, ZA, GH 25/87, Bd. 6, Bl. 246.
59 Hermann von Berg, Erfüllung des Auftrages über den Chef der Senatskanzlei, Spangenberg, dem Vorsitzenden der SPD, Willy Brandt, eine Denkschrift zu übermitteln, 20. 11. 1964, BStU, ZA, GH 25/87, Bd. 5, Bl. 158–161, hier: 160.
60 IM »Günther«, Bericht vom 28. 1. 1965, BStU, ZA, GH 25/87, Bd. 5, Bl. 146–151, hier: 148.
61 Konzeption zur Führung eines Gesprächs mit dem Leiter der Senatskanzlei, Spangenberg, in Erwiderung auf das mit Klaus Ellrodt am 22. 3. 1965 geführte Gespräch, BStU, ZA, GH 25/87, Bd. 6, Bl. 208–211.
62 Ergänzung zur Konzeption für das Gespräch mit Spangenberg auf Grund der gefertigten Information über ein Gespräch mit Ellrodt vom 21. und 23. April 1965, BStU, ZA, GH 25/87, Bd. 6, Bl. 212–216, hier: 214.
63 Information vom 30. 4. 1965 über eine Unterredung mit einem leitenden Westberliner Mitarbeiter aus der engsten Umgebung von Willy Brandt, BStU, ZA, GH 25/87, Bd. 6, Bl. 200–206.
64 Betr.: Gespräch mit K. E. am 23. 9. 1965, BStU, ZA, GH 25/87, Bd. 6, Bl. 130 f.; HVA/VII/F, Information, 24. September 1965, BStU, ZA, GH 25/87, Bd. 5, Bl. 117 f.
65 G., Gespräch mit K. E. am 1. 4. 1965, BStU, ZA, GH 25/87, Bd. 4, Bl. 207 f.
66 Inf[ormation] v[om] 25. 2. 1966, BStU, ZA, GH 25/87, Bd. 8, Bl. 358 f.
67 10. 3. 1966 und 6. 3. 1966, BStU, ZA, GH 25/87, Bd. 8, Bl. 367 f.
68 HVA/VII/F, Bericht vom 7. 6. 1966 zur Atmosphäre auf dem SPD-Parteitag in Dortmund, BStU, ZA, GH 25/87, Bd. 6, Bl. 52–57.
69 Konzeption für eine Unterredung mit Dietrich Spangenberg vom 1. 7. 1965, BStU, ZA, GH 25/87, Bd. 6, Bl. 160–164, hier: 161, 164.
70 HVA/VII/F, Information vom 19. 4. 1966 über ein Gespräch mit einem den Kreisen um Willy Brandt nahestehenden Westberliner Journalisten, BStU, ZA, GH 25/87, Bd. 5, Bl. 65–67.
71 Ebd.
72 Konzeption für den Besuch bei S. am 1. 6. 1965, BStU, ZA, GH 25/87, Bd. 6, Bl. 188–192.
73 Einzelinformation Nr. 601/65 vom 1. 7. 1965 über eine Zusammenkunft mit einem leitenden Westberliner Mitarbeiter aus der engsten Umgebung von Willy Brandt, BStU, ZA, GH 25/87, Bd. 6, Bl. 152–157.
74 Einzelinformation vom 15. 6. 1965 über Äußerungen eines leitenden Westberliner Mitarbeiters aus der engsten Umgebung von Willy Brandt zu dem Brief des Generalstaatsanwalts der DDR an Willy Brandt (Verteiler: Ulbricht, Honecker, Stoph und MfS-Ablagen), BStU, ZA, GH 25/87, Bd. 6, Bl. 180 f.
75 Konzeption für eine Unterredung mit Dietrich Spangenberg vom 1. 7. 1965, BStU, ZA, GH 25/87, Bd. 6, Bl. 160–164, hier: 160, 164.
76 »Die Anklage der SPD-Fronde gegen Herbert Wehner«, in: *Die Zeit*, 11. März 1966.
77 »Brandts Antwort auf das Pamphlet«, in: *Die Zeit*, 18. März 1966.

78 HVA/X/3, Information vom 26. 10. 1967 über Äußerungen Spangenbergs vor dem stattfindenden Landesparteitag zur Senatsneubildung, BStU, ZA, GH 25/87, Bd. 5, Bl. 67 f.
79 HVA/X/3, Information vom 22. 2. 1968 über ein Gespräch mit einem Westberliner Journalisten aus der engeren Umgebung Willy Brandts, BStU, ZA, GH 25/87, Bd. 5, Bl. 7 f.
80 HVA/X/3, Gespräch mit Bundessenator Dieter Spangenberg am 12. 3. 1968; HVA/X/3, Gespräch mit dem Bundessenator Dieter Spangenberg am 27. 3. 1968, BStU, ZA, GH 25/87, Bd. 6, Bl. 37 und 34–36, hier: 35.
81 Bericht über die Übergabe des Briefs des ZK der SED vom 21. Febr. 1969, Anhang, BStU, ZA, GH 25/87, Bd. 8, Bl. 380–382, hier: 381.
82 HVA/X, Bericht vom 7. 6. 1968, BStU, ZA, GH 65/88, Bd. 9, Bl. 23 f.
83 Günter Struwe am 2. 10. 1969, BStU, ZA, GH 25/87, Bd. 8, Bl. 270 f.
84 Information vom 17. 10. 1969, BStU, ZA, GH 25/87, Bd. 8, Bl. 273–277, hier: 277.
85 »Geheimdiplomatie: DDR-Anerkennung«, in: *Der Spiegel*, Nr. 45/69, S. 114, BStU, ZA, GH 25/87, Bd. 8, Bl. 293.
86 Inf. – 15. 11. 1966, BStU, ZA, GH 25/87, Bd. 8, Bl. 354 f.
87 HVA/X, Information vom 13. 12. 1966 über ein Gespräch mit einem leitenden Mitarbeiter des Westberliner Senats aus der engeren Umgebung Willy Brandts, BStU, ZA, GH 25/87, Bd. 6, Bl. 84–86.
88 Inf. 10. 3. 1967 – Gespräch mit einem den Kreisen um W[illy] B[randt] nahestehenden W[est]B[erliner] Journalisten, BStU, ZA, GH 25/87, Bd. 8, Bl. 350 f.
89 Auszüge aus Gesprächen mit Spangenberg, Bahr, Ellrodt, Informationsvorgang »Diestel«, Information – 14. 3. 1967, BStU, ZA, GH 25/87, Bd. 8, Bl. 347–349, hier: 347 f.
90 HVA/X, Information vom 10. 4. 1967 über ein Gespräch mit einem leitenden Mitarbeiter des Westberliner Senats, BStU, ZA, GH 25/87, Bd. 6, Bl. 79–81.
91 HVA/X, Vorlage vom 23. 6. 1967 zur weiteren Bearbeitung des Vorganges »Distel«, BStU, ZA, GH 25/87, Bd. 5, Bl. 26.
92 HVA/X, Bericht vom 15. 6. 1967 über ein Gespräch mit einem Westberliner Journalisten aus der engeren Umgebung Willy Brandts, BStU, ZA, GH 25/87, Bd. 6, Bl. 77.
93 Hinweise für das Schlusswort auf der Delegiertenkonferenz der Parteiorganisation V (HVA) – 2. 2. 1967, S. 22 ff., BStU, ZA, SdM 1343.
94 HVA/X/3, Information vom 17. 11. 1967 über ein Gespräch mit einem den Kreisen um Willy Brandt nahestehenden Westberliner Journalisten, BStU, ZA, GH 25/87, Bd. 5, Bl. 17–20, hier: 20.
95 HVA/X/3, Information vom 27. 12. 1967 über ein Gespräch mit einem Westberliner Journalisten aus der engeren Umgebung Willy Brandts, BStU, ZA, GH 25/87, Bd. 5, Bl. 11 f.
96 Ohne Autor [Bericht des BND], Kontakte der Kommunistischen Partei Italiens mit Vertretern der Sozialdemokratischen Partei Deutschlands, 9. 1. 1968, abgedruckt in Löwenthal, *Ich bin geblieben*, S. 299–304, hier: 302.

97 HVA/X/3, Gespräch mit Bundessenator Dieter Spangenberg am 12. 3. 1968, BStU, ZA, GH 25/87, Bd. 6, Bl. 37.

98 Vgl.: »Gemeinsamkeit in Kampf und Ziel. Rede des Ersten Sekretärs des ZK der SED, Walter Ulbricht, in Warschau«, in: *Neues Deutschland*, 13. November 1968, S. 3; »Zum Wortbruch der SPD-Führer«, in ebd., 14. November 1969, S. 2.

99 Keworkow, *Der geheime Kanal.*

100 Bukowski, *Abrechnung mit Moskau*, S. 16–19.

101 Ebd., S. 271 ff.; vgl. Andrew/Mitrochin, *Das Schwarzbuch des KGB*, S. 401–404, 409 ff.; Korotkow/Meltschin/Stepanow, *Akte Solschenizyn*, S. 319–325, 389–394; Solschenizyn, *Die Eiche und das Kalb*, S. 463–547.

102 Juri Andropow, Schreiben an Leonid Breschnew vom 7. 2. 1974, zit. in Bukowski, *Abrechnung mit Moskau*, S. 272 f.

103 HVA/X, Gespräch mit dem Westberliner Journalisten Klaus Ellrodt am 7. Okt. in der Hauptstadt der DDR, BStU, ZA, GH 25/87, Bd. 8, Bl. 272.

104 Ohne Autor [Hermann von Berg], Klaus Ellrodt am 7. 10. 1969; ders., Klaus Ellrodt am 8. 10. 1969, BStU, ZA, GH 25/87, Bd. 8, Bl. 158 ff., 302.

105 Ohne Autor [HVA], Instruktionen zur Bearbeitung der politischen Kontakte innerhalb der SPD, ohne Datum [Ende 1969], BStU, ZA, GH 25/87, Bd. 8, Bl. 233; HVA/X, Einschätzende Bemerkungen zum Vorgang »Günther« – Vorg.-Nr.: 10698/60 vom 18. 11. 1977, mit handschriftlichen Korrekturen von Markus Wolf am 9. 1. 1978 an Bruno Beater weitergeleitet, BStU, ZA, GH 25/87, Bd. 1, Bl. 8–17, hier: Bl. 13 f.

106 Bericht, Klaus Ellrodt am 16. 11. 1969, BStU, ZA, GH 25/87, Bd. 8, Bl. 216–220, hier: 218.

107 HA II/3, Auskunftsbericht vom 16. 9. 1968, BStU, ZA, AP 8781/73, Bl. 21–32, hier: 28.

108 Vgl. HA II/3, Bericht vom 21. 11. 1970, BStU, ZA, AP 8781/73, Bl. 225–229, hier: 226 f.

109 KRÖGER-Treff, Bericht vom 7. 11. 1968 (Übersetzung aus dem Tschechischen), BStU, ZA, AP 8781/73, Bl. 124–127, hier: 124 f. Engert, der spätere Leiter des Fernsehmagazins »Kontraste«, war für die HVA/X im Sicherungsvorgang »Redakteur« registriert: SVG »Redakteur«, Reg.-Nr. XV/4420/80, Aktenvorgang nicht überliefert, vorgangsführende Mitarbeiterin: Ruth Weigmann (HVA/X/Leitung); vgl. die überlieferten Ablagen, BStU, ZA, HA II/6 1374 und 473 sowie AP 7907/73 und AP 8618/73.

110 Ohne Autor [HVA/X/3], Auskunft vom 12. 12. 1966, BStU, ZA, AP 5868/71, Bl. 88 f.

111 In der zentralen Personenkartei des MfS (F16/F22) sind zu Cramer nur drei so genannte Personenablagen registriert, BStU, ZA, AP 5868/71, AP 8618/73 und AP 8781/73.

112 HVA/X, Einschätzende Bemerkungen zum Vorgang »Günther« – Vorg.-Nr.: 10698/60 vom 18. 11. 1977, mit handschriftlichen Korrekturen von Markus Wolf am 9. 1. 1978 an Bruno Beater weitergeleitet, BStU, ZA, GH 25/87, Bd. 1, Bl. 8–17, hier: Bl. 10.

113 HA II/3, Bericht vom 28.7. 1970, BStU, ZA, AP 8781/73, Bl. 216–219, hier: 217 f.; Gespräch mit Dr. Cramer am 5. Mai 1966, BStU, ZA, GH 25/87, Bd. 4, Bl. 214.
114 Aktennotiz vom 3.6. 1970, BStU, ZA, GH 25/87, Bd. 8, Bl. 124–126, hier: 124.
115 HVA/X/3, Information vom 28.6. 1969, S. 1 f., BStU, ZA, SdM 1439.
116 HVA/X, Begleitschreiben zur Information vom 28.6. 1969, BStU, ZA, SdM 1439.
117 Ohne Autor [Hermann von Berg], Dettmar Cramer, am 5. 10. 1969, BStU, ZA, GH 25/87, Bd. 8, Bl. 152 f.
118 Information vom 26. 10. 1969, BStU, ZA, GH 25/87, Bd. 8, Bl. 237–250, hier: 248.
119 »Äußerungen Egon Bahrs, beamteter Staatssekretär im Bundeskanzleramt und Bundesbevollmächtigter für Westberlin, zur bevorstehenden Regierungserklärung der Regierung Brandt/Scheel«, 27. 10. 1969, BStU, ZA, SIRA-Teildatenbank 12, SE 6901804.
120 HA XX/5/I, Bericht zu Hermann von Berg, Klaus Ellrodt und Karl-Heinz Vater vom 24. 11. 1969, BStU, ZA, AOP 10108/87, Bd. 2, Bl. 398–406 sowie AIM 10998/66, Bl. 240–253, hier: 240–248; vgl. HVA/X, Gespräch mit dem *FAZ*-Korrespondenten Dr. Cramer, 19. 1. 1970, BStU, ZA, GH 25/87, Bd. 8, Bl. 181–183, hier: 181 f.
121 Ohne Autor [HVA], Zusammenfassende Darstellung über erkannte Verbindungen von Dr. Dettmar Cramer in die DDR, ohne Datum [nach 1970], BStU, ZA, GH 25/87, Bd. 8, Bl. 108.
122 HVA/X, Gespräch mit dem Korrespondenten der *FAZ*, Dr. Dettmar Cramer, am 12. 3. 1970, mit handschriftlichem Vermerk von Markus Wolf, BStU, ZA, GH 25/87, Bd. 8, Bl. 195.
123 Information vom 30.4. 1970, BStU, ZA, GH 25/87, Bd. 8, Bl. 143–146, hier: 143.
124 Bericht über ein Gespräch mit Dr. D. Cramer, *FAZ*, am 4.9. 1970, BStU, ZA, GH 25/87, Bd. 8, Bl. 127–130, hier: 129 f.
125 HVA/X, Information vom 15. 1. 1976 betr.: Gespräch mit dem Rias-Journalisten Dr. Dettmar Cramer, BStU, ZA, GH 25/87, Bd. 5, Bl. 266 f.
126 Ohne Autor [wahrscheinlich HVA], Unterrichtung des Bundeskanzlers der BRD über mögliche Gegenmaßnahmen im Zusammenhang mit der Ausweisung des *Spiegel*-Korrespondenten Mettke aus der DDR, ohne Datum [Januar 1976], BStU, ZA, AOP 10108/87, Bd. 1, Bl. 153 f.
127 Deutscher Bundestag, 7. Wahlperiode, 212. Sitzung, 15. Januar 1976, Bonn 1975/76, S. 14643–14646.
128 HVA/X, Information vom 25. 2. 1976 betr.: Gespräch mit D. Cramer, Rias-Büro Bonn, BStU, ZA, GH 25/87, Bd. 5, Bl. 252–256.
129 HVA/X, Gespräch mit Dettmar Cramer am 28. 3. 1976, BStU, ZA, GH 25/87, Bd. 5, Bl. 268–271.
130 HVA/X/3, Vorschlag vom 3. 7. 1976 zur wiss.-op. Tätigkeit des IM »G.« (in Auswertung des IX. Parteitags) im EG-Bereich, BStU, ZA, GH 25/87, Bd. 5, Bl. 292 ff.

131 HVA/X, Berichte vom 4.7., 31.8. und 16.12. 1977, BStU, ZA, GH 25/87, Bd. 5, Bl. 249 f., 166–171.
132 Gespräch mit Dettmar Cramer, 7.3. 1977, BStU, ZA, GH 25/87, Bd. 8, Bl. 9–11, hier: 10.
133 HVA/X/4, Abwehrhinweis vom 12.5. 1983, BStU, ZA, HA II/13 1898, Bl. 238 f.
134 HVA/X/4, Abwehrhinweise vom 27.11. 1984, Gespräch mit Dr. D. Cramer am 23.11. 1984 12.45 bis 13.30 Uhr, BStU, ZA, HA II/13 1898, Bl. 147.
135 Ohne Autor [Mitarbeiter der HA II/13], handschriftlicher Vermerk, ohne Datum [1984], BStU, ZA, HA II/13 1898, Bl. 173.
136 HVA/X, Einschätzende Bemerkungen zum Vorgang »Günther« – Vorg.-Nr.: 10698/60 vom 18.11. 1977, mit handschriftlichen Korrekturen von Markus Wolf am 9.1. 1978 an Bruno Beater weitergeleitet, BStU, ZA, GH 25/87, Bd. 1, Bl. 8–17, hier: Bl. 15.
137 Mende, *Von Wende zu Wende 1962–1982*, S. 157; Bohnsack/Brehmer, *Auftrag Irreführung*, S. 192 f.
138 Über Jaene sind nur einige unbedeutende Ablagen überliefert (BStU, ZA AP 21676/80 und HA II/20357).
139 »So etwas wie Feme«, in: *Der Spiegel*, 19. November 1952, S. 12 ff. Der über die Angelegenheit geführte Briefwechsel zwischen dem Untersuchungsrichter in Hamburg und der Rechtsschutzstelle der Bundesregierung in Berlin lag dem MfS in Kopie vor (BStU, ZA AP 21676/80).
140 Aktennotiz vom 5.3.1964, Gespräch mit Riesenberg am 4. März 1964, BStU, ZA, GH 25/87, Bd. 4, Bl. 43 f.
141 Gerhard Weiss, Vermerk vom 10.8. 1964 über das Gespräch mit Herrn Paulssen und Begleitern, BStU, ZA, GH 25/87, Bd. 4, Bl. 326–341.
142 »Günther«, Aktennotiz vom 8.9. 1964, BStU, ZA, GH 25/87, Bd. 4, Bl. 278.
143 Vermerk vom 31.8. 1964 über das zweite Gespräch mit Herrn Paulssen und Begleitern, BStU, ZA, GH 25/87, Bd. 4, Bl. 295–311; Vermerk vom 7.9. 1964 betr.: Protokoll-Notiz vom 31.8. 1964 über eine General-Amnestie, BStU, ZA, GH 25/87, Bd. 4, Bl. 314 f.
144 »Günther«, Information über das Gespräch zwischen Genossen v. Berg (Presseamt) und Dr. Mühlbradt (Bundesvereinigung deutscher Arbeitgeberverbände) am 15. September 1964; Ergänzung zur Information über das Gespräch Berg/Mühlbradt am 15. September 1964, BStU, ZA, GH 25/87, Bd. 4, Bl. 318–325.
145 Schreiben von Werner Mühlbradt an Hermann von Berg vom 10.11. 1964; maschinenschriftlicher »Vorschlag«, BStU, ZA, GH 25/87, Bd. 4, Bl. 351–353.
146 Vermerk über ein Gespräch mit Willy Riesenberg, stellvertretender Leiter der Presseabteilung der Bundesvereinigung Deutscher Arbeitgeberverbände, am 25. Februar 1965, BStU, ZA, GH 25/87, Bd. 4, Bl. 346 f.

147 Vgl. Zeller, *Marx hätte geweint;* Generalbundesanwalt, *Anklageschrift gegen Markus Wolf*, S. 237–247; Wolf, *Spionagechef im geheimen Krieg*, S. 457–461.
148 Wolf, *Spionagechef im geheimen Krieg*, S. 462.
149 GM »Kurt«, Bericht vom 25. 3. 1964, BStU, ZA, MfS 10996/66, Bd. 8, Bl. 136 ff.
150 Gespräch mit Klaus Ellrodt am 30. 3. 1965, BStU, ZA, GH 25/87, Bd. 5, Bl. 121.
151 G., Gespräch mit K. E. am 1. 4. 1965, BStU, ZA, GH 25/87, Bd. 4, Bl. 207 f.
152 Ebd.
153 HVA/VII/F, Hinweis vom 3. 4. 1965, BStU, ZA, GH 25/87, Bd. 4, Bl. 348.
154 Vgl.: »Mende-Plan: Mission in Leipzig«, in: *Der Spiegel*, 7. April 1965, S. 41.
155 Ohne Autor, Notiz vom 12. 4. 1965 in Sachen Paulssen, BStU, ZA, GH 25/87, Bd. 4, ohne Paginierung (Bl. 349).
156 Aktennotiz über ein Gespräch mit Mühlbradt am 4. 10. 1965, handschriftlich: »Wiese«, BStU, ZA, GH 25/87, Bd. 4, Bl. 362.
157 HVA/VII/F, Schreiben an Erich Mielke vom 15. 7. 1965, BStU, ZA, GH 25/87, Bd. 4, Bl. 354.
158 HVA/VII/F, Information vom 17. 1. 1966 über ein Gespräch mit einem leitenden Mitarbeiter aus der Bundesvereinigung Deutscher Arbeitgeberverbände, BStU, ZA, GH 25/87, Bd. 4, Bl. 367 f.
159 Information vom 4. 3. 1966: Gespräch mit Dr. Werner Mühlbradt, Abteilungsleiter im BDA (Bundesvereinigung Deutscher Arbeitgeberverbände), BStU, ZA, GH 25/87, Bd. 4, Bl. 365.
160 Einzelinformation über ein Gespräch mit einem leitenden Mitarbeiter der Bundesvereinigung Deutscher Arbeitgeberverbände (BDA) am 12. 5. 1966, BStU, ZA, GH 25/87, Bd. 4, Bl. 374–376.
161 IM »Günter«, Gespräch mit Dr. Mühlbradt, Abteilungsleiter in der Bundesvereinigung Deutscher Arbeitgeberverbände, am 19. 5. 1965 in Berlin-Kladow, BStU, ZA, GH 25/87, Bd. 4, Bl. 396–398.
162 Markus Wolf, handschriftliche Notiz an Erich Mielke vom 21. 5. 1966, BStU, ZA, GH 25/87, Bd. 4, Bl. 395.
163 HVA/X, Vorlage vom 1. 7. 1966 zur Weiterbehandlung der bestehenden Kontakte des IM »Günter« zum Präsidenten der Vereinigung Deutscher Arbeitgeberverbände, Dr. Paulssen; HVA/X, Schreiben an Generalleutnant Wolf vom 22. 6. 1966, BStU, ZA, GH 25/87, Bd. 4, Bl. 378–380.
164 HVA/X, Information vom 30. 9. 1966 über ein Gespräch mit einem leitenden Mitarbeiter der Bundesvereinigung Deutscher Arbeitgeberverbände, BStU, ZA, GH 25/87, Bd. 4, Bl. 383–386.
165 Schreiben von Werner Mühlbradt an Herrmann von Berg vom 22. 4. 1968, BStU, ZA, GH 25/87, Bd. 4, Bl. 383–386.

Das IM-Netz

1 »›Den hatten wir auf der Latte‹«, in: *Der Spiegel*, 17. Dezember 1990, S. 26–33, hier: S. 26.
2 Vgl. Koehler, *Stasi*, S. 199 f.
3 »›Den hatten wir auf der Latte‹«, in: *Der Spiegel*, 17. Dezember 1990, S. 26–33.
4 Zentrale Planvorgabe für die Jahresplanung 1983, S. 12 ff., BStU, ZA, DSt 102893.
5 Schreiben des Ministers vom 15. 2. 1985, Anlage 1, abgedruckt in Siebenmorgen, *»Staatssicherheit« der DDR*, S. 367–391; die neuere Fassung vom 14. Oktober 1988 ist nachzulesen in Knabe, *Die West-Arbeit des MfS*, S. 430–448.
6 Hauptmann Harry Thomas, Rolle und Funktion des BRD-Nachrichtenmagazins *Der Spiegel* im System der Feindtätigkeit gegen die DDR, insbesondere im Rahmen der politisch-ideologischen Diversion, Potsdam 1979, BStU, ZA, JHS 357/79.
7 Generalbundesanwalt, *Anklageschrift gegen Rolf Günter Wagenbreth;* vgl. Lampe, »Juristische Aufarbeitung der Westspionage des MfS«.
8 Müller-Enbergs (Hg.), *Inoffizielle Mitarbeiter des Ministeriums für Staatssicherheit* 2, S. 228 f.
9 Insgesamt waren für die HVA/X folgende Vorgänge registriert: 532 IMA, 152 IMB, 6 GMS, 3 IMV und 19 REA. Die OibE wurden als PNA (53) erfaßt. Die Kontaktpersonen der Abteilung wurden als KPA (7) oder OPK (81), zum Teil aber auch unter einem mehrere Personen umfassenden SIVO (24) geführt (BStU, ZA, SIRA-TDB 21).
10 O-Quelle »Bernhard«, Reg.-Nr. XV/3821/73, Aktenvorgang nicht überliefert, 171 registrierte Berichte in SIRA-TDB 12, vorgangsführende Diensteinheit: HVA/X/3; vgl. Generalbundesanwalt, *Anklageschrift gegen Rolf Günter Wagenbreth*, S. 234–252; Michels, *Spionage auf deutsch;* Müller-Enbergs (Hg.), *Inoffizielle Mitarbeiter des Ministeriums für Staatssicherheit* 2, S. 227, Anm. 967.
11 O-Quelle »Alf«, Reg.-Nr. XV/4096/76, Aktenvorgang nicht überliefert, vorgangsführende Diensteinheit: HVA/X/3; keine Einträge in SIRA-TDB 12; Generalbundesanwalt, *Anklageschrift gegen Rolf Günter Wagenbreth*, S. 210–216; Müller-Enbergs (Hg.), *Inoffizielle Mitarbeiter des Ministeriums für Staatssicherheit* 2, S. 227, Anm. 968.
12 Quelle »Alpha«, Reg.-Nr. XV/4283/60, Aktenvorgang nicht überliefert; vgl. Fricke, »Der Deutschlandfunk im Stasi-Visier«, S. 782 f.; Müller-Enbergs (Hg.), *Inoffizielle Mitarbeiter des Ministeriums für Staatssicherheit* 2, S. 227, Anm. 969.
13 Quelle »Karl Herbst«, Reg.-Nr. XV/4088/70, Aktenvorgang nicht überliefert; vgl. Fricke, »Der Deutschlandfunk im Stasi-Visier«, S. 782 f.; Müller-Enbergs (Hg.), *Inoffizielle Mitarbeiter des Ministeriums für Staatssicherheit* 2, S. 227, Anm. 970.
14 A-Quelle »Luft«, Reg.-Nr. XV/2489/79, Aktenvorgang nicht überliefert, vorgangsführender Mitarbeiter: Thomas Junge (HVA/X/3).

15 Quelle »Thomas Müntzer«, Reg.-Nr. XV/3391/71, Aktenvorgang nicht überliefert, 34 registrierte Berichte in SIRA-TDB 12; Quelle »Heinrich Heine«, Reg.-Nr. XV/75/72, Aktenvorgang nicht überliefert, 77 registrierte Berichte in SIRA-TDB 12; vgl. Generalbundesanwalt, *Anklageschrift gegen Rolf Günter Wagenbreth*, S. 195–210; ders., *Anklageschrift gegen Markus Wolf*, S. 205–210; Wagner, *Die Sitzung ist eröffnet*, S. 83 f.; Müller-Enbergs (Hg.), *Inoffizielle Mitarbeiter des Ministeriums für Staatssicherheit* 2, S. 227, Anm. 972 f.

16 Quelle »Siggi«, Reg.-Nr. XV/2763/78, Aktenvorgang nicht überliefert, vorgangsführender Mitarbeiter: Thomas Junge (HVA/X/3); vgl. Müller-Enbergs (Hg.), *Inoffizielle Mitarbeiter des Ministeriums für Staatssicherheit* 2, S. 227, Anm. 971.

17 Quelle »Dietrich«, Reg.-Nr. XV/38/77, Aktenvorgang nicht überliefert, zwei registrierte Berichte in SIRA-TDB 12, vorgangsführender Mitarbeiter: Thomas Junge (HVA/X/3), BStU, ZA, SIRA-TDB 12 und 21; vgl. dazu die in Anm. 78 und 79 genannten Presseberichte.

18 Quelle »Helm«, Reg.-Nr. XV/2845/77, Aktenvorgang nicht überliefert, vorgangsführende Diensteinheit: HVA/X/2; zu »Abraham« und »Siegbert« keine Einträge in SIRA-TDB 21; vgl. Generalbundesanwalt, *Anklageschrift gegen Rolf Günter Wagenbreth*, S. 69–77; ders., *Anklageschrift gegen Markus Wolf*, S. 170 f.; Hirsch, *Blutlinie;* Hirsch, *Kommen die Nazis wieder?;* Hirsch, *Die Republikaner;* Kloss, »MAD«.

19 Quelle »Letter«, Reg.-Nr. XV/4338/83, Aktenvorgang nicht überliefert, vorgangsführender Mitarbeiter: Horst Laube (HVA/X); vgl. Müller-Enbergs (Hg.), *Inoffizielle Mitarbeiter des Ministeriums für Staatssicherheit* 2, S. 228, Anm. 975; Lattmann, *Jonas vor Potsdam.*

20 IM »Schwager«, Reg.-Nr. XV/1732/72, Aktenvorgang nicht überliefert, 42 registrierte Berichte in SIRA-TDB 12, letzter vorgangsführender Mitarbeiter: Wolfram Kaune (HVA/X/6).

21 IM »Gemse«, Reg.-Nr. XV/1158/62, Aktenvorgang nicht überliefert, letzter vorgangsführender Mitarbeiter: Manfred Laszczak (HVA/X/2).

22 Bohnsack/Brehmer, *Auftrag Irreführung*, S. 196 ff.

23 A-Quelle »Wagner«, Reg.-Nr. XV/485/68, Aktenvorgang nicht überliefert, vier registrierte Berichte in SIRA-TDB 12, vorgangsführender Mitarbeiter: Heinz Dornberger, HVA/X/3/535; vgl. HVA/X, Auskunftsbericht über Wallraff, Günter (IM Wagner), vom 25. 11. 1976, BStU, ZA, HA XX 2961; »Auskunft über ›Wagner‹«, in: *Focus*, 25. Mai 1998, S. 34–38; »Auf Seite 17 verplaudert«, in: *Focus*, 2. November 1998, S. 58–62; Generalbundesanwalt, *Anklageschrift gegen Rolf Günter Wagenbreth*, S. 171–178.

24 Quelle »Gustav«, Reg.-Nr. XV/1118/67, Aktenvorgang nicht überliefert, 66 registrierte Berichte in SIRA-TDB 12, vorgangsführende Diensteinheit: HVA/X; vgl.: »Treffen auf der Parkbank. Die Ex-Stasi-Offiziere Günter Bohnsack und Herbert Brehmer über ihre Tricks gegen Geheimdienste und Medien«, in: *Der Spiegel*, 22. Juli 1991, S. 58–63, hier: 60; Bohnsack, *Hauptverwaltung Aufklärung*, S. 107 f.; Koch, *Die feindlichen Brüder*, S. 209.

25 Quelle »Karstedt«, Reg.-Nr. XV/6004/60, Aktenvorgang nicht überliefert, 120 registrierte Berichte in SIRA-TDB 12, vorgangsführende Mitarbeiter: Rolf Wagenbreth und Gerhard Schubert (HVA/X); vgl. Bohnsack, *Hauptverwaltung Aufklärung*, S. 108 f.; Generalbundesanwalt, *Anklageschrift gegen Rolf Günter Wagenbreth*, S. 135.
26 Generalbundesanwalt, *Anklageschrift gegen Rolf Günter Wagenbreth*, S. 178–195; Schmidt-Eenboom, *Undercover*, S. 229–235.
27 Der Bundesanwaltschaft zufolge begründen Unterlagen aus der HA IX/7 den Verdacht, »dass Dieter Vogel in Strafhaft ermordet worden ist« (Generalbundesanwalt, *Anklageschrift gegen Rolf Günter Wagenbreth*, S. 233).
28 IM »Günther«, Reg.-Nr. XV/10698/90, Aktenvorgang nicht überliefert, acht registrierte Berichte in SIRA-TDB 12, vorgangsführende Diensteinheit: HVA/X; vgl. HVA/X, Einschätzende Bemerkungen zum Vorgang »Günther« – Vorg.-Nr.: 10698/60 vom 18. 11. 1977, mit handschriftlichen Korrekturen von Markus Wolf am 9. 1. 1978 an Bruno Beater weitergeleitet, BStU, ZA, GH 25/87, Bd. 1, Bl. 8–17.
29 PNA »Wiese«, Reg.-Nr. XV/278/74, Aktenvorgang nicht überliefert, 14 registrierte Berichte in SIRA-TDB 12, vorgangsführende Diensteinheit: HVA/X, Mitarbeiter: Gisela Schmidt; vgl. HVA/X/4/540 (»Wiese«), Vorgänge im Hamburger Nachrichtenmagazin *Der Spiegel*, 19. 4. 1982, BStU, ZA, AOP 10108/87, Bd. 1, Bl. 290 ff.
30 PNA »Korff«, Reg.-Nr. XV/3665/60, Aktenvorgang nicht überliefert, letzte vorgangsführende Mitarbeiter: Karl-Heinz Stolt und Peter Bach (HVA/XVI/A); vgl. OibE-Liste in *Bild*, 2. 2. 1993.
31 IM »Christian«, Reg.-Nr. XV/13691/60, Aktenvorgang nicht überliefert, elf registrierte Berichte in SIRA-TDB 12, erstmals registriert am 2. 7. 1957 von der BV Schwerin, Abt. XV, letzter vorgangsführender Mitarbeiter: Gerhard Schubert, HVA/X, BStU, ZA, SIRA-TDB 21 sowie VSH-Karteikarten der HA II/13 und der HA II/2 zu Kittelmann, Hans-Joachim.
32 HA II/13, Information vom 16. 6. 1979, BStU, ZA, HA II/13459, Bl. 132 ff.
33 Stumpf war laut Kaderkarteikarte vom 1. Mai 1964 bis 29. Februar 1972 als OibE tätig (BStU, ZA, HA KuSch); vgl. Generalbundesanwalt, *Anklageschrift gegen Markus Wolf*, S. 185 f.
34 O-Quellen »Brechtel«, Reg.-Nr. XV/1681/88, »Romulus«, Reg.-Nr. XV/481/69, »Student«, Reg.-Nr. XV/221/70 und »Spieler«, Reg.-Nr. XV/116/76, Aktenvorgänge nicht überliefert; vgl. Müller-Enbergs (Hg.), *Inoffizielle Mitarbeiter des Ministeriums für Staatssicherheit* 2, S. 228, Anm. 975.
35 Generalbundesanwalt, *Anklageschrift gegen Rolf Günter Wagenbreth*, S. 240–245.
36 Kahl, *Spionage in Deutschland heute*, S. 201–203; Schlomann, *Die Maulwürfe*, S. 83; Generalbundesanwalt, *Anklageschrift gegen Rolf Günter Wagenbreth*, S. 138.
37 Quelle »Karstedt«, Reg.-Nr. XV/6004/60, Aktenvorgang nicht überliefert, 120 registrierte Berichte in SIRA-TDB 12; vgl. Bohnsack, *Haupt-*

verwaltung Aufklärung, S. 108 f.; Generalbundesanwalt, *Anklageschrift gegen Rolf Günter Wagenbreth*, S. 135.

38 KP »Glücksmann«, in SIRA-TDB 21 nicht erfasst; KP »Polo«, Reg.-Nr. XV/643/89, keine Einträge in SIRA-TDB 12.

39 OPK »Kiefer«, Reg.-Nr. XV/6406/81, Aktenvorgang nicht überliefert, vorgangsführender Mitarbeiter: Herbert Brehmer (HVA/X), keine Einträge in SIRA-TDB 12.

40 IM »Rose«, Reg.-Nr. XV/4480/81, Aktenvorgang nicht überliefert, vorgangsführende Diensteinheit: HVA/X/5, keine Einträge in SIRA-TDB 12.

41 KP »Alster«, Reg.-Nr. XV/347/72, Aktenvorgang nicht überliefert, zwei registrierte Berichte in SIRA-TDB 12, vorgangsführende Diensteinheit: HVA/X.

42 OPK »Biener«, Reg.-Nr. XV/3919/86, Aktenvorgang nicht überliefert, zwei registrierte Berichte in SIRA-TDB 12, vorgangsführender Mitarbeiter: Jürgen Gräschke (HVA/X/3).

43 KP »Markus«, SVG »Amt«, Reg.-Nr. XV/1779/69, Aktenvorgang nicht überliefert, 17 registrierte Berichte in SIRA-TDB 12, vorgangsführende Diensteinheit: HVA/X/4/540; KP »Toni«, SVG »IOB«, Reg.-Nr. XV/3887/63, vorgangsführende Diensteinheit: HVA/X.

44 KP »Zwerg«, Reg.-Nr. XV/13691/60 (IM »Christian«), vorgangsführende Diensteinheit: HVA/X/3; vgl. HA II/13, Vermerk vom 12. 1. 1983, BStU, ZA, AOP 10108/87, Bd. 1, Bl. 295.

45 OPK »Albers«, Reg.-Nr. XV/8434/81, Aktenvorgang nicht überliefert, vorgangsführende Mitarbeiter: Wolfgang Mutz und Frank Ritter (HVA/X).

46 Schreiben des Ministers vom 15. 2. 1985, Anlage 1 in der Fassung vom 14. 10. 1988, abgedruckt in Knabe, *West-Arbeit des MfS*, S. 430–448.

47 Vgl.: Struktur- und Stellenplan der HA II vom 26. 9. 1988, BStU, ZA, HA II/AKG, Bündel 43; Telefon- und Zimmernachweis der HA II/13, Stand 21. 2. 1989, BStU, ZA, HA II/AGL, Bündel 35.

48 HA II/13: Jahresarbeitsplan 1977 vom 5. 1. 1977, BStU, ZA, HA II/13, Bl. 386 ff.; vgl. Claus-Dieter Scholze, Der Einsatz von IM/GMS zur Kontrolle ständig und zeitweilig akkreditierter Korrespondenten der BRD und Westberlins bei der Realisierung journalistischer Vorhaben, BStU, ZA, JHS 1264.

49 IM-Vorgang »Erich«, Reg.-Nr. XV 1807/66, BStU, ZA, AIM 10318/85.

50 IM-Vorgang »Alexander Prinz«, Reg.-Nr. XV/3107/86, BStU, ZA, AIM 1658/91 und AP 9017/87.

51 HA II/13, Jahresarbeitsplan 1988, BStU, ZA, HA II/13, 448, Bl. 13.

52 IM-Vorgang »Beate Schäfer«, Reg.-Nr. XV/5276/82, BStU, ZA, AIM 278/89.

53 Der IM-Vorgang »Willi Waldoff« der HA XXII ist nicht überliefert; vgl. Meyer, *Staatsfeind*, S. 452 ff.

54 IM-Vorgang »Inge«, Reg.-Nr. XV/3607/87, BStU, ZA, AIM 386/91.

55 IM-Vorgang »Peter Lothringer«, Reg.-Nr. XV/8909/81, BStU, ZA, AIM 13169/89.

56 IM-Vorgang »Kurt«, Reg.-Nr. XV/15143/60, BStU, ZA, MfS 10996/66.

57 IM-Vorgang »Erich«, Reg.-Nr. XV/3836/60, BStU, ZA, AIM 10998/66.
58 IM-Vorgang »Heinz Karow«, Reg.-Nr. XV/10603/60, BStU, ZA, MfS A 587/85 (Teilablage) und AIM 8341/91; vgl. Herms, *Heinz Lippmann*, S. 228 ff.
59 IM-Vorgang »Doktor«, BStU, ZA, AIM 13849/73.
60 IM-Vorgang »Hubert«, Reg.-Nr. XV/14164/60, BStU, ZA, A 835/85 (Teilablage, IM-Vorgang wurde 1989 vernichtet); vgl. Schäfer, *Staat und katholische Kirche in der DDR*, S. 198, Anm. 111 f., und 210, Anm. 165; Vollnhals, »Die kirchenpolitische Abteilung des Ministeriums für Staatssicherheit«, S. 115.
61 Quelle »Max«, Reg.-Nr. XV/1628/68, Aktenvorgang nicht überliefert, vorgangsführende Diensteinheit: HVA/II.
62 O-Quelle »Komet«, Reg.-Nr. XV/15996/60, Aktenvorgang nicht überliefert, 309 registrierte Berichte in SIRA-TDB 12, vorgangsführende Diensteinheit: HVA/II/4; vgl. Müller-Enbergs (Hg.), *Inoffizielle Mitarbeiter des Ministeriums für Staatssicherheit* 2, S. 207, Anm. 867.
63 Quelle »Antonius«, Reg.-Nr. XV/205/68, Aktenvorgang nicht überliefert, 126 registrierte Berichte in SIRA-TDB 12, vorgangsführende Diensteinheit: HVA/II/1; vgl. Schäfer, *Staat und katholische Kirche in der DDR*, S. 212, Anm. 180.
64 Quelle »Marabu«, Reg.-Nr. XV/5628/84, Aktenvorgang nicht überliefert, vorgangsführender Mitarbeiter: Günther Stollmayer (HVA/I/6), sechs registrierte Berichte in SIRA-TDB 12; vgl. den überlieferten Untersuchungsvorgang BStU, ASt. Rostock, AU 2998/87.
65 IMA »Schrammel«, Reg.-Nr. XV/18540/60, AIM 2898/88, Aktenvorgang nicht überliefert, vorgangsführende Diensteinheit: HVA/I.
66 O-Quelle »Falke«, Aktenvorgang nicht überliefert, vorgangsführende Diensteinheit: HVA/IX/6; vgl. Müller-Enbergs (Hg.), *Inoffizielle Mitarbeiter des Ministeriums für Staatssicherheit* 2, S. 221, Anm. 943; Schlomann, *Die Maulwürfe*, S. 169.
67 Viksveen soll dem MfS zwischen 1969 und 1989 rund 400 vertrauliche Dokumente zugeleitet haben; vgl. »Stasi-Spion«, in: www.dnfev.de/norgenews.
68 Quelle »Hilde«, Reg.-Nr. XV/5703/81, Aktenvorgang nicht überliefert, 14 registrierte Berichte in SIRA-TDB 12, vorgangsführende Diensteinheit: HVA/XVI/A.
69 Quelle »Bakker«, Reg.-Nr. XV/873/66, Aktenvorgang nicht überliefert, 395 registrierte Berichte in SIRA-TDB 12; vgl. Müller-Enbergs (Hg.), *Inoffizielle Mitarbeiter des Ministeriums für Staatssicherheit* 2, S. 251 ff.; »Interna von rechts zur Stasi gespielt«, in: *Focus*, 22. Februar 1993.
70 Quelle »Ludwig«, Reg.-Nr. XV/4646/75, Aktenvorgang nicht überliefert, 328 registrierte Berichte in SIRA-TDB 12, vorgangsführende Diensteinheit: BV Berlin, Abt. XV; vgl. BV Berlin, Abt. XV, Arbeitsplan für das Jahr 1989 vom 16. 12. 1988, BStU, ASt Bln XV 24, Bl. 142–164, hier: 145.

71 Quelle »Pfau«, Reg.-Nr. XV/6633/82, Aktenvorgang nicht überliefert, 33 registrierte Berichte in SIRA-TDB 12, vorgangsführende Diensteinheit: BV Berlin, Abt. XV.
72 Quelle »Stola«, Reg.-Nr. XV/1419/68, Aktenvorgang nicht überliefert, letzter vorgangsführender Mitarbeiter: Egbert Dietzel (BV Berlin, Abt. XV); vgl. die Personenablage BStU, ZA, AP 3145/62.
73 Quelle »Laubach«, Reg.-Nr. XV/499/81, Aktenvorgang nicht überliefert, 161 registrierte Berichte in SIRA-TDB 12, vorgangsführende Diensteinheit: BV Berlin, Abt. XV; vgl. BV Berlin, Abt. XV, Arbeitsplan für das Jahr 1989 vom 16.12.1988, BStU, ASt Bln XV 24, Bl. 142–164, hier: 146; »Laubach«, Bericht über die geplante Wahl des RIAS-Intendanten vom 3.10. 1989, Objektakte RIAS, BStU, Ast Bln. XV 390, Bl. 293 f.
74 Quelle »Schwarz«, Reg.-Nr. XV/12399/60, 804 registrierte Berichte in SIRA-TDB 12, vorgangsführender Mitarbeiter: Horst Findeisen (BV Leipzig, Abt. XV), BStU, ASt Lpz. AIM 1027/91; vgl. »Journalist wegen Spionage angeklagt«, in: *Süddeutsche Zeitung*, 21. Januar 1995; Müller-Enbergs (Hg.), *Inoffizielle Mitarbeiter des Ministeriums für Staatssicherheit* 2, S. 250, Anm. 1103; Möchel, *Der geheime Krieg der Agenten*, S. 255–258; Schmidt-Eenboom, *Undercover*, S. 351–385; Sélitrenny/Weichert, *Das unheimliche Erbe*, S. 265 ff.
75 Schlomann, *Die Maulwürfe*, S. 109.
76 BV Potsdam, Abt. XV/A, Bericht vom 30.4. 1970 über die zweite Aussprache mit dem westdeutschen Bürger Rübssat, Hubert, BStU, ZA, AP 1725/89, Bl. 30 f.
77 IM-Vorgang »Doktor«, BStU, ZA, AIM 13849/73, vorgangsführende Diensteinheit: HA XX/4.
78 »Journalist als Stasi-Spion verhaftet«, in: *Kölner Stadt-Anzeiger*, 8. Januar 1994; »Rätselraten über Stasi-Vorwürfe«, in: *Süddeutsche Zeitung*, 15. Januar 1994.
79 »Die 1000 Mark der Stasi holte Stuckmann nicht einmal ab«, in: *Kölner Stadt-Anzeiger*, 24. August 1996.
80 HA II/13, Information vom 16.6. 1979, BStU, ZA, HA II/13459, Bl. 132 ff., hier: 133.
81 HA/II/13, Information vom 3.7. 1978, BStU, ZA, HA II/13459, Bl. 81 f.
82 IM-Vorgang »Duo«, Reg.-Nr. XV/5204/61, BStU, ZA, AIM 5526/86.
83 IM-Vorgang »Willy«, Reg.-Nr. XV/2180/71, BStU, ZA, AIM 4166/81; vgl. Knabe, *Die unterwanderte Republik*, S. 320–326.
84 IM-Vorgang »Christa«, Reg.-Nr. 3377/75, BStU, ZA, AIM 3965/81.
85 HA XX/5, Vorschlag zur Auszeichnung des IM »Willy« vom 4.11. 1977, BStU, ZA, AIM 4166/81, Teil I, Bd. 1, Bl. 191; HA XX/5, Vorschlag zur Auszeichnung des IM »Christa« vom 4.11. 1977, BStU, ZA, AIM 3965/81, Teil I, Bd. 1, Bl. 82.
86 »Dehm darf Stasi-Spitzel genannt werden«, in: *Frankfurter Rundschau*, 2. August 1996.
87 HVA, Ordnung 1/84 über die operative Aktenführung im Bereich der HVA und der Abteilungen XV der Bezirksverwaltungen – Aktenord-

nung HVA –, abgedruckt in Müller-Enbergs (Hg.), *Inoffizielle Mitarbeiter des Ministeriums für Staatssicherheit* 2, S. 830–857, hier: 832, 842.

88 KP »Polo«, Reg.-Nr. XV/643/89, keine Einträge in SIRA-TDB 12.

89 HA II/13, Information Nr. 16 vom 29. 7. 1988, BStU, ZA, HA II/13 Nr. 459, Bl. 44–47, hier: 46.

90 Ebd., Bl. 44 ff.

91 HA II/13, Information Nr. 19 vom 3. 8. 1988, BStU, ZA, HA II/13 Nr. 459, Bl. 62.

92 HA II/13, Information Nr. 17 vom 30. 7. 1988, BStU, ZA, HA II/13 Nr. 459, Bl. 6–10.

93 Quelle »Schwarz«, Reg.-Nr. XV/12399/60, BStU, ASt Leipzig, AIM 1027/91; vgl. Müller-Enbergs (Hg.), *Inoffizielle Mitarbeiter des Ministeriums für Staatssicherheit* 2, S. 250, Anm. 1103; Möchel, *Der geheime Krieg der Agenten*, S. 255–258; Schmidt-Eenboom, *Undercover*, S. 351–385; Sélitrenny/Weichert, *Das unheimliche Erbe*, S. 265 ff.

94 Vgl. Bahro, *Die Alternative.*

95 HA XX/5, Information vom 3. 7. 1978 über Aktivitäten der Universität Bremen zum »Fall Bahro«, BStU, ZA, AIM 13169/89, Teil II, Bd. 1, Bl. 81 f.

96 OV »Kongress«, BStU, ZA, AOP 7013/85.

97 HA XX/5, Treffbericht vom 20. 2. 1981, BStU, ZA, AIM 13169/89, Teil II, Bd. 2, Bl. 30 f.

98 IM »Duo«, Treffbericht, ohne Datum [Februar 1981], BStU, ZA, AIM 13169/89, Teil II, Bd. 2, Bl. 34–37.

99 IM »Duo«, Treffbericht vom 26. 3. 1981, BStU, ZA, AIM 13169/89, Teil II, Bd. 2, Bl. 42–44.

100 Vgl. Walther (Hg.), *Protokoll eines Tribunals.*

101 Ohne Autor [KP »Wolfgang«], Abschrift vom Tonband, BStU, ZA, AIM 13169/89, Teil II, Bd. 1, Bl. 206–209, hier: 209.

102 IM »Duo«, Informationen von »Wolfgang« vom 28. 7. 1979, BStU, ZA, AIM 13169/89, Teil II, Bd. 1, Bl. 187–192, hier: 191 f.

103 IM »Duo«, Treffbericht vom 16. 10. 1978, BStU, ZA, AIM 13169/89, Teil II, Bd. 1, Bl. 94 f.

104 HA XX/5/Jaeckel, Vermerk vom 10. 1. 1985, BStU, ZA, AIM 13169/89, Teil II, Bd. 2, Bl. 363.

105 HA XX/5, Treffbericht vom 18. 8. 1986, BStU, ZA, AIM 13169/89, Teil II, Bd. 2, Bl. 442–448, hier: 443.

106 Major Jaeckel, Zusatz zum Treffbericht, 1. 12. 1978, BStU, ZA, AIM 13169/89, Teil II, Bd. 2, Bl. 248.

107 HA XX/5, Treffbericht vom 19. 11. 1985, BStU, ZA, AIM 13169/89, Teil II, Bd. 2, Bl. 414 f.; vgl. Křen, »Deutschlandforschung im Bauwagen«, S. 163 f.

108 Major Jaeckel, Zusatz zum Treffbericht, 1. 12. 1978, BStU, ZA, AIM 13169/89, Teil II, Bd. 2, Bl. 248.

109 HA XX/5, Konzeption für einen Treff mit IM »Peter Lothringer« am 28. 9. 1982, BStU, ZA, AIM 13169/89, Teil II, Bd. 2, Bl. 235.

110 HA XX/5, Treffbericht vom 20.4. 1983, BStU, ZA, AIM 13169/89, Teil II, Bd. 2, Bl. 262 f.
111 HA XX/5, Information vom 5.7. 1983, BStU, ZA, AIM 13169/89, Teil II, Bd. 2, Bl. 286.
112 HA XX/5, Information vom 21. 11. 1983, BStU, ZA, AIM 13169/89, Teil II, Bd. 2, Bl. 308 f.
113 HA XX/5, Treffbericht vom 8. 12. 1983, BStU, ZA, AIM 13169/89, Teil II, Bd. 2, Bl. 316 f.
114 HA XX/5, Treffbericht vom 2.5. 1984, BStU, ZA, AIM 13169/89, Teil II, Bd. 2, Bl. 330 f.
115 HA XX/5, Treffbericht vom 19. 11. 1984, BStU, ZA, AIM 13169/89, Teil II, Bd. 2, Bl. 392 ff.
116 OV »Kleber«, BStU, ZA, AOP 5005/80.
117 HA XX/5, Übersichtsbogen vom 10. 12. 1979, BStU, ZA, AOP 7013/85, Bd. 1, Bl. 61 f.; vgl. IM-Vorgang »Walter Rosenow«, BStU, ZA, A 529/79 (Teilablage).
118 Herbert Häber, Westabteilung des ZK, Schreiben an Erich Honecker vom 17. 11. 1976, BA Berlin, DY 30 J IV 2/10.02/22.
119 Karl Heinz Schröder, Sekretär des Parteivorstands der DKP, Schreiben vom 20. 7. 1978 an das ZK der SED, S. 1 f., BA Berlin, DY 30 J IV 2/202–502.
120 Ohne Autor, handschriftliche Notizen zum Informationsbedarf des MfS, ohne Datum [1978], BStU, ZA, AIM 13169/89, Teil II, Bd. 1, Bl. 123.
121 Perspektivplan für die Zusammenarbeit zwischen der Hauptabteilung XX des Ministeriums für Staatssicherheit der Deutschen Demokratischen Republik und der V. Verwaltung des Komitees für Staatssicherheit der Union der Sozialistischen Sowjetrepubliken für den Zeitraum 1981–1985 [bestätigt von Erich Mielke und Juri Andropow], BStU, ZA, HA XX/AKG 5889, Bl. 3–17, hier: 13.
122 HA XX/5, Information vom 27. 10. 1981, BStU, ZA, AIM 13169/89, Teil II, Bd. 2, Bl. 146 f.
123 Leiter der HA XX, Schreiben an den Leiter der Abteilung X vom 16. 9. 1977, BStU, ZA, AP 5851/82, Bl. 8 f.
124 Ohne Autor, ohne Titel, ohne Datum [handschriftlicher Vermerk: »Zu Kosta. Aus PID-Analyse«], BStU, ZA, AP 5851/82, Bl. 18 ff.
125 Presseerklärung des FOCUS-Magazin-Verlags, 7. Juli 2000.
126 »IM ›Pfau‹«, in: *Der Spiegel*, 17. Juli 2000, S. 120.
127 Ebd.
128 Quelle »Pfau«, Reg.-Nr. XV/6633/82, Aktenvorgang nicht überliefert, 33 registrierte Berichte in SIRA-TDB 12, vorgangsführende Diensteinheit: BV Berlin, Abt. XV.
129 A-Quelle »Luft«, Reg.-Nr. XV/2489/79, Aktenvorgang nicht überliefert, 104 registrierte Berichte in SIRA-TDB 12, vorgangsführender Mitarbeiter: HVA/X/3/553.
130 »Berliner Journalist unter Spionageverdacht«, in: *Die Welt*, 5. Februar 1994.

131 »Spionage? Laue will Chef der Steuerzahler bleiben«, in: *Berliner Morgenpost*, 7. Februar 1994.
132 »Der Informant schweigt jetzt für immer«, in: *die tageszeitung*, 15. November 1995; »Stasi-Verdacht: Journalist beging Selbstmord«, in: *Berliner Morgenpost*, 12. November 1995.
133 »Berliner Journalist unter Spionageverdacht«, in: *Die Welt*, 5. Februar 1994.
134 HA XX/5, Treffbericht vom 16. 2. 1965, BStU, ZA, AIM10996/66, Bl. 213 ff., hier: 214.
135 «›IM Comet‹ – ein Top-Agent der Stasi?«, in: *Berliner Morgenpost*, 29. Februar 1996.
136 O-Quelle »Komet«, Reg.-Nr. XV/15996/60, Aktenvorgang nicht überliefert, 309 registrierte Berichte in SIRA-TDB 12, vorgangsführende Diensteinheit: HVA/II; vgl. Müller-Enbergs (Hg.), *Inoffizielle Mitarbeiter des Ministeriums für Staatssicherheit* 2, S. 207, Anm. 867.
137 Vgl. Dienstanweisung Nr. 4/89 zur weiteren Entwicklung der Übersiedlungsarbeit in das Operationsgebiet, 20. September 1989, BStU, ASt Gera, Abt. XV Nr. 278.
138 Vgl. Guillaume, *Die Aussage* (1988 und 1990); Anonymus, *Guillaume, der Spion;* Vielain/Schell, *Verrat in Bonn;* Knopp, *Verräter im Geheimen Krieg; Deckname Stabil*, S. 82–86.
139 Vgl.: »›Den hatten wir auf der Latte‹«, in: *Der Spiegel*, 17. Dezember 1990, S. 26–33; Koehler, *Stasi*, S. 199 f.
140 Koch, *Die feindlichen Brüder*, S. 298.
141 Schreiben des Presseamts der DDR an das MfS vom 11. 9. 1967, BStU, ZA, HA II/13 447, Bl. 91.
142 IMA »Schrammel«, Reg.-Nr. XV/18540/60, AIM 2898/88, Aktenvorgang nicht überliefert, 35 registrierte Berichte in SIRA-TDB 12.
143 Abt. XII, Kurzauskunft vom 23. 8. 1984, BStU, ZA, AP 8993/82.
144 SVG »Distel«, Reg.-Nr. XV/215/63, Aktenvorgang nicht überliefert.
145 »Es gab auch ›private‹ Freikäufe«, in: *Frankfurter Allgemeine Zeitung*, 6. November 1992.
146 IM-Vorgang »Alexander Prinz«, Reg.-Nr. XV/3107/86, BStU, ZA, AIM 1658/91 sowie AP 9017/87.
147 Quelle »Max«, Reg.-Nr. XV/1628/68, Aktenvorgang nicht überliefert, 1281 registrierte Berichte in SIRA-TDB 12. Danach lieferte »Max« 1981 insgesamt 147 Berichte, 1982 152, 1983 129, 1984 122, 1985 135 und 1986 107.
148 »Der dicke ›Max‹«, in: *Der Tagesspiegel*, 9. August 2000, S. 3; »Spitzel ›Max‹ war SPD-Chef in Bonn«, ebd., 11. August 2000.
149 Einer Karteikarte der HA II/13 zufolge war Maerker 1984 für den Mitarbeiter 410 des HVA-Referats II/4 erfasst.
150 VSH-Kartei der HA XX/AKG, Maerker, Rudolf. Die Hinweise stammten möglicherweise von Walter Barthel (»Kurt«), der die Stasi im März 1964 von einem derartigen Fingerzeig aus dem Bundesamt für Verfassungsschutz unterrichtete (»Kurt«/»Erich«, Besuch Schul-

ler am 10. und 11.3. 1964 in dessen Wohnung, BStU, ZA, AIM 10996/66, Bl. 134 f.).

151 »›Max‹ verriet die eigene Partei«, in: *Kölner Stadtanzeiger*, 11. August 2000; »Spitzel ›Max‹ war SPD-Chef in Bonn«, in: *Der Tagesspiegel*, 11. August 2000.

152 Maerker/Krause, *Sozialismus ist das Ziel*, S. 7. Krause ist – wie Maerker – in den Stasi-Karteien nicht erfasst, das heißt entweder, dass niemals eine Karteikarte angelegt wurde, oder sie ist, wie alle von der HVA angelegten Karteikarten, in der Wendezeit entfernt worden.

153 Vgl. Bohnsack/Brehmer, *Auftrag Irreführung*, S. 196 ff.; Koch, *Die feindlichen Brüder*, S. 84; Bailey/Kondraschow/Murphy, *Die unsichtbare Front*, S. 248; Knabe, *Die unterwanderte Republik*, S. 157 ff.

154 Rechercheausdruck zur Reg.-Nr. XV/1628/68, Quelle »Max«, BStU, ZA, SIRA-TDB 12.

155 MfS, Information Nr. 416/84 vom 7. 11. 1984, Einschätzung der Situation der BRD-Bundestagsparteien im Zusammenhang mit der Flick-Spendenaffäre durch die SPD-Führung, BStU, ZA, HVA 32, Bl. 32–34.

156 Hinweise für die Kollegiumssitzung am 26. 6. 1983, S. 4, BStU, ZA, SdM 1567.

157 HVA/II, Konzept für aktive Maßnahmen zur Förderung der Friedensbewegung in der BRD vom 17. 8. 1981, auszugsweise abgedruckt in Sélitrenny/Weichert, *Das unheimliche Erbe*, S. 196–200, hier: S. 197.

158 Rechercheausdruck zur Reg.-Nr. XV/1628/68, Quelle »Max«, BStU, ZA, SIRA-TDB 12.

159 Ohne Autor, ohne Titel [Bericht über gemeinsame aktive Maßnahmen mit dem KGB], 3. 9. 1982, BStU, ZA, ZAIG 5171, Bl. 111 f.

160 IM »Akker«, Reg.-Nr. XV/1711/69, Aktenvorgang nicht überliefert, 181 registrierte Berichte in SIRA-TDB 12, vorgangsführende Diensteinheit: HVA/II; vgl.: »Akker – die Stasi-Quelle in der SPD-Führung«, in: *Berliner Morgenpost*, 11. August 2000; »Wie die SED die Politik der SPD mitbestimmte«, ebd., 4. September 2000.

161 »›Ein relativ hohes Sicherheitsrisiko‹. Die CIA verdächtigt einen Bonner SPD-Referenten«, in: *Der Spiegel*, 6. Oktober 1986.

162 Vgl.: »Spione in der SPD?«, in: *die tageszeitung*, 12. September 1992, S. 2.

163 Zweiter Kommentar zur Richtlinie 2/79, abgedruckt in Müller-Enbergs (Hg.), *Inoffizielle Mitarbeiter des Ministeriums für Staatssicherheit* 2, S. 553–584, hier: S. 577 f.

164 Quelle »Ludwig«, Reg.-Nr. XV/4646/75, Aktenvorgang nicht überliefert, 328 registrierte Berichte in SIRA-TDB 12, vorgangsführende Diensteinheit: BV Berlin, Abt. XV.

165 Quelle »Olaf«, Reg.-Nr. XV/4604/60, Aktenvorgang nicht überliefert, 330 Einträge in SIRA-TDB 12, letzter vorgangsführender Mitarbeiter: Theo Schönfelder (HVA/II); vgl. Generalbundesanwalt, *Anklageschrift gegen Markus Wolf*, S. 230–236; Knabe, *Die unterwanderte Republik*, S. 67–70.

166 Generalbundesanwalt, *Anklageschrift gegen Markus Wolf*, S. 101 f.; Wolf, *Spionagechef im geheimen Krieg*, S. 261.

167 Quelle »Helm«, Reg.-Nr. XV/2845/77, Aktenvorgang nicht überliefert, vorgangsführende Diensteinheit: HVA/X/2.

168 Quelle »Karstedt«, Reg.-Nr. XV/6004/60, Aktenvorgang nicht überliefert, 120 registrierte Berichte in SIRA-TDB 12; vgl. Bohnsack, *Hauptverwaltung Aufklärung*, S. 108 f.; Generalbundesanwalt, *Anklageschrift gegen Rolf Günter Wagenbreth*, S. 135.

169 Nicht als IM-Vorgang registriert; vgl. die Allgemeine Personenablage zu Bunke, BStU, ZA, AP 22615/92.

170 IM-Vorgang »Beate Schäfer«, Reg.-Nr. XV/5276/82, BStU, ZA, AIM 278/89.

171 Bohnsack/Brehmer, *Auftrag Irreführung*, S. 196 ff.

172 »Treffen auf der Parkbank. Die Ex-Stasi-Offiziere Günter Bohnsack und Herbert Brehmer über ihre Tricks gegen Geheimdienste und Medien«, in: *Der Spiegel*, 22. Juli 1991, S. 58–63, hier: 60; Bohnsack, *Hauptverwaltung Aufklärung*, S. 107 f.; Koch, *Die feindlichen Brüder*, S. 209.

173 IM-Vorgang »Kurt«, Reg.-Nr. XV/15143/60, BStU, ZA, AIM 10996/66.

174 HA V/6, Treffbericht vom 23. 12. 1959, BStU, ZA, AIM 10996/66, Bd. 1, Bl. 104–107, hier: Bl. 106.

175 Heinz Lippmann (1921–1974) war bis zu seiner Flucht in den Westen im Jahr 1953 zweiter Sekretär der FDJ und damit Stellvertreter Erich Honeckers. Vom MfS wurde er im OV »Verkäufer« bearbeitet (BStU, ZA, AOP 8085/70). Vgl. Herms, *Heinz Lippmann*, insbesondere S. 227–237; MfS, Einzelinformation 321/61 über das Renegatenzentrum »Der dritte Weg«, BStU, ZA, SdM 1121.

176 Die Vereinbarung mit dem MfS sah eine monatliche Zahlung von 200 DM für Barthel vor; tatsächlich erhielt er in den ersten vier Monaten des Jahres 1960 insgesamt 1900 DM und 700 Mark der DDR sowie fortan 200 bis 300 DM pro Treff. Vom Bundesamt für Verfassungsschutz sollte er monatlich 150 DM, zuzüglich Spesen und Sonderzahlungen für »gute Informationen«, bekommen (Aufstellung der Zahlungen an »Kurt«, BStU, ZA, AIM 10996/66, Personalteil, Bl. 9 f.; ohne Autor [GM »Kurt«], Betr.: Schumann, BVSA, 10. 10. 1960, BStU, ZA, AIM 10996/66, Bd. 3, Bl. 73–76, hier: 74).

177 Zu den Auseinandersetzungen um die Ausstellung vgl. Albrecht, *Der Sozialistische Deutsche Studentenbund*, S. 356–359; IM-Bericht ohne Überschrift und Datum, BStU, ZA, AIM 10996/66, Bd. 2, Bl. 69; Information vom 23. 2. 1960, ebd., Bl. 70; »Blutrichter am Pranger«, in: *Neues Deutschland*, 24. Februar 1960.

178 HA V/E, Abschrift eines Briefs des GM »Kurt« vom 3. 9. 1963, BStU, ZA, AIM 10996/66, Bd. 8, Bl. 35 f.

179 HA V/5, Treffbericht vom 25. 10. 1963, BStU, ZA, AIM 10996/66, Bd. 8, Bl. 52 f.

180 HA V/E, Abschrift eines Briefs des IM »Kurt« vom 12.11. 1963, BStU, ZA, AIM 10996/66, Bd. 8, Bl. 54–57, hier: 54.
181 OV »Verkäufer«, BStU, ZA, AOP 8075/70.
182 HA V/E, Abschrift eines Briefs des IM »Kurt« vom 12.11. 1963, BStU, ZA, AIM 10996/66, Bd. 8, Bl. 54–57, hier: 56. Der so genannte Freiheitssender 904 wurde 1956 einen Tag nach dem Verbot der KPD von der SED gegründet, um in der Bundesrepublik politische Propaganda zu betreiben und die illegal arbeitende Parteiorganisation der Kommunisten anzuleiten. Nach dem Abschluss des Grundlagenvertrags wurde der Sender im Mai 1972 geschlossen.
183 GM »Kurt«, Bericht vom 14.12. 1963, BStU, ZA, AIM 10996/66, Bd. 8, Bl. 72–88, hier: 88.
184 HA V/E, Abschrift eines Briefs des GM »Kurt« vom 6.10. 1963, BStU, ZA, AIM 10996/66, Bd. 8, Bl. 39 f.
185 GM »Kurt«, Bericht vom 14.12. 1963, BStU, ZA, AIM 10996/66, Bd. 8, Bl. 42–51, hier: 45.
186 Erich/Kurt, Bericht aus Köln vom 29.1. 1964, BStU, ZA, AIM 10996/66, Bd. 8, Bl. 89–114, hier: 112.
187 Weber, *Ulbricht fälscht Geschichte*.
188 GM »Kurt«, Informationen vom 6.5. 1964, BStU, ZA, AIM 10996/66, Bd. 8, Bl. 129–133, hier: 133.
189 HA V/5, Bericht, 2. Januar 1964, BStU, ZA, AIM 10996/66, Bd. 8, Bl. 61 f., 63.
190 HA XX/5, Aktenvermerk vom 28.12. 1964, BStU, ZA, AIM 10996/66, Bd. 8, Bl. 198 f.
191 HA XX/5, Betr. Information des GM »Kurt«, 30.12. 1964, BStU, ZA, AIM 10996/66, Bd. 8, Bl. 197.
192 Ohne Titel (Tonbandabschrift eines Berichts von Walter Barthel), 21.1. 1966, BStU, ZA, AIM 10996/66, Teil A, Bd. 10, Bl. 51–56, hier: 52.
193 Reaktion …, BAVS, auf das Eingehen des *Extrablatts*, BStU, ZA, AIM 10998/66, Teil A, Bd. 3, Bl. 238–239.
194 HA XX/5/I, Vorschlag für die Unterbrechung der Verbindung zu GM »Kurt«, 22.4. 1966, BStU, ZA, AIM 10996/66, Personalteil, Bl. 261–263, hier: 262.

Lancierungswege

1 »Der Fall Helmut Kohl. Interview mit DDR-Spionagechef Markus Wolf …«, in: *Der Tagesspiegel*, 1. April 2000.
2 Vgl.: Richtlinie 2/68 für die Arbeit mit Inoffiziellen Mitarbeitern im Operationsgebiet vom Januar 1968, abgedruckt in Müller-Enbergs (Hg.), *Inoffizielle Mitarbeiter des Ministeriums für Staatssicherheit* 2, S. 352–388, hier: 354.
3 Richtlinie 2/79 für die Arbeit mit Inoffiziellen Mitarbeitern im Opera-

tionsgebiet vom 8. 12. 1979, in Müller-Enbergs (Hg.), *Inoffizielle Mitarbeiter des Ministeriums für Staatssicherheit* 2, S. 471–513, hier: 476.

4 Kurt Blecha/Günter Halle/Günter Köhler, Forschungsergebnisse zum Thema »Die Lösung von Aufgaben der staatlichen Öffentlichkeitsarbeit zum Schutz und zur Sicherung der DDR durch Kooperation des Ministeriums für Staatssicherheit und des Presseamtes beim Vorsitzenden des Ministerrates unter besonderer Berücksichtigung der Durchführung gemeinsamer Aktionen im Kampf gegen die subversive Tätigkeit des Feindes« (1971), BStU, ZA, JHS 21805, Bl. 108.

5 Ebd., Bl. 117 f.

6 Ebd., Bl. 113.

7 Suckut (Hg.), *Das Wörterbuch der Staatssicherheit*, S. 88.

8 HVA/X, Planorientierung für eine wirksame Öffentlichkeitsarbeit in den Jahren 1986–1990 (Grundrichtungen, Vorhaben, Grundsätze) vom 16. 6. 1986, abgedruckt (ohne Archivsignatur) in Bohnsack, *Hauptverwaltung Aufklärung*, Dokument 3.

9 Koch, *Die feindlichen Brüder*, S. 272–284.

10 Guillaume, *Die Aussage* (1988); *Generale für den Frieden;* Werner, *Sonjas Rapport;* Voelkner, *Salto mortale.*

11 Hans-Dieter Ternies, Die Pressekonferenzen des Ministeriums für Staatssicherheit der Deutschen Demokratischen Republik als Methode staatlicher Öffentlichkeitsarbeit und publizistisches Mittel zur Entlarvung subversiver Pläne und Aktionen imperialistischer Geheimdienste und Agentenzentralen gegen die Deutsche Demokratische Republik (Diplomarbeit, 1971), BStU, ZA, HA II/13 111, Bl. 7–127, hier: 77.

12 Kurt Blecha/Günter Halle/Günter Köhler, Forschungsergebnisse zum Thema »Die Lösung von Aufgaben der staatlichen Öffentlichkeitsarbeit zum Schutz und zur Sicherung der DDR durch Kooperation des Ministeriums für Staatssicherheit und des Presseamtes beim Vorsitzenden des Ministerrates unter besonderer Berücksichtigung der Durchführung gemeinsamer Aktionen im Kampf gegen die subversive Tätigkeit des Feindes« (1971), BStU, ZA, JHS 21805, Bl. 113.

13 Abt. IB, Konzeption zur langfristigen Erhöhung der Wirksamkeit der Arbeit mit ausländischen Korrespondenten vom 24. 9. 1982, BStU, ZA, HA II/13 1249. Vgl. Richtlinie 2/68 für die Arbeit mit Inoffiziellen Mitarbeitern im Operationsgebiet, GVS MfS 008–1002/68, abgedruckt in Müller-Enbergs (Hg.), *Inoffizielle Mitarbeiter des Ministeriums für Staatssicherheit* 2, S. 352–388, hier: 355; Richtlinie 2/79 für die Arbeit mit Inoffiziellen Mitarbeitern im Operationsgebiet, GVS MfS 008–2/79, abgedruckt in ebd., S. 471–513, hier: 482.

14 Vgl. Müller-Enbergs (Hg.), *Inoffizielle Mitarbeiter des Ministeriums für Staatssicherheit* 2, S. 225–229.

15 Vgl. Generalbundesanwalt, *Anklageschrift gegen Rolf Günter Wagenbreth*, S. 52.

16 Vgl.: Protokoll über Verhandlungen zwischen Vertretern des MfS der DDR und des KfS beim Ministerrat der UdSSR über gemeinsame aktive Maßnahmen für das Jahr 1967; HVA/X, Niederschrift über die Arbeitsberatung mit der Abteilung aktive Maßnahmen beim KfS vom

10.–15. 4. 1967, BStU, ZA, SdM 1465, Bl. 134–151. Bei den Beratungen wurde ein Dutzend gemeinsamer Aktionen besprochen. Ferner: ohne Autor, ohne Titel [Bericht über gemeinsame aktive Maßnahmen mit dem KGB], 3. 9. 1982, BStU, ZA, ZAIG 5171, Bl. 111 f.

17 Vgl. Leiter der HVA, Bericht über die Erfüllung der politisch-operativen Verpflichtungen der II. Etappe der Vorbereitung des 20. Jahrestages der Deutschen Demokratischen Republik vom 18. 3. 1969, abgedruckt in Knabe, *West-Arbeit des MfS*, S. 307–315, hier: 310.

18 OVO »Schwarz«, Reg.-Nr. XV/1775/72, kein Aktenvorgang überliefert, vorgangsführende Mitarbeiter: Wolfgang Mutz und Frank Ritter (HVA/X); OVO »Jesuit«, Reg.-Nr. XV/1776/72, kein Aktenvorgang überliefert, vorgangsführender Mitarbeiter: Wolfgang Mutz (HVA/X); OVO »Sonne«, Reg.-Nr. XV/2970/66, kein Aktenvorgang überliefert, vorgangsführende Mitarbeiter: Peter Koza und Wolfgang Kirchner (HVA/X).

19 Vgl. Bohnsack/Brehmer, *Auftrag Irreführung;* dies., »Auftrag: Irreführung«; Bohnsack, *Hauptverwaltung Aufklärung;* »Stasi steuerte Bonner Affären«, in: *Der Spiegel*, 15. und 22. Juli Juli 1991; Generalbundesanwalt, *Anklageschrift gegen Rolf Günter Wagenbreth*.

20 Jahresperspektivplan bzw. Hauptaufgaben der HA V/4 für das Jahr 1961 vom 30. 12. 1960, BStU, ZA, HA XX/4–332, Bl. 76 f.

21 IM-Vorgang »Gerhard«, Reg.-Nr. 14146/60 (ursprünglich 724/57), BStU, ZA, AIM 3654/71.

22 Vollnhals, »Die kirchenpolitische Abteilung des Ministeriums für Staatssicherheit«, S. 89.

23 Auskunftsbericht vom 4. 10. 1962, über Seidowsky, Hans-Joachim, BStU, ZA, AIM 3654/71, Teil P, Bd. 2, Bl. 52–75, hier: 61 f.

24 Bericht vom 1. 10. 1962, BStU, ZA, AIM 3654/71, Teil P, Bd. 2, Bl. 19–37, hier: 33 f.

25 IM-Vorgang »Harry«, BStU, ZA, Teilablage A 186/85.

26 IM-Vorgang »Anton« (1968 zum GMS umregistriert), BStU, ZA, AIM 10990/68.

27 IM-Vorgang »Wilhelm«, BStU, ZA, AIM 3292/91 und Teilablage A 185/85.

28 IM-Vorgang »Herbert«, BStU, ZA, AIM 18061/64.

29 IM-Vorgang »Buss«, Reg.-Nr. XV/1005/69, Vorgang am 9. Dezember 1989 vernichtet; vgl. Vollnhals, »Die kirchenpolitische Abteilung…«, S. 115.

30 HA V/4, Analyse betr.: Bearbeitung des operativen Materials über Dr. Müller-Gangloff durch den GI »Gerhard« vom 25. 12. 1963, BStU, ZA, AP 21496/92, Teil II, Bl. 114–162, hier: 125.

31 HA V/4, Treffberichte vom 9. und 19. 12. 1960, BStU, ZA, AIM 3654/71, Teil A, Bd. 3, Bl. 224 f., 229–231.

32 Bericht vom 7. 2. 1961, Quelle: »Gerhard«, BStU, ZA, AIM 3654/71, Teil A, Bd. 4, Bl. 56 f.; vgl.: »Synode: Ex oriente dux«, in: *Der Spiegel*, 8. Februar 1961, S. 24–26.

33 »1961 – Ein Jahr kirchlicher Ereignisse. EKD-Synode vor schwerwiegenden Entscheidungen«, in: *Die Andere Zeitung*, Nr. 52/1960, S. 4.

Der mit »N.« unterzeichnete Artikel stammte höchstwahrscheinlich aus der Feder Hartmut Bunkes.

34 Information vom 17. 10. 1961, BStU, ZA, AIM 3654/71, Teil A, Bd. 4, Bl. 111 f.; vgl.: »Widerstand bis zum Martyrium? Spiegel-Gespräch mit dem hannoverschen Landesbischof und stellvertretenden EKD-Ratsvorsitzenden D. Hanns Lilje«, in: *Der Spiegel*, 25. Oktober 1961, S. 32–45. Tatsächlich äußert sich Lilje hier nur sehr unbestimmt zur Frage des Widerstands und des illegalen Geldtransfers.

35 Treffbericht vom 18. 1. 1963, Quelle: GI »Gerhard«, BStU, ZA, AIM 3654/71, Teil A, Bd. 6, Bl. 10 f.

36 Schreiben von Albert Norden an Erich Mielke vom 9. 5. 1960, BStU, ZA, SdM 1121; »Thedieck: Doppelte Steinhäger«, in: *Der Spiegel*, 30. Oktober 1963, S. 29 f.

37 HA II/6, Auskunftsbericht über IMF »Gerhard« – Reg.-Nr. 14146/60 des MfS vom 26. 7. 1983, BStU, ZA, HA II/6616, Bl. 46–60, hier: 56.

38 »MfS: Rolle und Aufbau oppositioneller Gruppierungen in den evangelischen Kirchen Westdeutschlands und der Deutschen Demokratischen Republik«, abgedruckt in Besier, *»Pfarrer, Christen, Katholiken«*, S. 228–250, hier: 249 f.

39 Information, ohne Datum [Januar 1960], BStU, ZA, AIM 3654/71, Teil A, Bd. 3, Bl. 26–29.

40 Information vom 23. 12. 1960, BStU, ZA, AIM 3654/71, Teil A, Bd. 3, Bl. 232–240, hier: 236.

41 »G.«, Bericht vom 28. 10. 1962, betr. Unterredung mit Herbert Mochalski, Herausgeber der »Stimme der Gemeinde«, BStU, ZA, AIM 3654/71, Teil A, Bd. 5, Bl. 91–94, hier: 93.

42 Kreisdienststelle Zittau, Beschluss für das Einstellen eines GI-Vorlaufs vom 18. 2. 1965, BStU, ASt Dresden, Vorl. AIM 327/65, Bl. 17 f.; vgl. die – unbedeutende – Personenablage BStU, ZA, AP 12555/83.

43 Bunke wurde von der Stasi-Kirchenabteilung als KP »Patriot« und 1960 bis 1962 als Vorlauf-IM geführt. Die Geldzuwendungen wurden über den IM-Vorgang »Gerhard« abgerechnet. Eine Anforderung über 200 DM vom 21. September 1970 ist unter einer Registriernummer ausgestellt, die nur leicht von der Seidowskys differiert (XV/14147) – vermutlich ein Schreibfehler, weil der dazugehörige IM-Vorgang weder etwas mit Bunke noch mit Seidowsky zu tun hat. Nach einem Bericht von 1963 erhielt Bunke bis Oktober 1900 DM und 2960 Mark der DDR, deren Erhalt er mit 27 handgeschriebenen Quittungen bestätigte (Betr.: Gesichtspunkte für die weitere Ausnutzung der Westverbindungen des GI »Gerhard«, 2. 10. 1963, BStU, ZA, AIM 3654/71, Teil P, Bd. 2, Bl. 38–51, hier: 41 f., Vermerk von Führungsoffizier Burkhardt, ohne Datum [1970]; HA XX/4, Mittelanforderung vom 21. 9. 1970, BStU, ZA, AIM 3654/71, Teil I, Bd. 4, Bl. 55 und 58). Der IM-Vorlauf Bunkes hat die Archivsignatur: BStU, ZA, AIM 12707/62 (Leutnant Kuschel, Vermerk vom 2. 10. 1963, betr. Gesichtspunkte für die weitere Ausnutzung der Westverbindungen des GI »Gerhard«, BStU, ZA, AIM 3654/71, Teil P, Bd. 2, Bl. 38–51, hier: 42).

44 Koch, *Die feindlichen Brüder*, S. 261.
45 HA V, Schreiben an die BHV Schwerin vom 12.9. 1960, BStU, ZA, AP 22615/92, Bl. 70.
46 HA V/4, Aktenvermerk vom 27. 1. 1962, betr. GI-Vorlauf-Akte 7068/60, BStU, ZA, AIM 12707/62, Bl. 75; zusammengefasster Bericht vom 24. 5. 1960 über Bunke, Hartmut, BStU, ZA, AIM 12707/62, Teil P, Bl. 62–73, hier: 73.
47 HA II, Information zu den SOV »Saturn« und »Jupiter« vom 5.9. 1983, BStU, ZA, HA II/6524, Bl. 1–19, hier: 14.
48 Ebd.
49 Treffbericht vom 12.4. 1960, Quelle: GI »Gerhard«, BStU, ZA, AIM 3654/71, Teil A, Bd. 3, Bl. 158 f.; Ernst W. Hartke, »Kirchliche Beiträge zum Kalten Krieg«, in: *Die Andere Zeitung*, Nr. 13/1960, S. 6 – der Artikel wurde vom MfS mit dem handschriftlichen Vermerk »Bunke« archiviert (BStU, ZA, AP 22615/92, Bl. 71).
50 Ernst W. Hartke, »Neues von der Front des kalten Kirchenkrieges«, in: *Die Andere Zeitung*, Nr. 23/1960, S. 4; ders., »Fünfzehn Jahre nach dem Tag Null«, in ebd., Nr. 21/1960, S. 2; Hartmut Bunke, »Brandes, Herbst und Co. Neues von der Front des kalten Kirchenkrieges«, handschriftlicher Vermerk: »Artikel Veritas, Andere Zeitung. Verbleib – Akte Bunke!«, BStU, ZA, AP 22615/92, Bl. 72–74, 18–25.
51 Treffbericht vom 30. 12. 1960, Quelle: GI »Gerhard«, BStU, ZA, AIM 3654/71, Teil A, Bd. 3, Bl. 241–245, hier: 243.
52 HA V/4, Einschätzung der Arbeit des GI »Gerhard« in der Zeit vom 16.5.–15.6. 1961 vom 15.6. 1961, BStU, ZA, AIM 3654/71, Teil A, Bd. 4, Bl. 88 f.
53 Hartmut Bunke, »Dr. Eugen Gerstenmaier – ein Widerstandskämpfer? Aus den Akten des Reichskirchenministeriums«, in: *Die Andere Zeitung*, Nr. 4 und 5/1961, S. 5 f.
54 Hartmut Bunke, »Kalter Kirchenkrieg geht weiter«, in: *Die Andere Zeitung*, 19. Juli 1962, S. 2; ders., Brandes, Herbst und Co. Neues von der Front des kalten Kirchenkrieges, BStU, ZA, AP 22615/92, Bl. 19–25.
55 Information vom 15.5. 1970 betr. 4. Tagung der Synode der EKD (West) vom 10.–15.5. 1970 in Stuttgart, Quelle: IM »Gerhard«/»Patriot«, BStU, ZA, AIM 3654/71, Teil II, Bd. 13, Bl. 111–135.
56 Vorschlag, ohne Datum [1970], BStU, ZA, AIM 3654/71, Teil II, Bd. 13, Bl. 140; handschriftlicher Vermerk, ohne Datum, ebd., Bl. 136.
57 HA XX/4, Treffbericht vom 9.6. 1970, BStU, ZA, AIM 3654/71, Teil II, Bd. 13, Bl. 141–143, hier: 141, 143.
58 Treffbericht vom 23. 12. 1959, BStU, ZA, AIM 3654/71, Teil A, Bd. 3, Bl. 7 f.; vgl. Hartmut Bunke, »Opposition gegen Bischof Dibelius« und »›Ein Volk – ein Reich – ein Führer‹. Die unbewältigte Vergangenheit des Dr. Dibelius«, in: *Die Andere Zeitung*, Nr. 3/1960, S. 4; ders., »Vogel contra Dibelius«, ebd., Nr. 6/1960, S. 4; Ernst W. Hartke, »Was wird aus der Militärseelsorge? Zur bevorstehenden EKD-Synode«, ebd., Nr. 7/1960, S. 4; ders., »Ausschüsse statt Entschließungen. EKD-Synode kapitulierte vor sich selbst«, ebd., Nr. 10/1960, S. 4.

59 Treffbericht vom 2. 2. 1960, BStU, ZA, AIM 3654/71, Teil A, Bd. 3, Bl. 52 f.
60 »Gerhard«, Information vom 16. 1. 1960, BStU, ZA, AIM 3654/71, Teil A, Bd. 3, Bl. 26–29.
61 Hartmut Bunke, Offener Brief vom 19. 5. 1960 an den Generalsekretär des Deutschen Evangelischen Kirchentages, H. Giesen, BStU, ZA, AP 22615/92, Bl. 54–59.
62 Hartmut Bunke, »Kalter Kirchenkrieg geht weiter«, in: *Die Andere Zeitung*, 19. Juli 1962, S. 2; vgl. ders., Brandes, Herbst und Co. Neues von der Front des kalten Kirchenkrieges, BStU, ZA, AP 22615/92, Bl. 19–25.
63 Ohne Titel (handschriftliche Ausarbeitung von Franz Sgraja), ohne Datum, abgelegt unter dem Stichwort »Tradition«, BStU, ZA, HA XX/4 1682, Bl. 9 f.
64 Ohne Autor, Vermerk vom 19. 5. 1961, BStU, ZA HA XX/4513, Bl. 56.
65 HA V/4, Zwischenbericht bis 15. 4. 61, BStU, ZA, AIM 3654/71, Teil A, Bd. 4, Bl. 82.
66 HA V/4, Auskunftsbericht über GI »Gerhard«, Reg.-Nr. 14146/60 vom 3. 9. 1961, BStU, ZA, AIM 3654/71, Teil P, Bd. 1, Bl. 146–149, hier: 149.
67 HA V/4, Bericht über den GI »Gerhard« über die Zeit vom 15. 4.–15. 6. 61, BStU, ZA, AIM 3654/71, Teil A, Bd. 4, Bl. 83–86.
68 HA V/4, Bericht über den GI »Gerhard« für die Zeit vom 15. 7.–15. 8. 61, BStU, ZA, AIM 3654/71, Teil A, Bd. 4, Bl. 93 f.
69 Auskunftsbericht über Hans-Joachim Seidowsky vom 4. 10. 1962, BStU, ZA, AIM 3654/71, Teil P, Bd. 2, Bl. 52–75, hier: 62.
70 HA V/4, Aktenvermerk vom 15. 10. 1962, BStU, ZA, AIM 3654/71, Teil P, Bd. 2, Bl. 79–125, hier: 108.
71 HA XX/4, Möglichkeiten der Lancierung von Material zwecks Veröffentlichung in westdeutschen bzw. Westberliner Presseorganen, 14. 2. 1969, BStU, ZA, AIM 3654/71, Teil A, Bd. 12, Bl. 34.
72 Bericht vom 16. 6. 1963, BStU, ZA, AIM 3654/71, Teil A, Bd. 7, Bl. 31 f.
73 Bericht betr.: Gespräch mit »Günther« am 2. 9. 1964, BStU, ZA, AIM 3654/71, Teil A, Bd. 9, Bl. 129–133, hier: 131 f.
74 Abteilung Agitation, Major Schliep, Protokoll über die Beratung der Arbeitsgruppe 1933–1945 am 8. 7. 1964, BStU, ZA, ZAIG 10865, Bl. 165–170, hier: 165 f.
75 Befehl Nr. 39/67 vom 23. 12. 1967, BStU, ZA, BdL/Dok. 001172, abgedruckt in Unverhau, *Das »NS-Archiv« des Ministeriums für Staatssicherheit*, S. 182–184, hier: 182; Muregger/Winkler, »Quellen zur Geschichte der deutschen Arbeiterbewegung im ›NS-Archiv‹ des ehemaligen Ministeriums für Staatssicherheit (MfS) der DDR«, S. 90.
76 OV »Nazi-Kamarilla«, Reg.-Nr. XV/2481/65, kein Aktenvorgang vorhanden.
77 Bohnsack/Brehmer, *Auftrag Irreführung*, S. 49.
78 Haftbeschluss von Müller/Jänicke/Wolf gegen Georg Angerer vom 13. 3. 1959; Entlassungsbeschluss von Mielke betreffend Georg Angerer, 27. 7./26. 9. 1959, BStU, ZA, AU 4000/65, Bl. 8 f.

79 »Vertrauter der Nazis bei geheimsten Aufgaben heute Bonner Präsident« und »Erprobter Diener des Hitlerkrieges an der Spitze des Bonner Staates«, in: *Neues Deutschland*, 30. Januar 1965.
80 Vgl. Knabe, *Die unterwanderte Republik*, S. 121–152.
81 Gespräche mit westdeutschen Journalisten in der Zeit vom 2.2. bis 7.2. 1966 über unsere Enthüllungen zum Fall Lübke, BStU, ZA, GH 25/87, Bd. 4, Bl. 169–177, hier: 173.
82 Wolf D. Littmann (Basel), Schreiben an Rudolf Mießner (DFF) vom 5.2. 1966, S. 1, BA-Berlin DY 30 IV A 2/2028/67.
83 Günther Gaus (SWF), Fernschreiben an Rudolf Mießner (DFF) vom 25.2. 1966, BA-Berlin, DY 30 IV A 2/2028/67.
84 Verband deutscher Journalisten, Bericht über ein Gespräch mit Günther Gaus und Wolf D. Littmann am 22.4. 1966 im Presseclub Berlin, S. 2, BA-Berlin, DY 30 IV A 2/2028/67.
85 Rudolf Mießner (DFF), Ergänzung zum Bericht des Gen. Strohbusch vom 27.4. 1966, BA-Berlin, DY 30 IV A 2/2028/67.
86 Ohne Autor, Hinweis zur Übergabe der »Goebbels-Tagebücher« für Zwecke der »Faschismusforschung« in der BRD, 9.9. 1987 [handschriftlich], BStU, ZA, ZAIG 5353, Bl. 74 ff.
87 HA VII/7, Leitungsvermerk vom 27.4. 1988, BStU, ZA, HA VII 17, Bl. 123.
88 Vgl. Koch (Hg.), *Die Tagebücher des Doktor Josef Goebbels.*
89 HVA/X, Schreiben an Genossen Oberst Spange vom 26. 1. 1989, BStU, ZA, HA VII 543, ohne Paginierung.
90 Vgl. Lutzeyer (Hg.), *Eugen Gerstenmaier;* Gerstenmaier, *Streit und Friede hat seine Zeit.*
91 BStU, ZA, AV 14/87.
92 Gerstenmaier, *Streit und Friede hat seine Zeit*, S. 586.
93 »Jochen«, Betr. Antrag an die Synode der EKD in Sachen General Ramcke gegen Bundestagspräsident Gerstenmaier, 12.7. 1959, BStU, ZA, AIM 3654/71, Teil A, Bd. 2, Bl. 101–110. Weiteres MfS-Material über Gerstenmaier übergab Seidowsky am 31. August 1959.
94 Zusammengefasster Bericht vom 24.5. 1960 über Hartmut Bunke, BStU, ZA, AIM 12707/62, Bl. 62–73, hier: 70.
95 »Der Bonner Neokolonialismus und sein Kreuzritter Gerstenmaier«, in: *Neues Deutschland*, 5. November 1960; »So wühlte Gerstenmaier schon unter Hitler«, ebd., 11. November 1960.
96 Treffbericht vom 9.12. 1960, BStU, ZA, AIM 3654/71, Teil A, Bd. 3, Bl. 224–228.
97 Information vom 23.12. 1960, BStU, ZA, AIM 3654/71, Teil A, Bd. 3, Bl. 232–240, hier: 236.
98 Im Dienste eines primitiven Anti-Bolschewismus. Was sucht Dr. Gerstenmaier in der EKD-Synode?, Typoskript mit handschriftlichem Vermerk: »Andere Zeitung, Stimme der Gemeinde. Bunke«, BStU, ZA, AP 22615/92, Bl. 75–80, hier: 75, 77.
99 Hartmut Bunke, »Dr. Eugen Gerstenmaier – ein Widerstandskämpfer? Aus den Akten des Reichskirchenministeriums«, in: *Die Andere Zeitung*,

Nr. 4, 5 und 8/1961; ders., »›Tarnmaterial‹ Dr. Gerstenmaiers – Die Luther-Akademie wurde gleichgeschaltet. Aus den Akten des Reichskirchenministeriums«, ebd., Nr. 14/1961.

100 »Personalien: Dr. Karl Barth«, in: *ppp*, Informationsbrief, 27. Januar 1961, S. 3.

101 Bericht vom 6. 2. 1961, Quelle: »Gerhard«, BStU, ZA, AIM 3654/71, Teil A, Bd. 4, Bl. 54 f.

102 HA V/4, Treffbericht vom 17. 2. 1961 [über ein Treff mit dem GHI »Gerhard« und GI »Herbert« am 9. 2. 1961], BStU, ZA, AIM 3654/71, Teil A, Bd. 4, Bl. 71 f.

103 »Warum blieb Gerstenmaier fern? Der Bundestagspräsident wollte sich unangenehmen Fragen der Synode entziehen«, in: *Neue Zeit*, 15. Februar 1961.

104 »Belastung für die evangelische Kirche. Vergangenheit Gerstenmaiers macht sein ›Auftreten vor der Synode problematisch‹«, in: *Neue Zeit*, 5. Februar 1961.

105 HA V/4, Treffbericht vom 24. 2. 1961, BStU, ZA, AIM 3654/71, Teil A, Bd. 4, Bl. 78 f.

106 »Ein vielfach getarnter Gerstenmaier: Alias Allmann. Zwielicht um die Person des Bundestagspräsidenten«, in: *Spandauer Volksblatt*, 20. November 1964, S. 3 f.

107 »Gerstenmaier alias Allmann – der zwielichtige Bundestagspräsident«, in: *Neues Deutschland*, 21. November 1964.

108 Aktennotiz, Gespräch mit Ansgar Skriver am 1. 2. 1964, BStU, ZA, GH 25/87, Bd. 4, Bl. 31–33, hier: 32.

109 »Globke erneut der Lüge überführt. Kölner Stadtanzeiger weist aktive Mitarbeit an Rassengesetzen nach«, in: *Neues Deutschland*, 10. Mai 1963, S. 2. Auch die (Ost-)*Berliner Zeitung* berichtete in diesem Sinne.

110 »Günther«, Gespräch mit Skriver am 12. 12. 1964, BStU, ZA, GH 65/88, Bd. 12, Bl. 139 ff., hier: 139.

111 Hermann von Berg, Gespräche mit westdeutschen Journalisten in der Zeit vom 2. 2. bis 7. 2. 1966 über unsere Enthüllungen zum Fall Lübke, BStU, ZA, GH 25/87, Bd. 4, Bl. 169–177, hier: 175.

112 HA XX/4, Bericht vom 25. 11. 1964 über einen Artikel über Gerstenmaier im Spandauer Volksblatt, BStU, ZA, AIM 3654/71, Teil A, Bd. 9, Bl. 191.

113 Aktennotiz, Gespräch mit Reißner vom »Spandauer Volksblatt« am 9. April 1965, BStU, ZA, GH 25/87, Bd. 4, Bl. 196–198, hier: 196.

114 Gespräch mit Schasiepen am 18. 2. 1965, BStU, ZA, GH 25/87, Bd. 4, Bl. 203–205, hier: 204 f.

115 Aktennotiz, Gespräch mit Reißner vom »Spandauer Volksblatt« am 9. April 1965, BStU, ZA, GH 25/87, Bd. 4, Bl. 196–198, hier: 196.

116 »Ein waschechter Gefolgsmann Hitlers. Gerstenmaiers Vertuschungsmanöver nützen nichts«, in: *Neues Deutschland*, 15. April 1965.

117 *Braunbuch*, S. 324–326.

118 »Eugen Gerstenmaier – Der Propagandist des Reiches«, in: *Die Tat*, 21. August 1965.
119 Hartmut Bunke, »Eugen Gerstenmaier – NS-Kollaborateur oder Widerständler? Eine Dokumentation der Halbwahrheiten«, in: *Die Andere Zeitung*, 28. Oktober 1965.
120 »Gerstenmaier: Albrecht im AA«, in: *Der Spiegel*, 21. April 1965, S. 32–34.
121 Schlabrendorff (Hg.), *Eugen Gerstenmaier im Dritten Reich*, S. 7.
122 Vgl. Willy Glasebrock, »Antwort an Gerstenmaier. Die Grenze zwischen Hoch- und Landesverrat«, in: *Deutsche National- und Soldaten-Zeitung*, 23. November 1962.
123 »Eugen Gerstenmaier muss Farbe bekennen. Bundestagspräsident wieder im Mittelpunkt schwerer Vorwürfe«, in: *Deutsche National- und Soldaten-Zeitung*, 23. April 1965.
124 Christoph Dohrn, »Gerstenmaiers unbewältigte Vergangenheit. Die Wandlungen des Bundestagspräsidenten«, in: *Deutsche National- und Soldaten-Zeitung*, 7. Mai 1965.
125 «›Straße frei den braunen Bataillonen‹. Aus Bundestagspräsident Gerstenmaiers Vergangenheit«, in: *Deutsche National- und Soldaten-Zeitung*, 28. Mai 1965.
126 »Gerstenmaier vor Freislers Volksgerichtshof. Welche Rolle spielte der Bundestagspräsident am 20. Juli 1944?«, in: *Deutsche National- und Soldaten-Zeitung*, 4. Juni 1965.
127 »West-Journalisten im Solde der Stasi«, in: *TM* 12/1996, S. 3 f.
128 Koch, *Die feindlichen Brüder*, S. 266 f.
129 Bericht über eine Sitzung des DRP-Vorstandes am 3./4. Dezember 1955, in: *Reichsruf*, 10. Dezember 1955, auszugsweise wiedergegeben in Dudek/Jaschke: *Entstehung und Entwicklung des Rechtsextremismus in der Bundesrepublik*, S. 84 f.; Brief von Herbert Wehner an Gerstenmaier vom 14. 3. 1957 mit einer Erklärung vom 11. 3. 1957, BStU, ZA, HA IX/11 AS 95/65, Bd. 43, Bl. 8–23; »Springer – Mann ohne Gewissen?«, in: *Deutsche National-Zeitung*, 26. Oktober 1979.
130 «›Straße frei den braunen Bataillonen‹. Aus Gerstenmaiers Vergangenheit. Das bewegte Leben des Bundestagspräsidenten«, in: *Deutsche National- und Soldaten-Zeitung*, 28. Juni 1968.
131 HVA/X, Vermerk vom 19. 4. 1967 betreffs Gerstenmaier, Eugen, BStU, ZA, SdM 1465.
132 »Wiedergutmachung: Der späte Professor. Gerstenmaier kassiert 250 000 Mark Kolleggelder als Entschädigung«, in: *Stern*, 14.–22. Januar 1969.
133 »Die 7. Novelle – eine Lex Gerstenmaier«, in: *Süddeutsche Zeitung*, 21. Januar 1969; »Solche Theologie war für die Nazis ungefährlich«, in: *Frankfurter Rundschau*, 22. Januar 1969.
134 »›Wiedergutmachung eine Frage des Rechts‹«, in: *Süddeutsche Zeitung*, 14. Januar 1969; Gerstenmaier, *Streit und Friede hat seine Zeit*, S. 587.
135 Vgl.: »Gerstenmaier: Ich dien'«, in: *Der Spiegel*, 20. Januar 1969; »Gerstenmaier: Der Fall«, ebd., 27. Januar 1969, S. 21–26.

136 HVA/X, Plan aktiver Maßnahmen gegen die Bundesversammlung am 5. März in Westberlin vom 17.2. 1969, BStU, ZA, SdM 1439, Bl. 300–303, hier: 302.
137 Vom VM der SS-Auslandsspionage zum Bundestagspräsidenten. Die Karriere des Eugen Gerstenmaier. Ein Dokumentarbericht, BStU, ZA, AV 14/87, Bl. 1–229, hier: 212.
138 Nationalrat der Nationalen Front (Hg.), *Vom SD-Agenten P 38/546 zum Bundestagspräsidenten.*
139 »Akute Bedrohung des Friedens und der Sicherheit der europäischen Völker. Aus der Erklärung von Prof. Albert Norden auf der internationalen Pressekonferenz des Nationalrates der Nationalen Front am 21. Februar 1969 in Berlin«, in: *Neues Deutschland*, 22. Februar 1969, S. 6.
140 »Ermittlungsverfahren gegen Gerstenmaier eingestellt«, in: *Der Tagesspiegel*, 7. November 1974.
141 Schreiben von Markus Wolf an Erich Mielke vom 24.6. 1966 (mit Anlage), BStU, ZA, HA IX/11 AS 95/65, Bd. 1, Bl. 106.
142 Bericht über die wesentlichsten Ergebnisse der Untersuchungen zur Handlungsweise und zum möglichen Verrat Wehners in Schweden vom 18.5. 1978, BStU, ZA, HA IX/11 AS 95/65, Bd. 2, Bl. 282–290.
143 Ohne Autor [Hermann von Berg], ohne Titel [Vorschläge für eine Desinformationskampagne], ohne Datum [wahrscheinlich Ende 1968], BStU, ZA, GH 25/87, Bd. 6, Bl. 11–32, hier: 13.
144 Ebd., Bl. 17 f.
145 Ebd., Bl. 25 f.
146 Ebd., Bl. 21.
147 Leiter der HVA, Bericht über die Erfüllung der politisch-operativen Verpflichtungen der II. Etappe der Vorbereitung des 20. Jahrestages der Deutschen Demokratischen Republik vom 18.3. 1969,abgedruckt in Knabe, *West-Arbeit des MfS*, S. 307–315, hier: 310; Klarsfeld, *Die Geschichte des PG 2 633 930 Kiesinger*; vgl. Schwan, *Erich Mielke*, S. 168.
148 »Das hat sich Bonn in Moskau eingehandelt«, in: *Quick*, 8. Juli 1970, S. 20–22; vgl. Lotze, *Karl Wienand*, S. 82; ZAIG, Auskunftsbericht [über die Illustrierte *Quick*], Februar 1979, BStU, ZA, HA II/13 1410, Bl. 164–177.
149 Generalbundesanwalt, *Anklageschrift gegen Markus Wolf*, S. 101 f. IM »Löwe«, Reg.-Nr. XV/6985/75, Aktenvorgang nicht überliefert, 30 registrierte Berichte in SIRA-TDB 12. Vgl. »CDU-Spion enttarnt«, in: *Der Spiegel*, 27. November 2000.
150 HVA/X, Einschätzende Bemerkungen zum Vorgang »Günther« – Vorg.-Nr.: 10698/60 vom 18.11. 1977, BStU, ZA, GH 25/87, Bd. 1, Bl. 8–17, hier: 14.
151 »Korruption: Eine Million für den Minister Ertl«, in: *Konkret*, Nr. 26/1972, S. 6–12.
152 *Das schwarze Kassenbuch.*
153 Generalbundesanwalt, *Anklageschrift gegen Rolf Günter Wagenbreth*, S. 116–118.

154 »Der Doppelagent«, in: *Stern*, 25. Oktober 1973, S. 198–208; »Neues vom Doppelagenten«, ebd., 8. November 1973, S. 234–240.
155 »Der Name Nouhuys stand auf den Quittungen«, in: *Frankfurter Rundschau*, 25. Oktober 1973; »›Stern‹ bezeichnet van Nouhuys als Doppelagenten«, in: *Frankfurter Allgemeine Zeitung*, 25. Oktober 1973.
156 Wolf, *Spionagechef im geheimen Krieg*, S. 350 f.
157 Vgl. Koch, *Die feindlichen Brüder*, S. 286.
158 Vgl. »Treffen auf der Parkbank«, in: *Der Spiegel*, 22. Juli 1991, S. 58–63, hier: 59 f.
159 Vgl. Ahrens, *Herrn Nannens Gewerbe*, S. 106–133; Schmidt-Eenboom, *Undercover*, S. 196.
160 Ahrens, *Herrn Nannens Gewerbe*.
161 Bericht betr.: Gespräch mit »Jakob« am 22.4. 1964, BStU, ZA, AIM 3654/71, Teil A, Bd. 9, Bl. 45 f.
162 Hermann von Berg, Gespräche mit westdeutschen Journalisten in der Zeit vom 2. 2. bis 7. 2. 1966 über unsere Enthüllungen zum Fall Lübke, BStU, ZA, GH 25/87, Bd. 4, Bl. 169–177, hier: 175.
163 Sebastian Haffner, »Wilhelm II.«, in: *Stern*, 24. Juli 1966, S. 10 f. In der zentralen Personenkartei des MfS ist zu Haffner keine Karteikarte (F 16) vorhanden. Wahrscheinlich wurde sie bei der Selbstauflösung der HVA entfernt, denn unter seinem eigentlichen Namen Raimund Pretzel findet sich ein Querverweis darauf (Hinweiskarte). Laut einer dezentralen Kartei der HA II/12 war Haffner bei der HVA/X/Ltg./542 erfasst (BStU, ZA, VSH HA II/12).
164 Schreiben von Fritz J. Raddatz an Friedrich Karl Kaul vom 12.7. 1967, BA Berlin, DY 30 IV A 2/2028/8.
165 J. Howard Haring, »In Sachen Lübke«, in: *Stern*, 28. Januar 1968, S. 64–68.
166 Ahrens, *Herrn Nannens Gewerbe*, S. 179.
167 Hausmitteilung der Westabteilung an Albert Norden vom 7. 3. 1968, BA Berlin, DY 30/IV A 2/2028/8.
168 Henri Nannen, »Lieber Stern-Leser«, in: *Stern*, 3. März 1968, S. 16.
169 »Stimmen aus dem Dunkel«, in: *Stern*, 8. September 1968, S. 164–167.
170 »Sendehilfe bestätigt«, in: *Neues Deutschland*, 12. September 1968.
171 Ahrens, *Herrn Nannens Gewerbe*, S. 55–67.
172 »Verrat per Post«, in: *Stern*, 31. August 1969, S. 154.
173 »Geheimdienst: Desinformation Nr. 10-1«, in: *Der Spiegel*, 8. September 1969.
174 »Atombomben auf Kiel – der *Stern* berichtet über Amerikas ›streng geheime‹ Atom-Zielplanung«, in: *Stern*, 1. Februar 1970, S. 170–172.
175 Barron, *KGB*, S. 291 f.
176 *Neues Deutschland*, 31. Januar 1970.
177 Barron, *KGB*, S. 225.
178 »Swetlana Stalin: Mein Vater war ein guter Mensch«, in: *Stern*, 13. August 1967, S. 12–20; »Chruschtschow erinnert sich«, in: *Stern*, 22. November 1970, S. 26–36.

179 »Chruschtschow erinnert sich«, in: *Stern*, 22. November 1970, S. 26–36.
180 Dieter E. Zimmer, »Die Tante und das KGB«, in: *Die Zeit*, 19. September 1975, S. 33 f.
181 »Eine Familie von Flegeln …«, in: *Stern*, 21. November 1971, S. 104–110.
182 Dieter E. Zimmer, »Die Tante und das KGB«, in: *Die Zeit*, 19. September 1975, S. 33 f. Ahrens, *Herrn Nannens Gewerbe*, S. 68–81.
183 »Patient oder Gefangener?«, in: *Stern*, 31. Oktober 1973, S. 16–26.
184 Andrew/Mitrochin, *Das Schwarzbuch des KGB*, S. 416.
185 Bohnsack/Brehmer, *Auftrag Irreführung*, S. 107.
186 »Die Abhöraffäre«, in: *Stern*, 19. Juni 1975, S. 12.
187 Ahrens, *Herrn Nannens Gewerbe*, S. 68, 190–197; Generalbundesanwalt, *Anklageschrift gegen Rolf Günter Wagenbreth*, S. 120 ff.
188 Vgl. Schlomann, *Die Maulwürfe*, S. 85; Holzweißig, *Zensur ohne Zensor*, S. 206; Wolf, *Spionagechef im geheimen Krieg*, S. 156 ff.; Siebenmorgen, *»Staatssicherheit« der DDR*, S. 341; Kahl, *Spionage in Deutschland heute*, S. 189; Ahrens, *Herrn Nannens Gewerbe*, S. 87–105; Generalbundesanwalt, *Anklageschrift gegen Rolf Günter Wagenbreth*, S. 130–134.
189 Bohnsack/Brehmer, *Auftrag Irreführung*, S. 118; Koch, *Die feindlichen Brüder*, S. 289.
190 Internationales Pressezentrum, Aufstellung abgerechneter Belege »Goliath«, Stand 31. 7. 1979; HA II/13, Information vom 16. 6. 1979, BStU, ZA, HA II/13 459, Bl. 71, 132 ff., hier: 133.
191 »Ein Maulwurf wird gesucht«, in: *Stern*, 17. Juli 1980; Koch, *Die feindlichen Brüder*, S. 289 f.
192 »Bundesrepublik Deutschland – Die versteckte Atommacht«, in: *Stern*, 19. Februar 1981. Vgl. Generalbundesanwalt, *Anklageschrift gegen Rolf Günter Wagenbreth*, S. 67 f.
193 Vgl.: »Angst um den Frieden – gegen die Nachrüstung der NATO mit Atomwaffen formiert sich eine neue Massenbewegung«, in: *Stern*, 4. Juni 1981, S. 20–31. Das Titelbild der Illustrierten zeigte eine von einer Pershing-II-Rakete durchbohrte Friedenstaube.
194 Vgl.: »Der Abhör-Multi«, in: *Stern*, 7. Oktober 1982, S. 32–38, 261 f.; »Wie kommen Ihre Briefe zum Geheimdienst? – Täglich liest der Bundesnachrichtendienst Tausende von Privatbriefen an Bundesbürger«, in: *Stern*, 16. November 1978, S. 72–78; »Ein korruptes Unternehmen«, in: *Stern*, 3. Oktober 1974, S. 158–160; »Verfassungsschutz intern«, in: *Stern*, 8. Februar 1979, S. 68–74, 152, und 15. Februar 1969, S. 58–67.
195 »Einsteiger der Woche«, in: *Stern*, 16. Februar 1978, S. 17.
196 »BND im engen Kontakt mit leitenden Journalisten«, in: *Berliner Zeitung*, 22. Februar 1978; »BRD-Geheimdienst hat enge Kontakte mit Journalisten«, in: *Neues Deutschland*, 22. Februar 1978.
197 »Es stand im Stern«, in: *Bild am Sonntag*, 26. Februar 1978.
198 »Gegendarstellungen«, in: *Stern*, 9. März 1978, S. 7.
199 »Gegendarstellung«, in: *Bild am Sonntag*, 12. März 1978.
200 »Die Lügenbarone der Stasi«, in: *Super Illu*, 21. August 1997, S. 13.

201 HVA/IX/B, Schreiben an den Leiter der HA II/13 vom 22. 12. 1982, BStU, ZA, HA II/13 1614.

202 HA II/13, Schreiben an HVA/IX/B vom 16. 9. 1983, BStU, ZA, HA II/13 1614.

203 Vgl.: »Aus propagandistischen Gründen angelastet«, in: *Neues Deutschland*, 3./4. September 1994; »Wühlarbeit im Berliner Mergel«, in: *Der Spiegel*, 8. Juli 1991.

204 ZAIG, Bereich 6, Vermerk vom 19. 8. 1985 über ein Gespräch mit dem Leiter der HVA/X, Gen. Oberst Wagenbreth, BStU, ZA, ZAIG, Pressestelle, Alt 1–41.

205 »Das Geheimnis des Astronauten Furrer«, in: *Quick*, 30. Oktober – 6. November 1985, S. 126–128, hier: 126.

206 »Was bis heute kaum einer wusste: Astronaut Reinhard Furrer baute mit Freunden einen 140 Meter langen Tunnel nach Ost-Berlin«, in: *BZ*, 30. Oktober 1985.

207 »›Wir müssten vollendete Tatsachen schaffen‹«, in: *Der Spiegel*, 29. September 1980, S. 20–22; Generalbundesanwalt, *Anklageschrift gegen Rolf Günter Wagenbreth*, S. 135 ff.

208 »Wir sind keine Atomkolonie der USA«, in: *Der Spiegel*, 24. August 1981, S. 31 f.

209 »Ein anonymes Paket Zündstoff«, in: *Süddeutsche Zeitung*, 14. Januar 1978.

210 Generalbundesanwalt, *Anklageschrift gegen Rolf Günter Wagenbreth*, S. 125 ff.; »Gänsebraten im Dschungel«, in: *Der Spiegel*, 15. Juli 1991, S. 34–38, hier: 37 f.

211 Generalbundesanwalt, *Anklageschrift gegen Rolf Günter Wagenbreth*, S. 139–142.

212 Ebd., S. 137 f.

213 Koch, *Die feindlichen Brüder*, S. 265 f.; Wolf, *Spionagechef im geheimen Krieg*, S. 201. Nach Wolfs Angaben trug Weil den Decknamen »Wanger«.

214 Koch, *Die feindlichen Brüder*, S. 265 f.

215 IM-Vorgang »Herbert Hildebrandt«, Reg.-Nr. XV/100057/60, BStU, ZA, AIM 16024/89; zur Rolle Harald Müllers bei der Zersetzung der FVP vgl. Decker, *IM »Herbert Hildebrandt« als Fallbeispiel für die »West-Arbeit« des Ministeriums für Staatssicherheit*, S. 62–72.

216 Abteilung Agitation, Referat Sonderfragen, Jahresbericht 1964 vom 15. 1. 1965 über die Durchführung spezial-propagandistischer Maßnahmen in Richtung Westberlin, Westdeutschland und das kapitalistische Deutschland, BStU, ZA, ZAIG, Pressestelle, Alt 1–30, S. 4.

217 »Rückblende. Zehn Jahre ›Demokratische Polizei‹«, in: *Demokratische Polizei*, Juni/Juli 1964, S. 1 ff.

218 Vgl.: »Der wahre Schuldige. Duensing gegen Passierscheinregelung für Polizeibeamte«, in: *Demokratische Polizei*, März 1964, S. 1; »Den Anfängen wehren. GdP auf dem Wege zur Staatsgewerkschaft?«, ebd., S. 4 f.

219 Abteilung Agitation, Referat Sonderfragen, Jahresbericht 1964 vom 15. 1. 1965 über die Durchführung spezial-propagandistischer Maßnahmen in Richtung Westberlin, Westdeutschland und das kapitalistische Deutschland, BStU, ZA, ZAIG, Pressestelle, Alt 1–30, S. 4 f.
220 »Polizei-Roboter?«, in: *Berolina*, September 1968, S. 1.
221 Steinborn/Krüger, *Die Berliner Polizei 1945–1992*, S. 127.
222 Quelle »Karstedt«, Reg.-Nr. XV/6004/60, Aktenvorgang nicht überliefert, 120 registrierte Berichte in SIRA-TDB 12; vgl. Bohnsack/Brehmer, *Auftrag Irreführung*, S. 188 f.; Bohnsack, *Hauptverwaltung Aufklärung*, S. 108 f.; Generalbundesanwalt, *Anklageschrift gegen Rolf Günter Wagenbreth*, S. 135.
223 Quelle »Olaf«, Reg.-Nr. XV/4604/60, Aktenvorgang nicht überliefert, 330 Einträge in SIRA-TDB 12, letzter vorgangsführender Mitarbeiter: Theo Schönfelder (HVA/II); vgl. Generalbundesanwalt, *Anklageschrift gegen Markus Wolf*, S. 230–236; ders., *Anklageschrift gegen Rolf Günter Wagenbreth*, S. 72 f., 114–116; Knabe, *Die unterwanderte Republik*, S. 117.
224 Generalbundesanwalt, *Anklageschrift gegen Rolf Günter Wagenbreth*, S. 129.
225 Vgl. Knabe, *Die unterwanderte Republik*, S. 157–160.
226 IMB »Ernst Wulf«, Reg.-Nr. XV/3171/67, kein Aktenvorgang vorhanden, letzte vorgangsführende Mitarbeiter: Peter Eberlein und Günter Jäpel (HVA/X); vgl. Koch, *Die feindlichen Brüder*, S. 268–272.
227 Bohnsack/Brehmer, *Auftrag Irreführung*, S. 196 ff.
228 Bailey/Kondraschow/Murphy, *Die unsichtbare Front*, S. 248.
229 Aktennotiz über ein Gespräch mit Herrn Frederik im Hause des Nationalrates am 9. 10. 1963, BA Berlin, DY 30/J IV 2/202–586.
230 Vgl. Frederik, *Franz Josef Strauß* (1965) und (1969); ders., *Gezeichnet vom Zwielicht seiner Zeit;* ders., *Herbert Wehner* (1973) und (1982); ders., *Der aufhaltsame Aufstieg des Karl August Schiller.* Als weitere »Enthüllungsbücher« Frederiks erschienen bei vpa unter anderem: *Die Kandidaten; Deutschland zwischen Bonn und Pankow; Die Rechtsradikalen; NPD; Das Ende einer Legende; Linke Prominenz in Deutschland.*
231 Frederik, *Herbert Wehner* (1982), S. 124 f.
232 Vgl. Knabe, *Die unterwanderte Republik*, S. 115 f., 158–160, 176; Koch, *Die feindlichen Brüder*, S. 84 f.
233 Anonymus, *Guillaume, der Spion*, S. 114.
234 IM »Freddy«, Reg.-Nr. XV/2788/63, Aktenvorgang nicht überliefert, letzter vorgangsführender Mitarbeiter: Manfred Laszczak (HVA/X).
235 OVO »Feder«, Reg.-Nr. XV/323/73, Aktenvorgang nicht überliefert, 37 registrierte Berichte in SIRA-TDB 12, letzte vorgangsführende Mitarbeiter: Wolfgang Mutz und Frank Ritter (HVA/X).
236 Hirsch, *Kommen die Nazis wieder?;* ders., *Die Blutlinie.*
237 Hirsch, *Die Republikaner – die falschen Patrioten;* vgl. auch ders. (Hg.), *Deutschlandpläne.*
238 Leiter der Abt. X, Schreiben an den Leiter der HVA/II vom 15. 4. 1977, BStU, ZA, AP 5322/80, Bl. 6. Hirsch war danach für den Mitarbeiter Nr. 341 erfasst.

239 Quelle »Helm«, Reg.-Nr. XV/2845/77, Aktenvorgang nicht überliefert. Laut einer Karteikarte der HA II (Spionageabwehr) war Hirsch für den Mitarbeiter 547 im HVA-Referat X/2 erfasst (BStU, ZA, VSH-Kartei der HA II/AKG).
240 Eingangsinformationen der Quelle »Helm«, Reg.-Nr. XV/214/76, BStU, ZA, SIRA-TDB 12.
241 Eingangsinformationen der Quelle »Helm«, Reg.-Nr. XV/2845/77, BStU, ZA, SIRA-TDB 12.
242 *Das schwarze Kassenbuch*, Klappentext.
243 HVA/X, Auskunftsbericht über Wallraff, Günter (IM »Wagner«), vom 25. 11. 1976, BStU, ZA, HA XX 2961; »Auskunft über ›Wagner‹«, in: *Focus*, 25. Mai 1998, S. 34–38; »Auf Seite 17 verplaudert«, in ebd., 2. November 1998, S. 58–62; Generalbundesanwalt, *Anklageschrift gegen Rolf Günter Wagenbreth*, S. 171–178.
244 Robert Neumann, »Was sagen Sie nun, Herr Lübke?«, in: *Konkret*, 31. Oktober 1966. Weitere Mitglieder waren: Günter Bröhl, Leo Derrik, Michael Dultz, Annemarie Fabian, Walter Fabian, Friedrich Hitzer, Hans Lamm, Egon Lutz, Hans Ohly, Peter Riemer, Erika Runge, Ulrich Sonnemann, Ingrid Schuster und Gerhard Weber.
245 Vgl. Müller-Enbergs (Hg.), *Inoffizielle Mitarbeiter des Ministeriums für Staatssicherheit* 2, S. 228, Anm. 975. Weitere Mitglieder waren: Hans-Dieter Bamberg, Horst Bingel, Hans Peter Bleuel, Rolf Bringmann, Günter Bröhl, Wolf Brühan, Margot Brunner, Peter Chotjewitz, Manfred Coppik, Wolfgang Ebert, Axel Eggebrecht. Elisabeth Endres, Annemarie Fabian, Walter Fabian, Dirk Gerhard, Christian Götz, Max von der Grün, Karl-Heinz Hansen, Gert Heidenreich, Horst Herrmann, Richard Hey, Friedrich Hitzer, Hans Joachim Hoffmann, Jürgen Itzfeldt, Robert Jungk, Hermann Kesten, Heinar Kipphardt, Otto Köhler, Franz Xaver Kroetz, Eckart Kuhlwein, Egon Lutz, Angelika Mechtel, Erich Meinicke, Susanne von Paczensky, Ursula Pausch-Grüber, Josef Reding, Peter Riemer, Luise Rinser, Erika Runge, Fritz Sänger, Ingrid Schuster, Ulrich Sonnemann, Monika Sperr, Klaus Thüsing, Thaddäus Troll, Brigitte Unterhinninghofen, Gerhard Weber, Jochen Willke, Gerhard Zwerenz.
246 Ebd., S. 114, Anm. 466.
247 Vgl. Hirsch, *Die heimatlose Rechte*.
248 *PDI-Blick nach rechts*, Nr. 0/2, Probenummer, 1. Dezember 1980, S. 1 f.
249 Quelle »Schwager«, Reg.-Nr. XV/1732/72, Aktenvorgang nicht überliefert, 42 registrierte Berichte in SIRA-TDB 12, vorgangsführende Diensteinheit: HVA/X/6.
250 ARD, *Panorama*, 3. Februar 1994.
251 Leiter der Abteilung X, Schreiben an den Stellvertreter des Ministers, Genossen Generalleutnant Markus Wolf, vom 29. 6. 1977, BStU, ZA, AP 5322/80, Bl. 9.
252 Bohnsack/Brehmer, *Auftrag Irreführung*, S. 219 f.
253 Ohne Autor [HA XXII], Kurzauskunft zu […], August 1978, BStU, ZA, HA XXII 17196, Bl. 1–8; vgl.: BStU, ZA, HA XXII 6978/1.

254 Vgl. Chotjewitz-Häfner, *Die Biermann-Ausbürgerung*.
255 HA XX, Auskunft vom 9. 10. 1981, BStU, ZA, HA XX/9, 1613, Bl. 41.
256 OPK »Albers«, Reg.-Nr. XV/8434/81, vorgangsführende Mitarbeiter: Wolfgang Mutz und Frank Ritter (HVA/X).
257 Rechercheausdruck OPK »Albers«, Reg.-Nr. XV/8434/81, BStU, ZA, SIRA-TDB 12.
258 »Dichter auf Abwegen«, in: *Focus*, 30. Juni 1997, S. 48 f.; »Stasi-Lauscher: Die Aids-Lüge und der missbrauchte Simmel«, in: *Bild-München*, 8. April 2000.
259 Suchauftrag vom 18. 6. 1976 (HVA/X/543 = Gerhard Boer), BStU, ZA, AP 55333/92, Bl. 3 f.
260 HVA/X, Schreiben an den Leiter der Hauptabteilung XX/3 vom 15. 8. 1973, BStU, ZA, AP 14617/92, Bl. 4.
261 HA XX/3, Hauptmann Zeising, Vermerk und Vorschlag vom 10. 1. 1974, BStU, ZA, AP 14617/92, Bl. 5–8, hier: 5.
262 Erich/Kurt, Bericht vom 28. 1. 1964, BStU, ZA, AIM 10996/66, Bd. 8, Bl. 89–114, hier: 92 f.
263 Koch, *Die feindlichen Brüder*, S. 258 ff.; vgl. Richter, *Die trojanische Herde*.
264 »Erich«/»Kurt«, Bericht vom 28. 1. 1964, BStU, ZA, AIM 10996/66, Bd. 8, Bl. 89–114, hier: 92 f.
265 HVA/X, Information zu Bahro und zu Sarah Kirsch vom 8. 9. 1977, BStU, ZA, ZMA XX 695, Bl. 4 f.
266 Vgl. die internen ADN-Informationen mit den Stellungnahmen Engelmanns vom 6. und 8. Juni 1979, BStU, ZA, ZMA XX 695, Bl. 8–10.
267 Quelle »Helm«, Reg.-Nr. XV 2845/77, vorgangsführende Diensteinheit: HVA/X, Eintragung in SIRA-TDB 12 der HVA vom 29. 1. 1982: »Inf. über den Appell der Schriftsteller Europas und seine Unterstützung durch westeuropäische Parlamentarier«.
268 Zu Hermann Kant vgl. Corino (Hg.), *Die Akte Kant*.
269 HA XX/7, Information über ein Gespräch des Sekretärs des Schriftstellerverbandes der DDR, Gen. Gerhard Henniger, mit dem Vorsitzenden des »Verbandes deutscher Schriftsteller« der BRD, Bernt Engelmann, am 6. 8. 1981 über Fragen des Kampfes gegen die NATO-Hochrüstung, 19. 8. 1981, BStU, ZA, ZMA XX 695, Bl. 12 f.
270 Reiner Kunze in: *Frankfurter Allgemeine Zeitung*, 18. August 1982.
271 HA XX/7, Information über politisch-operativ interessierende Probleme während eines Gespräches von leitenden Mitarbeitern des Schriftstellerverbandes der DDR mit dem Vorsitzenden des BRD-Schriftstellerverbandes, Bernt Engelmann vom 8. 8. 1983, BStU, ZA, ZMA XX 695, Bl. 33–37.
272 HA XX/7, Vermerk vom 28. 9. 1983, BStU, ZA, ZMA XX 695, Bl. 31.
273 Ohne Autor, [Information zur] 25. Internationalen Buchmesse in Frankfurt/Main – BRD – vom 12.10–17. 10. 1983, ohne Datum [September/Oktober 1983], BStU, ZA, HA XX, ZMA 20570, Bl. 2–7, hier: 4.
274 »Die erhabene Heuchelei der Ideologie. Interview mit dem diesjährigen Preisträger Manès Sperber«, in: *Börsenblatt*, 27. Mai 1983, S. 1311–1318.

275 Ohne Autor, [Information zur] 25. Internationalen Buchmesse in Frankfurt/Main – BRD – vom 12. 10.–17. 10. 1983, ohne Datum [September/Oktober 1983], BStU, ZA, HA XX, ZMA 20570, Bl. 2–7, hier: 4.
276 »Pressekonferenz des Schriftstellerverbandes der BRD« (interner ADN-Bericht vom 13. 10. 1983), BStU, ZA, AP 12295/92, Bl. 11.
276 Zit. in Hage/Fink (Hg.), *Deutsche Literatur 1983*, S. 103.
278 DDR-Autor bedauert Rücktritt des bisherigen VS-Vorsitzenden (ADN-Information vom 15. 12. 1983), BStU, ZA, AP 12295/92, Bl. 35.
279 Schreiben von Bernt Engelmann an Hermann Kant vom 29. 12. 1983 (Abschrift), BStU, ZA, AP 12295/92, Bl. 85.
280 Bericht über die Reise der Genossen Hermann Kant und Gerhard Henniger nach München vom 6.–9. 3. 1984, BStU, ZA, ZMA 4130, Bd. 2, Bl. 276–279, zit. in Walther, *Sicherungsbereich Literatur*, S. 763.
281 Gemeinsamer Offener Brief von Bernt Engelmann und Hermann Kant (ADN-Information vom 8. 3. 1984), BStU, ZA, ZMA XX 695, Bl. 48.
282 Albert Norden, Hausmitteilung an Erich Honecker vom 30. 5. 1978, BA Berlin, DY 30 IV B 2/2208/11, Bl. 109.
283 Generalbundesanwalt, *Anklageschrift gegen Rolf Günter Wagenbreth*, S. 62 f.
284 *Generale für den Frieden.*
285 Die genannten Zeitungen und Zeitschriften waren: *Deutsche Volkszeitung, Die Tat, Die Andere Zeitung, Bauernruf, Blinkfeuer, tatsachen, meinung, Offen und frei, tribüne, Arbeiterzeitung, Neues Echo, Saarwoche, elan, Frauenpost, Zeitschrift der westdeutschen Frauenfriedensbewegung, Das andere Deutschland, Nachrichten, Neue Kommentare, Mittelstandskurier, Bonner Korrespondenz, Sozialistische Korrespondenz, Marxistische Blätter, Sozialistische Hefte, Blätter für deutsche und internationale Politik* sowie drei »zentrale Informationsdienste« (Büro Albert Norden, Schlüsselnummern für die befreundeten Zeitungen und Zeitschriften, 26. 7. 1968, BA-Berlin, IV 2/10.03, Bd. 133, 70200560). Vgl. Kraushaar, *1968 als Mythos, Chiffre und Zäsur*, S. 158.
286 Vgl. Julius Mader, »Unter dem ›Dreizack‹«, in: *Geheim* Nr. 1 (Bd. 10) 1989, S. 5 ff.; Claudia Orlowsky/CoCo Piranhas, »Ein Brief aus Berlin«, ebd., S. 31–34. Zu dem letztgenannten Artikel heißt es, dieser sei von der in der Westberliner Justizvollzugsanstalt Plötzensee inhaftierten Claudia Orlowsky verfasst und vom Autorenkollektiv CoCo Piranhas überarbeitet worden.
287 Generalbundesanwalt, *Anklageschrift gegen Rolf Günter Wagenbreth*, S. 69.
288 BA-Berlin FDJ A 2534.
289 HA XX/1, Sachstandsbericht zum operativen Material »Havel« vom 8. 5. 1977; ohne Autor [HA XX/1], Auskunftsbericht zur Person Prof. Dr. Seiffert, Wolfgang, vom 1. 12. 1977, BStU, ZA, GH 65/88, Bd. 2, Bl. 202–217, und Bd. 3, Bl. 288–298; vgl. Koch, *Die feindlichen Brüder*, S. 262.

290 Koch, *Die feindlichen Brüder*, S. 262 f.
291 Maßnahmeplan SDS, Beschlussvorlage zur Weiterführung der Arbeit mit dem Sozialistischen Bund und dem SDS, 22. 10. 1962, lfd. Nr. 18, BA-Berlin, IV 2/10.03, Bd. 57, 141–149, S. 8 f., zit. in Kraushaar, *1968 als Mythos, Chiffre und Zäsur*, S. 145 f.
292 Röhl, *Fünf Finger sind keine Faust*, S. 9 ff., 90 ff., 129 ff.
293 HA II/19, Information zu Klaus-Rainer Röhl und Josef Weber vom 3.6. 1981, BStU, ZA, HA II/19 3115, Bl. 1 f.
294 Mitteilung über die Aussprache mit den Redakteuren der Zeitschrift »Konkret« am 3. 3. 1963, BA-Berlin, IV 2/10.03, Bd. 31, S. 1, zit. in Kraushaar, *1968 als Mythos, Chiffre und Zäsur*, S. 143 f.
295 »Ein Lübke zuviel?«, in: *Konkret*, 31. Juli 1966, S. 15–21; »Was sagen Sie nun, Herr Lübke?«, ebd., 31. Oktober 1966, S. 30.
296 Bericht vom 26. 10. 1966 über die Besprechungen in Hamburg bezüglich der Aktion Lübke, BStU, ZA, SdM 1239, Bl. 217–221, hier: 219.
297 Protokoll vom 1. 12. 1966 über die Besprechung zwischen Ulrike Meinhof, Steinke, Dengler und Friedrich Karl Kaul, BStU, ZA, SdM 1239, Bl. 189–191, hier: 190.
298 »›Konkret‹-Chef steht vor Gericht«, in: *Frankfurter Rundschau*, 26. November 1969.
299 Roth, *Psychologische Kampfführung*, S. 110, Anm. 2; vgl.: »Auf Seite 17 verplaudert«, in: *Focus*, 2. November 1998, S. 58–62.
300 O-Quelle »Bernhard«, Reg.-Nr. XV/3821/73, Aktenvorgang nicht überliefert, 171 registrierte Berichte in SIRA-TDB 12, vorgangsführende Diensteinheit: HVA/X/3; vgl. Generalbundesanwalt, *Anklageschrift gegen Rolf Günter Wagenbreth*, S. 234–252; Michels, *Spionage auf deutsch;* Müller-Enbergs (Hg.), *Inoffizielle Mitarbeiter des Ministeriums für Staatssicherheit* 2, S. 227, Anm. 967.
301 Quelle »Spieler«, Reg.-Nr. XV/116/76, Aktenvorgang nicht überliefert, 14 registrierte Berichte in SIRA-TDB 12, vorgangsführender Mitarbeiter: Manfred Müller (HVA/X/4). Der korrekte Deckname zur angegebenen Reg.-Nr. lautet nicht »Spieler«, sondern »Spiegel«.
302 Vgl. Material »Leonhard«, BStU, ASt. Potsdam AP 1207/71.
303 »Hermann heeßt er!«, in: *Frankfurter Allgemeine Zeitung*, 20. November 2000. Vgl. Gremliza, *Gegen Deutschland.*
304 Nach Guggomos' Angaben betrug das Defizit der *Neuen* gegenüber der SED im Juli 1979 rund 90 000 DM, bei 17 000 Abonnenten und 3000–5000 Exemplaren im Freiverkauf (Notiz über ein Gespräch mit dem Chefredakteur der Tageszeitung *Die Neue*, Carl L. Guggomos, vom 18. 7. 1979, BA Berlin, DY 30 J IV 2/202–502).
305 Bohnsack, *Hauptverwaltung Aufklärung*, S. 107 f.
306 Quelle »Gustav«, Reg.-Nr. XV/1118/67, Aktenvorgang nicht überliefert, vorgangsführende Diensteinheit: HVA/X; vgl. »Treffen auf der Parkbank. Die Ex-Stasi-Offiziere Günter Bohnsack und Herbert Brehmer über ihre Tricks gegen Geheimdienste und Medien«, in: *Der Spiegel*, 22. Juli 1991, S. 58–63, hier: 60; Bohnsack, *Hauptverwal-*

tung Aufklärung, S. 107 f.; Bohnsack/Brehmer, *Auftrag Irreführung*, S. 193; Koch, *Die feindlichen Brüder*, S. 209.

306 HA XX/5, Treffbericht vom 16. 6. 1967, BStU, ZA, AIM 10998/66, Teil A, Bd. 3, Bl. 187–189, hier: 188.

307 Bohnsack/Brehmer, *Auftrag Irreführung*, S. 193; »Treffen auf der Parkbank. Die Ex-Stasi-Offiziere Günter Bohnsack und Herbert Brehmer über ihre Tricks gegen Geheimdienste und Medien«, in: *Der Spiegel*, 22. Juli 1991, S. 58–63, hier: 60; Bohnsack, *Die feindlichen Brüder*, S. 107 f.

309 HVA/X/4, Auskunft vom 4. 8. 1977 über Dr. Hans-Erich Schwenger (»Zwerg«), BStU, ZA, AOP 12003/83, Bl. 283–300, hier: 288.

310 HVA/X, Plan aktiver Maßnahmen gegen die Bundesversammlung am 5. März in Westberlin vom 17. 2. 1969, BStU, ZA, SdM 1439, Bl. 299–303, hier: 301.

Feindbekämpfung

1 Vgl. »Vom ›Staatsfeind‹ zum Zeitzeugen«, in: *Berliner Morgenpost*, 22. Juli 2000, S. 31.

2 Das Bild sollte im *Stern* aus Anlass eines Vorabdrucks aus Carola Sterns Ulbricht-Biographie erscheinen; vgl. Stern, *Ulbricht*.

3 HA V/6, Verpflichtungsbericht vom 13. 5. 1957, BStU, ZA, AIM 8341/91, Teil I, Bd. 2, Bl. 5.

4 Ohne Autor [Michael Gromnica], Betr. Hans Joachim Helwig, ohne Datum [September/Oktober 1961], BStU, ZA, AIM 8341/91, Teil A, Bd. 6, Bl. 204–225.

5 Vgl. *Berliner Zeitung*, 23. Dezember 1961; Herms, *Heinz Lippmann*, S. 228 ff.

6 HA XX/5, Beschluss vom 19. 10. 1965 über die Umgruppierung des GM »Heinz Karow« zum GI, BStU, ZA, AIM 8341/91, Teil I, Bd. 2, Bl. 7.

7 HA XX/7, Information vom 13. 10. 1974, BStU, ZA, AIM 8341/91, Teil II, Bd. 9, Bl. 31.

8 Staatsanwaltschaft beim Kammergericht Berlin, Schreiben an Rechtsanwalt Fritz Bendlin vom 12. 12. 1996, Archiv Helwig-Wilson.

9 Vgl. Brandt, *Ein Traum, der nicht entführbar ist.*

10 Vgl. Fricke, *Entführungsaktionen der DDR-Staatssicherheit;* Fricke/Engelmann, *»Konzentrierte Schläge«.*

11 Vgl. Frickes bewegende Darstellung nach der Einsicht in seine Stasi-Akten in seinem Buch *Akten-Einsicht*, S. 41–52.

12 Vgl. Löwenthal, *Ich bin geblieben.*

13 Interview mit Markus Wolf, in: *Bunte*, 26. September 1991, S. 111.

14 ZOV »Kontra«, Reg.-Nr. XV/2968/79, BStU, ZA, AOP 6071/91 (Band 17–25 leer); vgl. Clausen/Kamphausen/Löwenthal, *Feindzentrale »Hilferufe von drüben«.*

15 ZKG, Bearbeitungskonzeption zur Aufklärung und Bekämpfung der Feindorganisation »Hilferufe von drüben e. V.«, Lippstadt, vom 30. 6. 1980, BStU, ZA, AOP 6071/91, Bl. 16–54, hier: 18, 34, 36.
16 ZKG, Schreiben an Generalleutnant Neiber vom 18. 4. 1983 (Anlage: Entwurf eines Artikels), BStU, ZA, HA XXII 1155/4, Bl. 98–105.
17 ZKG, Bearbeitungskonzeption zur Aufklärung und Bekämpfung der Feindorganisation »Hilferufe von drüben e. V.«, Lippstadt, im ZOV »Kontra«, Reg.-Nr. XV/2968/79, vom 16. 4. 1987;, BStU, ZA, AOP 6071/91, Bl. 87–108, hier: 93.
18 Vgl. Wüst, »Die IGFM im Visier von Antifa und Staatssicherheit«; ders., »›Imperialistisches Menschenrechtsgeschrei‹«; ders., *Die Internationale Gesellschaft für Menschenrechte im Visier der Staatssicherheit der DDR;* ohne Autor, ohne Titel [Bericht über gemeinsame aktive Maßnahmen mit dem KGB], 3. 9. 1982, BStU, ZA, ZAIG 5171, Bl. 111 f.
19 Vgl. Müller, *Der Springer-Konzern.*
20 Zit. in: Kurzinformation über Axel Springer, April 1973, handschriftlich: Verteilt bei Besichtigung des Springer-Hauses durch CDU-Kreisfrauenvereinigung, 19. 2. 1976, BStU, ZA, HA XX/AKG 5871, Bl. 22–25, hier: 25.
21 Axel Springer, Ansprache bei der Grundsteinlegung des Verlagshauses Axel Springer am 25. Mai 1959, Axel Springer Verlag, Unternehmensarchiv, Nachlass Axel Springer.
22 SOUD-Meldung Axel Cäsar Springer, BStU, ZA, ZAIG 5/25770, Bl. 1–4, hier: 1, 4.
23 BStU, ZA, ZAIG 10038–10043, 10046 f., 1369.
24 Zusammenstellung von unzusammenhängenden Hinweisen über den Springer-Konzern, ohne Datum, BStU, ZA, HA XX/AKG 5871, Bl. 11–21.
25 Ohne Autor [Verwaltung Groß-Berlin], Ausnutzung der Ullstein-Presse für die ideologische Diversion, 11. 5. 1959, BStU, ZA, HVA 187, Bl. 153.
26 Ohne Autor, Redaktion *Berliner Morgenpost*, 24. 7. 1961, BStU, ZA, ZAIG 10040, Bl. 500–509.
27 HVA/VII, Information zur Aktion »Jubiläum« vom 24. 9. 1969, BStU, ZA, ZAIG 10040, Bl. 53 f.
28 Axel Springer & Sohn/Ullstein GmbH, Verlagshaus Berlin, Hausmitteilung vom 12. 3. 1970, BStU, ZA, ZAIG 10040, Bl. 4–52.
29 Quelle »Sänger«, Reg.-Nr. XV/4123/70, Aktenvorgang nicht überliefert, bis 1989 geführt vom Referat 5 der HVA/I, zuständig für die Bundesministerien für Innerdeutsche Beziehungen und für wirtschaftliche Zusammenarbeit, den Ministerrat der EG und Organisationen der Politisch-Ideologischen Diversion. Vgl. »Stasi-Vorwürfe gegen Berliner Kulturmanager«, in: *Focus*, 20. März 2000.
30 Quelle »Steve«, Reg.-Nr. XV/4432/80, geführt von der BV Berlin, Abt. XV.
31 Quelle »Max«, Reg.-Nr. XV/1628/68, Aktenvorgang nicht überliefert, vorgangsführende Diensteinheit HVA/II.

32 Quelle »Gemse«, Reg.-Nr. XV/1158/62, Aktenvorgang nicht überliefert, vorgangsführende Diensteinheit HVA/X.
33 Quelle »Peter«, Reg.-Nr. XV/269/68, Aktenvorgang nicht überliefert, vorgangsführende Diensteinheit HVA/X.
34 Quelle »John«, Reg.-Nr. XV/583/66, Aktenvorgang nicht überliefert, vorgangsführende Diensteinheit HVA/X.
35 Quelle »Bakker«, Reg.-Nr. XV/873/66, Aktenvorgang nicht überliefert; vgl. Knabe, *Die unterwanderte Republik*, S. 276.
36 Quelle »Fischer«, Reg.-Nr. XV/3149/78, Aktenvorgang nicht überliefert, vorgangsführende Diensteinheit BV Dresden, Abt. XV; Quelle »Günther«, Reg.-Nr. XV/1124/60, Aktenvorgang nicht überliefert, vorgangsführende Diensteinheit BV Rostock, Abt. XV.
37 Mitteilung des Gen. Ternies vom 31.8. 1979, BStU, ZA, HA II/13 312, Bl. 65. Der IM wurde danach von einem Genossen Erler aus der Abteilung II/2 der BV Frankfurt/Oder geführt.
38 IM-Vorgang »Grunewald«, Reg.-Nr. XV/2127/77, BStU, ZA, AIM 1186/91; vgl.: »Stasi lauschte bei Springer«, in: *Focus*, 5. April 1993.
39 HA II/2, Information Nr. 513/78 vom 27.2. 1978, BStU, ZA, HA II/13 193, Bl. 9–13, hier: 13.
40 BV Berlin, Abt. II, Operativinformation Nr. 80 vom 8.7. 1980, BStU, Ast. Bln, AIM 16374/89, Teil I, Bd. 1, Bl. 223.
41 Vgl. auch die Sammlung seiner IM-Berichte in einem Objekt-Ordner der BV Berlin, BStU, ASt. Berlin XV 68, Bl. 259–290.
42 BV Berlin, Abt. II, Treffbericht vom 7.2. 1983, BStU, Ast. Berlin, AIM 16374/89, Teil II, Bd. 6, Bl. 193 f., hier: 194.
43 BV Berlin, Abt. II, Operativinformation Nr. 80 »Gespräch mit Herrn Doktor Starke vom Büro des Verlegers Axel Springer in Bonn« vom 8.7. 1980, BStU, ZA, HA II/13 312, Bl. 15–17.
44 IM »Michael Heinrich«, Reg.-Nr. MfS 3728/82 BStU, ZA, AIM 25202/91; Kammergericht Berlin, Urteil vom 17. Mai 1996.
45 Leiter der Abt. III/1, Schreiben an den Leiter der Abteilung III/5 vom 12.3. 1974, Anlage, BStU, ZA, HA III/7/452, Bl. 2–65, hier: 4 f.
46 Vgl. die Gesprächszusammenfassungen aus dem Abhörstützpunkt in Rhinow (»Quelle 1«), BStU, ZA, HA III, 9257.
47 Zusammenfassungen der abgehörten Telefongespräche befinden sich in der Akte BStU, ZA, HA III, 9091.
48 Vgl. Abt. III, Sachstandsberichte zur Situation im Springer-Konzern vom 2.11. 1981 und 18.12. 1981, BStU, ZA, HA II/6 1224, Bl. 398–408, 305–318; HA II/13, Auskunft zu den von der Linie III vorliegenden Erkenntnissen über den »Springer Verlag« vom 30.6. 1980, BStU, ZA, HA II/13 312, Bl. 18–20.
49 Beitrag der Delegation des MfS der DDR für die Beratung der Aufklärungsorgane in Budapest, Dezember 1970, BStU, ZA, SdM 355, Bl. 23–45, hier: 24 ff.
50 Leiter der Abt. III, Schreiben an Generalleutnant Beater vom 17.5. 1972, Anlage: Information A/1127/72, BStU, ZA, HA III 9796, Bl. 27–39.

51 Durchschlag des Anlagebeschlusses zum FOV »Sumpf« vom 14.7. 1980, BStU, ZA, HA II/13 312, Bl. 85.
52 Für Boenisch war einer Karteikarte der HA II/13 zufolge 1978 der Mitarbeiter Nr. 542 der HVA/X zuständig; weitere Unterlagen sind nicht überliefert. Die HA II bearbeitete ihn einer Karteikarte zufolge im OV »Spinne«. Unter Nr. 542 waren abwechselnd Gisela Schmidt, Liselotte Kretschmar und Ruth Weigmann für das Referat HVA/X/3 hauptamtlich tätig. Auch für Zehrer zeichneten sie verantwortlich (BStU, ZA, AV 14/87, Bl. 652).
53 Vgl. Filbinger, *Die geschmähte Generation.*
54 Meinungsäußerungen zur faschistischen Vergangenheit Filbingers, ohne Datum (1978), BStU, ZA, HA II/13 312, Bl. 78–80.
55 Abt. JB/2, Vorschlag vom 13.10.1980, BStU, ZA, HA II/13 312, Bl. 13.
56 HVA/VII/F, Auskunft über Baron von Sass, Eugen, Wilhelm, Otto (Pseudonym: Matthias Walden), vom 30.9.1965, BStU, ZA, AP 3609/79, Bl. 14f.
57 HA II, Schreiben an die HVA-Abteilung X vom 30.10.1975, BStU, ZA, AP 3609/79, Bl. 44–46.
58 Ohne Autor, Auskunft über Friedhelm Kemna, ohne Datum [1978], BStU, ZA, HA II/13 2107, Bl. 1–4.
59 »Westberliner Grenzprovokateur verurteilt. Schwerwiegende Angriffe auf die Staatsgrenze der DDR von der Springer-Presse organisiert«, in: *Neues Deutschland*, 19./20. April 1980.
60 Vernehmungsprotokoll vom 7.5.1980, BStU, ZA, HA IX 5198, Bl. 31–37, hier: 36.
61 HA II/13, Einschätzung zu Erkenntnissen und Erfahrungen bei der vorbeugenden Verhinderung, Aufklärung und Bekämpfung der gegnerischen Kontaktpolitik/Kontakttätigkeit durch Korrespondenten/Journalisten des nichtsozialistischen Auslands und aus operativ interessierenden Staaten unternommenen Angriffen gegen Bereiche, Objekte und Bürger der DDR, Juli 1982, BStU, ZA, HA II/13 1183, Bl. 1–26.
62 Werner Rosenberg/Siegfried Stübner/Manfred Mohr, Gutachten über Charakter und Tätigkeit mehrerer Organisationen, Einrichtungen und Gruppen in der Bundesrepublik Deutschland und Westberlin, Januar 1977, BStU, ZA, HA IX 5198, Bl. 1–80, hier: 79, 65.
63 Ohne Autor, Dokumentarisches Material über die Aktivitäten, Veröffentlichungen sowie die in Erscheinung getretenen Journalisten des Springer-Konzerns bei den konterrevolutionären Umtrieben, ohne Datum [Ende 1980], BStU, ZA, ZAIG 18556, Bl. 1–26.
64 Major Heinz Fathke, Zu einigen Fragen und Aspekten der Entwicklung und Rolle des Manipulierungskonzerns Springer und die geistige Manipulierung während der Zeit der israelischen Aggression im Juni 1967 und der Wehrdebatte im Deutschen Bundestag im Dezember 1967, Jahresarbeit, April 1968, BStU, ZA, JHS MF 205/75, S. 10.
65 Oberleutnant Hünich, Der Springer-Konzern als Instrument der geistigen Manipulierung im System des staatsmonopolistischen Kapitalismus, Jahresarbeit, Mai 1968, BStU, ZA JHS MF 197/75, S. 21.

66 »Journalistische OAS der Bonner Ultras führt Kreuzzug gegen Abrüstung und Entspannung«, in: *Neues Deutschland*, 17. März 1962, S. 1 f.
67 »Zeitungsdiktator Axel Springer«, in: *Der Morgen*, 27. März 1962, S. 6; »Frontstadt-Berichterstatter mit PK-Referenzen«, in: *National-Zeitung*, 20. März 1962, S. 3.
68 Ohne Autor [wahrscheinlich Büro Norden], Konzeption für eine Broschüre über den Springer-Konzern, ohne Datum [wahrscheinlich September 1962]; Büro Albert Norden, Informationen aus westdeutschen und Westberliner Zeitungen und Zeitschriften über den Axel-Springer Verlags-Konzern, ohne Datum [wahrscheinlich September 1962], BStU, ZA, ZAIG 10040, Bl. 467–476.
69 VDJ, Konzeption für eine Dokumentation über den Axel-Springer-Trust (Entwurf), 2. 10. 1962, BStU, ZA, ZAIG 10040, Bl. 463–466, hier: 463, 466.
70 ZK-Agitationskommission, Betr.: Springer-Konzern, 25. 9. 1962, BStU, ZA, ZAIG 10040, Bl. 478 ff.
71 Ohne Autor [Büro Norden], ohne Titel [Benötigte Informationen über Springer], 3. 9. 1962, BStU, ZA, ZAIG 10040, Bl. 515 ff.
72 Ebd., Bl. 515.
73 Ohne Autor [wahrscheinlich Büro Norden], Betr.: Springer, Axel Cäsar, ohne Datum [1962], BStU, ZA, ZAIG 10040, Bl. 499.
74 Abteilung Agitation, Schreiben an Erich Mielke vom 6. 11. 1962, BStU, ZA, ZAIG 10040, Bl. 400.
75 Ohne Autor [Abt. Agitation], Betr.: Informationsbericht über den Axel-Springer-Verlagskonzern, Hauptsitz Hamburg, vom 23. 10. 1962, BStU, ZA, ZAIG 10040, Bl. 438–462, hier: 452.
76 VDJ (Hg.), *Hetzer, Fälscher, Meinungsmacher*.
77 Knipping, *Jeder vierte zahlt an Axel Cäsar;* vgl. Prof. Dr. habil Dieter Klein, Information über meinen Besuch im Republikanischen Klub Westberlin am 22. März 1968, BStU, ZA, HA XX ZMA 243, Bl. 56–65. Bei dem Besuch wurde Klein gebeten, Knipping in der Vorbereitung weiterer Springer-Aktionen als Referenten auftreten zu lassen.
78 Vgl. Abt. Agitation, Schreiben an Erich Mielke vom 16. 6. 1966 betr.: Material zum Springer-Konzern, BStU, ZA, ZAIG 10040, Bl. 352.
79 »Der Weg zum künftigen Vaterland der Deutschen«, in: *Neues Deutschland*, 22. April 1966.
80 Albert Norden, Schreiben an Erich Mielke vom 10. 6. 1966, BStU, ZA, ZAIG 10040, Bl. 353.
81 Ohne Autor [Karl-Georg Egel], Fragen zu Springer, ohne Datum [Juni 1966], BStU, ZA, ZAIG 10040, Bl. 355 f.
82 Oberstleutnant Halle, handschriftlicher Vermerk vom 14. 6. 1966, BStU, ZA, ZAIG 10040, Bl. 351.
83 Abt. Agitation, Schreiben an Erich Mielke vom 16. 6. 1966 [mit handschriftlichem Vermerk Mielkes: »Einverstanden«]; dies., Schreiben an Markus Wolf vom 5. 7. 1966, BStU, ZA, ZAIG 10040, Bl. 350, 359.
84 »Ich – Axel Cäsar Springer«, fünfteilige dramatische/biographische Produktion des Deutschen Fernsehfunks. Teil 1: »Vom schweren An-

fang« (gesendet am 17. 3. 1968); Teil 2: »Männer werden gemacht« (30. 11. 1968); Teil 3: » Seid nett zueinander« (1. 12. 1968); Teil 4: »Der gemachte Mann« (1. 3. 1970); Teil 5: »Der Königsmacher« (3. 3. 1970). Vgl. Koch, *Die feindlichen Brüder*, S. 281.

85 Vgl. »Nahaufklärung mit K.«, in: *Wochenpost*, 3. Februar 1967; »Wenn Springer schreit«, ebd., 17. Februar 1967; Gerhard Reuter, »Springers reaktionäre Meinungsfabrik«, in: *Deutsche Außenpolitik*, Nr. 10/1967, S. 1247–1259; Heinz Dieter Schliebe, »Springers West-Berliner Traumdeuter«, ebd., Nr. 3/1968, S. 348 f.

86 Vgl. G. Dutschke, *Wir hatten ein barbarisches, schönes Leben*, S. 137 ff.

87 »Dutschke: ›Wir haben nichts gegen die Person Springer‹«, in: *Axel-Springer-Auslandsdienst*, 22. Februar 1968.

88 Vgl. Knabe, *Die unterwanderte Republik*, S. 182–233.

89 IM-Vorgang »Erich«, Reg.-Nr. XV 1807/66, BStU, ZA, AIM 10318/85.

90 IM-Vorgang »Kurt«, Reg.-Nr. XV/15143/60, BStU, ZA, MfS 10996/66.

91 Quelle »Gustav«, Reg.-Nr. XV/1118/67, Aktenvorgang nicht überliefert, vorgangsführende Diensteinheit: HVA/X; vgl.: »Treffen auf der Parkbank. Die Ex-Stasi-Offiziere Günter Bohnsack und Herbert Brehmer über ihre Tricks gegen Geheimdienste und Medien«, in: *Der Spiegel*, 22. Juli 1991, S. 58–63, hier: 60; Bohnsack, *Hauptverwaltung Aufklärung*, S. 107 f.; Bohnsack/Brehmer, *Auftrag Irreführung*, S. 193; Koch, *Die feindlichen Brüder*, S. 209.

92 IM »G. Schneider«, »Horst«, »Heinemann« und »Dr. Zeitz«; vgl. Aufstellung über operative Verbindungen zu Organisationen und Gruppen der APO in Westberlin (Anlage zum Plan aktiver Maßnahmen gegen die Bundesversammlung am 5. März in Westberlin der HV A, Abteilung X, vom 17. 2. 1969), BStU, ZA, SdM 1439, Bl. 304. Zum Republikanischen Club vgl. Knabe, *Die unterwanderte Republik*, S. 207 f.

93 IM-Vorlauf zu Horst Mahler, Reg.-Nr. XV/5199/62, BStU, ZA, Vorl.-AIM 17489/64.

94 »Enteignet Axel Caesar Springer!«, in: *Berliner Extrablatt*, 13. Mai 1967, S. 1.

95 Markus Wolf, Schreiben an Erich Mielke vom 18. 2. 1969, BStU, ZA, SdM 1439, Bl. 299. Das neu geschaffene »Arbeitsgebiet« sollte danach die Möglichkeiten zur Beeinflussung der Westberliner APO durch die bestehenden »operativen Verbindungen« koordinieren und war in der HVA/II angesiedelt.

96 Hans-Joachim Kittelmann, »Die Begleichung einer alten Schuld«, in: *Neue Deutsche Presse*, Nr. 8/1968, S. 30 f.

97 IM »Christian«, Reg.-Nr. XV/13691/60, kein Aktenvorgang überliefert, elf registrierte Berichte in SIRA-TDB 12, erstmals registriert am 2. 7. 1957 von der BV Schwerin, Abt. XV, letzter vorgangsführender Mitarbeiter: Gerhard Schubert, HVA/X, BStU, ZA, SIRA-TDB 21 und VSH-Karteikarten der HA II/13 und der HA II/2 zu Kittelmann, Hans-Joachim. Urteil des Berliner Kammergerichtes vom 2. 5. 1982.

98 Die Berichte von »Christian« umfassen u. a. eine Personencharakteristik zu Klaus Schütz (SE 7004658), eine Information über die Bundesdelegiertenkonferenz des Verbandes deutscher Schriftsteller im Jahr 1984 in Saarbrücken (SE 8402829), zum Freien Deutschen Autorenverband (SE 8406261), zum Westberliner Literaturhaus (SE 8500535) und zur geplanten Mediengewerkschaft (SE 8503251).

99 Vgl. Knabe, *Die unterwanderte Republik*, S. 32 f.

100 Vgl.: »Student sollte für ›DDR‹ spionieren«, in: *Berliner Morgenpost*, 30. April 1982; »Hundert Mark für einige Urlaubsdias«, in: *Frankfurter Allgemeine Zeitung*, 3. Mai 1982; »Ex-Agent als Berater auf der Leipziger Messe«, in: *Die Welt*, 2. Februar 1983.

101 HVA/X/4, Auskunft über Dr. Hans-Erich Schwenger (»Zwerg«), 4. August 1977, BStU, ZA, AOP 12003/83, Bl. 283–300, hier: 288–295. Schwenger ist in der zentralen Personenkartei des MfS in zwei Vorgängen registriert. Bei einem Vorgang handelte es sich um einen sogenannten Sicherungsvorgang: SVG »Verband«, Reg.-Nr. XV/1780/69, Aktenvorgang nicht überliefert, letzter vorgangsführender Mitarbeiter: Hans Eichhorn (HVA/X). Der zweite Vorgang richtete sich gegen das Schutzkomitee Freiheit und Sozialismus: OV »Kontakt«, Reg.-Nr. MfS 4074/77, BStU, ZA, AOP 12003/83; vgl. auch die Personenablagen BStU, ZA, AP 6840/81 und AP 5851/82.

102 Vgl.: »Das Schutzkomitee Freiheit und Sozialismus in Selbstzeugnissen, Dokumenten, Briefen und im Zerrspiegel der MfS-Akten«, Sonderheft der Zeitschrift *Europäische Ideen* (1995).

103 MfS, Einzelinformation über geplante Aktionen Westberliner Studenten gegen den »Springer-Konzern« vom 6. 7. 1967, BStU, ZA, ZAIG 1369, Bl. 1 f.

104 HA XX/5/I, Auskunftsbericht und Perspektivplan zur Quelle »Erich«, Reg.-Nr. 3836/60, vom 21. 5. 1969, BStU, ZA, AIM 10998/66, Teil I, Bd. II, Bl. 126–152, hier: 138; vgl. den IM-Vorlauf Wellers, BStU, ZA, Vorl.-AIM 17488/64, Bl. 19.

105 HA XX/5/I, Springer-Aktion (Abschrift vom Tonband) vom 29. 6. 1967, BStU, ZA, AIM 10998/66, Teil A, Bd. 3, Bl. 259 f.

106 HVA/VII, Aktionen der Westberliner Studenten gegen den Springer-Konzern, ohne Datum [25. 7. 1967], BStU, ZA, ZAIG 10040, Bl. 218–223.

107 Vgl. Staadt, *Die geheime Westpolitik der SED 1960–1970*.

108 Oberfeldwebel Thomas, Abt. Agitation, Aktennotiz vom 27. 10. 1967 betr. Antispringerkampagne in Westdeutschland und Westberlin, BStU, ZA, ZAIG 10040, Bl. 210 f.

109 Handschriftliche Notizen von Oberfeldwebel Thomas, Abt. Agitation, über die Besprechung beim Gen. Pötschke zur Antispringerkampagne am 25. 10. 1967, BStU, ZA, ZAIG 10040, Bl. 212.

110 MfS, Einzelinformation Nr. 952/67 über geplante Maßnahmen gegen den Springer-Konzern in Westdeutschland und Westberlin vom 30. 10. 1967, BStU, ZA, ZAIG 10040, Bl. 204–209.

111 Kampagne für Abrüstung, Ostermarsch der Atomwaffengegner, Zent-

raler Ausschuss, Entwurf für Leitsätze zur Kritik autoritärer Meinungsbildung und der Rolle des Springer-Konzerns, vorgelegt von Helmut Schauer, ohne Datum [Herbst 1967], BStU, ZA, ZAIG 10040, Bl. 389–399, hier: 390.

112 Ohne Autor, Konzeption des Springer-Tribunals, vorläufiger Entwurf, ohne Datum [Oktober 1967]; ohne Autor, Hearing über den Springer-Konzern, vorläufiger Entwurf vom 21. 11. 1967, BStU, ZA, ZAIG 10040, Bl. 167–179, 188–192.

113 HA XX/5, Treffbericht vom 20. 10. 1967, BStU, ZA, AIM 10998/66, Teil A, Bd. 3, Bl. 275–282, hier: 279.

114 Vgl. Fichter/Lönnendonker, *Macht und Ohnmacht der Studenten*, S. 167.

115 HA XX/5, Treffbericht vom 27. 11. 1967, BStU, ZA, AIM 10998/66, Teil A, Bd. 3, Bl. 284–288, hier: 284 f.

116 VDJ, Maßnahmen bis 31. 12. 1967, 20. 11. 1967, BStU, ZA, ZAIG 10040, Bl. 193–196.

117 Peter Schneider, Schreiben an das Innenministerium der DDR vom 25. 11. 1967, Anlage: Konzeption des Springer-Tribunals, vorläufiger Entwurf (Oktober 1967), BStU, ZA, ZAIG 10040, Bl. 150–159.

118 MfS, Einzelinformation Nr. 1016/67 über die einmalige Herausgabe eines »Anti-Springer-Extrablattes« in Westdeutschland vom 23. 11. 1967, BStU, ZA, HVA 230, Bl. 154–158, hier: 152, 154.

119 *Berliner Extrablatt*, Anti-Springer-Ausgabe, ohne Datum, Anfang 1968.

120 HVA/X/4, Auskunft vom 4. 8. 1977 über Dr. Hans-Erich Schwenger (»Zwerg«), BStU, ZA, AOP 12003/83, Bl. 283–300, hier: 288.

121 HA VII, Schreiben an Generalleutnant Beater vom 14. 12. 1967, BStU, ZA, ZAIG 10040, Bl. 148 f.

122 Ohne Autor [Karl-Georg Egel], Fragen wegen Springer, ohne Datum [Mai 1968], BStU, ZA, ZAIG 10040, Bl. 107–113, hier: 107.

123 Potthoff, *Im Schatten der Mauer*, S. 32.

124 Manfred Bissinger, »Die Axel-Springer-Story«, in: *Stern*, 12. November 1967.

125 »Wer ist denn schon dieser ›stern‹ und sein Nannen?«, in: *Berliner Morgenpost*, 8. November 1967.

126 »Hickhack zwischen Springer und *Stern*«, in: *Süddeutsche Zeitung*, 8. November 1967.

127 Hans Habe, »Die Parforcejagd auf Axel Springer. Ein offener Brief an den Verleger«, in: *Die Welt*, 27. Dezember 1967.

128 Flugblatt »Vietnam 10. Informationen«, Axel Springer Verlag, Content Management Text Berlin (ehemals: Ullstein-Dokumentation), »Angriffe auf Axel-Springer Verlag«.

129 Fichter/Lönnendonker, *Macht und Ohnmacht der Studenten*, S. 168.

130 Vgl.: »Der Linksmob hilft der NPD«, in: *Berliner Morgenpost*, 11. Februar 1968.

131 Prof. Dr. habil Dieter Klein, Information über meinen Besuch im Republikanischen Klub Westberlin am 22. März 1968, BStU, ZA, HA XX ZMA 243, Bl. 56–65.

132 HA II, operativer Diensthabender, Vermerk vom 25. 5. 1968; Schrei-

ben an den Hauptvorstand der IG Druck und Papier, ohne Datum [Mai 1968], BStU, ZA, ZAIG 10040, Bl. 86–92, hier: 92.

133 »Springer-Druckerei: Druck auf Kollegen«, in: *Berliner Extra-Dienst*, 10. Juli 1968.

134 Abt. Agitation, Aktennotiz vom 28. 8. 1968; ohne Autor [Karl-Georg Egel], ohne Titel [Fragen zu Springer], ohne Datum [August 1968], BStU, ZA, ZAIG 10040, Bl. 69–73, hier: 69 f.

135 Stellvertreter des Ministers, Schreiben an den Leiter des Zentralen Medizinischen Dienstes vom 17. 3. 1977, BStU, ZA, ZMD 302, Bl. 1.

136 »Wie die Stasi den Verleger Axel Springer vernichten wollte«, in: *Welt am Sonntag*, 9. Januar 2000, S. 6.

137 »Den Gegner flugs für krank erklärt«, in: *Bayernkurier*, 10. Oktober 1970.

138 HA II/13, Einstellungsbericht zur OPK »Pfarrer«, Reg.-Nr. Potsdam XV 1634/81, seit Januar 1983 erfasst für HA II/13, vom 3. 1. 1990, BStU, ZA, HA II/13 405, Bl. 1–3, hier: 3.

139 Ebd., Bl. 1.

140 HA II/13, Vorschlag für eine offensive Medienmaßnahme in den OPK »Pfarrer« und »Rüssel« vom 9. 1. 1986 (handschriftlich: »Mit HVA X abstimmen«), BStU, ZA, HA II/13 405, Bl. 19–22.

141 Ebenda.

142 HA II/13, Aktenvermerk OPK »Pfarrer« vom 10. 4. 1986, BStU, ZA, HA II/13 405, Bl. 4.

143 Ohne Autor, Fortsetzung folgt, ohne Datum [Juni 1986], BStU, ZA, HA II/13 405, Bl. 5–8, hier: 5 und 8.

144 HA II/13, Einstellungsbericht zur OPK »Pfarrer«, Reg.-Nr. Potsdam XV 1634/81, seit Januar 1983 erfasst für HA II/13, vom 3. 1. 1990, BStU, ZA, HA II/13 405, Bl. 1–3, hier: 3.

145 »Die Menschen erreichen«, in: *Die Welt*, 2. August 1989.

146 »Fuchs und Hase. Stasi-Vorwürfe gegen zwei Redakteure der ›Bild‹-Zeitung«, in: *Frankfurter Allgemeine Zeitung*, 2. November 1999.

147 Leiter der Abt. Postzollfahndung, Schreiben an den Leiter der HA II/13 vom 27. 7. 1978, BStU, ZA, HA XXII 373, Bl. 339 f.

148 Abt. JB/2, Vorschlag zum Antrag der in Westberlin erscheinenden »Tageszeitung« auf Akkreditierung in der DDR vom 10. 5. 1979, BStU, ZA, HA XXII 373, Bl. 317 f.

149 Zur Rolle von SED und MfS beim *Berliner Extra-Dienst* vgl. Knabe, *Die unterwanderte Republik*, S. 210–216.

150 Abt. JB/2, Notiz zu den Anträgen der »TAZ« (»die Tageszeitung«), Westberlin, vom 1./3. Juli (Eingang 20. 7. 1982) vom 27. 7. 1982, BStU, ZA, HA XXII 373, Bl. 320–322.

151 Ebd., Bl. 322.

152 »Unsicherheit nicht eingeplant – Aus dem Innenleben eines ›volkseigenen Betriebes‹«, in: *die tageszeitung*, 16. Februar 1983; vgl. auch IPZ, Information vom 19. 2. 1983, BStU, ZA, HA XXII 1542, Bl. 349 ff.

153 Ohne Autor [HA XXII], Auswertung Archivmaterial allg. P 12273/73 zu […], 1. 5. 1986, BStU, ZA, HA XXII 1542, Bl. 345.

154 Abt. JB/2, Vermerk für Gen. Kobert, ZK der SED, vom 23.2. 1983, BStU, ZA, HA XXII 373, Bl. 325 f.

155 Abt. JB/2, Information über ein Gespräch mit den Vertretern der Tageszeitung (TAZ), Westberlin, Dr. Ströbele, Vorstandsmitglied, Dr. Aly, »Sprecher« der Redaktion, am 1.3.83 vom 2.3. 1983, BStU, ZA, HA XXII 373, Bl. 327–329.

156 Abt. JB/2, Vermerk über ein Gespräch mit den Vertretern der Tageszeitung (TAZ), Westberlin, Dr. Ströbele (Vorstandsmitglied) und Dr. Aly (Sprecher der Redaktion) am 18.5. 1983 vom 19.5. 1983, BStU, ZA, HA XXII 373, Bl. 331–333.

157 Ebd., Bl. 332 f.

158 Die Tageszeitung, Schreiben an das Außenministerium der DDR, Hauptabteilung Presse, vom 14.7. 1983, BStU, ZA, HA XXII 373, Bl. 334 f.; vgl. »Die ›nationale Frage‹ ist ein Papiertiger«, in: *die tageszeitung*, 16. Juni 1983.

159 Ohne Autor, ohne Datum, Nur zur persönlichen Information, BStU, ZA, HA XXII 373, Bl. 336.

160 Abt. JB, Vorschlag zur Reaktion auf den Akkreditierungsantrag der Westberliner Tageszeitung (TAZ) vom 10.8. 1983, BStU, ZA, HA XXII 373, Bl. 337 f.

161 Schreiben von Christian Ströbele an das Außenministerium der DDR vom 9.1. 1984, BStU, ZA, HA XXII 373, Bl. 342 f.

162 Abt. JB/2, Vermerk über jüngste Entwicklungen im Westberliner Publikationsorgan »die tageszeitung« vom 27.12. 1983, BStU, ZA, HA XXII 373, Bl. 379 f.

163 Schreiben des Leiters der HA Presse an Joachim Herrmann, ohne Datum [Ende Januar 1984], BStU, ZA, HA XXII 373, Bl. 344 f.

164 IM-Vorgang »Taler«, Reg.-Nr. XV/5231/81, BStU, ZA, AIM 278/89, vgl. Knabe, *Die unterwanderte Republik*, S. 79 ff.

165 Abt. XXII/8, Sachstand zum IM-Vorgang XV 5231/81 IMB »Taler« vom 10.7. 1984, BStU, ZA, AIM 278/89, Teil II, Bd. 2, Bl. 7–9.

166 TAZ-Plenum und Folgen, handschriftlich: 11.1. 1984 »Taler«, BStU, ZA, HA XXII 373, Bl. 384–386, hier: 386.

167 Protokoll der Vorstandssitzung – Wirtschaftsgipfel – in Berlin vom 8.2. 1983, BStU, ZA, HA XXII 373, Bl. 478.

168 Amnestie für Brigitte Heinrich«, in: *die tageszeitung*, 26. April 1983.

169 Die Tageszeitung, Schreiben an die Deutsche Journalisten Union vom 18.5. 1983, BStU, ZA, AIM 278/89, Teil I, Bd. 2, Bl. 12.

170 »Im Oktober '74«, in: *die tageszeitung*, 16. Oktober 1981.

171 Abt. XXII/8, Auskunftsbericht über die Entwicklung der Zusammenarbeit mit dem IMB »Beate Schäfer«, Reg.-Nr. XV 5276/82, vom 18.7. 1984, BStU, ZA, AIM 278/89, Teil I, Bd. 2, Bl. 66–69, hier: 66.

172 Abt. XXII/8, Auskunftsbericht über Brigitte Heinrich vom 20.4. 1982, BStU, ZA, AIM 278/89, Teil I, Bd. 1, Bl. 172–176, hier: 172.

173 Abt. XXII/8, Bericht über die erfolgte Kontaktaufnahme zur KP »Beate Schäfer« vom 3.5. 1982, BStU, ZA, AIM 278/89, Teil I, Bd. 1, Bl. 177–190. hier: 179 f.

174 Abt. XXII/8, Treffauswertung vom 6. 5. 1982, BStU, ZA, AIM 278/89, Teil I, Bd. 1, Bl. 181–183, hier: 182.
175 Handschriftliche Notiz, ohne Datum, BStU, ZA, AIM 278/89, Teil I, Bd. 1, Bl. 184.
176 Vgl. Abt. XXII/8, Information über Redakteure der linken »Tageszeitung« (»TAZ«) von Berlin-West vom 28. 4. 1982, BStU, ZA, AIM 278/89, Teil II, Bd. 2, Bl. 10. Wortgleich in: BStU, ZA, HA XXII 373, Bl. 233.
177 Treffvorbereitung, ohne Datum, BStU, ZA, AIM 278/89, Teil II, Bd. 1, Bl. 2–4, hier: 2; Einige Fragen zur linken Szene Westberlin, ebd., Bl. 5–8, hier: 5.
178 Abt. XXII/8, Betrifft: Angestellte der W[est]B[erliner] Tageszeitung »TAZ« vom 3. 2. 1983, BStU, ZA, AIM 278/89, Teil II, Bd. 1, Bl. 249–252.
179 Abt. XXII/8, Operativ-Information vom 28. 4. 1982, BStU, ZA, AIM 278/89, Teil II, Bd. 1, Bl. 13; ähnlich Abt. XXII/8, Information über Redakteure der »TAZ« vom 18. 6. 1982, BStU, ZA, HA XXII 373, Bl. 236.
180 AKG, Geplante Aktivitäten der Grünen der BRD, 28. 10. 1983; Dr. Martin Seckendorf, Betr.: Gespräch führender Funktionäre mit Genossen Honecker, 28. 10. 1983, BStU, ZA, HA VII 72, Bl. 177–180, hier: 177.
181 Abt. XXII/8, Operativinformation 375/8108/83 vom 21. 11. 1983, BStU, ZA, HA XXII 373, Bl. 239.
182 Vgl. Knabe, *Die unterwanderte Republik*, S. 73–79.
183 Zur TAZ, handschriftlich »Taler«, BStU, ZA, HA XXII 373, Bl. 307.
184 II. Brigitte [Bericht von IM »Taler«], ohne Datum [1983], BStU, ZA, AIM 278/89, Teil I, Bd. 2, Bl. 15–17, hier: 16.
185 Abt. XXII/AGL, Treffauswertung vom 10. 9. 1982, BStU, ZA, AIM 278/89, Teil II, Bd. 1, Bl. 40–48, hier: 44 f.
186 Zur TAZ, handschriftlich »Taler«, BStU, ZA, HA XXII 373, Bl. 307.
187 Beurteilung über IMB »Beate Schäfer«, ohne Datum [1984], BStU, ZA, AIM 278/89, Teil I, Bd. 1, Bl. 32 f.
188 Vgl. Meyer, *Staatsfeind*, S. 452–472; Till Meyer, »Ich hab's gemacht, es war mein politischer Kampf, und dazu stehe ich«, in: *die tageszeitung*, 27. Januar 1992; Wolfgang Gast/Michael Sontheimer, »Mielkes Mann bei der taz enttarnt«, in ebd.
189 IM »Condor«, Reg.-Nr. XV/386/79, kein Aktenvorgang überliefert, 33 registrierte Berichte in SIRA-TDB 12, vorgangsführender Mitarbeiter: Hans Eichhorn (HVA/X). HIM »Grundmann«, Reg.-Nr. XV/451/72, kein Aktenvorgang überliefert.
190 Abt. XXII, Schreiben an die Leiter der HVA/X und der HA II/13 vom 28. 7. 1986, BStU, ZA, HA XXII 373, Bl. 105 f.
191 Abt. XXII/8, Sachstandsbericht zur Feindobjektakte »Die Tageszeitung« (»TAZ«) vom 22. 4. 1988, BStU, ZA, HA XXII 373, Bl. 49–53, hier: 53.
192 Abt. XXII, Zusammengefasste Hinweise zum antikommunistischen Presseerzeugnis der BRD/Westberlin »Die Tageszeitung« (»TAZ«) vom 6. 6. 1981, BStU, ZA, HA XXII 373, Bl. 309–316.

193 Index über Personen vom 21. 3. 1983, BStU, ZA, HA XXII 373, Bl. 267–271.
194 Abt. XXII/3, Bisher personifizierte Mitarbeiter der »TAZ«, 16. 7. 1986, BStU, ZA, HA XXII 5229, Bl. 12–16.
195 Ohne Autor, Information über die in Westberlin erscheinende »Tageszeitung« (»TAZ«), Anlage zum Schreiben der HVA/X an den Leiter der Abteilung XXII vom 2. 1. 1984, BStU, ZA, HA XXII 373, Bl. 129–140.
196 Schreiben des Ministers vom 15. 2. 1985, GVS 0008–4/85, S. 1, BStU, ZA, DSt 103142, abgedruckt in Siebenmorgen, *»Staatssicherheit« der DDR*, S. 367–391, hier: 367 f.
197 FOA »Die tageszeitung«, Reg.-Nr. XV/1268/86.
198 Abt. XXII, Maßnahmeplan zur FOA »TAZ«, 21. 1. 1986, BStU, ZA, HA XXII 373, Bl. 102–104.
199 Ohne Autor [IM »Jan«], Bericht zu 2, ohne Datum [1985], BStU, ZA, HA XXII 373, Bl. 262–265; Abt. XXII/3, Bericht über die durchgeführten Aufklärungsmaßnahmen zur Regionalredaktion der »TAZ« in 3000 Hannover vom 10. 7. 1986, ebd., Bl. 266.
200 Abt. XXII/3, Auskunftsbericht über das Presseerzeugnis der BRD/WB »Die Tageszeitung« (»TAZ«) vom 29. 1. 1986, BStU, ZA, HA XXII 373, Bl. 34–37.
201 Abt. XXII/4, Eröffnungsbericht zur OPK »Adel«, Reg.-Nr. XV/1009/87, vom 9. 1. 1987, BStU, ZA, Ha XXII 16773, Bl. 31–34; vgl.: »... und vom Osten – ein Staatsgeheimnis. Wer die Mauer von der Ostseite fotografiert, dem winkt eine Tournee durch Ost-Berliner Untersuchungsgefängnisse«, in: *die tageszeitung*, 13. August 1986.
202 Abt. XX/2, Operative Information vom 6. 1. 1987, BStU, ZA, HA XXII 373, Bl. 152–155.
203 Vgl. Wunschik, *Die maoistische KPD/ML und die Zerschlagung ihrer »Sektion DDR« durch das MfS.*
204 Abt. XXII/8/3, Vermerk vom 15. 1. 1987, zur Operativ-Information der BV Berlin, Abt. XX/2, vom 6. 1. 1987, BStU, ZA, HA XXII 373, Bl. 150–151.
205 Abt. XXII/8/3, Zuarbeit Lageeinschätzung vom 5. 10. 1987, BStU, ZA, HA XXII 373, Bl. 107–109.
206 HVA/X, Zur Tageszeitung (TAZ), 5. 2. 1988, BStU, ZA, HA XX 312, Bl. 36 f.
207 Abt. XXII/8, Sachstandsbericht zur Feindobjektakte »Die Tageszeitung« (TAZ) vom 22.4. 1988, BStU, ZA, HA XX 312, Bl. 49–53, hier: 52.
208 Ebd.
209 Hauptabteilung XX/5: Vermerk über Reaktionen des Jahn, Roland im Zusammenhang mit einer operativen Maßnahme vom 20. 10. 1987, BStU, ZA, AOP 16922/91, Bd. 14a, Bl. 197.
210 Hauptabteilung XX/5: Monatsbericht über die im Februar 1988 von der Feindperson Jahn, Roland (ZOV »Weinberg«) entwickelten feindlichen Aktivitäten vom 1. 3. 1988; MDA, ZOV »Weinberg«, TV 1 (Gera), Bd. V.

Bibliographie

Ahrens, Wilfried: *Herrn Nannens Gewerbe. Der Skandal Stern – eine Chronik*, Sauerlach 1984

Albrecht, Willy: *Der Sozialistische Deutsche Studentenbund (SDS). Vom parteikonformen Studentenverband zum Repräsentanten der Neuen Linken*, Bonn 1994

Andrew, Christopher/Mitrochin, Wassili: *Das Schwarzbuch des KGB. Moskaus Kampf gegen den Westen*, Berlin 1999

Anonymus: *Guillaume, der Spion. Ein dokumentarischer Bericht*, Landshut 1974

Ash, Timothy Garton: *Im Namen Europas – Deutschland und der geteilte Kontinent*, München 1993

Bahro, Rudolf: *Die Alternative. Zur Kritik des real existierenden Sozialismus*, Köln/Frankfurt am Main 1977

Bailey, George/Kondraschow, Sergej A./Murphy, David E.: *Die unsichtbare Front. Der Krieg der Geheimdienste im geteilten Berlin*, Berlin 1997

Barron, John, 1974: *KGB. Arbeit und Organisation des sowjetischen Geheimdienstes in Ost und West*, München o. J.

Baum, Karl-Heinz, »Einmischung als Beruf. Arbeitsbedingungen und DDR-Bild der bundesdeutschen Korrespondenten«, in: *Unsere Medien – unsere Republik* 2, Heft 5/1993, S. 36.

Bender, Peter: *Offensive Entspannung. Möglichkeit für Deutschland*, Köln/Berlin 1964

Berichterstattung aus der DDR in den siebziger/achtziger Jahren: Frieden, innerdeutsche Beziehungen, Freiheit und Menschenrechte, in: *Materialien der Enquete-Kommission »Aufarbeitung von Geschichte und Folgen der SED-Diktatur in Deutschland«*, Frankfurt/Main 1995, S. 619–672.

Besier, Gerhard: *»Pfarrer, Christen, Katholiken«. Das Ministerium für Staatssicherheit der ehemaligen DDR und die Kirchen*, Neukirchen-Vluyn ^{2}1992

Bissinger, Manfred: *Hitlers Sternstunde. Kujau, Heidemann und die Millionen*, Hamburg 1984

Böhme, Erich (Hg.): *Deutsch-deutsche Pressefreiheit. Vom Grundlagenvertrag bis zur Schließung des SPIEGEL-Büros*, Hamburg 1978

Bölling, Klaus: *Die fernen Nachbarn. Erfahrungen in der DDR*, Hamburg 1983

Bohnsack, Günter: *Hauptverwaltung Aufklärung. Die Legende stirbt – Das Ende von Wolfs Geheimdienst*, Berlin 1997

Bohnsack, Günter/Bremer, Herbert: *Auftrag Irreführung. Wie die Stasi Politik im Westen machte*, Hamburg 1992
–: »Auftrag: Irreführung. Wie die Stasi im Westen Politik machte«, in: *Zwie-Gespräch* 2 (1992) 11, S. 29–31
Brandt, Heinz: *Ein Traum, der nicht entführbar ist. Mein Weg zwischen Ost und West*, München 1967
–: *Braunbuch. Kriegs- und Naziverbrecher in der Bundesrepublik und in Westberlin*, hg. vom Nationalrat der Nationalen Front des Demokratischen Deutschland und dem Dokumentationszentrum der staatlichen Archivverwaltung der DDR, Berlin ³1968
Broder, Henryk M.: »Der betörende Charme der Diktatur«, in: Stephan (Hg.), *Wir Kollaborateure*, S. 80–89
Bukowski, Wladimir: *Abrechnung mit Moskau. Das sowjetische Unrechtsregime und die Schuld des Westens*, Bergisch Gladbach 1996
Chotjewitz-Häfner, Renate u. a. (Hg.): *Die Biermann-Ausbürgerung und die Schriftsteller – ein deutsch-deutscher Fall. Protokoll der ersten Tagung der Geschichtskommission des Verbandes deutscher Schriftsteller (VS)*, Köln 1994
Clausen, Claus P./Kamphausen, Helmut/Löwenthal, Gerhard: *Feindzentrale »Hilferufe von drüben«*, Lippstadt 1993
Corino, Karl (Hg.): *Die Akte Kant. IM »Martin«, die Stasi und die Literatur in Ost und West*, Reinbek 1995
Decker, Michael: *IM »Herbert Hildebrandt« als Fallbeispiel für die »West-Arbeit« des Ministeriums für Staatssicherheit*, Berlin 1999 (Manuskript)
–: *Deckname Stabil. Stationen aus dem Leben und Wirken des Kommunisten und Tschekisten Paul Laufer*, Leipzig 1988
Dönhoff, Marion Gräfin/Leonhardt, Rudolf Walter/Sommer, Theo: *Reise in ein fernes Land. Bericht über Kultur, Wirtschaft und Politik in der DDR*, Hamburg 1968 (1. Auflage 1964)
Dudek, Peter/Jaschke, Hans-Gerd: *Entstehung und Entwicklung des Rechtsextremismus in der Bundesrepublik. Zur Tradition einer besonderen politischen Kultur*, Opladen 1984
Dutschke, Gretchen: *Wir hatten ein barbarisches, schönes Leben. Rudi Dutschke – eine Biographie*, Köln 1996
Fichter, Tilman/Lönnendonker, Siegward: *Macht und Ohnmacht der Studenten. Kleine Geschichte des SDS*, Berlin 1998
Filbinger, Hans: *Die geschmähte Generation. Politische Erinnerungen. Mit 25 Dokumenten*, München ³1994
Frederik, Hans: *Der aufhaltsame Aufstieg des Karl August Schiller*, München 1966
–: *Deutschland zwischen Bonn und Pankow*, München o. J. (1964)
–: *Das Ende einer Legende. Die abenteuerlichen Erlebnisse des Towarischtsch Alexander Busch*, München 1971
–: *Gezeichnet vom Zwielicht seiner Zeit*, München 1969
–: *Die Kandidaten*, München 1961
–: *Linke Prominenz in Deutschland*, Landshut 1980
–: *NPD. Gefahr von rechts?*, München 1966
–: *Die Rechtsradikalen*, München 1965

–: *Franz Josef Strauß. Das Lebensbild eines Politikers*, München 1965
–: *Franz Josef Strauß. Weder Heiliger noch Dämon*, München [3]1969
–: *Herbert Wehner – der rote Rattenfänger*, o. O. 1973
–: *Herbert Wehner. Das Ende einer Legende*, Landshut 1982
Fricke, Karl Wilhelm: *Akten-Einsicht. Rekonstruktion einer politischen Verfolgung*, Berlin 1996
–: »Der Deutschlandfunk im Stasi-Visier«, in: *Deutschland Archiv* 32 (1999) 5, S. 779–786
–, unter Mitarbeit von Gerhard Ehlert: *Entführungsaktionen der DDR-Staatssicherheit und die Folgen für die Betroffenen. Bericht für die Enquete-Kommission »Überwindung der Folgen der SED-Diktatur im Prozeß der deutschen Einheit«*, in: Materialien der Enquete-Kommission »Überwindung der Folgen der SED-Diktatur im Prozess der deutschen Einheit«, Band VIII, Frankfurt/Main 1999, S. 1169–1208.
Fricke, Karl Wilhelm/Engelmann, Roger: *»Konzentrierte Schläge«, Staatssicherheitsaktionen und politische Prozesse in der DDR 1953 bis 1956*, Berlin 1998
Gast, Wolfgang: »Einsichtnahme von JournalistInnen in Stasiakten. ›Trüffelschweine‹ für die Staatsanwälte«, in: *Bürgerrechte & Polizei CILIP* (1996) 2, S. 52–59
Gaus, Günter: *Wo Deutschland liegt. Eine Ortsbestimmung*, Hamburg 1983
–: *Texte zur deutschen Frage. Mit den wichtigsten Dokumenten zum Verhältnis der beiden deutschen Staaten*, Darmstadt/Neuwied 1981.
–: *Die Welt der Westdeutschen – kritische Betrachtungen*, Köln 1986.
Der Generalbundesanwalt: *Anklageschrift gegen Markus Wolf*, Karlsruhe 1992 (Eigendruck)
–: *Anklageschrift gegen Rolf Günter Wagenbreth, Wolfgang Albert Mutz, Rolf Otto Herbert Rabe, Bernd Werner Michels*, Karlsruhe 1993 (Eigendruck)
Generale für den Frieden. Interviews von Gerhard Kade, Köln 1981
Geppert, Dominik: *Störmanöver. »Das Manifest der Opposition« und die Schließung des Ost-Berliner Spiegel-Büros im Januar 1978*, Berlin 1996
Gerstenmaier, Eugen: *Streit und Friede hat seine Zeit. Ein Lebensbericht*, Frankfurt am Main/Berlin/Wien 1981
Grashoff, Eberhard/Muth, Rolf (Hg.): *Drinnen vor der Tür. Über die Arbeit von Korrespondenten aus der Bundesrepublik Deutschland in der DDR zwischen 1972 und 1990*, Berlin 2000
Gremliza, Hermann L.: *Gegen Deutschland. Letzte Gefechte in einer verlorenen Sache*, Hamburg 2000
Guillaume, Günter: *Die Aussage – protokolliert von Günter Karau/Günter Guillaume*, Berlin 1988
–: *Die Aussage. Wie es wirklich war*, München 1990
Hacker, Jens: *Deutsche Irrtümer. Schönfärber und Helfershelfer der SED-Diktatur im Westen*, Berlin 1992
Hage, Volker/Fink, Adolf (Hg.), *Deutsche Literatur 1983. Ein Jahresüberblick*, Stuttgart 1984
Haseloff, Otto Walter: *Stern. Strategie und Krise einer Publikumszeitschrift*, Mainz 1977

Heigert, Hans: *Deutschlands falsche Träume oder Die verführte Nation*, Hamburg 1967
Herms, Michael: *Heinz Lippmann. Porträt eines Stellvertreters*, Berlin 1996
Hirsch, Kurt: *Die Blutlinie. Ein Beitrag zur Geschichte des Antikommunismus in Deutschland*, Frankfurt/Main 1960
–: *Die heimatlose Rechte. Die Konservativen und Franz Josef Strauß*, München 1979
–: *Kommen die Nazis wieder? Gefahren für die Bundesrepublik*, München 1960
–: *Die Republikaner – die falschen Patrioten*, München ²1989
–: (Hg.): *Deutschlandpläne. Dokumente und Materialien zur deutschen Frage*, München 1967
Holzweißig, Gunter: *Klassenfeinde und »Entspannungsfreunde«: West-Medien im Fadenkreuz von SED und MfS*, Berlin 1995
–: *Zensur ohne Zensor. Die SED-Informationsdiktatur*, Bonn 1997
Jaene, Hans Dieter: *Der Spiegel. Ein deutsches Nachrichtenmagazin*, Frankfurt am Main/Hamburg 1968
Jürgs, Michael: *Der Fall Axel Springer. Eine deutsche Biographie*, München 1995
Just, Dieter: *Der Spiegel. Arbeitsweise – Inhalt – Wirkung*, Hannover 1967
Kahl, Werner: *Spionage in Deutschland heute*, München 1986
Keworkow, Wjatscheslaw: *Der geheime Kanal. Moskau, der KGB und die Bonner Ostpolitik*, Berlin 1995
Klarsfeld, Beate: *Die Geschichte des PG 2 633 930 Kiesinger. Dokumentation mit einem Vorwort von Heinrich Böll*, Darmstadt 1969
Kloss, Herbert Siegmar: »MAD. Der militärische Abschirmdienst der Bundeswehr – Bilanz und Ausblicke«, in: *Beiträge zur Konfliktforschung* 17 (1987) 1, S. 99–133
Kluge, Ulrich/Birkefeld, Steffen/Müller, Silvia, unter Mitwirkung von Johannes Weberling: *Willfährige Propagandisten. MfS und SED-Bezirksparteizeitungen*, Stuttgart 1997
Knabe, Hubertus: »Die letzten Tage des Kommunismus. Warum zwei ostdeutsche Spitzenagenten ihren Glauben an die DDR verloren«, in: *Deutschland Archiv* 33 (2000) 2, S. 336–338
–: *Die unterwanderte Republik. Stasi im Westen*, Berlin 1999
–: *Die West-Arbeit des MfS. Das Zusammenspiel von »Aufklärung« und »Abwehr«*, Berlin 1999
–: »›Samisdat‹ – Gegenöffentlichkeit in den 80er Jahren«, in: Eberhard Kuhrt in Verbindung mit Hanns-Jörg F. Buck und Gunter Holzweißig (Hg.), *Opposition in der DDR von den 70er Jahren bis zum Zusammenbruch der SED-Herrschaft*, Opladen 1999, S. 299–320
Knipping, Franz: *Jeder vierte zahlt an Axel Cäsar. Das Abenteuer des Hauses Springer*, Berlin 1963
Knopp, Guido: *Verräter im Geheimen Krieg*, München 1994
Koch, Peter-Ferdinand:: *Die feindlichen Brüder. DDR contra BRD – Eine Bilanz nach 50 Jahren Bruderkrieg*, Bern 1994
–: *Der Fund. Die Skandale des Stern. Gerd Heidemann und die Hitler-Tagebücher*, Hamburg 1990
–: (Hg.): *Die Tagebücher des Doktor Josef Goebbels. Geschichte und Vermarktung*, Hamburg/München 1988

Koehler, John O.: *Stasi. The Untold Story of the East German Secret Police*, Boulder, Colorado, 1999
Korotkow, A./Meltschin, S./Stepanow, A.: *Akte Solschenizyn 1965–1977. Geheime Dokumente des Politbüros der KPdSU und des KGB*, Berlin 1994
Kraushaar, Wolfgang: *1968 als Mythos, Chiffre und Zäsur*, Hamburg 2000
Křen, Jan: »Deutschlandforschung im Bauwagen«, in: Doris Liebermann/ Jürgen Fuchs/Vlasta Wallat (Hg.), *Dissidenten, Präsidenten und Gemüsehändler. Tschechische und ostdeutsche Dissidenten 1968–1998*, Essen 1998
Kuby, Erich: *Das ist des Deutschen Vaterland. 70 Millionen in zwei Wartesälen*, Hamburg [3]1959
–: *Der Fall »Stern« und die Folgen*, Hamburg 1983
Lampe, Joachim: »Juristische Aufarbeitung der Westspionage des MfS. Eine vorläufige Bilanz«, in: *BF informiert 24* (1999), hg. vom Bundesbeauftragten für die Stasi-Unterlagen, Berlin 1999
Lattmann, Dieter: *Jonas vor Potsdam*, Zürich 1995
Lölhöffel, Helmut: »Herzogin tankte, Baron putzte Scheiben. Bestürzendes und Banales aus der Stasi-Akte eines West-Journalisten«, in: *Horch und Guck* 2 (1993) 5, S. 1–5
Lotze, Gerd: *Karl Wienand. Der Drahtzieher*, Köln 1995
Loewe, Lothar: *Abends kommt der Klassenfeind. Eindrücke zwischen Elbe und Oder*, Frankfurt am Main/Berlin/Wien 1977
Löwenthal, Gerhard: *Ich bin geblieben. Erinnerungen*, München/Berlin 1987
Lutzeyer, August (Hg.): *Eugen Gerstenmaier*, Freudenstadt 1966
Mampel, Siegfried: *Das Ministerium für Staatssicherheit der ehemaligen DDR als Ideologiepolizei. Zur Bedeutung einer Heilslehre als Mittel zum Griff auf das Bewusstsein für das Totalitarismusmodell*, Berlin 1996
Maerker, Rudolf/Krause, Peter: *Sozialismus ist das Ziel. Dokumente und Zeugnisse aus der Geschichte der Sozialdemokratie 1863 bis 1933*, München 1973
Mende, Erich: *Von Wende zu Wende 1962–1982*, München/Berlin 1986
Merseburger, Peter: *Grenzgänger. Innenansichten der anderen deutschen Republik*, München 1988
Meyer, Till: *Staatsfeind. Erinnerungen*, Hamburg 1996
Michels, Bernd: *Spionage auf deutsch. Wie ich über Nacht zum Top-Agenten wurde*, Düsseldorf 1992
Möchel, Kid: *Der geheime Krieg der Agenten. Spionagedrehscheibe Wien*, Hamburg 1997
Müller, Hans Dieter: *Der Springer-Konzern. Eine kritische Studie*, München 1968
Müller-Enbergs, Helmut (Hg.): *Inoffizielle Mitarbeiter des Ministeriums für Staatssicherheit 2. Anleitungen für die Arbeit mit Agenten, Kundschaftern und Spionen in der Bundesrepublik Deutschland*, Berlin 1998
Muregger, Dietrich/Winkler, Frank: »Quellen zur Geschichte der deutschen Arbeiterbewegung im ›NS-Archiv‹ des ehemaligen Ministeriums für Staatssicherheit (MfS) der DDR«, in: *Internationale Wissenschaftliche Korrespondenz zur Geschichte der deutschen Arbeiterbewegung* 30 (1994) 1, S. 88–97
Nakath, Detlef/Stephan, Gerd-Rüdiger: *Die Häber-Protokolle. Schlaglichter der SED-Westpolitik 1973–1985*, Berlin 1999

Nationalrat der Nationalen Front des Demokratischen Deutschland (Hg.): *graubuch. Expansionspolitik und Neonazismus in Westdeutschland. Hintergründe, Ziele, Methoden. Eine Dokumentation*, Berlin 1967
–: *Vom SD-Agenten P 38/546 zum Bundestagspräsidenten. Die Karriere des Eugen Gerstenmaier. Ein Dokumentarbericht*, Berlin 1969
Neubert, Ehrhart: *Geschichte der Opposition in der DDR 1949–1989*, Bonn/Berlin 1997
Petersen, Olaf: »›Uns verbinden keine Gemeinsamkeiten‹. Die Grundlagen der journalistischen Ost-West-Beziehungen«, in Böhme (Hg.), *Deutsch-deutsche Pressefreiheit*, S. 14–37
Potthoff, Heinrich: *Bonn und Ost-Berlin 1969–1972. Dialog auf höchster Ebene und vertrauliche Kanäle. Darstellung und Dokumente*, Bonn 1997
–: *Im Schatten der Mauer. Deutschlandpolitik 1961 bis 1990*, Berlin 1999
Pruys, Karl H./Schulze, Volker: *Macht und Meinung. Aspekte der Medienpolitik*, Köln 1975
Rein, Gerhard: »Diamonds are a girl's best friends oder Korrespondenten lieben Dissidenten«, Vortrag auf der wissenschaftlichen Tagung des Bundesbeauftragten für die Unterlagen des Staatssicherheitsdienstes der ehemaligen DDR »Macht – Ohnmacht – Gegenmacht. Grundfragen der Analyse politischer Gegnerschaft in der DDR«, 26. Februar 1999 (Manuskript)
Reuter, Gerhard: »Springers reaktionäre Meinungsfabrik«, in: *Deutsche Außenpolitik* 10/1967, S. 1247–1259
Richter, Karl: *Die trojanische Herde. Ein dokumentarischer Bericht*, Köln 1959
Röhl, Klaus Rainer: *Fünf Finger sind keine Faust*, Köln 1974
Roth, Karl Heinz, unter Mitarbeit von Nicolaus Neumann und Hajo Leib: *Psychologische Kampfführung. Invasionsziel DDR – vom Kalten Krieg zur Neuen Ostpolitik*, Hamburg 1971
Schäfer, Bernd: *Staat und katholische Kirche in der DDR*, Köln/Weimar/Wien 1998
Schlabrendorff, Fabian von (Hg.): *Eugen Gerstenmaier im Dritten Reich. Eine Dokumentation*, Stuttgart 1965
Schliebe, Heinz Dieter: »Springers West-Berliner Traumdeuter«, in: *Deutsche Außenpolitik* 3/1968, S. 348 f.
Schlomann, Friedrich W.: *Die Maulwürfe. Noch sind sie unter uns, die Helfer der Stasi im Westen*, München 1993
Schmidt-Eenboom, Erich: *Undercover. Der BND und die deutschen Journalisten*, Köln 1998
Schmitz, Michael, *Wendestress. Die psychosozialen Kosten der deutschen Einheit*, Berlin 1995
Schwan, Heribert: *Erich Mielke. Der Mann, der die Stasi war*, München 1997
Schwarz, Ulrich: »›Sie werden euer Büro dicht machen‹. Die Erfahrungen des SPIEGEL in der Deutschen Demokratischen Republik«, in: Böhme (Hg.), *Deutsch-deutsche Pressefreiheit*, S. 38–51
Schwarze, Hanns Werner: *Die DDR ist keine Zone mehr*, Köln/Wien 1969
–: *DDR heute*, Köln/Berlin 1970
Das schwarze Kassenbuch. Die heimlichen Wahlhelfer der CDU/CSU, hg. vom

Presseausschuss der Demokratischen Aktion unter Mitarbeit von Bernt Engelmann, Köln 1973
SDS/KU-Autorenkollektiv, *Der Untergang der Bild-Zeitung*, Berlin 1968 (Selbstverlag)
Sélitrenny, Rita/Weichert, Thilo: *Das unheimliche Erbe. Die Spionageabteilung der Stasi*, Leipzig 1991
Siebenmorgen, Peter: *»Staatssicherheit« der DDR. Der Westen im Fadenkreuz der Stasi*, Bonn 1993
Solschenizyn, Alexander: *Die Eiche und das Kalb. Skizzen aus dem literarischen Leben*, Darmstadt/Neuwied 1975
Sommer, Theo (Hg.): *Denken an Deutschland. Zum Problem der Wiedervereinigung – Ansichten und Einsichten*, Hamburg 1966
–: (Hg.): *Reise ins andere Deutschland. Mit einem Vorwort von Helmut Schmidt*, Reinbek 1986
Staadt, Jochen: *Die geheime Westpolitik der SED 1960–1970*, Berlin 1993
Steinborn, Norbert/Krüger, Hilmar: *Die Berliner Polizei 1945–1992. Von der Militärreserve im Kalten Krieg auf dem Weg zur bürgernahen Polizei?*, Berlin 1993
Stephan, Cora (Hg.): *Wir Kollaborateure. Der Westen und die deutschen Vergangenheiten*, Reinbek 1992
Stern, Carola: *Ulbricht. Eine politische Biographie*, Berlin 1966
Strafgesetzbuch und Strafprozessordnung der Deutschen Demokratischen Republik mit den Änderungen vom 28. Juni 1979, Seminarmaterial des Gesamtdeutschen Instituts – Bundesanstalt für gesamtdeutsche Aufgaben, Bonn o.J.
Suckut, Siegfried (Hg.): *Das Wörterbuch der Staatssicherheit. Definitionen zur »politisch-operativen Arbeit«*, Berlin 1996
Suhr, Herbert: *Schreib das auf, Herbert! 40 Jahre beim »Stern«*, Hamburg 1996
–: *Systematische Inhaltsanalyse großer deutscher Zeitschriften 1960/1963*, München 1965
Thomas, Rüdiger: *Modell DDR. Die kalkulierte Emanzipation*, München ^{4}1974
Unverhau, Dagmar: *Das »NS-Archiv« des Ministeriums für Staatssicherheit. Stationen einer Entwicklung*, Münster 1998
Verband Deutscher Journalisten (Hg.): *Hetzer, Fälscher, Meinungsmacher*, Berlin 1963
Vielain, Heinz/Schell, Manfred: *Verrat in Bonn*, Berlin 1978
Voelkner, Hans: *Salto mortale. Vom Rampenlicht zur unsichtbaren Front*, Berlin 1989
Vogtmeier, Andreas: *Egon Bahr und die deutsche Frage. Zur Entwicklung der sozialdemokratischen Ost- und Deutschlandpolitik von Kriegsende bis zur Vereinigung*, Bonn 1996.
Vollnhals, Clemens: »Die kirchenpolitische Abteilung des Ministeriums für Staatssicherheit«, in ders. (Hg.), *Die Kirchenpolitik von SED und Staatssicherheit. Eine Zwischenbilanz*, Berlin 1996, S. 79–119
Wagner, Klaus: *Die Sitzung ist eröffnet. Spione vor dem Oberlandesgericht Düsseldorf – Ein Richter erinnert sich*, Düsseldorf 1996 (Manuskript)

Walter, Joachim: *Sicherungsbereich Literatur. Schriftsteller und Staatssicherheit in der DDR*, Berlin 1996

Walther, Joachim/Biermann, Wolf/Bruyn, Günter de (Hg.): *Protokoll eines Tribunals. Die Ausschlüsse aus dem DDR-Schriftstellerverband 1979*, Reinbek 1991

Weber, Hermann: *Ulbricht fälscht Geschichte. Ein Kommentar mit Dokumenten zum »Grundriss der Geschichte der deutschen Arbeiterbewegung«*, Köln 1964

Werner, Ruth: *Sonjas Rapport*, Berlin 1977

Wolf, Markus: *Spionagechef im geheimen Krieg. Erinnerungen*, München 1997

Wunschik, Tobias: *Die maoistische KPD/ML und die Zerschlagung ihrer »Sektion DDR« durch das MfS*, hg. vom Bundesbeauftragten für die Stasi-Unterlagen, Berlin 1997

Wüst, Jürgen: »Die IGFM im Visier von Antifa und Staatssicherheit«, in Uwe Backes/Eckhard Jesse (Hg.), *Jahrbuch Extremismus & Demokratie*, Bd. 8, Bonn 1996, S. 37–53

–: »›Imperialistisches Menschenrechtsgeschrei‹. Der Kampf des MfS gegen die Internationale Gesellschaft für Menschenrechte (IGFM) und Amnesty International (AI)«, in: *Deutschland Archiv* 31 (1998) 3, S. 418–427

–: *Die Internationale Gesellschaft für Menschenrechte im Visier der Staatssicherheit der DDR*, Frankfurt am Main 1997

Zagatta, Martin: *Informationspolitik und Öffentlichkeit. Zur Theorie der politischen Kommunikation in der DDR. Mit einer Fallstudie zur Einführung des Wehrunterrichts*, Köln 1984

Zeller, Claus: *Marx hätte geweint. Der Porst-Prozess – geteilte Nation im Zwielicht*, Stuttgart 1969

Ziesel, Kurt: *Die Meinungsmacher. Spiegel, Zeit, Stern und Co.*, München 1988

Personenregister

A. Klarnamen

B. Code- und Decknamen